G

咕
噜
GuRu

金融变局

一位首席经济学家的
观察与思考

连平 著

上海三联书店

连平

经济学博士,教授,博士生导师。

1973—1978 年在上海崇明县新海农场果园一连务农。1978 年考入华东师范大学政治教育系,1982 年本科毕业,获经济学学士学位。1982—1984 年在华东师范大学第一附属中学任政治教师。1984 年考取华东师范大学经济系世界经济专业硕士研究生,1987 年毕业并获经济学硕士学位。1987 年起在华东师范大学经济学系担任教师,1990 年任讲师,1994 年任副教授,1997 年任教授;1993—1996 年任国际金融系主任,1997—1998 年任商学院副院长、远东国际金融学院院长。1992 年起在职攻读博士学位,1997 年获国际金融专业方向博士学位。

1998 年进入交通银行总行工作,曾任发展研究部(金融研究中心)副总经理、组织架构再造办公室主任、发展研究部总经理、评级办公室主任、《新金融》期刊主编、博士后科研工作站管理办公室主任、首席经济学家。现任中植企业集团首席战略顾问、植信投资首席经济学家兼研究院院长;华东师范大学经济与管理学部名誉主任。

主要研究领域为宏观经济运行与货币金融政策、外汇与汇率、离岸金融和商业银行发展战略与管理体制。迄今在境内外各报刊上发表文章 600 余篇,出版著作 18 部,主持完成国家级、省部级以上研究课题 30 余项,多项获奖。

曾出席党总书记主持召开的专家座谈会,五次出席国务院总理主持召开的专家会议;多次出席人大财经委、国家发改委、国务院研究室、财政部、人民银行、国家外汇管理局等有关宏观管理部门的专家咨询会议。享受国务院政府特殊津贴。

目前为国务院金融稳定发展委员会特聘专家、国家发展改革委员会价格监测中心特聘专家、中国首席经济学家论坛理事长、中国金融四十人论坛特邀成员、中国银行业协会行业发展研究委员会主任、中国社会科学院国家金融与发展实验室理事、中国社会科学院陆家嘴研究基地学术委员、中国金融论坛创始成员、亚洲金融智库副主任研究员和首席经济学家委员会副主任、上海市人民政府决策咨询特聘专家、上海发展战略研究公众咨询委员会委员、上海金融业联合会专家委员会执行委员、上海社会科学院兼职博士生导师；中国金融学会理事、中国国际金融学会理事、中国世界经济学会理事、中国农村金融学会常务理事、中国城市金融学会常务理事、上海市经济学会副会长、上海金融学会常务理事、上海世界经济学会常务理事、上海宏观经济学会常务理事；人民网财经研究院顾问、新华社特约经济分析师、中央电视台财经频道特约财经评论员、中央人民广播电台经济之声特约评论员、《金融时报》专家委员会委员、《中国证券报》专家委员会委员、《中国银行业》副主编、《金融研究》编委、《金融监管研究》编委、《中国外汇》学术委员、《银行家》编委、《首席经济学家》主编、《世界经济研究》编委。

获得 2009 年《证券市场周刊》中国宏观经济年度预测优胜奖第二名；第一财经金融价值榜 2009 年"年度中国分析师"，2010 年"最佳预言家"称号（排名榜首）和 2011、2012、2013、2014 年"年度机构首席经济学家"（中资机构）；《国际金融报》和陆家嘴人才金港联合主办的"2010 上海滩国际金融菁英人物"评选"学术奖"获得者（排名榜首）；亚洲财富论坛"最具财富经济学家"称号；2012 年中国银行业协会行业发展研究委员会卓越贡献奖。专著《利率市场化：谁主沉浮》（第一作者）获 2014"中国银行业发展研究优秀成果"评选特别奖；2015 年荣获新浪财经中国银行业发展论坛"领袖经济学家"称号；专著《新时代中国金融控股公司研究》（第一作者）荣登新浪财经 2019 年银行综合评选十大金融图书榜首。

写在前面

2014 年以来,中国经济进入了具有"新常态"和"新时代"特征的新的发展时期。在此时期,经济增长步入了新的运行区间,发展功能和经济结构明显趋向转型,经济显现出一系列新的特征和发展趋势。为此需要理性认识新的发展时期所出现的一系列新问题,包括增速下降和物价涨幅收窄等问题,采取针对性的经济金融政策,促使经济保持平稳健康发展。

伴随着经济转型的推进,中国的金融运行也呈现出新的格局,金融体系和结构还在发生深刻的变化。市场流动性和利率汇率发生了波动,M2 出现了结构性嬗变,主要金融货币指标保持基本稳定和控制实体经济成本上升是经济转型发展的基本要求。货币政策保持稳健和灵活,平衡好多方面需求;积极开展适度的逆向调节,保持货币信贷运行在合理区间;审慎应对来自境内外的多重挑战,有效降低中小微企业的融资成本,推动金融更好地服务实体经济。

银行业与宏观经济和货币政策密切相关。作为中国金融体系的主体,商业银行必须向各行各业提供良好的金融支持和服务,而宏观经济变化造成的经济冷暖和行业兴衰必然给银行带来深刻影响。为使经济运行符合整体利益和政策调控目标,货币政策需要灵活开展调节,而调节的主要传导渠道必然是商业银行体系,因而商业银行受到货币政策的影响最直接、最全面、最深刻。在新的发展时期,银行业转型发展凸显两大主题:服务实体经济和防控金融风险。商业银行需要加快业务创新和转型步伐,降低企业融资成本,更有效地服务实体经济;也需要改善资产质量,提升风控能力,保持行业平稳健康运行。

在外部不确定性因素的影响之下,在发展动能转换和经济结构转型的同时,我国金融风险明显上升。利率市场化步伐加快,在实质性推进阶段必须有效控制好风险。地方政府债务风险需要理性看待，债务置换举措有助于明显化解地方政府债务风险。需要适时采取针对性的举措，有效防控重要金融领域的风险，尤其是化解系统性金融风险。

在发展动能转换和经济结构转型的新时期，保持人民币汇率基本稳定成为战略性举措。汇率政策需要兼顾国际收支的经常账户和资本账户两大构成的需求，应密切关注国际收支逆差与人民币贬值之间的互动。人民币持续大幅贬值将成为经济运行的风险源，汇率基本稳定是防控宏观风险和保持经济健康运行的关键。而在外部较强压力之下，人民币出现一定程度的贬值是合理的。未来汇率形成机制市场化改革应积极审慎地向前推进，人民币汇率应坚持较长时期的有管理浮动。必须密切关注和深入分析美国经济政策对人民币汇率的影响，前瞻性地采取积极举措加以应对。

实现人民币汇率基本稳定和人民币国际化的战略目标，必须理性审慎地推进资本和金融账户的开放。未来一个时期应非对称地管理资本流动，审慎管理境内企业和居民尤其是高净值人群兑换外汇的需求，保持资本双向流动的平衡性，避免外汇市场出现非理性的波动。人民币国际化已步入深水区，人民币加入 SDR 货币篮子后，国际化步伐进一步加快，并会更加平衡地发展。"一带一路"的发展为人民币国际化拓展了新的空间，"负债型＋资本项"的模式将获得长足的发展。人民币国际化和外汇储备有效管理应协调推进，充足的黄金储备是人民币国际化的"压舱石"。

深化经济金融体制改革是新时期的重要任务。未来应坚定地推进体制改革，促进经济高质量发展，以持续增强全球竞争力。应积极在供给侧着力，推进房地产长效机制构建。根据现实需求推进融资结构转型，促进金融业更好地服务实体经济供给侧结构性改革。积极推进科技金融突破性发展，有力地支持创新型国家建设。规范发展金融控股公司，优化金融体系内部循环。新时代需要深化金融监管体制变革，开启金融监管新格局。

金融扩大对外开放是新时期的重大战略举措。经过加入 WTO 以来的持续推进，中国金融开放跨上了新的台阶。自贸区金融开放成为金融扩大开放的重要试验田。金砖国家之间的金融合作有助于促进多国相互之间的金融开放,而"债券通"则推动资本市场开放再起航。新时期的金融开放需要积极和理性地统筹协调,以获取更大的成效。我国银行业进一步扩大开放将会带来新的"引智"和"引制"的功效,促进银行业良性竞争发展,推动银行业持续稳健经营。

本书收录了自 2015 至 2019 年五年期间本人发表的部分文章和演讲稿,共计 79 篇。根据其内容梳理为八个方面:发展动能与经济结构转型;货币政策保持稳健和灵活;银行业稳健运行和转型发展;管控和化解系统性金融风险;人民币汇率保持战略稳定;拓展人民币国际化和审慎管理资本流动;深入推进经济金融体制改革;加大力度实施金融对外开放。可以说,这八方面还只是涵盖了这一时期中国经济值得关注的部分重要问题,其中主要涉及的是中国金融的发展变化

这些文稿在很大程度上反映了 2015 至 2019 年期间本人的关注重点、研究方向、思考轨迹和重要观点。经过专业的梳理,这 79 篇文稿表明过去五年的研究似乎存在着良好的系统性。通过一个经济学者思考的侧面,可以了解这一时期中国经济金融的发展和改革开放,有助于思考者站上一定高度的专业平台,拓展观察和分析中国经济金融问题的角度与维度,为更好地把握未来政策和市场的发展趋势提供有益的参考。

作为金融机构的首席经济学家,研究宏观经济与政策、提出改革思路和政策建议自然是本分工作。值得欣慰的是,在这一时期我通过深入研究,在国家金融监管、宏观经济杠杆、利率市场化、汇率形成机制改革、跨境资本流动管理、银行业监管与结构变革等方面提出的一系列改革建议和政策主张都逐步成为现实。

在 2015—2016 年期间,我曾以发表文章和接受采访等多种方式提出,我国有必要尽快建立国务院层面的金融委员会,以加强宏观审慎管理和金融监管协调。2017 年 7 月召开的第五次全国金融工作会议决定设立国务院金融稳定发展委员会。

2017 年 6 月,我明确提出中国经济的杠杆问题主要是结构性问题,应该稳杠杆。2018 年 3 月,货币当局表态要结构性稳杠杆,相关政策也逐步付诸实施。之后中国经济杠杆水平虽有波动,但总体上较为平稳。

2015 年"8·11"汇改后，我曾多次提出人民币不宜实行一次性大幅贬值，人民币汇率应在合理均衡水平上保持基本稳定，坚持汇率有管理的浮动等政策建议。之后几年，从参考一篮子货币再到引入逆周期调节因子，从外汇市场供求关系的调节再到市场交易成本的调控，从境内人民币流动性管理到离岸人民币流动性调节，都体现出维持人民币汇率在合理均衡水平上保持基本稳定的政策意图。

2019 年 6 月，在美国发动贸易战背景下人民币承受了很大的贬值压力，我适时提出人民币汇率应具有合理的弹性，人民币在供求关系影响下出现相应的贬值是正常的也是可以接受的，人民币不应也不会持续大幅贬值。同年 9 月人民币顺势"破七"，但运行依然较为平稳。

2015—2016 年间，我多次撰文提出应审慎推进资本账户开放，对资本流动实施非对称管理，再度鼓励资本流入，审慎规范和管理资本流出。2016—2017 年，有关部门对资本流动及时实施了宏观审慎管理，取得了平衡资本流动和稳定人民币汇率的预期效果。

2015 年以来，针对按购买力评价计算中国经济规模已超过美国的现实、人民币在国际货币体系中地位上升以及我国国际储备中黄金占比偏低的状况，我多次提出应大力增加我国黄金储备的建议。近年来，我国央行持有黄金的数量持续上升，从 2010 年的 1054.10 吨增至 2019 年的 1948.32 吨，占储备的比重由 1.5% 升至 3.1%。

2013 年下半年至 2015 年上半年期间，我先后多次提出银行贷款和存款利率浮动限制放开的条件已经成熟，应适时放开银行存贷款利率上下浮动的限制，顺序是先贷款利率后存款利率。2014 年上半年后，货币当局先后取消了贷款利率和存款利率的浮动限制，我国利率市场化遂跨出了一大步。

2018—2019 年，在利率市场化逐步推进的大背景下，我进一步提出利率市场化深化改革应从贷款利率开始。2019 年贷款市场报价利率（LPR）推出。

近年来，我持续坚定地主张应发展小型金融机构尤其是小型商业银行，以便金融体系能够"门当户对"地服务好中小微民营企业，从根本上解决中小微企业的融资难融资贵问题。目前，完善金融体系已被中央提上议事日程,发展小型金融机构已经逐步向前推进。

2014年下半年,根据货币供给方式变化和银行体系负债增长状况,我适时提出取消银行业存贷比监管考核,将此指标改为监测指标的建议。2015年6月,国务院常务会议通过了《中华人民共和国商业银行法修正案(草案)》(于同年8月全国人大常委会会议通过),商业银行存贷比指标由监管指标改为监测指标。

针对中国银行业长期以来不断增强在金融体系中的地位和中国证券业发展步伐相对较为缓慢的现实,自2018年以来我多次提出应允许商业银行以子公司形势进入证券业,一方面进一步拓展混业经营,另一方面则可以保持分业监管,其重要意义在于推动银行业资本、客户等相关资源进入证券业,促进证券业和资本市场加快发展。2020年6月,证券监管部门表态未予否认市场有关信息,称各种方案都在研究之中。

编辑此书的过程其实也是一个回顾过往研究的过程,而回顾很自然地会感受到不少遗憾。作为金融机构的首席经济学家,我坚信,研究始终关注宏观经济运行和政策制度变迁,持续开展前瞻和务实的探索,努力秉持客观和理性的思维方式,不断追求最贴近现实的研究成果,这样的研究应该能够有益于经济社会发展。

改革开放40年以来的中国经济发展历程,仿佛是面对着一幅波澜壮阔的历史画卷和一轮激荡起伏的历史大潮。由此我情不自禁地在心头漾起唐代刘禹锡和李白两位大诗人的佳句:"沉舟侧畔千帆过,病树前头万木春""两岸猿声啼不住,轻舟已过万重山"。这些诗句描述的意境似乎是改革开放40年以来中国经济金融发展真实而美妙的写照。可以想象,一个置身其中的耕耘者会有多少乐趣。而经济学者肩负的任务则是努力使主观认识尽可能地反映客观现实。揭示真相、研究问题、探寻答案、提出建议、前瞻务实、改革创新应成为经济学者不能推卸的责任。

目　录

Part 1

发展动能与经济结构转型

2014 年后,中国经济进入了新的发展时期,经济增长步入了新的运行区间,经济运行也呈现了一系列新的特征。对此需要理性加以认识,准确地把握好"新常态""新时代""新动能"的内涵以及经济结构的升级和转型。这一部分选入的 9 篇文章主要是有关这方面问题的分析、判断和展望等。金融是为实体经济服务的。准确地把握"新时代"经济运行的特征和结构转型,有助于更加深入地展开金融领域的研究和探索。因此相对之后以金融为主的七个板块来说,这一板块可以说是全书核心内容的背景、环境和基础。

理性认识当前"通缩"问题①

2012年3月至今,我国PPI已连续35个月负增长。2015年伊始,PPI降幅继续扩大;与此同时,CPI持续低位运行,同比仅上涨0.8%。这些现象引发了社会各界对"通缩"问题的普遍担忧,要求大幅放松货币政策的呼声此起彼伏。但我们认为:目前我国经济并未发生全面通缩,只是工业领域存在结构性通缩。在总需求回落至相对合理水平的过程中,供给相对过剩是造成工业领域结构性通缩的主要原因。这种结构性通缩对经济金融领域的整体负面影响相对有限,但应高度关注其持续发展的不利影响。治理结构性通缩的重点在于消化过剩产能,而不是大规模地刺激需求。针对当前现状,建议采取有针对性的财政政策、货币政策、产业政策、投资政策以及开放政策,同时降低企业经营成本,改善投资者预期,针对性地缓解结构性通缩,实现稳增长、调结构和促改革等各项目标。

我国经济并未陷入全面通缩 工业领域存在结构性通缩

多项相关指标综合表明当前经济并未呈全面通缩状态

所谓通货紧缩,是指由产能过剩或需求不足导致的物价、工资、利率等各类价格持续下跌的货币现象。通缩通常伴随着"货币增长相对缓慢—需求相对不足—整体物价水平持续下跌"的过程。如何界定与衡量通缩,理论界尚未达成共识,但各类物价指数无疑是判断通缩的核心指标。经济学界普遍认为,当CPI连续3个月以上出现负增长,则可认定为出现了通货紧缩。

---

① 本文发表于2015年2月27日《上海证券报》。

目前,从CPI来看,我国消费领域存在低通胀现象,而非通缩状态。尽管CPI增幅持续走低,但依旧处于正区间。消费品价格水平呈总体稳定、温和上涨态势。随着冬季的来临以及部分食品供求关系特殊条件的影响,国家统计局初步判断,未来几个月CPI保持温和上涨的可能性较大。

PPI连续35个月下跌,表明工业领域存在一定程度的通缩。PPI下跌受产能过剩、国内外需求低迷及国际大宗商品价格下跌等多重因素的影响,在过剩产能未被出清之前,负增长态势仍将持续较长时间。从分项来看,生产资料价格持续低迷是PPI下跌的主要原因。其中,钢铁、原油和化工等产能过剩行业跌幅较大。可见,PPI的下降在一定程度上是近年来宏观调控的结果,反映了"调结构"带来的阵痛。

与CPI、PPI指数相比,GDP平减指数是一个范围更广、更能反映总体物价水平变化的指标。2014年,我国GDP平减指数变动率为0.8%,比上年低0.9个百分点,但依然为正。从这个角度来看,总体物价水平同样未表现出明显的通缩。

除物价指标外,对通缩的判断通常还需结合经济增长、货币供给及就业等方面的指标。2014年,我国GDP增长7.4%,增速虽有所下降但仍保持基本稳定;M2余额增长12.16%,尽管较前两年下降,但仍处于较高水平,且高于实际GDP和物价增速之和;2014年,城镇新增就业人员1322万人,就业形势依然较为稳定;收入仍在平稳上涨,2014年全国居民人均可支配收入比上年实际增长8.0%,超过GDP增速。

本轮PPI下行持续时间应当引起关注

从历史上看,20世纪90年代至今,我国曾出现过两轮较为严重的通缩。第一轮是1997年亚洲金融危机后,PPI曾于1997年6月至1999年12月、2001年4月至2002年11月出现负增长,降幅最大达到5.7%。第二轮是2008年全球金融危机后,PPI于2008年12月至2009年11月出现大幅下降,降幅最大达到8.2%。这两轮通缩均是在受到外部危机的强烈冲击,流动性急剧收缩的情况下产生的,通缩程度较为严重,但持续时间均不长。在短期刺激性政策和内需的强劲拉动下,PPI又迅速恢复正增长。

与以往相比,本轮PPI下行表现出截然不同的几个特征:一是波动幅度收窄。前两个下行周期均伴随着PPI的短期大幅波动,单月PPI降幅最大分别达到5.68%和8.2%。相比之下,本轮PPI降幅仅在0.3%和4.3%之间,波动幅度明显降低。二是持续时间较长。截至目前,本轮PPI下行已持续35个月,超过以往任何一个下行周期。三是短期趋势不明朗。经历了连续35个月的负增长后,PPI仍未表现出止跌回升的迹象,而是保持在负区间内平稳波动,似乎意味着此次工业领域通缩问题的成因较为复杂。四是CPI、PPI走势背离。以往PPI下跌时期,CPI均与其保持同步,出现不同程度的负增长。而此次却表现出"CPI低通胀、PPI低通缩"的分离趋势,暗示当前经济中结构性问题比较突出。

综上,我们认为,当前工业领域存在局部的产能过剩,因而通缩是结构性的,且程度并非十分严重。此次结构性通缩并非危机带来的流动性急剧收缩等因素所致,其成因可能较为复杂。

当前发生整体性通缩的可能性不大,但需要加以警惕

短期来看,工业领域的结构性通缩尚不具备演变为整体性通缩的条件。第一,目前市场流动性较为宽裕,且货币政策稳中有松。继2014年11月降息和2015年2月降准之后,商业银行存贷比限制有望放开,流动性进一步宽松可期。第二,消费需求保持平稳增长。2014年前三季度,城镇居民人均可支配收入增长6.9%,农村居民人均现金收入增长9.7%,两者平均后高于同期GDP增速。随着资本市场投资收益趋好,居民财产性收入持续增长。从2015年2月交银中国财富景气指数来看,其中的投资收益指数上升幅度显著。居民收入水平的稳步增长对消费将形成较为有力的支撑。第三,近期发改委集中批复了35个基础设施建设项目,在上万亿元投资的拉动下,投资有望保持平稳增长。第四,外部需求有所回暖。2015年出口增速将比2014年有所上升。第五,随着"一带一路"倡议实施和企业、人民币"走出去"步伐的加快,国际范围利用中国产能的空间将会得到拓展。第六,全面深化改革将会得到落实和推进。改革将通过盘活存量价值和提升增量效率两个方面释放新的红利,从而为中国经济增长提供新的动力。第七,宏观政策仍有较大调控空间。当前,我国财税体制改革等重大改革措施已提上日程,货币政策工具也不断丰富和完善,宏观调控的灵活性和针对性不断提高。未来,在发挥市场决定性作用的同时,适时、适度地进行调控,将有助于更好地实现稳增长和调结构的目标,从而抑制工业领域通缩发展的势头。

2015年,PPI负增长可能还将持续一段时间。原因是,上游行业产能过剩依然较为严重,钢铁、煤炭、有色等资源型行业依然阴云密布。以煤炭行业为例,2014年煤炭企业亏损面接近70%,按照我国煤炭消费量,有3亿~4亿吨煤炭产能建设是超前的。因而去产能可能需要经历一个较长过程。经济结构调整短期难以完成,新兴产业难以迅速成为经济增长的新引擎。我国目前债务率较高,去杠杆压力大,货币政策不具备大幅度宽松的条件。在国际大宗商品价格持续低位震荡和美元持续走强的情况下,我国面临的输入性通缩压力可能还会持续一段时间。未来,尤其需要警惕的是,在内外部需求疲弱、房地产行业低迷、输入性通缩压力加大等形势下,如果调控措施不当,PPI持续下降,不断弱化企业预期,也不排除结构性通缩进一步加剧甚至演变为整体性通缩的可能性。

供给过剩是工业领域结构性通缩的主因

价格是由供需关系决定的。通缩的成因通常涉及需求不足和供给过剩两个方面,而需求不足和供给过剩又都是相对的。需求不足指的是相对于既定供给能力的不足,供给过剩指的是相对于既定需求的过剩。

尽管存在需求的原因,但当前矛盾的焦点应当在供给方面,部分领域的产能过剩是导致CPI持续低增长、PPI持续负增长的主要原因。以往,在政策的刺激下,总需求迅速膨胀,并拉动了工业领域产能的持续扩张。现如今,随着政策的刺激作用逐渐消退,尤其是不再搞新的大规模的刺激政策,以及调结构、促转型的不断深化,需求逐步回落至相对合理水平。在此情形下,产能相对过剩问题便显得较为突出。

从需求角度来看,一方面,工业领域过去很大程度上依靠国内刺激政策来拉动需求。随着政策刺激的收敛,需求相应下降。经济结构的深入调整进一步增加了工业领域需求不足的现象。作为具有较强综合影响力的行业,房地产行业 2013 年以来明显调整,库存持续高企。2011—2014年,房地产开发投资分别增长 27.9%、16.2%、19.8%和 10.5%,增速下降趋势十分明显。2014 年,全国商品房销售面积同比下降 7.6 个百分点,待售商品房面积达到 6.2 亿平方米,比上年增加 1.3 亿平方米。房地产行业的调整进一步导致了对钢材、水泥等相关行业的需求不足。2014年,全国钢材和水泥销售量同比仅增长 5.5%和 2.4%,增速较前几年大幅下降。

总而言之,随着中国经济和世界经济增长放缓,内外部需求均难以回到以前的水平。因此,供给相对过剩的压力可能会持续较长时间,这也意味着治理工业领域结构性通缩的重点和关键应当放在治理过剩产能上。

从供给角度来看,当前我国出现物价下行压力主要是在总需求增长放缓情况下工业领域生产能力保持较高水平所致,而生产能力的持续扩张与以前政策强力刺激下总需求迅速膨胀密切相关。当这部分需求下降,供给过剩的问题便凸显出来。近年来,生产资料价格(采掘业、原材料等)持续低迷是 PPI 负增长的主要原因。2014 年,我国 PPI 同比下降3.3%,环比下降 0.6%。其中,采掘业和原材料价格跌幅最大,分别下降了 13.2%和 6.4%。除此之外,全球金融危机以来,主要经济体工业领域通缩的联动效应和传染效应,以及大宗商品价格"跌跌不休"等因素进一步增强了通缩预期和输入性通缩压力,进而增加了我国工业领域价格下降压力。但输入性因素并非工业领域结构性通缩的主要原因,而只是外生的附加因素。

马克思曾指出,无限扩张的生产能力和广大居民有限的需求之间的矛盾是资本主义经济存在的基本矛盾,这一矛盾必然导致周期性的生产过剩危机,是资本主义制度固有的、不可调和的矛盾。尽管生产过剩的经济规律在社会主义市场经济条件下仍然适用,但对我国而言,这种供给过剩的矛盾是局部的、相对的、可调节的。当前,我国的产能过剩主要集中在钢铁、水泥、平板玻璃、电解铝、石化、光伏等局部行业。通过采取适当方式,并假以时日,促进经济结构的转型升级和发展方式的转变,这种矛盾应该可以逐步化解。

高度关注工业领域结构性通缩对经济的影响

历史经验表明,通缩具有恶性循环的趋势,如果控制不当,会对投资、消费与就业等方面产生负面影响,从而拉低经济增长水平,严重情况下甚至可能导致长时期的经济衰退。从当前情况来看,我国工业领域的结构性通缩对经济产生了一定影响,但并非十分严重。鉴于不能完全排除未来发生整体性通缩的可能,对当前工业领域通缩的影响应引起高度重视。

投资增速进一步放缓,"调结构"政策导向正在体现

理论上,产品价格下跌将导致企业利润减少甚至发生亏损,迫使企业减产甚至停产。在通缩情况下,名义利率下降但实际利率上升,从而加重企业的债务负担。因此,企业投资意愿与投资能力均会下降,从而导致整体投资增速放缓。2014 年,全国固定资产投资(不含农户)同比增长 15.7%,增幅较 2013 年下降 3.9 个百分点。其中,制造业投资同比增长 13.5%,较上年的 18.5% 大幅下降;第三产业投资同比增长 16.8%,下降幅度相对较小;房地产开发投资同比增长 11.1%,增速较上年的 20.3% 急剧下降。但房地产投资增速的迅速回落主要是受房地产市场供求的周期性变化的影响。总的来看,受工业领域结构性通缩影响,未来投资增速仍会进一步有所减缓。但投资的绝对增幅仍然较高,且在一定程度上体现了经济结构调整和增长方式转变的趋势。

就业存在一定压力,但仍保持基本稳定

在通缩情况下,企业产能过剩将导致劳动者失业。当实际就业率低于充分就业水平时,实际经济增长将低于潜在增长水平。与此同时,劳动力市场供过于求将使工人工资水平降低,从而进一步加剧消费不足的状况,拖累经济增长。目前,我国整体就业形势尽管有一定压力,但保持稳定。2014 年,城镇新增就业人员 1322 万人,不仅完成了年初确定的全年新增就业 1000 万人的目标,还小幅超过上一年新增就业。当然,其中有因市场化程度不高所导致的企业裁员谨慎的因素,因此隐性失业问题应

当关注。有鉴于此,目前 PPI 持续下降对就业的实际影响并不明显。与此同时,工资水平仍在小幅上涨。工业领域的结构性通缩对消费的影响也相对较为有限。

银行资产质量承压,但不会爆发大规模违约风险

通缩的影响还会通过实体经济向金融领域传导。在通缩形势下,企业盈利能力下降和债务成本上升可能诱发债务违约风险和破产风险,进而导致银行不良资产上升,严重时甚至可能出现银行倒闭,危及整个金融体系的稳定。当前,在经济下行压力增大、PPI 持续下降的情况下,企业盈利增速大幅减缓。2014 年,全国规模以上工业企业共实现利润总额6.47 万亿元,同比增长 3.3%,增速较上年明显下降。与此同时,商业银行资产质量也承受了一定压力。截至 2014 年 12 月末,商业银行不良贷款余额达到 8426 亿元,不良率上升至 1.25%。仅从绝对数字来看,银行资产质量问题并非十分严重,工业领域结构性通缩对银行不良资产的影响还较为有限。然而,当前商业银行不良贷款增幅较大,实际处置的不良资产较多,并有从小企业向大企业和集团企业蔓延的趋势,需引起格外关注。

总体流动性较为宽裕,但 M2 增速有放缓迹象

在通缩情况下,政府往往通过实行宽松的货币政策向市场注入流动性。然而,在企业信贷需求和商业银行信贷供给意愿双双下降的情况下,实体经济能够获得的流动性往往较为有限。当名义利率趋于零值边界时,宽松货币政策的传导将会受阻,从而可能陷入“流动性陷阱”。这是各国在面临通缩形势时须极力避免的情况。从我国的实际情况来看,当前市场的流动性依然较为宽裕。截至 2014 年底,M2 同比增长 12.16%,超过同期名义 GDP 增幅 3 个百分点左右,基本上处在合理区间。2015 年 1月新增信贷达 1.47 万亿元,保持了相对较高的增速;但 M2 同比增速回落到 10.8%,其未来走势应引起重视。

局部、可控的通缩可为改革营造有利的环境

在产能过剩的条件下,局部、可控的通缩不见得是坏事。因为局部、

可控的通缩对经济可能带来一系列积极影响。一是推动企业技术进步。通缩时企业通常面临较大的库存压力,而技术进步是去库存的内在动力。二是挤出无效供给。适度通缩有助于挤出经济中的"泡沫"成分,增强供给的有效性。而实体经济的有效供给意味着对金融资源的有效需求,是实体经济和金融市场同时趋于均衡的前提条件。三是营造有利于改革的经济环境。在通缩形势下,企业去库存和政府压缩总供给的目标相一致,改革共识较易达成。利用局部的通缩压力并使之可控,有助于推进结构性调整和产业升级。

多措并举推动经济走出通缩压力区间

当前尽管未出现整体性通缩,但我们仍须对潜在通缩显性化风险保持高度警惕,并重点关注以下问题和风险:当前,我国经济下行压力犹存,潜在增长率放缓的趋势短期内难有根本性改观,总需求增长依然可能进一步放缓;在内外部需求不振、部分行业仍然存在较大产能过剩压力的情况下,PPI负增长趋势仍可能持续较长时间;受供求结构改变及美元升值等因素影响,国际石油与大宗商品价格有可能出现持续调整,输入性通缩压力可能会加大;人口结构老龄化将对我国未来的消费需求产生长期影响,消费品也可能面临需求不足的问题。

针对目前状况,治理工业领域结构性通缩的首要任务应当是化解过剩产能,而非大规模地全面刺激需求。理论和实践均表明,由于偏重于总量,货币政策对治理结构性通缩的作用较为有限。通过货币政策大幅放松来应对当前状况并不可取,更何况当前并非全面通缩。通过大幅降息降准来应对当前的工业领域结构性通缩,不仅会走上过去过度刺激的老路,而且可能使产能过剩治理半途而废,功亏一篑。再说,因缺乏针对性,其效果一定会十分有限。治理产能过剩应避免一蹴而就的思路,因为当今中国的社会经济条件不适宜走迅速出清的路径。要避免陷入全面通缩、改善工业领域结构性通缩状态,采取适当的财政政策、产业政策、投资政策、区域政策以及开放政策等针对性的措施较之全面宽松的货币政策可能更加有效。具体政策建议涉及以下八个方面:

一是强化约束,防范产能过剩进一步加剧。对产能过剩严重的行业,从严审批各类新上项目,新项目必须淘汰相应的落后产能,实行产能等量置换。应减少以至于最终取消各级政府的不合理支持,使企业盈亏能够真实反映经营能力和市场需求,让市场机制和经济杠杆倒逼企业加大技术创新和转型升级。进一步完善行业管理,充分发挥行业规划、政策、标准的引导和约束作用,及时发布产能严重过剩行业等相关信息,定期发布淘汰落后产能企业名单。结合治理环境污染,深化资源、环境税费改革,强化项目环评约束,以促进技术创新为目标,从环境污染、能源消耗、技术标准等方面提高准入门槛,约束低成本的无序扩张。

　　二是加快淘汰落后产能,培育新兴战略产业,有效推进产业结构调整和升级。既然工业领域结构性通缩的主要根源在于供给方面,那么消化过剩产能就是治理当前工业领域结构性通缩的重中之重。我国的局部产能过剩是由长期以来的经济结构、增长方式和政策效应等因素所导致的。因此,经济增长模式不改变,产业结构不调整,产能过剩就难以根治。推动增长方式向集约化转型是一项长期任务。治理产能过剩的关键在于产业结构调整和升级。一方面应加快淘汰落后产能,促进行业结构调整优化和行业整体竞争力的提升;另一方面应大力培育战略性新兴产业,推进产业结构升级,并积极引导资源投向有发展前景的行业。

　　三是进一步扩大对中西部地区和农村地区的投资力度,适度、合理地拉动需求。在产能过剩和市场疲软的情况下,要想实现有限的财政资源启动市场需求的目的,必须把钱用在能产生“四两拨千斤”效果的地方。由于结构性和政策性原因,当前国民经济中仍存在不少存量需求。如果能够采取适当措施使这些需求迸发出来,那就能够在较短的时间里消化大量过剩产能,避免经济陷入整体性通缩困境,改善工业领域的通缩状态。目前中西部地区和农村地区的基础设施差距还比较大,应进一步加强对中西部地区和农村地区的公路、自来水管道与电网等基础设施建设,合理撬动需求,有力化解产能过剩压力。

　　四是结合对外开放战略,通过扩大对外基础设施投资来缓解国内产能过剩压力。化解过剩产能仅靠“淘汰”和“整合”还不够,还要有国际视野。可考虑加快推进“一带一路”和“基础设施互联互通”等战略的实施,充分利用我国的制造业和重工业的优势,鼓励企业运用"转移"的方法,通过扩大对外基础设施投资,拓展相关国际需求,输出国内过剩产能。

五是积极的财政政策要加大力度,有效减轻企业的税费负担。一方面,要进一步加大财政支出力度,特别是加大对现代制造业、战略性新兴产业等重点领域和三农、小微企业、中西部地区等薄弱环节的支持力度。另一方面,稳步有序地推进结构性减税,进一步降低中小企业相关税费,减轻其税收负担。逐步扩大"营改增"试点行业,可以考虑将金融业纳入试点范围。

六是及时调整监管政策,货币政策适度偏松,以有效降低企业融资成本。通过取消存贷比考核、小幅降息和降准"三箭齐发",增加信贷资金供给,降低企业贷款利率。当前,应尽快取消对商业银行存贷比的硬性考核,缓解银行存款压力,释放更多信贷资金服务于实体经济。同时,辅以小幅降息和降准,进一步降低实体经济融资成本,提高企业投资的积极性,从而改变通缩预期。除此之外,积极培育和发展直接融资市场,加快推进新股发行注册制改革,进一步促进债券市场、私募股权和创投基金发展,支持中小微企业依托全国中小企业股份转让系统展开融资,进一步拓宽企业融资渠道。

七是保持居民收入稳定增长,稳定消费需求。深化收入分配体制改革,稳步提高公务员、企事业单位员工工资水平。支持股市活跃,增加居民财产性收入。进一步健全社会保障体系,提高企业退休人员基本养老金,整合城乡居民基本养老保险和基本医疗保险制度,以切实改善民生,确保居民收入稳定增长,为消费的转型升级打下良好基础。

八是利用当前物价下行的有利环境,加快推进各项要素价格改革措施。进一步放开对关键生产要素的价格管制,稳步有序推进土地、水、电、气等要素价格改革,深化利率、汇率市场化改革,真实反映资金价格,以理顺价格机制,发挥市场对产能过剩行业的自动调整与出清功能。

经济运行七大分化与两个"双管齐下"①

在"十三五"规划开局之年,认清错综复杂的运行态势,实施理性、精准和适度的调控举措至关重要。

当前经济运行呈现明显分化态势

当前我国经济下行压力较大,经济运行中各种矛盾较为突出,尤其是存在以下七方面的分化特征:

一是投资与消费运行分化。2015年1—11月固定资产投资增长10.2%,比上年下降5.5个百分点,创15年来最低水平。房地产和制造业投资增速显著下降,导致固定资产投资增速放缓。1—11月房地产投资增长1.3%,比上年下降9.2个百分点;制造业投资增长8.4%,比上年下降5.1个百分点;基础设施建设投资增长18%,比上年下降2.3个百分点。消费在整体运行平稳中有所回升,2015年7月到11月消费增速从10.5%逐渐上升至11.2%。随着居民收入增长和80后、90后消费观念的转变,消费结构正经历转型,新的消费热点正在形成,与网络、信息、旅游、文体相关的消费领域快速增长。最近IPO重启、股市企稳将带动未来消费,房地产回暖也将带动相关系列产品消费。消费对经济增长的拉动作用增强。

二是房地产投资与销售冰火两重天。2015年以来,一系列稳楼市的宽松政策相继出台,而房地产投资端的持续低迷与销售端的迅速回暖却形成了强烈反差。一方面,开发投资增速持续大幅下行。1—11月全国

---

① 本文发表于2015年12月16日《中国证券报》。

房地产开发投资额为 8.77 万亿元,同比仅增长 1.3%,累计增速已连续 21 个月下滑;单月增速也已连续 4 个月负增长,这在 2009 年以来尚属首次。地市冷清与开工低迷为其主要制约。前 11 个月开发企业土地购置面积同比上年大幅度滑坡 33.1%,房屋新开工面积同比下滑 15.3%,尚未出现明显好转。另一方面,成交则在偏松的政策环境与货币环境下稳步复苏。1—11 月全国商品房销售面积 10.93 亿平方米,销售额 7.45 万亿元,同比分别增长 7.4% 和 15.6%。

三是工业内部运行分化。虽然第二产业增长放缓,工业增长存在下行压力,但造成增长放缓的主要是资源能源依赖较重的传统过剩行业。1—11 月采矿业增加值同比只增长 2.8%,电力热力燃气等能源生产累计只增加 1.6%,1—11 月粗钢、生铁、水泥产量同比增速分别只有 -2.2%、-3.1%、-5.1%,这些行业正在经历去产能过程。而高端装备、高新技术以及节能环保行业生产提速,1—11 月计算机、通信和电子设备制造业增加值增长 10.8%,医药制造业增长 10.1%,电气机械及器材制造业增长 7.2%,废弃资源综合利用业增长 21.3%。由于高新技术产业占比不大,难以对冲传统高能耗行业增速放缓,1—11 月工业增加值增速 6.1%,比上年下降 2.2 个百分点。

四是制造业与非制造业、第二产业与第三产业运行分化。制造业 PMI 已连续 4 个月低于荣枯线。订单指数和库存指数较低,表明制造业需求疲弱,去过剩产能和消化库存的压力较大。而非制造业商务活动 PMI 总体保持扩张态势,2014 年每个月都在 53% 以上。业务活动预期连续 3 个月高于 60%,建筑业商务活动指数连续 2 个月回升至 58.1%,服务业商务活动指数为 52.8%,对稳定经济增长的作用不断增强。从三个产业看,第二和第三产业运行出现分化。第三季度第二产业对 GDP 增长贡献率下降至 36.7%,创 1983 年以来最低;第三产业对 GDP 增长的贡献率上升至 58.9%,比上年上升 11.9 个百分点,创有统计数据以来的最高值,经济增长动能正在转变。

五是物价运行总体分化。2014 年 2 月以来 CPI 在 1.2%~2% 之间波动,全年涨幅可能在 1.4%~1.5% 区间。2014 年全年 CPI 平均涨幅比上年低 0.5 个百分点,整体运行平稳。食品价格受季节性影响明显,在

1.6%～3.7%之间波动;非食品价格基本稳定。当前消费品价格仍在低通胀水平,随着 M1 明显回升,2015 年可能会有所走高。PPI 已经连续 45 个月负增长,并且跌幅加大,上年末 PPI 同比下滑 3.3%,最近 4 个月同比增速都为－5.9%,目前处于此轮价格波动的低谷。工业领域通缩压力延续,一方面资源能源相关行业价格跌幅加大,反映需求疲弱和去过剩产能压力较大;另一方面输入性通缩压力加大,工业生产者购进价格跌幅大于产出价格。在输入性通缩和去过剩产能压力延续的情况下,PPI 跌势仍将延续一段时间。

六是资本品与投资品价格运行明显分化。工业生产者出厂价格环比连续 23 个月持续下降,30 类主要工业产品中价格下降的有 25 类,越接近资源能源初级产品行业的,价格跌幅越大,石油天然气开采、石油加工、黑色金属开采、煤炭开采、有色金属开采价格降幅分别达到 36.5%、20.6%、18%、16.8%、10.4%。而从大类投资品来看,近期房价、股票等价格出现反弹。全国 70 个大中城市房价连续 6 个月上升,一线城市环比涨势持续了 8 个月,同比涨幅高达 16.1%。2015 年 6 月前股市出现一轮快速的上涨。在经历了股市震荡之后,近期股指缓慢上行。随着货币政策偏向宽松调节,市场流动性增加,未来股市仍有上行空间。

七是要素价格运行分化。当前劳动力成本和土地价格继续上行。随着人口红利的逐渐消退和人口结构的转变,低成本劳动力比重下降,劳动力成本持续上升。房地产市场正在经历调整期。虽然土地开发量下降,但土地使用价格仍在上升。2015 年 1—11 月房地产开发企业土地购置面积同比下降 33.1%,土地成交价款同比下降 26.0%,土地购置面积降幅大于土地成交价款 8.6 个百分点,土地出让单价仍在上升。而资金价格却在明显下行,银行间拆借利率从 2014 年末 3.49% 下降到 2015 年 11 月 1.9%,金融机构人民币贷款加权平均利率从 2014 年第三季度的 6.96% 下降到 2015 年第三季度的 5.7%,市场流动性较为充裕,社会融资成本持续下降。

"两大症结""结构性通缩"和"三性叠加"

从上述七方面运行分化的分析中,可以梳理归纳出以下三点判断:

"两大症结"直接拖累经济增长

当前,我国经济运行中存在两大症结。一是产能过剩问题依然严重;二是房地产库存高企。这两大症结同时存在拖累了经济增长,且都属于供给侧问题,其实质是过剩。

全球金融危机爆发后,尤其是 2012 年以来,我国加快推进经济结构调整。工业,特别是制造业领域面临较大的去过剩产能压力,而这个过程将持续很长时间。据预测,2015 年,我国钢铁产量将达 8 亿吨,其中过剩产能至少在 3 亿吨,而 2016 年仅能削减 2000 万吨过剩产能。水泥、电解铝、平板玻璃、造船等领域也存在类似情况。同时,PPI 连续 45 个月下降也折射我国工业产能过剩依然严重,工业领域的通缩风险加剧,产能过剩治理迟迟未见明显成效。我国经济市场化程度明显不如西方发达国家。西方国家出现经济危机后,往往能够迅速出清,过剩产能在较短时间内调整到位,有利于经济重新出发。我国受市场化程度不高和体制机制等综合因素制约,在西方国家可以行得通的经济学原理和政策手段在我国却往往难以奏效。在我国,产能过剩治理依然任重而道远。

当前,我国房地产市场供求关系呈现"总体过剩、结构分化"的特点。一方面,总体上面临较大的去库存压力。2013 年 10 月末,全国商品住宅待售面积为 4.54 亿平方米;2014 年 10 月末,待售面积增至 5.82 亿平方米;2015 年 10 月末,这一指标进一步上升为 6.86 亿平方米。按目前每个月 1 亿平方米左右的销售速度测算,存量待售面积至少需 6 个月才能消化完毕。但这仅仅计算了已竣工未销售的面积,如果将在建项目(包括 70 亿平方米左右的施工面积、12 亿平方米左右的新开工面积)也计算进来,则至少还要增加 82 亿平方米的库存或准库存。如果每个月销售 1 亿平方米左右,至少要 88 个月(7 年左右)才能将其彻底消化。由于库存居高不下,开发商投资积极性走低,导致我国房地产投资增速明显下滑。2015

年以来,房地产投资增速大幅下行是投资疲软的关键原因。2011年,我国房地产开发投资完成额累计同比增速在30%以上,2013年降至20%左右,2015年1—11月更降至1.3%。未来投资能否企稳,很重要的一点就是看房地产投资增速能不能上来,而这很大程度上又取决于房地产库存压力能不能有效减轻。从各地区比较来看,又存在"结构分化"的现象。事实上,现在一线和二线重点城市的刚需及改善性需求仍较为充足,房地产库存已处于较低水平;房地产库存高集中体现在部分二线及三线以下城市,这些中小城市的主要目标仍是加快消化现有库存。

当前经济并没有出现典型的全面通缩

由于PPI连续45个月负增长,第三季度GDP平减指数下降至-0.61%,有人便说中国已进入通缩时期。我们认为,目前存在结构性通缩,但没有出现典型的全面通缩。

近两年CPI运行较为稳定。而1997年和2008年危机之后都曾出现负增长。2015年以来剔除食品和能源以外的核心CPI涨幅保持在1.2%至1.7%之间,整体运行平稳,处于低通胀状态。从CPI这一考察通缩水平最重要的指标来看,当前并没有出现典型的通缩。虽然存在工业领域的结构性通缩,但是整体物价水平保持平稳。

不同于以往全面通缩时期,当前劳动力、土地等要素和资产价格仍在上涨。劳动力成本特别是传统低端劳动力成本仍在持续上升。房地产开发企业土地购置面积同比降幅大于土地成交价款降幅,土地出让单价也是上升的,特别是2015年一线城市供应土地挂牌均价平均涨幅超过30%。全国70大城市房价环比连续6个月增长,一线城市环比8个月增长。股票市场在经历了6月的震荡之后,最近股指缓慢上升,大幅高于此轮股市波动之前。

输入性因素导致了工业购进价格跌幅大于工业产出品价格。2014年下半年以来,由于全球生产供应能力的提升和需求的走弱,加上美元升值,国际大宗商品价格震荡下行,资源、工业、农业等所有初级产品价格大跌,我国进口产品价格总指数连续4个月同比降幅超过10%,其中矿产品、原油进口价格跌幅超过30%。工业生产者购进价格指数同比增速从

2014 年 6 月的－1.5％下降到 2015 年 11 月的－6.9％,连续 23 个月跌幅大于工业产出品价格指数跌幅,并且跌幅差距从最初的 0.03 个百分点逐渐扩大到 1 个百分点,呈现明显的输入性结构通缩特征。

认清"三性叠加"复杂局面,理性开展宏观调控

所谓"三性叠加",是指经济运行中的周期性因素、结构性因素和外生性因素相互交织、相互影响和共同作用。如房地产调整中既有周期性因素,也有结构性因素,而周期性因素中还包含前期政策调控的影响;制造业和工业持续调整和通缩状态发展主要是结构性因素所致,但也有周期性和外生性因素推波助澜;美国加息预期一次次演绎,带来资本持续外流和人民币贬值压力,发达国家经济复苏分化和发展中国家经济增长放缓导致我国出口不振,则是明显的外生性因素。正是因为上述三种因素叠加在一起,才造成了当前我国经济极为错综复杂的局面。

当前经济运行中的种种难题,既不全是周期性问题,也不全是结构性问题,更不单纯是外生性问题。为此,宏观调控既不能只注重总量、不关注结构,也不能只注重结构、不关注总量;既不能只注重需求、不关注供给,也不能只注重供给、不关注需求。当前需要避免的情况是,在逆周期调控中,不适当地把结构性问题都当成总量问题,过度运用总量工具加以调节,从而逐渐积累潜在的负面效应。在结构调整中,过度相信市场力量,而忽视更好地发挥政府的作用,导致产能过剩治理迟迟不能见效。短期而言,仍应增强和改善总量型需求管理,以稳增长为主要目标;中长期而言,则应健全和加强结构性供给管理,以达到结构改善、提质增效的目的。两者相辅相成,不应偏废。

对策建议

面对众多结构性难题和极其复杂的内外部经济挑战,2016 年需要更有针对性、更加适度和更为精准的政策应对。建议采取双"双管齐下"的策略。一是需求与供给双管齐下。既要从需求侧促进需求增长,也要从供给侧消除过剩产能,改善供给的有效性。二是总量与结构双管齐下。

总量政策尽管重要,但也存在政策边际效果递减的问题和力度是否合理的问题,未来更加需要"精准滴灌";同时加快结构调整步伐,减轻总量调控压力。具体对策建议如下:

第一,实施更有力度的积极的财政政策。从实施目标和领域来看,全国财政支出预算增长中应有结构性的考虑,新增部分应主要投向"促转型""调结构"重点支持的领域。在方法上,加大财政赤字、财政支出与减税降费同时并举,尤其要减轻民营企业和小微企业负担。一是促转型和调结构应成为财政支出扩大的重点。加大力度发挥财政补贴对消费的杠杆效应,促进消费结构升级和消费增长,推进地区间基本公共服务均等化,加大对战略性新兴产业的财政资金支持,助力"双创"企业和小微企业成长。二是实施更有力的减税降费。在融资成本依然偏高和企业盈利能力下降的情况下,进一步降低税费成本应该成为减轻企业负担的重要手段。建议 2016 年我国减税 3000 亿元左右。进一步降低民营企业、"双创"企业、小微企业的增值税(营业税)、企业所得税等税负,通过税收引导战略性新兴产业,"制造业 2025"加快发展,对于"互联网+"企业可加大税收扶持。在加大结构性减税力度的同时,还应规范涉企收费,进一步减轻企业费用负担。从需求侧来看,当下有必要推行结构性减税,个人所得税总额占比在结构优化中应适当下调。三是深化改革,保障积极的财政政策更有力度。积极推进国有企业和国有银行股权结构改革,通过释放非金融类资本和金融类资本,每年增加财政可用资金约 1.5 万亿元。2016年财政赤字额度可以适度加大,赤字率可扩大至 2.8%~3%,财政赤字达2.1 万亿元左右。国有企业和国有银行股权结构改革将提供充足的财政资金来源,而财政赤字扩大则可以创造减税空间。还应通过税制改革拓展中长期财政资金来源,推进财政体制改革来提升财政资金使用效率。

第二,货币政策应兼顾好三方面平衡,总体趋向稳定。一是货币政策助力稳增长需要将杠杆率控制在合理水平。2014 年末我国 M2 与 GDP比值已达 1.93,预计五年后可能达到 2.3。从前瞻控风险角度考虑,货币政策需要控制杠杆率的进一步上升。二是兼顾控制资产泡沫和防通胀的需要。过度宽松的货币政策可能吹大诸如房地产、股票等资产价格泡沫,增加风险隐患。在流动性充裕、利率水平明显回落和政策松绑的条件下,北上广深和部分二线城市房价已经明显上涨。近期广义货币和狭义货币增速明显提升，尤其是 M1 大幅上行，值得关注。为应对未来可能出现的资产泡沫和消费领域通胀，货币政策需要前瞻性地控制货币增速。三是兼顾资本流动和汇率水平基本稳定的需要。在经济增长持续下行的条件下，市场容易形成货币贬值预期和资本流出压力。随着人民币加入 SDR，资本账户开放程度逐步提高，尤其是在美国即将加息的背景下，资本阶段性流出和货币贬值风险必须重点关注。考虑到上述三方面需要兼顾的平衡，货币政策宽松程度需要谨慎把握，在兼顾当前经济下行压力的同时，还要考虑降杠杆、防通胀等方面的需求。毕竟当前经济增速下滑是去产能和调结构必经的阵痛阶段，并且很大程度上还受全球经济低迷等外部因素影响，增长仍运行在合理区间。而货币政策总量松动已经达到一定的力度。积极的财政政策相对于宽松的货币政策拥有更好的针对性，可更直接地产生效应。再者，当前 PPI 连续下行，不仅仅是国内产能过剩和需求弱的表现，国际能源供需失衡带来的输入性因素也是十分重要的原因。过于宽松的货币政策不仅不一定能缓解 PPI 下行趋势，反而可能增加物价和资产价格的上行压力。而结构性工具"精准定位"的优势可以进一步灵活发挥。常规工具中，降准相对于降息空间更大。但由于目前市场资金整体情况相对宽裕，未来降准主要是承担应对跨境资金净流出情况下外汇占款降低所形成基础货币缺口压力的任务。总之，当前货币政策应更多地起到支持保障作用，不宜过度宽松，避免超调。

第三，房地产政策调整应双管齐下。房地产政策可从扩需求和促投资两个方向调整。在需求端，继续解除不必要的限制，减轻购房者负担，促进合理购房需求顺利释放。一是降低商贷首付比例，非限购城市首套房商贷首付比例可进一步下调至 20％。二是降低二手房交易税费。2015年涉及交易税费减免的仅为营业税，而契税和个税政策仍存在滞后之处。如契税和个税"唯一"的划分标准与当前支持改善性需求的出发点尚不相一致，并且个税"满 5 年"的标准可与"满 2 年"相配套。三是调整公积金政策。公积金政策在贷款额度上还有松动空间。目前多数城市的家庭公积金最高贷款额度还在 80 万元以下，若地方公积金余额充足，可通过提高公积金贷款额度上限来刺激需求入市。在供给端，应加大重点城市的土地供应,优化住房用地结构,减少囤地现象。积极推动对一二线城市的房地产投资,以改善这些城市供应吃紧的状况,防止房价上涨过快。作为保障性住房供给主体的地方政府可收购商品房作为保障房,既有利于消化商品房库存,也可以解决保障房房源问题,一举两得。

第四,政府作用与市场调节相结合,加速"去过剩产能"。自 2009 年国务院下发关于抑制部分行业产能过剩和重复建设的 38 号文以来,去产能尽管取得了一些进展,但总体上效果难言理想,产能过剩问题未得到根本改观。企业及地方政府观望者居多,主动压降产能者少。现实表明,在中国,过剩产能主要依靠市场力量自发实现出清并不现实,政府作用与市场调节两只手必须结合起来。一方面,应积极地发挥政府的作用。有关部门对于产能过剩重点行业的处置应有顶层设计,综合行业特点、区域分布平衡、企业运行情况等因素制定关停并转名单,并组织加以推动。对于被关停企业,也不能简单地一关了之,地方政府应提供适当的财政补贴,中央财政加以支持,做好职工安置、技能培训等善后工作。另一方面,还应鼓励过剩产能企业相互间开展市场化的兼并收购。在此过程中,国家应给予必要的贷款贴息政策,而商业银行也可通过提供并购贷款、并购债承销及相应的过桥贷款、顾问咨询等金融服务予以支持。

第五,激发各方投资活力。一是继续加大各级财政对公共基础设施等固定资产项目的投资力度,推动重大建设项目加快实施;有效发挥下调部分固定资产项目资本金比例等政策效用,提高各类主体的投资能力,增加实际投资规模。二是建立健全盘活财政存量资金的约束与激励机制,加强财政支出预算执行管理,确保重点项目资金按时到位,提高财政资金使用效率。三是在规范地方政府债务管理的同时,继续支持地方融资平台转型改制后的市场化融资,确保棚改等在建项目后续融资,保障基础设施投入资金来源。四是加快向民间资本开放更多投资领域,引导民间资本投入经济社会发展的关键领域和薄弱环节;加紧完善公私合营(PPP)的法律制度和政策扶持体系,规范项目实施与风险管控机制,有效促进PPP和特许经营等创新模式对社会资本的投资带动。五是进一步推动财政与金融的深化合作,以各类引导基金和融资支持基金为切入点,充分发挥各类金融机构的资金优势和项目优势,共同推进稳增长各项举措的实际落实。

第六，多措并举，加快商业银行不良贷款的处置。为助力去产能和调结构，建议通过以下措施加大力度处置不良贷款：一是充分运用重组手段，加快化解潜在业务风险。完善信贷风险应对机制，在银行同业间、银行政府间建立协调沟通机制，形成合力，共同应对经济下行期的企业经营风险。鼓励银行对风险贷款，特别是潜在风险业务，积极采取重组手段予以化解，实现政银企的多方共赢。对重组贷款在风险分类上的限制性规定进行调整和完善。二是积极拓展不良资产处置思路，加快处置速度。近年来国内法律法规环境趋于完善，监管部门监管能力和商业银行经营规范程度显著提升，投行、信托、保险、会计、法律等中介机构服务能力和水平也有明显提高，有效利用这些渠道将为拓宽商业银行不良资产清收处置思路提供有力保障。三是用好用活现有拨备资源，适当放宽拨备覆盖率监管要求。拨备的目的就是应对风险损失。综合考虑当前风险暴露的实际情况，可适当放宽对商业银行拨备覆盖率的监管要求；也可以针对各家商业银行业务特点、贷款质量、风险管理水平的不同情况，分别设置个性化的监管标准，鼓励银行用好用活现有拨备资源，有效控制不良资产增长。四是拓宽交易市场主体，推动不良资产转让。随着不良资产转让业务日趋成熟，不良资产批量转让的买方市场已经显现。建议通过逐步拓宽不良资产批量转让的交易主体范围，平衡市场供求关系，充分运用市场机制，更好地盘活存量不良资产。

双管齐下促进"三去一降一补"①

    本次中央经济工作会议提出,要促进经济运行稳中有进、稳中向好,明确了去产能、去库存、去杠杆、降成本、补短板五大重点任务。我认为,未来需要在财政、金融、投资、产业政策以及深化改革等方面采取针对性举措,在需求端管理和供给侧结构性改革两方面双管齐下,很好地加以落实。

实施更有力度、重点突出的积极财政政策

    鉴于经济下行压力较大和结构调整任务繁重,建议 2016 年实施更有力度的积极财政政策。2016 年赤字率可扩大至 3% 左右,财政赤字达 2.1 万亿元左右。

    从实施目标和领域来看,财政支出预算增长应加强结构性考虑,新增部分主要投向"促转型""调结构"重点支持的领域。加大财政赤字、财政支出与减税降费同时并举,尤其要减轻民营企业和小微企业负担。

    一是促转型和调结构应成为财政支出扩大的重点。加大力度发挥财政补贴对消费的杠杆效应,促进消费结构升级和消费增长,推进地区间基本公共服务均等化,加大对战略性新兴产业的财政资金支持,助力"双创"企业和小微企业成长。

    二是实施更有力的减税降费。在融资成本依然偏高和企业盈利能力下降的情况下,进一步降低税费成本应该成为减轻企业负担的重要手段。建议 2016 年我国结构性减税 3000 亿元左右。进一步降低民营企业、"双

---

① 本文发表于 2016 年 1 月 11 日《金融时报》。

创"企业、小微企业的增值税(营业税)、企业所得税等税负。通过税收引导战略性新兴产业、"制造业2025"加快发展,对于"互联网+"企业可加大税收扶持力度。在加大结构性减税力度的同时,还应规范涉企收费,进一步减轻企业费用负担。从需求侧来看,当下有必要推行结构性减税。个人所得税总额占比在结构优化中应适当下调,加大对中小企业、新兴产业的减税力度和行政收费减免力度。

三是深化改革,保障积极的财政政策更有力度。积极推进国有企业和国有银行股权结构改革,通过释放非金融类和金融类国有资本,每年增加财政可用资金可达1.5万亿元。国有企业和国有银行股权结构改革将提供充足的财政资金来源,而财政赤字扩大则可以创造减税空间。还应通过税制改革拓展中长期财政资金来源,推进财政体制改革来提升财政资金使用效率。

积极有序地推进去产能和去库存

前些年过量的经济刺激导致产能急剧扩张,目前外需疲弱、投资增速下行、工业通缩加剧等因素叠加,导致产能过剩问题非常严重,成为拖累经济增长的重要原因。未来应重视并加强顶层设计、总体安排,以市场化方式为主,因地制宜、分类有序地处置过剩产能,同时配合做好财税支持、不良资产处置、失业人员再就业等保障工作。

应加大财政支持产能过剩治理的力度,有针对性地增加财政资金投放。去库存主要是去除房地产库存,取消过时的限制性措施,促进房地产业兼并重组和提高产业集中度。在去产能和去库存过程中尽可能少破产清算,而是借助资本市场力量,加大金融业支持,更多采取兼并重组的形式。由于产能过剩和库存高企是长期积累起来的,不能指望迅速出台政策后达到一蹴而就的效果,否则可能会带来一系列负面效应。去产能和去库存应该是一个既积极又稳妥的有序过程。

未来需要有效推动区域协同和城乡一体化发展,通过需求的持续增长促进去产能和去库存目标的实现。当前我国城镇化水平只有54.77%,未来发展空间巨大。目前城镇化正处于高速发展阶段,未来不但能够在

24

户籍人口城镇化率提高的过程中加快房地产库存的消化,激发有效需求缓解去产能压力,而且可以为经济增长提供新的劳动力,缓解人口老龄化压力。在区域协同发展方面,围绕"一带一路"、京津冀协同发展和长江经济带三大战略为基础,构建区域协调发展的新格局,依靠东部地区先行发展经验带动中西部地区经济发展。在城乡一体化发展方面,统筹空间、规模、产业三大结构,优化提升东部城市群,在中西部地区培育发展一批城市群、区域性中心城市和大量中小型城镇,让中西部地区在当地完成城镇化转型。

多方位结构性降低企业经营成本

近年来降低企业经营成本的成效并不显著。与成熟经济体相比,我国企业经营成本明显偏高,尤其是民营和小微企业的相对成本很高。未来应打"组合拳",全面降成本,措施可以涉及企业经营的方方面面。

具体包括:通过转变政府职能、简政放权,持续降低制度性交易成本;通过税制改革,进一步正税清费,降低企业税费负担;通过精简归并"五险一金",降低社会保险费;通过创造利率市场化的融资环境,降低企业融资成本;通过电价市场化改革,降低企业用电成本;通过流通体制改革和基本设施建设,降低物流成本。在多方位降低企业经营成本的同时,还应突出重点,加大民营和小微企业的降成本力度;应有针对性地改善其经营环境,降低各类经营成本,促进"大众创业、万众创新"蓬勃开展。

积极稳妥地深化改革

加大重要领域和关键环节的改革力度,加快出台各类改革举措。

在国有企业改革方面,在遵循市场化原则的基础上,构建更加完善的现代管理制度,组建和改组国有资本投资、运营公司。加快垄断行业改革,在保障产业安全的前提下,进一步向民企等多种所有制资本敞开大门。提高国有资产证券化率,稳健开展兼并重组,提升国有资本运行效率,稳步提高创新能力和国际竞争力。

在金融市场体制改革方面,加快构建多种所有制和多层次的金融体系,提升银行业、证券业、保险业等各类金融主体的金融创新力和市场竞争力,促进金融业持续健康安全发展。通过自贸区试点和离岸人民币清算中心建设,扩大资本项目可兑换、跨境投融资、人民币跨境使用等,提升金融系统创新能力和竞争力,在风险可控的前提下,逐步提升对外开放度。2016年是资本市场改革关键之年,必须坚持市场化、法治化,推进《证券法》《公司法》等市场基本法律的修订,不断完善市场规则,在执行中要严格依法办事,加强市场监管,减少行政性干预。以市场化方向深入推进新股发行体制改革,避免股票市场大起大落,充分保护投资者的合法权益。建立上市公司退市的基础性制度,促进资本市场优胜劣汰,提高上市公司质量,优化市场资源配置。

在财税体制改革方面,加快推进明确划分中央与地方事权和支出责任、完善地方税体系、减轻企业税务负担、增强地方发展能力等关键性问题。在养老保险制度改革方面,完善个人账户,坚持精算平衡,提高统筹层次。在医药卫生体制改革方面,从群众的切身利益出发,坚持"保基本、强基层、建机制"的原则,解决好群众看病难、看病贵问题。

加大金融对去产能、去库存的支持力度

当下急需金融机构加大对去产能和去库存的支持力度,助推产业优化升级。金融机构应紧紧围绕去产能、去库存工作部署,调整经营策略,在信贷政策上积极支持产业结构调整。对过剩的、落后的产能严格限制信贷投放,严控信用风险,但不能盲目抽贷,要做好风险识别和客户分类;对行业内部分创新能力强、转型效果好的企业,在风险可控的前提下,应适当加大金融支持,提供更好的金融服务。应配合房地产限制政策的进一步松动,加大按揭贷款的投放力度,促进房地产库存的消耗。主动支持一、二线城市开发商扩大投资,以增加供给,抑制房价进一步上涨。充分利用金融业专业性优势,促进过剩行业兼并重组,提升产业生产效率,扩大有效供给,增加产业效益,助推产业优化升级。

通过改革有效提升金融服务实体经济的效率,加大金融支持重点工

程和重点领域的力度。我国整体基础设施水平还不足发达西方国家的1/3,而我国中西部地区基础设施水平又不足东部地区的1/3。基建投资项目、市政工程、棚户区改造、民生工程等国家重大项目仍是稳增长的重要内容,金融机构要加大相关领域支持力度,特别是为中西部地区建设发展提供充足的金融支持。新兴产业是中国未来发展的新源泉,要加大对服务业、现代物流业、现代装备制造业、战略性新兴产业等行业的金融支持。有必要加大对小微企业、"三农"领域等社会薄弱环节的扶持,加大力度支持"大众创业、万众创新"。

高度警惕并严密防范系统性金融风险

第一,要有效化解地方政府债务风险,完善并加强全口径政府债务管理,继续采取地方政府存量债务置换、扩大地方政府债券发行体量等措施,逐步降低地方政府债务风险。

第二,要加强全方位监管,规范各类金融风险,谨防不良率上升带来的违约风险激增,加强风险监测预警,遏制非法集资。当下应特别关注经济下行压力加大和改革步伐加快背景下的内外联动的系统性金融风险,采取针对性措施,协调监管部门行为,守住不发生系统性和区域性风险的底线。2016 年商业银行要把风险管理放在更加重要的位置,防范和化解各类风险,杜绝系统性风险的发生。在全社会加大力度处置过剩产能的大背景下,银行业需特别关注和高度警惕市场上涌动的逃废银行债务的暗流,前瞻性地采取针对举措,有效防范此类风险。面对不良资产和不良率上升的压力,要持续深化改革、转型发展,围绕保持利润、稳健增长、资产质量基本稳定的目标,突出抓好风险管理、息差管理和成本管理等基础工作。

经济或步入新常态目标区间[①]

2016 年经济运行开局出现了一系列企稳回暖的迹象,如投资回升、物价反弹。前期系列组合政策的效应开始显现,周期性、结构性和外生性因素不同程度地有所好转。持续数年的经济增长下行态势可能改变,经济运行有可能进入新常态的目标区间。但财政政策、投资政策、房地产政策和货币政策的边际效应正在减弱,各类风险隐患依然存在,需要高度重视并采取更有针对性、更为适度和更加精准的应对措施。

"三性叠加"压力不同程度有所减缓

所谓"三性叠加",是指经济运行中的周期性因素、结构性因素和外生性因素相互交织、相互影响和共同作用。这是近年来我国经济下行压力较大的主要原因。

房地产在 2014 年成交萎缩、投资急速下滑,拖累投资与消费,其中既有周期性因素,也有结构性因素。而周期性因素中很重要的是前期政策调控的影响,即金融危机之后的刺激政策需要消化。工业产业持续调整和通缩状态发展主要是结构性因素所致,但也有周期性和外生性因素推波助澜。美国加息预期影响国际市场资本流动,发达国家经济复苏分化和发展中国家经济增长放缓导致外需不振,则是明显的外生性因素。正是因为这三种因素叠加在一起,造成了这几年我国经济错综复杂的局面。然而,2016 年以来,"三性叠加"压力似乎有所缓解。

伴随政策调控,周期性因素发生改变。在积极的财政政策、稳健偏松

---

① 本文发表于 2016 年 6 月 28 日《上海证券报》。

的货币政策、力度加大的投资政策和普遍松动的房地产调控政策的共同作用下,经济周期性下行初显扭转迹象。

2015年以来,商品房成交量迅速扩大,销售额创历史新高。后端销售向前端投资传导,2016年以来,房地产投资增速明显反弹,年内房地产开发投资增速有望维持在5%～8%之间。房地产投资占固定资产投资的比重约20%,由于房地产开发投资在直接带动投资增长的同时,还带动上游钢材、水泥等行业需求,对制造业投资和基建投资都将起到拉动作用,其直接和间接影响合计带动投资增长的比重可达40%左右。商品房销售回暖将带动装潢、家电、家具等相关系列产品消费,对经济运行起到重要作用。

2015年以来,稳增长政策力度加大,大量投资项目出台,基础设施建设投资增速在几年前曾一度下跌至个位数,目前又重新回到20%左右。全国发电量保持增长,清洁能源增势较快。2016年1—5月全社会用电量同比增长2.7%,比上年同期回升1.7个百分点。第二、三产业用电量分别增长0.4%、9.6%,第三产业增长状况明显好于第二产业,结构不断优化。2015年末我国城镇化率为56.1%,中、西部地区城市化水平不足东部地区的1/3,目前正处于快速发展期,新型城镇化建设将带来新的基建投资和房地产投资空间。

转型升级成效在多个层面逐渐显现,结构性因素的压力有所缓解。随着经济结构转型调整持续推进,2016年第一季度第三产业增加值增长7.6%,占经济总量的56.9%,比重比上年上升了6.4个百分点,比第二产业高出19.4个百分点。经济增长动能逐渐从工业向服务业转移,服务业占经济的比重持续提升,税收贡献增大,就业创造能力得到提升,逐渐成为经济增长和社会稳定的双重稳定器。

从地域分布上看,第一季度经济增速低于6.5%的省份有4个,吉林、黑龙江、山西、辽宁分别为6.2%、5.1%、3%、-1.3%。这些省份的经济结构以煤炭、石油、钢铁、汽车等领域为主,产能过剩压力很大,拖累了全国经济增长。这些省份增长放缓正是全国结构调整的一种表现,可以说是为了提升经济增长质量而出现的调节。与此同时,大部分省份经济依然保持较快增长,有12个省份经济增速超过8%,其中西藏、重庆、贵州等西部省份经济增速更是超过 10％。

从工业产业内部看,结构转型取得积极成效。传统过剩产能部门普遍增速较低,而高新技术、高端装备等新兴产业则增长较快。去产能持续推进,2016 年 1—5 月生铁、粗钢、电解铝、原煤的产量同比负增长;与此形成鲜明对比的是,高技术产业、装备制造业、消费升级相关产品制造业实现快速增长,新能源汽车、工业机器人、集成电路、信息化学品增速分别达到 88.8％、25.8％、16.7％、27.5％,成为带动工业增加值增长的重要力量,工业生产的质量也得到提升。

全球经济弱势增长,外生性因素影响相对平稳。目前全球仍处于金融危机之后的恢复性阶段,虽然存在不均衡性和脆弱性,但全球经济仍处于增长的进程中。在发达国家中,金融危机爆发起始地美国的经济复苏表现较好。美国失业率降至 4.7％,为 6 年来新低,但通胀水平 1.1％,不及 FOMC(美国联邦公开市场委员会)预期目标,5 月非农部门新增就业岗位仅 3.8 万个,远低于预期,再加上考虑到其他国家对美国货币政策收紧的抵触情绪,美联储再次加息显得尤为谨慎。如果美国经济保持复苏态势,就业状况继续向好,通胀率逐渐上升至 2％左右,则年内仍有加息可能。

从国际市场来看,2016 年初以来全球大宗商品价格及活跃程度回暖,CRB 现货综合指数从年初 375 点上涨至 6 月初 420 点,布伦特原油和 WTI 原油价格也从 28 美元/桶左右的低位上升至 50 美元/桶。波罗的海干散货运价指数(BDI)快速上涨,从年初 290 点上涨到 6 月初 610 点,虽然近期有所回落,但依然是年初的 2.1 倍。虽然各项可观测指标绝对值依然较低,短期内大宗商品市场供大于求的状况难以扭转,但国际市场环境正在逐步回暖过程之中。

政策调控效应显现,边际效应有所减弱

积极的财政政策加大实施力度,未来拓展空间有限

在 2009 年政策强刺激之后,我国 2010—2012 年财政政策处于收紧状态,2013 年以来逐渐趋于积极。财政赤字率从 2012 年的 1.5％持续上

升至 2016 年的 3％,财政赤字额从 2012 年的 8000 亿元增长到 21800
亿元。

稳增长政策力度加大,新审批了大量投资项目。包括加快推进重大
工程项目包建设、重大水利工程建设、铁路公路等交通基础设施建设、轨
道交通及地下管廊等基础设施建设、大规模保障房建设、能源项目及节能
环保设施建设等。实施"一带一路"、京津冀协同发展、长江经济带三大战
略,推进新型城镇化和城乡一体化发展,大力推广 PPP 模式,一系列新的
经济增长点正在逐渐形成。2016 年 3 月以来,基建投资增速处在 20％左
右的较高水平上。

由于当前调结构与稳增长同样重要,财政支出预算结构调整,更多地
支持消费、新兴产业、民生保障等促转型领域,对过剩行业需要严格限制,
不会出现 2009 年那样大水漫灌的情况,因此此轮积极财政政策促进经济
增长的作用不会强于上一轮。2016 年财政赤字率上升至 3％,未来再大
幅提升的空间有限。

经济增长减速的环境下财政收入增长放缓,2015 年全国公共财政收
入增速下降至 8.4％,将制约财政支出增长。地方政府不作为现象时有发
生,地方平台过去的粗放式融资渠道受限,影响稳增长政策的落实效果。
虽有大量 PPP 项目推出,但存在法律法规体系不健全、融资支持力度不
够、项目质量不高、预期回报率不高等一系列问题,难以充分调动社会资
本参与的积极性。1—5 月民间投资增速下降至 3.9％,比上年大幅减少
6.2 个百分点。

房地产行业稳增长效应再次显现,但开发投资增速回升有限
在前期房地产政策持续放宽的刺激下,2015 年第一季度末以来商品
房销售市场回暖,带动 2016 年初房地产开发投资上涨,发挥了稳增长的
重要作用,也表明房地产行业在现阶段的支柱地位难以代替。其对前端
钢铁、水泥、化工等原材料行业,后端家装、家电等行业的带动作用不容小
觑。但房地产开发投资增速难以持续上升,1—5 月房地产开发投资增速
为 7％,比 1—4 月小幅下降 0.2 个百分点,房地产开发企业房屋施工面
积、房屋新开工面积、商品房销售面积、商品房销售金额增速都有所下降。

根据以往经验,房地产销售明显回暖一至二个季度后会带动房地产开发投资的回暖。2015年第一季度末房地产销售增速开始上升,但2015年房地产开发投资增速逐月下降,直到三个多季度后的2016年初才开始回升。阻碍房地产投资大幅回升的原因是库存压力依然很大,二、三线城市开发活跃度降低,三、四线城市库存高企严重阻碍新开工意愿。为了抑制房价快速上涨,局部地区紧缩性房地产政策重新面世,一线和部分二线城市未来不免有房地产政策再次收紧,采取限购、限贷、限价、限地等措施反向操作的可能。随着人口结构转变,房地产市场可能经历需求结构改变,未来房地产开发投资的预期将会走弱。

货币政策稳健偏松保证了流动性充足和融资成本下降,边际效应正在递减

2014年第四季度以来,央行共进行了6次降准和6次降息,完全放开了利率浮动限制,并配以公开市场操作和结构性工具的使用,适时、合理地选择政策工具,为稳增长、防风险、调结构提供了金融支撑。稳健偏松的货币政策促使信贷支持实体经济力度逐渐增强。2015年新增人民币贷款11.72万亿元,较2014年多增1.94万亿元;2016年第一季度新增人民币贷款4.61万亿元,同比多增1.2万亿元。

利率水平整体下移推动融资成本降低,利率走廊效应正逐步显现。2014年底至今,1年期存款基准利率由3.0%下降至1.5%,货币市场利率、债券市场利率以及信贷利率一年多来都趋势性走低,人民币贷款加权平均利率已由降息前的6.77%下降至2016年第一季度的5.3%,大大降低了当前企业的信贷融资成本。三年前非信贷融资成本高于20%的情况司空见惯,而目前超过10%的却凤毛麟角。1年期和10年期国债到期收益率分别由2014年末的3.2586%、3.6219%下降至2016年第一季度末的2.0861%、2.8419%。2015年以来,房企市场发债成本大都低于4%。

与此同时,我国"利率走廊"机制还在研究和探索性实践阶段,但利率引导效应已在市场上有所体现。央行通过对超额准备金利率、SLF、MLF、PSL利率的调整,进而对不同期限利率的波动区间初步显现了区间锁定功能。多种工具保市场流动性相对充裕,货币供给增速明显上升。

2015 年公开市场投放和回笼分别为 3.24 万亿元和 3.23 万亿元。进入 2016 年以来,公开市场操作不论从规模还是频率来看都上了新台阶,投放和回笼金额分别已达 4.55 万亿元和 4.24 万亿元,远超前两年全年规模。公开市场操作时间窗口延长,大大增强了市场流动性,M2 走势波动中有所回落,M1 同比增速则已大幅反弹。

当前企业的经营成本明显下降,主要是融资成本和原材料购进成本持续回落,劳动力成本略有上升但不明显。如前所述,随着利率水平大幅降低,企业间接融资和发债成本持续下降。全球大宗商品和上游资源能源类原材料价格低位运行,企业经营的购进成本较低。在利率降低的同时地方政府加大发债力度,2015 年发行地方政府债券置换存量债务 3.2 万亿元,新增债券 6000 亿元,降低利息负担约 2000 亿元;2016 年前 4 个月发行地方政府债券已超过 2 万亿元,已降低成本约 1200 亿元。

货币政策并不能为实体经济直接创造需求,当市场并不缺乏流动性,缺乏的是实体行业扩大投资生产的机会和意愿的时候,宽松政策的效果将不显著。降息降准等货币政策的预期效果是边际递减的,在短时间内多次降息后,市场对再次降息的敏感度下降,刺激效果减弱。

货币政策进一步宽松不合适也不再适用,基准利率和准备金率调整需要谨慎。"大水漫灌"式的政策放松不仅边际效果递减,还会加剧杠杆率上升、资产价格泡沫等风险。释放的流动性中的相当部分往往不会被实体经济吸收,反倒有可能会流入房市、股市以及部分具备投机潜力的消费品市场,甚至造成局部房价上涨、资本市场波动、部分消费品价格飙升同时出现。

综合以上分析,当前周期性因素、结构性因素和外生性因素出现好转,前期系列组合政策的效应开始显现,经济运行环境正在改善,增长持续明显下行的态势可能在 2016 年有所改变。但财政政策、货币政策的边际效应在减弱,未来经济运行难以实现 U 形回升或 V 形反弹。当前和未来一个时期,经济运行步入 L 形拐点的可能性较大。未来增长可能在波动中向水平方向运动,可能运行在 6.5% 至 7% 区间。

经济运行四方面不确定性需要关注

当前经济运行中多方面风险逐渐积累,需要引起关注。

一是外部经济环境仍然存在不确定性。全球经济正在经历结构调整,除美国以外的主要发达经济体、新兴市场经济体经济脆弱性在增强,不确定因素依然较多。减债压力、宏观经济失衡等多重因素导致欧洲经济潜在增长率较低。另外,超常规刺激政策的边际效应减弱,东亚经济关系僵化,日本经济可能再次出现低迷。在初级产品及低端加工产品需求走弱和价格下跌的影响下,新兴市场和发展中国家经济结构失衡问题依然严重,整体经济增速有可能放缓。

地缘政治局势难以缓解、恐怖主义抬头、难民潮有增无减,将加大国际市场的不确定性。全球贸易规模仍有萎缩的可能,外需疲弱影响中国出口和对外贸易发展,对经济增长形成制约。美国仍有可能再次加息、全球资本市场动荡等都将对中国经济带来影响。

二是经济运行的杠杆风险加大。去杠杆作为2016年经济工作中的重要一环,对于稳定经济增长、降低风险具有重大意义。而货币投放扩大和房市政策放宽带来的"溢出"效应值得关注,有必要警惕实际信贷增速过快、企业债务和房地产市场杠杆"不降反升"的风险隐患。

2015年新增贷款增至11.72万亿元,余额同比增速提高至14.3%,算上3.2万亿元的债务置换(保守估计约1/3属于银行信贷,即1万亿元左右的信贷投放),实际信贷余额同比增速应为15.6%左右。2016年地方政府债务置换步伐加快,截至4月底置换规模超过2万亿元,预计全年实际信贷余额增速可能会达到17%～18%。2014年我国企业部门贷款和发债规模与当年GDP的比值为110.72%;2015年该比值为118.8%,考虑到地方债务置换后的比值达120.38%;预计2016年该比值可能会提高至129%～131%。

三是去产能进程预期不明可能带来经济下行压力。产能过剩行业面临内外两方面需求走弱的压力。我国经济正在经历从工业化到服务业化的转变,经济结构转型对工业领域的需求减弱;金融危机之后全球经济处于调整恢复期,外需较疲弱,加重了传统出口产业产能过剩压力。

当前产能过剩存在两方面特征:产能过剩领域涉及水泥、钢铁、煤炭、船舶、纺织品、部分小商品等大量传统工业行业;产能结构性错配严重,产能过剩行业集中于传统资源能源和技术含量较低的制造业,然而经济结构转型和消费增长所需要的产品供给不足。

从短期来看,去产能进程的推进可能影响年均经济增速大约0.3个百分点;如果五大产能过剩行业去产能30%,可能会提升城镇失业率约0.2个百分点。但如果相关减缓压力的措施真正到位,则其影响应该可减轻至可接受的程度。

从长期看,产能过剩治理将有利于经济结构调整和转型。但短期内,产能过剩治理预期存在不确定性,市场观望情绪浓重,从而影响相关行业发展,是制造业投资和民间投资不振的重要原因。

四是资本市场和外汇市场再度联动风险依然存在。当前境内外经济金融形势非常复杂,不确定性很大,各种因素相互交织和相互叠加,导致我国金融领域风险增大。2016年初我国股市和汇市同时出现剧烈震荡,影响到经济稳定运行。在实体经济仍有下行压力的情况下,加之美国仍有可能再次加息、全球资本市场动荡、地缘政治冲突等外部因素导致国际资本风险偏好下降,市场对人民币贬值的预期难以在短期内完全消退。

一旦应对不当,特别是若再次出现阶段性大幅贬值,不排除引发市场恐慌情绪,导致汇率市场剧烈波动,大量资本外流,造成国内资本市场大幅震荡。曾经出现的汇市动荡表明,人民币离岸市场对在岸市场的影响远超预期,对此不能掉以轻心。因此,未来仍应防止再次出现股市汇市动荡、资本流出压力加大的不利局面。

保持经济平稳需要政策更适度、更精准、更有针对性

虽然当前经济运行初显企稳迹象,但面对众多结构性难题和极其复杂的内外部经济挑战,需要更有针对性、更适度和更加精准的政策应对,以保持经济平稳运行。

建议采取更加积极有效的财政政策和投资政策

积极的财政政策应加大落地力度,财政支出与减税降费同时并举,尤其应减轻民营企业和小微企业的负担。财政支出预算应加大结构性调整,新增部分应主要投向"促转型""调结构"重点支持的领域。发挥财政补贴对消费的杠杆效应,促进消费结构升级和消费增长,加大对战略性新兴产业的财政资金支持。尽快安排赤字资金,加快财政预算支出进度,提升财政资金使用效率。

加大各级财政对公共基础设施等固定资产项目的投资力度,推动重大建设项目加快实施。激发各方主体参与投资的积极性,加快向民间资本开放更多投资领域,引导民间资本投入经济社会发展的关键领域和薄弱环节,完善PPP模式的法律制度和政策扶持体系,促进创新模式对社会资本的投资带动。

房地产政策应从扩需求和促投资两方面同时发力

在需求端,继续解除三、四线和部分二线城市现有的不必要的限制,减轻购房者负担,促进合理购房需求顺利释放。非限购城市应加大去库存力度,提高公积金贷款额度上限来刺激需求入市,降低二手房交易税费。在供给端,应加大重点城市的土地供应,优化住房用地结构,减少囤地现象。

积极推动对一线和部分二线城市的房地产投资,努力增加土地供应,以改善这些城市供应吃紧的状况,有效抑制地王、标王现象,防止房价上涨过快。作为保障性住房供给主体的地方政府可收购商品房作为保障房,这样既有利于消化商品房库存,也可以解决保障房房源问题。未来房地产政策应顺应市场变化,形成差异化和多元化格局,因城施策,及时应对。

积极稳妥地推进去产能进程,稳定市场预期

当前政策需要在稳增长和调结构之间加以平衡,需求侧的稳增长政策着眼于短期经济增长,而供给侧的结构性调整更多地作用于中长期经济增长质量的提升。去产能作为供给侧结构性改革的最重要工作,应在不严重影响短期经济增长、就业市场和社会稳定的基础上稳健推进。

重点推进钢铁、煤炭、水泥、电解铝、平板玻璃、船舶制造等行业去产

能,首先开展钢铁、煤炭行业去产能工作,再逐渐向其他行业推进。地方政府应合理协调产能过剩企业与债权银行的关系,在依法合规的前提下稳妥、有效地推进这一过程。应加大去产能政策和进程的透明度,以稳定市场预期,提振投资者信心。

兼顾降杠杆、控泡沫和稳汇率多重目标,实施稳健中性的货币政策

鉴于 2016 年国内外环境仍较复杂,国内信贷增长有提速迹象,市场利率水平低位运行以及当前银行体系流动性相对宽裕的现状,建议未来一段时间货币政策保持稳健中性。应加强窗口指导,合理定向调控,保持信贷增速处在合理水平。

在实体经济持续下行压力尚未彻底改观前,保持一定的杠杆是必要的。但信贷增速需要控制,不宜让杠杆率恢复较快增长。货币政策过度宽松必然带来溢出效应,可能吹大诸如房地产等资产价格泡沫,不仅带来短期市场波动,还会增加中长期风险隐患。货币政策若进一步向松的方向大幅调整,还可能增加资本流出压力,年内降准应仅限于对冲因外汇占款减少所带来的流动性不足。未来降息应当谨慎,除非有严重的负面冲击,否则不宜进一步调低基准利率。

审慎推进资本和金融账户开放与汇率机制改革

未来为了更加有效地防范可能出现的系统性金融风险,除了有效推进宏观审慎管理外,建议针对性地推进金融改革开放。吸取近年来市场大幅震荡的教训,应从顶层管理入手,建立管理决策机制。但在目前国际环境和国内状况下,进一步开放资本和金融账户风险较大。因此,宏观上应审慎,微观上应稳健。

在当前资本外流和汇率贬值压力较大的情况下,建议合理和稳妥地设计资本和金融账户基本开放的步骤与路径,采取先试点再推广的策略。当前的内外部环境可能并不是大力推进汇率市场化改革的较好时机,可待内外部条件改善时,再适时加快推进汇率形成机制改革和资本与金融账户开放。在进一步推进资本和金融账户开放时,应确保并加强市场干预能力,以有效应对市场发生的动荡。

新时代的经济特征和发展趋势[①]

中共十九大明确,中国特色社会主义进入新时代,总任务是实现社会主义现代化和中华民族伟大复兴,在全面建成小康社会的基础上,分两步走,在本世纪中叶建成富强民主文明和谐美丽的社会主义现代化强国,提出新时代我国社会主要矛盾是人民日益增长的美好生活需要和不平衡不充分的发展之间的矛盾。处在新时代的背景下,中国经济会有哪些主要特征?经济领域会发生怎样的趋势性变化?这些问题值得思考。

从十九大报告提出的总任务、基本矛盾、根本宗旨、总体布局、基本方略、战略部署和体制改革各方面入手梳理,未来经济领域可能在十个方面发生重要变化,应该引起高度关注。

发展方式实现转变

改革开放近 40 年来,中国经济无论从规模还是数量角度去看,都已经获得了举世公认的巨大发展。但也存在这样那样的问题和不足,其中一个重要问题就是经济发展过于粗放,质量、效益不尽如人意。一直以来我国就提倡经济要从粗放型发展向集约型发展转型,但迄今为止成效并不显著,实现集约型发展方式始终是重要的努力方向。十九大报告明确指出,经济要由高速增长阶段转向高质量发展阶段,要形成质量第一、效益优先的现代化经济体系。这就意味着未来发展方式必须摆脱粗放型方式,朝着集约型方向发展,并最终确立集约型的发展方式。十九大报告通篇没有再提 GDP 和翻番之类的要求,却强调了质量、效益、结构以及活力

① 本文发表于 2017 年 12 月 5 日《上海证券报》。

等要求,充分表明了高质量发展的战略导向。实现粗放型到集约型的发展方式转变是构建质量第一、效益优先的现代化经济体系的必由之路。为了构建现代化经济体系和实现高质量发展,十九大报告强调要以供给侧结构性改革为主线,推动经济发展质量变革、效益变革、动力变革,全要素生产率达到先进水平,形成市场机制有效、微观主体有活力、宏观调控有度的经济体制。这些重大变革都将有力地推动发展方式转变,使集约型发展方式成为新时代经济的主体发展方式。

经济增长的新动能形成

在长期以来的经济增长中,投资发挥了最为重要的作用,或者说投资是拉动经济增长的第一把交椅。直到今天为止,我国资本形成总额占GDP 的比重约为 45%,而美英这一数字较高时为 27%,日韩较高时则为41%。近年来,消费正在逐步发力,对经济增长的作用不断增大。但 2016年美国个人消费支出占 GDP 的比重为 69%,而同期我国仅为 39%。可见,到目前为止经济增长动能转型依然没有从根本上实现。

十九大报告明确指出要培育新的经济增长点,首先是实施乡村振兴战略。迄今为止我国仍有 40% 左右的人口居住在农村。城镇化长期发展之后,很多城市发生了巨大变化,有的已经十分宜居。但农村发展和建设明显落后,有关土地和户籍等一系列体制机制束缚了农村的社会生产力,妨碍了农村经济发展。近年来已经推进三权分置等改革,但由于市场上依然存在妨碍改革的因素,思想解放不够彻底,农村改革依然任重而道远。十九大报告提出乡村振兴战略,很有针对性,十分有必要。未来农村经济将发生巨大变化。

十九大报告明确提出要完善促进消费的体制机制,增强消费对经济发展的基础性作用。未来破除体制机制障碍将成为消费升级的关键,中高端消费将成为着力培育的新的经济增长点。创新型消费、服务消费、文化休闲消费、品牌消费和信息消费将成为消费升级的主要内容。

十九大提出要加快发展先进制造业,培育一批世界级先进制造业集群;通过互联网、大数据、人工智能与实体经济的深度融合,来促进产业创新发展;在中高端消费、绿色低碳、共享经济、现代化供应链、人力资本服务等领域形成一系列新的增长点;快速发展现代服务业包括生产性服务业和生活性服务业,等等。在新时代,经济增长新动能将得到长足发展,尤其是先进信息技术与实体经济深度融合后产生的新动能,将成为推动经济增长的主要动力。

创新型国家确立

要成为一个世界一流的强国,毫无疑问科技水平和科技创新必须走在全球的最前列。从历史上看,美国、英国是如此,日本和德国的高速发展也曾经有着非常鲜明的科技领先特征。上述这些国家都曾经是或者现在依然是科技领先的创新型国家。经过长期发展,我国在科技方面已经有了不错的发展基础。2016 年全社会 R&D 支出达到 15440 亿元,占GDP 比重为 2.1%,2017 年前三季度高技术产业投资同比增长 16.4%。然而,我国的科技投入与发达国家相比仍然存在不小的差距。我国企业专利海外布局不足。统计表明,2014—2015 年期间,我国企业在海外布局的专利件数不到企业专利总数的 10%,由此影响我国的综合创新实力和综合竞争力。未来,研究开发方面要继续加大投入,通过各种政策和相关体制机制改革进一步激励科技创新发展。

十九大报告强调,创新是引领发展的第一动力,是建设现代化经济体系的战略支撑,要加快建设创新型国家。为此提出要求:前瞻性基础研究和系统性原创的成果要获得重大突破;突出关键共性的技术、前沿引领技术、现代工程技术、颠覆性技术创新;为科技强国、航天强国、网络强国、数字中国、智慧社会提供有力支撑;建立以企业为主体、市场为导向的产学研深度融合的技术创新体系;培育造就一大批具有国际水平的战略科技人才、科技领军人才、青年科技人才和高水平创新团队。强大的人才队伍是支持我国建设创新型国家最为重要的资源。无论是从新时代的经济特征来看,还是从新时代的发展方向来说,创新型国家的确立都应该是我国成为经济强国必不可少的要素。

经济结构合理优化

我国经济长期高速增长,但结构不合理,这似乎是个老生常谈的问题。产业结构、增长动能结构、服务业结构、制造业结构、城乡结构、融资结构等很多方面存在着不合理、欠优化的问题。这实际上是我国经济发展方式粗放和质量不佳的重要表现,需要持续加以调整,以达到新时代的要求。

尽管近年来有了长足的发展,目前服务业在 GDP 中占的比重依然偏低。新时代我国服务业占比至少要达到发达国家的平均水平。2014 年发达国家服务业占 GDP 比重的平均水平已达 70% 以上,美国 2016 年服务业占 GDP 的比重已达到 79.5%,而我国 2016 年服务业占 GDP 比重仅为 51.6%,甚至低于印度 2014 年 52.1% 的水平。相应地,我国制造业占 GDP 的比重在 2010 年达到 36.9%,处于全球第一的位置;而美国的这一比重在 2010 年仅为 12.4%。可见,我国的制造业比重偏高,未来发展质量有待提升,而服务业比重需要持续提升。十九大报告提出,产业要迈向中高端水平,新产业、新业态不断成长;民营资本进入国计民生领域,非公有制经济活力和创造力更好地激发。2016 年,我国的城镇化率为 57%,而发达国家城市化的平均水平约达 80%。我国未来的目标至少是达到 75%。

区域经济协调发展

经过近 40 年的发展,我国沿海地区整体发展水平已经差不多跟上发达国家,但中西部地区存在明显差距。东部、中部、西部地区占经济总量的比重分别为 59.1%、20.7%、20.2%,东部处于绝对的领先地位。东中西部居民人均收入差距较大。2016 年,东部地区居民人均收入为 28223.3 元,中部地区为 18442.1 元,西部地区为 16868.1 元。此外,在交通、医疗、教育等各类基础性服务方面,东中西部都有明显差距。这种差距是经济发展中不成熟的一面,但从另一个角度看又构成推动未来经济继续发展的空间。未来需要通过协调发展促使区域经济发展水平差距逐渐缩小,使之成为推动经济发展的又一个动力来源。

十九大报告指出,未来西部大开发要形成新的格局,东北老工业基地要振兴,中部地区要崛起,雄安新区要加快步伐建设。要形成沿海、沿江、沿线,即以主要铁路和公路线为主的纵向和横向的经济轴带,把整个国家经济从中、东、西、南、北很好地串联起来,明显缩小沿海地区与中西部地区经济发展水平的差距。十九大提出未来要以城市群为主体构建大中小城市协调发展的城镇格局,这表明未来的城镇化主要是以城市群概念为主。"带、路、群"将成为未来区域经济协调发展的重要抓手。

金融体系稳健开放

金融体系是一国经济体系中极其重要的构成部分。实体经济离不开金融,而经济长期高速发展之后,金融风险往往会不断积累。近年来我国金融风险呈现出多发性、扩散性和联动性的特征。20 世纪 80 年代以来,传统意义上的所谓经济危机基本上已不再出现。国际上只要发生危机,就一定是金融危机。频繁发生的金融危机对相关的实体经济带来很大伤害,如亚洲金融危机和 2008 年的国际金融危机等。因此,金融体系的稳健运行对一国经济至关重要。新时代金融必须是十分稳健的金融,应该始终把控好不发生系统性金融风险的底线。

在保持稳健运行的同时,金融业中的两个短板将会获得良好的发展。一是直接融资仍将加快步伐,新时代直接融资在社会融资中占比应该达到 30%左右,而目前只有 23.8%。二是普惠金融体系和民营金融将会获得长足的发展,成为我国金融体系中的重要构成部分。金融结构的完善将有助于金融更好地服务实体经济,有效地防范金融风险。

在经济开放、对外贸易和对外投资长期发展并达到较高开放水平之后,金融业的进一步扩大开放将成为必然趋势,这是提升中国金融国际竞争力的必由之路。按照十九大报告和金融工作会议的要求,未来金融对外开放步伐会稳步地向前推进。我国金融业会通过开放引入更多的外资,大型中资银行也将更多地跨出国界开展经营。资本和金融账户开放将基本实现,人民币在资本项下将实现基本可兑换。人民币国际地位会持续稳步地提升。

房地产市场回归本位

近年来,我国房地产市场引人瞩目,其主要问题是脱离本位,投资投机属性太强。据统计,目前我国房地产总市值已经高达约 43 万亿美元,超过 2016 年 GDP 总量的 4 倍,几乎接近美国与日本房地产市值的总和。房价高企在使主要城市居民居住条件改善举步维艰和形成资产泡沫风险的同时,还推动成本上升,长期吞噬主要城市的科技和产业竞争力,而主要城市通常都是科技创新中心和产业集聚地,因此房价高企的最大危害是长期削弱我国的科技和产业的国际竞争力。从中国的城镇化水平和人均 GDP 水平来看,未来房地产依然还会对中国经济产生重要的影响。"房子是用来住的,不是用来炒的"的定位如此明确,将对整个行业的发展起到警示作用,并对未来房地产行业的运行带来深刻、持续的影响。

一个时期以来,只要经济下行压力比较大,房地产的调控就马上松动,本轮调控亦是如此。十九大报告淡化经济增长政策目标,未来房地产作为重要宏观经济调控手段的特征也将随之减弱。在新时代,房地产长效机制建设将稳步推进,租售并举体制不断完善,房地产税将全面稳步实施,差异化的土地供给体制将形成,全国房价波动将趋收敛,"房子是用来住的"这一定位逐渐落地。

弘扬企业家精神和工匠精神

十九大报告中很有新意的一点,是要弘扬企业家精神和工匠精神。这与十九大提出的新时代基本方略、奋斗目标和基本矛盾等一系列重要阐述在逻辑上是一脉相承的。要改善人民的生活,要不断满足人民对美好生活的需要,毫无疑问需要企业家精神和工匠精神。新时代需要有一大批企业家爱岗敬业,注重质量,勤勤恳恳地耕耘,为社会提供高质量的消费品以及其他的各种产品。如果没有企业家精神和工匠精神,未来我国经济体系要真正做到质量第一、效益优先,成为一个注重质量的经济体,恐怕是做不到的。未来的政策需要很好地进行创新和具有针对性,以鼓励和推动企业家精神以及工匠精神发扬光大。

十九大报告指出,鼓励更多社会主体积极投身创新创业,形成一批优秀企业家群体;培育良好的企业家成长环境,保障企业家财产权、创新权益和自主经营权;建设知识型、技能型、创新型劳动大军,弘扬劳模精神和工匠精神,营造劳动光荣的社会风尚和精益求精的敬业风气。未来一个时期,依法保障企业家财产权是弘扬企业家精神的关键所在。

就业质量更高,收入分配差距缩小

按照每年的指标来看,近年来的就业完成状况都不错,就业数量上的问题可以说是解决了,但就业的质量并不高。按照国家统计局 2015 年的数据,我国单位劳动产出仅 7318 美元,明显低于世界平均水平的 18487 美元。很多就业依然处在劳动生产率比较低的行业。这种就业状况表明就业者的收入增长有限,很难达到通过收入水平提高来扩大消费的目的,因而在推动经济增长方面发挥作用较为有限。从长期看,就业质量的提高以及带来的收入水平的提高,对更好发挥消费对经济的拉动作用是十分重要的。十九大报告指出,就业是最大的民生,要坚持就业优先战略和积极就业政策,实现更高质量和更充分就业;注重解决结构性就业矛盾,鼓励创业带动就业;提供全方位公共就业服务,促进多渠道就业;破除妨碍劳动力、人才社会性流动的体制机制弊端,使人人都有通过辛勤劳动实现自身发展的机会。可见,未来就业质量的提升将成为一项重要任务。

毋庸置疑,新时代经济必然是和谐的,收入分配差距应该处在合理水平。当前我国的收入分配差距值得关注。2016 年我国高净值人群共持约 49 万亿元的可投资资产,2014—2016 年的年均增速达 24%。而 2016 年全国居民人均可支配收入名义同比增长率为 8.4%。由此可见,我国贫富之间差距在明显扩大。一般认为,基尼系数处在 0.3～0.4 之间较为合理,但我国这一系数长期处在 0.46 以上。这种状况是不可持续的,长期存在会加剧社会矛盾,不利于社会稳定。未来一个时期,收入分配差距缩小并达到合理水平应是努力方向。十九大报告提出,要完善按劳分配的体制机制,促进收入分配更合理、更有序;鼓励勤劳合理致富,扩大中等收入群体,增加低收入者收入,调节过高收入,取缔非法收入;居民收入与经济增长同步,劳动报酬与劳动生产率提高同步;居民劳动收入与财产性收入渠道进一步拓宽,政府要履行好再分配调节职能。缩小收入分配差距至合理水平,将会成为未来五至十年内的重要任务。

经济绿色发展,生态环境优化

长期以来,我国经济粗放式发展和监管严重缺失导致环境受到破坏,有的地方还十分严重。空气、水源和土壤受到不同程度的污染,影响甚至威胁人民的正常生活。近年来在政策持续发力下,情况正在改善,但依然任重道远。经济绿色发展和生态环境友好应该是新时代经济的重要体现,也是人民美好生活需求的重要构成部分。

十九大报告对此提出了一系列工作要求,要建立健全绿色低碳发展的经济体系,形成市场导向的绿色技术创新体系;构建清洁低碳、高效安全的能源体系,形成资源全面节约和循环利用的社会环境;生态环境监管体制有效运作,生态保护系统保护力度明显加大,突出的生态问题基本得到解决。十九大报告明确,为了加强对生态文明建设的总体设计和组织领导,设立国有自然资源资产管理和自然生态监管机构,完善生态环境管理制度。设立这一机构是中共中央重视生态文明建设的重要体现,必将对未来的生态环境保护起到重要的积极作用。

综上可知,新时代的经济特征其实是未来所要追求的目标,而实现这一目标将是一个过程,并非三五年就可以一蹴而就,因此上述十个方面的变化将是中长期趋势。这个过程将是中国经济质量和效益持续提升的过程,也是由大到强的演进过程。在此过程中,针对发展的不平衡和不充分问题,除了进一步推进改革,未来治理会成为主题。整个经济体各方面的深入治理会成为未来的长期重要任务。如果在发展过程中不进行持续的、针对性的治理,就难以达到所追求的质量第一、效益优先的现代化经济体系的目标。近年来金融风险事件发生频率上升,影响力度加大,风险联动性增强。通过一系列举措,金融风险状态已经得到了改善,系统性金融风险得到了有效控制。由于总体经济发展方向已然清晰,而体制机制和政策工具也在不断完善和健全之中,未来金融风险管控的意识可能更强,系统性金融风险发生的概率会比前一阶段降低。但金融系统中存在的问题依然不容忽视,加强治理不应松动,并应成为长期的重要任务。我们要通过强化治理,让原本正在靠近的"灰犀牛"走开。

寻求中国经济增长的新动能[①]

2016 年第四季度以来,多数经济指标趋向改善,有些指标的表现好于预期,生产和需求都有回暖,短期内总体运行保持稳中有进、稳中向好的态势。从中长期看,需要加大改革创新力度并使之落到实处,以释放中国经济增长的新动能。

培育新动能需要深度推进改革和转型

2016 年我国城镇化率为 57.35%,处于城镇化较快发展进程中,能够在较长的时期内释放投资和消费需求。我国区域之间差距很大,中西部地区发展空间广阔,经济回旋余地较大。虽然经济增长的潜力和空间依然较大,但并不意味着盲目追求经济高增速的做法可取。更重要的是在充分挖掘经济增长潜能的基础上,推进结构转型升级和增长方式转变,提升经济增长的质量和效益。具体包括以下四个方面:

第一,充分挖掘经济增长的潜力。我国城市化道路还很长,要扎实推进新型城镇化建设,撬动内需增长潜力。应加快步伐推进大中小各类别城市群规划建设,在深化发展初步形成的 12 个国家级城市群的同时,加快区域性城市群和中小城镇发展。推进城市群之间和城乡之间联动发展,实现跨区域城市群间产业分工、基础设施、环境治理协调联动。适度加快中西部地区基础设施建设,缩小东中西部区域差异。确保户籍人口城镇化率逐年提升,释放消费需求增长空间。加强人力资本投入、在公共教育和健康方面加大资源支持力度、培育新人口红利、提升单位劳动生产

[①] 本文发表于 2017 年 4 月《首席经济学家》创刊号。

率是提高人均 GDP 的关键。

第二，全面推进增长结构优化提升。一是产业结构优化提升。在去产能的背景下，适当容忍第二产业增速下降。确保第三产业保持较快增长，提升第三产业占比，增长动能向第三产业转变。二是工业结构优化提升。推进产能过剩行业的去产能工作，不只是钢铁、煤炭行业，也包括水泥、电解铝、有色金属等大量高能耗高污染行业，促进中低端工业产业向能源资源节约型、提升附加值以及自主创新的方向升级。三是服务业增长质量优化提升。改革措施更多地着眼于服务业，推进金融、运输、教育、文娱、医疗、养老等行业供给侧结构性改革，促进服务业产出能力和质量提升。很多服务业的准入限制依然严重，要加快服务业对内和对外开放。四是区域结构优化提升。推进经济增长极梯度转移，东部领先发展地区产业结构转型升级，同时为中西部地区提供更好的政策条件。

第三，深化改革提升全要素生产率。深化市场化改革，包括行政管理体制改革、财税金融体制改革、价格形成机制改革、土地和户籍制度改革、国企国资改革等多方面，消除制约经济增长的体制机制障碍。通过改革降低制度性交易成本、企业及工薪阶层税费负担、要素价格成本等，降低国民经济的生产和运营成本。为适应消费升级步伐的加快而开展各项关键性改革，消除消费的体制机制障碍，通过市场化力量提供与居民消费需求升级相匹配的商品和服务的供给。处理好政府与市场的关系，营造不同投资主体一视同仁的公平投资环境。打破行政性垄断，深化重点领域的市场化改革，提升竞争水平。明确产业发展规划和政策指引，强化制度性保障，让民营企业看得清方向、看得着前景，重拾投资信心，促进市场投资主体由政府向民间转移。

第四，加强创新提升内生增长动力。随着各类要素成本快速上涨，依靠要素投入驱动的增长模式已难以为继，而依靠创新的增长模式还未形成。创新驱动包括技术创新、制度创新和管理创新三个维度。技术进步与创新方面我国已积累了一定的基础，但仍有很大发展空间。2016 年国家知识产权局共受理发明专利申请 133.9 万件，同比增长 21.5％，创新水平处于快速提升时期。应进一步加快培育创新主体，集聚创新资源，打造创新平台，完善创新体系，优化创新环境，推动科技创新与"大众创业、万众创新"有机结合,依靠创新驱动实体经济发展。制度创新的重点是加强产权保护制度建设,激励创业创新创富,激发和保护企业家精神。鼓励民间资本主导的技术创新与产业升级,创造良好的制度环境保护国产技术与品牌。管理创新要引入吸纳国际上优秀的管理方法、管理手段、管理模式,特别是完善创新人才引进、培养和使用机制,培养优秀管理人才和科技人员、技术人员所组成的技术创新群体。

释放新动能需要在薄弱环节下功夫

我国经济至少长期存在三方面薄弱环节,解决这些问题有助于释放经济新动能。

实质性地推进农村土地改革

随着工业化、城镇化快速发展,土地制度改革滞后成为制约经济增长新动能有效释放的重要因素。农村部分宅基地及农房利用粗放、退出不畅,不但导致城市化发展面临土地使用障碍,而且严重束缚了农村大量劳动力转移,影响城乡一体化发展。以农村土地改革为突破口推进农业供给侧结构性改革,在保护农民权利、坚守耕地红线的前提下,要突破体制机制障碍,建立市场化机制。

一是完善农村土地"三权分置"改革。将农村土地集体所有权、土地承包经营权变迁为集体所有权、农户承包权和土地经营权三元产权结构,能够更有效地发挥集体土地经济效用,也能更好地提升社会保障功能。在推进农村土地"三权分置"改革中存在着诸多难题,需要探索制度创新,完善相关法规,健全配套机制。二是突破"两权"改革障碍。突破体制障碍和法律障碍,落实农村土地的用益物权,推进集体所有耕地使用权和宅基地使用权"两权"改革试点,有效盘活农村资源和资产。三是实现宅基地有偿退出和转让。目前土地的城镇化快于人口的城镇化,要将农村人口从农村土地上释放出来,形成新的生产力。可以探索推广地票制度,促进进城落户人员自愿有偿退出宅基地。四是探索农村集体经营性建设用地入市。建立制度盘活农村集体经营性建设用地,村办企业、工厂等经营性建设用地与国有土地同权同价。

发展社区金融激活经济增长潜力

实体经济融资难融资贵的实质是小微企业、弱势群体融资难和融资贵。小微企业是吸纳就业的主力军、带动消费的中坚力量,融资难融资贵必定会影响就业、抑制消费。脱实向虚表面上是金融业没有服务好实体经济,深层次原因是金融体制存在缺陷,金融资源错配导致大中型企业负债过多,将资金投向非实体经济领域,而小微企业和"双创"企业却难以获取充足的金融支持。在"双创"迅速展开的情况下,小微企业融资难融资贵问题进一步发展。发展社区金融,打造金融体系的"毛细血管",有效促进金融血液流到经济体的各个微观部分,可以成为解决金融资源错配的重要途径。这将有助于实质性地提升对小微企业的金融支持,抑制脱实向虚,激活经济增长潜力。

发展社区金融并不仅仅是传统银行机构到社区设点,不是简单的便民金融服务,而是通过金融体制创新,实现金融服务下沉入社区,引导和推动金融资源流向小微、个体经营者和居民个人。社区金融应该具备"五小"特点:资产小,业务规模自然有限,难以"傍大款";资本小,主要由社区小微企业和居民的资金作为经营资本;区域小,在一定的社区内经营,严禁跨区域;客户小,主要服务对象为小微企业、个体经营户和居民;业务小,只做小笔储蓄、小微贷款。未来可以通过小贷公司转型、网贷机构转化、收购大型银行网点和新建机构等形式逐步建立一大批小型商业银行。充分运用互联网技术推动业务创新,以市场化原则开展经营。与此同时,政策应支持和规范社区金融发展。出台相关法律法规,形成法制化框架;发挥财政在信用支持、税收优惠和风险补偿等方面的作用;货币当局在存准率、再贷款、再贴现等方面实行差异化政策;完善信用担保机制,建立监管评估体系,实行存款保险制度全覆盖,保障社区金融创新发展。

盘活巨额财政存量资金

随着经济增速的逐渐下降,财政收入增速也随之放缓。2016年财政收入增速放缓至4.5%,其中税收收入增速4.3%,非税收入增速5%。

2016 年营改增全面推行后,营业税和增值税两者之和累计同比增速从 2016 年 5 月的 18% 下降至 2016 年末的 3.55%。尽管财政支出效率和结构较过去已经有所优化,但财政资金管理和使用粗放的问题依然存在。机关团体存款在 M1 中占比不断增加,已由次贷危机前的 10%～15% 的占比水平提升至 50% 左右。截至 2017 年 2 月末,政府性账户上活期存款已超过 27.8 万亿元,其中机关团体类存款 23.7 万亿元,财政性存款 4.1 万亿元。

国务院曾要求做好盘活财政存量资金工作,但目前来看效果并不理想,财政拨款资金依然大量沉淀,在账上睡大觉。这是积极的财政政策持续推行但成效并不理想的真实写照。按照每年盘活政府性账户上活期存款余额的 10% 计算,可用资金额度为 2.78 万亿元,已经超过当前年度财政赤字额度(2017 年计划财政赤字 2.38 万亿元)。如果能有效盘活这些资金,必将会使积极的财政政策如虎添翼,也可以减轻财政收入增长放缓的压力。建议国务院组成专门的团队,在政府部门和银行的支持配合下全面清理政府性账户。针对机关团体类存款余额不断增长的现状,加大排查范围和力度,找出机关团体类存款使用中存在的症结问题。创新各类别机关团体账户管理,加快计划资金使用进度,提升使用效率。撤并清理不合理的账户项目,大力度上收不合理的资金拨款,根据需要重新分配使用。

我国经济将持续保持平稳健康发展^①

我国经济要实现新时代的新目标,不能继续简单追求经济增速,而是要更多注重经济质量的提升和经济效益的增长,推进经济结构转型和增长动能转换。从未来中国经济发展趋势看,我国人均国民收入在 2035 年之前达到高收入国家中等水平的可能性很大。未来随着中国经济总量和人均收入的持续增长,中国的综合国力将明显增强。

短周期接近尾声: 库存变化表明近期经济增速可能放缓

从 2000 年以来,我国经历了五个主要的库存周期,每个周期时长 35 个月至 40 个月(基本符合基钦周期的特点)。前三个库存周期处于经济上行时期或者经济高速增长时期,企业补库存阶段较长,而去库存阶段较短。自 2011 年以来是后两个周期,处于经济增长放缓时期,企业去库存阶段拉长,而补库存阶段缩短。从 2016 年下半年以来迎来了此轮库存周期的补库存阶段,但 2017 年第三季度市场需求开始走弱,投资增速还会下降,之后可能进入新的去库存阶段。

本轮补库存有两方面显著特征:一是扣除价格因素的实际工业产值并未显著增长。本轮补库存很大程度上受到价格回升的推动,具有典型的被动补库存的特点。扣除价格上涨因素,从工业增加值实际增速来看,涨幅并没有明显上升,对实际经济增长的边际效应较弱。二是不同行业分化明显,价格传导不畅。由于供给端出现结构性变化,导致上、中、下游行业库存周期不同步。上游初级原材料行业库存周期波动较大,中游加

---

① 本文发表于 2017 年 12 月 20 日《上海证券报》。

工制造业周期性波幅减小,下游生活消费端几乎没有受到本轮库存周期影响。也是由于这个原因,补库存阶段结束之后,去库存阶段经济增速回落速度也将较为平缓。

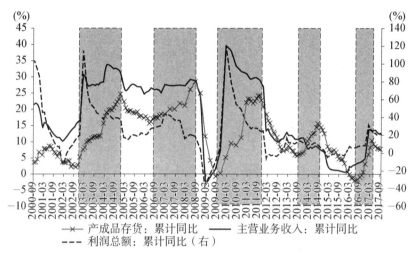

图1 新一轮库存周期接近尾声

资料来源:Wind,交行金研中心

中周期正在转换: 供给周期表明当前处于新旧供给动能转换节点

我国传统增长动能已走到尾声,处于供给老化阶段。国内产能供给端难以满足消费需求转型,导致消费外流现象日益严重。目前是传统过剩产能出清时期,化解过剩产能将影响经济增速,带来短期阵痛。经过我们测算,主要产能过剩行业如果每年化解过剩产能10%,可能直接导致经济增速放缓约0.3个百分点。虽然去产能对短期经济增长带来影响,但这是经济结构转型升级的必经之路。随着去产能进程的持续推进,将逐渐激发经济增长新活力,形成新的供给周期。在这一时期,传统的稳增长财政政策与货币政策可以起到缓解经济增速下降的作用,但负面效应可能累积。一方面,过多的经济刺激政策不可避免地会进一步推动过剩产能扩张,加剧供需矛盾,阻碍新旧动能转换和经济结构转型。另一方面,稳增长刺激政策边际效应减弱,难以拉动经济增速显著上升,但会推高杠杆水平。

当前是旧动能供给走弱的末期,同时是新动能形成的初期,处于新老动能交替的关键节点。产能过剩严重行业产值负增长,新动能增长较快。高新技术产业、高端装备制造业增长快速,但占比较小,难以完全对冲传统动能走弱的趋势。随着新兴行业持续快速增长,占比逐渐提升,经济下行压力将逐渐缓解。民间投资和制造业投资积极性并不高,新的设备投资周期并未形成。当制造业投资显著改善,主动开启新一轮设备投资周期,那时新的供给周期才可能形成。

长周期在下行中转变: 人口结构转换导致动能走弱

从经济增长的长周期来看,随着人口结构的转变,我国逐渐步入老龄化社会,经济增速将逐渐放缓。2009 年我国 15 岁至 64 岁的劳动人口比例达到 74.5% 的顶峰之后逐渐下降,2016 年为 72.6%。从劳动人口绝对数量来看,15 岁至 59 岁劳动年龄人口在 2012 年就出现了改革开放以来的第一次绝对下降。我国人口红利走到尾声,高储蓄、高投资和高增长的局面难以维持,经济增长动能从投资需求向消费需求转变。与劳动人口比例走势相同,我国总储蓄率在 2010 年达到顶点的 50.9% 之后逐渐下降,目前为 47.9%。人口结构变化带来需求结构转变,投资需求走弱将导致经济增速放缓。但随着城乡居民更加注重对美好生活的向往,消费倾向的提高将为经济结构转型提供条件,促使经济增长动能从投资向消费转变。

根据对经济短中长三种周期的分析,未来一个时期经济增长仍将放缓。随着人口老龄化加快,长周期将逐渐下行,未来经济增长减速的趋势难以逆转。人口的数量及结构红利消失,仍可通过人口质量的提升来弥补,未来通过提升人口的平均受教育年限,加大人力资源的技能培训等仍可提升人口的整体质量,从而获得新的人口红利。

从国际经验角度分析经济发展路径

根据全球经济发展经验,几乎所有国家达到中上等收入水平之后经济增速都会有所放缓。部分国家经济增速放缓速度相对缓慢,这些国家普遍发展成为高收入国家,如美国、日本、德国等发达国家;部分国家因为某方面独特的优势,持续保持较好增长态势,经济高增速增长状态维持较长时间,新加坡为此类型的典型特例;部分国家经济增速显著放缓,成为经济转型失败的前车之鉴;有些经济体在达到中等收入之后停滞不前,甚至出现倒退。

图 2　中美两国消费占 GDP 的比例
资料来源:Wind,交行金研中心

未来中国经济增长的两种可能情境

我国在 2010 年进入中上等收入国家之后,经济增速开始放缓,经济增速已经从年均 10% 以上放缓至 2016 年的 6.7%。未来经济增速取决于通过深化改革开放和鼓励创新等措施提升全要素生产率带来的经济潜力释放的情况。我们分基准、积极两种情景来模拟未来中国经济的发展趋势。

在基准情况下,我国经济改革稳步推进,全要素生产率逐渐释放,使增速稳中趋缓,经济增速达到亚洲发达经济体在同样人均收入水平时的平均水平。只要我国经济改革到位,增长潜力得以顺利释放,经济将完全具备保持平稳增长的能力,经济增速下降过程将较为平缓,有望实现目前全球先进国家进入中上等收入之后的增长状况。我们认为,这种情景出现的概率很高,大约为 50%。在基准情况下,预计 2016 年至 2020 年年均经济增速为 6.5％,2021 年至 2035 年年均经济增速为 5％。

在积极情况下,意味着我国经济改革取得全面成功,使全要素生产率达到改革开放之初的较高水平,增长潜力得到充分释放,经济增长状况将好于基准情况,继续书写全球经济增长奇迹。积极情况出现的前期条件是在传统动能保持高增长的同时,全要素生产率恢复到改革开放之初的高水平,而且未发生任何内外部的风险冲击。预计这种情景出现的概率大约为 40％。在这种情景下,预计 2016 年至 2020 年年均经济增速为 6.7％,2021 年至 2035 年年均经济增速为 5.5％。

由于经济增速是剔除物价波动的实际增速,在测算经济总量时,需要充分考虑物价变动情况。在通常的情况下,由于人口结构转变,使得未来物价涨幅逐渐收敛的可能性会加大。假定未来中长期物价运行平缓,不出现剧烈波动,根据发达国家的历史经验,预计未来 10 年物价年均涨幅为 1.5％,2030 年之后逐渐降至 1％左右,2040 年之后降至 1％以内。在此基础上,在预计基准情况下,2035 年我国经济总量在 40 万亿美元左右,2050 年在 70 万亿美元左右;在积极情况下,2035 年我国经济总量在 45 万亿美元左右,2050 年在 94 万亿美元左右。

从中国 GDP 总量与美国和欧盟经济总量合计相比较的情况看,2016 年欧盟 28 国经济总量为 14.9 万亿欧元,美国和欧盟合计约 35 万亿美元,中国经济总量为美国和欧盟经济总量合计的 32％。在基准情况下,到 2035 年我国经济总量将接近美国和欧盟经济总量合计的 65％,2050 年达到美国和欧盟经济总量合计的 85％左右;在积极情况下,到 2035 年我国经济总量将接近美国和欧盟经济总量合计的 72％,2050 年达到美国和欧盟经济总量之和的 1.1 倍。

未来我国人均国民收入水平增长路径预判

对未来经济发展的预测不能简单地看经济增速和经济总量,更重要的是看人均产出和人均收入的增长,人均产出和人均收入涉及人口数量变化。2016 年,我国人口为 13.8 亿人,人口自然增长率为 0.586％。影响人口自然增长率的因素主要包括出生率、预期寿命(影响死亡率)两方

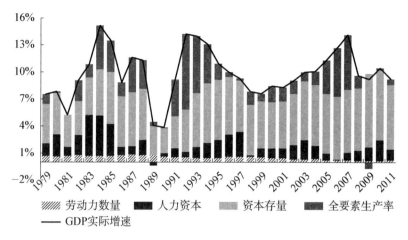

图3　1979—2011年中国经济增长要素拉动作用的分解

资料来源：Wind,交行金研中心

面。2016年,我国人口出生率为1.3%,未来可能进一步降至0.8%甚至更低的水平。目前我国平均预期寿命接近75岁,未来预期寿命将进一步提升。综合来看,到2030年人口自然增长率可能降至零左右,之后基本保持平稳低速负增长。预计到2030年左右我国人口达到顶峰值14.5亿人左右,2045年降至与当前人口相当的水平,2050年降至13.4亿人左右。

在人口总量变化的基础上,测算未来人均GDP。在基准情况下,2035年人均GDP为2.6万美元,2050年为5.2万美元;在积极情况下,2035年人均GDP为3万美元,2050年为7万美元;在消极情况下,2035年人均GDP为2.2万美元,2050年为3.3万美元。人均国民收入GNI与人均GDP是两个不同的概念,2016年我国人均GDP为8123美元,人均GNI为8260美元。随着"一带一路"建设和我国企业"走出去"发展,人均GNI可能保持在略大于人均GDP的水平。

由于通货膨胀导致物价水平上涨,高收入国家的标准也在逐渐提升。2016年人均国民收入等于或高于12236美元者为高收入国家,预计2035年高收入国家标准将提升至2.5万美元左右,2050年提升至3.5万美元左右。在基准情况下,我国到2035年人均国民收入将达到高收入国家的中等水平,基本实现社会主义现代化,跻身创新型国家前列;到2050年人均国民收入水平将达到高收入国家较高水平,成为较富裕的国家,实现全体人民共同富裕,建成富强民主文明和谐美丽的社会主义现代化强国。

从中国人均收入水平与美国和欧洲相比来看,2016年美国和欧盟的人均收入分别为57467美元和32059美元,中国人均收入分别为美国和欧盟的14.4%和25.8%。在基准情况下,到2035年我国人均收入分别达到美国和欧盟的38%和57%,2050年将分别达到63%和88%;在积极情况下,到2035年我国人均收入分别达到美国和欧盟的42%和64%,2050年将分别达到85%和120%。

根据我们对2050年之前我国经济增长及人均收入未来可能发展的两种情景的模拟分析,我们可以归纳总结出以下结论:

一是我国的经济总量在2028年之前超越美国成为全球第一大经济体的可能性很大。在基准和积极这两种情况下,我国经济总量都可以在2028年(积极情况下在2026年)赶上美国,成为世界第一经济大国,这两种情况发生的概率加起来是90%左右。

二是我国人均国民收入在2035年之前达到高收入国家中等水平的可能性很大。在基准和积极这两种情况下,我国人均国民收入都可以在2035年(积极情况下提前到2030年)达到高收入国家的中上水平,届时人均GDP将达到2.6万美元之上。

三是未来随着中国经济总量和人均收入的持续增长,中国的综合国力将明显增强。主要体现在以下方面:经济结构明显改善,区域经济更加协调;经济增长质量明显提升,创新能力显著增强,创新型国家基本确立;生态环境持续友好,人民安居乐业的幸福感持续增强。

我国经济将持续保持平衡健康发展,为实现这一宏伟目标,要着力做好以下九方面工作:

一是推动经济发展方式的转变。经济要由高速增长的阶段转向高质量发展的阶段,要形成质量第一、效益优先的现代化经济体系。这就意味着未来发展方式必须摆脱粗放型方式,朝着集约型方向发展。为了构建现代化经济体系,未来以供给侧结构性改革为主线,推动经济发展质量变革、效益变革、动力变革,全要素生产率达到先进水平,要形成市场机制有效、微观主体有活力、宏观调控有度的经济体制。

二是促进经济增长新动能形成。改革开放以来前 30 年主要依靠投资和出口的增长模式难以为继，应增强消费增长动能，逐渐提升消费占经济的比重。要促进消费的个性化、差异化、多样化发展，推进消费领域改革，从减税、降低成本、鼓励创新、加快物流发展等各方面保障新型消费供给。要培育一批世界级先进的制造业集群，通过互联网、大数据、人工智能与实体经济的深度融合，来促进产业创新发展；在中高端消费、绿色低碳、共享经济、现代化供应链、人力资本服务等领域形成一系列新的增长点。

三是加快建设创新型国家。创新是引领发展的第一动力，是建设现代化经济体系的战略支撑，要加快建设创新型国家。前瞻性基础研究和系统性原创的成果要获得重大突破，建立以企业为主体、市场为导向的产学研深度融合的技术创新体系，培育造就一大批具有国际水平的战略科技人才、科技领军人才、青年科技人才和高水平创新团队，为科技强国、航天强国、网络强国、数字中国、智慧社会提供有力支撑。

四是持续优化经济结构。产业要迈向中高端水平，新产业、新业态不断成长；民营资本进入国计民生领域，非公有制经济活力和创造力更好地激发。2016 年，我国的城镇化率为 57％，而发达国家城市化的平均水平约达 80％。我国未来的目标至少是达到 75％以上。

五是推进区域协调发展。未来西部大开发要形成新的格局，东北老工业基地要振兴，中部地区要崛起，雄安新区要加快步伐建设。通过实施乡村振兴战略，大力发展"三农"事业来缩小城乡差距。要形成沿海、沿江、沿线，即以主要铁路和公路线为主的纵向和横向的经济轴带，把整个国家经济从中、东、西、南、北很好地串联起来，明显缩小沿海地区与中西部地区经济发展水平差距。未来的城镇化要以城市群概念为主，"带、路、群"成为未来区域经济协调发展的重要抓手。

六是促进收入分配公平合理。当前我国的收入分配差距值得关注，未来一个时期，收入分配差距的缩小并达到合理水平应是努力方向。缩小收入分配差距至合理水平，应该成为未来 5 至 10 年内的重要任务。

七是加快建设现代化经济体系。首先，发展理念更新。必须科学发展，必须坚定不移贯彻创新、协调、绿色、开放、共享的发展理念。其次，市场和政府的边界更清晰。要真正使市场在资源配置中起决定性作用,更好地发挥政府的作用,形成市场机制有效、微观主体有活力、宏观调控有度的经济体制。第三,现代产业体系不断壮大。实体经济、科技创新、现代金融、人力资源协同发展,是发展现代产业体系的要求。第四,开放型经济体系更加完善。以"一带一路"建设为重点,坚持"引进来"和"走出去"相结合,形成陆海内外联动、东西双向互济的开放格局。

八是推动新一轮对外开放。随着我国企业发展壮大和资本不断积累,我国将在国际经济舞台扮演更为重要的角色。在新一轮对外开放中通过"一带一路"建设、区域经济一体化发展规划等,一方面引进国内紧缺的技术、设备、资源,另一方面鼓励对外投资和企业"走出去"。主动实施全球化布局,逐渐成为国际分工的主导者和引领者,努力成为制造业强国和资本强国,提升国民总收入水平。

九是健全货币政策和宏观审慎评估政策双支柱调控框架。在维持货币政策调控稳健中性的同时,要通过宏观审慎原则对金融顺周期性和跨市场风险传染对症下药。进一步完善宏观审慎政策,将表外理财纳入广义信贷指标范围,完善全口径跨境融资宏观审慎管理。增强MPA宏观审慎评估政策考核的差异化标准和弹性。货币政策和宏观审慎政策两者功能有分工又有交叉,双支柱调控框架应注意合理搭配,守住不发生系统性金融风险的底线。

双管齐下推进结构性稳杠杆[①]

随着宏观审慎政策和强监管政策的实施,我国杠杆率趋于稳定。但自 2018 年以来,国内经济增长压力明显加大。尽管 2018 年外贸不确定因素增加,但以美元计算的出口增速却高于 2017 年。考虑到当年出口对 GDP 的负的贡献程度减少,经济下行压力主要来自投资与消费所构成的内需减弱。由 M2、M1、社融规模、表外业务以及地方政府融资能力等数据可以清晰地看到,投资增速明显放缓主要是金融收紧所致。

2018 年第二季度后,宏观政策开始新一轮逆向调节,结构性稳杠杆遂成为一种共识。在中国经济进入结构转型的高质量发展时期,如何认识国内杠杆问题就显得十分重要。我在 2017 年 6 月曾指出,我国杠杆率虽高于中等水平,但主要还是结构问题。本文拟就此进一步展开阐述,并提出结构性稳杠杆的政策建议。

理性看待实体经济杠杆水平

按照国际通行惯例,一国实体经济的杠杆率是一国非金融部门的杠杆率,即是政府、非金融企业和居民三个部门杠杆率之和。之所以不包括金融部门,是因为金融部门作为全社会的资金中介机构,其杠杆率的计算与上述三个部门存在交叉和重复,因此在衡量实体经济杠杆率时通常予以剔除。

我国实体经济杠杆水平在 2008 年全球金融危机之后上升。根据国际清算银行的数据,2006 年中国实体经济杠杆率为 142.4%,10 年后的

---

① 本文发表于 2019 年 2 月 23 日《理财周刊》。

2016 年这一数字大幅升至 237.6％,2017 年进一步升至 241.5％。11 年间杠杆水平上升了 70％,但绝对水平从国际比较来看仍处中等水平。同样依据国际清算银行的数据,世界主要国家的杠杆率水平大都超过我国,部分与我国相接近。其中,日本为 358.8％,法国为 300.2％,加拿大为 286.9％,英国为 255.9％,美国为 247.7％,意大利为 243.6％,澳大利亚为 232.9％,德国为 170.5％,韩国差不多与我国水平相近。

一般认为,经济发展处在较高增速和重化工业占比较高的经济体的杠杆水平会相对高一些。因为经济高速增长的同时需求会十分旺盛,利润增长相对较快,风险偏好相对较高,政府和企业的负债容易处在偏高水平。而重化工业属于资金密集型行业,同时有相对较多的资产可用于抵押,当其处于快速发展且在经济体内占比较高时,该经济体负债水平可能会相对较高。但这一观点还很难从发达国家的样本中找到证据。

20 世纪 60 年代,发达国家经济增长经历了较高增速的过程,重化工业占比相比当前要高得多,但美国的杠杆率水平约为 130％,英国约为 100％,法国约为 140％,意大利约为 120％,都大幅低于当前水平。因此,可能还有更为重要的、影响力度更大的因素在影响这些国家的总体杠杆水平。从主要发达国家的情况来看,政治体制和财政政策对政府部门的杠杆水平具有很大的影响力。1999 年至 2017 年,美国政府部门杠杆率由 54.5％上升至 96.7％,日本则由 107.8％升至 201.5％;而同期美国居民部门和企业部门杠杆升幅很小,而日本这两个部门的杠杆率都有下降。可见,政府部门加杠杆是 2000 年来两国杠杆率上升的主因。而推动政府部门加杠杆的因素主要是选举制度和赤字财政政策。

融资结构是影响杠杆水平的重要因素。在以间接融资体制为主的经济体,由于信贷投放后借助银行体系会带来货币的多倍扩张,相对于对货币扩张影响较小的直接融资来说,经济体的杠杆率会相对高一些。从发达国家的情况来看,似乎可以看出来这样的特征。例如加拿大和澳大利亚都以间接融资为主,2017 年信贷占 GDP 的比例分别为 215.3％和 195.9％,2017 年杠杆水平分别为 286.9％和 232.9％。韩国 2017 年信贷占 GDP 的比例为 193.1％,同期杠杆率比中国稍高。相比之下,美国以直接融资为主,2017 年信贷占 GDP 的比重低于上述三国,同期杠杆率则低于加拿大和韩国,稍高于澳大利亚。

中国是一个较为典型的以间接融资为主的经济体,目前新增融资中仍有约四分之三为银行信贷。事实上,中国杠杆率的上升与信贷投放的扩张是紧密相关的。2006年中国的杠杆率为142.4%,比同期的美国、日本甚至德国都要低得多。为了应对国际金融危机,2009年信贷增速陡升至32%,推动M2增速大幅加快,带来实体经济的杠杆水平持续大幅上升,至2016年达到了237.6%。

从风险角度看,杠杆率高的经济体并非一定风险就大。2008年全球金融危机时,日本的杠杆率最高,但危机的发源地恰恰是杠杆水平并不高的美国。杠杆水平对风险的影响很重要的是看债务主体的信用状况和抵御风险的能力。政府部门拥有主权信用且偿债能力强又无倒闭风险,即使杠杆水平高一些,风险程度并不高。而非金融企业部门和居民部门的信用状况与偿债能力相对较弱,杠杆水平高风险就相应较大。国有企业具有政府信用隐形担保,即使杠杆水平较高,风险也相对不大。民营企业尤其是小微企业的情形则相反。由于金融市场高度的信息化和一体化,金融部门杠杆水平高往往导致风险暴露。

综上分析,鉴于各国经济的发展水平、经济结构、融资结构、债务结构和债权结构有很大不同,简单地根据一些数据判断中国杠杆水平很高并不合理。从数据的国际比较来看,中国目前的杠杆水平并不很高。这是由中国经济的发展阶段、经济结构以及融资结构等一系列因素所决定的。其实,杠杆水平高一些并不等于风险就一定很大,杠杆水平低的不等于就没有风险,关键要看部门的杠杆水平。

杠杆问题是结构性的

从总体上看,中国实体经济的杠杆属于中游水平,而且属于结构性问题而非总量问题,其实质是有的部门杠杆率偏高。

政府部门的杠杆由中央政府和地方政府两部分杠杆所构成。其中,中央政府杠杆由中央政府发行的国债余额/GDP指标来衡量。长期以来,我国中央政府的杠杆率处在20%以下的较低水平,2017年为16.2%,

2018年国债发行略低于2017年水平,中央政府的杠杆率依然保持稳定。地方政府的杠杆率由地方政府债务总额/GDP的比值来衡量,地方政府债务又可分为有偿还责任的债务和或有债务两部分。

尽管国内在有关地方政府隐性债务问题上存在一些担忧,但根据国家审计署和财政部公布的相关数据,可以计算出地方政府杠杆率2017年仅为30%。根据国际清算银行的数据,2017年我国政府部门杠杆率为46.2%,从国际比较来看是一个水平偏低的数字。同期美国的政府部门杠杆率为96.7%,日本的这一数字竟高达201.5%,在西方国家中表现最好的德国政府杠杆率也达63.8%,都大大高于中国政府的杠杆率。2018年下半年以来,宏观政策加强了逆向调节的力度,财政政策更加积极,政府部门的杠杆率可能会有上升压力,但也很难出现大幅上升的态势,短期内很难超过德国政府部门的杠杆水平。未来一个时期,我国政府部门依然存在一定的加杠杆空间。这是我国实施积极财政政策的良好基础,也是我国应对外部重大冲击和平稳经济运行的强有力财务资源所在。

我国居民部门的债务主要由金融机构信贷收支表中居民部门的信贷余额和居民的公积金贷款余额两部分构成,居民部门的杠杆率即居民部门的信贷余额加公积金贷款余额/GDP。尽管近年来居民部门负债增长很快,但从国际比较来看,我国居民部门的杠杆水平依然较低。据国际清算银行的数据,2017年,我国居民部门杠杆率为48.4%,大大低于美国的77.8%,明显低于日本的57.2%,甚至低于这方面表现最好的德国的52.7%。2000年以来,随着房地产市场的发展和房价走高,居民住房贷款持续大量增加,居民部门通过按揭贷款买房的方式进行了杠杆快速扩张。个人住房贷款余额由2006年的2.27万亿元增长为2017年的21.9万亿元,几乎达到10倍。同期个人住房贷款余额占人民币贷款余额的比重由10.08%上升至18.23%。与此同时,住房公积金贷款也从无到有,2017年余额达到4.5万亿元。据国际清算银行的数据,我国居民部门杠杆率由2006年的11.5%快速升至2017年的48.4%。

由于负债水平偏高往往是风险形成的主要原因,讨论杠杆水平高低无非是要衡量风险状态。这就有必要分析居民部门在金融机构的资产和负债状况,以分析其抵御风险的能力。2017年居民部门贷款余额与住房公积金贷款余额加总为 45 万亿元,同期居民存款和理财产品加总则达81.2 万亿元,前者占后者的比例为 55％。当然,居民还有一些其他形式的负债,但比起居民在股票、基金等方面的资产规模来说可能是微不足道的。由于资产规模庞大,目前居民部门负债增长较快并不意味着蕴含着极大的风险。

从发达国家走过的路来看,经过经济快速发展和财富大幅增长过程之后,居民部门杠杆水平出现大幅上升可能是常见现象。据国际清算银行的数据,20 世纪 70 年代初,美国居民部门杠杆率达 43％,德国和日本这一数字分别为 35％和 26％;1999 年,美国、德国和日本这个数字分别大幅升至 69％、70％和 72％;2017 年美国的数字继续升至 77％。事实上,在财富大幅增长之后,居民部门的负债水平也明显上升应该是正常现象。合理的负债规模是居民财富水平及其管理能力提升的具体表现。在财富水平大幅提高的同时负债有一定程度的增长,并不表明居民部门的杠杆风险明显恶化。

但应该指出的是,中国居民部门的资产构成太多地集中在房地产上,资产欠多元化;不仅流动性较差,且面临城市房价过高可能大幅调整的风险;居民部门的金融资产增长虽快,但比重依然偏低。考虑到中国城镇化水平偏低和人均收入水平不高以及房地产市场调控政策以求稳为主,未来一个时期房地产仍会平稳运行。因此,从总体上看,与其说居民部门负债增长很快蕴含着较大的风险,不如说负债增长太快带来了较大的消费能力收缩压力。

中国杠杆的结构性问题主要体现在非金融企业部门方面。非金融企业部门的债务主要包括银行信贷、债务融资和表外融资(信托贷款、委托贷款、未贴现银行承兑汇兑)。考虑到地方政府债务置换已基本完成,在非金融企业负债中已没有必要剔除地方融资平台负债,非金融企业杠杆＝(银行信贷＋债务融资＋表外融资)/GDP。全球金融危机以来,我国非金融企业部门的杠杆率上升加快。据国际清算银行的数据,2006 年,非金融企业部门杠杆率为 104.6％,2017 年达到 146.9％。从国际比较来看,我国非金融企业部门杠杆处在较高的水平。据国际清算银行的数据,2017 年,美国、德国、日本、加拿大和澳大利亚非金融企业部门杠杆率分别为 73.2％、54％、100.1％、114.9％和 75.1％，都明显低于我国非金融企业部门的杠杆水平。

进一步分析，我国非金融企业负债中国有企业的比重相对较高，这是有原因的。通常，国有背景的经济主体信用评级水平会较高，因为背后有政府信用和财政资源的支持。较好的信用评级水平为国企融资提供了良好条件。同时，国有企业债务水平较高实际上意味着金融机构对相应风险程度的认可，长期累积之后较易形成负债水平较高的局面。

近来有关地方政府的隐性债务问题引人瞩目。一般认为，地方政府债务水平比目前显性债务要高。2017 年以来，伴随着去杠杆政策和地方政府债务置换的实施，非金融企业杠杆率出现了持续下降，而地方政府杠杆率则出现小幅上升，可能是针对性去杠杆政策效果的具体体现，也表明非金融企业部门与政府部门之间存在一定的债务转移关系。综上，可以认为，我国非金融企业部门杠杆水平偏高，但问题并不见得如数字所显示的那样严重。

坚持结构性稳杠杆思路与政策

当前，中国经济已进入高质量发展阶段，转型升级持续推进，结构调整深入开展；出口遭遇新的不确定性，投资需求增长明显放缓，消费运行平稳但难有大幅增长，未来一个时期内需增长仍可能是放缓过程。虽然短期内外贸不确定因素可能会有阶段性缓解，但未来的外部环境将会持续面临严峻挑战，尤其是我国高科技产业的发展会不断受到外部压力。未来世界经济增长步伐会放慢。去杠杆必定是运用货币和监管等相关政策压降金融部门的资产和实体部门的负债，从而在客观上起到金融紧缩的效应。在内外需求增长减弱、负外部性明显加强、市场预期普遍谨慎的情况下，金融紧缩效应的加入必然形成较大程度的叠加效应。

在 2017 年推进去杠杆之后，2018 年第一季度后社融规模、表外业务、银行负债以及 M2、M1 都已出现大幅放缓态势。在中国金融现行结构下，总量的去杠杆带来非针对性的效应，导致杠杆水平本不高的民营企业承受了更多的去杠杆压力。从中长期看，在外部环境持续变差和经济增长结构性放缓的大背景下,未来宏观杠杆水平的调降需要十分谨慎。

既然我国实体经济的杠杆水平并不很高,从中国经济的特点看,总杠杆水平略高有合理的理由;既然我国实体经济杠杆水平主要属于结构性问题,国有企业杠杆水平较高其中有一定的杠杆转移问题,那么就应纠正一个时期以来形成的认识偏差。既要避免简单地把看似较高的杠杆水平与系统性金融风险画上等号,还要避免在杠杆治理上政策用力过猛和过重,理性把握力度和节奏,尤其是要避免政出多门的举措形成叠加效应。要坚定地推行结构性稳杠杆政策,并在未来一个时期保持政策的稳定性。

应该看到,在经济下行面临压力的情况下,政策逆周期调节力度明显加大,信贷增速的适度加快和非信贷融资的恢复性增长,仍有可能带来实体经济整体杠杆水平的波动。稳杠杆不应机械地认为杠杆率不能有丝毫的上行,应理性地允许杠杆率在一定范围内波动而不出现明显的趋势性上升。目前中国的发展阶段、经济结构、融资结构、债务结构和债权结构与发达国家有很大不同,应从中国的实际出发,实事求是、合理容忍地去看待中国经济的杠杆问题。

未来结构性稳杠杆首先要从实体经济方面下功夫,突出治理的针对性。应按照中共十九大提出的经济由高速增长阶段转向高质量发展的要求,着力构建质量第一、效益优先的现代化经济体系,注重效率、质量、盈利和可持续性指标,推动经济发展的质量变革、效率变革、动力变革,持续提高全要素劳动生产率,真正摒弃通过过度加杠杆实现高增长的做法。

当前和未来一个时期,仍有必要深入推进供给侧结构性改革,加大出清"僵尸企业"的力度,清除无效供给,减少无效资金占用。应加大力度不断深化国企改革。积极推进混合所有制改革和股权多元化,加大国企混改的力度和范围,推动综合性改革落地。促进国企所有权和经营权分离,完善公司治理结构,建立健全选人用人机制和激励约束机制;主动引入外部竞争,真正打破财务软约束,全面提高国企经营效益和竞争活力,将杠杆控制在合理水平。

未来结构性稳杠杆的针对性举措应双管齐下。一方面是将着力点放在国企改革方面,前文已述及;另一方面则是将着力点放在金融机构融资行为上。通过监管政策和宏观审慎政策,调整金融机构对国企的融资行为,尤其是推行针对性的风险偏好和风险政策。未来应通过针对性的监管鼓励政策,推动银行投入更多的资源,加大处置国企不良资产的力度;进一步培育市场,促进资产证券化发展;培育和完善相应市场机制,持续推进市场化债转股,通过一系列的市场创新和业务培育,有效调控和转移企业债务。

发展非金融企业股权融资应该成为持续稳杠杆的重要举措。近年来,企业部门杠杆水平大幅上升与股权融资发展缓慢是密切相关的。尽管监管部门和社会各界都十分重视股权融资的发展,但长期以来,非金融企业股权融资的发展受到种种因素的制约。在 2002—2018 年的 17 年中,非金融企业境内股票融资占社会融资规模的比重只有两年超过 5%,其余 15 年均低于 5%,2018 年的占比仅为 1.9%;在此期间,非金融企业境内股票融资年度同比增速有 8 年为负增长。融资结构得不到改善,股权融资处于缓慢发展的瓶颈状态,非金融部门降杠杆就难以有效实现。

但这种状况反过来也表明,当非金融企业股权融资获得快速发展后,结构性稳杠杆将会取得成效。未来应大力推进相关体制机制改革,采用更为市场化的方式来管理和调节股票市场;培育和壮大机构投资者队伍,促进市场理性投资;大力发展多层次资本市场,形成多元和立体的股权融资体系;稳步推进股票市场开放,引入更多理性投资主体和资金。通过综合性的举措,推动非金融企业部门股权融资增速超过债务融资增速,有效控制企业部门杠杆水平。

管理好影子银行是未来结构性稳杠杆的重要任务。我国非金融企业部门杠杆水平快速上升是在全球金融危机之后,与之相伴随的是 2009 年的信贷超高速扩张和 2011 年之后的影子银行大幅增长,这可以从委托贷款、信托贷款和非保本理财之类主要产品的发展中清晰地看到。2011年,委托贷款和信托贷款的存量分别为 3.08 万亿元和 1.3 万亿元,2017年这两个数字分别达到 13.97 万亿元和 8.54 万亿元,其间年均增速分别高达 76% 和 82%。2014 年,非保本理财产品存量 6.63 万亿元,2016 年快速扩张至 23.11 万亿元,年均增速高达 116%。由于信托贷款、委托贷款和非保本理财产品的资金来源大部分不出自银行表内,这些融资方式比银行信贷的货币扩张能力要小得多。但在一个不长的时间段内,这些融资以高于70％的年均增速快速增长,且流向基本是非金融企业部门,必然带来后者杠杆水平的大幅上升。

再者,这些融资方式的监管有待完善,其不存在准备金率的调节,也基本不受资本充足和拨备覆盖要求的制约,因而存在不少风险隐患。因此可以说,影子银行融资方式在2011年之后的高速扩张是非金融企业部门杠杆大幅上升的重要推手。之后资管新规等监管政策陆续出台,其方向明确指向影子银行是完全正确的。未来监管政策应坚持这一方向,适当管理影子银行的增速和发展节奏,既要避免影子银行失控后的高速发展成为实体经济杠杆水平上升的加速器,又要保持其合理增长,使其成为金融支持实体经济的有力构成部分。

完善宏观审慎政策和强化统筹监管是未来结构性稳杠杆的基本政策保障。2009年以来,我国杠杆水平上升较快和杠杆结构性问题突出,其深刻的背景是逆周期政策超调和市场监管缺失。近年来,我国宏观审慎政策的框架已经搭建成形,统一的资管新规正在落地,尤其是统筹金融监管的国务院金融委业已成立并开展运作,为未来结构性稳杠杆提供了良好的制度基础和政策框架。

未来应进一步完善宏观审慎政策框架,优化和加强银行体系杠杆程度、资产增速、资本状况、负债结构、资产质量和跨境资本流动等方面的管理;完善和强化微观金融机构行为的审慎监管,抑制金融体系的顺周期波动,防控跨市场金融风险传导;尤其是要发挥好金融委的统筹协调功能,避免出现新的宏观政策超调和金融监管缺失。

中美货币政策趋同对中国经济有利[①]

2019 年初以来,中美货币政策初步呈现趋同态势,这对中国经济会有怎样的影响? 趋同态势下我国的主要货币政策工具会如何运作? 本文拟展开进行分析。

中美货币政策初显趋同

长期以来,中美货币政策趋同的少,不同的多,甚至在有些阶段出现明显分化。2000 年以来,中美的货币政策在反危机的时候是阶段性一致的,但时间并不长。在 2008 年美国推出反危机举措的同时,中国迅速跟进,2008—2010 年期间,两国货币政策很明显是向宽松方向调整的。但在最近五六年,中美货币政策却明显不同,甚至是趋于分化的态势。

2014 年至 2015 年,中国一共 5 次降息,4 次降准;2017 年至 2018 年又 5 次降准。总体来看,中国货币政策基调是稳健的,并且持续朝着偏松方向进行调整。金融机构人民币贷款加权平均利率由 2013 年底的 7.2% 降至 2018 年底的 5.6%;银行间质押式回购七天加权利率由 2013 年底的 5.4% 降至 2018 年底的 3.1%。

而美国在 2015 年底开始加息,2016—2018 年连续 3 年一共加息 9 次,与此同时逐步退出 QE(量化宽松)。很明显,美国货币政策是朝着收紧方向走的。经过 9 次加息之后,美国的联邦基金利率从反危机后持续很长一段时间的 0~0.25%,上升到了 2.25%~2.5% 区间,即到了美联储目标利率区间的下端。

---

① 本文发表于 2019 年 4 月 11 日《第一财经日报》。

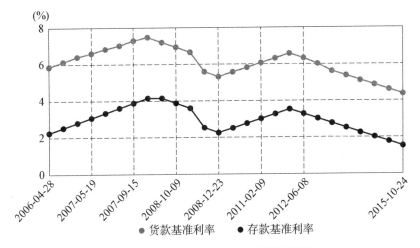

图1　2006—2015 年中国利率调整情况

可见,2015 年以来中美两国货币政策是明显分化的。这种分化对中国经济和货币政策带来了不小的压力,中国的货币当局一直在努力平衡这种分化所带来的影响。

但自 2018 年底以来,中美货币政策却呈现出了一种趋同的态势。从中国来看,2018 年下半年以来,经济下行压力进一步增大,尤其是负外部性骤然上升,前期金融紧缩的叠加效应显现出负面影响;投资和消费增速都在不同程度地下降,资本市场尤其是股票市场持续低迷,金融领域中的风险时隐时现,货币政策虽保持稳健基调,但依然向偏松方向进行调整。

美国的货币政策在 2018 年底之前是向紧的方向调整,但从 2019 年初开始鸽派的政策占了上风。事实上,从 2018 年下半年以来,美国经济运行情况就已经发生了明显变化,财政赤字、贸易赤字不断创出新高,资本市场持续大幅度调整,私人消费步伐也在放缓,投资以及持续表现不错的就业也出现了阶段性的走弱,经济增长速度从 2018 年第二季度的高位明显回落。

对于 2019 年美国经济的增长,一些国际知名金融机构预测可能难以达到 2%。在这种背景下,美联储政策发生了方向性变化,2019 年初停止了加息,而且似有暗示全年都不可能再加息。可以说,这一轮美联储加息周期基本上到了尾声。随着经济状况的走弱,美国国内要求降息的声音开始出现。

2020 年美国要进行大选,经济运行状况如何对于现任总统特朗普来说非常重要。而 2020 年是中国实现小康社会奋斗目标的最后一年,经济增长速度有必要保持在 6%～6.5% 的区间。因此从总体上看,目前中美两国货币政策趋同的态势在 2020 年可能还会延续。

两国货币政策趋同对中国经济的影响偏正面

中美是全球最大的两个经济体,两国的货币政策毫无疑问会对全球经济有不小影响,尤其是拥有作为国际关键货币美元发行权的美联储的货币政策。这里主要讨论中美货币政策趋同会对中国经济带来什么影响。

总体来看,两国货币政策的趋同对中国经济是有利的,有助于减缓已经存在的外部压力,为中国货币政策的灵活调整提供更多的空间,改善实体经济的金融环境,对于缓释中国市场的金融风险也有好处。具体来说涉及利率、汇率、资本流动以及企业融资成本等各个方面。

近年来,美国的利率是明显上升的,但中国的利率水平是往下的,两国利差已经很小。2018 年底,中美两国 10 年期国债收益率利差已降至近 5 年底部,1 月期美元 LIBOR(伦敦银行间同业拆借利率)与我国 1 月期 SHIBOR(上海银行间同业拆借利率)利差仅为 36 个基点(图 3)。随着美国加息周期停止,中美的利差可以保持一个较为稳定的状况。这种状况的出现对于中国市场利率而言减少了一种压力。

从某种意义上看,我国利率有了进一步下调的空间,但国内利率水平已处于历史最低水平,中美利差也处于较低水平,因此空间并不太大。而利率水平的稳定尤其是美国利率水平的下降,对于中国企业在海外融资和境内融资成本的下降会有推动作用。这不仅有助于缓解小微企业融资贵问题,也有助于降低大中型企业和房地产企业的财务成本。而此时中国为减轻企业经营压力,正在大力实施减税降费,企业融资成本下降无疑有助于实现相关政策目标。

就资本流动来说,2015 年底以来美国货币政策收紧对全球尤其是发

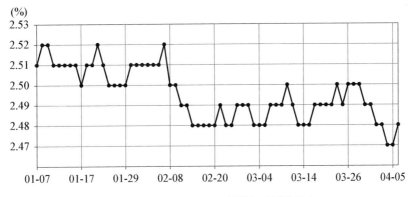

图 2　2019 年 Libor 同业拆借(1 月期)利率

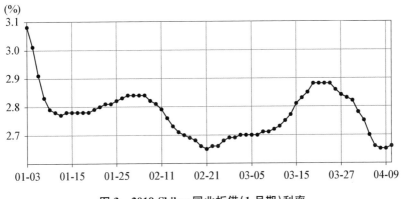

图 3　2019 Shibor 同业拆借(1 月期)利率

展中国家的资本流动带来很大压力。部分发展中国家在美国 2015 年底加息之后资本快速流出,货币出现持续大幅贬值,经济遂陷入了困境。阿根廷即是典型的例子,在美联储 2015 年启动加息之后其货币汇率遭受重创,资本大举出逃,通胀肆虐,经济负增长;在 2019 年美国加息累积效应显现时,阿根廷经济再次陷入困境。

2015 年下半年至 2016 年底不到一年半的时间里,在美联储实施加息的背景下,我国资本流出步伐明显加快,资本和金融账户出现逆差,外汇储备减少了约 7000 亿美元,资本外流和人民币贬值形成联动使风险急剧上升,对此市场应该记忆犹新。2018 年美联储加息节奏明显加快,尤其是下半年以来,中美利差显著收窄,我国资本流出压力再度加大。2018年6—12月,银行代客结售汇逆差累计达502亿美元,银行代客涉外收付款逆差累计达793亿美元,外汇占款累计减少2561亿元。目前美联储不再进一步加息,利率水平趋于相对稳定,这方面压力将相对减轻,尤其是对于短期资本流动的影响会明显减弱。当然中国的长期资本流动可能受此影响不会太大,受到投资成本、资产收益率等方面因素的影响可能较多。中国境内的资产收益率还是相对比较高的,这会影响到国际收支中的资本流动包括证券投资和直接投资等各方面。总的来说,美联储加息周期结束有助于减轻我国资本外流的压力。

中美货币政策趋同对人民币汇率也是有利的。2015—2016年,美联储启动加息进程,人民币经历了一个持续明显的贬值过程,幅度最大时达到约13%;2018年,美联储加快加息步伐,人民币又经历了一个较为明显的贬值阶段,幅度最大时曾达到约11%。应该看到,从时间长度来看,这两段时间人民币贬值的幅度都不小。这两个阶段的人民币贬值受到了中国经济增长步伐放缓和国际收支顺差减少的影响,但美元升值和美联储加息无疑也是重要原因之一。目前美联储加息已至尾声,美国经济增长步伐放缓,同时伴随贸易逆差创出新高,美元已失去了进一步走强的基础,未来在波动中偏弱的可能性较大,相应的人民币贬值压力就会减轻。

尽管如此,不能因此就认为人民币有可能出现很明显的升值,未来人民币汇率变化仍会受到很多因素的影响,出现持续单边走势的可能性不大。目前,中国经济仍有下行压力;国际收支可能在2019年出现较为明显的变化,主要是经常项下顺差会大幅度收缩,甚至可能会出现逆差;货币政策总的来说是稳健偏松,利率水平稳中趋降;经济增长、国际收支和货币政策都不会支持人民币明显走强。

在中美两国货币政策趋同的环境下,在当前和未来一个阶段,人民币汇率可能出现的状况不是持续的升值或者是持续的贬值,明显的单边趋势在未来一个阶段恐怕难以出现;较有可能出现的是阶段性升值或贬值的走势,即所谓双向振荡,区间可能是在1∶6至1∶7,中轴有可能是在1∶6.5上下。这意味着,一个阶段以来人民币所承受的较为明显的贬值压力毫无疑问减轻了。市场可以在一个时期内不必再担忧人民币会"破七",但对于阶段性一定幅度的升值要有心理准备。

存款准备金率下调的目标以定向为主

讨论中美货币政策趋同，很自然地会涉及货币政策重要工具的运作方向和方式。总体上看，存款准备金率未来有一定的下调空间。当前中国经济仍有下行压力，而 2020 年实现小康社会奋斗目标又是一项硬任务，保持经济增长处在合理区间需要流动性保持合理充裕，企业融资成本稳中下降。

2019 年，在经常项下顺差明显减少甚至逆差的推动下，外汇占款仍会处在较低水平，也需要在必要时运用货币政策工具保证货币合理供给水平。尤其是当下非银行融资增长较为缓慢，适当加快银行信贷投放是实现稳增长政策目标和实体经济的需要。

2019 年政府工作报告要求，加大对中小银行定向降准的力度，释放的资金全部用于民营和小微企业贷款。支持大型商业银行多渠道补充资本，增强信贷投放能力，鼓励增加制造业中长期贷款和信用贷款。2019 年国有大型商业银行小微企业贷款要增长 30％以上。

银行要加大力度进行投放，需要有较好的负债基础，存款准备金率偏高情况下银行的信贷能力会受到一定的制约。适当调整存款准备金率有助于改善和提升银行的信贷投放能力。

当前正在推进利率市场化改革，也就是存贷款基准利率与存贷款市场利率并轨，这需要整个宏观货币金融的环境比较宽松。因为货币金融环境偏紧的情况下利率市场化容易导致市场利率水平往上走，抬高企业的融资成本，这对于实体经济显然不是一件好事，与当前宏观政策逆周期调节方向背道而驰，尤其是在当前国际国内较为复杂的环境下。而货币金融环境适当偏松对于未来融资成本的平稳甚至下降是有好处的，从而也有利于利率市场化顺利走完"最后一公里"。

2019 年政府工作报告提到，广义货币 M2 和社会融资规模增速要与国内生产总值名义增速相匹配，以更好满足经济运行保持在合理区间的需要。2018 年 GDP 实际增长 6.6％，加上 GDP 平减指数，名义 GDP 为

9.5%。而目前 M2 增速仅为 8.3%,虽然比之前一段时间稍有提高,但这一水平依然偏低。

由于 2019 年 GDP 增速可能会低于 2018 年约 0.3 个百分点,名义 GDP 可能稍有相应变化,再考虑到长期以来的经验数据,我们认为,当前和未来一个阶段 M2 运行在 9% 至 10% 这个区间可能比较符合政府工作报告中所说到的匹配。从这一点来看,如果近期 M2 增速依然不能进入到 9%~10% 的区间,存款准备金率适度地下调还是有必要的。

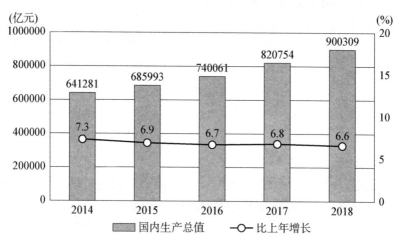

图 4 2014—2018 年国内生产总值及其增长速度

如果美联储继续加息,进一步抬高联邦基金目标利率,则无疑会掣肘我国存款准备金率的下调。但目前美联储加息已告尾声,中美货币政策趋同给中国存款准备金率的灵活调整提供了空间。

当然,近年来存款准备金率已经有了较大幅度的下降,大中型商业银行存款准备金率已经从 2014 年的 20% 降至目前的 13.5%,中小型商业银行则由 2014 年的 18% 降至目前的 11.5%。市场上流动性已经达到了合理充裕的目标状态,货币市场利率和存贷款市场利率均已降至历史较低水平;而在资本流动相对平衡格局下,外汇占款基本稳定。

总体上看,货币政策从 2018 年中起在稳健基调下向偏松方向调整的目标已基本达成,存款准备金率应该没有整体性大幅下调的可能。但为了针对性地改善中小微企业和民营企业的融资环境,未来存款准备金率仍有一定程度结构性下调的可能性。如果说2018年以来存款准备金率政策目标是总量与结构并重,那么未来会转向以定向为主。

存贷款基准利率调低的必要性下降

2019年政府工作报告谈到要运用价格等工具,也就是利率这类价格工具来对市场进行调节。由此市场上有一种解读认为,将有进一步降息也就是降低存贷款基准利率的可能。在这一问题上市场还是有明显分歧的。

存贷款基准利率下降称之为降息,是长期以来一个比较传统的说法,并非等同于货币市场利率的调整。央行可以运用多种工具对货币市场利率进行调整,影响金融机构负债端的成本,但这属于公开市场操作的范畴。

从政策效应来看,存贷款基准利率调整是一种非常强的政策信号,在当前情况下再进行降息需要谨慎。美国的利率水平已经与我国利率水平十分接近,为保持内外部经济的平衡,进一步降息已经没有多大空间,对市场预期的影响也较为有限。此外,降息可能会给市场带来另一种预期,即认为目前经济确实下行压力很大,以至于不得不动用影响较大的货币政策工具来进行逆向调节,从而带来政策所不希望看到的市场效应。

当前,中美之间正在进行贸易谈判,汇率是其中的重要内容。长期以来,理论和实践都证明利率政策对于汇率具有很大影响,前者是后者变化的重要影响因素之一。

与市场利率受供求关系影响出现下行不同,降低存贷款基准利率毕竟是一种官方行为,容易引起国际汇率攸关方的关注并产生相应的联想。从这个角度去看,降息是需要谨慎的。如果有相关的举措可以推动市场实际利率水平下降,那么不到万不得已,就没必要动用存贷款基准利率这一工具。

2019年,需要更多关注的是利率市场化改革。2018年第一季度货币当局负责人已经表示利率市场化接下来的步骤是要实行利率并轨。我理解其实质是存贷款基准利率作为一种政策利率要与存贷款市场利率进行并轨,即央行以后不再对金融机构的资产端定价了,以后的运作方式主要是运用货币市场的政策利率对银行负债端产生影响。

当然,还需要构建市场化的利率体系。比如说完善和运用好已经推出的贷款基础利率(LPR),这是大银行给最优质客户所提供贷款的利率。当前,货币当局已经明确地提出利率要并轨。如果此时还继续运用存贷款基准利率进行调节,是不是又强化了这个本该取消掉的改革标的呢?这样一种事物还有必要去强化它吗?

政府工作报告指出"要深化利率市场化改革,降低实际利率水平"。后者指的是市场上的实际利率水平。从其中的逻辑关系看,似乎可以这样理解,未来市场上实际利率水平下降要靠深化利率市场化改革来实现。这就意味着,货币当局并不希望运用存贷款基准利率下调这种传统的方式来调节市场利率水平。

再从实际情况来看,市场利率在 2018 年第三季度以后都有不同程度的下降。事实上,这一轮货币政策稳健基调下的偏松调节是从 2018 年第二季度后开始的。7 天 SHIBOR 利率由 2018 年第一季度的 2.8%左右降至年末的 2.6%左右,2019 年以来进一步降至 2.5%左右(图 5)。目前货币市场上流动性已经合理充裕,而不是 2017 年至 2018 年初时的偏紧状况。2018 年第一季度和第二季度金融机构加权平均贷款利率分别为 5.96%和 5.97%,较 2017 年底上升约 20 个基点。但 2018 年下半年以来,随着稳健偏松货币政策效应的逐步显现,金融机构贷款加权平均利率水平逐步走低,2018 年第三季度和第四季度分别降至 5.94%和 5.63%。

目前商业银行的存款利率和贷款利率是历史最低水平。这种状况在未来的一段时间还会持续。随着货币政策在稳健基调下继续适度偏松调节和前期政策效应的显现,未来市场利率水平还可能会有一定程度的下降。这有助于配合现在正在进行的减税降费,进一步降低企业的融资成本。

事实上,降低融资成本可用的手段不少,包括结构性下调存准率,降低政策利率推动货币市场利率水平下行等,并不一定要运用存贷款基准利率这一属于改革目标的政策工具。随着 2019 年下半年经济增长止住

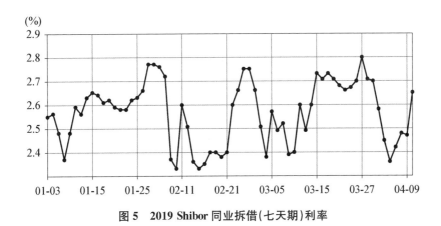

图5　2019 Shibor 同业拆借(七天期)利率

下行,逐步回稳,银行存贷款基准利率下调的需求会明显下降。

　　美联储停止加息对我国来说是减小了利率上行的压力。如果美联储在 2019 年开始降息,则对我国更为有利,我国利率水平下降的空间会相应拓展。

　　除了存款准备金率和存贷款基准利率工具外,中国货币当局还可以运用货币市场的系列政策工具来进行针对性的调整。所谓基准利率和市场利率合并,实质是取消存贷款基准利率。其中一个重要的前提是金融机构负债端成本是由货币市场来决定,而货币政策传导将通过政策利率影响货币市场,进而通过金融机构作用到整个经济体,而改善货币政策传导机制则是一项长期的任务。

Part　2

货币政策保持稳健和灵活

货币政策对金融运行具有至关重要的影响。伴随着经济转型升级的推进，金融运行呈现出新的运行格局，货币政策在稳健的基调下也出现了灵活的特征。市场流动性和利率汇率发生了波动，M2出现了结构性嬗变，主要金融货币指标保持了基本稳定，总体上货币政策平衡了多方面的需求。这一部分选入了13篇有关货币政策及其实施方面的文章，主要讨论了相关时期以来，货币政策的总体导向、如何平衡各方面需求、如何应对内外部的挑战，尤其是服务实体经济以及开展逆周期调节等方面的问题。通过这些文章，可以较好地了解这一时期金融政策环境的变化，对于深入把握金融市场和金融行业的发展和变迁会有帮助。

流动性问题再反思^①

 2013 年可以说是一个流动性问题年。2013 年伊始,两个问题便引起了广泛讨论:一是融资规模增长迅速而经济增速却掉头向下,人们质疑巨额融资是否有效进入了实体经济;二是货币存量很大,人们质疑 M2 和信贷存量与 GDP 之比过高,有造成资产泡沫和增大未来通胀压力之嫌。然而,进入第二季度,比较确切地说是 5 月之后,上述市场议论之霾迅速散去,市场出现了逻辑上极为戏剧性的变化,市场流动性迅速收紧。银行间利率水平在 6 月首次出现了剧烈波动,并上攀至历史最高水平;流动性状况在 7 月稍有缓解后,下半年又逐渐趋紧;继而在临近年末时,利率水平再度上升并创出阶段性新高。历史上,年末流动性通常十分宽松;而2013 年末却是一反常态,最终由央行向市场注入流动性才使市场稍事平稳。可以说,2013 年中国市场流动性风险迅速且明显地暴露,这是 2000年以来所罕见的,应该对之作出深刻反思。只有找到了问题的症结,才有可能开对药方,对症下药。

融资供不应求是流动性问题的基础性原因

 2013 年实际 GDP 增长 7.7%,较上一年回落 0.1 个百分点,增速基本持平;全年 CPI 与 2012 年相同,均为 2.5%;但货币信贷增速则都在放缓:M2 增速由 2012 年的 13.8%降至 2013 年的 13.6%,信贷则从15.0%降至 14.1%。与此形成鲜明对照的是,信托贷款、委托贷款表外融资却高速发展,2013 年新增信托、委托贷款规模较 2012 年分别扩张了

---

① 本文发表于 2014 年 2 月 19 日《上海证券报》。

43.6%和98.3%。同时,金融机构存款利率小幅上行,执行基准利率上浮的存款占比为63.4%,比年初上升3.66个百分点;票据融资加权平均利率7.54%,比年初上升1.9个百分点。这些只是官方统计,事实上随着信托和委托贷款利率的大幅上升,社会融资的整体利率水平明显上升。与此同时,制造业、中小企业普遍感到融资困难,利率水平太高。

上述状况表明,2013年社会融资需求与货币信贷供给之间存在明显供不应求的状态。而且这其中还存在明显的结构性问题,即融资平台和房地产通过信托和委托贷款等方式获取了大量的融资,推高了利率水平,更加重了上述供求失衡的状况。这是2013年市场流动性紧张的基础性原因。

增量结构显著变化是流动性问题的重要诱因

从流动性创造的角度看,信贷投放、新增外汇占款、财政存款下放是目前影响市场流动性的主要因素。按往年经验,信贷投放是个常量,即每年信贷投放总量在年初已基本确定;外汇占款是个变量,近两年变化较大,对流动性有明显的影响。在2013年,我国外汇占款在波动中大幅增长。第一季度,外汇占款新增1.2万亿元,较上年末大幅增长;而在第二、三季度,新增外汇占款偏少,分别只新增3200亿元和1292亿元;但第四季度又重返高位,新增规模达1.1万亿元。全年新增外汇占款高达2.78万亿元,是上年的5.6倍。由于外汇占款出现了阶段性的较大波动,增加了有关当局调节市场流动性的复杂程度,对调控的前瞻性提出了更高的要求。

过去财政存款基本是一个常量,但在过去的一年因为众所周知的原因变成了变量,资金下放明显低于市场预期。1—11月金融机构口径的政府存款增加了2万亿元,对冲了货币投放的72%。与历史经验一致,2013年12月财政资金大量下放。在这一情况下,银行体系资金一般趋于宽裕,央行也往往会进行回笼操作。但在2013年末货币市场却未见宽松,央行反而进行了多次货币投放操作。然而,即使扣除财政存款增加的因素,银行业存款紧张问题依然存在。2013年1—11月,以金融机构口径计算(存款中包括财政存款),新增贷款占新增存款的比例达74%,而扣除财政存款,2013年这一比例高达89%。由于统计中的存款是一个时点数,很大程度上是存款类金融机构在时间节点上通过各种手段和工具做上去的;因此,实际的行业存贷比应该早已超过了监管红线。

存量及其结构的深刻演变是流动性问题的主因

表外业务发展、银行资产负债管理、监管政策和利率市场化改革等多方面因素是导致市场流动性持续偏紧的深层次原因。

在现行存贷比监管体制下,为投放贷款,银行需要增加足够的一般性存款(注:下文提到的存款指的都是一般性存款)。近年来,商业银行负债状况持续处于偏紧状态。方兴未艾的货币市场基金等竞争性产品收益率的相对优势较为明显,是造成银行吸收存款难度增加的重要原因之一。因此,银行往往采取在月末和季末通过理财产品等方式回笼存款。这导致理财产品利率水平上涨,也使得银行资产和负债一年之中大部分时间都不匹配。存款月末陡增,月初骤降,不少银行存款大部分时间实际达不到年初水平,统计数据并不能真正反映银行存款的实际状况,M2也存在一定程度的失真。

从资产负债期限结构来看,商业银行的中长期贷款占比越来越高,资金来源和运用的期限匹配越来越不合理,不利于银行改善流动性状况。2003年之前各银行中长期贷款比例一般在50%以下,但目前不少银行这一占比已经达到60%。融资平台、房地产贷款期限通常在三年以上,是中长期贷款的主要组成部分。个别银行由于信贷组合中基础设施建设行业比重较高,中长期贷款占比较高是合理的,但中长期贷款占比高当前已经成为行业中较普遍的现象,这需要引起足够的关注。按理,商业银行贷款期限应该以一年期和一年期以下为主,中长期贷款比例应该在40%以下为宜。目前银行面临大量贷款在短期内难以收回的状况,是对银行流动性管理产生压力的重要原因,这已形成了行业积累的不可忽视的结构性问题。

从监管角度考察,近年来,持续较高的法定存款准备金率降低了商业银行体系信用创造的能力,有可能是目前我国货币乘数偏小的重要原因。与新增外汇占款、公开市场净投放等简单创造基础货币的方式不同,存款准备金率偏高,形成了持续限制货币增速的叠加效应。目前我国商业银行100多万亿元存款中的约20万亿元是作为法定准备金而不能运用的。银行新增每一笔存款的16%~20%要上缴为法定准备金,不能作为新增资金来源而加以运用。尽管存款准备金每月分几次上缴,但考虑到银行存款增量中已有"水分",准备金完全有可能实际多缴,从而导致银行流动性进一步承受压力。再者,过去存款准备金率提高是作为对冲外汇占款大幅增加的主要工具之一来加以使用的,但2012年新增外汇占款偏低,仅有约5000亿元,而准备金率并没有下调。尤其是2013年新增贷款占新增存款的比例已近90%,在扣除存款准备金之后,银行的流动性就没有理由不紧。综合各方面因素来看,我国货币环境已发生了深刻变化,准备金率政策如何应对是一个值得思考的问题。

必须指出,存贷比监管也是一个重要的影响因素。在金融脱媒和互联网金融发展步伐加快等因素的综合作用下,银行发展存款业务的困难与日俱增,部分银行的存贷比持续处于高位,加大了银行流动性管理的压力。为了保证贷款能按计划投放,银行必须在相应时点上保证存款达到应有水平,从而在月末、季末、年末运用理财产品等各种手段加大存款吸收力度。这一方面使存款进一步成了各家银行争夺的焦点,在银行之间加大流动;另一方面部分同业存款摇身变为客户存款,改变了其存款的形态,这带来了存款市场间歇性的大幅波动,也增加了行业的流动性紧张,尤其会推动货币市场利率大幅上升。在这一体制下,银行不仅需要满足流动性监管的要求,保证不出现流动性风险;而且要使存款达到贷款投放的相应水平,这项规定是造成当前银行业很多不合理现象的主要原因之一。而从整个银行业来看,近年来同业存款比例大幅提高:2006年上市银行同业负债占比为8.6%,至2013年第三季度末则达到15.5%。近年来存款增长速度看似不低,2013年在贷款增速下降的同时,存款增速还略有上升,这其实是假象。如前所述,存款统计数据中存在大量水分,行业负债中同业负债的实际比例要远比目前的水平高,保守估计在20%左右,银行业的负债结构已发生重大变化。在这种情况下,继续运用此工具无疑会在市场流动性已偏紧的情况下人为地增加市场压力,已经不切合实际。

利率市场化改革推进也会产生流动性收紧的效应。由于我国长期存在利率管制,存款利率低于均衡水平。在近期利率市场化向纵深推进,存款增速放缓,且货币政策维持稳健的条件下,存款市场竞争明显增强,这导致在利率市场化初期我国存款利率呈上升趋势,而这与流动性偏紧的市场态势也形成了一定的非收敛蛛网效应。这一效应在2013年对流动性紧张带来了明显影响。

2014年流动性形势不容乐观

2013年12月美联储议息会议宣布启动QE退出,从2014年1月起首先将量化宽松规模从每月850亿美元削减至750亿美元。市场一般认为美联储逐步退出QE会引发资本加大力度回流美国,美元升值,人民币出现贬值压力。但我的看法是未必。资本在我国境内外的流动方向可能会有阶段性变化,比如QE退出之前和之初可能会有净流出,但市场会很快厘清QE退出的原因。美联储的核心政策导向是刺激经济增长,退出QE的必要条件是确认未来经济形势乐观。美国经济明确企稳回升会导致市场风险偏好上升,追逐更高回报的投资标的主要是两个方向,即股权类资产和增速较快的新兴经济体。而中国至少在中期仍然是较好的投资地,因为中国经济增长速度在世界范围内相对较高且较平稳;中美利差明显存在,也将吸引短期套利资本流入。综合各方面因素,2015年美国加息的可能性不大,中美之间巨大的贸易不平衡导致人民币对美元仍有可能小幅升值。2014年中国跨境资本流动方向应该还是以流入为主,外汇占款不会低。但基于2013年的表现,外汇占款不少却不等于境内流动性就一定宽松。

2014年IPO已经开闸,股市有可能短暂下跌后回升,可能导致更多资金流入股市,给市场流动性增加新的压力。而在金融改革方面,自贸区的资本开放会推进,但流出和流入都有开放措施,大致可以对冲。

2014年利率市场化也会循序渐进。同业存单2013年已经推出,面向企业和居民的大额可转让存单也可能很快推出,这些负债产品的利率一旦放开,在目前国内融资需求较大且结构不平衡的条件下,利率会有上升的动力。存款利率此前已在基准利率的基础上上浮 10%,后来银行基本上浮到顶,如果再放宽至上浮 20%,看来还是会上浮到顶。

在贷款需求较为旺盛的条件下,存贷比的考核要求迫使银行努力争取存款,这将形成推动整个市场利率水平上升的动力。同时,以吸收存款为目的的理财产品收益率也会高企,这实际上是利率市场化深化的结果。利率市场化进一步推进后,目前利率水平不高的定期存款利率也将上浮。由于目前行业定期存款的比例达到 50% 以上,未来市场整体存款利率水平必然上移。在利差收窄的压力下,银行也会想办法提升贷款利率。地方融资平台、房地产和小微企业对资金需求较强的市场现状也将导致贷款利率难以回落。上述多方面因素都将对市场流动性形成收缩效应,这实际上已相当于基准利率上升,这是利率市场化带来的必须引起关注的结果。

总的来说,利率市场化最好是在流动性相对宽松的情况下推进。流动性宽松的情况下,利率上升的幅度会比较小,实体经济受到的压力就会小。在目前市场流动性总体偏紧的环境下,我们需要反思在利率市场化推进的过程中,如何保障整个市场平稳运行的问题。如果不去深层次思考和做出及时合理的调整,2014 年流动性仍会偏紧。

货币政策需要灵活,监管制度亟待优化

面对这样的流动性形势,除了银行业自身应变以外,建议有关部门采取以下政策举措加以应对:

一是市场调节需要更具有前瞻性、及时性和针对性,货币政策操作要更加注重灵活性。一方面应继续将公开市场操作作为主要调控工具,根据形势变化运用逆回购等工具灵活调整回笼和投放的力度,引导市场整体利率水平走向;另一方面则是要更灵活地使用再贷款、再贴现、SLO 和 SLF、定向央票等定向调节工具,以加强对重点金融机构有针对性的调节;并保持货币政策的连贯性,通过"放短抑长"的操作方法,保证货币市

场短期流动性平稳,同时适当锁定中长期流动性。

二是尽快优化存贷比管理机制。未来随着银行负债结构多元化发展,现行定义下的存款在总负债中的比例将进一步下降,同业存款占比会趋势性上升,存贷比监管的必要性也将随之降低,并最终消失。从国际经验来看,很多银行的存贷比在100%以上,银行并未出现流动性困难,这是因为其在一般性存款外仍有很多其他负债来源。在我国,随着金融市场的发展完善,未来各个机构资产负债结构的差异将更为明显,这一点在存贷比指标中难以得到反映。从长远看,取消这一监管规定是大势所趋,考虑到存贷比指标目前仍有一定的适用性,且属于法律规定,难以立即取消,在当前可以对该指标加以改进和优化。例如,对同业存款来源进行细分,将部分较为稳定的同业存款纳入一般存款口径进行管理。可以考虑在存款压力增大、流动性风险增加的背景下实质性实施弱化存贷比的具体措施。同时启动相应法律程序,最终修改商业银行法,取消这一监管规定。

三是应对财政收支机制做出一定调整,合理规划财政支出的节奏。新一届中央政府加强了对财政收支的管理力度。从2013年金融机构口径财政存款的实际变化数据来看,在经济企稳背景下财税收入增长较快。由于"三公"支出和计划外政府支出受到的监管力度加强,财政资金得到了大幅节约,2013年财政存款总体留存明显较多。这一变化事实上已打破了金融机构对财政支出创造流动性的预期。在这一背景下,中央政府在2014年应对财政支出作出更为合理的调整和安排,一方面继续控制低效率政府消费规模,另一方面应增加促进经济结构调整、产业升级的财政补贴和转移支付力度,这对于稳增长和调结构本身也是很有必要的。

四是可以考虑下调1~2次存款准备金率。在宏观审慎的框架下,货币政策宜保持稳健,不应大幅调整准备金率;但为缓解存款增长趋势性放缓压力、维持利率市场基本稳定及保持信贷平稳增长,在2014年有必要小幅下调存款准备金率。鉴于利率水平上升本身就有"去杠杆"的效果,利率市场化期间政策过紧反而可能会增加系统性风险。在目前银行业存款准备金率偏高,货币乘数偏低的背景下,逐步有序地降低法定存款准备金率到相对正常水平较为合理。短期内可先行下调存款准备金率 1～2 次,每次下调 0.5 个百分点。当然,就像当年外汇占款大幅增长时,存款准备金率作为对冲手段持续上调并非货币政策收紧一样,小幅下调存款准备金率也并不能简单理解为货币政策放松。

三率运行将呈现新格局[①]

近来市场风云变幻。股市持续暴跌,猪肉价格上涨推动 CPI 上行,人民币随中间价报价机制改变而一次性贬值,外汇占款出现了有史以来最大的一次下降。外汇占款减少一定会导致降准吗？CPI 上行会制约降息降准吗？降息还有多大空间？人民币未来会趋势性贬值吗？人民币贬值有利于股市吗？

2014 年第四季度以来,货币当局已经五次降息、四次降准。下半年货币政策相关操作频率将会降低,仍有可能小幅降准,降息空间不大并会比较谨慎,人民币汇率将双向波动、弹性加大,三率运行将呈现新格局。

综合性需求推动小幅降准

外汇占款下降一定程度上增加了降准可能性,但并非充分条件。在过去较长的一段时间内,外汇占款是中国基础货币投放的一个主要渠道,外汇占款增速的下滑或萎缩,确实会形成基础货币投放缺口,以至于央行需要运用降准、提高再贷款规模等方式进行对冲以填补缺口,从而达到维持必要的货币供给增速和实现金融支持实体经济稳增长的目标。

近期外汇占款持续下行,然而相对于当前外汇占款的总规模来说也仅占 1% 左右,2015 年初至今外汇占款总规模萎缩幅度也不足 2%。未来一段时间,如果外汇占款持续下行达到一定程度,进一步形成并扩大基础货币投放缺口,应该会增加央行降准的可能性。

然而,近十年来中国金融机构外汇占款余额同比增速一直处于中长

---

① 本文发表于 2015 年 8 月 31 日《经济观察报》。

期的下行轨道上,同期存准率和1年期存款基准利率却并没有呈现出下行的趋势性特征,而是有所反复。可见央行的货币政策调控并不被外汇占款这一因素完全左右,而是会全面综合考虑当期经济环境以及货币投放情况。

除了基础货币对冲外,下半年市场流动性充裕和利率水平下降、增加金融机构信贷投放积极性以更好地稳增长以及推动地方政府债务置换顺利实施等,将会形成综合性的降准需求。年内不排除有50～100基点的降准。

相对而言,未来降准具有不小的空间。存准率作为数量型货币政策调控工具,下调是对银行业全局信贷投放能力的提升。针对外汇占款持续减少产生的基础货币缺口,降准能够较为直接地产生对冲效果。

降息面临两方面平衡需求的制约

经过五次降息,存贷款基准利率明显下降。如1年期存贷款基准利率已是十多年来的最低水平。从对冲外汇占款持续走低导致的基础货币投放缺口来看,降息由于其价格型调控工具的特征,对冲作用相对间接,难以起到立竿见影的效果。从进一步促进社会融资成本下行的角度看,降息似乎仍有必要。

但降息政策的运用将受两方面平衡的挑战,即降低融资成本与控制资产价格上涨的内部平衡和合理引导资本流动的内外平衡。

一方面,降息有必要前瞻性地考量其对资产价格和物价等可能造成的影响。前期降息降准的效果已经开始显现,金融机构贷款利率持续回落,进一步降息的必要性下降。从以往货币政策对实体经济的影响有约两个季度的滞后期来看,2015年下半年名义贷款利率还会进一步下降。

有必要指出两点,一是当前实际利率水平较高的主要原因不是利率水平高,而是PPI负值较高;二是PPI负值高主要不是因为需求问题,而是因国际大宗商品价格持续在低位徘徊。

在这种情况下,如果大宗商品价格降幅持续大于PPI的降幅,其他成本变化不大,实际利率较高对企业的实际压力就并没有其所显现的那么大。未来降息对缓解实际利率水平较高的效应将明显递减,但同时对资产价格上涨的潜在推升力可能增强。而一线城市房价已经开始上涨,房价同比年内将会转正。

另一方面,受连续降准降息的影响,目前中美两国利差已经明显收窄。目前一年期国债收益率中美利差已不到1.5%,属于长期来看的较低水平,而2014年和2015年初大部分时间这一利差都在3%以上。

随着美国经济复苏态势延续,未来几个月内很可能会进入加息过程,为了减小"中外利差明显缩小"可能对中国造成过重的跨境资金流出的压力,而后者又是人民币贬值压力的主要来源,货币当局应该慎重选择降息策略。

外汇占款减少不能决定贬值周期

外汇占款减少是中国国际收支状况和相关货币金融管理政策取向的具体反映,并不会直接决定人民币汇率是否进入贬值周期。从当前中国的国际收支数据所反映的情况来看,尽管资本和金融项目已经连续五个季度出现逆差,累积达1502亿美元,但中国经常项目仍总体维持顺差态势。

尽管服务贸易逆差较大,但经常项下的强势顺差状况仍会维持一段时间,对资本和金融账户的资金净流出带来的人民币贬值压力起到缓释作用。其实,外汇占款变化和人民币汇率波动都是国际收支变动的结果。而货币当局还可以通过减少外汇占款来增加市场外汇供给以调节市场供求关系,从而影响汇率。

目前,中国外汇市场供求状况基本反映了中国国际收支的变化状况。而国际收支是"外汇占款—国际收支—外汇供求状况—人民币汇率"这个逻辑链条上的核心和基础。国际收支状况在外汇占款变化上得到了一定程度的反映,也决定了外汇市场供需情况。外汇占款下降反映的可能就是国际收支顺差减少;为维持一定幅度的顺差,也就形成了人民币的贬值预期。

多重因素制约人民币趋势性贬值

影响人民币汇率趋势的根基性因素应是中国经济运行状况。近期,国际市场对于中国经济增长是否能够坚守住7％的水平产生了很大质疑。由负面情绪导致的资金净流出,最终反映在外汇占款的持续减少上,并带来人民币贬值预期。然而,随着中国经济增长企稳,过度的负面情绪将会缓解并转变,预期稳定将有助于资本流动趋向平稳。事实上,主要受中国经济运行变化影响的资本流动,已在很大程度上且较为直接地影响了人民币汇率的波动方向和幅度。

从国内战略着眼,随着全面深化改革工作的细化落实和新型城镇化建设不断推进,未来一段时间内基础设施建设、国企改革和科技创新型产业将成为新的经济增长动力源。依靠本币贬值刺激出口快速增长的路径,既不利于境内企业技术革新和产业转型升级,也会增加由"市场份额压力"带来的国际贸易摩擦。从长远来看,进入贬值周期并非治疗中国经济的一剂良药,与新常态内涵要求南辕北辙;维持汇率在双向波动下基本稳定,倒逼出口企业转型升级,提高产业承受能力才是固本之策。当然,在供求关系的推动下,人民币小幅阶段性贬值有助于减轻出口压力,与战略要求并不相悖。

再着眼于国际战略,人民币趋势性贬值不利于当前正在实施的"一带一路"倡议和"人民币国际化"战略向前推进。"一带一路"有可能会使多边贸易和其他诸如信贷、投资合作等经济往来的较大部分采用人民币进行计价和结算。鉴于人民币资产定价相对较高并会长期保持,人民币在国际上作为负债货币的发展会较为缓慢。因此即使贬值也难以带来人民币作为负债的国际化的迅速推进。

近期人民币报价机制的完善,技术性修正了前期高估部分,这只是人民币汇率机制市场化的必经步骤,而非事关国际贸易的竞争性贬值,不应被解读为人民币进入贬值周期的强预期。

国际贸易格局将制约人民币"主动"进入贬值周期。数据显示,中国已连续两年成为全球第一的货物贸易大国。2004年中国出口的国际市场份额为6.4％,而2014年已达到12.3％,是全球第一,也是有史以来正常情况下的一国最大份额,2015年的占比可能更高。如果此时此刻人民币进入贬值周期,势必推动出口的全球市场份额进一步提高,必将导致主要贸易伙伴形成强烈的对抗情绪,进而带来更多的贸易摩擦,导致贸易条件进一步恶化;同时中美之间贸易依然存在较大的不平衡,我方顺差较大,因而贬值有可能得不偿失。

CPI 上升无碍货币政策宽松格局

近期 CPI 持续回升至年内高点,受局部食品价格影响较大,并未形成明显通胀压力,也基本不会对货币政策操作空间构成影响。食品价格涨幅扩大主要受猪肉价格大幅上涨的影响。

而此轮猪肉价格大涨与之前几次"猪周期"又有所区别,市场没有出现食品价格普涨的格局,例如水果、蛋、牛肉等 2015 年以来价格都持续回落。市场猪肉的生产结构已有较大改善,供给正在迅速跟上,2016 年供求关系会逐渐趋于平衡。因此,近期 CPI 的回升并不意味通胀压力已经很大,到 2016 年,CPI 整体还是会维持在相对温和的水平,应该不会挤压宽松货币政策的实施空间。

近年来 CPI 运行趋势与货币政策关联度有所弱化。在很长一段时期内,M1 和 CPI 的运行有较强的趋势性相关关系。通常货币供给增加后三至四个季度基本上物价水平会同步上涨,通胀明显表现为货币现象。当时 CPI 处于上升通道的确会限制央行宽松货币政策的操作空间。然而,随着中国金融市场主体、产品、业务种类、市场类型等不断地丰富和发展,CPI 已经不再是吸收货币供给的重要渠道,大量的货币供给可能在其他资产价格变化上得到反映,进而使得 CPI 与货币供给的关联关系显著降低,甚至出现阶段性背离(2010 年 M2 和 CPI 增速背离)。鉴于此,当前 CPI 的上行尚不会实质性地影响降准降息的操作空间。

尽管如此,鉴于货币因素对物价的影响力较大并较为直接,未来还是需要对 CPI 上涨加以密切关注。未来随市场利率水平下行,CPI 将进一步回升,2015 年 8 月有可能达到 1.9% 左右,年底前有可能升破 2%。当局若要加大力度实施宽松货币政策,就必须充分考虑货币政策效应的前瞻性。

货币政策要平衡降杠杆、控泡沫、稳汇率需求[①]

在周期性、结构性和外生性三重因素的叠加影响下,当前中国经济增长依然面临较大的下行压力。自 2014 年第四季度至今,央行已经五次降息和四次降准,但市场依然对货币政策进一步松动抱有不小的预期。近期内,货币政策将会扮演怎样的角色? 货币政策工具包括降准降息将如何运用? 人民币汇率是否能维持稳定? 这些问题值得关注。

货币政策需要兼顾三方面平衡

在中国,货币政策目标是一个多元的构成,即经济增长、充分就业、币值稳定和国际收支平衡。鉴于经济运行通常会有阶段性的特征——或是经济偏热,通胀压力较大;或是经济偏冷,通缩压力较大;或是国际市场风云变幻,资本流动冲击境内市场——货币政策在不同的时期会有不同的侧重点。尤其是货币政策还需要同时兼顾当下和长远,因为短期需求与长期需求往往不尽相同。毫无疑问,当前经济突出的问题是增长下行压力较大,工业领域通缩持续发展。虽然近期受食品价格拉动影响 CPI 有所回升,但 2% 左右的水平既低于调控目标,从长期看又处在偏低水平,显然通胀问题在 2015 年和 2016 年上半年不会成为货币政策需要重点关注的目标。2015 年第二季度末以来,资本市场出现剧烈波动,人民币一次性贬值后资本流出压力骤然增大。在这种情况下,货币政策的基本取向应当是稳增长和控风险。事实上 2014 年底以来货币政策操作也确实是这样做的,实施了五次降息和四次降准,在保持流动性充裕的同时,推动

---

① 本文发表于 2015 年 10 月 10 日《经济观察报》。

市场利率水平持续较大幅度下行。

从更大的时间和空间范围看,未来货币政策需要兼顾好三方面需求。一是从长期看降杠杆的需求。短期内为了稳增长和控风险,有必要继续适度地加杠杆或将杠杆保持在一定的水平。但鉴于中国金融总量大,杠杆率持续上升,未来风险会不断积累。目前金融业总资产已突破 200 万亿元,按年均 9%～10% 增速计,五年后金融业总资产规模将突破 300 万亿元,达到三倍于名义 GDP 的水平。2014 年末中国 M2 与 GDP 比值已达 1.93,预计五年后可能达到 2.3。从前瞻控风险出发,货币政策需要控制杠杆率的进一步上升。二是控制资产泡沫和防通胀的需求。尽管从全国大面积看房价仍然十分低迷,但在流动性充裕、利率水平明显回落和政策松绑的条件下,北上广深和部分二线城市房价已经开始上涨。2014 年以来股市暴涨也可以清晰地看到流动性充裕的功效,未来是否还会重演,仍需警惕。从过去的经验可以得知,当 M1 增速明显上升后,CPI 出现上涨是一个大概率事件。在流动性充裕的条件下,当前 M1 已出现持续上升势头,9 月末同比增速可能会达到 10% 左右。为应对未来可能出现并发展的资产泡沫和消费领域的通胀,货币政策需要前瞻性地适度控制货币增速。三是资本流动和汇率水平稳定的需求。在经济增长持续下行条件下,市场容易形成货币贬值预期和资本流出压力。2012 年以来,这种状况已有多次阶段性表现。近期外汇占款大幅负增长,外汇储备罕见地大幅减少以及人民币承受了很大的贬值压力,需要货币政策适度兼顾这方面的需求。尤其是在美国即将加息的背景下,特别需要关注和防控资本的阶段性出逃和货币贬值风险。

毫无疑问,为了发挥稳增长和控风险的作用,货币政策应保持稳健偏松的格局,维持流动性充裕状态,继续推动市场利率下行,以降低实体融资成本。但考虑到上述三方面需要兼顾平衡,货币政策进一步松动需要谨慎。毕竟中国经济实现年度 7% 左右的增长目标没有太大悬念,短期内几无可能"硬着陆"。事实上,以货币政策松动来调节产能过剩和制造业、工业的结构调整所带来的工业制造业领域的通缩,是缺乏针对性的表现。反过来说,中国经济可能还是需要一定时间和一定程度的局部通缩才能有效地去除过剩产能。在周期性、结构性和外生性三性叠加压力下,积极的财政政策和投资政策拥有较好的针对性和及时性,可以更为直接地产生效应。相比较而言,货币政策在这方面更多的是支持保障作用。而在控风险方面,货币政策和监管政策则应担当主角。

降准空间相对较大,降息犹存制约因素

未来降准的可操作空间较大。数据显示,最新存准率仍处于2007年以来的一个相对高位水平,相对于2008年至2009年强信贷刺激时期的存准率至少仍有3%的可操作下调空间。存准率作为数量型货币政策调控工具,下调有助于提升银行业信贷投放能力。针对时下外汇占款持续减少所产生的基础货币投放缺口,降准能够更为直接地产生对冲效果。

然而,降息却受到多重因素的制约。经过五次降息,存贷款基准利率明显下降。1年期存贷款基准利率已降至十多年来最低值。从对冲外汇占款持续走低所导致的基础货币投放缺口来看,降息由于其价格型调控工具的特征,对冲作用相对间接,难以起到立竿见影的效果。从进一步促进社会融资成本下行的角度看,降息似乎仍有必要。但未来降息政策运用将受到两方面挑战,即降低融资成本与控制资产价格上涨的内部平衡和合理引导资本流动的内外平衡。一方面,降息有必要前瞻地考量其对资产价格和物价等可能造成的影响。前期降息降准的效果已经开始显现,金融机构贷款利率持续回落。从以往货币政策对实体经济的影响有约两个季度的滞后期来看,下半年名义贷款利率还会进一步下降。有必要指出,当前实际利率水平较高的主要原因不是利率水平高,而是PPI负值较高;PPI负值高主要不是因为需求问题,而是国际大宗商品价格持续在底位徘徊。在这种情况下,如果大宗商品价格降幅持续大于PPI的降幅,则在其他成本变化不大的情况下,实际利率较高对企业的实际压力并没有其所显现的那么大。未来降息对缓解实际利率水平较高的效应将明显递减,但同时对资产价格上涨的潜在推升力可能增强。而一线城市房价已经开始上涨,房价同比年内将会转正。另一方面,受连续降准降息的影响,中美利差已经明显收窄。目前一年期国债收益率中美利差只有1.5%左右,属于长期来看的较低水平,而2014年和2015年初大部分时

间这一利差都在3％以上。随着美国经济复苏态势延续,未来几个月内很可能会进入加息过程,为了减小"中外利差明显缩小"可能对中国造成过重的跨境资金流出的压力,而后者又是人民币贬值压力的主要来源,降息策略选择有必要慎重。

稳增长和控风险需要汇率基本稳定

在经济开放度达到较高水平的条件下,货币政策与汇率政策息息相关,两者相辅相成。近期人民币汇率中间价形成机制进行了调整,人民币兑美元汇率曲线上呈现出突变性贬值特征,很大程度上增加了市场对人民币的贬值预期。实际上,影响人民币汇率趋势的根本因素应是中国经济运行状况。随着中国经济增长企稳,过度的负面情绪将会缓解并转变,预期稳定将有助于资本流动趋向平稳。事实上,主要受中国经济运行变化影响的资本流动,已在很大程度上且较为直接地影响了人民币汇率的波动方向和幅度。

从国内战略着眼,随着全面深化改革工作的细化落实和新型城镇化建设的不断推进,未来一段时间内基础设施建设、房地产、国企改革、科技创新型产业将成为新的经济增长动力源。依靠本币贬值刺激出口快速增长的路径,既不利于境内企业技术革新和产业转型升级,也会增加由"市场份额压力"带来的国际贸易摩擦。从长远来看,维持汇率在双向波动下基本稳定,倒逼出口企业转型升级,提高产业承受能力才是固本之策。再着眼于国际战略,人民币趋势性贬值不利于当前正在实施的"一带一路"倡议和"人民币国际化"战略向前推进。人民币大幅贬值显然与这两大战略格格不入,不利于国家经济利益和国民福利的提升。鉴于人民币资产定价相对较高并会长期保持,人民币在国际上作为负债货币的发展会较为缓慢。因此即使贬值也难以带来人民币作为负债的国际化的迅速推进。近期人民币报价机制的完善,技术性修正了前期高估部分,这只是人民币汇率机制市场化的必经步骤,而非事关国际贸易的竞争性贬值,不应被解读为人民币进入贬值周期的强预期。

近期全球经济金融形势动荡复杂,新兴市场国家货币竞相贬值,美国加息也仅仅是推迟，人民币汇率中间价形成机制的一次性调整释放前期贬值压力后，从稳增长和控风险出发，人民币汇率应维持双向波动下的基本稳定。人民币汇率不稳，抑或出现持续性贬值，必将导致人民币计价资产的市场减持行为进一步发展，从而给国内资本市场带来巨大压力，不利于当前资本市场重塑信心。虽然近年来人民币实际有效汇率升值过快，但在现行出口结构条件下，人民币进一步贬值对于出口贸易情况的改善效果并不会十分显著。全球贸易受世界范围内经济形势不景气的影响有萎缩迹象，人民币贬值对中国出口的刺激将十分有限。人民币贬值尤其是一次性操作带来的国际贸易摩擦，很可能使得贬值得不偿失。基于这两方面原因，未来应进一步适度释放流动性以稳定货币市场利率，同时在外汇市场卖出美元以便从总体上稳定人民币汇率。尽管稳定人民币汇率的行为可能消耗大量外汇储备，然而就目前国际国内经济金融大局而言，基本稳定人民币汇率利大于弊。

政策工具灵活操作促进融资成本降低

未来一段时间货币政策工具操作并不局限于降准和降息，而将注重多重工具与监管政策变化相结合。当前市场流动性主要受国际复杂的经济金融形势影响较大，国内总体流动性可能会出现阶段性、局部性趋紧的现象。预计未来大部分时间内，货币市场利率水平仍将维持在一个相对较低的水平，局部的流动性紧张基本上可由定向调节和公开市场操作进行缓释。未来当局可选择的政策工具会更加灵活。除了常规货币政策工具之外，未来一系列监管政策的调整也会影响到市场整体的流动性，比如存贷比的取消等。

需要关注的是，当前货币政策效果难以促成融资成本持续明显下降的主要障碍，是短期货币市场利率难以传导到长期融资利率，长期融资供给不足。数据显示，非金融企业中长期贷款增长乏力，既有信贷供给端的因素，也存在由于实体经济下行压力而导致的企业信贷需求不足的因素。未来进一步大幅、全面放松货币政策的可能性不大，政策操作的重点将是疏通政策传导渠道，按照国内经济体制改革战略部署及产业转型升级要求,更好地促进中长期融资利率下行,尤其是降低国家大力扶持产业的融资成本。在当前长期融资供给不足、利率难降的情况下,预计PSL支持范围将进一步扩大,以有针对性地加强对基建投资、保障房建设等重点领域的支持,压低长期融资利率。目前有关部委已经联合发文将地方债纳入SLF、MLF和PSL抵押品范畴。扩大PSL操作有利于地方债发行,缓解地方政府财政压力,扩大资金来源,助力稳增长。定向降准、定向再贷款等政策也会加大实施力度,以持续加大对"三农"、小微企业等薄弱环节的支持力度。SLO、SLF、MLF等将会视情况需要灵活开展操作,保持流动性合理充裕。

不要把"双降"当成量化宽松^①

虽然量化宽松(QE)可在危机局面使资产价格快速企稳止跌,但将量化宽松草率运用于一个仅仅处于下行压力较大的国家,则可能引发资产价格泡沫。相比之下,"双降"更像一副中成药,"双降"作为传统的货币政策工具是用作预调、微调的恰当选择,也更加符合当前我国中长期稳增长目标的需要。与常规货币政策不同,量化宽松是指央行通过直接购买政府债券和银行等金融机构的有价证券,直接向市场注入流动性,以干预经济运行的非常规政策操作。美国在次贷危机后,实施了三轮共约 4 万亿美元的 QE。日本分别于 2001 年、2010 年和 2013 年实施 QE,仅 2013 年安倍"三支箭"就向市场直接释放约 350 万亿日元。欧盟于 2015 年开始实施规模约 1.1 万亿欧元的资产购买计划。发达经济体相继推出 QE,大都有相似的经济背景,诸如系统性金融风险爆发、经济结构性严重失衡、劳动力市场急剧萎缩、经济增长持续低迷、通缩压力持续放大、流动性枯竭导致传统货币政策工具失灵、银行正常的信贷流程受阻等。2014 年底至今,中国连续多次的降准降息是不是中国版 QE,备受社会各界关注并引起热议。

连续"双降"为稳增长

我国连续"双降"主要是针对当前经济、物价以及市场流动性形势变化所作的货币政策选择,旨在稳增长和进一步降低企业融资成本并改善融资环境。我国 2015 年第三季度经济金融数据显示,当前经济下行压力

---

^① 本文发表于 2015 年 11 月 3 日《解放日报》。

依然较大,主要表现为"周期性""结构性""外生性"三性叠加。周期性方面,第三季度 GDP 破 7,消费价格指数与生产者价格指数持续背离,并且房地产投资仍在持续下行,基础设施投资也小幅回落,这都在很大程度上拖累了当前固定资产投资增速。此时亟须货币政策从逆周期角度实施调控,以确保为增长提供一个相对宽松的货币金融环境。结构性方面,受 PPI 持续负增长影响,工业企业利润增速下降,企业投资意愿不强。虽然降准等数量型货币政策工具在多次使用后,对经济的边际刺激效应有所下降;但是短期内为达到刺激经济企稳目标,加之降准相对于降息具备更大的向下操作空间,进而通过降准全面释放流动性仍显必要。降息则可引导企业融资成本进一步下行,逐渐改善企业经营利润水平和投资意愿。外生性方面,压力主要来自当前国际经济金融环境相对走弱,如出口明显减速等。这在一定程度上增加了近期我国资本流出和人民币贬值压力,同时对我国进一步采取降息政策带来一些制约。随着美国加息局势的逐渐明朗,未来降息政策不得不兼顾两方面平衡,即降低融资成本与控制资产价格上涨的内部平衡和合理引导资本流动的内外平衡。这表明,我国当前的政策调控是适度和谨慎的,是以常规工具开展的审慎操作。

"双降"与 QE 有本质差异

从政策特征来看,美日欧 QE 与我国"双降"存在显著的本质差异。QE 作为一种非常规的货币调控手段,是指央行通过公开市场直接大规模购买政府债券,尤其是银行金融资产等,在央行资产负债表扩张的同时,导致市场货币供应量迅速增加,是非常时期的非常手段。鉴于央行具有发行货币的功能,理论上央行直接购买资产的能力为无限大,因而,其宽松效应的市场威慑力很大。降准降息与 QE 的本质区别在于,QE 实施会显著扩张央行资产负债表,并且政策传导路径短,迅速直接地增加市场流动性。而降准仅仅是将银行吸收存款后上缴央行的资金部分释放回银行体系,通过影响银行体系的信用创造来改变货币乘数,并达到最终影响全社会货币供应量的目的。降息对市场流动性的影响则更加间接,对市场利率等价格指标更多的是起到一种引导的作用,与 QE 直接购买金融资产导致市场价格快速止跌甚至上行明显不同。

从政策工具的可选范围来看,QE 是美欧日等发达国家的无奈之举;而就我国目前形势而言,常规性货币政策工具的操作空间相对较大,并且可使用的工具种类也更为灵活。国外实施 QE 的背景是名义政策利率已经触及"零"下界,通过降息来促使实际利率下行并刺激经济复苏已几无可能。在此情况下,不得不采取直接扩张央行资产负债表的非常规办法来支持经济。而我国尚未面临"零利率"的约束,名义利率水平仍在"零"之上。尽管未来降息的空间并不大,但降息在一段时间内仍可以作为进一步宽松货币政策的备选方案。此外,即使经过多次降准,我国当前的金融机构存款准备金率仍处于 2007 年以来的一个相对高位水平,至少还有2.5 个百分点的可下调空间。因此,当再次需要增大货币政策支持力度时,准备金工具和利率工具都仍有应对能力,且降准措施也不直接扩大央行资产负债表,更不会产生国家信用大量兜底金融体系流动性风险等隐患。

从政策实施规模和市场反应来看,美国 2008—2014 年间所实施的三轮 QE,使得其基础货币由 2008 年 11 月(QE1 实施起点)的 1.44 万亿美元扩张至 2014 年 10 月的 4.00 万亿美元,扩大了 2.78 倍。考虑货币乘数的影响,美国 M2 将增加约 7 万亿~8 万亿美元。显而易见,QE 对整个货币供给规模的影响是十分惊人的。相比之下,从 2014 年底至今,我国共实施了五次降准和六次降息,其间基础货币余额并未发生变化,甚至 2015年第二季度基础货币余额数据显示较 2014 年第四季度基础货币减少5000 亿元人民币。由此可见,我国实施的降准措施,很大一部分原因还是为应对外汇占款减少所产生的流动性缺口,满足经济增长对流动性的正常需要。尽管近期外汇市场预期趋于平稳,外汇占款对流动性的影响基本中性,但未来受国际经济金融震荡的输入性影响,资本流动仍具有一定的不确定性。因此,当前的"双降"只可谓是"中性偏松"的政策选择,并非类似 QE 的强刺激。

总之,QE 可说是货币政策体系中的一支"超级兴奋剂",短时间内能为市场注入大量流动性,在扩大央行资产负债表的同时,其实增加了国家信用风险。一些经济发展不是太好的国家若贸然实施 QE 稳定经济,反而可能陷入更大的困局。虽然 QE 可在危机局面使资产价格快速企稳止跌,但将 QE 草率运用于一个仅仅处于下行压力较大的国家,则可能引发资产价格泡沫。相比之下,"双降"更像一副中成药,其功效释放有一个过程:其短期效应不及 QE 强劲,降准所释放的信贷投放能力传导至实体经济也需要一定的时间,降息对市场融资成本下行的引导作用也并非一蹴而就。通常降准降息效应完全体现,需要 2～3 个季度的政策消化期。尤其是"双降"工具使用有明确的边界,不可能无限制使用,两者都降为零则调整空间消失。由此可见,"双降"作为传统的货币政策工具是用作预调、微调的恰当选择,也更加符合当前我国中长期稳增长目标的需要。

M2 结构性嬗变及其启示[①]

　　目前中国衡量货币流动性总量的指标划分为 M0、M1 和 M2 几个层次。其中 M1 和 M2 受到市场关注较多。狭义货币 M1 反映了经济中现实的购买力，而广义货币 M2 不仅反映现实的购买力，也反映着潜在的购买力，是社会流动性状况的一个总体性指标。2015 年 10 月以来，中国货币供应量 M1 与 M2 呈现出剪刀差走势，且 2016 年初剪刀差又进一步扩大，引起了广泛的关注和疑惑。M2 究竟发生了怎样的变化？哪些因素对 M2 的变化带来了重要影响？M1 与 M2 增速背离的主要原因何在？从货币供应量的变化中我们可以得到哪些启示？本文将探讨上述问题。

广义货币构成活化特征明显

　　理论上，M2 定义为基础货币通过银行信贷循环创造派生后形成的广义货币量。然而在现实操作中，要直接实际估计出信用派生能力是较为困难的。统计上通常以各项存款数据对 M2 进行估计。因此，数据所示 M2 本身与理论定义存在一定程度上的差异。这也是自 2000 年以来，中国央行多次对广义货币供应量的内涵进行拓展，以使统计口径更真实地反映宏观流动性的原因所在。从目前广义货币 M2 统计口径的构成来看，除保持 1994 年指标设立之初的结构外又经历了几次大的调整。2000 年第一次口径调整，将证券公司客户保证金纳入 M2，而这部分资金主要来自居民储蓄和企业存款。尤其是在新股认购时，大量居民活期储蓄和企业活期存款会转化为客户保证金。2002 年第二次口径调整，将外资银

[①] 本文发表于 2016 年 6 月 20 日《经济观察报》，第一作者。

行、合资银行等外资机构的人民币存款计入不同层次的货币供应量。而最近一次口径调整则是在 2011 年 10 月,央行将非存款类金融机构在存款类金融机构的存款和住房公积金存款计入 M2。由此可见,当前的 M2 已较 1994 年指标推出时有了更广泛的内涵。

通过对 M2 所包含的各项存款分析发现,2015 年下半年至今,M2 中各主要存款构成的增速呈现出比较明显的结构变化。一直以来,居民和企业定期存款同比增速都在 M2 增速附近波动,运行趋势与 M2 几乎一致。以 2012 年—2015 年 6 月间的数据为例,居民和企业定期存款月均同比增速分别为 15.12% 和 14.54%,略高于同期的 M2 月均同比增速 13.49%。然而 2015 年 7 月之后至今的数据却呈现较大变化,居民和企业定期存款月均同比增速分别为 7.28% 和 8.26%,远低于同期 M2 月均同比增速 13.23%,并且两者仍处于下行趋势之中。这两项存款增速的下移成了拖累 M2 增速的主要因素。其增速明显下移的重要原因是国内过去的一轮降息周期,市场整体利率水平大幅下行。由于经济运行压力较大,企业盈利能力持续减弱,收入负增长,企业的定期存款难以实现较快增长。而居民部门的定期存款增速持续下降,则主要是受到资本市场大幅向下波动带来财富减值效应和利率水平下行背景下定期存款机会成本下降的影响。当然近几个月以来的楼市升温,也在很大程度上拖累了居民定期存款增速。

另一个比较明显的变化,则是一直以来宽幅震荡的企业活期存款增速近几个月大幅攀升。仍以 2012 年 1 月以来的数据为例,2015 年 6 月前企业活期存款月均同比增速仅为 1.26%,其间单月最高达到过 17.99%,最低为 −12.39%。然而当前的企业活期存款增速已由 2015 年 6 月的 2.18% 大幅提升至 2016 年 5 月的 31.32%。企业活期存款增速的大幅上升不仅对 M2 增速形成了有力支撑,同时当然大幅推高了 M1 增速。居民活期存款增速在过去一年多里,受国内资本市场起伏影响较大。在市场上行期间,该增速一直维持在较低水平。2015 年 6 月之后,居民活期存款增速开始由 0.51% 反弹至 18.15%。从近期趋势来看,居民活期存款增速以及机关团体存款增速都稳定在 M2 增速附近,没有对 M2 增速产生明显的正向或者负向效应。从活期存款的构成结构来看,当前居民、企业部门活期存款分别为 21.4 万亿元和 18.9 万亿元。2011 年以来,居民与企业活期存款规模的比值平均约为 1.17。在 2014 年的很大一部分时间里,由于企业活期存款增长较慢甚至负增长,居民活期存款占比呈现了短期的提高。从居民和企业活期存款的绝对量规模来看,由于活期存款中企业部门与居民部门的占比基本稳定且规模差异不大,其同等程度的增速变化对于 M2 的影响程度大致可能相当。从目前的结构来看,居民或企业部门活期存款的短期快速变化都可能对 M2 造成影响。尤其是企业部门活期存款的变化,还会直接对 M1 增速产生较大影响。近期 M2 运行增速尽管相对稳定,其内部结构却"暗流涌动",定期趋于活化的结构变化在未来还需密切关注。

信贷对 M2 的影响逐渐减弱

过去很长一段时间,M2 的变化可以由信贷规模变化以及外汇占款变化和财政存款变化来解释,其中信贷是最主要的影响因素。然而当前环境下,金融环境日趋复杂,影响 M2 变化的因素趋于增加,上述三项变化在很多时候或场合已无法完全解释 M2 的运行情况。

其实,当前 M2 影响因素的结构性变化已然在金融机构信贷收支表的科目中得到体现。其资金来源方构成主要为 M1、财政存款、金融机构发行债券以及对国际机构负债等。而资金运用方构成主要为各项贷款、金融机构有价证券投资、外汇占款以及金融机构在国际机构的资产。同样以 2012 年以来的数据进行分析,其中 2012 年至 2015 年 6 月 M1 与 M2 逐渐形成背离之前,M2 增量为 91.5 万亿元,其间信贷投放为 65.7 万亿元,金融机构有价证券投资为 20.2 万亿元,两者对于 M2 增长相对贡献占比为 76.5% 和 23.5%,而其他科目的变化由于数量级较小,对 M2 增长的贡献较弱。然而 2015 年 7 月至今,信贷增量为 10.8 万亿元,金融机构有价证券投资却有 13.3 万亿元,由于其间外汇占款受到人民币汇率的影响持续下降,M2 仅增加 12.8 万亿元。当前信贷对于 M2 增长的相对贡献已下降至 44.8%,而金融机构有价证券投资的相对贡献则上升至 55.2%。这说明当前 M2 增长的推动因素呈现了结构性变化。原因在于中国金融业不断深化发展,信用创造已经逐渐地不再以存贷款循环为主要创造渠道。随着银行业资产配置结构不断多元化,综合化竞争不断加强,信贷资产在银行资产业务中的占比也呈下降趋势。从市场对于金融服务的需求来看,不断多样化的财富管理需求,直接融资逐渐扩容,以及不断创新和多元化的融资方式,都将使间接融资在未来整个社会融资中的占比呈下滑趋势,进而使得信贷对于 M2 的影响会进一步减弱。

地方债务置换对 M1、M2 的影响有限

在地方债务置换背景下,由于存量信贷被地方债所置换,进而拉低新增信贷绝对量。信贷增量放缓又对 M2 增长产生一定影响。从表面上看,此逻辑链条似乎是正确的。因为仅凭信贷统计数据,无法清晰地反映出银行继续加以使用的那部分被置换掉的信贷额度。从两个角度分析,可以证实这部分统计上看似"消失"的信贷实际上对 M2 的影响是相对较弱的。

从债务置换规模来看,即使这部分流动性真的从 M2 统计口径中消失了,2015 年被置换的信贷也不会对 M2 构成较大影响。加之被置换的地方债务种类涉及政府平台公司贷款、信托、BT 等,其中高成本的非银行贷款置换会优先于银行贷款。从 2015 年的置换数据来看,已完成的三批3.2 万亿元置换计划中,估计 1/3 属于银行信贷。1 万亿元左右的规模,相对于 2014 年底 123 万亿元的 M2 余额规模来说,债务置换对于 2015 年全年 M2 余额同比增速的影响约为 0.81%。就当前地方政府债务置换安排看,剩余约 11.14 万亿元的存量非债券债务需要置换。如果按照平均每年 5.7 万亿元的置换规模其中一半和全部为银行贷款进行估算,其对于 M2 余额同比增速的影响分别可能位于 1%～2% 和 3%～4%。这似乎意味着未来的债务置换拖累 M2 增速的程度会有所增加,然而实际情况可能并非如此。理由可从对 M2 增速贡献各因素的解构中得知。

从当前对 M2 增速贡献各因素的结构变化可以发现,被置换的信贷规模并未从 M2 口径下的流动性中消失,而是部分反映在了其他科目里。如前文所述,当前信贷对于 M2 增速的贡献逐渐趋弱,金融机构有价证券

投资的贡献正在增加。这背后很大程度上也受到地方政府债务置换的影响。当金融机构在购买了由存量信贷置换发行的地方政府债券后,这部分流动性就反映在了金融机构有价证券投资科目中。理想状态下,金融机构全额购买此类债券,对于 M2 增量变化的直接影响几乎为零。原因在于新增信贷的减少等于金融机构有价证券投资的增加。数据显示,2015 年地方政府债券发行为 3.83 万亿元,全年债券总发行规模约 23.1 万亿元,金融机构有价证券投资为 12.24 万亿元,较 2014 年的 4.39 万亿元出现大幅增加。2016 年以来,地方政府债券已发行 2.7 万亿元,市场总发行债券 15.13 万亿元,而金融机构有价证券投资为 7.15 万亿元。尽管无法确切估计出金融机构购买了多少因置换而发行的地方政府债券,但从地方债发行规模与金融机构有价证券投资几乎同步快速增加上可见,很大一部分被置换出的流动性并未消失,而是通过金融机构投资的渠道对 M2 增速形成贡献。因而,地方政府债务置换对于 M2 的影响会相对有限。

近期 M1 快速上升,市场存在一种推测,即债务置换中发行债券所融资金并未及时用于偿还债务,而部分或全部停留在企业或机关团体等活期存款账户上,进而推高 M1,其实不然。短期来看,债务置换对于 M1 是否构成扰动影响主要取决于债务置换流程的时间周期长短。理想状态下,当月债务置换所发行债券的融资全额用于偿还债务,此时对于 M1 的影响几乎为零。如果部分发债所融资金推迟至次月才进入偿还流程,确实会增加当月活期存款,进而对 M1 增加有一定推动作用。然而,从 2016 年 3 月债务置换重启以来的数据观察,债务置换对于当月新增信贷产生了同步的较为重要的负面影响。这也说明,很大一部分债务置换流程在当月即已完成。存在跨期影响的资金规模相对较小,对 M1 的影响并不大。长期来看,通过债务置换过程,改变的是地方政府未来的债务利息负担,债务总规模并未变化。即使债务置换整个流程"跨月现象"较为严重,其对 M1 的影响也仅仅是跨期扰动性的,并不会带来 M1 的持续性大幅提升。

M1 和 M2 的背景反映 M2 结构性变化

2015 年下半年至今,M1 与 M2 增速剪刀差形态不断扩大,本质是当前中国市场总体流动性结构性变化的反映。狭义货币供应量 M1 主要包括 M0、企业活期存款以及机关团体存款等几项,是 M2 中流动性较强的构成部分。作为短期流动性,M1 主要体现的是货币的交易性需求和投机性需求,因而对金融资产收益率的敏感度较高。在 M2 运行相对稳定的情况下,M1 陡然上升或者下降,实质上是 M2 各主要构成之间的存量迁移和增速差异的一种体现。

当前 M1 与 M2 之间增速差不断放大,主要受几方面因素影响。从市场环境来看,由于国内一年多以来连续降息,目前国内整体市场利率水平较低。这使得企业保有活期存款的机会成本相对较低。随着银行业务不断创新,一些使企业客户活期存款收益率理财化、定期化的业务不断出现,在一定程度上对企业定期存款活期化产生了推动作用。从经济运行的阶段性特征来看,2015 年以来中国经济运行压力较大,稳增长政策逐渐推出,各类项目相继落地并持续推进,相应的信贷对政策导向项目加大力度提供资金支持。尤其是 2016 年初,信贷超预期投放在很大程度上说明了这一点。信贷资金到位,企业投资意愿改善,活期资金保有量也可能短期内呈快速上升趋势,进而推高 M1 增速。从短期热点因素来看,国内资本市场经历了 2015 年大幅向下波动之后,由于短期利率水平较低,加之国内居民可投资渠道相对不足,去库存背景下的楼市迎来了一段快速上涨时期。数据显示,2015 年 6 月以来,居民定期存款增速已由 9.75% 下降至 5.08%,与企业活期存款增速由 2.18% 快速上升至 31.32% 形成鲜明对比。居民购房行为的背后,其实伴随着属于 M2 范畴但不属于 M1 的居民定期存款短期内向企业活期存款迁移。这就进一步强化了现阶段 M2 内部的结构性变化,推动了 M1 与 M2 的增速差进一步扩大。

几点启示

当前 M2 运行态势看似相对平稳，但其实际增速可能已经偏高。在 2015 年中国内股市动荡后的数月里，M2 水平整体大致上移了 1 到 1.5 个百分点。然而大幅增加的非存款类金融机构流动性，推高了 M2 却并未流入实体经济。可见，当前 M2 增速很大程度上为实体经济的流动性需求与前期救市所释放的流动性之总和，一定程度上可能高于实体经济的流动性需求。在很长一个时期内，M2 与 GDP 增速以及国内物价水平有着相对稳定的关联关系。通常较为合理的 M2 增速水平大致为 GDP 名义增速与 CPI 之和，再加上 1～3 个百分点。从目前的 GDP 增速和国内通胀水平来看，相对合理的 M2 增速水平应在 11％～12％区间内。2011 年 1 月至 2015 年 6 月期间，1 个百分点的 GDP 增速平均约对应 1.73 个百分点 M2 增速。而 2015 年 6 月之后的三个多季度，同样 1 个百分点的 GDP 增速平均约对应 1.95 个百分点 M2 增速。这既可能说明目前 M2 对于经济的影响减弱，也可能说明当前 M2 实际增速可能偏高。加之地方政府债务置换对 M2 增速形成拖累，尽管影响相对不大，却可能使实际 M2 增速更高。出于稳增长的逆周期调节需要，短期内保持稍高的 M2 增速是有必要的。然而当前国内一年期存款基准利率与消费物价指数已经倒挂，名义"负利率"已经出现；在杠杆水平较高和流动性充裕的条件下，食品价格已经历了一轮上涨，局部地区房地产价格飙升，高烧难退；因此较高的广义货币增速显然不宜持续时间过长，而应逐步回到适度合理的水平上。

M1 增速过高可能推动市场投机性行为和金融脱实向虚发展。在 M2 对于实体经济反应不够灵敏之时，尤其需要关注 M1 的变化。M1 的变化可能更直接地反映了当前经济运行以及流动性等方面的特征。随着中国金融市场不断深化发展，金融多元化程度不断提高，宏观流动性创造渠道相对于过去传统的存贷款循环创造已有很大的不同。M1 作为狭义货币供给，不仅可能反映实体经济经营活力，也会反映金融市场等虚拟经济领域的变化。特别是在经济运行压力较大、市场整体利率水平较低的环境下,企业保有活期存款的机会成本大幅降低,投机性的脱实向虚行为就可能增加,从而推动局部物价和部分资产价格出现过度上涨甚至泡沫增大。2000年以来,M1与M2增速也曾几次出现剪刀差形态。2006年底至2007年底,M1与M2增速剪刀差形成并逐步加大,上证综指其间增长一倍多,而CPI同比也从1.5%一度上升至6.5%;2009年第二季度至2010年第二季度,其间CPI由-1.7%大幅反弹至2.9%,上证综指也出现了一段升幅达一倍的较为有力的反弹。当然这段时期相对特殊,在政策强刺激下,M2同比增速平均水平高达25.28%。由此可见,M1增速大幅高于M2的背离,很可能会带来物价和资产价格大幅上升。在实体经济运行相对弱势的时期,此种现象不见得就不存在。2015年国内股市大幅震荡,之后蔬菜和猪肉价格轮番上涨,核心城市楼市大幅抬升,绝非偶然。这些现象从经济运行方面印证了M1增速大幅上升的货币现象。因为M1主要体现的是货币的交易性和投机性需求。这在很大程度上表明当前资金脱实向虚、投机性较强,必须密切关注并防范可能引发的泡沫风险。

鉴于M1和M2的增速已不同程度偏高,经济运行中已出现一定范围和一定程度的投机性和脱实向虚的行为,未来货币政策应保持中性、灵活和适度,这样或许更有利于经济金融运行的稳定。基准利率不宜进一步降低。市场整体利率进一步下行,势必使得企业资金活化的机会成本更低,在安全资产相对稀缺的状况下,更易滋生市场投机情绪,助长流动性脱实向虚。缓解小微企业融资难和融资贵的问题,不宜一味采取总量政策进行调控。本轮总量政策调整的边际效应已基本得到发挥。由于融资难和融资贵本质上属于结构性问题范畴,总量进一步增大不能有效地解决该问题,反而可能由增量流动性带来的投机需求产生新的潜在风险。结构性问题更多地还是需要依靠金融业的结构性调整和MLF、PSL等结构性政策工具的灵活使用来逐步加以解决。

"三率"基本稳定符合主体需求[①]

伴随着英澳等货币当局降息和推行进一步宽松举措,近期国内市场降息降准的话题又有升温;而人民币贬值压力依然存在。在错综复杂的矛盾和问题交织下,经济体对宏观调控政策的需求相应也是多元的。未来"三率"该如何运行? 是否"三率"下降才符合经济体的最大利益? 本文在此谈一些管见。

当前降息受制于负利率和贬值压力

随着 2016 年初以来民间投资增速的快速下滑,融资难和融资贵的问题再次引人瞩目。进一步降息符合逻辑地被考虑为降低融资成本的针对性举措之一。而 CPI 走稳和部分城市被爆炒的房价经调控似有降温的迹象,又成了降息条件改善的重要表现。近日英澳货币当局再度降息和推行更大力度的 QE 举措则为国内降息营造了适宜的国际氛围。然而,当前降息却面临负利率和人民币贬值两大制约因素。

2014 年第四季度以来,经过六次降息,一年期人民币存款基准利率已降至 1.5%,而与此同时,CPI 虽有波动但基本上是在 2%上下,可以说 2016 年以来,利率水平已处于负利率状态。从 CPI 环比运行态势来看,未来即使不降息,负利率状况至少仍会维持至 2017 年上半年,甚至 2017 年全年。

负利率状态的持续存在且程度较高的话,必然导致储蓄倾向减弱和交易性动机的增强,从而推动资产价格上扬和通货膨胀发展。从改革开

---

① 本文发表于 2016 年 8 月 13 日《金融时报》。

114

放以来的情形看,亦基本如此。每当负利率形成和持续阶段,通常伴随或相应滞后地出现资产价格上扬和通货膨胀。20 世纪 90 年代以来,我国经历过 4 次负利率时期,分别是 1992 年 10 月至 1995 年 11 月、2003 年 11 月至 2005 年 3 月、2006 年 12 月至 2008 年 10 月、2010 年 2 月至 2012 年 3 月。在上述 4 个负利率时期,CPI 的最高值分别达到 27.7%、5.3%、8.7%与 6.5%。1992—1995 年,全国商品房价格累计涨幅达到 60%;2003—2005 年,商品房价格累计涨幅为 34%;2006—2008 年,商品房价格累计涨幅为 12.8%;2010—2012 年,商品房价格累计涨幅为 15%。

与负利率有着内在密切逻辑关系的货币增长状况值得关注。经过 2015 年下半年以来的调节,M2 快速增长的势头已被抑制,而近期 M2 低于 12%主要是因为 2015 年基数较高,8 月增速走高回升至 12%以上的可能性很大。而 M1 在 2015 年年中陡升之后,目前仍在继续攀高,2016 年 6 月增速竟达 30%以上,这意味着当月企业活期存款同比增长 4.5 万亿元以上。M1 增速高于 M2 而形成的剪刀差在持续扩大。其原因一方面是由于定期存款和活期存款在降息持续后的利差大幅缩小,持有活期存款的机会成本大幅下降,本质上也表现为储蓄倾向趋弱和交易性动机增强;另一方面是由于人民币贬值压力较大,贬值预期加强,中长期投资人民币资产避险需求和短期兑换外币需求上升。可见,M1 大幅升高与 M2 剪刀差的扩大在一定程度上是负利率状态的另一种形式的体现,未来负利率的继续存在和程度加深有可能推动 M1 继续保持较高的增速。从近十余年的经验来看,M1 增速大幅上升、M1 和 M2 剪刀差的形成,往往伴随着资产价格的泡沫和物价的上涨。事实上,自本轮货币政策向松调节以来,物价和资产价格已经出现过轮番上涨,如 2014 年下半年至 2015 年上半年股市大幅上涨,2015 年下半年至 2016 年上半年食品价格上涨,以及 2015 年以来一线和部分二线城市房价的上涨。毋庸置疑,如果负利率状况持续并发展,资产价格和物价上涨仍可能轮番再现。

自 2014 年以来,伴随着美联储加息预期的上升,人民币持续存在贬值压力。“8·11”汇改和 2015 年底美联储启动加息之后,人民币承受了近年来少有的贬值压力。为维护人民币币值基本稳定,货币当局和外汇管理部门采取了一系列举措才使人民币汇率 2016 年以来逐步趋于稳定。

其实,这一轮人民币贬值的两个大背景是人民币降息和美联储加息。由于两种货币利率变化相向而行,人民币与美元的利差明显收窄。以一年期国债收益率相比较,利差由 2015 年初的 3.01% 收缩为 2016 年初的 1.72%,因而给人民币带来了较大的贬值压力。尽管英澳减息给美联储加息带来犹豫,一定程度上降低了美联储近期加息的可能性,但未来美元升息的可能性仍不能排除。如果此时我国进一步降息则必然会使人民币产生新的贬值压力,有可能破坏一个阶段以来付出很大努力才得以初步形成的人民币汇率较为稳定的格局。

应该看到,2014 年以来六次降息已经推动了基准利率明显下降,据央行公布的数据,人民币加权平均利率已从 7.18% 降至 2016 年 6 月的 5.26%。商业银行对大型企业的信贷利率通常是在基准利率上下,中型企业则在基准利率偏上,而小微企业信贷利率水平最高但仍在上浮 30% 以内,即使加上其他(如一些隐性成本),小微企业偿付银行的信贷成本应该不会超过 9%。而市场上一些小微企业反映融资成本仍在 18% 左右,这其中一半可能主要是中介机构的收费。随着经济下行压力加大,小微企业风险上升,金融机构和中介机构风险偏好降低应该是正常现象。如果经济下行压力进一步加大,企业更加困难,市场风险偏好继续下降,那么推进利率水平走低当然是政策选项。现阶段降低融资成本还应将降费作为重要手段。

长期以来,中国的货币政策与美联储的货币政策保持着十分密切的关联。这不仅是因为美元是关键的国际货币,还因为中美之间有着规模很大的贸易往来,人民币在很大程度上以盯住美元为主。英澳等国甚至欧盟的货币政策动向值得关注,但对我国货币政策的影响较为有限。但应当注意的是,欧盟、英澳等国货币政策宽松会对美联储政策取向产生影响。在发达国家包括日本在内的货币政策大面积继续宽松的情况下,美国也难以一意孤行地收紧货币政策,迅速走上加息通道。

存准率下调受制于降杠杆要求

经过 2014 年以来的六次降准,商业银行存款准备金率有较大幅度下降,目前大型银行为17%,中小银行为15%。2016年以来,中央银行外汇占款持续负增长,由年初的24.2万亿元降至23.6万亿元。这通常会成为调降存准率以满足流动性需求的理由。应当看到,存准率下降的直接结果是银行可用资金的增加。2016年以来,商业银行存款平稳增长。在存贷比指标改为监测指标的情况下,存准率的下降带来银行可用资金的增加,有可能促使银行加大信贷投放,这本身在经济下行压力较大的情况下应属政策的应有之义。2016年的情况却大相径庭,实际信贷增速已明显偏高,继续大力鼓励信贷投放已非明智之举,其原因是地方债务置换的效应。

由于被置换掉的贷款额度银行通常会继续加以使用,这部分因债务置换所带来的新的信贷投放在信贷增量统计上是看不出来的。2014年新增贷款9.91万亿元,余额同比增速13.6%;2015年新增贷款增至11.72万亿元,余额同比增速提高至14.3%。考虑到债务置换的影响则情况大有不同,2015年已完成三批累计3.2万亿元置换计划,被置换的债务种类涉及政府平台公司贷款、信托、BT等。据保守估计,3.2万亿元置换规模中约1/3属于银行信贷,则2015年实际信贷增量应较数据显示的11.72万亿元多增约1万亿元,即总量约为13万亿元。

2016年以来,债务置换政策的灵活性提高。据财政部相关文件,2016年仅向地方政府下达地方债置换限额,各地在限额内自主安排债务置换规模,并且可置换未到期的存量债务,这意味着2016年置换的债务规模可以超过实际到期规模2.8万亿元。从剩余11.14万亿元存量非债券债务来看,若要在"两年"内置换完毕,平均每年将置换5.57万亿元。在市场利率水平较低的条件下,发行主体通常会选择这一良好时机,较大力度地发行低成本的债券。从2016年上半年实际置换情况来看,1—6月地方政府总共发行债券3.57万亿元,其中绝大部分都可能由债务置换而来。而2016年1—6月信贷投放总量为7.52万亿元,较2015年同期增长0.96万亿元。考虑到上半年的债务置换,若3.57万亿元中2/3为银行贷款置换而来,上半年实际信贷投放增量则可能已达约10万亿元;若几乎全为银行贷款置换而来,则实际信贷投放可能已超过11万亿元。由此可见,在地方政府债券置换规模明显扩大的情形下,2016年实际新增信贷很可能出现超预期的大幅增长。

"三去一降一补"是 2016 年中国经济的主要任务。去杠杆作为其中重要一环,对于稳定经济增长、降低企业经营风险具有重大现实意义。然而近一年多来,企业部门的真实杠杆水平是否降低,目前还未有权威的官方数据可供参考。若简单测算,2014 年我国非金融企业及机关团体贷款余额已达 61.79 万亿元,企业债规模为 12.07 万亿元,两者之和与当年 GDP 比值为 130.91%;然而,2015 年非金融企业及机关团体贷款余额为 68.77 万亿元,债券融资 14.63 万亿元,该比值已达 138.26%。进入 2016 年以来,企业部门贷款余额已攀升至 72.96 万亿元,企业债融资为 16.47 万亿元,而 2016 年上半年 GDP 为 34.06 万亿元。如果按照当前态势发展下去,到年底企业部门简单测算杠杆比值很可能突破 145%。企业部门债务杠杆悄然上升与"去杠杆"任务目标背道而驰。作为会带来较高货币乘数的信贷投放,其高速增长必然带来货币投放加快和流动性过于宽裕。在这种背景下,进一步调低存款准备金率显然需要十分谨慎。

在第六次降准之后,2016 年以来尽管外汇占款出现了负增长,但货币当局并没有继续降准,而是运用各种工具保证银行间市场流动性充裕,其中相关考量可能与地方政府债务置换有关。按照监管要求,银行投放信贷必须有存款为前提并且存贷比要达到合理水平。而银行投资债券则可以用包括同业拆借市场拆入的所有类型的资金。因此为保证市场能消化 5 万亿元以上的债券发行(主要是银行业购买),货币当局需要保证银行间市场流动性充裕。而降准的直接作用是提高银行信贷能力,这并非货币当局当前想要达到的目的。在地方政府债务置换总量明显增大的背景下,2016 年下半年货币当局应该会运用窗口指导等手段,合理调控信贷增长。

人民币贬值受制于民间投资下行和资本流出压力

2016 年以来,民间投资增速快速下滑,从 2015 年初的 14.7%降至 2016 年 6 月末的 2.8%,6 月当月同比已接近零增长。民间投资增速骤降与宏观经济下行、国际市场需求萎缩、投资回报率降低背景下民营企业对盈利前景信心不足密切相关。但以上这几点理由似乎还很难解释2016年初以来民间投资突然大幅下滑的现象，因为上述背景在2014—2015年也都不同程度存在。2016年初以来民间投资骤然下降应该还有新增较强因素的影响。2015年下半年以来人民币持续大幅贬值和不断增强的贬值预期应是主要原因。2015年夏天人民币兑美元一次性大幅贬值以及之后的振荡贬值，使民间资本对人民币产生了较强的贬值预期，甚至出现了一定程度的恐慌。在整体经济下行背景下，企业长期投资回报率趋势性走低且不确定性较大，民营企业本就投资意愿不强，而较强的人民币贬值预期则进一步降低了中长期固定资产投资预期回报率。目前，人民币理财产品年化收益率介于4％～5％，而2015年"8·11"汇改至今，人民币对美元贬值和实际有效汇率贬值都达9％以上。

随着中国企业"走出去"战略以及资本和金融账户开放改革深入推进，中国已成为资本输出大国。近年来民营企业实力不断增强，房地产、高科技、制造业、批发零售等领域都出现了一批有较强实力的民营企业。不少民营企业已在资本市场上市，并集聚了大量资金。据统计，可投资资产大于600万元的高净值家庭户数，已从2013年的138万户增至2015年的207万户，年均增速超过20％。这些高净值人群很多都是已上市民营企业的企业主。随着财富快速积累，民企全球资产配置的需求也日益强烈。当前，我国在私有财产保护、市场化程度及营商环境等方面与欧美日等发达国家相比仍有不小差距，民营企业对积累的财富本就有所担忧，一直存在并持续增强寻找海外出路的冲动。人民币大幅贬值及较强贬值预期则进一步加重了民间资本的避险需求和套利需求。为数不少的民营企业宁肯将大量资金以活期存款形式存放，以满足灵活机动的交易型动机，也不愿进行中长期投资。不少民营企业则选择持续加大美元和日元等避险货币的资产配置，增加海外资产配置力度，使得本已不振的民间投资雪上加霜。

当前，投资是稳增长的关键因素。而占比达60％以上的民间投资大幅下滑必将对增长带来新的不小的压力。因此，稳汇率就是稳增长，要稳增长首先就要稳汇率。

人民币大幅贬值加大资本外流压力，不利于我国国际收支平衡。汇率是调节国际收支的重要手段,其调节对象应是整个国际收支即包括经常账户与资本和金融账户。尤其是对于一个长期存在大规模资本流入,金融市场规模、深度和开放度越来越高的大国而言,汇率不仅要关注进出口对经济增长的影响,还应关注资本流动对经济运行的影响。随着经济增长放缓、要素成本上升、投资回报率趋势性降低和风险逐步加大,人民币贬值预期必将会与资本外流相互影响、相互促进。2015 年以来,在人民币大幅贬值的同时,我国外汇储备冲高回落、外汇占款持续减少、资本账户逆差扩大,就是明证。2015 年,央行口径外汇占款减少 2.2 万亿元,外汇储备下降 5127 亿美元。中国资本和金融账户逆差(不含储备资产变动)达 4853 亿美元,远高于经常账户顺差。未来,如果人民币贬值预期再度增强,可能导致资本外流压力持续加大,带来资本和金融账户更大规模的逆差,不利于国际收支的平衡发展,也将加大金融市场的风险。

综上可见,"三率"保持基本稳定体现了货币政策稳健中性的内在要求,也符合当前经济运行的主体要求;有助于减缓民间投资下行压力,促进经济平稳增长;有助于控制经济体杠杆率上升,消除通货膨胀和资产价格泡沫隐患;有助于缓释资本流出压力,有效避免金融市场的系统性风险。当然,"三率"保持基本稳定并非一成不变的,可以在一定区间内波动。

住房信贷政策应该"爱憎分明"①

2016 年底召开的中央经济工作会议给房地产行业的定位和目标比较明确,既要去库存,又要抑制房地产泡沫。

众所周知,2016 年以来,一、二线城市房价上涨过快,局部房价存在泡沫似乎已成共识。有人认为抑制泡沫就必须去杠杆,但是,从整体上看,中国目前的房地产杠杆率到底是高还是低,需要认真剖析。

所谓杠杆实际上揭示的是经济主体的净债务状况,净债务过高,杠杆就高。通常讨论这个问题所针对的主要不是行业,而是经济主体。

按照大类来划分:第一类是政府部门;第二类是企业部门;第三类是居民部门。目前的共识认为,政府部门总的来说杠杆率不高,尤其是中央政府债务状况较好,地方政府则稍差一点。这两年实施了地方政府债务置换,大大减轻了地方政府还本付息的压力。当下的主要问题是企业部门杠杆率较高,而企业部门中主要是国有企业的杠杆率比较高。

平心而论,单看居民部门的杠杆率,难以得出过高的结论。事实上,我国居民部门的负债主要是房贷。从房贷存量和 GDP 之比来看,2015 年底占比大约是 23%,日本同期已经是 41%,而美国则是 53%。美国在次贷危机(2007 年、2008 年)时期比例非常高,达到 70%以上。

但这种比较容易引发争议。上述统计没有把公积金贷款纳入进去。而将公积金贷款纳入进去之后,该比例接近 30%,应该说还是不高。

再从房贷存量包括公积金贷款存量占居民整体房价总价值来看,同期占比为 11.4%,日本跟我们水平差不多,而美国则大大高于我们这个水平,达到 38%。再看上述两个存量加起来的储蓄占比,我国同期为

① 本文发表于 2016 年 12 月 30 日《金融时报》。

121

37.2%,日本是我们的近两倍,美国则更高。目前中国居民部门的资产负债率低于日本和美国。2014 年中国是 12.2%,日本是 15.6%,美国则是16.9%。上述状况表明,中国居民部门的杠杆率并不很高。

从动态的角度去看,2016 年以来房贷增速的确很高。至 11 月底,按揭贷款投放总量大概是在 5 万亿元。如果按照现在所统计的数字,信贷增量总体在 11 万亿元左右,按揭贷款投放占比达 45% 左右,这样一看是很高。

但 2016 年银行的信贷投放有一个特殊情况需要关注,那就是地方政府债务置换带来的影响。据分析,2016 年地方政府到目前为止大约置换了银行 4.5 万亿元信贷。地方政府发行债券,购买者主要是商业银行,同时地方政府归还了银行差不多等量的信贷,这样使得银行的信贷存量少了约 4.5 万亿元,银行按收回再贷的方式继续进行了相应的信贷投放。事实上,2016 年所看到的 11 万亿元信贷是在银行填补了存量中减少的约4.5 万亿元信贷后的增量。但是从 M2 数据、信贷总量数据、社会规模融资总量数据中都看不到这一块增量。把这部分加上去,2016 年所投放的按揭贷款占比接近 30%。

而在政策出台进行调控之后,房贷再像前几个月那样高速增长的可能性已经大大降低,2017 年的房贷增速一定会降下来。观察最近十几年来房贷运行状况,曾出现过多次脉冲式增长,之后又大幅回落。2007 年房贷出现了脉冲式的上升,2009 年房贷增速再次出现了脉冲式的暴升,2012 年至 2013 年也曾大幅度上升。从增速来看,这次还比不上前几次,当然现在余额已经比较大,不太高的增速事实上意味着增量很大。

从长期来观察,往往脉冲式增长后几年是一个低速增长,平均下来其实增速相对不高。从动态角度来看,还有一个值得注意的数据就是房价收入比。事实上,最近这些年除了一线和个别二线城市房价收入比是有所上升的,其他的 50 个大中城市基本上是小幅下行。这就是说从很多城市来看,居民购房的负担能力还是有所减轻的。但中国的问题就出现在少数城市,尤其是一线城市和主要的二线城市。近来出现了一个新的特点,就是城市群里面的三四线城市房价上涨较快。城市群里小城市房价上涨的理由,是迅速发展的高速公路和高铁使之与大城市连成一体。居住在这类小城市的人,到附近的大城市去工作很方便。

可见,无论从静态还是动态分析,总的来看居民部门的杠杆率还是处在合理水平。中国城镇化在快速推进,常住人口城镇化率目前才56.1%。按照诺瑟姆城市化三阶段理论,城镇化率达到70%以上增速才可能慢下来。未来5至10年,我国城镇化增速还会比较快,这会带来许多新的住房需求。目前我国人均收入也明显在上升,从而使得居民住房的改善型需求不断增长,这也会对住房构成持续增长的需求。面对不断增长的自住和改善型的购房需求,按揭贷款不去支持,金融就不能满足广大普通居民的基本住房需求。农民进城买房、年轻人结婚买房、市民收入增加了要改善居住条件,这完全都是正当的,金融部门提供合理的信贷完全是有必要的。央行最近一份调查表明,绝大部分购房者是首次置业和改善型置业,基本属于自住型购房需求。因此,政策上需要很好地考量这个问题,切不可为抑制局部泡沫而误伤正常的需求,导致"去库存"夭折。

笔者认为,2017年住房信贷政策应该"爱憎分明"。该抑制的就要大力抑制,该支持的就要全力支持。一方面,应该加大力度支持自住性需求,满足首次置业和改善型置业的合理杠杆要求;对首套普通自住购房贷款需求仍应优先支持并给予优惠;适度控制下一阶段改善型住房贷款的投放规模。另一方面则是坚决不给炒房需求任何金融支持,严格管理投资性购房行为,限购限贷,大幅抬高其获得金融支持的门槛。对二套及以上房贷执行"惩罚性"的首付款比例和利率;主动减少非普通住房及个人申请商业用房购房贷款的比例,从严确定其首付比例和利率;对于有投机性购房特征的,应暂停发放购房贷款。银行应升级审贷措施,加强对投机、假离婚等的甄别,如调查按揭住房的换手频率,核实水电煤、宽带等公用事业出账信息,侧面求证申请人住所的物业、居委会等。同时监管部门也应从税收、监管方面对交易类需求严加管理。提高对投机性购房的税率并缩短免税年限;加大清查并严肃处理中介机构提供场外配资和造假乱象;加强对银行按揭贷款的窗口指导,尤其应清查假按揭、转按揭等各种形式的个人信贷创新办法。

中央经济工作会议明确提出要建立长效机制。笔者以为长效机制包括土地制度、税收制度、住房制度、投融资制度和市场管理制度等等。所有这些方面都存在很大的改革和建设空间。其中最重要的还是土地制度。各级地方政府管着土地,这些土地又是地方政府财政收入的重要来源,而土地价格又在很大程度上受地方政府影响。房价大幅上涨需要控制泡沫,而由利益攸关的主体来抑制泡沫,恐怕是很难的。所以需要大力度地进行深入改革,从根本上解决"土地财政"问题。希望这次提出的长效机制建设能够稳步、扎实地向前推进,尽快构建健康的房地产市场。

当前货币政策需要积极开展适度逆向调节^①

随着美联储给出较为明确的缩表信号，我国金融体系的缩表问题引人瞩目。在货币当局撰文回应所谓央行缩表问题和 2017 年 4 月后央行资产负债表重回扩表后，市场对央行缩表的担忧似有下降。但在总资产持续较快增长和监管趋严的背景下，银行业是否会经历一个资产负债表增速放缓的缩表过程？商业银行缩表压力来自何方？力度会有多大？对实体经济的影响几何？本文想谈些看法。

商业银行正在承受多方面缩表压力

不可否认，当前货币政策尽管基调仍为稳健中性，但已经由前期偏松转向了偏紧，市场利率伴随政策调整逐渐上移，金融去杠杆以及监管不断趋严和规范等连锁反应从多个方面给商业银行资产负债表带来了压力。2017 年 4 月其他存款类金融机构总资产环比已经负增长 0.05 个百分点，而同比增速仍在 13％之上，但商业银行缩表的压力已不得不给予关注。这需要分析商业银行资产负债表的主要构成的变化。

资本市场获利机会减少而风险增大，非银机构贷款、存款均呈增速回落态势。近年来，银行对非银机构债权的增速保持在同比 50％的高水平，直至 2016 年初才开始回落，目前已降至 22.14％；尽管增速依然较快，但已明显回落。不难发现，资本市场运行情况与非银机构贷款存在较强的相关关系，尤其是近几年。非银机构债权增速回落之所以滞后于 2015 年的股市异常波动，很大程度上是由于股市救助政策的实施，以及低利率环

① 本文发表于 2017 年 6 月 9 日《中国证券报》。

境下债市出现一轮杠杆繁荣。进入 2016 年第三季度,债市去杠杆启动后,债市指数与非银机构贷款增速开始出现双双快速回落。由此可见,当前资本市场低迷的行情可能是拖累非银金融机构贷款增长的重要原因。尽管当前金融去杠杆以及一些市场相关业务监管尚未完全展开,但考虑到监管当局维持市场流动性基本稳定的既定目标,以及协调、有节奏地推进监管改革的态度,或许未来国内资本市场继续下行空间有限,进而非银金融机构贷款增速持续大幅回落的可能性较小。假定年内资本市场运行保持相对平稳,以目前非银金融机构贷款增速测算,2017 年末存款类金融机构对非银金融机构的债权可能在 31.8 万亿元(当前为 26.5 万亿元),较之前高增速状态下估计少增约 7 万亿~8 万亿元,可能对当前商业银行资产负债表增速形成约 3% 的负面压力。如果 2017 年下半年资本市场有些起色的话,这种压力可能会稍小一些。

再看负债端。其实非银金融机构存款与国内资本市场运行存在更为明显的相关关系。2015 年股市异常波动,市场减值效应使得非银金融机构账面存款大幅下降,反映在银行业资产负债表上则是非银金融机构存款增速由峰值的 59.47% 降至 2016 年 7 月的 -4.1%,近几个月非银金融机构存款增速也一直在 0 附近徘徊。银行在非银金融机构贷款和存款两方面的差异现状,其实表现为市场上众所周知的银行普遍负债端缺口压力较大。假定 2017 年内国内资本市场维持小幅波动或略有改善,非银机构存款大概率维持在 16 万亿元左右,较其维持较快增速时同样会在银行业机构负债端产生 7 万亿至 8 万亿元的负面影响,对银行资产负债表增速的拖累可能约为 3%。

当前资本市场的回落其实也在很大程度上给商业银行的居民和非金融性公司存款持续增长带来压力。尤其是非金融性公司,2014 年至 2015年股市异常波动前夕,商业银行对非金融性公司负债的增速持续攀升,一度高达接近 60%;而股灾之后,该增速节节滑落,在 2016 年很长一段时间处于负增长状态。可见伴随市场的回落,投资个体和机构资产减值也是造成商业银行负债端压力的一个重要因素。

监管加强规范,银行同业业务调整压力将逐步释放。当前同业监管的目标主要是为了避免和抑制"脱实向虚"。同业监管的重点又集中在同业理财"三套利""四不当"的监管,主要还是针对同业理财链条"同业存单—同业理财—委外"等加杠杆、多层嵌套和资金空转模式。加之底层资产的穿透式检查,非标投资的比例限制,这都对未来同业业务增速带来了向下的压力。从目前银行同业业务运行情况来看,考虑到目前国内股市和债市连续经历大幅下挫,通过同业业务融入资金转委外投资市场的链条可能已经收缩了一段时期,未来的监管进一步导致相关同业业务大幅收缩的可能性较小。短期内,资本市场不景气与房地产调控不断加码,银行加大同业资产运用的动机已经明显不足。而同业负债在 2017 年第一季度需求依然强烈,主要原因在于银行业负债端压力较大。从银行业同业资产和负债增速来看,同业负债受市场影响,增速已回落至 0 附近,而同业资产增速仍维持在 10% 左右。未来一段时间,两者增速差很可能伴随同业业务的规范而收窄。粗略估算,目前同业资产平均约占银行总资产规模的 8%,同业负债平均约占银行总负债的 20%。未来委外机会减少,同业链条缩短,如果 2017 年内同业资产和负债之间的差距按照约 2% 的比例收缩,同业业务的缩表影响可能在 6 万亿元,则同业业务对于银行资产负债表增速的拖累可能在 2% 左右。

各地房地产调控层层加码,银行相关表内外业务规模相应调整。本轮楼市热启动于 2015 年股灾之后,截至 2017 年 1 月,居民住房贷款同比增速才刚刚开始回落。尽管房地产开发贷款在本轮楼市热中增速一直处于下降状态,表外信托贷款增速却大幅提高。鉴于近年来信托贷款有一定比例投给了房地产行业,表内信贷与表外信托很可能存在一定程度上的负关联。未来国内楼市演进的场景很可能是热点城市购房条件愈加严格苛刻,而三、四线城市房地产逐渐去库存化。由此银行业房地产相关业务也会逐渐发生调整。假定 2017 年内居民住房贷款余额增速回落至当前银行业金融机构资产负债表的增速 13%,对银行业当前资产负债表增速则无明显的正负影响。这种情况下居民住房贷款年内将比按当前增速运行至年末少增约 6 万亿元,这也意味着银行资产负债表仅仅在居民住房贷款一项上可能损失掉约 3% 的提升动力。如果 2017 年下半年楼市调控效果更为显著,居民住房贷款增速低于 13% 甚至更多,则对银行资产负债表增速产生拖累。由于 2017 年优化信贷投向是一项重要的宏观审慎调控目标,年末出现后一种情况的可能性较大。综合考虑其他表外委托贷款、信托贷款、商业性地产贷、开发贷等可能出现的调整,银行业房地产相关业务对于缩表的负面影响可能在2%以内。

银行业存在稳定资产负债表增速的因素

尽管国内金融市场环境变化给银行资产负债表增速产生了压力,但也并非所有的因素皆为负面。部分金融业务之间的替代性也使得可能萎缩的业务向其他业务转移,而部分业务可能仅仅是增速回落。由于其增速依然快于当前银行资产负债表增速,因而只是扩表作用有所削弱。

委外回流影响有限,信贷仍是银行资产负债表保持扩张的支撑因素。随着表外业务监管的加强,部分委外业务到期不再续作。据估算,10万亿元委外规模中可能会有1/3向表内回流,对银行表规模的贡献大约为3万亿元。相对于250万亿元以上的银行业总资产规模而言,表外向表内的回流对于银行资产负债表的支撑作用相对较小,仅为约1%。考虑到市场最艰难的时期可能已经过去,未来委外赎回的压力较前期有所趋缓,进而表外转表内对银行扩表的支撑很可能会不足1%。

受市场利率上升的影响,近几个月直接融资在社融月增量中的占比有所下降,而信贷的占比则有所提升。随着同业业务和表外业务的迅速放缓,未来一段时间内直接融资仍将部分向间接融资转移,银行信贷业务的需求有望保持。不可否认,受国内实体经济运行、货币政策转向、楼市调控等因素影响,当前信贷投放增速已有所放缓。2016年末存款类金融机构资产负债表增速在15.68%,考虑地方债务置换后的信贷增速可能在17%以上,对存款类金融机构扩表有明显拉升作用。近几个月信贷增速明显放缓,已不足13%。2017年前4个月存款类金融机构的资产负债表增速分别为15.15%、14.51%、13.73%、13.10%。尽管相对低的信贷增速将拖累商业银行资产负债表扩张,但信贷增速维持在12%~14%区间依然是银行资产负债表维持扩张的重要支撑。

市场利率上行,有价证券投资对银行扩表的拉动作用有所减弱。稳健中性的货币政策由偏松转向偏紧后,市场利率逐渐上移,股市流动性趋紧,国内市场有价证券投资获利机会大为降低,银行业金融机构具有削减有价证券投资的动机。委外资金到期不续或是提前赎回一定程度上也是这种动机的外在表现,这并非完全是监管趋严的结果。银行业有价证券投资在 2016 年第三季度开始就出现了同比增速回落,当前已由峰值 60.94％降至 24.92％。当然超过 20％的增速依然很快,但考虑到目前国内金融去杠杆的进程尚未完全结束,资本市场尚存不确定性,国内股市、债市年内快速大幅反弹的可能性不大,当然进一步大幅下探的可能性也不高;因此 2017 年内银行有价证券投资增速可能还会一定程度下滑,但幅度不会太大。另一影响银行业有价证券投资增速的因素来自地方政府债务置换进度放缓。2017 年 1—4 月地方政府发行债券仅为 1.2 万亿元,其中置换银行信贷可能不会超过 1 万亿元,全年置换规模必将大大少于 2016 年。如果银行业有价证券投资增速年内回落至 20％附近,仍高出当前银行资产负债表增速 13.1％约 7 个百分点。考虑到银行有价证券投资在银行总资产规模中占比约为 27％,则银行有价证券投资对于银行业扩表的拉动由此前峰值增速迅速减弱至不超过 2％。尽管拉动力大幅减弱,但仍属于银行资产负债表扩张的推动因素。

银行资产负债表增速骤降对实体经济的压力不容忽视

由上述分析可知,当前商业银行存在着收缩资产负债表的因素,也存在扩张的因素;但综合来看,商业银行资产负债表还不至于真正缩减,而是增速大幅放缓,可能由危机至今的平均 17.4％的增速,下降至 11％~13％区间。银行资产负债表增速大幅放缓,受影响最为直接且较大的是国内金融市场,包括银行间同业市场、债市、股市,而对于实体经济的影响则相对滞后,但其可能的负面效应不容忽视。

银行资产负债表增速明显放缓,既是市场变换的结果,也通过负反馈对市场产生直接的负面影响。众所周知,金融市场既是融资的场所,也是投资者逐利的领地。一级市场更多体现其融资属性,而二级市场等则更多表现为交易和投资甚至投机的属性。正如前文对银行资产负债表增速放缓的因素分析所述,随着金融去杠杆不断推进,市场利率明显提高,国内债市不振，而股市已步入调整期，地产遭遇严控，实体经济结构调整过程中也存在不少困难，资金的终端收益率大大降低甚至出现亏损。过去由"同业—委外"等信用链接轨资本市场、楼市和实体的资金势必缩减规模。考虑到银行业在我国金融业中的重要地位和所占的较高比重，商业银行市场参与动机的削弱，将对市场流动性产生较为直接和明显的收缩效应。尽管银行业资产负债总体上平衡，但流动性偏紧的压力和预期必然首先在银行的负债端反映出来，从而导致负债利率水平上升。银行资产端是由不同期限和不同类型的产品和工具所构成，流动性需求由负债端向资产端传导一定会有时滞，当负债端资金得不到满足时会增加紧缩感。当市场流动性偏紧时，原本以拆出资金为主的大型存款类金融机构也会因谨慎原因而捂紧钱袋，大幅减少或基本不向市场拆出资金。这种情形下市场流动性必然捉襟见肘，流动性危机逼近，货币当局向市场投入资金就显得十分有必要了，否则迟早会对实体经济带来负面影响。

商业银行资产负债表增速明显放缓的压力，首先可能会表现为实体经济融资可得性的降低。其逻辑与金融加杠杆的路径正好相反。过去理财资金由表内转表外，其实是吸收大量居民闲置资金投向债券、非标等，扩大了信用投放，进而很大程度提高了实体部门的融资可得性。当前情况方向相反，是否会在一定程度上降低实体部门融资可得性，还要看力度的把握是否得当。在这个收缩链条上，货币市场利率上升，企业发债等融资难度增加，企业在直接融资市场资金可得性就降低。而银行负债端受货币市场利率上升影响使得负债成本增加，从经营净息差最优考虑，银行运用高资金成本支持资产端保持投放增速的动力不足，加之MPA等各项考核的日益规范，若维持当前态势，2017年下半年信贷增速也可能放缓。当然由市场流动性变化到融资可得性变化，再到融资成本的上升存在一个演变过程即"利率黏性"。

尽管"利率黏性"导致实体经济所受影响滞后，2017年下半年实体经济融资成本仍可能明显上升。货币市场利率变化通常会影响到信贷市场的贷款定价。由于"利率黏性"的存在，货币市场利率变化向贷款利率传导通常都会有所滞后。数据显示，即使当前存贷款基准利率尚未作调整，票据融资与一般贷款加权利率也已经受货币市场利率上移影响，分别较前低值提高了约 90 个基点和约 20 个基点。由于票据融资主要是 3～6 个月,票据融资利率伴随货币市场利率上浮显著就不足为怪。个人住房贷款利率也较 2016 年末上升 3 个基点达 4.55％,随着楼市信贷政策收紧,未来很可能会出现更明显的上行。央行 2017 年第一季度货币政策执行报告显示,一般贷款中执行上浮利率的贷款占比为 58.57％,较 2016 年第四季度上升 5.84 个百分点;执行下浮利率的贷款占比为 23.30％,较 2016 年第四季度下降 4.92 个百分点。考虑到贷款市场上很多大型企业具有很强的议价能力,经济增速逐季下行情况下信贷需求增幅有限,银行较难短期内显著提升贷款定价。这使得一般贷款利率上浮有限,LPR 暂时原地踏步。但从趋势上看,基准利率不变,市场利率上升,银行业负债端资金成本已经明显上移,商业银行净息差收窄的压力巨大。加之实体经济运行并不容乐观,商业银行不良率上升、不良资产处置难度加大,银行信贷在信用违约风险增大的情况下,会给出相对更高的定价。2017 年下半年实体经济的融资成本将明显上升,其幅度可能会相当于提高一次基准利率的水平(常见水平为 0.25 个百分点)。

伴随市场利率上升,直接融资部分向间接融资转移与优化社会融资结构的方向相悖。数据显示,社会融资结构已经出现了直接融资部分向间接融资转移的现象。2017 年前 4 个月企业债发行 871.90 亿元,较 2016 年同期的 6225.20 亿元大幅下降。同时企业债发行平均票面利率在 5.76％,较 2016 年同期的 4.57％也大幅提升了 119 个基点。尽管考虑到债券市场和信贷市场供需形势有差异,以及短期存贷款基准利率调整的可能性不大,市场利率在 2017 年内持续大幅走高也不太现实;然而直接融资成本上升会对社会融资结构的进一步优化不利。银行资产负债表增速大幅放缓对市场流动性和利率上升带来的压力,必将推升非银行金融机构的融资利率。5 年期和 10 年期国债收益率在 2017 年初分别处在 2.9％和 3.2％左右的水平,目前均显著上升到了 3.6％左右。贷款类信托产品年收益率也从 2017 年 1 月的 6.05％一路上升到 4 月的 6.58％。进而银行资产负债表增速放缓的压力从融资来源和融资成本两个层面对实体经济产生负面影响。

当前有必要实施具有维稳性质的适度对冲

2016 年底，中央经济工作会议指出经济运行存在八大风险，近来银行不良资产风险、房地产风险和地方政府债务风险仍应高度关注。但眼下更应引起重视的，则是银行资产负债表快速放缓下的流动性风险和融资成本明显上升所带来的经济运行压力增大的风险。鉴于部分中小银行过度加杠杆经营，表外业务和同业业务增速过快和规模过大，因此中小银行流动性风险更应引起关注。尽管 2017 年第一季度中国经济增长情况有所改善，但随着基建投资规律性地逐步放缓、调控力度持续加大背景下房地产投资增速回落、翘尾因素大幅下降之后 PPI 的逐月下降，短期补库存过程已告一段落，2017 年下半年经济增长速度可能小幅放缓，而 2018 年又会面临新的下行压力。

在这种情况下，流动性紧张和银行贷款利率明显上升显然会给实体经济运行带来新的压力。当前银行不良资产风险仍未见底，中西部地区和大中型行业的不良资产仍在增加。表外对接的房地产开发贷以及居民在本轮楼市中所加的杠杆，都可能成为流动性收紧后诱发的潜在风险。由于债务置换仅改变债务形式和降低债务成本，所以地方政府实际债务规模仍可能处于较快增长状态。对商业银行而言，债务置换前后地方政府的风险敞口并未减少，还承担了较大的改革成本，增加了商业银行的经营风险。当前应该清醒地认识到，在经济仍然存在下行压力和风险状况并不稳定的情况下，大力度地实施去杠杆和收紧流动性会有不小的风险。

与美国不同，影响中国央行资产负债表的因素较为复杂。从资产方来看，主要包括外汇占款和存款性公司债权等；负债端主要包括基础货币和政府存款等。2010 年后央行资产负债表的收缩，主因是外汇占款的减少。2014 年 5 月至今，外汇占款由峰值的 27.3 万亿元降至 21.5 万亿元，但同期央行主动增加了存款性公司的债权，由 1.39 万亿元增至 8.46 万亿元，且在央行资产结构中由最低时的 4% 占比大幅提升至 24%。如果不是后者的大幅增加，则央行的资产负债表会出现十分明显的收缩。2017 年初，央行资产负债表因短期因素出现波动但最终仍较为平稳。这说明收缩是被动因素引起的,而主动因素则是维持资产负债表的稳定,避免出现大幅度收缩。

逆周期调节是货币政策的重要特征。而央行资产负债表的扩大和收缩在基本方向上应与货币政策取向相协调和相匹配,通常情况下不应反其道而行之,虽然事实上难以做到。当前美联储在加息通道形成的同时将收缩资产负债表,即是一个典型的案例。在经济运行仍面临新的下行压力、新增长动能尚未发挥重要作用的情况下,我国货币当局就开始缩表应该是不合时宜的。

相反,金融宏观调节有必要开展具有维稳性质的逆向操作,实施积极及时的适度对冲。其含义涉及两个方面:针对经济增长速度逐步回落下的运行态势,货币政策实施适度逆向调节,保持市场流动性和利率水平合理稳定;针对"去杠杆"和"强监管"背景下的金融放缓周期,央行资产负债表实施适度的扩表运作。通过适度对冲调节,缓冲收紧合力和惯性,避免流动性风险恶化,减缓融资成本大幅上升对实体经济的压力,保障经济平稳运行。

2017 年金融宏观调控应该"稳"字当头。

金融调控应稳字当头平衡好三项需求[①]

当前的宏观金融管理,应该突出一个"稳"字。我国宏观金融调控领域有两大支柱:货币政策和宏观审慎政策。无论从这两个支柱的哪一方面去看,接下来求稳都应该是最为重要的目标。所谓求稳,至少是寻求三个方面的平衡,即降杠杆、金融稳定和服务实体经济之间的平衡。要达到这种平衡需要三者兼顾,不能只顾其中某个方面而忽视其他两个方面,以致摁下葫芦浮起瓢。

降杠杆的同时要保持金融稳定

当前降杠杆正在大力度地向前推进。我认为去杠杆的真实含义是降杠杆,因为杠杆不可能没有,存在适度的杠杆是合理的。一个阶段以来企业部门杠杆率偏高的状况已经得到一定程度的控制,而金融业杠杆率却迅速攀升。金融业杠杆的提升与表外业务、同业业务、资管业务、通道业务等业务的过度发展密不可分。部分中小银行的表外业务已与表内业务基本相当,实现了表外再造一家银行的"梦想"。在这种情况下,金融领域降杠杆确实很有必要。

金融业降杠杆的方向没错,应该按照国家的相关政策加以实质性地推进。但是,在金融业大力推进降杠杆、流动性偏紧的过程中,市场运行是否能够保持稳定,对实体经济是否会带来某种压力,金融服务是不是向更好的方向转变,也应该引起关注。若不及时发现问题,并采取必要措施,经济运行可能或多或少会受到影响。

---

① 发表于 2017 年 6 月 30 日《上海证券报》。

然而,监管往往会形成合力,监管合力叠加市场行为和行业特点,就会在降杠杆的过程中出现市场波动和风险。市场通常有顺周期特征,当政策明确地朝着某一方向共同运作时,整个市场也就会随着政策方向而动,而预期则会加强其影响,政策效果就可能被市场行为放大。金融业本身就是以较高的杠杆开展经营,部分中小银行近年来表外业务迅速扩张,表外业务膨胀过快过大。目前降杠杆的主要压力就落在这部分银行身上,尤其是到了考核时点,其各方面指标都需要达标。MPA考核涉及七个方面的指标,特别是流动性、资本充足和不良资产等方面的指标,对于那些资产负债配置相对激进的机构就会有较大的压力,再加上其他监管合力的影响,金融机构在季节性时点上的考核压力不小,由此可能带来的市场波动需要加以高度关注。

　　当前流动性的问题引人注目。2017年以来流动性逐步偏紧,虽然总体上是平稳的,但不可否认的是货币市场利率已经发生了很大的变化。SHIBOR的一周和一年期利率由2016年第四季度的2.4420%和3.0275%,分别上升46.4个基点和140.9个基点,达到当前的2.9063%和4.4369%。加之6月季末考核的特殊性,市场对流动性的需求在短期内可能明显释放,很可能带动市场利率进一步上升。针对流动性波动及其带来的金融稳定等问题,货币当局和监管当局已采取了一系列措施。截至6月26日,2017年以来央行在公开市场净回笼资金4250亿元,而在前5个月央行通过MLF净投放资金5850亿元,考虑到6月初央行加量投放的4980亿元MLF,总体上央行为维持流动性基本稳定还是适度进行了净投放。而监管协同、新老划断、安排缓冲期以及MPA考核中部分范围和标准的调整等,都已经成为监管调整的关注点和具体行动,正在朝着市场合理预期的方向在走。从货币当局调控市场流动性的工具、手段以及渠道、流程来看,应该说进入第三季度后流动性应该可以保持基本稳定,毕竟现在的情况跟2013年完全不同。现在央行手上的工具丰富了,机制也完善了,因此我们认为维持市场流动性基本稳定不是当前最主要的问题。

避免产生新的经济下行压力

当下尤其需要关注金融降杠杆过程中对实体经济的影响。在利率水平上升和流动性偏紧的条件下,事实上实体经济已经受到了影响,表现最为直接的就是债券市场。截至 6 月 26 日,企业债共发行了 872.5 亿元,是 2016 年同期的四分之一多一些,2016 年同期则是 3233.5 亿元。在发行利率方面,2017 年企业债的平均发行利率为 5.89%,较 2016 年同期的 4.62% 高出了 1.27 个百分点。

当前市场的运行态势很可能会影响实体经济的信贷可得性及其成本。从银行来看,由于流动性偏紧,负债端成本大幅度上升,但负债结构在不同机构间呈现出较大差异。大型金融机构负债结构相对稳健,流动性状况总体平稳。而中小金融机构,尤其是前期表外、同业业务发展过度的机构对于流动性的需求较高,使得中小商业银行负债端的成本出现大幅度上升。自 2014 年第四季度开启的一轮降准降息时起,商业银行净息差水平已由 2.70% 大幅下降至了 2017 年第一季度的 2.03%,目前还存在继续向下的压力。在这种情况下,商业银行一方面会通过自身成本的压降来加以消化;另一方面,在这一问题难以缓解的情况下,为维持一定的净息差水平,这种负债端压力必然会导致商业银行在资产端提高定价水平,尤其是提高贷款的定价水平。

从银行业的经验来看,当负债端成本大幅度上升之后,贷款定价相应大幅度上升的滞后时间大概为两个季度。结合 2017 年的情况看,第一季度已经同时出现了货币市场利率与信贷市场利率上升的态势。第二季度利率上升的压力可能更大一些,2017 年下半年贷款定价或许大概率上升,可能超出一次上调基准利率的水平。

金融往往是经济运行的先导因素。2013 年 6 月金融市场出现流动性骤紧,货币市场利率水平大幅上升,当年下半年利率水平居高难下。此后,银行贷款加权平均利率则由 2012 年底的 6.78% 升至 2013 年末的 7.20%,2014 年上半年仍维持在 6.96%。在 2014 年第四季度降息之后,该利率才回到 2012 年底 6.78% 的水平。在 2013 年利率水平明显上升之后,2014年至2015年我国经济经历了全球金融危机之后下行压力和通缩压力最大的阶段。所以,为避免经济承受新的较大下行压力,应对2017年下半年融资成本上行给予高度关注,并采取有效措施加以缓释。

以针对性举措应对结构性问题

针对国内目前这种市场运行状况,2017年下半年货币政策和宏观审慎政策总体上要以稳为主。视市场需要,及时运用政策工具释放必要的流动性,保持市场流动性合理稳定和利率水平不出现大的波动。政策工具的利率不宜随市场利率同步明显上升,而是需要发挥引导功能,以防止实体企业融资成本大幅上升。政策调节工具释放的流动性很大程度上是提供给那些急需资金的中小商业银行。为减小其负债成本的压力,政策工具的利率水平应比市场稍低,这有助于市场利率平稳运行。如在降杠杆和强监管背景下的金融放缓周期,商业银行资产负债表增速可能会明显下降,对此央行资产负债表可在必要时进行适度扩张。通过适度对冲调节以减缓收紧合力和惯性,避免流动性风险恶化,减缓融资成本大幅上升对实体经济的压力,从而稳定市场预期,保障经济平稳运行。

为避免银行资产负债表增速回落过快诱发流动性风险,应进一步完善流动性管理机制。自2013年以来,该机制经过完善已取得较好的运行效果,但仍有不足。大型银行与中小银行从央行获得流动性工具支持的难易程度有比较大的差异。从央行获得融资需要有充足的合格抵押品,但这恰恰是中小银行的短板。可以考虑进一步创新和完善合格抵押品机制,扩大中小商业银行从央行获得融资的合格抵押品的资产范围,从而使其可以更加便利地从央行获得更低利率的融资。

2017年下半年必要时存款准备金率可以进行定向适度调降,以促进商业银行以相对较低的利率保持或加大对中小企业和小微企业的信贷投放,但不是全面降准。当然,目前整个坏境是金融降杠杆、抑制资产泡沫,下调存款准备金率与大的政策方向有所相悖。但是从实际出发,适时适度定向调整准备金率是有必要的。前已述及,货币市场资金价格上升之后银行负债成本必然上升,贷款定价一定也会随之提高,下半年可能是贷款利率明显上升的阶段。2017年第一季度以来LPR基本上没有变化,与2016年底持平。但与此同时一般贷款的平均利率明显上浮,央企、地方国企、大型民企的贷款利率上不去,遭遇贷款利率上调可能更多的是中小企业和小微企业。

一直以来,市场谈论的实体经济融资难和融资贵等问题,其实质是中小企业,尤其是小微企业面临的问题。当前的发展态势,可能会使得2017年下半年中小企业和小微企业面临更严峻的融资难和融资贵的问题。因此,融资成本上升应该关注的是结构性问题,也就是要采取针对性举措来缓解中小企业、小微企业在融资过程中所面临的压力。可以考虑对那些中小企业和小微企业贷款增速或占比较高的银行,继续执行定向降低存款准备金率的政策。这样一方面可以使相关的银行拥有较为充足的资金来扩大对中小企业和小微企业的信贷投放,提高这些企业的融资可得性;另一方面则有利于降低相关银行的资金成本,并引导其以较低的价格为中小企业和小微企业提供融资。定向降准有助于在融资成本上升的大背景下,缓解中小企业和小微企业融资难、融资贵问题。

关注实体企业融资成本上升问题[①]

随着货币政策由稳健偏松逐渐朝稳健中性转变,加之为维护金融市场稳定以及配合"脱虚向实"强监管政策的推进,市场流动性在 2016 年末至 2017 年上半年呈现出阶段性紧张局面,货币市场利率明显上升。流动性偏紧和利率水平上升会对 2017 年下半年实体经济融资成本和可得性产生怎样的影响,程度有多深,应该采取何种举措来加以应对,本文将讨论这些问题并提出应对建议。

当前企业融资成本明显上升、融资可得性下降

市场利率已明显上升且逐步由短端传导至长端

尽管货币当局在政策步入稳健中性之后,始终综合运用多重流动性管理工具,包括逆回购、MLF 等维持着市场流动性的基本稳定,然而由于监管渐强的预期下,金融机构为弥补信用链收缩过程中的负债端缺口压力,短端市场利率中枢 2017 年以来已经有了明显上移。银行间市场方面,2017 年 7 月 31 日 SHIBOR 隔夜和 1 个月的利率已经由年初的 2.2090%、3.3126%分别上升 60 基点和 58 基点达到 2.806%、3.889%,升幅显著。

由于债券本来就是资本市场重要的投资品种,在监管趋严和委外赎回的背景下,部分机构持仓债券的减持又一定程度加大了债券市场收益率上行的压力。截至 7 月 31 日,1 个月和 1 年期国债收益率已经由年初的 2.4852%、2.7484%上升至 2.9170%和 3.3974%,同样呈现明显上行。

[①] 本文发表于 2017 年 8 月 10 日《上海证券报》。

加之 2017 年上半年信用链收缩的过程中,国内金融机构负债端也表现出了或多或少的压力,部分非银金融机构已然缩表。而银行类金融机构则在季末考核时点大量地采用同业存单主动负债,同业存单发行利率也渐行渐高,1 月平均票面利率为 4.08%,7 月已升至 4.89%,升幅也超过 80 基点。

短端利率的上升将直接影响金融机构的负债成本,尤其对银行业金融机构的净息差产生较大压力。而在委外收缩,表外回归表内的情况下,表内融资需求上升,银行业金融机构有动机提高贷款定价以缓解净息差方面的压力,从而影响实体企业的信贷融资成本。央行 2017 年第一季度货币政策执行报告显示,一季度末一般贷款中执行上浮利率的贷款占比为 58.57%,较 2016 年第四季度上升了 5.84 个百分点;执行下浮利率的贷款占比为 23.30%,较 2016 年第四季度下降了 4.92 个百分点。货币市场利率向信贷市场传导通常滞后 3~6 个月,第二季度利率上升压力可能会更大一些。银行在负债端成本上升后,为保净息差不至于大幅下滑,提高信贷定价的行为较为普遍。尽管 2017 年第二季度金融机构人民币贷款加权平均利率尚未公布,但从 6 月 20 日公布的银行贷款审批指数由此前 47.9% 下降至 46.1%,并结合审批指数与贷款利率一直以来的负相关关系,可推测第二季度实际的贷款利率已经上升。下半年贷款定价上升会更加明显,其上升幅度可能会超出一次上调基准利率(0.25 个百分点)的水平。

流动性偏紧已经影响到企业融资可得性

2017 年上半年非金融企业及机关团体贷款增加 4.43 万亿元,较 2016 年同期 3.58 万亿元多出近 1 万亿元,但这并不意味着当前融资可得性改善。结合 2016 年实体经济的实际情况,2016 年上半年非金融企业信贷需求受实体经济下行压力较大、资金脱实向虚等因素影响,其本身是较弱的,仅比 2015 年同期高出 100 亿元。2017 年上半年信贷看似良好的表现,很大程度上与监管趋严下表外融资需求回归表内有关。与信贷表现形成鲜明对照的是,2017 年上半年委托贷款增加 5988 亿元,同比少增 4477 亿元;企业债券融资净减少 3708 亿元,同比多减 2.14 万亿元;非金融企业境内股权融资 4702 亿元,同比减少 1321 亿元。可见,非银行融资的收缩力度明显超出银行贷款的增加程度。

2017 年 4 月以来监管层对"三套利""四不当"等行为加强监管并实施专项检查,较多金融机构面临较大的资产负债结构调整压力。事实上,尽管近一段时期债券收益率上升幅度较大,但从更长的时期来观测,长端债券收益率依然在历史均值水平附近。即便如此,2017 年上半年仍有多只债券取消或推迟发行。综合多重融资渠道而言,2017 年上半年实体企业融资可得性其实已经明显下降了。

从 2017 年上半年信贷投向结构来看,住户部门贷款增加 3.77 万亿元,与非金融企业及机关团体贷款增加的 4.43 万亿元已较为接近。加之经历股市、债市的大幅下挫后,市场资金普遍风险偏好降低,推测后者中很大部分可能仍集中投向基建等风险相对较小的项目,所以中小微企业在当前环境下融资可得性压力可能依然较为严峻。随着 2017 年下半年已经上涨的短端利率向长端利率传导逐渐显现,两效应叠加后若没有相应政策加以应对,实体企业融资可得性状况可能难以得到有效改善,甚至有可能进一步增大压力。

2017 年下半年人民币贷款利率上行压力较大

本轮政策调整和监管趋严以来,一直相对平稳运行的 M2 增速已破 10%。若以金融机构信贷收支表中各项贷款及有价证券投资部分对实体企业获得的融资进行粗略估计,可以发现近年来实体企业融资与 M2 总量步调存在一致性,并且该融资总和与 M2 总量的比值不断提高,当前已达到 0.77 左右。如果 M2 年底增速最终低于目标增速约 2 个百分点,粗略估计实体企业可融资规模可能较目标下降约 2 万亿元。

2016 年以来,社融增速维持在 13% 左右的水平;即使当前 M2 增速已经回落至个位数,社融增速仍处于 12.79%,高出 M2 增速 3 个百分点以上。从趋势上看,2016 年 3 月以来,社融增速与 M2 增速呈现出背离逐月放大的现象,由 0.06 个百分点扩大至 3.39 个百分点。金融去杠杆之前的背离,或许一定程度上可以由金融资源脱实向虚、表内资金流向表外多次循环嵌套加以解释。而在金融去杠杆方向明确和监管不断趋严后,两者的背离仍在放大,可见宏观流动性供给侧较需求侧弱,很大程度上这可能进一步加深未来实体企业融资可得性紧张的局面。从委托贷款和信托贷款两项表外融资增速变化替代关系而非同步下滑可知,当前实体企业可能仍存在较强的融资需求。2016 年末以来,基本以企业为主提供资金的委托贷款同比增速快速向下,由 2016 年大约 20%的增速已回落至当前的 14.34%;而以居民为主提供资金的信托贷款同比增速则持续向上突破,当前已升至 32.46%。

本文运用市场利率变化相对于宏观流动性供需之间背离的弹性,来近似实证估计当前市场利率可能承受的上升压力。宏观流动性供需背离通常在短端直接影响债券市场利率,即融资需求超出资金供给短期内即会表现为直接融资市场融资成本上升。根据近一年多来的数据,对当前我国企业债(1 年期)到期收益率变化对社融与 M2 增速背离变化的弹性进行估计发现,弹性变化在滞后第二个月达到最大影响,约 0.22。也即是说,社融与 M2 增速背离每增加 1 个百分点,我国企业债(1 年期)到期收益率在未来 2 个月内可能上涨约 25 基点。从 2017 年初至今,社融与 M2 增速差的背离约为 2 个百分点,企业债到期收益率已上行约 80 基点,大大超过弹性估计的 50 基点,这其中当然存在市场超调的影响。如果 2017 年下半年 M2 增速不再持续向下回落,企业债到期收益率在未来半年时间内可能会逐渐趋稳,当然前提是社融与 M2 增速的背离不再持续扩大。

宏观流动性的变化对于长端贷款利率的影响同样可以采用弹性方法进行测算。尽管随着国内金融业不断发展,M2 在统计口径上的瑕疵也逐渐显现,然而其反映宏观流动性的本质没变,M2 增速较低时,利率水平存在上行压力的关系仍在。通过对历史数据的分析,发现 M2 增速与人民币贷款加权利率之间存在较为稳定的弹性变化关系,该弹性系数约为 -0.30 至 -0.35。2016 年 1 月以来,国内 M2 增速由 14.0%已经回落至当前的 9.4%,而同期的人民币贷款加权利率仅由 5.28%升至 5.53%,不到 30 基点。如果该弹性关系成立,即使 M2 增速在 2017 年下半年趋稳,合理的人民币贷款利率也应当位于 5.95%至 6.05%区间。由此可见,当前和未来一个阶段,表内融资仍面临着较大的利率上行压力。考虑到当前银行业乃至整个金融行业竞争较为充分,银行业在贷款定价方面的议价能力受到政策、体制和结构等多方面因素约束,贷款定价弹性会小于上述水平。在基准利率保持不变和货币市场政策工具利率相对稳定的情况下,2017年下半年人民币贷款加权利率上行压力可能相当于1到2次加息(0.25~0.5个百分点)的水平。

回顾2013年"钱荒"之后一段时期的情况,尽管"钱荒"背后的原因与当前金融去杠杆存在一些差异,但本质仍属于流动性收缩和银行等金融机构资产负债表结构调整。2013年10年期国债收益率由第一季度末的3.5%提升100基点至2013年末的4.5%,同期人民币贷款加权利率也提升了55基点。更为重要的是,在接下来的2014年数据中显示,工业企业利率支出累计同比增速较2013年大幅提升,由2013年末的6.39%逐月提升至10%以上,2014年6月达到当年峰值11.2%,第四季度降息后才逐步回落。有鉴于此,当前市场利率抬升对于2017年下半年乃至2018年企业融资成本的推升作用不容忽视。

利率上升对企业的影响呈结构分化特征

从2017年上半年我国经济6.9%的增速和工业企业利润增长较快的情况来看,似乎没有太大必要担忧市场利率上升所带来的融资成本增加问题。2017年上半年工业企业利润增速由2016年的个位数增加至两位数,2月甚至达到31.5%,截至2017年6月仍保持在22.0%的高增速。然而,这种高增速是在低基数、PPI快速反弹以及补库存周期下实现的。事实上,2017年初以来该增速已经呈逐月下降趋势,这其中一定程度上可能就有利率上升所带来的影响。从工业企业利润累计同比增速与工业企业利息支出累计同比增速之间的增速差关系来看,2013年"钱荒"后市场利率上扬推动融资成本上升,利息支出增速加快很大程度拖累了利润增速,2014年该增速差回落明显。未来半年内PPI将大概率回落,可能会从2017年4月的高点7%多些降为2%~3%;加上2016年下半年工业企业利润增速的基数相对较高,下半年相应的企业利润增速有可能由当前的22%回落到15%以下。而融资成本却存在进一步上升的压力,企业利息支出增速有可能会升至5%以上。目前股份制企业利息支出累计同比增速已率先向上突破5%。因而不得不对融资成本上升对企业经营的影响给予更多关注。

融资成本的上升势必增加企业利息支出进而增加经营成本。通常情况下，杠杆率相对较高的企业，受到融资成本上行的负面影响更大。以社融中的信贷、委托贷款、信托贷款和企业债融资之和对融资成本上升后总利息支出进行不完全统计可知，若融资成本整体上移25~50基点，全社会利息支出可能增加4000亿~8000亿元。在样本更为完全的情况下，融资成本实际增加可能更多。仅以人民币信贷为例，各项人民币贷款余额的利息支出也不小，粗略估计2014年、2015年、2016年三年利息支出分别约为5.46万亿元、5.30万亿元、5.40万亿元，其中2015年利息支出最少。数据显示，2014年末降准降息以来，单以信贷核算的当季利息支出曾一度回落，由单季14088.7亿元回落至2015年末的12378.4亿元。2016年第一季度开始当季利息支出又开始上升，2016年第三季度金融去杠杆推进以来，该值似有加速上升的趋势。

以上市公司作为样本分析，可以发现上市公司整体平均负债成本与市场利率（10年期国债到期收益率）之间存在较为稳定的弹性变化关系。当前上市公司整体平均负债成本与10年期国债到期收益率之间的弹性约为1.5。2016年底上市公司平均负债成本约为4.0%，2017年10年期国债到期收益率已由3.1%上升至3.6%附近，如此近似估计上市公司整体平均负债成本可能已经升至4.8%左右。进而利息支出的负担较此前可能增加25%，企业净利润可能下滑约20%，ROA水平降低0.5个百分点，使得市场中位数ROA水平可能由2.5%滑落至2.0%以下。

进一步分析上市公司数据可以发现，公司规模与公司平均负债成本高低并没有较为直接的稳定关系。部分规模小的公司由于经营业绩较好，杠杆率较低，其平均负债成本相对而言并不高。当然，规模较大的公司在议价能力、抵御风险和资信等级方面具有先天优势，平均负债成本也较低。未来受到利率冲击较大的反而是大量当前平均负债成本处于中游（8%左右）的企业。这类企业大多具有经营状况一般、杠杆率偏高、盈利能力一般或较差、资信等级中等偏下等特征，相应地，其负债成本对于市场利率的敏感性更强。以近期的数据估算,这类企业平均负债成本与 10 年期国债到期收益率的弹性可能达到 2 以上。又由于这类企业普遍 ROA 不高,多处于 1.5%至 2.0%的水平,2017 年上半年利率上升对其负面影响可能已经使其中部分企业 ROA 水平降到 1.0%以下。未来利率如果持续上行,可能更多的企业会出现亏损。

而众多非上市公司平均资信等级相对于上市企业要弱,融资难度和成本问题较为突出。上市公司 IPO 直接融资后,相对于中小企业和小微企业而言资金需求相对并不紧迫。而真正融资需求强烈的非上市中小企业和小微企业的融资成本,可能已经在过去的一段时间内大幅上行了。原因是这些企业融资需求相对较高而议价能力很低。2017 年第一季度以来 LPR(贷款市场报价利率)基本没变,而一般贷款平均利率上浮比例却明显增加了,似可说明中小企业和小微企业面临的信贷融资成本上升压力较大。LPR 的基本不变是由于大型企业以其规模优势和业务综合带来的较强议价能力,使银行在信贷定价中处于相对弱势。除非存贷款基准利率上调,否则大型企业贷款利率可能不会出现明显上升。当央企、地方国企、大型民企的贷款利率上不去,遭遇贷款利率上调的则可能主要是中小企业和小微企业。对企业分类观察其利息支出累计同比增速可以发现,2016 年底以来,各类企业利息支出的增速快速反弹,2017 年第一季度结束后各类企业利息支出增速已由负转正。股份制工业企业增速目前最快,国有、大中型工业企业增速紧随其后。私营工业企业增速转正,但似乎增速并不高。事实上,这并非表明私营的中小企业和小微企业贷款利率上升幅度小,反而证实了当前银行业信贷的投向在向经营业绩更好的股份制、大中型工业企业倾斜,而私营中小企业和小微企业的融资可得性下降。2017 年下半年,有理由担忧中小企业和小微企业面临融资成本上升和融资可得性下降的双重困境。

对策和建议

综上分析,2017 年下半年实体经济融资成本上升和可得性下降很可能进一步发展,其中中小企业和小微企业可能是受影响较大的群体。

2017年以来,去杠杆已经取得明显成效,而"稳中求进"则为下半年工作的总基调,改善实体经济融资环境应是当前面临的重要课题。为此应采取针对性举措,既控总量,又调结构;既保持市场流动性和利率基本稳定,又可以实施定向降准;既要保持社会融资平稳增长,又应适当加快信贷步伐,恢复债券市场融资功能,在稳步去杠杆和控制债务总量的同时实现经济平稳增长。在此提出五点政策建议。

保持流动性和利率基本稳定

针对融资成本可能明显上升和融资可得性可能下降的压力,2017年下半年货币政策总体上要以稳为主,发挥好稳增长、调结构和控总量的作用。视市场需要,及时运用政策工具释放必要的流动性,保持市场流动性合理稳定和利率水平不出现大的波动。政策工具利率不宜随市场利率同步明显上升,而是需要发挥引导功能,以防止实体企业融资成本大幅上升。政策调节工具释放的流动性很大程度上是提供给那些急需资金的中小商业银行。为减小其负债成本压力,政策工具的利率水平应比市场稍低,这有助于市场利率平稳运行。针对降杠杆和强监管背景下的金融放缓周期,伴随商业银行资产负债表增速明显下降,央行资产负债表可以适度扩张。通过适度对冲调节以减缓收紧合力和惯性,避免流动性风险一再显现和程度上升,减缓融资成本大幅上升对实体经济的压力,从而稳定市场预期。

完善流动性管理机制

2013年以来,我国流动性管理机制已经大幅完善,但仍有提升空间。目前,大型银行与中小银行从央行获得流动性工具支持的难易程度仍有比较大的差异。部分中小银行同业负债和同业存单两项较多,一方面可能是其前期加杠杆所形成,另一方面也可能是获取央行流动性支持的能力较弱,只能求助于同业大机构。从央行获得融资需要有充足的合格抵押品,但这恰恰是中小银行的短板。地方政府债券是较好的抵押品,但中小银行手中这类债券比较少。可以考虑进一步创新和完善合格抵押品机制,扩大中小商业银行从央行获得融资的合格抵押品的资产范围,从而使其可以更加便利地从央行获得更低利率的融资。

适时适度定向调整存款准备金率

2017 年下半年必要时存款准备金率可以进行定向适度调降,但不是全面降准,以促进商业银行以相对较低的利率保持或加大对中小企业和小微企业的信贷投放。2017 年初以来已经有人提出了全面降准的观点,理由是外汇占款迅速减少,作为对冲,银行准备金率应该相应下调。然而,目前整个环境是实体经济降杠杆、控制金融总量以抑制资产泡沫,整体下调存款准备金率与大的政策方向相悖。但从实际需求出发,适时适度定向调整准备金率是有必要的。前已述及,货币市场资金价格上升之后银行负债成本必然上升,贷款定价也一定会随之提高,2017 年下半年可能是贷款利率明显上升的阶段。

一直以来,市场谈论的实体经济融资难和融资贵问题,其实质是中小企业尤其是小微企业的问题。当前态势的发展可能会使得 2017 年下半年中小企业和小微企业融资难和融资贵问题进一步发展。因此,融资成本上升更加应该关注的是结构性问题,也就是中小企业、小微企业在这个过程中所面临的更大压力,这需要采取针对性举措来加以缓解。可以考虑对那些中小企业和小微企业贷款增速比较高、占比较高的银行,执行定向降低存款准备金率的政策。这一方面可以使相关的银行拥有较为充足的资金来扩大对中小企业和小微企业的信贷投放,提高这些企业的融资可得性;另一方面则有利于降低相关银行的资金成本,并引导其以较低的价格为中小企业和小微企业提供融资。定向降准有助于在融资成本上升的大背景下,缓解中小企业和小微企业融资难融资贵问题。2017 年下半年适度的定向降准也会有助于缓解中小银行流动性紧张的问题,在总量可控的前提下保障市场流动性水平合理平稳。

促进人民币信贷合理平稳增长

在金融去杠杆和监管趋严的背景下,非信贷表外融资增速下降。为避免企业融资可得性出现很大降幅从而对实体经济造成过度压力,表内信贷应保持相对合理的增速。2017 年以来各项贷款余额同比增速维持在 13％附近,最新 6 月数据为 12.9％,较 2016 年 13.5％的增速回落似乎并不大。然而考虑到 2017 年地方政府债务置换规模明显少于 2016 年,2017 年信贷投放速度已经较 2016 年明显回落了。2016 年地方政府置换发行债券 6.05 万亿元,而 2016 年信贷增量为 12.6 万亿元,如果置换发行债券中 2/3 为置换银行贷款发行,则 2016 年实际信贷增量约为 16.5 万亿元,实际信贷增速已超过 15％。2017 年以来地方政府债发行 2.69 万亿元,较 2016 年同期的 3.81 万亿元减少约 1.1 万亿元,其中置换发行的更少。考虑置换因素后,当前信贷投放实际增速可能仅为 11.6％,实际信贷增速已回落超过 3 个百分点。当然,在市场利率上升和金融机构缩表的背景下银行负债端缺口压力较大,这也在一定程度上制约了信贷投放。未来有必要稳住信贷投放速度,这样既可以保证向实体企业投放的信贷规模处在合理水平,也有助于推动"脱虚向实"的资金通过信贷渠道直接注入实体经济。

恢复债券市场融资功能

国内流动性收紧、货币市场利率上行最直接的影响就在于债券市场。2017 年以来截至 7 月 31 日,企业债仅发行 1602.5 亿元,较 2016 年同期 3781.9 亿元大幅减少 2179.4 亿元。公司债(含私募债)发行 5716.03 亿元,较 2016 年同期 17485.3 亿元大幅减少 11769.3 亿元。由此可见债券市场融资功能在利率上行阶段受到较大制约,难以发挥其应有的作用。优化全社会融资结构主要是提高直接融资占比。一直以来,国内信贷融资占了全社会融资的绝对比重。目前债券融资增速大幅回落,不利于国内直接融资市场的发展壮大,与优化融资结构的方向相悖。事实上,企业融资行为和方式的选择,很大程度上基于对融资成本的预期。在市场流动性偏紧的态势下,多数企业和债券市场投资者皆会预期市场利率上行。在各市场主体预期的推动下直接融资成本则逐步走高,导致大量能获得银行贷款的企业不断权衡不同融资方式的成本大小,部分企业在权衡后则放弃了债券融资。而国内信贷整体中枢水平受人民币贷款基准利率的影响较大,在基准利率不变的情况下,一些资信等级高、议价能力强的企业受市场利率上升的影响并不大。这部分企业应该是全社会融资结构调整的主要主体,它们的选择很大程度上决定了直接融资和间接融资之间的配比结构关系。当前,在人民币贷款基准利率不宜调整的情况下,应稳住市场利率,扭转市场对于利率进一步上行的预期,进而逐步恢复债券市场的融资功能。

理性审视 M2 的宏观指标意义[①]

M2 是实施以数量型货币政策为主的国家的货币政策调控中间指标。通过对现金和金融机构相关存款的统计，M2 可以间接估计宏观流动性的总量情况，为货币政策松紧调节提供重要参考依据。当今金融业态不断丰富，金融业务不断创新，M2 统计口径越来越不适应现代金融发展的缺点日渐显现。近年来，国内金融机构同业、资管、表外等业务的快速发展，使得 M2 的指标意义在一定程度上被削弱。由于目前国内成熟的价格型调控机制尚未建立，M2 仍是市场关注的可以研判货币供给状况和央行政策的指标。近期 M2 持续走低，差不多降至国际金融危机时的低点，市场对于央行稳健中性的货币政策产生疑虑，认为当前的政策导向是中性偏紧的，进而对宏观流动性供给心存担忧。然而 M2 增速回落并非数据表象那样简单，有必要深入分析。

目前 M2 与 GDP 依然存在稳定的相关关系

长期以来，M2 都是我国数量型为主货币政策调控的中间目标。以 M2 作为中间目标，一方面是由于我国金融市场与发达国家成熟金融市场发展程度尚有差距，国内利率市场化改革虽持续推进，但尚未彻底完成。另一方面是因为信贷投放在我国仍是信用创造形成 M2 的主要渠道，而信贷投放又是拉动经济增长的主要动力来源。依照货币学派的理论，M2 增速变化本质上是央行逆周期调节货币总量的反映，即在经济下行压力较大时，运用偏松的货币政策推高 M2 增速以达到刺激经济增长的目的，

[①] 本文发表于 2017 年第 24 期《中国金融》。

反之则收紧货币政策以防止经济过热。可见,M2增速变化与经济增速变化理论上存在先后"正向"的相关关系。

近年来,随着国内金融业的不断创新和发展,M2指标统计口径的局限性的确使其作为货币政策中间目标的可测性、可控性、有效性等性能有所削弱。然而,这种削弱反映在M2与经济增速的关系上,则仅仅表现为影响强度的衰减,并未打破两者运行趋势之间存在的稳定相关关系。数据显示,国内M2增速与GDP增速在大多数时期仍然存在较强的滞后正相关关系。只是在部分特殊时间,M2增速与经济增速呈反向关系。

可以观察的三个反常时期分别是:亚洲金融危机后(1999—2002年)、国际金融危机期间(2007—2008年)以及2016年至今。亚洲金融危机期间,我国为维持人民币汇率稳定承受了较大压力,但事后证明当时的政策选择对稳定国内市场环境是有利的。在加入WTO和城镇化的强有力推动下,国内的良好增长前景一定程度上给了货币政策较大的伸缩空间。一段时期内M2的低增速并没有阻止经济增长的步伐,因而M2与GDP增速出现滞后负相关。国际金融危机期间的滞后负相关很大程度上缘于危机的突发性和较强的破坏力,对国内出口加工企业以及持有海外相关衍生工具的金融机构的负面影响相对较大,前期M2增速小幅上行难以阻挡危机对实体经济的冲击。直至国内大规模的刺激计划出台,M2与GDP才又恢复了滞后的正相关关系。当前正在经历第三个反常时期,然而当前所处的经济金融环境与前两个时期有着较大的不同。前期,国内金融市场化程度不断提升,证券类等金融市场渠道派生的信用货币规模越来越大,金融机构杠杆水平不断提高,流动性"脱实向虚"趋势较为严重。随着金融去杠杆政策逐步实施,M2增速回落,实体企业则由于资金"脱虚向实"获得支持,一定程度上推动M2增速与GDP增速走出背离的负相关关系。

当前M2与GDP的滞后负相关运行状态是金融去杠杆特殊背景下的产物。这种背离将持续到何时,以及M2在金融去杠杆不断推进下的调控中间目标意义会否增强等问题,都值得深入思考。但仍处于正相关关系。这表明当前M2增速的回落可能会在2018年给经济带来一定程度的下行压力。考虑到M2统计口径上存在的缺陷和不足,确实不应夸大 M2 增速走低对经济可能产生的负面影响。但考虑到两者之间毕竟存在稳定的正相关关系,对 M2 增速明显走低的宏观效应仍需给予足够的重视。

当前和未来一个时期,我国货币政策以数量型为主的调控机制将发生重要转变,但不大可能迅速走向完全的价格型调控机制。价格型和数量型并重的调控机制将会运行很长一个时期。鉴于利率市场化尚有不少路程要走,价格调控机制的建立和完善仍需时日,M2 的功能难以迅速退出宏观金融调控体系。

去杠杆或已增强 M2 的宏观指标意义

随着金融体系的逐渐复杂化,M2 的货币政策目标意义下降似已是世界范围内普遍接受的公理式结论。20 世纪 80 年代以来,多数发达经济体放弃了货币数量目标,其主要原因就是 M2 增速与名义 GDP 的运行相关性逐渐弱化。次贷危机之后,美欧日等发达经济体陆续推出量化宽松(QE)政策,各经济体 M2 普遍大幅增加,而经济增长却迟迟未见起色。

国内货币政策正处于数量型为主调控向价格型与数量型并重调控的探索阶段,M2 对于国内经济的指示性作用,很大程度上仍取决于其统计口径和内部结构的演化趋势。从国内 M2 与国内名义 GDP 的滞后相关性来看,目前 M2 对于国内经济的目标意义仍是存在的,并且在某些时间段仍较为显著。然而不可否认的是,国内金融经过多年的创新和发展,M2 的内部结构、派生广义流动性的方式已经悄然发生变化。

信贷增速与 M2 增速的相关性可能再次增强。2005 年 1 月以来,信贷渠道在广义货币 M2 创造中所发挥的作用经历了下降再上升的过程。运用金融信贷收支表中各项贷款与 M2 的比值可以发现,各项贷款余额在 M2 中的占比由 2005 年 1 月的 0.75 一度下降至 0.69。2015 年之后,各项贷款与 M2 之间比值重回上升趋势。当然这与央行在 2011 年 10 月和 2015 年初的两次 M2 统计口径调整有比较显著的关系。这两次统计口径调整,将非存款类金融机构的存款纳入 M2 统计范围,并且将非存款类金融机构获得的贷款计入了"各项贷款"口径,从而使得 M2 更广泛地包含了银行信贷通过非银金融机构间接进行信用创造的部分,增强了 M2 统计的适应性。本轮金融去杠杆进程以来,各项贷款与 M2 的比值已经重回 0.74。这表明当前信贷增速与 M2 增速相关性再次增强,近期的 M2 增速可能较前一段时期更能反映信贷渠道的信用扩张程度。

当然,这并不意味着 M2 的运行情况再次回到 10 年前的状态。需要关注的是,对于信用创造长期处于低位的金融机构有价证券及投资一项,自 2013—2014 年以来,该渠道已经逐渐成为广义货币创造的重要渠道,金融机构有价证券及投资与 M2 的比值已经由 2013 年前 0.15 左右的水平上升至 0.30 附近(图 1)。这充分表明,随着我国金融市场的不断发展和完善,非信贷融资渠道已经成为信用创造的重要组成部分。

图 1　贷款与有价证券投资信用创造变化趋势

数据来源:交银金研中心、Wind

跨境资金流入支撑 M2 增速的格局可能在一段时期内难以重现。亚洲金融危机后我国经济增长前景被外界看好,资本持续较大规模地流入,我国的货币投放受跨境资金流入影响较大。结售汇制度下央行被动地向市场投放流动性,导致外汇占款持续增加。近年来发达经济体尤其是美国经济逐渐复苏,而国内经济增速却逐渐回落,中美利差趋于收窄,外汇占款持续大幅增加导致央行被动投放流动性发生了趋势性变化。央行外汇占款与 M2 的比值也由 2008 年 11 月 0.32 的峰值逐渐降至当前的 0.13(图 2)。预计未来一段时间内,难以再现持续外资流入增加国内流动性的景象。国内流动性创造仍将主要取决于信贷派生渠道和金融机构的有价证券投资渠道。

图 2 外汇占款与 M2 增长关系图
数据来源:交银金研中心、Wind

　　去杠杆导致信贷信用创造功能小幅增强。本轮 M2 回落主要受金融去杠杆影响,金融机构证券投资渠道的信用创造功能受到抑制。2017 年上半年不仅信用债净增量持续为负,国债和地方债伴随货币市场利率水平抬升,发行进度也同时放缓。2017 年以来国内跨境资金流出情形逐步改善,央行外汇占款增速由 2016 年 11 月的 - 12.92% 反弹至 - 4.99%。与之形成鲜明对比的是,金融机构有价证券投资由 2016 年底 41.28% 的增速降至 12.56%。近年来各项贷款的增速整体并未发生太大变化,目前

仍为 12.44％ 的稳定水平。考虑到地方债务置换对于信贷增速的"下沉效
应",信贷增速可能在一定程度上并不低于实施债务置换之前的水平。短
期内,监管加强的趋势不会改变,而市场利率在央行的调控管理下,可能
逐渐趋于稳定。金融机构有价证券投资渠道的信用创造增速可能企稳,
而金融去杠杆导致表外回归表内,信贷渠道的信用创造功能可能小幅增
强。这会在一定程度上增强当前 M2 增速的宏观指标意义。

近来财政收支对 M2 增速的扰动影响更加突出

通过对 M2 三个主要创造渠道的分析可以发现,外汇占款、金融机构
有价证券投资以及信贷投放对于信用创造更多是趋势性的影响(图3)。
当前信贷投放增速相对平稳,对于 M2 增速的相对稳定起到了"基石"的
作用,外汇占款增速继续大幅反弹的可能性不大,但仍可为 M2 增长起到
一定的支撑效果。金融机构有价证券投资在监管不断规范和加强的背景
下,短期内可能对 M2 增速形成负面拖累。此外对 M2 增速能产生较大影

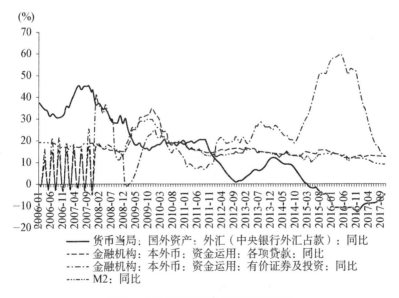

图 3　支撑 M2 增速三因素运行趋势

数据来源:交银金研中心、Wind

响的就剩下政府的"财政收支"一项。由于国内财政收支存在"季初收、季末支"的特点，因此财政收支对于 M2 增速的影响经常性地"正负"切换（图3）。

尽管 2016 年以来，财政性存款单月增减对于 M2 增量的扰动影响有所削弱，扰动影响的滑动标准差处于下行趋势；然而，当其他影响 M2 增速的因素相对平稳时，财政收支的扰动影响就显得格外突出（图4）。2017年前 10 个月，财政收支仅 4 个月对 M2 增速起到正的推动作用，且平均幅度在 0.33%，却有 6 个月对 M2 增速起到拖累作用，平均幅度在 -0.41%。以 2017 年 10 月为例，财政存款大幅增加，对于 M2 的负面拖累达到 -0.63%，M2 增速由 9 月的 9.2% 继续回落至 8.8%，引起市场普遍关注，甚至出现了一些对于 M2 增速回落过度解读的声音。事实上，财政存款大幅增加对于 M2 形成的负面影响属于季节性扰动，与资金单方向跨境流出以及脱实向虚信用链增长的信用创造有着本质的区别，不必过于担忧。随着后续财政政策的落地实施，前期离开商业银行体系的财政资金会重新回流于实体经济。

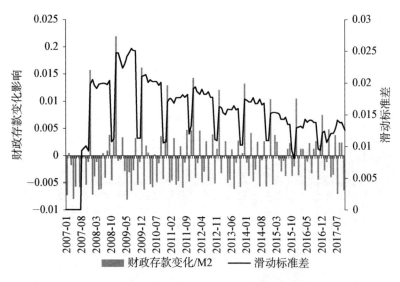

图 4　财政存款变化对 M2 扰动影响关系图

未来M2增速可能企稳并小幅回升

在当前货币政策环境下,社融与信贷增速不支持M2增速持续回落(图5)。从增速趋势的同步性来看,本轮M2增速已自2015年底的13.3%回落至2017年10月的8.8%,而同期社会融资规模存量增速由2016年初13.3%的近期峰值回落至2017年3月的12.5%。2017年第二季度后,社融增速趋势向好。从社融增速与信贷增速之间的差异情况可以看出,本轮金融去杠杆主要影响在于表外融资的收缩。而表外回归表内的过程既支撑了信贷增速,也提高了信贷在社融中的占比。从前期社融增速与M2增速回落的同步性推测,当前社融增速趋势运行较好可能使得未来M2增速逐渐企稳甚至进一步反弹。M2增速企稳所需时间以及反弹程度则取决于国内实体经济未来一段时期的运行情况。当然,本轮金融去杠杆和监管加强以来的流动性偏紧和M2增速回落的影响也不可忽

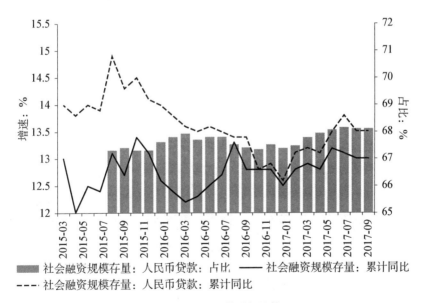

图5 社融与信贷增长趋势

数据来源:交银金研中心、Wind

视,货币市场利率前期的上涨可能在未来推高实体企业的融资成本并影响直接融资市场规模的增长。随着信贷在社融中占比的再次提高,表内渠道在信用创造中的贡献再次增强。近期 M2 与 GDP 增速滞后 1 年的正相关关系预示当前流动性偏紧的压力可能持续影响至 2018 年。

定向降准虽非放水信号却可能对来年 M2 增速形成一定支撑。2017 年第三季度末央行公布 2018 年启动的定向降准政策,将原有定向降准覆盖贷款范围进一步扩充。这有利于改善当前银行业金融机构远期流动性压力的预期。更重要的是,定向降准的再次使用很大程度上是配合金融去杠杆和"脱虚向实"政策导向,相比全面降准更有引导和调节金融资源配置流向的优势。由于定向降准并未实质性落地,进而短期内并不会对 M2 增速产生明显的抬升作用。此次定向降准政策对未来 M2 增速走势的"支撑性"影响,很可能要等到 2018 年央行对银行业金融机构第一次贷款结构情况考核之后。然而,在央行预留的"缓冲期"中,由于对未来定向降准政策的确定性预期,银行业金融机构会在政策支持的相关贷款上增加投放力度。M2 增速也可能"提前"获得由信贷渠道而来的支撑力量,尽管这种支撑效果受到银行流动性的制约。

M1 与 M2 增速宜保持合理区间[①]

  2017 年底 M2 增速回落至 8.2%，大幅低于市场预期。即使考虑到信贷年末投放和财政支出可能拉低 M2 增速约 0.6 个百分点，全年 M2 增速持续回落的态势仍较为明显。M2 增速现在是否处于合适的水平？2018 年货币当局的调控目标多少为宜？当前环境下 M1 与 M2 运行是否有利于经济"脱虚向实"？本文将对这些问题展开讨论。

经验轨道显示 M2 增速似已偏低

  长期以来，M2 是我国货币政策调控宏观流动性的重要中间变量，M2 的运行趋势与国内的经济增长和通货膨胀也表现出了一些"经验性"的特征。运用 GDP 增速、CPI 等数据构造出经验轨道下的 M2 历史增速区间，可以观察到除了 2007—2009 年全球金融危机期间外，M2 增速与构造的"经验性"轨道都有比较明显的相关性。2003 年至今，剔除 2007—2009 年之间的数据测算可知，国内 M2 增速平均高出当期 GDP 增速与 CPI 之和 2.87 个百分点。在 2015—2016 年期间，当股市大幅下挫后，货币政策稳健偏松，多次降准降息后 M2 增速位于经验轨道上方。然而从 2016 年下半年开始的一轮金融去杠杆和货币政策稳健偏紧以来，M2 增速已经滑落到经验轨道的下方。不难看出，宏观政策调节的效应与 M2 运行态势基本上是吻合的，在逻辑上并没有出现根本性的背离。

  当然，经验趋势是从与一定的 GDP 增速和通胀水平相匹配的 M2 增速水平角度去分析的。因此，以当前的 GDP 增速和 CPI 来看，2017 年底

---

① 本文发表于 2018 年 2 月 7 日《中国证券报》。

8％出头的 M2 增速似乎表明货币政策尚存一定流动性偏松的空间,或者说是当前 M2 有些偏低。然而,本轮 M2 回落与过去多次的回落可能有着很大的不同,其原因需作进一步分析。

M2 增速回落主要是金融去杠杆成效的体现

理论上,货币政策通常应"相机抉择"式地对经济进行逆周期调节,经济过热的时期从紧,而经济过冷的时期偏松。M2 作为货币政策的中间目标,其增速的升降通常在很大程度上体现了货币政策的松紧节奏变换。一个时期以来,国内去产能和结构转型过程中经济下行压力不小,CPI 同比增幅在 2016 年下半年以来的大多数时间都处于 2.0％以下,通货膨胀压力较小。显然,本轮 M2 增速回落并非国内经济过热背景下货币政策主动收缩带来的结果。

事实上,本轮 M2 增速回落很大程度上体现了金融去杠杆、监管趋严政策推进的成效。市场宏观流动性在中性货币政策下频繁出现"紧平衡"也很大程度上缘于此。2016 年 7 月至 2017 年 12 月,各项贷款增速整体上并未发生太大变化,月平均同比增速在 12.99％,而同期的 M2 增速已由 11％之上的水平回落至 8.2％。考虑到地方债务置换对于信贷增速的"下沉效应",近两年的实际信贷增速可能还高于统计数据,对 M2 增速起到一定程度的支撑作用。然而伴随着同业监管的逐渐规范和加强,表外信用链收缩,金融机构证券投资对于 M2 增速的贡献削弱。金融机构有价证券投资增速由 2016 年 7 月的 51.06％——远高于 M2 增速的水平,大幅下降至 2017 年 12 月的 9.30％,接近当前 8.2％的 M2 增速。如果将 M2 增速的变化按照各影响因素贡献进行分解计算可发现,2016 年 M2 增速月环比变化约有 0.80 个百分点可由信贷变化来解释,而有 0.87 个百分点可由金融机构有价证券投资变化来解释。同一参考指标在 2017 年则发生了明显变化。2017 年 M2 增速月环比变化约有 0.76 个百分点可由信贷变化来解释,而仅有 0.25 个百分点可由金融机构有价证券投资变化来解释。考虑到同期人民币汇率稳中有升,外汇占款增速反弹对 M2 是正向影响,本轮 M2 增速大幅回落的主要原因,是金融机构非信贷渠道的信用创造功能在金融去杠杆背景下受到明显抑制。

从 2018 年初监管新规密集推出的节奏可见,短期内监管加强的趋势不会改变,而市场利率在央行的调控管理下,可能小幅上升后逐渐趋于稳定。金融机构有价证券投资渠道的信用创造增速回落逐渐趋缓。相反,金融去杠杆所引起的表外业务回归表内可能会使信贷渠道的信用创造功能进一步增强,进而在一定程度上增强当前 M2 增速的政策目标意义。鉴于金融去杠杆和强监管效应并不直接作用于实体经济,M2 增速大幅下降后结构有所改善,因此经济体应该可以承受 M2 增速阶段性大幅下降所产生的影响。数据显示,本轮金融去杠杆以来,金融机构各项贷款由 2016 年 12 月的 112.05 万亿元增加至 125.61 万亿元,增幅为 12.1%;而金融机构有价证券投资同期由 47.76 万亿元增加至 52.38 万亿元,增幅为 9.6%。由此可见,随着金融去杠杆不断推进,金融业务不断地回归本源,若 M2 增速仍持续处在低位或再大幅回落,其合理性就应当受到质疑了。矫枉过正是事物变化的普遍现象。当 M2 迅速走低以实现金融去杠杆的目标时,偏低的 M2 增速很有可能对经济运行的相关方面带来不利影响,需要引起高度关注。

M1 继续走低应当引起警惕

由于 M1 主要由流通中的现金以及非金融企业活期存款构成,其增速高低间接地反映了社会同期的企业生产经营活力和居民消费能力。当然企业活期存款增加不仅仅因为经营活力提升,也可能受其他因素影响,需要结合宏观经济背景,具体情况具体分析。

从非金融企业存款结构来看,活期存款在企业存款中的占比自 2006 年以来经历了约 10 年的下行,趋势在 2015 年中期之后出现拐点。在全球金融危机期间,出现过一段时期的企业活期存款相对占比冲高,这一跳跃式变化原因在于当时国内实施了"4 万亿"刺激计划,当年信贷增速达 30% 以上,使得企业活期存款瞬间大幅增加。随着国内产业局部过剩的逐渐体现,经济下行压力加大,企业经营活力逐渐下降。2014 年部分本应运用于生产的资金进入资本市场逐利。伴随着连续降准降息,企业经营活力有所改善,但整体效果并不十分显著,非金融企业活期存款在非金融企业存款中的占比只是出现了小幅反弹。

从历史来看,M1 运行与国内经济增长以及价格指数三者之间存在着清晰的因果关系。M1 似为因,经济增长和价格指数似为果;作为金融数据的 M1 为先导,后二者随 M1 变化发生相应变化。2006 年以来 M1 增速经历了三轮回落,经济增长和价格指数也随之发生变化。第一个阶段是美国次贷危机期间,我国 M1 增速由 2007 年 12 月的 21.01% 降至 2009 年 3 月的 7.04%,同期 GDP 增速由 13.9% 大幅回落至 6.4%。随后 PPI 增幅由 9.13% 回落至 -7.8%,CPI 增幅由 8.3% 回落至 -1.7%,从 M1 回落到 PPI、CPI 回落有一定滞后。第二个阶段 M1 增速由 2010 年 3 月的 29.94% 回落至 2012 年 3 月的 4.4%,同期 GDP 增速由 12.2% 回落至 8.1%。PPI 增幅随后由 7.31% 回落至 3.55%,CPI 增幅则由 6.36% 回落至 1.90%。第三阶段就是当前,M1 增速在 2016 年 9 月为 24.7%,现已骤降至 11.8%。其间 GDP 增速虽未明显下降,但考虑到本轮 M1 增速回落过程仍在继续,2018 年 M1 的运行态势很可能继续探底,M1 对 GDP 和价格的影响明显存在"滞后"效应,其后续影响应当引起关注。

2015 年以来,伴随着降息降准,M1 增速大幅上行,但经济结构处在转型期,企业投资意愿依然偏弱,制造业投资和民间投资虽逐步企稳,但并未见有明显起色,M1 增速在一定程度上似乎失去了定义所应有的指标意义。究其原因,很大程度在于资金从股市撤出后,仍可能持币待投或周旋于债市、楼市等其他资产市场,以追逐相对于实业更高的回报或规避风险。事实上,2016 年下半年以来,楼市调控、金融去杠杆和监管加强等一系列围绕"脱虚向实"目标展开的政策部署,一定程度上也有助于促使 M1 回归其原有指标意义。与 M2 指标意义增强类似,尽管前一段时期 M1 快速回落可能与金融去杠杆有比较密切的关系,然而当金融业去杠杆逐渐取得成效,M1 理应逐渐趋稳。若 M1 增速仍持续快速下行,则可能表明企业经营投资意愿以及居民消费意愿偏弱,难以持续支撑近期渐有起色的实体经济。若真如此,对未来经济运行存在担忧也就不足为奇。

M1 与 M2 走势分化的资产价格效应

综合前文分析,随着金融去杠杆、脱虚向实逐步深入,金融业乱象治理到一定程度,M1 和 M2 增速若持续回落至不合理的低水平上,将不利于实体经济稳健运行,甚至可能形成新的下行压力。与此同时,还很有必要进一步分析 M1 与 M2 增速的走势分化可能对资产价格带来的影响。

长期以来,国内 M1 与 M2 增速之间的"缺口"或是"背离",与宏观经济运行、资本市场以及房地产市场都存在非常显著的相关关系。M1 一定程度上反映居民消费需求和企业经营投资活力,同时 M1 还是 M2 的重要组成部分。M2 是从负债方来反映整个宏观流动性,也是全社会各类资产的货币表现。当 M1 增速过低,而 M2 增速相对较高的时期,一方面可能表现为居民消费、企业投资意愿较弱,另一方面则可能表现为资金流入资产投资领域,从而可能催生地产或资本市场的"泡沫"。

在全球金融危机之后的一年多时间里,M1 增速在 M2 下方形成缺口,同期国内股市市值增速攀升,房地产市场开发贷和购房贷增速都显著上升。当 M1 增速上穿 M2 增速形成背离直至增速差反转回落,这一阶段的"楼市股市热"才逐渐消退。2011—2014 年经历了约 3 年的低 M1 增速时期,其间过剩产能带来了经济下行压力,产业资本再投资动力不足,资金又逐步向地产转移,居民购房贷款余额增速由 2012 年初的 12.1% 升至20.9%。截至 2014 年第三季度前一轮股市牛市启动前夕,居民购房贷款余额增速仍有 17.6%。一轮股市牛市对房地产市场形成了短期内的替代效应。在 2015 年 6 月"股市热"退潮后,地产在降准降息的背景下延续此前的趋势继续攀升,同时债市也接过股市的接力棒直至金融去杠杆政策启动。由此可见,近年来广义货币和狭义货币与社会各类资产价格的运行特征,综合反映了近年来"向虚易、入实难"的真实状况。

综上,未来一个时期,既要谨防 M1 和 M2 增速双双持续滑坡,给全社会流动性供给带来压力,进而给企业融资可得性和融资成本带来不利影响,又要防止 M1 和 M2 增速的缺口或背离过大形成资产价格过度上涨的压力,避免出现"向虚易,脱虚也易,但入实难"的状态。综合考虑经济增长、物价变化、货币政策和金融去杠杆以及强监管等各方面因素,建议2018 年 M2 增速调控目标选择在明显低于近年来平均水平和高于 2017 年底较低水平之上的区间,即为 9%～10%。

货币政策需审慎应对"双双重"挑战^①

2018 年以来，国际经济形势错综复杂，风云突变。美联储继续推进货币正常化，保持每季加息一次的步伐，同时继续缩表。部分发达国家开始跟随美国调高利率，欧盟则进一步收拢量化宽松政策。特朗普政府针对盟国和邻国打响贸易战，并于 7 月初悍然对中国开征惩罚性关税，向世界经济撒下一片深沉的阴霾。美国退出伊朗核协议并扬言要制裁伊朗，给国际油价带来了不确定性，未来甚至难以排除出现美伊之间军事冲突的可能性，中东风险陡然上升。2017 年以来，我国经济运行总体平稳。为有效防控日益增长的金融风险，我国去杠杆稳步推进，已经取得一系列阶段性成果。严规范和强监管大力实施，在有效治理金融领域乱象的同时，金融收紧效应也明显呈现。在非信贷社会融资规模收缩的背景下，2018 年上半年三大需求不同程度地放缓，下半年经济增长仍有一定程度的下行压力。当前和未来一个阶段，我国货币政策面临"双双重"挑战，需要灵活审慎地加以应对。

直面"双双重"挑战

在国际层面，这种双重挑战的性质是矛盾的。近年来，美联储按部就班地加息和部分发达国家的跟进，对全球资本流动和新兴市场国家货币汇率带来了压力。部分拉美、东欧和中东等国家货币汇率出现大幅贬值，阿根廷比索短期居然贬值约 50％，同时资本集中外流压力很大。为应对资本外逃，部分新兴市场国家大幅提高利率。阿根廷利率甚至提升到

---

① 本文发表于 2018 年 8 月 6 日《企业家日报》。

40％的极高水平,经济承受了较大的下行压力。美国等发达国家货币政策的溢出效应对我国也产生了一定影响。2015—2016年,人民币承受了较大的贬值压力,我国资本阶段性较大规模流出,其中重要的外部原因是美联储启动了加息。当下人民币面临新一轮贬值压力,亦与美联储继续推进加息有关。2018年以来,美国经济增长加快步伐,第一季度GDP增长达2.7％。据美国商务部数据,第二季度美国经济增长达4.1％,为2014年第三季度以来的最快增速。与此同时,通胀不断攀升,6月CPI同比达到2.9％,创2012年以来最大增幅;失业率接近历史新低,就业达到50年来最好状态。美联储大概率会坚定现有的加息步伐,从而进一步收缩中美之间的利差——目前10年期国债收益率之间距离已小于0.5％。可见,发达国家货币政策正常化对我国货币政策带来的是收紧压力。

2018年7月初美国对我国发动了贸易战。鉴于我国出口美国规模明显大于美国出口我国的规模,高关税意味着未来我国出口美国会受阻。随着贸易战的进一步深入,我国对美国贸易顺差减少可能是一个趋势性变化,下半年我国出口增速可能会有一定程度的下降。贸易战的开打向市场投下了很大的阴影,直接导致商业信心和市场风险偏好下降,从而影响市场的流动性供给,给全球市场包括股市、债市和汇率等带来压力。在这种情况下,市场通常对货币政策的要求是相应松动,逆向调节,进行合理的对冲。尤其是在贸易战前景依然扑朔迷离的情势下,市场对货币政策会有随时向松调整的要求。

国内层面双重挑战的性质同样是矛盾的。去杠杆要求货币供给和融资增长相应放缓。在国际金融危机之前,我国杠杆率水平总体上处在良好的状态。杠杆率水平大幅上升是从应对危机、信贷投放大幅增长开始的。2009年我国信贷增长达到了30％以上,一年投放的信贷是改革开放以来30年投放信贷总量的将近三分之一。大规模的信贷投放为之后约十年的货币快速增长和杠杆率攀升埋下了伏笔。为此,去杠杆不可能在朝夕之间完成,必须久久为功、持之以恒。这就对货币政策提出了持续稳健偏紧尤其不能大幅松动的要求。一旦因某种需求大幅放宽货币政策,则去杠杆可能前功尽弃。

然而,2018年上半年金融市场的变化和经济运行态势对货币政策提出了相反的要求。客观地看,强监管对金融市场具有收紧的效应,尤其是针对表外业务、同业业务和理财业务等方面举措的推进,导致这些业务增长明显放缓,有的则大幅收缩。2018年上半年,信贷、融资和货币增速的放缓和负增长十分明显。2018年1—6月新增非信贷融资较2017年同期大幅减少了2.53万亿元;累计新增委托贷款、信托贷款和未贴现银行承兑汇票合计较2017年同期大幅减少了约3.74万亿元;广义货币M2增速在8.2%~8.6%的历史较低水平波动,6月末狭义货币M1同比增速仅为6.6%,较2017年末大幅回落了5.2个百分点,接近百年未遇金融危机时水平;新增银行存款少于新增银行贷款——近三年多来,银行存款增速由低于贷款增速1~2个百分点,扩大到目前的近4个百分点。与此同时,银行加权信贷平均利率水平明显上升。2017年,非金融部门一般贷款加权平均利率较上年上升了0.36个百分点,2018年3月末已升至6.01%,比上年又提高了0.21个百分点。2018年上半年的相关数据表明,金融市场已呈现过度收紧的状态。与此同时,基建投资大幅放缓,净出口为大幅负贡献,消费增速明显下降,PPI运行态势则由高向低,等等。2018年上半年的宏观经济金融运行态势对货币政策提出了逆向松动的要求。

"不可能三角"下保持政策的独立性

"双双重"挑战清楚地表明,国内外经济金融环境十分错综复杂。当前和未来一个阶段,我国货币政策有必要保持高度的独立性。在"不可能三角"框架下,保持我国货币政策的独立性仍应为当前首要政策选择。发达国家货币政策正常化和美国发动贸易战,对我国的影响不容小视,我国均为被动应对和被迫应战。但在内需已占主导地位的情况下,我国自身经济的平稳运行和质量提升是至关重要的,货币政策应将稳定国内经济运行、推进供给侧结构性改革、扩内需和促转型,守住不发生系统性金融风险底线以及满足国内其他相关的政策需求放在首位。

当下我国资本流动的格局已明显不同于2015—2016年。在发达国家针对我国收紧投资环境和国内规范管理资本流出的情况下,企业和居民对外汇需求很大程度上处于平衡状态。在外汇市场供求关系调节顺畅和基本可控的情况下，抽紧银根和抬高利率的方式不应成为应对外部挑战的主要政策选择。相反，这类操作往往是较为极端情况下的无奈之举，如同阿根廷因货币大幅贬值将利率大幅度提高。

在外汇市场供求关系总体保持平衡的情况下，人民币汇率在合理均衡的水平上保持基本稳定具有良好的基础。在发达国家货币政策正常化和贸易战挑战的背景下，人民币承受了类似于其他新兴市场经济国家同样的压力。所不同的是，我国经济保持平稳增长，财政状况良好，政府债务水平基本合理，金融系统运行稳健，外汇储备充足，国际收支基本平衡。这一系列良好的内生条件决定了人民币汇率具有在合理均衡水平上保持基本稳定的基础。目前人民币汇率所实行的是以市场供求关系为基础的有管理的浮动汇率制，货币当局已退出了常态化的干预。人民币汇率在一定范围内可控的波动，有助于我国经济较好地抵御和防范外部冲击，尽可能降低外部影响的负面程度。未来在国际收支基本平衡和人民币汇率基本稳定的格局下，货币政策可以全力以赴针对国内经济问题精准施策。从"不可能三角"的视角看，当前和未来一个阶段，保持货币政策独立性应是坚定不移的首要目标，同时兼顾资本流动平衡和汇率基本稳定。

立足四大支点提升政策有效性

在"双双重"挑战下，我国货币政策应立足于总体基本稳定、适度前瞻微调、定向精准施策和灵活相机抉择四大支点，提升和保障政策有效性。"双双重"挑战，既存在一系列要求货币政策收紧的因素，如美联储及部分发达国家加息、缩表和我国控风险及去杠杆等等，又存在一系列要求货币政策松动的因素，如美国发动贸易战所带来的压力以及我国融资增长明显放缓和市场流动性偏紧、经济运行存在一定下行压力等等。在当前和未来一个阶段，松紧两方面的需求还很难分出压倒性的高低，货币政策尚不宜具有绝对的倾向性。如大幅宽松和大幅收紧似都不应成为选项，而应在总体上保持基本稳定，除非上述因素中某些方面发生了剧烈变化。如贸易战的烈度大幅上升，带来较大负面效应，货币政策就可能不得不明显松动。此时货币政策又应具备应有的灵活性，及时采取相应的举措。2018 年下半年最大的不确定性仍然在于外部，贸易战的前景可能依然扑朔迷离、变幻难测，因此货币政策保持灵活相机抉择的姿态很有必要。

由于 2018 年以来融资增速大幅下降、市场流动性偏紧和经济存在下行压力，尤其是贸易战风险较大，当前和未来一个阶段，货币政策应该前瞻性地适度向偏松方向微调。鉴于控杠杆是一项长期任务，未来仍应避免货币供给增加和社会融资规模增长继续抬高杠杆率，引发新的金融风险。当前适度扩内需的任务应由更加积极的财政政策来承担较为合适。因此即使是微调，也应尽可能地定向施策，精准发力。事实上，所谓实体经济融资难、融资贵问题主要发生在小微企业，相关政策应集中针对此方向施策。2018 年以来另一个突出问题是基建融资来源匮乏。几次重要会议明确了宏观政策进行前瞻性微调和精准施策的调节方向。市场上有人将此解读为"大幅放水"和"全面宽松"是很不恰当的。会议要求稳健的货币政策要松紧适度，保持适度的社会融资规模和流动性合理充裕，疏通货币信贷政策传导机制。这些举措恰恰是针对当前所存在问题的适度调节举措。相对于 2018 年上半年非信贷融资大幅减少和货币增速处在历史低位而言，第二季度以来货币当局两次定向降准，运用 MLF 等工具保持市场流动性充裕还是较为适度的。

2018 年下半年，货币政策应在保持稳健基调的同时积极开展偏松调节，加大定向支持力度。为防止融资收缩过快加大经济下行压力和带来金融市场风险，建议货币当局适度增加流动性投放力度，保持货币市场流动性合理充裕和利率合理适度。从经济增长和物价等因素考量，2018 年下半年 M2 运行在 9％～10％区间似较为宜。同时促使 M1 触底反弹，明显回升。保持 10 年期国债收益率中枢水平在 3.6％之下运行。建议年内再实施 1～2 次降准，以继续推动银行可用资金增加和负债成本降低。通过定向降准等措施，进一步加大对小微企业、"三农"、普惠金融等领域的定向支持力度，降低其融资成本。通过推动地方政府合理举措和银行适度提供信贷，加大对基建投资的金融支持。

多措并举推动社会融资合理增长

经过近期的政策调整,货币市场流动性状况已有明显改善,利率水平明显走低。目前更为关键的问题是如何推动市场流动性有效注入到实体经济领域中去。而 2018 年以来信贷依然保持不低的增速,当务之急是加快非信贷融资发展步伐。

当前和未来一个阶段,社会融资规模应保持平稳和合理的增长。为缓解银行表内信贷需求压力,建议适当增加 2018 年银行信贷投放额度,具体举措可以相应适度放松 MPA 考核;同时拓展银行资本补充渠道,如支持银行发行可转债和增发股票。通过货币、财政政策协调性的提升,以及更加积极的财政政策,引导资金流向先进制造和现代服务业等贷款高增长的行业。适度增加对小户型、以刚性和改善型需求为主的房地产开发贷款投放,适度增加住房按揭贷款投放,保持按揭贷款平稳增长。继续通过政策性贷款支持棚户区改造。采取针对性措施,督促地方盘活财政存量资金,引导金融机构按照市场化原则保障融资平台公司合理融资需求。通过以上各种手段,建议将 2018 年信贷增速在目前的基础上提高约 0.5 个百分点,即达到 13% 左右。

在"堵偏门",即对不规范、有潜在风险隐患(通道业务、监管套利、资金空转、高杠杆等)的非信贷融资开展治理整顿的同时,也要"开正门"。对那些真正能满足实体经济融资需求、规范合理的信托贷款、委托贷款等予以鼓励和支持,促其平稳增长,与银行信贷融资一起统统发挥向实体经济提供融资的作用。

为使货币政策更加有效,建议相应采取一系列配套的金融监管举措,促进社会融资发展。适当放宽发债主体的相关限制,进一步完善评级管理体系。以相应的政策工具为债券投资提供适度的流动性支持,鼓励银行等机构投资者加大债券类资产的配置力度。加快 2018 年 1.35 万亿元地方政府专项债券发行和使用进度,推动在建基础设施项目早见成效。进一步扩大资产证券化标的资产的适用范围,制定各类型资产证券化操作模式和实施环节的标准化要求,简化审批和实施流程,加速推动证券化项目落地。加强市场本身的制度建设,改变资产证券化产品市场以金融机构为主的格局,吸引更多的合格投资者参与投资,从而更有效地扩大投资主体,分散市场风险。对同业和非标资产规模占比相对较低、风险管控能力相对较强、经营管理较为规范的大型银行,可以适度调整监管要求。如:允许同业和非标资产的占比和规模有适度的增长等,避免业务规模收缩过快过度而加大存量非标投资退出压力。可以有选择地引导银行开展业务创新,推动同业和非标投资进入小微企业和市场化债转股等急需资金支持的业务领域,成为支撑其业务发展的重要资金来源,并进一步发挥带动其他社会资金流入的作用。

Part 3

银行业稳健运行和转型发展

银行业与宏观经济和货币政策密切相关。作为中国金融体系的主体,商业银行必须向各行各业提供良好的金融服务,而宏观经济变化带来的经济冷暖和行业兴衰必然给银行业带来深刻影响。货币政策调节的主渠道是商业银行体系,因而后者受货币政策的影响最为直接、全面和深刻。这一部分选入了13篇有关银行业的文章,重点讨论银行业如何更好地为实体经济服务、银行的改革创新和发展、行业结构的优化、行业的资产质量和风险管控等等有关银行业转型发展的重大问题。通过这些文章,可以清晰地了解银行业转型发展的两大主题,即服务实体经济和防控金融风险。

中国商业银行资产质量与风险状况评估^①

我国商业银行深化股份制改革后,经历了 GDP 高速增长背景下业务发展的黄金 10 年,各项经营指标快速接近和赶超国际同业。然而随着经济增速的逐步放缓,原先被业务快速扩张暂时掩盖的资产质量和风险控制领域的潜在问题开始逐步显现。本文将主要从信用风险和流动性风险的角度,对中国商业银行的风险状况和未来的走势进行分析,并在此基础上提出商业银行控制和防范金融风险的政策建议。

商业银行资产质量总体状况分析

2003 年以前,我国商业银行不良贷款率普遍较高,行业不良率超过 20%,资产质量较好的股份制商业银行不良率也超过 5%。2003 年起,随着宏观经济增长提速、国有银行不良贷款剥离和深化股份制改革进程的逐步推进,商业银行资产质量逐年提高,至 2010 年,行业不良余额持续下降,不良率达到 1% 以下的水平(图 1)。2011 年至今,在国内外经济金融形势的不利影响下,商业银行不良余额开始出现小幅反弹。

2013 年以来,商业银行不良贷款增长呈现一定的加速,目前我国商业银行金融机构不良贷款余额持续了 9 个季度的增长态势,达到 5921 亿元。而随着 2008 年全球金融危机后信贷投放由大规模高速增长期逐步向平稳中速增长期过渡,信贷增长对不良贷款率的稀释作用也持续减弱。2013 年末,商业银行不良贷款率升至 1%,不良贷款率季度增长逐渐加快,未来商业银行资产质量仍面临一定压力。

---

① 本文发表于 2014 年 3 月 20 日财新网。

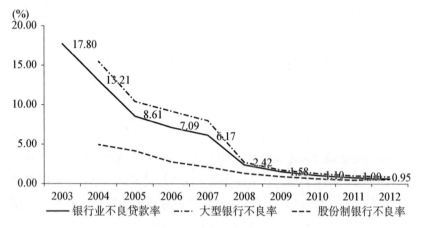

图1 各类型商业银行不良贷款率变动情况

资料来源：银监会，交行金研中心

近年来，在业务和盈利水平较快增长和拨备覆盖率、拨贷比等监管要求明确的双重影响下，商业银行大多采取了加大拨备提取力度的主动提升抗风险能力策略，不良贷款拨备覆盖率持续提高。虽然2013年以来受不良贷款较快增长影响，商业银行拨备覆盖率略有下行，但依然稳定在280％以上的较高水平，且行业贷款损失准备总额达16740亿元，整体拨贷比超过2.8％。从目前商业银行的拨备水平和未来的盈利趋势看，即使未来仍有一定的风险暴露压力，商业银行也有足够的抗风险能力将贷款的潜在风险在体系内进行消化。

社会融资总量及其结构变化对商业银行的影响

自2011年首次公布以来，社会融资规模已成为在"金融脱媒"背景下更全面地反映整个社会融资状况的一个关键性金融宏观审慎管理指标。社会融资总量及其结构的变化也与商业银行业务和风险状况密切相关。

社会融资规模持续扩张，结构呈多元化

2002年至2013年，我国社会融资规模由2万亿元增长到17.29万亿

元,其中仅 2011 年受"稳中偏紧"的货币信贷总量调控及监管部门整顿银行表外业务等政策性因素影响,社会融资规模有所下滑,其他年度均实现较快增长,且增速大大高于同期人民币各项贷款增长率。

随着社会融资规模的增长,融资结构也进一步多元化,银行表内融资虽仍为社会融资的主渠道,但"一家独大"的格局正逐渐改变。2013 年社会融资规模中,银行表内融资(含本、外币贷款)增加 9.48 万亿元,占比为54.5%,较 2010 年以前 70%以上的水平显著下降;银行表外融资(含委托贷款、信托贷款和银行承兑汇票)增加 4.71 万亿元,占比为 30%,成为社会融资中增长最快的项目;直接融资(含企业债券融资、非金融企业境内股票融资及其他)增加 2.02 万亿元,占比为 11.68%,2009 年后首次出现下降。如果从长期视角观察,金融脱媒所导致的银行表内融资占比快速下降的趋势更为明显。

虽然社会融资规模呈现一定的多元化趋势,但在资金的来源和流向上仍存在结构性问题,而这些问题的出现明显对商业银行风险状况的稳定不利。

第一,直接融资发展仍然不足,银行仍是社会融资的主渠道。一方面,受到股市低迷和 IPO 高频率、长时间暂停等因素的影响,股票融资长期得不到有效发展。而债券融资虽然有一定增长,但增速也相对较慢,且波动性较大。到 2013 年,企业债券融资和股票融资均出现较大幅度的下降,直接融资在总融资中的占比已经回落到 2007 年以前的水平。另一方面,银行表外融资替代了表内融资占比下降后的市场空间。表面上看融资渠道开始多元化,然而表外融资项目不但与银行有千丝万缕的联系,融资的风险仍相对集中于银行;而且由于表外监管体系尚不健全,非常规操作空间较大等问题的存在,这部分融资的流向难以控制,与表内融资相比反而效率较低。

第二,受到资金流向的制约,社会融资的增长仍未充分发挥对实体经济应有的支持作用。数据表明,近两年来多增的社会融资,尤其是表外融资,有相当部分流向房地产和地方政府融资平台。以信托贷款为例,2013年上半年投向这两个领域的信托贷款占比约为 50%。这可能导致两方面问题:一是制造业包括众多中小企业融资环境受到挤压,进而影响到总体经济增速；二是由于房地产企业和地方融资平台往往能够承受较高的融资成本，其融资行为事实上推高了总体的融资利率，是实体经济融资成本居高不下的重要原因之一。

影子银行规模和风险总体可控

我国广义的影子银行应该是指在商业银行之外提供替代性融资服务的信托公司、券商、保险、私募基金、风投、典当行、小额贷款公司等，当然也包括地下钱庄等民间借贷组织；我国狭义的影子银行（即监管部门眼中的影子银行）则仅限于民间借贷等地下金融市场，以及部分未被监管到的非银行金融机构或业务。

经测算，截至 2013 年上半年末，广义影子银行的实际规模可能在 16 万亿至 18 万亿元左右，而风险较高的狭义影子银行规模则在 3 万亿元左右。当前，我国影子银行的确潜藏着一定风险，尤其是部分非银行理财产品的流动性风险、高利借贷的违约风险等值得警惕，但对此不宜过分夸大。第一，不应将我国影子银行与西方国家的影子银行混为一谈。与衍生品发达、杠杆率高、规模庞大的欧美影子银行相比，目前我国各类影子银行业务规模较小、衍生品不发达、杠杆率较低，而监管覆盖面相对较广，其风险可控程度也较高。尽管我国部分影子银行也存在风险隐患，但充其量只能是局部问题。第二，不应在广义影子银行相对庞大的数量与狭义影子银行的高风险属性之间划上等号。广义影子银行是一个中性的概念，而狭义影子银行因风险隐患较高成为监管亟待加强的对象。第三，在总体融资需求平稳增长，特别是房地产和地方融资平台融资需求旺盛而银行信贷投放受限的情况下，影子银行的发展仍将成为趋势。

商业银行体系重点风险状况分析

地方融资平台潜在风险不容忽视

2009 年起，政府融资平台贷款风险在银行体系积累的问题就开始引起市场的关注。随着存量平台贷款的逐步归还以及平台融资渠道的进一步拓宽，平台贷款的质量始终得到了较好的控制。至 2013 年，政府融资平台风险状况继续保持稳定。虽然信贷和非信贷融资均出现增长,但非信贷融资已经逐步成为平台的融资主渠道,这种结构性的变化有助于推动平台再融资的进程,在平台信贷政策相对偏紧的情况下,为平台还款提供了一定的资金保障。总体来看,平台贷款资产质量可控,但存在潜在风险。

一是平台的信用敞口仍在扩大。根据银监会统计,2013 年上半年全口径平台贷款新增约 4000 亿元,已超过上年全年增量(3228 亿元)。全国政信合作业务余额 8041.88 亿元,增长超过 3000 亿元,增幅高达60.34%。根据审计署公布的数据,截至 2013 年 6 月末,地方政府依靠债券和信托进行的融资(含负有偿还责任的负债和或有债务)分别达到 1.8万亿元和 1.4 万亿元。

二是平台公司还本付息压力明显增大。一方面,平台贷款已经进入集中还款高峰期,三年内集中到期的贷款占存量的 35%,显示出较大的中短期还款压力。在实际操作中,不乏平台公司通过调整项目建设期等方式与银行协商延长存量平台贷款还款期的案例。而在平台公司新的融资中,虽然大部分用于新增项目的建设,但也有一定的借新债还旧债现象存在。另一方面,平台融资的财务成本大幅提高。由于非信贷融资的占比已经逐步接近 40%,而非信贷融资的成本远高于贷款,在新的融资结构下,平台融资的平均成本呈现逐步走高的态势,预计 2013 年比 2010 年至少提高 30%,这将使未来平台资金运作的难度大幅增加。

三是财政代偿压力巨大。由于平台的投资项目所产生的现金流在现阶段不足以归还贷款本息,仍需要地方财政提供代偿支持,因此平台贷款资产质量走势与地方财政的能力密切相关。财政代偿资金主要来源于财政收入和土地收入两个渠道。据统计,2013 年全国地方债务到期还款 3万亿元,同比增长超过 60%,约占当年地方财政收入的 50%,远高于同期地方财政收入 15% 的增幅。在债务规模不断扩大、财政收入增长放缓而土地价格上涨空间有限的情况下,财政收入与还本付息规模的匹配程度将出现背离,这将会带来越来越大的违约风险。

房地产贷款安全边际经受考验

近年来,商业银行的房地产贷款在经历了较为完整的房地产市场快速上涨、小幅下跌和企稳回升的周期性考验后,资产质量始终表现出稳健的走势,这与长期以来商业银行对房地产行业相对谨慎的授信政策有紧密的联系。

在近年来房地产贷款政策相对偏紧的情况下,目前房地产贷款约占商业银行人民币贷款的20%,其中风险相对较低的个人购房贷款占比超过2/3。由于个人购房贷款抵押率普遍较高,贷款对抵押物的比率一般不高于70%,为银行贷款提供了一定的安全边际。目前即使有部分地区的房价出现较大幅度的下跌,但由于抵押物价值仍高于按揭贷款,违约情况也并未明显增加。而经过多年的控制和整顿,商业银行对房地产开发贷款的准入要求也不断提高,借款人一般为资质较好的大型开发商,贷款归还有较好的保障;且开发贷款在房地产贷款中的占比较低,即使有个别开发商出现风险,对房地产贷款的总体质量也不会产生大的影响。

但值得关注的是,我国商业银行以房产和土地为主要抵押物的抵押贷款占比高达30%~40%,进一步增加了商业银行对房地产市场的风险敞口。因此房产和土地价格的大幅波动不仅会影响房地产贷款的质量,也会因抵押物价值的下降对其他抵押贷款产生一定的负面影响。

特定领域贷款仍是不良贷款增长的主要来源

2011年下半年以来,受到内外部经济环境和国家产业政策调整等因素的影响,抗风险能力较弱的亲周期企业和行业的赢利能力出现快速下降,且有向上下游企业扩散的趋势,成为商业银行不良贷款增长的主因。

一是传统不良贷款多发领域的风险暴露依然较为明显。除"两高一剩"行业外,以钢贸等特定行业和东部沿海地区外向型企业为代表的中小企业不良贷款增长较快,并且有进一步向其他行业和地区蔓延的趋势。而从上市银行的公开数据看,小微企业贷款的不良率普遍比平均不良率高1~2个百分点。

二是部分行业的潜在风险开始显现。一些新出现的产能过剩行业积聚的潜在风险已经开始以单点和偶发的形式出现。其中,光伏、机械设备制造、造船和航运等行业由于受到外部需求影响较大,已经有企业出现大幅亏损和经营困难的现象,如果这种趋势进一步演化,未来这些行业的不良率将快速上升。

三是贷款风险开始出现向上下游传统强势企业扩散的迹象。近年来,大型国有企业显示出较强的抗风险能力,一直是商业银行业务拓展的重点。但从近两年的情况看,即使是央企也不再等同于无风险,随着某些行业经营环境的进一步变化,处于产业链上游的央企也开始受到波及。由于这类企业往往贷款规模较大,且涉及较多的机构,对商业银行资产质量将产生明显的影响。

信用风险外部传染正在发展

从理论上讲,银行的表外业务可能并不构成信用或市场风险,但由于中国商业银行的特殊地位,决定了投资者对银行信用声誉和投资回报的要求。随着表外业务基数的不断扩大,表外业务风险也开始出现向表内转移的趋势,引起了业界和监管部门的高度重视。其中,理财业务(包括银行代销的信托、基金和保险等同业产品)最具代表性。近年来,银行理财或代销的产品本金或收益无法按约定兑付的事件时有发生,提醒商业银行要更多关注表外业务高速发展中风险防范的问题。

一是要重视表外业务的流动性风险管理。目前,商业银行普遍采用"资金池"模式来运作理财业务,将不同期限和类型的理财产品资金统一放入一个"资金池"集合运作。虽然监管机构对此已经有了较为明确的监管规定,但在操作中客户很难将单款理财产品与投资的资产组合相对应,尚难以实现客观科学的风险测评要求。而在某些情况下,通过滚动发行理财产品偿还到期产品的形式,一些短期融资被投入长期项目,一旦发生资金链断裂,这种流动性风险就会立刻显现。因此合理地配置理财产品的资产负债结构,将产品组合的流动性控制在可承受范围之内,是防范理财产品流动性风险的关键所在。

二是要重视风险转移可能引发的系统性风险。目前,理财产品的基础资产配置已经广泛覆盖至信贷资产、票据、债券乃至股票、商品、汇率以及相关金融衍生品,通过表外业务的发展,银行与信托、基金、证券等机构也更广泛和密切地联系起来。由于银行在代理同业产品的过程中,一定程度上以自身的信誉对产品进行了背书,因此在出现风险后投资者也将银行作为索赔的对象。因此在实际操作中,银行也往往会承担一些本应由产品发行机构承担的信用风险,造成风险由表外向表内的转移。未来如何防范风险在产品与机构之间互相传染而引发系统性风险问题,已经成为金融从业者和监管者面临的重要挑战。

流动性趋紧风险逐步显现

2013 年可以说是一个流动性问题年,在某些时点出现了部分银行流动性较为紧张的现象。尤其是 6 月末和年末两个时点,商业银行流动性均出现了短暂的紧张局面,货币市场利率大幅上升,最终由央行向市场注入流动性才使市场稍事平稳,这是 2000 年以来所罕见的。多重因素共同导致了银行流动性趋紧的问题。

首先,融资供不应求是流动性问题的基础性原因。2013 年实际 GDP增长 7.7%,但货币信贷增速则都在放缓——M2 和信贷增速分别由 2012年的 13.8%和 15.0%降至 2013 年的 13.6%和 14.1%。与此形成鲜明对照的是,信托贷款、委托贷款表外融资却高速发展,且随着信托和委托贷款利率的大幅上升,社会融资的整体利率水平也明显上升。这些因素造成 2013 年社会融资需求与货币信贷供给之间存在明显供不应求的状态。

其次,增量结构显著变化是流动性问题的重要诱因。从流动性创造的角度,信贷投放、新增外汇占款、财政存款下放是目前影响市场流动性的主要因素。按往年经验,信贷投放是一个常量,即每年信贷投放总量在年初已基本确定;外汇占款是一个变量,其近两年变化较大,对流动性有明显的影响。过去财政存款基本是一个常量,但在 2013 年因为众所周知的原因变成了变量,资金下放明显低于市场预期,其中 1—11 月金融机构口径的政府存款增加了 2 万亿元,对冲了货币投放的 72%,客观上造成银行体系的资金紧张。

第三,存量及其结构的深刻演变是流动性问题的主因。在现行存贷比监管体制下,为投放贷款,银行需要增加足够的一般性存款。在货币市场基金等竞争性产品收益率不断提高的情况下,银行吸收存款的难度大幅增加,不得不采取在月末和季末发行理财产品等方式回笼存款。这导致 M2 等一些统计数据存在一定程度的失真,而银行实际存款形势更为严峻。从资产负债期限结构来看,商业银行的中长期贷款占比也越来越高,资金来源和运用的期限匹配越来越不合理。银行面临大量中长期贷款在短期内难以收回的状况,成为银行流动性管理压力较大的重要原因,这已是行业不可忽视的结构性问题。

第四,监管要求的限制也是重要的影响因素之一。一方面,持续较高的法定存款准备金率降低了商业银行体系信用创造的能力,且形成了限制货币增速的叠加效应。目前我国商业银行 100 多万亿元存款中约 20 万亿元是作为法定准备金而不能运用的,考虑到银行存款增量中已有"水分",准备金完全有可能实际多缴,从而导致银行流动性进一步承受压力。另一方面,在金融脱媒和互联网金融发展步伐加快等因素的综合作用下,银行发展存款业务的困难与日俱增,部分银行的存贷比持续处于高位,导致在部分时点同业存款摇身变为客户存款,从而带来了存款市场的间歇性大幅波动,也增加了行业的流动性紧张。从整个行业来看,近年来同业存款比例大幅提高:2006 年上市银行同业负债占比为 8.6%,至 2013 年第三季度末则达到 15.5%,而实际水平可能达到约 20%。

最后,利率市场化改革推进也会产生流动性收紧的效应。由于我国长期存在利率管制,存款利率低于均衡水平,在近期利率市场化向纵深推进、存款增速放缓且货币政策维持稳健的条件下,存款市场竞争明显增强。这导致在利率市场化初期我国存款利率呈上升趋势,而这与流动性偏紧的市场态势也形成了一定的非收敛蛛网效应,该效应在 2013 年对流动性紧张带来了明显影响。

商业银行整体风险状况评价与趋势判断

商业银行未来主要面对的仍是信用风险的挑战,而流动性风险在一定程度上可以通过货币政策的调节、监管环境的变化和商业银行自身业务结构的调整加以缓解。总体来看,商业银行的风险状况仍将保持稳定可控。经过压力测试,预计在 GDP 增长率达 7.5%左右的背景下,商业银行不良贷款惯性增长的趋势可能延续一段时间,不良贷款率可能增长到 1.1%~1.2%的水平。如果 GDP 增长率接近 7%,而商业银行无法出台有效政策对潜在风险加以控制,不排除不良贷款率增长至1.3%～1.5%的可能性。一旦GDP增长率低于6%,则不良贷款可能出现较大规模增长,不良率可能会达到5%以上。

信用风险特征短期内难现根本转变

从目前状况看,短期内宏观经济走势依然将平稳,商业银行风险特征也将维持现有的状态。其中,受外需冲击较大的小企业和部分产能过剩问题突出行业的企业暂时仍无法摆脱经营的困境,这些企业的不良贷款增长是未来商业银行资产质量惯性下滑的最主要因素;平台贷款和房地产贷款虽然可能有单发性风险发生,但这两个领域的资产质量依然处于运行平稳的可控状态,并不足以导致商业银行资产质量出现大幅下滑。

一是平台贷款质量保持稳定,但局部地区可能发生违约风险。具有潜在政府信用的平台贷款2014年不会出现大的波动,但未来的潜在风险依然不容忽视。一方面,随着平台融资集中到期,地方政府将面临更大的还本付息压力。未来平台还款需求的增速依然明显高于财政收入的增长,未来两年到期债务规模仍分别达到2.38万亿元和1.86万亿元。另一方面,由于低层级地方政府债务增长较快,导致部分低层级地方政府债务率偏高,截至2012年底,已有3个省级、99个市级、195个县级、3465个乡镇政府负有偿还责任债务的债务率高于100%。同时,在地区收入水平并不均衡的情况下,部分欠发达地区低层级政府的代偿能力已经略有不足。因此,不能排除未来有些地区的地方政府由于短期流动性问题而导致平台贷款违约的可能。

二是房地产市场短期内大幅下跌的可能性不大,房地产贷款资产质量保持平稳有 定保障。虽然2014年房地产市场的走势并不乐观,1月70个大中型城市中有6个出现了房价下跌,但总体来看一线城市房价相对稳定,即使出现短期下跌,空间也相对有限。因此未来房地产贷款质量可保持较为稳定的状态。然而,一些不确定因素也应引起充分重视。如:2013年在有些地区(如温州、鄂尔多斯等)已经开始出现房地产成交萎缩、价格回落的现象,违约案例也呈现快速增加的态势。未来不能排除其他地区房价大幅下跌到银行安全边际以下,导致不良贷款增加的可能性。

潜在信用风险同时爆发影响巨大,但应为小概率事件

从目前状况看,只要宏观经济保持平稳增长的态势,实体经济、房地产和融资平台的潜在风险短期内同时爆发的可能性较小。但如果出现经济增速持续放缓并带动房地产市场大幅走弱的情况,则银行贷款质量将面临巨大的挑战。在以下三种情况同时出现的极端情况下,银行不良贷款率可能上升到10%以上,将严重威胁到银行的持续经营能力。

一是实体经济生产经营困境向银行传导。经济增速持续放缓的冲击可能通过资产估值压力、进出口贸易疲软和市场整体流动性收缩等方式,造成国内企业出现大规模亏损,进而对我国商业银行的资产质量产生影响,导致不良资产总体规模增加。

二是房地产贷款风险加大。根据压力测试情况,我国房地产业价格如果因经济放缓而出现大幅下跌,则可能对房地产贷款的信用风险造成较大影响。且跌幅一旦超过银行相关贷款的抵押率30%,则房地产贷款和抵押贷款的不良率均将以递增方式大幅上升。同时,房地产市场走弱也会造成银行贷款抵押物处置出现困难,减慢资金回笼速度。如果房地产市场整体跌幅超过50%,商业银行不良贷款率增长可能超过7%。

三是地方政府融资平台贷款风险暴露。以地方政府目前的收入水平完全可以支持平台贷款的偿还,但经济增速过度放缓,则地方财政收入增幅将出现下降,而地方政府以土地升值收入支撑地方经济发展的土地财政可能难以为继,地方政府偿债能力将大幅削弱,融资平台贷款违约率也有可能明显上升。

上述三种情况如果同时出现,银行不良贷款率将快速上升。但迄今为止,经济运行中存在许多与上述假设相背离的特征,这表明未来出现潜在风险同时爆发的可能性较小。

商业银行出现系统性流动性风险的可能性不大

在商业银行存款增速趋势性放缓,资金来源依然受限的情况下,未来银行流动性仍会面临压力。但经过2013年的"钱荒",货币供应不会出现大幅下滑局面,总体流动性将保持平稳,发生流动性过度紧缩的可能性很小。

从商业银行自身的情况来看,近年来存贷款业务期限结构有所改善。截至2013年末,金融机构中长期贷款余额占比55.6%,较2010年末下降4.7个百分点;作为稳定的负债来源,定期存款在总存款中占比58%,较2010年末提高了6.2个百分点。尽管不排除未来部分金融机构继续出现阶段性的流动性问题,但目前行业流动性比例、存贷比和超额备付金率都处在较为平稳的水平,在短期内迅速恶化的可能性不大。

从外部环境看,目前我国央行用于调节流动性的长短工具品种丰富,"弹药"较为充足,有足够的政策调节空间来防范和控制流动性风险。公开市场短期流动性调节工具(SLO)的推出和常备借贷便利(SLF)的使用频率增加,进一步增强了流动性调节的灵活性和针对性,同时有助于稳定市场预期。而监管部门也将持续加强和改善对银行的流动性监管,引导商业银行合理调控资产规模,妥善把握风险与效益的平衡。这些都有利于防范和管理银行体系流动性风险,促进商业银行稳健运行。

防范和控制商业银行风险的政策建议

一是经济增速保持在7.5%左右为好。经济增速显著放缓会显著降低商业银行的赢利能力,并通过加大产能过剩和加重中小企业困难导致银行不良贷款大幅增加,这不利于商业银行补充资本和稳健发展。尤其是在经济增速降低至6%以下的情况下,不但实体经济将受到巨大冲击,还会造成房地产价格大幅下跌和政府偿债能力快速下降等连锁反应,最终可能造成商业银行因不良资产增加而逐步丧失贷款投放能力的极端影响。而将经济增速保持在7.5%左右,既可以为结构调整和改革提供充足的空间,更为重要的是,这样一个较为平稳的经济增速有利于就业稳定、财政收入增长和商业银行的稳健运行。

二是采取更为灵活的货币政策,优化流动性监管制度。货币政策操作要更加注重灵活性,对市场流动性的调节也需要更具有前瞻性、及时性和针对性,要通过"放短抑长"的操作方法,保证货币市场短期流动性平稳,同时适当锁定中长期流动性。同时应正视不同银行机构资产负债结构的差异问题,尽快优化存贷比管理机制,同时启动相应法律程序,最终修改商业银行法,取消这一监管规定。在此基础上,应从缓解存款增长趋势性放缓压力、维持利率市场基本稳定及保持信贷平稳增长的角度出发,选择合适时机,逐步有序地降低法定存款准备金率到相对正常水平较为合理。

三是加大重点领域和行业的政策扶持力度和风险防控力度。一方面,要抓住当前商业银行的重点风险领域,既要继续加大对小微企业的扶持力度,也要从内需的角度出发,出台对光伏、造船和机械制造等行业的支持政策,改善这些领域内企业的生存环境,从源头上减少不良贷款的发生。另一方面,也要加大对房地产等非实体经济领域的调控力度,防范资产泡沫问题对银行资产质量的潜在影响。同时,对存量不良资产可以通过资产转让和证券化等模式,引入不同风险偏好的社会资金参与商业银行不良资产的处置过程,进一步分散商业银行的信用风险。

四是控制平台公司融资总量增长,提高其债务清偿能力。不但要把控好平台贷款的增量,更要监控平台公司在债券、信托等非信贷市场的融资行为,要使地方政府债务增长与清偿能力提升相匹配,防止平台公司负债规模过大,超过地方政府的实际偿付能力。同时要严控资金运作型的融资,避免借新债还旧债的现象,对平台公司新增的贷款或其他融资,必须落实有现金流收入保障的具体建设项目,并增加有效资产的抵押。

五是重点把控理财业务发展的节奏和风险。商业银行在理财业务发展过程中,不能简单从扩大市场份额和销售规模出发,应当综合考虑资本成本、综合收益和风险防范的问题。严格按照监管要求做好表内与表外业务直接的防火墙,防止表外业务的风险向表内蔓延;控制好产品周期内各个环节的操作风险、流动性风险,做好应对预案,有效处置可能发生的各类风险事件,尤其是在理财产品的设计和发行环节,既要对各类客户有吸引力,也要做好综合成本收益的测算。

六是双管齐下防控信用风险在不同金融部门间的传播。鉴于信托贷款、委托贷款等非信贷融资大量流向房地产和地方融资平台,未来应进一步加强监管,从资金募集、资金投向、资金使用等多方面完善"全流程"监管,同时排查清理存量金融风险。在此基础上,要加大对投资者的教育力度,改变投资者对信托等高风险产品刚性兑付的惯性思维,重点防范其他金融部门的信用风险因品牌和声誉等非正常因素向银行体系传染。

七是进一步完善并加强对影子银行的监管。对待影子银行,既要肯定其填补了现有银行体系业务的一些空白、为各类融资主体提供了更丰富的融资渠道的作用,也要正视其业务扩张带来的潜在风险。在风险可控的前提下,有效地指导其产品创新,引导影子银行在支持实体经济和中小企业融资方面更多地发挥积极作用。未来应通过立监管、建规范、疏需求、稳发展的管理思路,将影子银行纳入规范发展的轨道。

八是推动商业银行优化资产负债结构,合理应对流动性风险挑战。既要关注商业银行资产负债表的流动性状况,也要加强对表外业务的管理,改变表外业务发展过快且期限错配较为严重的状况。在流动性应急机制的建设上,商业银行要通过自身资产结构的调整增加流动性储备,从而进一步降低对外部资金融入,尤其是央行在关键时刻资金投放的依赖度。

九是积极引导民间资本进入商业银行,优化金融资源配置。进一步调动民间投资积极性,让更多民间资本进入到金融业,充分发挥民间资本在资源配置方面的积极作用。以国有资产为主导的银行体系在短期内很难改变抓大客户、做大项目、做大资产规模的经营模式。因此,在部分小微企业发展较快的区域,应积极吸引民营资本投入地方性或中小型银行类金融机构,在引进资本的同时要引进新的经营和管理理念。通过战略决策层面的转变,引导这些机构加大对小微企业等急需资金的实体经济部门的资源投入。在优化存量信贷资源的同时,引入一定的市场竞争,推动传统银行体系业务转型的步伐。

疏缓银行存款瓶颈,降低企业融资成本[①]

与 2013 年不同,2014 年第一季度社会融资和货币信贷各项数据,包括 M1、M2、人民币信贷和存款、社会融资规模等都普遍低于上年同期和上年末,这是不是意味着货币政策偏紧导致流动性紧张呢? 分析实际情况,显然难以得出这种结论。

多重因素共同导致 2014 年第一季度融资放缓

通常,翌年的融资较上一年保持一定的增长是有必要的,因为经济在增长,物价在上涨,GDP 总量会有一定程度的扩大。除非经济遭到外部较大的冲击而迅速放缓甚至收缩,或者经济过热下货币政策主动收紧导致融资规模明显放缓。

从总体上看,2014 年第一季度的上述各项数据较上年同期放缓与以下因素有关:一是 2014 年首季经济增长速度略低于上年,投资风险偏好下降,融资需求有所减弱;二是 PPI 持续回落,对流通资金的需求相应减少;三是非信贷融资,尤其是信托和委托贷款面临监管强化和资产质量压力出现明显放缓态势;四是在经济增长放缓、风险偏好下降、利率水平较高的情况下,融资供求双方相对较为谨慎;五是 2013 年第一季度社会融资规模和货币信贷的增速较快,基数相对较高;六是包括表外理财、信托计划、资管计划、投资基金以及互联网金融和第三方支付在内的创新产品越来越多,进一步分流了广义货币。因此,从总体上看,社会融资和货币信贷与宏观经济运行之间不存在明显偏离或不匹配的问题,这一点与

[①] 本文发表于 2014 年 4 月 28 日《经济观察报》。

2013年明显不同。当然，首季融资放缓会对未来几个季度的增长带来一定程度的影响，需要引起关注。而M1增速较低确实反映了第一季度经济活跃程度较低，从往年情况看，第二季度经济回稳好转之后，M1也往往会明显有所改善；另外股市变化也会对M1增速产生较大影响。

银行间市场流动性相对宽松，但企业融资成本未必同步降低

从市场利率水平看，银行间市场的流动性相对较为宽松。2014年3月银行间市场同业拆借月加权平均利率为2.49%，质押式债券回购月加权平均利率为2.48%，都比前一阶段有明显回落。这种市场流动性状况事实上体现了央行2014年以来的调控思路。如果说2013年5月之后流动性趋紧或者偏紧，那么2014年第一季度可以说是流动性相对宽松。这对降低企业融资成本是有好处的。进入第二季度之后，外汇占款、准备金上缴、财政支出以及银行考核等一系列因素可能会影响市场流动性状况，需要密切关注并采取及时有效的措施化解流动性偏紧状况的再度出现。

银行间市场流动性状况相对宽松，利率水平回落有助于降低企业融资成本，但并非一定会同步降低企业融资成本。因为在我国融资体制仍然主要是以间接融资为主的情况下，银行负债成本对企业融资成本具有重要影响，有时甚至具有决定性的影响。与西方主流商业银行资金成本很大程度上是负债成本不同，我国商业银行在高额存款准备金率和存贷比考核体制下，银行的存款成本明显高于资金成本。鉴于经济增长需要和融资需求较高，每年信贷投放具有刚性。在存贷比管理下，银行为达到信贷目标，需要存款保持相应的增速。在利率市场化、金融脱媒和互联网金融发展的影响下，近年来银行存款增速明显放缓，银行要用发行理财产品等手段来吸收存款并投入较大的营销成本，从而推高了存款的实际成本，尽管占七成的表外理财产品的成本和营销费用并不直接反映在存款利率上。因此，虽然2014年第一季度流动性相对于2013年下半年要宽松，但存款成本依然较高。

而利率市场化将在未来三五年对存款利率持续带来向上压力。由于我国经济当前和未来一个时期仍将是中高速增长，直接融资和其他非信

贷融资发展仍将受到一定制约,信贷仍将是较为稀缺的资源。银行存款成本上升必然会在信贷利率定价上反映出来。在融资市场上,由于银行客户的风险相对较低,信贷利率是整个间接融资市场中利率水平最低的。随着风险的上升,信托等其他类信贷融资的利率水平逐步走高;而民间融资鉴于其高风险,利率水平是最高的。银行存款成本上升和高企必然会推高整个社会的间接融资成本,而在当今的我国,信贷和类信贷融资依然占据主导地位。因此,当下流动性虽然相对宽松并已对融资成本下降具有一定的积极作用,但银行存款成本高企导致整个社会融资成本居高难下的问题依然应予以足够的重视。

利率市场化步伐加快以来市场利率趋于上升

贷款利率下限放开半年多来,由于存款紧张、信贷供需持续偏紧以及平台和房地产等融资主体能够承受较高的利率水平,贷款利率并未因竞争而趋于下行,我国贷款利率水平保持了稳中有升的态势。2013 年全年贷款加权平均利率上升了 0.42 个百分点;7 月央行宣布全面放开贷款利率管制,但随后利率下浮占比不但没有上升,反而有所下降,全年利率下浮和基准占比分别降低了 1.68 和 1.98 个百分点,而上浮占比则上升了3.66 个百分点。事实上,大客户的最优惠贷款利率也就下浮了 10% 左右,基本上没有给企业下浮 30% 的贷款。贷款基础利率(LPR)也从 10 月刚推出时的 5.71% 上升到目前的 5.76%。

相较而言,小企业融资成本上升得更快。由于大型企业本身议价能力较强,加上可通过债券融资和股票融资,利率市场化后的初期,大型企业的总体融资成本可能会稳中有降。而小型企业由于议价能力不强、风险较大,其融资成本有可能进一步提高。从实际调研的情况来看,利率市场化对小企业融资成本的影响已经显现。目前银行对小企业贷款利率的上浮幅度一般在 30%~50%,最高的达到 60%。而从从事小企业和个人经营性贷款的代理中介公司了解到的情况来看,目前上海地区这类贷款的利率高达 18% 左右,再加上 3% 左右的手续费,融资成本超过 20%。而且还款要求十分苛刻,一般是在贷款资金划转的当月就要求按一定金额开始还本并偿付利息,因此其实际利率远高于 20%。

2014 年企业融资成本可能居高难下

2014 年以来,在存贷比监管考核依旧、准备金率维持高位的情况下,加之春节期间互联网货币基金对存款分流的作用进一步加强,银行存款依然面临很大压力。1—3 月累计新增一般性人民币存款(剔除财政存款,下同)4.62 万亿元,较上年同期少增 1.46 万亿元;3 月末,金融机构一般性存款余额同比增速为 11.1%,较上年同期下降了 2.4 个百分点;非金融企业存款更是较上年同期少增近 1.3 万亿元。而且,统计中的存款是一个时点数,银行往往在月末和季末通过理财产品等方式回笼存款,这导致存款月末陡增,月初骤降,不少银行存款大部分时间实际上达不到年初水平。因此,实际的存款增长比统计数据反映的还要低。

尽管货币市场在春节后呈现了流动性宽松、利率走低的局面,但对银行贷款利率下降并不能形成决定性的影响。这主要是因为,货币市场资金宽松主要是受公开市场回笼力度不大、银行因监管加强而减少同业资产配置、大量资金通过货币市场基金流入货币市场等因素所致。由于一般性存款增速继续放缓、存贷比压力依旧,银行信贷投放能力难以获得显著改善。而且,在短期内人民币升值趋缓、贬值预期增强的情况下,资本流入减缓而流出增加会给货币市场带来收紧的压力,货币市场资金宽松能否持续值得怀疑。

从实际调研了解到的情况看,很多企业都希望在年初提早获得资金。而且,很多在上年底积压的个人住房贷款需求也在年初集中释放。国务院 107 号文的出台对影子银行加强了监管,使信托贷款、委托贷款等非银行信贷融资受到一定程度的遏制,1—3 月信托贷款、委托贷款和未贴现汇票三类融资累计较 2013 年同期减少 4638 亿元。这导致很多融资从表外转表内、非信贷转信贷,进一步增加了对信贷融资的需求。2014 年以来,各家银行的贷款到期后都在提高利率水平,有的银行总行甚至要求分支机构尽量不做利率下浮的贷款项目。2014 年很多银行为避免存贷比过高、控制流动性风险,都采取了严格根据存款情况来决定贷款投放的审慎策略,部分银行的贷款计划甚至低于 2013 年。

因此,在贷款供求关系偏紧的情况下,受存款利率持续攀升后处在高位、负债成本大幅增加的影响,2014 年上半年贷款利率可能会继续小幅上升。展望 2014 年全年,影响存款增长的上述因素继续存在,加上外汇占款增势短期内不容乐观,2014 年的存款形势依然严峻。在存贷比严格考核的情况下,加之存款准备金率持续较高,存款压力对银行信贷投放约束很大。在现有政策不变的情况下,2014 年贷款和社会融资保持适度增长会有一定难度,融资供需依然偏紧,从而推动企业融资成本继续上升。

应该及时采取针对性的政策措施

自 2012 年以来,PPI 已连续 25 个月出现负值,这表明工业领域存在通缩现象,相关行业的收入趋于下降;与此同时,企业融资成本持续上升将挤压其盈利水平,导致企业生产经营活动趋于保守,这也是部分企业经营困难的重要原因之一。2014 年 1—2 月规模以上工业企业利润总额同比增长 9.4%,较上年同期大幅下降了 7.8 个百分点。这种状况显然不利于经济平稳增长,因此当务之急是把企业融资成本降下来。通常,货币政策总量宽松是降低金融机构贷款利率的一般做法,但由于我国经济的杠杆率已不低,潜在金融风险不小,因此不宜推行较为宽松的货币政策,而应在结构上下功夫,缓解银行负债成本上升对贷款利率带来的向上压力,进而降低企业融资成本。为此提出以下三点建议:

一是保持市场流动性相对宽松,避免偏紧。为避免企业融资成本上升过快,为限制贷款利率上升提供流动性支持,应继续通过公开市场操作来加大资金投放力度,并灵活使用再贷款、再贴现、SLO 和 SLF、定向央票等定向调节工具,加强对重点金融机构有针对性的调节,使市场利率水平稳中略降,为银行资金成本下降提供良好的市场条件。

二是可以考虑下调 1~2 次存款准备金率。在宏观审慎的框架下,为降杠杆并控风险,货币政策宜保持稳健,不应大幅调整准备金率;但在外汇占款增速明显放缓的情况下,为缓解存款增长趋势性放缓的压力、维持利率市场基本稳定及保持信贷平稳增长,可小幅下调存款准备金率(每次

0.5个百分点)。鉴于利率水平上升本身就有"去杠杆"的效果,利率市场化期间政策过紧反而可能会增加系统性风险。从负债结构变化和存款增长的态势来看,存准率下降是大势所趋,剩下来的只是时间问题;现在需要考虑的是选择合适的时机,尤其不应该错失良机。当然,不能简单地将降准看成是扩张性的货币政策调整,需要的话公开市场也可以反向操作。

三是尽快优化存贷比管理机制。未来随着银行负债结构多元化发展,现行定义下的存款在总负债中的比例将进一步下降。从整个银行业来看,近年来同业存款比例大幅提高:2006年上市银行同业负债占比为8.6%,至2013年第三季度末则达到15.6%。近年来存款增长速度看似不低,2013年在贷款增速下降的同时,存款增速还略有上升,这其实是假象。如前所述,存款统计数据中存在大量水分,行业负债中同业负债的实际比例要远比目前的水平高,保守估计在20%左右,银行业的负债结构已发生重大变化。未来同业存款占比会趋势性上升,存贷比监管的必要性也将随之降低,并最终消失。当前可以对该指标加以改进和优化。例如,对同业存款来源进行细分,将部分较为稳定的同业存款纳入一般存款口径进行管理。当存款这一分母适当做大之后,银行就没有必要以很高的成本在市场上疲于奔命地拉存款了。这既有助于市场流动性的平稳运行,也有助于市场利率水平的下降。从这个意义上说,在货币市场利率平稳回落的条件下,下一步能够推动企业融资成本下降的关键因素是存贷比考核的优化。

民营银行批量问世面临两大挑战[①]

商业银行正面临前所未有的多重压力——2012年以后,利率市场化加快推进,银行和非银行的理财产品迅速发展,提升了存款成本,收缩了银行利差;经济增速明显回落,产能过剩治理和经济结构调整导致银行资产质量承受越来越大的压力;非信贷融资即不包括股票和债券这两项直接融资的信托、租赁、委托贷款等得到迅速发展,分流了商业银行的资产业务和负债业务;互联网金融迅速崛起,吸走了越来越多的银行活期存款,大幅推升了银行负债成本。在这样的环境下,民营银行要批量问世还将面临两大现实挑战。

存款业务激烈竞争

按传统的概念来划分,商业银行业务包括三个方面,即资产、负债和中间业务。中间业务对于初来乍到的民营银行来说,在很长一段时间不会具有优势。新生的民营银行相对比较小,也没有多少网点,它所能服务的客户规模不大、数量有限,而中间业务更多发生在一些公司和机构客户尤其是大客户身上,所以这方面民营银行没有竞争优势。无论是国内还是国外银行业,规模相对较小的银行业务通常比较单一,贷款、存款这两项是其主要业务。在中国现有的监管环境下,要发展资产业务的基础是存款,没有存款,信贷业务则变成无本之木、无源之水。这也就是迄今为止仍有很多银行把"存款立行"作为基本行策的原因。

最近两三年,银行业的负债结构发生了很大变化。从整体上看,银行

① 本文发表于2014年6月4日《中国证券报》。

业的负债可分成两大块，一块是同业存款，另一块是一般性存款。2006年，上市银行同业负债在整个负债当中的占比为 8.6％，但近年来其比重迅速上升，截至 2013 年第三季度末达到 15.6％。这表明，在银行负债中，所谓一般性存款的比例逐步收缩，而同业存款比例则不断增大。从 2014年一季度的数据来看，这一趋势依然没有改变。

我认为，上述数据反映的状况还不是问题的全部。现在看到的统计数据是时点数，即月末、季末和年末；在现有的 75％存贷比考核体制下，贷款要放出去，吸收 100 元存款才可以放 75 元的贷款，反过来放 75 元的贷款就必须得到 100 元存款。我国贷款具有很大的刚性。一方面，贷款放不出去，银行就难有盈利；另一方面，在融资结构仍以间接方式为主的情况下，经济平稳增长也需要银行保持一定的信贷增速，所以社会对银行贷款的需求依然不小。

2014 年以来，由于经济增长下行压力较大，国务院明确要求货币政策要保持合理增长以支持经济增长。为了要保证信贷投放，必须在时点上使存贷比在考核上达标。而事实上，目前相当一批银行的存贷比在月末、季末、年末以外都是不达标的。在时点上，运用各种手段（其中主要是发售理财产品）虽然可以达标，但实际存款的数据就有水分。因为在时点过后，月初几天，银行存款往往迅速退潮，对此经常可以看到相关报道。也就是说，为了满足时点上存贷比的要求，银行会想尽办法收纳资金，达标后就可以放贷款。从这一点上分析，目前同业存款规模比实际数据要大，但没有确切数据来加以证明。

从银行理财产品规模达 13 万亿元（2013 年底数据）以及季末月初银行存款大规模流失的情况分析，当前同业存款在整个负债中的比重可能已经接近 20％。至少十余年来，存贷款增速每年基本不相上下，而近两年来贷款增速平稳中稍有放缓，存款增速则大幅放缓。比如 2014 年 4 月贷款增速近 14％，而存款增速则已降为不到 11％。这种趋势性变化表明，在监管体制不变的情况下，银行存款竞争将愈演愈烈。

新生民营银行要放贷款，存款就需要达到一定的水平。如果存贷比考核不变，显然对它们有很大的压力。现有银行已经有较好的基础，有网点、客户，包括娴熟地运用各种手段，但即使是在这种情况下，正在经营的银行做存款业务都非常困难,那么新生的民营银行要做存款业务难度显然会很大。因此,不难理解为什么中央银行存款准备金率对不同的银行有不同标准。为支持农村金融机构,主要是小型金融机构的发展,国务院提出农村小型金融机构的存款准备金率继续下调,这说明当前中小机构拓展存款非常困难。在现有的政策框架下,民营银行批量诞生之后,其存款业务发展的困难要比现有的银行还要大得多,没有存款则贷款业务就无从谈起。

存款保险制度或带来冲击

众所周知,存款保险制度是为了保障银行业的平稳运行,当前有必要关注的问题是存款保险制度推出的初期是否会对小银行带来冲击。在存款保险制度下,客户存款在银行倒闭时,存款保险机构会按不超过最高赔付额进行赔付。我国虽然尚未建立存款保险制度,但根据现有的状况分析,最高赔付额可能定在 50 万元人民币。姑且认为是 50 万元人民币,也就是说在银行倒闭后,超过 50 万元就不予赔付。这样的制度一旦推出,在一定阶段内,自主经营为主、资本实力较弱和缺乏品牌形象的小银行可能会遭受存款搬家的压力。

在存款保险制度推出初期,为规避风险,大额存款储户很可能会把超过 50 万元的部分转移出去。如此看来,转出的存款还可能转到小银行吗?一旦转出去,就很可能转到较大的银行,因为大银行的资本实力雄厚,政府支持力度相对较大,品牌形象深入人心,倒闭风险相对较小,这是储户很正常的心理状态。还有一种心理状态,即如果在这家小银行有大量存款,既然要把存款转出去,也对利率没有太多的敏感性,那就干脆把所有存款都转出去。

当然,也有人可能会对利率比较敏感,小银行可以用较高的利率来留住和吸引储户,但这又会带来新风险。存款定价高到什么水平才能把这批储户留住?这无疑对小银行的定价能力又是考验。事实上,虽然小银行的存款利率通常已经比较高,但在存款压力非常大的情况下,又不得不大幅度提高存款利率来稳住存款,否则就会面临较大的流动性风险。而小银行的定价能力通常较弱,存款利率大幅上升可能迅速压缩息差,带来经营风险。在目前市场上,正在经营的小银行已经遇到类似困难,而新生的民营银行更弱,可能会面临更大的流动性风险和经营风险。

尽快完善金融机构破产制度

从本质上讲,民营银行问世之后面临的上述两大挑战,其他的中小商业银行都难以避免,但民营银行可能遇到的压力更大一些。具体来看,这两大挑战都是银行负债端的挑战,也是商业银行目前遇到各类挑战中最大的挑战。

为此,提出以下建议:一是存款保险制度尽量在民营银行批量推出前落地,这样对新生的中小银行而言,至少可以减少不必要的冲击。因为民营银行面临的是一个陌生全新的经营环境,本来存款的竞争压力就很大,再加上存款保险制度冲击,使得它们尚未站稳脚跟,又遇到新风浪。二是在民营银行成立初期的一定阶段,应适用相对较低的存款准备金率,待其经营稳定后逐步适用行业平均水平。三是建立民营银行与央行和大型银行之间直接且便利的融资通道,必要时给予及时的流动性支持。四是监管部门建立实时监控系统,高度关注民营银行的流动性风险,提高市场波动对小银行带来冲击的预警。五是尽快完善金融机构破产制度以及处置机制,以便及时处置破产的小银行而不至于对市场带来过大的连锁反应。

总之,既要积极稳妥地推进金融市场化改革,促进更多社会资本进入银行业,改善金融结构,提升银行业经营效率,推动银行业更好地为实体经济服务;又要完善和健全相关制度与机制,有效控制和防范市场化改革后可能出现的风险。

2015 年是商业银行资产质量关键之年[①]

受中国经济增速持续放缓的影响,近年来商业银行不良贷款余额和占比延续上升态势。2015 年,以小微企业为代表的实体经济企业信用风险状况仍难有明显改善,商业银行不良贷款将惯性增长,资产质量下行压力依然较大。但相关政策的支持和商业银行自身财务实力的提升有利于不良贷款的平稳运行,并使资产质量处于可控范围。

不良贷款快速增长

2014 年,商业银行的不良贷款继续快速增长。虽然商业银行持续加大了不良贷款核销和处置的力度,但季度不良余额增长仍持续创近年来的新高,前三季度银行业金融机构不良贷款余额共增长 1749 亿元至 7669 亿元,单季度不良贷款率增长额也由原先的平均每季度 3～4 个基点上升至第三季度的 8 个基点。值得关注的是,反映商业银行潜在风险的关注类贷款余额也有较大幅度上升,第三季度末关注类贷款的行业占比已达 2.79%,明显高于 2014 年初水平。

小微企业和部分产能过剩行业不良贷款的持续增长,是 2014 年资产质量波动的主因。受到经济增速放缓的影响,小微企业所特有的相对高风险特征逐渐显现,不良率明显高于其他贷款的平均水平。经济增速放缓对小微企业的影响将在较长时间内持续,未来小微企业不良率仍有进一步上升的可能。而从产能过剩行业的情况看,受内外部经济金融环境变化影响,盈利水平下降、开工不足的现象较为普遍,淘汰落后产能和产

[①] 本文发表于 2015 年 1 月 26 日《中国证券报》。

199

业内整合也加速推进,在此过程中出现一定量的新增不良贷款不可避免。

2014 年银行业总体拨备水平小幅提高,拨备提取和使用较为平衡。2014 年前三个季度,商业银行贷款损失准备与不良贷款保持同步较快增长的态势,余额增加 2212 亿元至 18952 亿元。虽然受不良贷款快速增长所形成的下拉作用影响,拨备覆盖率较 2013 年末下降 35 个百分点至247.15%,但同期拨贷比指标提高 5 个基点至 2.88%,是银监会推出该项监管指标以来的最高位,反映出商业银行风险抵补能力在保持稳定的同时略有提升。结合拨备提取和贷款损失准备变化情况分析,商业银行在加大拨备提取的同时,使用贷款准备进行核销的规模与 2013 年相比有较大幅度增长。考虑到行业不良贷款率仍处于相对低位,同时较高的拨备水平提供了充足的风险抵补能力,因此行业整体风险可控。

资产质量面临惯性压力

从关注类和逾期类贷款较快增长来看,2015 年不良贷款在惯性作用下仍将走高。2014 年,关注类和逾期贷款的较快上升表明未来商业银行资产质量仍有下行压力。关注类贷款主要体现商业银行的潜在风险水平。除了余额和占比情况外,关注类贷款的迁徙率也是判断商业银行未来资产质量的重要因素。目前上市银行关注类贷款平均迁徙率已经上升至 20%左右的高位,与 2010 年 13%的水平相比增长了近 7 个百分点,显示关注类贷款有加快下迁为不良贷款的趋势。

从逾期贷款的情况看,2014 年上半年上市银行逾期贷款增长 2381 亿元,而同期不良贷款增长为 771 亿元,逾期贷款与不良贷款之间的差额已经由 2009 年的 -9 亿元扩大到目前的 3405 亿元。这种差异在一定程度上反映出商业银行在经济增速放缓时期对逾期贷款的展期和重组趋于保守,但也不能排除以往较严格的不良贷款认定政策有所变化的可能。

根据相关监管规定,贷款逾期 90 天以上须列入不良。如果未来逾期贷款和不良贷款间差距持续扩大,则随着逾期时间的增加,将有大量逾期贷款形成不良。总体来看,商业银行以关注类和 90 天逾期类贷款为代表的潜在风险仍相对较高。即使未来这两类贷款持续上升趋势有所改变,受其滞后因素的影响,商业银行不良贷款增长也将至少保持6～9个月。

2015年,企业信用风险暴露仍是影响商业银行资产质量的主要原因。工业产品价格整体低位运行、PPI负增长和工业领域通缩态势难以在短期内逆转,因此企业层面经营状况和赢利能力改善的余地不大,企业信用风险暴露仍是商业银行不良贷款增长的主因。

内外需不足对小微企业的影响将持续发酵。2014年下半年已经出现小微企业风险由长三角、珠三角向环渤海和一些内陆省份扩散的趋势,未来小微企业贷款风险所涉及的范围可能进一步扩大。而在风险隔断机制缺失的情况下,关联企业的联保互保行为极易造成连锁反应,对单个企业风险形成放大效应。产能过剩行业风险向上下游产业蔓延。随着产能过剩行业经营环境的不断变化,处于产业链上下游的企业也将受到波及,尤其是受到大宗商品价格下跌的影响,本来就受制于产能过剩而业绩下滑的资源型和贸易流通型企业风险将继续显现。房地产贷款质量走势则存在不确定性。房地产市场在经历了2014年"价平量减"的走势后,未来不同地区分化的趋势将更加明显,特别是三、四线城市的市场波动可能加剧。虽然较低的抵押率保证了按揭贷款质量的总体稳定,但部分中小型开发商因资金回笼放缓而发生违约的可能性有所提高。地方政府性债务质量可能出现波动。2015年初,存量地方政府性债务的甄别工作将告一段落,未来以平台为代表的地方政府及其关联主体的融资将出现信用分化。其中被甄别确认的债务质量预计将继续保持稳定,而未被甄别确认的债务风险则主要取决于融资主体本身的信用状况。从目前情况看,这部分债务质量有出现波动的可能。

总体而言,宏观经济继续在"新常态"下运行,经济增速放缓在短期内仍将对银行业的风险管理造成一定的压力。银行业不良贷款惯性增长的趋势可能延续到2015年下半年,预计全年不良贷款余额增长与2014年持平,不良贷款率可能上升0.2～0.3个百分点,至1.5%～1.6%的水平。

不良贷款增幅有望趋于稳定

2014年以来推出的一系列针对性政策措施已经开始发挥正面的政

策效应,预计 2015 年有关部门将继续提高对信用风险的重视程度,进一步改善市场和监管环境,这有助于商业银行资产质量的稳定。

一是实体经济企业融资成本高企的问题有望得到一定程度的改善。企业融资难、融资贵的问题一直是政策调控的重点。随着货币市场流动性状况的好转和对高成本非信贷融资监管的加强,商业银行有能力也有意愿为企业提供较低价格的信贷资金,这将有效降低实体经济企业的融资成本,缓解小微企业的财务压力,推动其信用状况回升。二是房地产市场刺激政策增加了房地产贷款的安全系数。2014 年下半年陆续推出的针对房地产市场的刺激政策已经发挥了一定的政策效果,市场情况有所好转,预计未来较为宽松的房地产政策环境不会改变。虽然这些政策难以彻底改变房地产市场的供需状况,但能为市场的结构调整争取时间和空间,有利于未来一段时间内房地产贷款总体质量的稳定。三是地方政府负债体制改革将减轻未来资产质量下行的潜在风险。融资平台贷款的未来走势和还款来源一直是市场关注的重点问题,也是商业银行资产质量的最大不确定因素。地方政府负债体制改革和存量债务甄别工作的完成,对逐步化解融资平台潜在风险、维持平台贷款平稳运行意义重大。未来即使有部分平台出现风险,其结果也是可预计和可控制的。

尽管未来资产质量的波动仍不可避免,但从商业银行自身角度来说,相对稳定的赢利能力和较高的拨备水平,为内部消化不良贷款压力提供了有力保障。2015 年商业银行生息资产将保持较快增速,即使有息差下降和成本上升等不利因素的影响,整体盈利水平仍能实现小幅提升,从而为不良贷款的处置提供充足的财务资源。随着不良贷款的增加,贷款核销政策有望进一步放松,未来商业银行将继续合理运用拨备资源,加大使用拨备核销贷款的力度,使相对较高的拨备覆盖率和拨贷比向监管要求的正常水平回归,从而改变目前不良贷款和拨备"双高"的局面。

总体来看,2015 年商业银行资产质量运行将进一步面临较大压力。只要企业信用风险状况受制于经济增长减速的局面没有根本改观,商业银行资产质量就有继续下行的压力。但政策层面的支撑以及银行业自身存在的一系列有利因素对资产质量的稳定有正面作用。如果 2015 年下半年 GDP 增长形势趋于好转,不排除不良贷款率增幅有趋稳的可能性。

我国银行业需要行业立法①

　　近年来,我国银行业发生了令人瞩目的变化。在商业银行稳健发展的同时,一大批金融公司应运而生。银行业务不断从传统领域向新兴领域拓展,金融创新层出不穷,综合化经营水平不断提高。但与此同时,银行业法律制度建设明显滞后,存在着明显的无法可依和有法难依的状况,银行业监管制度和操作的行政色彩浓重。应清醒地认识到,这种状况的长期存在将对银行业健康发展带来妨碍,甚至可能不利于银行业系统性风险的防控。当前,应采取积极措施,大力推进和完善银行业法制体系建设,用法治思维推动改革,促进银行业持续、稳健发展。

行业立法是有效控制银行风险的重要举措

　　我国的金融体系是银行主导型,商业银行在金融体系中处于举足轻重的地位。长期以来,我国银行业法律制度是以机构立法为主。机构立法所涉主体相对明确,有助于保障立法的稳定性和权威性,适应分业经营和分业监管的要求。但机构立法相对缺乏对市场行为的整体考虑,容易产生市场创新主体法制缺位,导致不同机构间不公平竞争等问题。近年来随着银行业综合化经营的发展,新业态不断出现,业务领域日渐模糊,机构立法越来越难以适应金融业的变化,在一定程度上制约了我国银行业的稳健发展。而行业立法则可以从行为和功能的角度出发,依据机构的业务共性将更多的机构类型纳入法律规范范围,对行业进行统一规范。因此,当前有必要推动银行业由机构立法向行业立法转变。

---

① 本文发表于 2015 年 7 月 9 日《上海证券报》。

行业立法是银行业发展的必然要求。随着银行业金融机构不断发展壮大,越来越需要行业统一立法来推行系统性的规范管理。近年来,我国银行业金融机构稳步发展——目前商业银行(包括大型商业银行、股份制商业银行、城市商业银行、农村商业银行和外资银行)总资产已达 135 万亿元;信托公司、财务公司、金融租赁公司、汽车金融公司、消费金融公司等金融公司更是层出不穷,其管理的资产总额亦达 20 万亿元左右。上述金融机构存在共性,即它们都是间接金融形式,基本都属于中介机构,或多或少都有信贷、存款业务。尽管在吸收存款和发放贷款的程度与规模上有所不同,但都可在一定范围内吸收存款和发放贷款。有的尽管不具有吸收存款的功能,但因有贷款业务,而后者会派生存款,进而被动地拥有存款业务。因此,银行业有必要依照业务上的共性制订统一的法律进行统一规范。

行业立法是全面依法治国的内在要求。社会主义市场经济本质上是法治经济。《中共中央关于全面推进依法治国若干重大问题的决定》明确提出要"坚持立法先行,发挥立法的引领和推动作用"。银行业进行行业立法有助于形成行业全面统一的法律体系,实现以法治思维引领行业体制机制改革;同时为行业监管提供从共性出发、全面、系统的法律依据,为构建安全与效率并重的金融监管制度提供法律保障。

行业立法是市场化发展的本质要求。随着利率市场化等金融改革的深入推进,市场机制将在很大程度上发挥决定性作用。在这种形势下,营造公开公平公正的金融市场环境越来越成为银行业持续、健康发展的重要条件。银行业进行统一立法、统一规范,实行统一的监管标准和尺度,形成公开公平公正的金融市场环境和完善的金融监管体系,这不仅是市场化发展的本质要求,也是银行业稳健发展的重要保障。

行业立法是有效控制银行业风险的重要举措。随着金融业综合化经营的不断发展,金融业务和金融风险将出现跨业、跨市场的交叉与传染的趋势,金融机构之间的业务边界会越来越模糊。没有统一的法律制度进行规范,很容易出现法律规定缺失、政出多门不统一等问题,同时可能导致监管重叠与监管真空并存的尴尬局面。银行业进行行业立法有助于更好地实现依法监管,既统一又分门别类地进行规范管理;有助于从立法高度,站在一定历史时期调整和完善整个行业的发展结构;有助于从整体和系统的角度,在较长时期内有效控制金融风险的传递和累积。

在市场经济体系不断发展和金融改革持续推进的背景下,创新多、变动快、变化大已成为银行业金融机构运行的重要特征。发达国家的银行业法律制度通常两三年修订一次,以适应行业发展变化的需要。而我国银行业法律制度修订周期较长,更新很不及时,在当前全面深化改革时期更是难以适应经济社会环境快速变化的要求。经验表明,尽管历次金融危机的原因各不相同,但金融法治建设滞后是共性问题。从国际上看,英国、法国、德国、日本等国均制定了专门的《银行业法》,统一规范银行业金融机构的行为。全球金融危机之后,主要发达国家又对相关法律制度进行了相应修订,以便更好地促进本国金融业尤其是银行业的发展。只有建立起一整套能有效保护市场参与者权利,同时公开透明的法律制度,才能持续吸引国内外市场主体的参与,实现银行业的可持续健康发展。

行业立法的基本前提是保护存款人利益

银行主导型金融体系的典型特征是间接融资在社会融资中居主导地位。间接融资是债权人和债务人通过中介机构实现的融资行为。由于间接融资进行了债权债务的转换,作为存款人就面临中介机构的倒闭风险。因此,行业立法的基本前提是保护存款人的利益,维护金融体系的稳定和社会安宁。

银行业行业立法应以负债业务的不同进行市场准入管理。我国当前的金融机构通常是以资产方来进行划分的,但金融监管首先需要考虑的是金融机构活动的外部性影响。吸收小额存款的金融机构,鉴于其涉及的客户人数众多,外部性影响较大,应该加以严格审慎监管;吸收大额存款的金融机构,其外部性相对较小,可以适度监管,同时可以更多地发挥自律作用。法律规范的重点应当是保障债权人的利益,尤其是银行业的债权人,即存款人的利益,因而应该从负债方的角度来确定金融机构的基本属性和市场准入条件。这应当在银行业行业立法中十分清晰地加以规范。

银行业行业立法应在统一规范资产业务下统一监管标准。资产业务不应成为监管当局划分金融机构的主要依据。不同的资产业务关系到该金融机构在运用资金时控制风险的能力。银行业金融机构的特点是用存款的方式吸收资金,以机构名义做债权性的资产业务和服务性业务。因此,用统一的法律来规范各类资产业务有利于防范和控制风险。在市场准入时监管部门可按申请人的条件批准其经营部分或全部资产业务。如信贷类业务、融资租赁类业务、支付结算类业务,乃至同业业务等同样是债权业务。有必要对上述业务进行统一规范,实行行业统一的标准监管,从而更好地规范金融市场行为。

银行业行业立法应以风险管理指标体系来防范负外部性。这些指标包括资本充足率指标和流动性风险等指标。对于吸收小额存款、吸收大额存款和不吸收存款的机构而言,上述指标的要求应该是不一样的。银行业行业立法应根据不同情况来进行设计,通过立法来构建银行业有效防控负外部性的法律规范体系。

通过行业立法实施分级分类管理

目前我国银行业法律规范体系由法律、行政法规和部门规章三个层次构成,共有 200 多份文件。直接相关的法律包括《中国人民银行法》《商业银行法》和《银行业监督管理法》,间接相关的包括《信托法》等 11 部。按照我国银行业应由机构立法转向行业立法的思路,可考虑将《商业银行法》《银行业监督管理法》及有关金融公司的管理法规合并,制定《银行业法》,以更好地规范整个银行业市场和银行业金融机构行为,提高行业和市场的运行效率,为更有效地控制行业风险奠定法律规范基础。

一是根据负债业务的特点,规范银行业金融机构的名称。可将目前的银行业金融机构分为三类:商业银行、政策性银行和金融公司。商业银行可以吸收各类存款,名称中可用银行字样。商业银行可大致分为全国性银行、区域性银行和合作银行。随着我国经济外向发展,资本输出步伐加快,人民币国际化不断拓展,商业银行国际化也在大踏步前进,因此应增加一类国际性银行。通常国际性银行是全国性银行,但全国性银行不一定是国际性银行。国际性银行在国内的业务发展应有一定限制。全国性银行和国际性银行的名称不带地理名称,只有商号,可在全国甚至在全球范围内设立分支机构,要有较高的实缴资本要求。区域性银行只能在一定的行政区域内经营,一般为一个地区、一个城市或一个县域。合作银行是有社员股金集合投入和社会股金投入的银行,只能在县域设立。应取消信用合作社的种类,将信用合作社的名称留给真正的合作金融组织。

金融公司吸收存款受到一定限制。财务公司、消费金融公司、汽车金融公司、金融租赁公司等都只能不同程度地吸收大额存款。如财务公司可吸收本集团成员单位的股东存款;汽车金融公司可以接受境外股东及其所在集团在华全资子公司和境内股东3个月(含)以上定期存款;金融租赁公司可吸收非银行股东3个月(含)以上定期存款;消费金融公司可以接受股东境内子公司及境内股东的存款。金融公司应成为银行业法规范的一个大类机构。

政策性银行是由政府发起、出资成立,为贯彻和配合政府特定经济政策和意图而进行融资和信用活动的机构。它一般不吸收活期存款和公众存款,在资本金性质、经营宗旨、业务范围、融资原则、信用创造等方面均与其他金融机构有所区别。因此,在法律上有必要加以特殊处理和安排。

二是根据外部性大小进行分类管理。银行业金融机构有其特殊的负外部性。高负债与高杠杆的经营特性决定了银行业金融机构的脆弱性较高,风险的传染性较强。一旦危机发生,将会波及相关存款人、投资人及企业,危及整个实体经济。可以说,金融危机在很大程度上是银行业信任的危机、信心的危机。因此,应根据外部性大小进行分类管理。外部性大的,就应该严格监管;外部性小的,可以适度监管。

判断外部性的基本依据是负债状态和水平。根据负债的状态和水平可将银行业金融机构分为吸收大额存款、吸收小额存款和不吸收存款三大类。其中,商业银行和信用社可以吸收储蓄存款、办理结算,能创造存款,负外部性较强,因而需要严格审慎监管。而财务公司、金融租赁公司、汽车金融公司、消费金融公司等只吸收限定范围内的存款,外部性较弱,可适度监管。还有一些不吸收存款的机构,即纯粹放贷,可适度监管,甚至可以主要通过自律来管。

三是依据负债业务状态和水平发放不同级别的牌照,实行分级管理。牌照管理是英美等发达国家对银行业金融机构进行分级管理的常见做法。具体来说,同样是银行牌照,但分为不同级别,业务范围就相应不同。一个机构可以做很多的业务,但必须拿到相应的牌照。对大类的业务,特别是银、证、保、信等核心业务,实行严格法人牌照管理;而对其他的附属业务,实行一般牌照管理。就牌照发放而言,应该公开各类业务的牌照准入标准和条件,制定并公示相应业务规范,向符合条件的机构开放,而且监管的标准和尺度必须是一致的。这样可以使不同金融机构交叉地来做其他金融机构的业务,同时实现有效监管。

行业立法需要处理好几对关系

理论和实践均表明,法律制度建设对经济社会发展起着至关重要的作用。完善的金融市场法律是金融业持续健康发展的必要条件。但推进法律制度建设不会一帆风顺,也不可能一蹴而就。推进银行业行业立法将面临诸多挑战。

如何用法治思维推进金融改革是当前理念上的挑战。美国法学家伯尔曼曾说:"法律必须被信仰,否则将形同虚设。"从我国现在的部际联席协调会议制度,到未来的金融监管架构改革,从财富管理的统一市场及牌照管理,到功能监管和行为监管如何实施等一系列问题,都需要在法律上进行明确并严格遵循。只有在法治轨道上推进金融改革,才是市场的健康发展之道,才能让我们的改革走得更远。

如何协调和平衡各方诉求是稳步推进立法改革的关键任务。立法改革是一项系统性工程,涉及多方利益,牵一发而动全身。改革方案能否得到顺畅实施,既取决于方案本身是否科学、合理,更取决于制定改革方案的过程本身是否合情合理,是否让各方充分表达自己的诉求,力求各方利益的平衡,从而尽可能减少改革阻力,稳妥、审慎地推进行业立法改革。这考验着决策层的智慧和协调艺术。

如何平衡公平性与差异性是银行业立法成功与否的核心内容。银行业立法既要体现公平公正,也要体现差异性。比如目前的互联网金融,如果继续不受监管,显然对商业银行等金融机构而言是不公平的。但为了鼓励创新,推动行业发展,对新兴金融业态的监管又应适当宽松。又如,为了支持小微企业的发展,针对小微金融机构的管理标准(如存款准备金率和资本充足率等)可以适当放宽,以减轻其经营压力。只有兼顾公平性和差异性,金融之水才能盘活,金融机构也才能得到更好的发展。

如何平衡和协调好局部利益和全局利益是银行业行业立法合理性的重要体现。从局部利益看,当前和未来一个时期,存在着民间资本进入银行业并做大做强的冲动。但从行业结构来看,我国银行业不缺大中型银行,倒是小微银行严重不足,立法要从总体上体现行业整体的需求以及行业结构优化和完善的需要。只有平衡好这种局部和整体之间的利益关系,行业立法才能推动银行业结构更趋合理和有效,才能在更好地发挥金融功能作用的同时,更有效地控制行业的系统性风险。

行业立法应区别对待不同金融机构

银行业行业立法涉及商业银行、政策性银行、财务公司、金融租赁公司、汽车金融公司等不同的金融机构。这些机构有一定的共性,但也有其自身的特点,行业立法中如何做到区别对待,并非易事。

政策性银行不吸收公众存款,但根据惯例却可称为"银行",归在银行业金融机构内。但鉴于其不以营利为目的,是为政府的经济发展规划提供信贷服务,经营宗旨与一般商业性机构有很大不同,可以特殊对待,似可考虑单独立法。从国外的实践来看,每家政策性银行都可以有单独立法。不过从降低立法成本的角度看,也可以将所有政策性银行统一立法。其实,我国目前的政策性银行不是多了,而是少了。未来仍有发展的空间,如小微企业的政策性银行等。对这一银行族群实施统一立法应该可行。

财务公司是由企业内部银行转化而来,至今财务公司还在办理集团成员的存款、结算、贷款业务,财务公司的存款也在上缴存款准备金。财务公司的业务在很大程度上与银行类同,一种意见认为干脆将其转变为银行。但应注意的是，这类群体已有相当规模，且股东大都是大企业和国有企业，其服务对象与大中型银行类同。因此，财务公司升格为银行会使银行业的资本结构和功能结构更为不合理，即服务大型企业的金融机构进一步扩张。同时还会带来公平问题：为什么服务民营小微企业的小贷公司升格为银行步履艰难，而以大中型国有企业为服务对象的财务公司却能一朝轻易地改变身份呢？

信托公司是目前唯一可跨越货币市场、资本市场和实业领域投资的金融机构，有其特殊性，因此《信托法》有必要也应该继续单列。但目前的《信托法》仅明确了信托关系，需要修订。应在《信托法》中增加信托经营一章，明确信托经营的主体信托公司、资产管理公司的法律地位及经营的主要原则；明确信托财产的登记制度，同时将商业银行开展的信托业务包含在内，以确保信托财产的独立和安全。

融资租赁是一种物权与债权结合的融资方式，融资租赁公司可以吸收有限的存款。但目前存在银监会审批的金融租赁公司、商务部审批的外资融资租赁公司和商务部、国税总局审批的内资融资租赁公司等多种类别。监管部门不一，规则不一，杠杆率不一。因此，统一规范以融资租赁业务为主的金融公司牌照，有利于规范市场行为，促进公平竞争。但鉴于目前监管体系的状态，统一规范之路不会是平坦的。

资产管理公司目前已经逐步发展成为金融集团，也开展了很多与贷款有关的业务，如委托贷款等。因此，其相关功能和行为也应纳入统一的行业立法之中。

消费金融公司目前的市场定位并不清晰，其业务面较窄，而且缺乏专业性和差异性。消费金融公司既与商业银行信用卡和个人消费信贷业务存在重叠，又面临电商发展的冲击，还被小额贷款公司、民间借贷等围堵。随着消费金融公司的进一步发展，业务规模进一步做大，可考虑将其纳入金融公司的管理规范，给予其应有的平等待遇，促进消费金融公司的持续发展。

小额贷款公司目前仍被作为一般工商企业对待，并没有将其界定为金融机构，但小额贷款公司可吸收一定范围内的存款，同时从事放贷业务，其本质上做的是金融。从支持"大众创业、万众创新"、扶持民营和小微企业的角度看,我国需要建设小微企业金融体系,尤其是应发展一批小型商业银行,以便更有针对性地支持实体经济中的弱势群体,有效解决小微企业融资难和融资贵问题。银行业行业立法应从法律规范上给符合条件的小贷公司转为小型商业银行创造条件。当然,这种条件不应当是苛刻的,而是经过努力可实现的。

农村信用社目前已不可能从治理机制上回归真正的合作制,改革后的农村信用社基本实现了县级法人核算。因而可以对这些县级法人进行改制,或改制为股份制商业银行,或改制为股份制合作银行。

为民营银行发展创造良好的外部环境①

首批试点的民营银行总体运行平稳

2014年3月,银监会公布了国务院批准的首批五家民营银行试点名单,正式启动民营银行试点工作。截至2015年6月末,第一批试点的五家民营银行已全部开门迎客。目前,首批试点的五家民营银行总体运行平稳。

首批试点的五家民营银行无一例外地立足股东自身优势,结合自身禀赋,选择了各具特色的市场定位和产品服务,向公众展示了全新的产品体系、运营模式和公司治理。

一是市场定位呈现差异。首批试点的五家民营银行市场定位各异。深圳前海微众银行和浙江网商银行主打互联网概念,前者主要是通过互联网为个人和小微企业提供金融服务,后者主要是为电商平台上的经营者和消费者提供有特色的、适合网络操作的金融服务和产品。上海华瑞银行定位于面向自贸区的涵盖"结算、投资、融资、交易"的专属金融产品和服务体系。天津金城银行定位于天津地区的对公业务。温州民商银行则定位于温州的小微企业、个体户和小区居民以及县域三农金融服务。

二是业务模式具有特色。首批试点的五家民营银行在业务特色上更是个性鲜明。前海微众银行主打个人存款和小微贷款;华瑞银行主要是面向自贸区的专属金融服务;民商银行主打供应链金融;金城银行主要是公存公贷,只做对公业务;网商银行则主要是小存小贷。

三是运营模式各有特点。首批试点的五家民营银行都充分利用了主

---

① 本文发表于 2015 年 11 月 16 日《金融时报》。

发起人的特色资源、竞争优势和客户基础,在此基础上建立起自己的征信与风控系统,进而形成利益共容的生态系统,实现多方的互利共赢。

监管、制度和市场环境尚需进一步完善

民营银行入市"开跑"的时点,恰恰是中国银行业经营压力明显增大、挑战骤然增多的时候。作为后来者的民营银行,既要接受激烈的竞争,也要经受经济周期的考验,其发展正在面临或即将面临诸多挑战。

一是客户信心不足。无论是在国内还是国外,规模相对较小的银行经营内容通常都比较单一,主要集中在存贷款业务上,这需要有良好的商业信誉。民营银行的股东都是民营企业,与国有银行相比,百姓对其信任度明显不足,这在一定程度上带来了开户难和存款难问题。而且民营银行批量诞生之后,其存款业务发展的困难可能会进一步加大。若没有存款,贷款业务就会成为无源之水、无本之木。

二是定价能力不足。利率市场化使银行的利差逐步收窄,这考验着商业银行的定价能力。作为起步阶段的民营银行,其首先面对的恰恰是那些对利率比较敏感的客户,这无疑要求其有较强的定价能力。但对于新生的民营银行来说,这正是它们的薄弱环节。

三是经营风险较高。民营银行的服务对象大多为小微企业,这也是传统银行不愿意进入的业务领域。特别是在当前经济下行压力犹存的背景下,小微企业风险有加大趋势,这对民营银行的发展是一个严峻挑战。

四是业务模式和组织架构尚未定型。目前,首批试点的五家银行虽已全部开门迎客,但主要业务模式尚未最终定型,内部组织管理架构仍在不断调整中,经营成效尚待进一步检验。

未来,需要在监管、制度、市场环境等方面为民营银行的持续稳健发展提供良好条件。监管方面需要对民营银行进行正确引导,促进其差异化定位,错位竞争,同时对其公司治理、内部控制、风险体系建设等方面进行严格要求和监管;拿捏好网络银行跨区域经营的监管力度,统筹兼顾统一尺度与不同形态机构的差异化监管;建立实时监控系统,高度关注民营银行的流动性风险,及时预警市场波动对其带来的冲击;在民营银行成立

初期阶段,可以考虑适用相对较低的存款准备金率,待其经营稳定后逐步适用行业平均水平。

制度建设方面需要进一步完善金融机构破产制度以及处置机制;建立并完善健全国家征信系统,提高央行征信体系覆盖面,并推动部分公共数据(如进出口、税收等)向民营银行开放。市场环境方面要建立民营银行与央行、大型银行之间直接和便利的融资通道,必要时给予及时的流动性支持。

长足发展离不开坚持服务"小微"的定位

近年来,小微企业持续面临融资难问题。民营银行脱胎于民营企业,因而有着服务小微企业的"天然基因"。而在经济增速放缓的新形势下,中国银行业的竞争已然十分激烈,传统银行资产规模大、客户资源稳固、经营模式成熟,民营银行并不具备资金、客户、网点的优势,不具备与大型银行竞争大客户的基础。因此,服务小微是民营银行最合适的市场定位。民营银行应致力于满足广大小型和微型客户需求,而不是与大中型银行竞争大中型客户。事实上,鉴于大中型银行的客户定位,小微客户恰好是传统银行服务的薄弱环节。莫畏浮云遮望眼,民营银行唯有根据自身禀赋,发挥自身优势,坚持服务小微的初衷,方能站稳脚跟,并在激烈的竞争中获得一席之地。风物长宜放眼量,只要持之以恒地坚守服务小微的客户定位,民营银行必将获得长足的发展。

差异化经营是民营银行的核心竞争力所在,也是民营银行的生命线。民营银行要在竞争中真正做到差异化经营还有很长的路要走,具体有三方面举措可以考虑:

一是深耕核心业务领域,培育核心竞争能力。近年来,我国小微企业发展迅猛。未来,随着"大众创业、万众创新"的推进,全国小微企业仍将会持续快速增长。不同的小微企业对金融产品和服务的需求不尽相同,民营银行应依据自己的资源禀赋、细分的竞争格局,深耕核心业务领域,扬长避短,专注特定领域,做出特色,做出品牌。

二是以创新提升差异化经营能力。民营银行在发展初期,不应过分关注短期状况,而应注重长期成长价值创造和核心竞争力的培养。通过创新金融产品和服务、创新业务流程、创新互联网技术应用能力以及创新风控模式等途径,切实提高差异化经营能力。

三是以监管有效引导民营银行经营差异化。通过政策定位和监管引导,可以使民营银行在成立之初就确定各自的市场定位、业务模式及业务特色,有助于引导民营银行实现差异化竞争。当前我国大多数银行都有做大做强的情结,但中国并不缺大型商业银行。因此,制度设计上首先应明确民营银行的市场定位,其次在监管上应合理控制民营银行个体规模扩张的节奏,以使民营银行专注其特定的客户定位和核心业务领域。未来,民营银行的发展应该是百花齐放,各显春色,不应该也不可能每一棵苗子都长成参天大树。

多元化的竞争格局为民营银行提供新的市场空间

尽管民营银行还很弱小,发展过程中也面临着一系列问题,但中央关于"十三五"规划的建议明确指出,要构建多层次、广覆盖、有差异的银行机构体系,扩大民间资本进入银行业,发展普惠金融,着力加强对中小微企业、农村特别是贫困地区的金融服务。因此,随着金融体制改革的深化,民营银行将迎来重大发展机遇。

一是服务小微空间广阔。目前我国有 1200 万家以上小微企业,预计未来仍将快速增长,但蓬勃发展的小微企业的金融服务需求远未得到满足。从实体经济需求来看,我国并不缺少服务大型企业的大型银行,缺少的是服务小微企业的民营银行,因此,服务小微将为民营银行发展提供蓝海。

二是中西部地区和农村地区仍面临重大机遇。首批试点的五家民营银行都位于经济发达地区,但中西部地区和广大农村地区的小微企业金融服务需求也很大。未来,随着试点范围的扩大,民营银行将有望在支持中西部地区和农村地区经济发展中发挥较大的作用,为这些地区提供更加丰富、贴心的金融服务,真正实现普惠金融。

三是市场化改革将为民营银行带来广阔发展空间。随着利率管制的基本放开,商业银行传统的营利模式、增长模式和服务模式均面临改革转型要求,金融机构将形成差异化、多元化的竞争格局,这将为民营银行的发展带来新的市场空间,也为民营银行跨越式追赶创造了条件。

四是互联网金融将带来新机遇。互联网金融带来了全新的业务模式,民营银行可充分利用自身灵活主动的天然优势及禀赋优势,借助互联网赢得客户。

目前,民营银行受理已全面开闸,审批时间也由之前的六个月缩短至四个月,开业审批权将下放到各省市自治区。相信随着一系列改革举措的推进,民营银行的发展将迎来春天。

"十三五"时期银行业创新：改革图存，转型超越[①]

"十三五"时期，我国经济仍将处于"新常态"下，面临着全面深化改革的任务和全面实现小康社会的百年目标。规划期内我国银行业仍处在大有可为的战略机遇期，但也面临前所未有的严峻挑战。"创新发展"是"十三五"规划建议的重要发展理念。"十三五"时期，银行业将持续加快推进改革创新和转型发展，在发展理念创新、业务结构调整、发展方式转变、经营模式创新、深度融合互联网、管理效能提升等方面有望取得显著成效，多层次、广覆盖、差异化的行业发展新格局将逐渐形成。尽管在规划初期银行盈利增速将放缓，但在规划中后期将逐渐好转，行业总体有望保持平稳健康发展。

外部环境：机遇良好，挑战空前

"十三五"期间，我国经济仍将保持中高速增长，经济增长动力逐步转换，经济结构趋于优化，消费对经济增长的基础性作用不断增强。但各项国家战略和供给侧结构性改革的落地见效和新增长动力的培育仍需要一个较长的过程，改革仍处于攻坚期和深水区，全面深化改革且充分见效仍需假以时日。

银行业仍处在大有可为的战略机遇期。我国将继续实施积极的财政政策，规划前期力度可能有所加大。新型城镇化和新农村建设、京津冀一体化、长江经济带建设、"一带一路"互联互通持续推进，基础设施投资空间和力度较大。贷款以及PPP、类基金、债券承销等表外融资业务将有较

---

① 本文发表于 2016 年第 1 期《中国银行业》。

大增长空间。利率汇率市场化改革基本完成,金融市场广度、深度和开放度大幅提升,人民币汇率弹性显著增强,给商业银行开展套保创新、发展交易型银行业务、做强金融市场业务等提供了崭新的业务机会。居民收入及财富持续增长,高净值客户群体不断扩大、消费率提高——未来五年我国个人总体可投资资产年均增速可达 15% 左右,规划期末可投资总资产有可能达到 260 万亿元人民币。商业银行融合金融市场,做大财富管理业务将拥有新的契机和更广阔的市场。具备条件的金融机构综合经营审慎稳妥推进,互联网金融在监管规范中进一步发展。

尤为值得关注的是,"一带一路"倡议将进入全面实施阶段,陆海内外联动、东西双向开放的全面开放新格局渐次形成,我国企业"走出去"步伐加快,对外投资与经贸合作迎来大发展,给商业银行拓展跨境金融服务提供了新的战略机遇和广阔空间。"一带一路"沿线国家的基础设施投资需求巨大,未来五年这一需求可能达到 4 万亿美元以上,商业银行中长期项目融资业务有望迎来重大发展机遇。依照中共中央的设想,将用 10 年左右的时间使我国同沿线国家的年贸易额突破 2.5 万亿美元,这将成为商业银行业务发展的新蓝海。

银行业也面临着前所未有的严峻挑战。"十三五"时期信贷需求增长将相对放缓。在规划期前期,货币政策可能先松后稳,存贷款基准利率仍将小幅走低,以价格型调控为主的新型货币政策调控机制将逐步建立。地方政府背景的信贷融资需求被严格管控。人口结构变化的长期趋势和市场供过于求的总体态势决定了房地产投资增速将显著低于"十二五"时期。传统行业信贷需求乏力,而新兴产业对信贷需求强度不足。随着股票市场和债券市场规模的显著扩大,直接融资占比将提高到 25%~30%,加之政策性金融和互联网金融挤压,信贷需求难以明显扩大,信贷增速会明显低于"十二五"时期。

净息差有进一步收窄的压力。存款利率浮动上限已经取消,利率市场化的影响将进一步显现,社会财富的大类资产配置更趋多元化,低成本稳定资金来源争夺更为激烈,负债成本下降空间有限。经济下行条件下优质资产竞争激烈,资产收益率难以显著提升。再加上货币政策保持稳健偏松,规划期内净息差进一步收窄的压力较大,预计收窄幅度达 70 个基点左右。

市场需求继续深刻变化。未来客户对于综合性、体验型、交互式、分享式、移动化、便捷化、融合型（产业链、供应链、生活场景）的金融服务需求不断上升，加之金融市场快速发展和信息科技的广泛应用，都对银行的业务经营模式、批量精准营销、全融资服务水平、现金及财富管理能力、渠道无缝整合、风险定价能力等提出了全新和更高的要求。

行业生态将出现重大变化，综合监管趋严。线上线下的泛金融、跨界式竞争更加激烈。商业银行生态的重大分化，对银行战略取舍、特色打造和存量改革提出了迫切要求。而以统筹协调、跨业综合、金融风险全覆盖为主要特征的金融监管框架逐步建立，大型银行集团开展综合经营稳妥有序推进，但也面临更严格的监管。

风险压力持续较大。在"十三五"规划前期，我国经济下行压力仍存，产能过剩难以在短期内迅速缓解，商业银行不良贷款仍会继续上升，资产质量压力持续较大，规划后期可能趋于好转。而由于不良资产供给增多，不良资产处置价格有下行压力，收购风险增加，因而处置难度加大，对防范和化解不良贷款不利。尽管货币政策宽松有利于银行流动性增长，但在各类金融市场发展、资本和金融账户开放等因素的影响下，资金跨市场、跨境流动趋于频繁，加之银行批发性负债占比上升，银行流动性管理的难度明显上升。利率市场化完成、汇率弹性增强以及银行交易型业务规模扩大，对市场风险管理也提出了更高的要求。

改革转型：创新驱动，内外兼修

面对复杂严峻、动荡多变、机遇与挑战并存的外部环境，我国银行业将以服务实体经济为根本导向，主动对接国家战略，加快推进改革转型，实施创新驱动发展，着力推进包括发展理念、战略定位、业务结构、发展方式、经营模式、组织架构、体制机制等在内的一系列系统、深入的转型和创新，实现六大转变。

第一，发展理念从拼规模、抢速度向创新型、市场化、内涵式、协调化、共享型发展转变。为有效抓住机遇、妥善应对挑战、破解发展难题，商业银行将切实转变理念,摒弃过去规模为王、速度为王的经营理念,牢固树立创新驱动、市场导向、内涵发展、协调运作、成果共享的发展理念。创新是引领发展的第一动力,必须切实打造创新文化,全面优化各项机制,理顺责权利关系,推动理念、思路、模式、产品、服务、流程、方法和技术的持续深度创新。

以市场为导向、以客户为中心是改革转型的内在要求,必须充分尊重市场规律,主动适应市场变化,让市场化手段在内部资源配置中发挥决定性作用,建设责权利高度统一的体制机制。内涵式、集约化发展是新形势下银行基业长青的必由之路,必须走低资本消耗、低成本扩张的发展道路,追求纳入风险因素后的长期效益最大化。商业银行将告别"规模冲动"和"速度情结",规模扩张成为有机发展的"自然结果"。协调是提升改革转型效率的迫切需要,必须打破客户、产品、数据、信息、系统、资源、流程、管理的"部门所有制",提升战略连接度,增强发展整体性,切实提升集团协同效应,形成经营管理合力。成果共享是改革转型的落脚点和出发点,必须完善制度安排,平衡利益关系,依靠员工、客户、股东谋发展,增强其长期内在动力,让其更好地分享改革发展成果。

第二,功能定位从单一融资中介向综合金融服务提供商转变。未来五年,越来越多的银行将致力于从单一的融资中介向综合金融服务提供商转变,以满足不断变化的客户需求,应对日新月异的行业生态格局。随着客户需求的多元化、财富意识的增强和移动互联技术的进一步发展,银行将不再仅仅是投融资转换的信用中介,而是资源的整合者、风险的匹配者和财富的管理者。银行将以全新的服务理念,积极拓宽金融服务的视野,丰富金融服务模式,"跳出银行办银行",将服务视角从经营单一客户拓展至全产业链的客户群,将服务理念从简单地提供产品拓展至帮助客户建立生态圈并维护其良好运作,将服务范围从单一银行产品拓展至涵盖银行、证券、保险等多资产组合,将产品从简单的存、贷、汇拓展至包括结算、贷款、托管、咨询等在内的"一揽子"综合金融解决方案,将服务方式从银行渠道为主向银行与证券、保险、信托等非银行金融机构深度合作、交叉竞合、协同服务转变。

第三,发展模式从过于倚重息差、过快资本消耗向多元化、表外化、轻资本转变。以创新发展理念、调整功能定位、创新经营模式、提升管理效能为推动,商业银行将不断加大资产结构、负债结构以及表内外业务结构的调整力度,努力打造"轻型银行",改变传统以利息收入为主、高资本消耗的业务模式。在资产结构上,同业资产、债券投资等非信贷资产是发展重点,规模扩张较快,未来非信贷资产占比将从目前的50%左右提高到五年后的65%～70%,部分银行可能超过70%。在负债结构上,银行将更加重视同业负债、大额存单、债券发行等非存款类负债业务的发展,未来存款占比可能从目前的70%以上逐步下降到五年后的50%左右,非存款负债占比呈"半壁江山"。这一方面是为了满足客户需求变化,另一方面则是出于节约资本的考虑。未来商业银行业务结构最引人注目的变化将是表外业务规模的扩张,投资银行、资产托管、财富管理、现金管理、交易型银行(以代客为主)等表外业务将呈快速发展之势。未来五年,商业银行风险加权资产增速可能低于总资产增速,管理资产增速将高于资产规模增速。部分银行表外资产规模将达到甚至超过表内资产规模,"表外再造一家银行"可能成为现实。

第四,经营范围从以商业银行业务和本土业务为主向更加注重跨境跨业跨市场经营转变。未来五年将是有条件的中资银行加快国际化、综合化发展,改变过去以商业银行业务和境内本土业务为主的重要时期。在人民币成为 SDR 篮子货币的背景下,围绕人民币国际化、"一带一路"等国家战略和自身全球化经营的需要,中资银行特别是大型银行将在主要国际金融中心、人民币离岸中心、"一带一路"沿线国家进一步加快机构布局。中资银行海外分(子)行将以服务境外中资企业和当地本土客户并重,不断提高自身经营水平,扩展业务规模。五年后中资银行境外机构总资产可能在目前的不到 2 万亿美元基础上增长一倍多,达到 4 万亿～5 万亿美元。

中资银行以境外机构为依托,大力开展包括贸易融资、支付结算、跨境投融资、跨境财富管理、跨境现金管理、跨境交易型业务等新老业务并重、本外币并重的跨境金融业务。在综合化方面,在监管规范的前提下,将会有更多的大中型银行加快在证券、保险、基金、期货、信托等非银行金融领域布局,实施集团化运作、全牌照运营、跨市场发展,在客户信息、信息系统、产品组合、营销拓展等方面互利共享、协同发展。未来五年,银行业有望出现2~3家全球化布局完整、综合化牌照齐全、具备较强跨境跨业跨市场经营能力的大型综合金融集团。

第五,互联网金融从技术应用为主向借助"互联网＋"推动理念、模式、机制全面创新转变。商业银行发展互联网金融将不再是仅仅运用互联网技术对现有产品进行改造,而是自觉运用互联网思维,进一步深度融合互联网,创新理念、模式、机制,深度融入移动互联时代,升级再造传统业务和发展新兴互联网金融业务并重,打造符合自身特点的互联网金融模式。一方面,银行将深刻领会并运用以开放、互动、零距离、场景为王、体验至上等为主要特征的互联网新思维,充分利用互联网技术对现有产品和服务进行整合改造升级,打造线上线下一体化、互补协同、双轮驱动的无缝式、全渠道服务体系,建立基于移动互联的互动式、场景化、特色化获客平台。有效整合内部数据资源、合作开发外部数据资源,推动大数据技术在客户分析、需求挖掘、服务体验、精准营销、精细管理、风险控制等方面的广泛深入应用,将大数据运用能力打造成为核心竞争力。另一方面,银行将积极通过"事业部＋互联网金融子公司"全新模式,通过服务目前传统商业银行服务不好、服务不了与服务不到的客群,汲取行外客户资源,拓展新的利润增长点,积极打造与线下母行齐头并进,客户、业务互补的网上"第二银行"。

第六,内部管理机制从简单粗放、缺乏协同向精细化、专业化、协同化转变。在经济下行、风险暴露、改革推进、竞争加剧的全新经营环境下,银行将更加注重提升内部运营管理的集约化、精细化、专业化能力。今后我国商业银行管理机制创新的三个重点是事业部制改革深化、资产负债管理体系转型和AUM(资产管理规模)体系运用。

事业部制改革是商业银行管理转型的重点领域。国内商业银行借鉴国际先进银行的管理经验,进行了一系列事业部或具有事业部特征的改革探索,改革的路径和策略各有不同。改革成效已经初显,但与国际先进银行较为成熟的事业部制模式相比,我国商业银行的事业部制管理还存在一些问题,有待通过持续改革加以完善,形成适合自身情况的架构流程和改革路径,完善配套的资金定价、双边记账、收入分成、绩效考核机制,提升专业化、集约化、市场化的经营管理能力。商业银行将以资本和流动性为约束,建设综合、平衡、动态、前瞻、精细的资产负债管理体系。

逐步从"存款立行"转向"资产驱动",从"以存定贷"向"以资本定资产、以资产定负债"转变,从表内管理为主向"大资产、全负债"的全表管理转变。立足市场建立统一的 FTP 曲线,大数据将更多地运用到资产负债管理全过程。

财富和资产管理已成为商业银行转型发展的重要领域。应探索 AUM 体系的有效运用。AUM 指标体系作为资产管理的重要考核指标,是最能够体现银行资产配置方案价值的考核指标,在西方商业银行中得到了广泛的应用。我国商业银行也正在探索建设以 AUM 为基础的客户发展体系、资源配置体系和绩效管理体系,逐步替代以存贷款为基础的传统模式,为建设综合型财富管理机构提供科学标准。

行业格局: 差异化发展,稳健运行

未来五年,银行业整体格局将进一步朝多层次、广覆盖、有差异的方向发展。随着行业准入进一步放开,预计会有更多专业化、特色化的民营银行陆续成立;在金融业加快双向开放的背景下,也会有更多符合条件的外资金融机构来华投资经营。在行业竞争激烈和市场环境变化的驱使下,我国银行业将逐步改变同质化经营的格局,不同银行在客户定位、经营模式、业务结构上越来越呈现出差异化、特色化的特征,行业差异化发展格局逐渐形成。

大型和部分中型银行将注重国际化、综合化发展,全面服务于大、中、小型企业和个人客户,全面开展从传统的存贷汇到投资银行、财富管理、代客交易等新型业务;部分中型银行将结合自身特点和客户需求,致力于在投资银行、资产托管、交易型业务等领域打造专业特色,服务特定客户,形成核心竞争力,不求做大、做全,注重做深、做精;大部分城商行、农村金融机构将定位于本地发展,聚焦小微、"三农"、社区,致力于做小、做精、做特色。

受制于整体经济增速放缓和资本约束,未来五年银行业表内资产规模扩张将持续较为平缓,信贷余额年均增速可能达到12％～13％,表内总资产年均增速在13％～14％,均低于"十二五"时期。但表外资产增速可能会达到年均15％～20％,从而在一定程度上抵消了表内资产增速放缓的影响。综合考虑经济运行、利率市场化、货币政策等外部环境影响,以及银行自身推进业务机构调整,"十三五"前期银行净息差将持续收窄,后期有望趋稳,"十三五"规划期末银行净息差有可能从目前的2.5个百分点左右下降到1.8个百分点左右。规划期的五年将是利率市场化对息差收窄产生真正压力的时期。受客户需求变化和银行自身深化改革、转型创新的推动,未来商业银行非利息收入增长将是亮点,"十三五"期间中间业务收入有望实现年均15％～20％左右的较高增速。前期经济下行压力依然较大,不良资产仍将扩大;随着我国经济逐渐企稳向好,资产质量压力也会趋于缓解。因此信用成本率将先升后降,预计平均在1％～1.3％,总体高于"十二五"时期。商业银行将不断加强成本支出管理,但成本支出有一定的刚性,成本收入比将稳中略升。

综合来看,"十三五"时期,尽管面临不小的挑战,但在加快推进改革和转型并取得明显成效的推动下,我国银行业尽管在规划初期将经历盈利增速放缓,个别银行甚至出现负增长,但在规划中后期则可能逐渐向好,改革转型对盈利的推动开始显现。总体来看,未来五年银行业有望保持平稳、安全、健康发展,年均净利润增速将保持在5％左右的中等水平。

加快发展绿色金融,推动商业银行转型①

当前,我国生态环境恶化,推进绿色发展比以往任何时期都要迫切。绿色发展离不开绿色金融的支持,需要一套功能完善的绿色金融体系作为支撑。作为我国金融体系的主体,商业银行发展绿色金融、支持国家战略义不容辞,同时也是提升自身社会形象、推动经营转型、拓宽收入来源的需要。

商业银行社会责任和转型需要

中共十八届五中全会提出了创新、协调、绿色、开放、共享的新发展理念,绿色发展上升到了前所未有的高度。国家"十三五"规划纲要中明确提出"健全现代金融体系",其中就包含发展绿色金融。绿色金融也首次被写入 2016 年的《政府工作报告》。人民银行、财政部、发改委、环保部、银监会、证监会、保监会也联合印发《关于构建绿色金融体系的指导意见》,旨在动员和激励更多社会资本投入到绿色产业,同时更有效地抑制污染性投资;明确政府在适当领域运用公共资金给予激励,推动金融机构和金融市场积极稳妥地加大绿色金融创新力度。可见,绿色金融已上升为国家战略。

发展绿色金融是商业银行落实供给侧改革的重要途径。供给侧结构性改革是我国"十三五"时期甚至更长时间的任务。绿色发展具有重新调整供给侧总量和结构的重要意义:一方面,低碳减排的经济增长方式有助于削减过度的供给,消化过剩产能,同时调整供给结构,消除供需缺口;另

---

① 本文发表于 2016 年 9 月 12 日《上海证券报》。

一方面,绿色的经济增长方式有利于纠正生态资源的扭曲配置,提高资本、劳动等要素的配置效率。

绿色发展通过严格的环境保护制度强化对于低端供给侧发展的约束;通过市场中的信息机制、声誉机制等加强与资本等其他要素的结合,来确保资本市场等发展沿着绿色轨道前进;通过引入绿色供应链管理制度,确保供给侧在全生命周期上的绿色化。商业银行发展绿色金融本身就有着重要的推动供给侧改革的内涵。去产能与绿色金融关系密切——很多产能过剩行业同时是高能耗、高污染行业,不符合绿色发展的标准。

通过贯彻落实日趋严厉的环境保护政策,商业银行加快退出高污染、高能耗行业企业,这本身就是加快去产能的过程。与此同时,通过加大对绿色环保行业资金的投入,支持和促进相关绿色行业快速发展壮大,即是推动经济结构调整,推动我国经济向更加低碳、绿色的可持续发展模式转变。

发展绿色金融符合社会各界对商业银行的期望和要求,有助于商业银行树立承担社会责任、践行绿色发展的良好社会公众形象。随着我国经济发展绿色化趋势日益清晰,支持和发展绿色金融将是可持续、负责任企业的重要标志之一。商业银行是我国金融体系的主体,建立绿色金融体系必然要以商业银行为主。商业银行特别是国有大型银行支持国家战略、发展绿色金融义不容辞。环顾世界,全球主要大型银行均采用"赤道原则",标准普尔也提出要将环境发展指标纳入公司评级。打造良好的绿色金融品牌、树立积极支持绿色发展的良好国际形象,对我国商业银行拓展国际市场、迈向国际舞台将大有裨益。

从银行自身的角度看,发展绿色金融也是我国商业银行可持续发展的必然选择。绿色金融是为数不多的、尚未成熟却具有战略意义的国际金融高地,布局绿色金融市场是商业转型发展的重要方向,有利于其拓展赢利渠道。比如严格执行绿色标准和规则,通过环境压力测试,将推动银行加快信贷结构调整,加快退出"两高一剩"行业,扩大在新兴绿色环保领域的布局;银行发行绿色债券可以获得长期稳定资金,投资其他企业和金融机构发行的绿色债券未来可能也有优惠风险权重,这有利于缓解资本压力;碳金融涉及贷款、信息咨询、代客与自营交易、资金托管等多项业务,积极参与碳金融有望成为推动商业银行开展综合化金融服务创新的有力抓手。

绿色信贷仍将是绿色金融主体

目前我国商业银行的绿色金融实践主要是以传统绿色信贷为主,更多地通过总量控制、行业限贷等手段,限制污染型企业贷款。国内绿色信贷项目主要集中在绿色经济、低碳经济、循环经济三大领域。2007年我国发布了《关于落实环保政策法规防范信贷风险的意见》,标志着绿色信贷政策的正式启动。2012年银监会发布《绿色信贷指引》,对银行业金融机构有效开展绿色信贷、大力促进节能减排和环境保护提出了明确要求。2014年银监会发布《绿色信贷实施情况关键评价指标》,超过100个指标对组织管理、能力建设、流程管理、内控管理、信息披露等方面进行了规范。国内大多数大型银行包括交通银行等已制定绿色信贷相关政策制度,且已有29家银行共同发起成立中国银行业协会绿色信贷业务专业委员会。在银行的主导下,我国绿色信贷的贷款余额也从2007年的3400亿元上升到2015年的8.08万亿元,其中,21家主要银行业金融机构绿色信贷余额达7.01万亿元。目前全球仅有三个国家有正式的绿色信贷统计,中国是其中之一,另外两个是巴西和孟加拉国。

截至2015年底,绿色信贷在中国占全部贷款余额的比重为10%,仍有进一步提升空间;而绿色信贷对于循环经济的支持较少,可能仅占其中的2%左右。现有的统计数据也存在被高估的可能。由于绿色信贷细则标准并未出台,各家商业银行绿色信贷的内涵不一致,因此大部分商业银行按照自身理解制定本行绿色信贷战略方针以及制度流程和产品。金融机构与环保部门缺乏有效的协作机制,尚未实现信息共享,企业环境污染信息还未进入征信系统,银行难以全面掌握其真实情况,这成为制约绿色信贷发展的主要瓶颈。

展望未来,围绕绿色信贷的相关政策应不断完善。绿色信贷标准和范围应尽快统一,应建立和完善银行业金融机构统一使用的、可清晰量化和可核实的统计监测体系,保证绿色信贷能够在更加完善的制度下规范运行。未来通过系列监管、补贴的激励政策来引导和推动绿色信贷业务发展将逐步落实。比如,对执行绿色信贷成效显著的银行在差别存款准备金率制定、再贷款、抵押补充贷款、贷款风险权重等方面合理和适当地给予扶持,以调动商业银行推动绿色信贷的积极性。建议探索成立绿色政策性银行,依靠其自身的政策性导向功能注重资金使用过程中的环境效益,并与商业银行进行协作,促进产业结构优化。应综合运用财政贴息、费用补贴、税收优惠等多种政策方式,合理分散金融机构对环境保护项目融资支持的信贷风险。从行业自律角度来看,可以考虑将绿色信贷执行情况纳入"陀螺评价体系"。通过系列相关政策的引导和激励,未来绿色信贷市场将更加良性和规范化地发展。

布局碳金融和绿色债券领域

除了继续积极稳妥地发展绿色信贷以外,借鉴国际市场经验,梳理我国绿色金融政策和市场走向,未来我国商业银行发展绿色金融应抓紧布局绿色债券和碳金融两大领域。

当前,国际银行业正积极开展绿色金融创新,特别是碳金融和绿色债券两大新兴领域的发展尤为引人注目。在碳金融领域,围绕碳减排权,渣打银行、美洲银行、汇丰银行等欧美金融机构在直接投融资、银行贷款、碳指标交易、碳期权期货、碳基金等方面做出了很多有益的创新试验。韩国光州银行在地方政府支持下推出了"碳银行"计划,尝试将居民节约下来的能源折合成积分,用积分可进行日常消费。在绿色债券领域,2015 年全球绿色债券的发行规模达 500 亿美元左右。其中,开发性银行为绿色债券最大的发行主体,企业部门、政府和银行的份额也在持续扩大,70%左右的绿色债券投向了可再生能源、节能环保领域的项目。粗略估计,仅仅绿色债券市场将撬动涉及全球环保领域千亿美元市场,全球资本对其加大投资将是必然趋势。

创新绿色金融领域尽管存在体制机制尚未健全的困难,但不少商业银行仍已从多角度参与。在碳金融领域,一方面,国内商业银行以碳信贷的模式参与国际市场即依托 CDM 项目的碳权抵押贷款。在企业 CDM

项目获批的前提下,将其项目下的核证减排量作为抵押品进行贷款,并将CDM项目获得签发后的碳交易所得资金作为还款保障。另一方面,商业银行积极提供相关的中介服务。针对CDM项目为客户提供信息咨询,充当项目财务顾问。在交易制度设计咨询、交易及清算系统开发等方面提供一揽子产品与服务。此外,极少部分银行还参与设计了挂钩碳减排金融市场价格的理财产品。在绿色债券领域,国内商业银行积极协助中资企业在境内外发行企业绿色债券。比如浦发、国开行在境内承销中广核绿色债券,中国银行参与承销金风科技境外绿债。同时,商业银行自身在境内外市场发行绿色金融债券,比如,农业银行在伦敦发行人民币、美元计价的绿色金融债券,兴业、浦发银行境内发行绿色金融债券。此外,一些地方政府也积极做好发行绿债的准备,如贵阳市正开展绿色债券的申报工作。

放眼中长期,国内银行通过布局碳金融和绿色债券来创新发展绿色金融将大有可为。碳金融和绿色债券相关政策很可能将率先发力。"十三五"时期,国内绿色金融体系除了已有的绿色信贷体系将得到进一步梳理和完善外,未来两大新兴细分领域也将得到快速发展。一是依托全国统一碳排放交易市场成立而建立的碳金融体系,二是目前已逐步开启的绿色债券市场。《构建绿色金融体系的指导意见》就明确提出发展绿色债券市场,为中长期绿色项目提供新的融资渠道;发展碳交易市场、碳金融产品。从政策实施的难易程度及先后顺序来看,未来基础性机制将在"十三五"期间得到较快的发展和完善。而基础性政策的落实将集中体现在部分已先行启动的机制上,如碳排放交易、排污权以及银行间绿色金融债券,将在未来五年加快推广。

未来碳金融和绿色债券的市场空间不容小觑。截至2015年8月底,中国7个碳排放交易试点累计交易地方配额约4024万吨,成交额约12亿元。我国已经宣布在2017年启动全国碳交易市场,这意味着中国的碳金融市场将会迎来史无前例的规模扩张。根据我国对外减排承诺,未来5年碳现货市场规模平均每年20亿吨。至2030年,仅二氧化碳现货市场空间有望达万亿元人民币。绿色债券方面,央行于2015年12月出台了关于发行绿色金融债券的公告,确立了金融机构发行绿色金融债券并专项支持绿色产业项目的制度框架。新出台的《关于构建绿色全球体系的指导意见》也要求统一绿色债券界定标准，支持开发绿色债券指数、绿色股票指数以及相关产品。中国债券市场的迅速发展增加了绿色债券的发展机遇，各类企业和金融机构都有发行绿色债券的强烈需求。据分析，从2015年到2020年，每年可能有近3000亿元的绿色债券融资规模。

碳金融和绿色债券处于价值链高地，有助于推动商业银行转型创新。商业银行参与绿色金融将主要通过两方面，即传统项目市场和创新型领域，各环节附加价值的高低则与相应的技术含量成正比。相对而言，项目市场上专利型减排技术更具有价值，信贷收益更高；创新领域中中介服务、碳交易、衍生品、理财产品等处于价值链逐步上升通道。对交易市场来说，初始碳信用是指配额这样最原始的交易产品，转化难度很低；而扩展的碳信用和衍生品是对于基础产品的逐步深入，相应的附加价值也呈上升趋势。

发展绿色金融的举措

在绿色发展已经上升为国家战略、绿色金融将成为国内外金融热点的背景下，商业银行有必要深刻认识发展绿色金融的重大意义，切实增强紧迫感，密切跟踪，加强研究，提前布局。建议商业银行从树立理念、机制创新、人才培养、打造品牌四个方面入手，推动绿色金融发展。

树立绿色发展理念，将发展绿色金融提升到战略高度。理念是行动的先导，商业银行应以推动经济绿色发展，坚持绿色富国、绿色惠民为己任，切实树立起绿色金融的发展理念。为将绿色金融理念贯穿到今后的长期发展中去，建议商业银行将绿色发展提升到战略高度，制订相应的发展目标、产品体系、关键举措和机制保障，从而形成完整的绿色金融发展规划。短期内，商业银行应尽快着手制订具体详细、可操作性强的绿色金融标准和细则，在全行系统内颁布，在授信与风险政策上深入体现绿色金融的理念。建议采取分步实施、阶段性达标的策略，推动和促进各级经营单位践行绿色发展，将绿色金融理念贯穿到具体业务经营之中。

做好架构和机制创新，为发展绿色金融保驾护航。鉴于绿色金融涉及商业银行各项主要业务领域,必须加强综合和协调管理。建议考虑成立绿色金融领导小组,由主要领导担任负责人,小组成员包括公司、零售、同业、预财、资负、风险、授信、人资等主要部门。领导小组负责全集团绿色金融发展的规划制订、组织推进、部门协调等工作。建立绿色金融专项行动资源配置机制,通过绿色金融专项行动计划、加大专项资源投入力度,引导经营单位聚焦重点业务,以点带面,点面结合,推动商业银行绿色金融长期可持续发展。逐步加大对各经营单位绿色金融业务的考核力度,以考核引领业务发展,并配以相应的费用资源。

做好人才培养配套工作,为发展绿色金融提供动能。商业银行应尽快启动绿色金融人才储备工作。除了加大对现有员工在绿色金融业务上的专业培训外,可以考虑市场化选聘熟悉绿色金融国际准则、有一定从业经验的专业人才,逐步构建既熟悉国际规则又掌握本土情况的绿色金融专业团队。

打造绿色金融品牌,提升践行绿色发展的公众形象。在制定绿色金融发展规划的基础上,进一步将理念、标准、业务、产品整合打包,形成统一、完整的绿色金融品牌。建议将绿色发展规划以召开发布会、出版手册等方式正式对外公布,加大对外宣传力度,让社会公众详细了解和认识绿色金融理念、发展目标、产品体系、具体举措,推广绿色金融品牌,树立良好的绿色发展公众形象。密切跟踪国内外绿色金融发展态势,加强国际合作,积极参与国际规则制定,为中国金融业争取在国际绿色金融领域的话语权。

流动性和盈利双重压力下的银行风险[①]

流动性风险和不良贷款增长风险是当前商业银行面临的主要风险，而赢利能力下降则会在一定程度上降低商业银行的抗风险能力。当前应高度关注流动性和盈利双重压力下的银行风险，采取积极措施加以应对。

流动性风险总体可控，中小银行应引起关注

在 2013 年货币市场出现流动性紧张事件后，监管部门和商业银行均提高了对流动性风险的重视程度，并采取了一系列针对性举措，近年来市场整体流动性状况保持合理适度。但 2017 年以来，商业银行尤其是中小银行的流动性风险问题再次引起了市场警觉。

在相对宽松的货币政策环境下，商业银行资产负债结构变化是近期流动性承压的主要原因。近年来，我国商业银行资产负债出现了较快的增长，结构也发生了明显的变化。部分银行却因规模情结和风险偏好较高的影响，出现了过度追求杠杆经营的状况。从资产端看，一些银行利用交叉金融业务迅速扩张，主要通过资产管理计划、资金信托计划对接非标资产、同业理财、债券委外等，从而达到提高资产收益率、减少风险资本占用、规避监管等目的，并直接导致了银行表外业务规模的快速扩张。这类资产的运作使用资金池的现象较为普遍，不但存在期限错配的问题，也推高了资金成本。2016 年末，银行业金融机构表外业务余额 253.52 万亿元，同比增速超过 30％，远高于表内资产 15％左右的增幅；表外资产规模达到表内总资产规模的 109.16％，继续比 2015 年末提高 12.04 个百分

---

① 本文发表于 2017 年 7 月 27 日《第一财经日报》。

点。从负债端看，一些银行对包括同业存放、同业拆借、同业存单、卖出回购等在内的短期批发性融资的依赖性较强。稳定性较差的同业负债过快增长，将使一些银行的流动性风险管理难度大幅增加。

金融去杠杆的持续推进进一步提高了对商业银行流动性管理的要求。2016年以来，央行MPA考核实行表内外一体化管理，未来仍有可能进一步收紧宏观审慎资本充足率容忍度，这些措施使原本增长较快的银行表内外资产规模面临较强的约束。同时，各监管部门不断强化行业监管、加强监管协调、补齐监管短板，大幅压缩了监管套利的空间。这些监管措施将在很大程度上限制部分中小银行通过做大同业业务规模支撑资产业务发展的操作模式，而在负债来源受限但资产短期内无法调整到位的情况下，这些银行的流动性平衡状态将受到冲击。

流动性状况的变化会直接反映为货币市场利率的波动，也会推高商业银行同业负债成本，短期内这些负债端的压力会通过商业银行息差收窄反映出来，并由商业银行通过自身成本的压降和强化管理加以消化。但如果这一现象难以有效缓解，则成本上升的压力会逐渐向资产端传导并在贷款利率上有所体现。在当前对基准利率的调整仍保持相对谨慎的前提下，提高贷款利率上浮比例成为商业银行的必然选择。

当下，不同机构间流动性风险状况存在差异。随着货币政策工具组合和期限结构的进一步优化和市场调节机制的完善，央行将不断通过逆回购和MLF等工具"削峰填谷"，保持市场流动性水平相对平稳，短期内市场利率中枢也不会大幅下行。在此背景下，商业银行流动性风险整体可控，但不同类型机构间存在较大的差异。其中，大型银行具有网点优势和规模效应，存款的稳定性在同业中处于领先水平，表内理财、同业存单、协议存款等市场化利率负债在总负债中的占比较低，截至2017年第一季度末市场化利率的负债平均占比不到10％。同时，大型银行长期以来对交叉性创新金融业务的发展相对保守，由此造成的突发性、临时性流动性需求也相对较少。因此，大型银行发生流动性风险的可能性是商业银行中最低的。

部分交叉性金融业务发展过快的中小银行则可能会在三个方面因素的共同影响下，面临较大的流动性风险。一是存款增速乏力进一步提高了对同业负债的依赖度。2017年第一季度上市银行各项存款余额增速由2016年第四季度的10.2％降至9.8％，企业存款仅增长2267亿元，远低于2016年第一季度同期增长15600亿元的水平。对于存款类核心负债发展能力不强的中小银行来说，短期内以新发同业存单等方式调节的流动性的要求更为迫切，在监管部门强化监管要求和市场利率中枢明显抬升的市场环境下，这种模式的可持续性不强。二是流动性覆盖率（LCR）走低会强化中小银行流动性压力。当前，同业负债监管会导致部分中小银行现金净流出增大，而客户存款增速下降甚至流失则会引起超额储备的变化，导致合格优质的流动性资产下降，最终推动LCR指标下行。从2016年年报情况看，17家上市银行中有11家银行的LCR较半年报出现不同程度的下降，部分银行流动性压力已经开始显现。预计非上市的中小银行LCR下行的压力更大。三是金融去杠杆的影响不容忽视。一方面，去杠杆政策对流动性压力有一定的放大作用，在同业业务规模下降的过程中，过度利用杠杆经营的中小银行可能面临超常规的资金需求。另一方面，宏观审慎监管（MPA）考核对资产负债配置提出了新的要求。当前商业银行不同程度地面临潜在非标资产回表压力，而在部分中小银行资本充足率已经低于12％的情况下，同时满足MPA监管和流动性管理要求成为一个两难课题。

赢利能力下降可能导致不良资产反弹

不良贷款增长导致的拨备增加是近年来商业银行净利润增速大幅放缓的主要原因之一，而盈利水平下降又进一步制约了商业银行运用更多财务资源处置相关风险的能力。虽然短期看资产质量和赢利能力的变化处于可控范围，但未来一段时间内这两个因素将共同对商业银行带来持续压力。

不良资产仍未见底

2016年，商业银行不良资产增长趋势已经有所减缓，全年不良贷款率为1.74％，仅较2015年上升0.07个百分点，且第四季度不良率还出现了小幅回落。但这种改善并非来源于贷款资产质量的好转,而是在商业银行普遍加大处置核销力度的基础上实现的。同时,年末业绩考核的压力也在一定程度上起到了压低不良率的作用。2017年,受宏观经济阶段性回稳等利好因素影响,商业银行资产质量下行压力将进一步缓解,但商业银行不良贷款仍难言见顶。

商业银行潜在的风险仍将继续暴露。2017年,商业银行较高的关注类和逾期类贷款将继续带来资产质量下行压力,这两类贷款的变动情况一定程度上能反映商业银行潜在的风险状况。第一季度,关注类贷款占比为3.77%,仍处于不低的位置。从主要上市银行的情况看,2016年末关注类贷款迁徙率为34.94%,为近年来最高值,表明关注类贷款有加速下迁为不良贷款的迹象。此外,2016年末主要上市银行逾期贷款占比为2.77%,逾期贷款和不良贷款之间的差额虽然有所减少,但仍达到5305亿元,且逾期贷款的增加速度仍高于不良贷款增加的速度。这些数据表明仍有相当一部分的贷款风险尚未完全暴露,未来关注类和逾期贷款将对商业银行造成一定的风险压力。

当前,小微企业、两高一剩和亲周期行业企业仍是不良贷款的主要增长点。受产能过剩治理和担保圈链辐射等因素的持续影响,小微企业尤其是制造类、批发零售类以及资源类等亲周期行业的小微型企业风险管控压力依然不小。随着去产能力度的不断加大,钢铁、水泥、建材、船舶、光伏等产能过剩行业的经营环境更趋艰难,相关贷款的违约风险也会逐渐显现出来,行业整体信用风险将有所增加。除此之外,不良贷款的客户、行业和区域结构也出现一些变化。一是不良贷款向大中型企业扩展。虽然不良贷款中的大部分仍是以民营企业为主的小微企业,但国有大中型企业的违约有进一步发展的趋势,且这类企业形成不良后造成的影响更大。二是不良贷款集中发生的区域出现变化。近两年不良持续快速增长的江浙地区新增不良贷款已经出现见顶回落的信号,2016年浙江省不良率较年初下降0.19个百分点至2.17%。而东北、环渤海和部分中西部省份的不良水平仍处于较快增长的阶段,部分省份不良率已超过3%。三是投资性资产与贷款违约的关联度逐渐提升。当前信用债违约的情况不断增加,提高了贷款交叉违约的可能性。同时,在理财产品刚性兑付的背景下,为存量理财产品提供支持而最终形成不良的情况也有发生。

赢利能力进一步下降

2014 年 11 月起,央行连续 6 次降息。虽然存贷款利率均出现下行,但在利率市场化改革加快推进的背景下,存款成本率的降幅明显低于贷款收益率,对商业银行净息差水平形成了巨大的挑战。同时,地方政府债务置换对商业银行的生息资产结构有较大影响,推动大量收益水平较高的信贷资产转化为收益相对较低的债券类资产。2015 年启动至今已经完成了 8 万亿元左右的置换总量,预计对银行利息收入造成的负面影响达 3000 亿~4000 亿元。在此期间,商业银行净息差由 2014 年末的 2.7%下降至 2017 年第一季度的 2.03%,快速与市场化程度较高的西方发达国家接轨。虽然商业银行非利息收入占比有一定提升,但并不足以弥补净息差下降带来的影响,导致商业银行盈利增幅大幅落后于资产规模的增幅。同时,近期一系列针对理财和同业业务的监管措施陆续出台,商业银行相关业务的规模增长受到遏制甚至出现负增长,并可能导致快速增长的手续费收入增速出现较大幅度的下降。

虽然商业银行面临同样的运营环境变化,但中小银行受到的影响比大型银行更大。一是以量补价的可操作性下降。长期以来中小银行资产增长明显快于大型银行,为盈利增长打下了较好的基础。而在资本和监管的约束下其规模增长已经开始受到限制,2017 年第一季度中小银行资产同比增速平均下降 3~4 个百分点。二是息差收窄的压力更大。2017年第一季度商业银行平均息差为 2.03%,同比下降 32 个基点。而从大型银行公布的季度报告看,净息差降幅明显低于平均水平,反映出中小银行息差下降的速度更快。三是监管的负面影响更强。中小银行的创新普遍较为活跃,同业和表外业务的占比也相对较高,无论从相关业务收缩过程中的成本还是从非利息收入增速放缓的角度看,相比较而言中小银行盈利将承受更大的压力。

赢利能力下降除了对银行的整体估值不利外,对银行的资本充足水平和处置不良资产能力的提升也有负面影响。一方面,赢利能力下降会使银行内外部资本补充渠道承压。由于"十三五"期间 M2 增长目标基本确定,商业银行资产增长有较大的刚性,在资本充足率的要求下,未来商业银行仍有较大的资本补充需求。在内部,盈利下降将减少商业银行内生资本的积累;在外部,盈利下降不利于修复相对较低的商业银行估值水平,股价长期低于净资产的银行很难推动再融资计划。另一方面,赢利能力下降不利于银行消化存量不良资产。受资产质量长期较快下行的影响,商业银行近年来持续加大核销力度。从上市银行的年报数据看,主要上市银行 2016 年核销不良贷款 5840 亿元,较上年增加 1312 亿元,增幅达 28.98%。这也是 2016 年商业银行资产质量保持稳定的关键因素。未来一旦盈利提供的财务资源不足以支撑大规模的核销,则商业银行不良贷款率有快速反弹的风险。

采取切实举措避免风险形成"蝴蝶效应"

当前监管当局对金融风险的重视程度不断提高,短期内各项调控措施的效果也已经较为明显,商业银行作为金融体系的一部分,其风险状况整体可控,但一些新的变化仍应引起高度重视。其中,流动性风险具有全局性、整体性的特征。在人民银行通过管理工具和政策体系的优化较为有效地掌控了市场整体流动性水平的前提下,应关注部分中小银行的流动性风险变化。赢利能力下降与不良增长的压力是行业面临的共同问题,虽然短期内商业银行还能通过自身资源加以应对,但要重点关注盈利压力与其他风险叠加后产生的影响。总体来看,中小银行面临的风险压力明显高于大型银行。现阶段,要从政策制定的角度及时缓解商业银行风险压力,并防止个别机构的问题形成"蝴蝶效应"叠加"羊群效应",从而影响到金融系统的全局。

一是保持市场整体流动性水平充足合理。鉴于金融机构对央行临时性流动性支持的依赖程度有所提高,且同业业务监管可能影响到市场对流动性的预期;建议货币当局加大对各种货币政策工具的运用力度,如有必要,央行可以采取适度扩表的措施,保持未来市场整体流动性合理适度。

二是继续采取针对性降准措施推动商业银行加大对小微企业贷款投

放。可以考虑对小微企业贷款增量较多或贷款占比提升较快的商业银行继续执行定向降低准备金率的政策。一方面为这些银行解决现实的流动性问题,使其有足够的资金来源进行针对小微企业的投放;另一方面降准降低这些商业银行获得流动性的成本,并引导其以更低的价格为小微企业提供融资。

三是关注中小银行流动性风险管理。为了防止在去杠杆和加强监管的过程中出现流动性风险,甚至引发局部系统性风险,应该密切关注中小银行业务增量,在存量资产逐步到期的情况下要求其主动去杠杆,短期内应该允许其开展纯粹以调节流动性为目的的业务。

四是继续拓宽不良贷款处置渠道,引导商业银行加快化解不良贷款。扩大不良贷款证券化、批量转让和债转股等新型处置模式的应用范围和领域,在盈利状况允许的前提下,通过简化核销要求、给予一定的税收优惠、调整拨备要求等方式,鼓励商业银行动用更多的财务资源处置不良贷款。

五是对房地产贷款和地方政府项目融资的集中度风险加强管控。通过提高首付比例和按揭利率等手段控制房价过快增长,对房地产金融属性增强的问题进行有效管理,防范房地产市场泡沫破裂的风险。进一步明确对地方政府项目的监管要求,尤其要关注地方政府隐性债务问题,防止相关风险敞口过快增长。

六是积极与相关部门协调,积极应对商业银行赢利能力下降的问题。一方面,要研究营改增政策对商业银行的负面影响,探讨对商业银行进行税收优惠、降低税务负担的可能性;另一方面,尝试引导商业银行适当降低分红比例,增加盈利留存,提高抗风险能力。

七是适度扩大债转股应用的领域和参与债转股试点机构的范围。市场化债转股是当前降杠杆的重要政策工具,在此基础上可以考虑总结上一轮债转股的经验,继续尝试债转股在不良资产处置方面的应用。同时除大型银行外,可以再增加一批风险控制和管理能力较强的银行参与债转股试点,帮助银行降低潜在风险。

银行资本工具创新提升支持实体经济能力①

商业银行的资本补充需求和补充方式是金融市场长期令人瞩目的焦点。2018 年 3 月 12 日,中国银监会、中国人民银行、中国证监会、中国保监会和国家外汇管理局联合发布了《关于进一步支持商业银行资本工具创新的意见》(下称"《意见》"),提出支持商业银行通过多种渠道发行资本工具。《意见》与近期监管部门接连下发的拓宽银行资本补充渠道和鼓励银行补充资本的相关文件一脉相承,为银行发行各类创新型资本工具创造了有利条件。

推动银行资本工具创新恰逢其时

2008 年次贷危机以来,以巴塞尔委员会为代表的国际监管组织围绕降低银行杠杆水平和提高银行资本实力,推动了一系列监管标准的调整。随着我国银行业资产规模的持续增长以及在全球范围内的重要性和影响力不断提升,商业银行特别是具有系统重要性特征的商业银行资本补充的压力进一步增大。

作为金融行业的主体,商业银行长期以来为促进我国经济发展和改善社会民生做出了巨大贡献,尤其是近年来银行信贷在社会融资中的地位再度提升。2017 年,商业银行对实体经济发放的人民币贷款增加了13.84 万亿元,在同期社会融资规模中的占比从 2013 年的 50% 左右提高至 71.2%。当前经济和社会进入注重高质量发展的新时代,实体经济发展需要银行的支持。按照中共十九大和第五次全国金融工作会议的要

---

① 本文发表于 2018 年 3 月 21 日《中国证券报》。

求,银行也更加坚定地将服务实体经济作为新时代战略和业务转型的工作重心,这会持续推动商业银行信贷和资产规模的增长。

在经济稳中向好的同时,金融业脱虚向实也同步推进。降低金融体系杠杆水平,守住系统性风险底线成为监管部门和商业银行的共识。相对严格的监管环境已经有效遏制了商业银行同业、理财和表外业务等业务的增长,并对资本充足率形成一定的压力。一方面,未来由银行承担实质性风险的部分表外业务和非标投资面临回表;另一方面,原先由这些业务满足的实体经济融资需求也将转而寻求信贷的支持。这都将直接推动银行风险资产的进一步增长。

复杂的国际监管形势使我国商业银行面临新的资本补充需求。资产规模扩张必须匹配相应的资本,对于系统性重要银行来说,资本要求的不断提高已经成为未来国际监管变化的大势所趋。按照《巴塞尔协议Ⅲ》的标准,到 2018 年末系统性重要银行的核心一级资本充足率、一级资本充足率及资本充足率须分别达到 8.5％、9.5％和 11.5％。当前我国已经有四家全国性大型银行进入国际系统性重要银行序列,还有一批商业银行正在接近这一标准。虽然这些商业银行资本充足率大多达到 13％左右,核心一级资本充足率也接近 11％,明显高于新的监管标准;但考虑到未来年均 10％左右的资产增长水平,我国商业银行仍面临资本补充压力。而一系列新的监管内容的引入,在资本结构方面也提出了新的要求。如:未来几年,全球系统性重要银行将实施总损失吸收能力(TLAC)监管,资本充足率要求的进一步提高就不可避免。在这种背景下,银行资本工具创新尤其是新型债券资本的引入自然就成为新的市场关注焦点。

多措并举促进银行资本工具创新

商业银行提高资本补充能力,需要增强内源资本积累和拓宽外源资本补充渠道双管齐下。此次《意见》出台,几乎涉及金融市场监管的所有部门,涵盖了从工具创新到发行审批、从发行渠道到投资者引入的各个关键节点,从多个维度为银行资本工具创新提供了支持性政策,将有效引导和推动商业银行资本工具创新。

《意见》明确了商业银行资本工具创新是应对风险有益尝试的定位,充分肯定了商业银行近年来的管理成效,并对新型资本工具发行的市场环境做出了正面的判断。在此基础上,提出要充分调动商业银行资本工具创新的积极性和主动性,表明了监管部门对资本工具创新的强有力支持态度。

资本工具的发行环节将成为监管制度完善和优化的重点。在发行渠道方面,《意见》提出通过完善市场基础设施和配套制度,鼓励商业银行充分运用境内外金融市场实现工具发行,通过多种渠道稳步扩大资本工具的发行规模。在资本工具种类方面,《意见》在继续肯定现有的优先股和减记型二级资本债券的基础上,提出了无固定期限资本债券、转股型二级资本债券、含定期转股条款资本债券和总损失吸收能力债务工具等新型资本工具的创新方向。在投资主体方面,《意见》提出了进一步扩大投资主体范围的要求,社保基金、保险公司、证券机构和基金公司等机构都将成为商业银行资本工具的重要投资者。参与主体范围的扩大有利于降低集中度风险,并带动发行成本下行。

监管改革和效率提升将成为相关工作开展的突破口。《意见》主要从资本工具发行审批流程和完善储架发行机制两个方面,提出了进一步优化相关工作机制的要求。并联审批的新模式将明显提高监管部门间的协同效率,缩短审批流程。而储架发行机制的建立和完善,将使商业银行较为自主地安排发行计划和控制发行节奏成为可能。

资本工具创新将对银行资本管理产生积极影响

资本工具创新既是商业银行更好地服务实体经济的客观需要,也是强监管环境下缓解商业银行资本压力的可行途径,还将成为国内银行业应对国际资本监管要求的有效手段。可以预计,根据《意见》的要求出台相关配套政策和改进相关工作方法后,商业银行的资本工具创新将更为活跃,并将对银行资本管理产生一系列积极影响。

资本工具创新和发行有利于商业银行提升资本充足率、优化资本结构。由于国内资产证券化市场还处于起步阶段,商业银行主动收缩资产的能力较为有限,合理补充资本就成为提升资本充足率的必然选择。资本工具创新和发行将使商业银行能为不同风险偏好的投资者提供更为多样化的产品,从而为银行拓展更多的资本补充渠道。此举也将有助于改善我国商业银行核心资本占比较高的现状,通过资本结构管理优化资本构成,以更为合理的成本维持和提升商业银行资本充足水平,为达到日益严格的国内外监管标准提供条件,从而对业务的可持续发展形成有力支撑。

资本工具创新和发行有利于降低银行融资对资本市场的压力,维持市场稳定。作为周期性行业,上市银行融资往往具有规模大和相对较为集中的特点。在现阶段股市景气状况下,银行过多地以股权融资方式补充资本,将不可避免地对资本市场带来压力。当前我国商业银行较常用的资本工具主要是优先股、定向增发和二级资本工具。相对于股权融资,债券融资面对的市场更大,投资者群体的专业化程度也更高。商业银行更多发展创新型资本工具能够有效控制银行补充资本对资本市场带来的压力,避免集中发行对市场资金形成分流,有利于股票市场保持合理的流动性。考虑到今后二三年是银行业资本需求较为集中释放的阶段,货币当局有必要保持市场流动性处在合理水平。

资本工具创新和发行有利于商业银行与国际市场接轨并拓展境外资本补充的业务资源。符合《意见》导向的商业银行创新型资本工具,是巴塞尔协议框架下国际商业银行普遍使用的资本补充模式。相对于国内市场来说,国际投资者对市场化程度较高的创新工具较为熟悉,接受程度也较高。推动商业银行加大资本工具的创新力度,将使我国商业银行在产品供给层面做好与国际市场接轨的准备,更好地利用广阔的国际资本市场帮助银行筹集长期资金。成为国际资本市场活跃的资本筹集者有利于增加市场对我国商业银行的了解,为更好地规划发展境外业务创造条件,同时有助于推动境外评级机构对中资商业银行做出公正的评价。

债务工具的创新和发行有利于我国的全球系统性重要银行适应新的国际监管要求。根据总损失吸收能力监管要求,自2019年1月1日起,全球系统性重要银行总损失吸收能力至少应达到风险加权资产的16%,相比现行的巴塞尔协议对资本充足率标准的要求更高。未来全球大型银行将不可避免地开展新一轮提升总损失吸收能力债务工具的融资。我国监管部门和商业银行提前对新型债务工具开展布局,将使我国银行体系对新的监管要求进行更充分的准备,对可能出现的问题未雨绸缪,以进一步提升银行业的系统稳定性和抗风险能力。

监管支持是金融创新的关键推动力。随着各项操作细则的落地,我国商业银行资本工具创新的进程将不断加快,市场的接受程度也将不断提高。在资本实力提升和资本结构优化的同时,商业银行将有能力为实体经济发展提供更为有效的支持,成为守住系统性风险底线的重要基石。

积极探索银行业结构调整优化[①]

——择优转制小贷公司为小型银行的建议

　　小微企业是国民经济的重要组成部分,其融资难题一直是各界关注的重点。尽管近年来在政府部门和金融机构的共同努力下,小微企业融资情况已得到明显改善,但大量小微企业的合理融资需求仍远未得到满足。如何在现有基础上进一步做好小微企业融资服务,是金融服务实体经济不可推卸的重要责任。

　　2018年中央经济工作会议提出:"要以金融体系结构调整优化为重点,深化金融体制改革,发展民营银行和社区银行,推动城商行、农商行、农信社业务回归本源。"可见,为更好服务实体经济、民营经济,尤其是中小微企业,金融结构调整优化将是改革的重点。银行业作为金融业的主体,结构调整优化更为重要。择优转制一批小贷公司为小型银行,不失为一种探索途径。

大中型银行拓展小微金融业务的空间

　　在监管部门的大力引导和推动下,近年来包括工农中建交等大型国有银行和招商、兴业、中信、光大、民生、浦发等股份制银行在内的大中型银行在服务小微企业方面做出了很大努力,创新普惠金融服务也成为多家商业银行的发展重点。根据人民银行数据,截至2018年第三季度末主要金融机构用于小微企业的贷款余额较五年前实现翻倍。按照银保监会对于小微企业金融服务"三个不低于"目标以及"两增两控"的新要求,不

[①] 本文发表于2019年第1期《债券》。

少商业银行小微贷款出现快速增长。截至 2018 年第三季度末,主要金融机构投向小微企业的贷款余额同比增速为 10%,前三季度增加小微企业贷款 1.48 万亿元,增量占同期企业贷款增加额的 22.4%。银保监会的数据还显示,截至 2018 年第三季度末,全国普惠型小微企业有贷款余额的户数已经达到 1601.01 万户,同比增加 406.71 万户。

然而,大中型银行进一步拓展小微企业金融服务的空间可能有限。大中型银行的业务边界由一整套与其规模和范围相符合的业务流程、运行机理、激励约束机制和系统最优设置所决定。大中型银行继续大力发展小微企业贷款,可能面临一系列问题。

客户定位和业务结构使得大中型银行信贷的主要对象是大中型企业。大中型银行小微企业贷款占比已经很大,2015 年至今,国有大中型银行对小微企业的信贷余额占贷款总额的比重平均约为 15%,占商业银行小微贷款余额的比重维持在 30% 以上。而大中型银行还要服务于大中型企业及同业机构,并满足居民在消费贷款等方面的大量需求。在贷款总规模没有快速增长的条件下,大中型银行对小微企业的信贷比例和规模很难大幅增长。

大中型银行开展小微企业融资在风险偏好上存在差异。大中型银行基本上都是上市银行,较大的融资风险对于上市银行而言存在着较大的压力。根据人民银行的数据,截至 2018 年 9 月末小微企业贷款不良率为 3.39%,较大型企业高 2.2 个百分点,较中型企业高 0.84 个百分点。有些小微企业本身信用状况不佳,受到的社会监督较少,恶意骗贷、逃废债务现象屡见不鲜。尽管一些银行通过加强产品、担保、机制等方面的创新以及提高风险容忍度等来降低小微业务风险,却并没有从根本上改变客户的风险结构。但另一方面,现阶段大中型银行给小微企业的平均贷款利率在 6% 左右,远低于小微企业从其他渠道获取资金的平均市场成本,资金价格未能真实反映小微企业的信贷风险。

大中型银行小微金融业务存在一定程度上的信息不对称。通常,大中型银行市场第一线的基层行往往不具有贷款最终审批权,需要逐级报送上级分行进行审批;而上级分行又很难掌握当地小微企业真实经营情况的"软信息",主要依赖小微企业财务报表和抵质押担保等"硬信息"进行审批，较难充分满足小微企业的实际授信需求。即使上级机构将审批权下放，但由于上级机构离市场较远，中间环节较多而信息层层递减，审批的相关制度、流程风险偏好较易脱离实际。尤其是对财务管理不甚规范、缺乏抵质押措施的小微企业和个体工商户，大中型银行往往难以有效掌握和跟踪其真实经营情况，从而弱化了基层行对小微企业的营销和服务。

大中型银行服务小微企业的机制上的灵活性不足。小微企业实际分布的行业非常广泛，企业经营千差万别，不同类型的小微企业对银行金融产品的需求有着很大的差异。目前各家大中型银行虽然推出了不同名称的支持小微企业的金融业务，但各业务产品本质相似，以抵押贷款和银行承兑汇票为主。由于各行小微企业信贷制度的高度统一，产品的创新程度有限，且贷款审批程序较为漫长和复杂，大中型银行的主流产品及服务模式较难满足小微企业的小额融资需求，很难适应小微企业融资需求的多样性和多变性。尽管大中型银行可以成立小微融资的事业部来专业化运作，但大中型银行的风险偏好和风控理念必然会潜移默化地影响事业部的运作。

小型商业银行客户和业务的定位变异

相比之下，小型银行在服务小微企业方面有着明显的优势。一是小型银行客户定位清晰且稳定，具有明显的"下沉"优势。小型银行更容易了解和把握区域内小企业以及小企业主的信用状况和还款能力的"软信息"，克服信息不对称难题。小资产、小资本、小区域、小客户、小业务等"五小"特征表明小型银行只能主要服务于小微企业，而不易萌生"做大做强"的冲动，也难以傍"大款"。二是小型银行可以沿用银行成熟的风险管理机制并结合小微客户的特点加以改造，形成相匹配的风控理念和风险偏好。所有小型银行都置于存款保险制度的覆盖之下，因而可以较好地控制系统性风险。三是小型银行的业务流程相对较短，操作程序简便易行，效率优势、成本优势比大中型银行更为明显，也能更有针对性地为小微企业提供金融服务。四是与小额贷款公司不同，小型银行可以吸收存款,不仅可以系统性地获取金融资源并持之以恒地配置给小微企业,还可以通过信用创造,合理加杠杆,大幅增强服务小微企业融资的能力。

近年来城商行和农商行对小微企业的业务拓展力度在加大,其发放的小微企业贷款余额在商业银行中的比重呈现逐年放大的趋势。根据银保监会的数据,截至2018年第三季度末该占比已经达到51.5%。比如,常熟农商行(第一大股东为交通银行)坚持服务小微的市场定位,率先成立小微企业总部,以"五结合"要求持续加强全流程风险识别和管理水平。通过开发丰富的产品线和流水线小微信贷工厂模式,在较好满足小微企业贷款"短、小、频、急"需求的同时,也较好地解决了小微企业的风控问题。

有必要指出,金融需求的分层特点决定了金融机构的服务也应该相应分层。大中型银行等传统金融机构更适合服务于业务结构较为复杂和规模相对较大的大中型企业,小银行的灵活性和"下沉"特点则决定了小银行才应是发展小微金融业务的主力军。这一点已为发达国家和部分发展中国家的实践所证明。

然而,在当前我国的银行业,中小银行的规模和速度情结依然十分浓重,不少银行始终把做大规模作为经营发展战略的首要目标,包括一些以服务当地为本的小银行也出现了这样的动向。1995年国务院决定在大中城市组建地方股份制性质的城市商业银行,其市场定位在于服务地方经济、小微企业和城市居民。但在实际运作过程中,部分城商行并没有坚持在本地区"做精做强",而是与一些大中型商业银行一样选择"做大做强"。有些地区把一些小银行整合起来组成一个具有省级范围的区域型银行,部分突破行政区划在全国开展业务,个别地区级城商行还在省会城市设置分行,等等。这些做法无疑偏离了城商行的定位初衷。

P2P互联网金融公司以其高效灵活的运作特点,一度被认为是解决小微企业融资难问题的有效途径。然而,相比以银行为代表的传统金融机构具有严格的贷款申请和审核程序,由于风控机制存在基础性缺陷,互联网金融平台在实际运作中通常难以落实借款人信用调查和抵质押手续以及贷后管理等举措,存在较大的信用风险。不仅如此,P2P互联网金融平台还存在较大的流动性风险。鉴于相关机制存在缺陷,部分平台公司将资金挪作他用,导致出现提现困难或者限制提现的现象。从防范金融风险的角度来看,当前并不适宜为了服务小微企业融资需求,而放手让P2P等具有明显内在管理缺陷的互联网金融公司"野蛮生长"。

小额贷款公司发展滞步不前、陷入困境

从推出的初衷来看,发展小额贷款公司的目的是服务小微企业,突破小微企业融资瓶颈;同时收编"地下钱庄",促进一直处于"灰色地带"的民间金融走向规范经营。与国有大中型银行等正规金融机构相比,小额贷款公司在小微企业融资方面具有多项优势。在服务对象方面,由于小额贷款公司的资金来源主要是民营企业和自然人,境外投资公司和国有企业的投资比重相对较小,客户群体也集中于民营企业等中小型公司,具有服务小微企业的"天然基因"。在服务效率方面,小额贷款公司可以提供灵活多样的融资担保方式,担保条件相对较低,且贷款手续简便,审批、放款速度快,能使小微企业迅速、方便地筹到所需资金。在产品设计方面,小额贷款公司贷款期限灵活,还款期限、方式可由双方随时协商,可在一定程度上缓解小微企业现金流不足的压力。在风险控制方面,小额贷款公司的服务半径主要聚焦于当地,借贷当事人彼此之间比较了解,与融资相关的信息较易获得,高度透明,有利于降低信息不对称引发的信贷风险。

然而受制于内外多种因素,当前小额贷款公司的发展几乎陷入困境。2008年小额贷款公司试点在全国各地迅速展开。根据人民银行的数据,截至2018年9月末,全国共有小额贷款公司8332家,贷款余额9721亿元,已发展成为支持小微企业融资的一支新生力量。从发展历程看,在经历2008年至2013年快速发展期后,全国小额贷款公司进入了减速阶段。以机构数量为例,2011年至2013年期间每年增加1700余家,2014年增加952家,2015年增加119家,2016年和2017年不增反降。实际上从2014年开始,小额贷款公司的四大主要统计指标(机构数量、从业人员、实收资本、贷款余额)增速均放缓,2016年全部小幅负增长,行业发展陷入了困境,同时暴露出诸多问题。2018年以来,小额贷款公司的机构数

量和从业人数仍在持续减少,可见行业的退出浪潮仍在继续。

归纳起来,当前小额贷款公司的发展主要面临如下问题:

一是融资来源严格单一,缺乏规模效应。由于小额贷款公司"只贷不存",资金来源为股东缴纳的资本金、捐赠资金,以及来自不超过两个银行业金融机构的融入资金,并存在融资额度最高不超过注册资本的50%的限制。这导致多数小额贷款公司出借的资金基本上都是自有资本,在小微企业巨大的资金需求面前,很容易出现"无钱可贷"的局面,无法合理利用财务杠杆。

二是政策扶持力度不够,运营成本居高不下。由于小额贷款公司监管上不属于金融机构,无法享受到金融机构的一系列政策——例如税收方面,相比其他金融机构需要承担更高的税负;再如融资利率方面,即使小额贷款公司能从银行得到融资,也不能享受银行间同业拆借利率,而只能依照企业贷款利率,加上银行贷款对抵押、担保要求很高,导致小额贷款公司融资显性成本和隐形成本均偏高。

三是转型村镇银行门槛过高,民营资本望而却步。许多小额贷款公司当初开办的目的就是想要过渡到村镇银行,而《小额贷款公司改制设立村镇银行暂行规定》对小额贷款公司要转型村镇银行有着非常严格的要求。例如必须由银行业金融机构作为主发起人,这意味着一旦转制,发起小额贷款公司的民间资本将被迫让渡控股权。再如持续营业3年及以上且近两个会计年度连续盈利等硬性条件,更是将绝大部分小额贷款公司拒之门外。

四是地方监管的局限性,限制了对行业发展指导作用的发挥。目前小额贷款公司的日常监管主要由各地区金融局(办)负责。由于监管人员数量较少,因此监管重点主要侧重于准入、退出、业务资质等方面,难以实现对小额贷款公司的全面和过程管理,监管深度明显不足。

五是自身风控机制不成熟,公司治理尚欠完善。小额贷款公司的贷款对象一般是不符合银行放贷要求的机构和个人,属于银行的边缘客户,本身具有高风险属性。由于行业特质,小额贷款公司在开展业务时容易受到股东的隐性牵制,审核评估难以按照规范流程处理。而从业人员素质和信息化建设与传统金融业的差距也制约其业务的发展和对风险的把控。

择优转制小额贷款公司为小型商业银行的思路

我国小微企业融资难、融资贵问题长期以来得不到有效解决，根本问题是金融体系的结构存在问题：金融供给与需求不相匹配，缺少能与小微企业"门当户对"开展业务的小型"下沉式"的金融机构。解决这一问题，需要从金融体系的供给侧入手，可以考虑推动小额贷款公司中较好的部分转制成为小型商业银行，让这些小型银行在支持小微企业融资方面发挥主力军的作用。

择优转制一批小额贷款公司为小型商业银行

实践证明，对包括小额贷款公司在内的民间融资、非正规金融一味采取"禁""堵"的方式解决不了问题，而应通过"疏"的方式加以规范，积极引导民间非正规金融走上规范化的发展道路。作为小额贷款公司而言，其自身也有进一步向规范化金融机构转变的内在需求。因此，建议在坚持风险防范和规范发展并重的前提下，支持符合条件的小额贷款公司转制为小型商业银行。参考德国、日本、美国等商业性金融体系中的社区银行建设经验，在规范小型银行管理的同时，有效发挥其"经营机制灵活、管理链条短、距离市场近"等组织优势，以及审批环节少、担保方式多样、贷款流程简单等机制优势，为小微企业提供灵活、便利和高效的信贷支持。

在未来三五年内，如果有相当数量的小额贷款公司转制为小型银行，并培育一批小型银行，加上村镇银行等现有的小型机构，可以使小型银行成为一支小微融资的重要生力军。同时继续鼓励大中型银行、城商行、农商行等加大对小微企业的信贷支持，以"几家抬"的方式多措并举、持续推进，基本缓解小微企业融资难问题。

严格实施转制小型商业银行的规范管理

从类公司管理的小额贷款公司转制为类银行管理的小型银行，必须在监管上严格实施加以规范，以切实服务小微企业，避免发生金融风险。在经营模式方面，一是在经营区域上，选择小微企业基础较好、具有较为旺盛的持续性融资需求的地区,为小型银行可持续发展提供足够的业务空间。二是在网点设置上,将小型银行经营区域严格限定在一定的范围内,不允许跨地区经营,不允许收购兼并,因为这两种方式是做大的捷径。三是业务范围严格限制在零售业务和小微信贷,促使其聚焦服务当地居民和小微企业,通过本地区业务的自然增长来保持发展。四是在资本结构方面,明确单一股东占比的最高限,鼓励中小民营资本分散持股,以实现共同治理,避免出现绝对控股股东控制小型银行的局面。允许小额贷款公司在转型为小型银行时维持原有股权结构基本不变。商业银行可以参股,但不一定为最大股东,以继续发挥其原有灵活的经营风格和独特的竞争特点。

在监管方面,一是从公司治理、经营业绩、内部管理和风险控制等方面入手,设定小额贷款公司转制为小型银行的门槛,保证实现择优的目标。二是必须要由符合监管明确的资格要求的职业经理人负责管理小型银行,由素质高、经验足的经营班子管理其日常经营活动,主要出资人可以担任董事长。三是在银保监会体制下和地方金融监管部门的框架下建立专门的监管机构,实施专业化的小型银行垂直与地方相结合的管理体系。四是开展规范化、高标准的监管,在某些方面如风险的监管标准比其他银行还可以更高一些,要求更严格一些。五是建议由监管部门主导开发一套适用于小型银行业务运行和管理的软件系统,新设立的小型银行必须使用这套系统并与监管部门联网。其功能一是强制性地规范其业务流程;二是监管部门可以依此系统便利地观察分析其业务活动,进行规范管理;三是运用大数据等工具手段进行实时监控。

通过择优转制一批小额贷款公司为小型商业银行,在银行体系进一步引入民营资本,未来一个时期小微企业融资难问题有可能在很大程度上得到缓解。此举有助于将非正规的民间金融融入到规范的金融体系中来,我国金融结构总体上将更加趋于完善;有助于推进金融体系更有效地服务实体经济,化解可能出现的系统性金融风险。当然,由于不同地区经济发展水平差异较大,发展或转制小型银行,一定要注意与当地经济发展需要相适应,立足当地小微企业的发展实际,不贪大求全,避免盲目"大干快上"而带来新的金融风险。

构建中小微企业金融服务体系的思路与建议[①]

在我国现行体制下,讨论构建针对中小微企业的金融服务体系具有重要而现实的意义。在我国,国有企业在国计民生领域具有明显的优势地位,尽管民营中小微企业在改革开放 40 年以来得到了长足发展,但整体上仍处于相对弱势地位。我国国有企业占据重要地位的格局会在很长的历史时期中存在。2018 年 11 月,习近平总书记主持召开民营企业座谈会并发表重要讲话,明确肯定了民营经济的地位和作用。

我国民营经济的主体是中小微企业,中小微企业中绝大多数是民营的。当前民营企业所存在的融资难、融资贵问题主要是中小微企业的问题。由于业务状况相对较弱,可抵押资产有限,加上金融机构的风险偏好相对较低,中小微企业在整体上遇到了更大的融资难题。因此,在我国现行体制下,强调支持相对弱势的中小微企业是合理且必须的,这也是国际惯例。如果不是这样,则就会存在事实上的不公平。

当前强调加强对中小微企业金融服务的工作方向完全正确,但从长远来看,要使我国的金融体系能够更好支持中小微企业,还需要建立综合、长效的政策和制度框架。不仅要通过短期的政策缓解中小微企业融资问题,更要尽快建立针对性的长效机制;不仅要加强完善银行体系对中小微企业的金融支持,还要大力拓展非银行体系的金融支持能力;不仅要增加和改善金融资源向中小微企业的投入,还要通过担保增信等方式来增强中小微企业获得金融资源的能力;不仅要持续加大商业性金融的支持力度,还要发展政策性金融独特的支持作用。

因此,建议从银行、非银行、担保、保险、政策性金融、不良资产处置以

---

① 本文发表于 2019 年第 2 期《中国银行业》。

及法律环境等方面,构建国家主导和支持下的市场化、多元化、长效化、法治化的中小微企业金融服务体系,以此形成真正意义上公平的市场竞争环境。

健全和完善银行业中小微企业金融服务体系

持续夯实大中型银行支持服务中小微企业的主导地位。大中型银行是金融支持中小微企业发展的主力军。在监管部门的大力引导和推动下,近年来包括大型国有银行和全国性股份制银行在内的大中型银行在服务中小微企业方面做出了很大努力,创新普惠金融服务也成为多家商业银行的发展重点。按照中共中央、国务院的决策部署和政策要求,大中型银行要始终坚持"两个毫不动摇",严格落实"两增两控"工作。加快建立服务中小微企业的考核激励机制,优化尽职免责办法,激发基层员工积极性。优化服务中小微企业的产品创新和审批机制,为其提供更优质的金融服务。带头推动降低中小微企业融资成本,准确把握其发展特征,提高风险定价能力,逐步降低对抵押担保和外部评估的依赖,推行内部资金转移价格优惠措施,推动中小微企业实际贷款利率保持合理水平。

积极发挥中小型银行支持服务中小微企业的独特优势。以城商行、农商行、村镇银行为代表的中小型银行在服务中小微企业方面具备"下沉"优势。中小型银行的客户定位清晰稳定,具有明显的本地化优势。中小型银行更容易了解和把握当地中小微企业以及企业主的信用状况、还款能力等"软信息",相对容易克服银企信息不对称等核心难题。近年来,城商行、农商行和村镇银行等中小型银行对中小微企业的业务拓展力度持续加大,其发放的小微企业贷款余额在商业银行中的比重呈现逐年放大的趋势。

适时设立专门的政策性银行体系支持服务中小微企业。建议借鉴德国和日本的中小企业政策性银行经验,设立专门服务中小微企业的政策性银行机构。该政策性银行机构可借鉴现有政策性银行模式,以国家信用发行债券筹集低成本资金。同时,该政策性银行机构既可采用通过转贷款给其他商业银行的"转介模式",也可采用在不同地区设立分支机构或代理机构直接服务中小微企业的"自营模式",建议以"转介模式"为主。

择优转制一批小额贷款公司为中小型银行,为服务中小微企业创造增量贡献。可借鉴德国、日本、美国等商业性金融体系中的社区银行建设经验,在规范中小型银行管理的同时,有效发挥其"经营机制灵活、管理链条短、距离市场近"等组织优势,以及审批环节少、担保方式多样、贷款流程简单等机制优势,为中小微企业提供灵活、便利和高效的信贷支持。

发展和健全服务中小微企业的非银金融体系

中小微企业在营收、利润、资产、负债、行业等方面的情况千差万别,而非银金融机构机制灵活、产品丰富,能够根据中小微企业的实际情况提供针对性和差异化的金融服务,有助于中小微企业拓展融资渠道、降低融资成本、提升风险防范能力等。

深入挖掘股权交易市场服务中小微企业的巨大潜力。目前我国股权交易市场正不断发展完善,受到高度重视的科创板也将设立。为了充分挖掘股权交易市场服务中小微企业的潜力,应加快对中小微企业相关业务的审核速度,强化证券公司对中小企业 IPO、股票增发、并购重组等的业务支持。同时,需调动金融机构对中小微企业股权的投资积极性,可考虑以考核激励、税收优惠等方式鼓励其提升中小微企业股权配置比例。

充分发挥债券市场对中小微企业的融资功能。应丰富适合中小微企业的债务融资工具和产品,优化中小微企业债务融资体系,吸引更多不同风险偏好的资金。大力发展资产证券化业务,加大对中小微企业的资源倾斜,盘活中小企业相关的存量资产。支持具有完善公司治理结构、管理决策机制和财务管理制度的中小企业境外发债。

推动非银机构助力纾解中小微企业风险,改善整体融资环境。鼓励保险、信托、证券、基金等机构,以自有资金或多渠道募集社会资金,为上市民营企业纾解股票质押困境,支持具有发展前景的中小微企业健康稳定发展。创新中小微企业债券品种,可以中小微企业增信集合债券的模式,将多个中小微企业集合起来,形成外部规模经济,进而降低中小微企业债券信用风险。鼓励金融资产投资有限公司加大对中小微企业债转股的支持,进一步降低其杠杆率,减轻债务负担,增强抗风险能力。

大力发展保险业为中小微企业增信融资的功能

保险能够有效防范与分散中小微企业发展运营中的风险,还能够为中小微企业增信融资、激发内生活力提供相应支持,是破解我国中小微企业发展困局的有力工具。国务院2014年发布的《国务院关于加快发展现代保险服务业的若干意见》(国发〔2014〕29号)中明确提出"加快发展小微企业信用保险和贷款保证保险,增强小微企业融资能力"。

创新保险产品,提高中小微企业保险参与度。推动保险公司创新小额贷款保证保险、交易融资保险等保险产品,满足不同类型中小微企业的融资需求;鼓励保险公司跨区域经营,打破地方政府对于保险公司开展中小微企业保险的区域条件限制,提高保险公司参与中小微企业融资的积极性。根据市场变化与企业需求推陈出新,以持续不断的创新来更好地支持中小微企业发展。

创新中小微企业保险服务模式,提升中小微企业保险服务效率。建立中小微企业保险市场服务平台,降低信息不对称程度,使保险公司能够全面了解中小微企业的保险需求,同时使中小微企业可以全面了解保险产品。鼓励保险公司设立服务中小微企业的分支机构,为中小微企业投融资提供创新型保险服务。完善保贷联动机制,促进银行和保险公司合作,建立银保风险共担机制,提高中小微企业信用水平。

为中小微企业提供直接的资金支持。鼓励保险公司投资符合条件的中小微企业专项债券及相关金融产品,引导保险资金投资创业基金。保险公司可选择性地投资中小微企业非上市股权,为初创期的中小微企业提供直接资金支持。各地方政府也可通过设立中小微企业保险引导基金和补偿基金等方式,为中小微企业投融资提供保险保障。

以创新为引擎,运用金融科技手段促进中小微企业保险发展。保险公司应借助信息技术体系,采集保险经营管理数据及相关外部数据,建立标准化数据体系,并利用大数据研发出丰富多样的保险产品,运用数字化渠道提供高效快捷的服务。探索"大数据＋人工智能＋保险＋银行"模

式,将大数据技术、人工智能技术、信用保证保险和商业银行中小微贷款
业务相结合。

建立健全服务中小微企业的融资担保体系

完善的融资担保体系对于解决中小微企业融资困境、扶持中小微企
业发展具有重要作用,且鉴于融资担保业务具有一定的准公共产品属性,
政府应给予大力支持。

设立政策性融资担保机构,形成多层级担保体系。鼓励各地将符合
条件的担保基金、信保基金、风险池基金等改组为政策性融资担保机构,
将原来散落分布的市县担保机构凝聚成有机整体,形成数量合理、功能互
补、政府主导的多层级担保体系。同时,加强政策性融资担保体系的内部
协同与协作,形成共赢的共享机制,做大业务规模,发挥财政资金"四两拨
千斤"的作用。

构建可持续的商业发展模式,提升担保机构的风险应对能力。应健
全融资担保业务的风险分担机制,推动各级政府建立长效的风险补偿机
制,构建权利与义务对等的银担合作机制。鼓励担保机构业务多元化,重
点发展企业债券、公司债券等低风险的直接融资担保业务。推动政府公
共服务数据开放和互通共享,通过大数据分析,优化担保机构的风险评
估机制。创新担保方式,降低抵质押物等担保品评估、行权、变现的
难度。

强监管与市场引导并举,推动担保行业规范发展。在外部监管方面,
建议确定行业统一的国家监管部门,并由各省金融局(办)、财政厅等单位
负责配合进行监管,加强对担保机构违规经营、风险防控等方面的持续监
测。在行业自律方面,建立明确统一的行业规范,完善担保机构信用评
级、履行社会责任评价等评价措施。在市场引导方面,对担保机构进行差
异化管理,给予优质担保机构在银担合作、再担保合作、股权投资、财税扶
持等方面的优惠支持。

着力发展支持中小微企业的国家基金体系

根据工业和信息化部披露的数据,目前我国中小企业发展基金规模已达 195 亿元,共有 4 只实体基金设立并投入运营,完成投资项目 194 个,投资金额 57.22 亿元,符合条件的中小微企业 149 家,投资金额 36.44 亿元。相对于中小微企业融资的需求来看,这样的规模可能只是杯水车薪。

建议由政府或政策性银行牵头设立中小微企业国家基金,并成立相关业务部门为符合条件的中小微企业提供专项基金资助。充分发挥国家或政策性银行的示范效应,以中小微企业国家基金引导和带动有条件的省市以及其他社会资金投资设立地方中小微企业基金,形成国家、地方和社会联动与协同发展的良好局面。积极运用财政资金的杠杆作用,为中小微企业基金提供必要和充分的资助,以此来为中小微企业的发展提供长效助力。

根据中小微企业类型和发展阶段,按照市场化原则给予针对性和差异化的支持。从德国和日本的经验来看,科技型中小微企业的资助金额、范围和持续性要远超其他类型中小微企业。建议推出创新子基金,增强中小微企业创新能力,缓解其自有研发资金不足的问题。同时,鉴于中小微企业在不同发展阶段存在很大差异,需按照不同发展阶段提供精准基金资助,以保证其能够步入正轨。可借鉴德国的经验,针对中小微企业的初创期、发展期和成熟期的需求特征,设立相应的基金进行精准的匹配资助。

可引入外资,扩大中小微企业国家基金的支持力度和国际影响力。日本在1990 年引入法国巴黎巴银行设立了巴黎巴银行-日本创业基金,对日本本土较有发展前景的中小微企业进行风险投资。我国可根据国际成功的实践经验,大力改善投资环境,尤其是针对投资我国中小微企业的外资企业可放宽市场准入、简化投资手续,以及提供相应资金、土地等优惠政策来提升对中小微企业的投资手段。

构建市场化的中小微企业不良资产处置体系

随着经济下行的压力加大,民营不良资产规模明显扩大,为其提供金融便利的金融机构面临的风险也在显著增加。仅从民营银行不良贷款的情况来看,尽管不良贷款比例保持相对稳定,但不良贷款余额增长较快,2018年第二季度末达12亿元,较2017年第一季度末翻了一番。

建议搭建中小微企业不良资产处置平台,提供市场化交易场所。从四大国有金融资产管理公司及各省市成立的地方性国有资产管理公司的经验来看,它们在剥离四大国有银行和地方国有企业坏账方面取得了显著的成效。与国有不良资产处置相比,中小微企业不良资产的处置方式更加灵活,买卖双方定价合理便可实现较快处置。因此,设立市场化交易平台、提供便利的综合化交易场所显得十分有必要。

培育各类交易主体。在中小微企业不良资产处置平台上,既包含中小微企业、各类金融机构等中小微企业不良资产的卖方,也包含四大国有、地方性国有和民营资产管理公司等中小微企业不良资产的买方,还囊括提供财务和法律咨询顾问的会计师事务所、律师事务所,以及提供资产与项目评估、担保的资产评估机构和担保机构等。同时,需健全企业协会、行业协会、工商联等组织,为中小微企业不良资产交易提供完备的场所和服务。

政策上需让中小微企业不良资产处置活动享受一定的优惠和保障,为活跃市场提供良好的软环境。让中小微企业不良资产处置活动的参与方享有税收、财政等一系列优惠,鼓励进行业务创新与制度创新。如及时调整中小微企业贷款核销的税前扣除政策,明确中小微企业不良资产债权收益权转让形成的损失抵扣方法,缩小税款核销条件及标准差异,简化除规范的行政事业收费以外的各项收费,以减轻中小微企业的办事成本和财务负担。鼓励探索扩大中小微企业不良资产的受让主体,为开展批量化、市场化处置有效腾挪更多的信贷资源以服务实体经济。

建立中小微企业金融服务体系的法治基础

促进中小微企业金融服务体系发展,须加强各项法律法规和长期制度建设,营造良好的外部环境。应加快相关法律法规的健全完善,理顺中小微企业金融服务体系的法律关系,对参与各方的权责进行清晰的梳理和权威的界定。修订相抵触的法律法规,细化交易操作细则,以满足中小微企业金融服务诉求。应根据中小微企业和金融市场运行创新多、变动快、变化大的特点,缩短法律修订周期,及时更新过时的法律法规。还需同步推进相关配套制度的建设,整合发改委、财税、金融、贸易、工商等部门信息,建立开放的中小微企业综合信用信息数据查询平台,完善中小微企业信用评估体系,为中小微企业金融服务的合规和深化提供依据。

与此同时,构建中小微企业金融服务体系涉及范围广泛,需要各个部门协同合作。因此,建议国务院设立专门的中小微企业金融服务的统筹协调机制,负责政策制定、推进协调、落地实施、跟踪监测、评估改进等全流程工作,担当好主导功能。从我国国情出发,切实持续地完善对中小微企业金融服务的制度性安排,形成市场化、多元化、法治化的长效机制。

积极发展小型银行，优化金融体系结构[1]

习近平总书记在中共中央政治局第十三次集体学习时提出，要以金融体系结构调整优化为重点，构建多层次、广覆盖、有差异的银行体系，增加中小金融机构数量和业务比重，改进小微企业金融服务。李克强总理在 2019 年《政府工作报告》中要求"改善优化金融体系结构，发展民营银行和社区银行"，并在考察大型国有银行时强调："服务小微企业要'两条腿走路'，既要靠大银行，还要靠中小银行！"

两位中央领导的指示精神为我国金融体系结构调整优化指明了方向。要从根本上解决民营中小微企业的融资问题，须从改善供给结构、扩大资源投入和强化政策支持三个关键领域入手。鉴于中小微企业主要依靠银行业融资，改善供给结构主要是银行业结构的优化。而资源投入主要是保持财政资源投入支持中小微企业融资领域。政策支持则主要是运用货币政策工具，结构性地倾斜支持小微金融领域。未来一个时期，发展以中小微民营企业为服务对象的小型银行，促进银行业结构优化应该成为金融供给侧结构性改革的重要任务。

小型银行服务中小微民营企业具有天然的优势

小型银行的小规模决定了小客户的定位清晰且稳定。小型银行的资本规模和经营区域有限，注定了其小资本、小资产、小范围、小客户、小业务的"五小"特征。小型银行只能"门当户对"地服务于中小微企业，而不易萌生"做大做强"的冲动，也没有能力傍"大款"。由于经营区域范围的

---

[1] 本文发表于 2019 年 5 月 27 日《金融时报》。

限制,小型银行主要在社区经营,具有明显的"下沉"优势,更容易了解和把握区域内小企业以及小企业主的信用状况和还款能力的"软信息",能较好地克服信息不对称难题,可以及时、有效地管控信用风险。

与小额贷款公司不同,小型银行可以吸收存款,不仅可以持续获取金融资源并配置给小微企业,而且可以通过信用创造,在监管要求范围内合理加杠杆,不断增强服务小微企业融资的能力。小型银行的决策流程和业务流程相对较短,操作程序简便易行,效率优势、成本优势比大中型银行更为明显,也更能有针对性地、灵活地为小微企业提供金融产品和服务。小型银行可以沿用银行成熟的风险管理机制并结合中小微客户的特点加以改造,形成相匹配的风控理念和风险偏好。所有小型银行都置于存款保险制度的覆盖之下,因而可以较好地控制系统性风险。

近年来城商行和农商行对小微企业的业务拓展力度在加大,其发放的小微企业贷款余额在商业银行中的比重呈现逐年增大的趋势。根据银保监会提供的数据,2018年末,城商行和农商行提供的小微企业贷款占比已经达到52.44%。一些城商行和农商行通过体制机制和组织架构优化和完善,加大力度支持小微金融业务。比如,常熟农商行(第一大股东为交通银行)坚持服务小微的市场定位,在行业内率先成立小微企业总部,以"五结合"要求持续加强全流程风险识别和管理水平;通过开发丰富的产品线和流水线小微信贷工厂模式,在较好满足小微企业贷款"短、小、频、急"需求的同时,也较好地解决了小微企业风控问题。

有必要指出,金融需求的分层特点决定了金融机构的服务也应该相应分层,以提高金融服务的针对性和有效性。大中型银行等传统金融机构更适合服务于业务结构较为复杂和业务规模较大的大中型企业,大中型银行应该以大中型客户为其主要服务对象,从而形成大中型银行的客户定位。小型银行不具备服务大中型客户的能力,小型银行的小规模、灵活性和"下沉"特点决定了小型银行应以中小微企业为其主要的客户。这种由金融需求分层所带来的银行客户定位分层的有效性,已为发达国家和部分发展中国家的实践所证明。从这个意义上看,过度要求大型银行服务小微企业是违背金融需求分层规律的,不仅可能会事倍功半,还可能带来不良后果。比如大型金融机构凭借其优势过多地获取优质小微客户资源,就有可能给小型银行带来信用风险和经营压力。

一个时期以来,我国中小银行的规模和速度"情结"依然十分浓重,不少城市商业银行始终把做大规模作为经营发展战略的首要目标。1995年国务院决定在大中城市组建地方股份制性质的城市商业银行,其市场定位的重点在于服务民营经济、小微企业和城市居民。但在实际运作过程中,部分城商行并非坚持在本地区开展经营,而是与一些大中型商业银行一样选择在更大的区域范围内"做大做强"。有些地区把一些城市商业银行整合起来组成一个具有省级范围的区域型银行,部分银行突破行政区划在全国开展业务,不少地区级城商行还在省会城市设置分行,等等。这些做法无疑都偏离了城市商业银行的定位初衷。于是就出现这样一种现象,即一大批城市商业银行问世,但小微企业融资难、融资贵的问题依然未见有效的缓解。

众所周知,中小微民营企业对我国的税收、就业和经济增长的贡献很大,但金融体系对中小微民营企业提供的金融服务仍远远跟不上其需求。未来一个时期,应从三方面入手,改善和优化金融供给结构,提升中小微金融服务效率。不仅要继续保持大中型商业银行支持小微企业的力度,使大中型银行继续成为支持小微企业的重要力量;还应该引导、鼓励和支持存量小型银行发挥"下沉"优势,积极服务民营经济,坚持本地化经营导向,以当地中小微企业与居民为主要目标客户,针对性地灵活开展中小微企业金融服务;还有必要积极稳妥地发展一批专司小微企业金融服务的小型商业银行,使其担当小微金融服务主力军的功能。由于近年来农商行和村镇银行发展较快,城市小型商业银行的发展显得尤为迫切。

明确小型银行业务定位并强化监管

由于小型金融机构资本小,实力弱,风控能力相对较低,小型银行的发展必须建立在严格监管和合理规范的基础之上,以切实服务好中小微企业,避免发生金融风险。在经营模式方面,小型银行的经营区域应选择中小微企业基础较好、具有较为旺盛的持续性融资需求的地区,为自身可持续发展提供足够的业务空间。应将小型银行经营区域严格限定在一定的范围内,不允许跨地区经营,一般情况下不允许收购兼并——因为这两种方式都是偏离本位、快速做大的捷径——保证小型银行随着本区域经济发展而自然增长。小型银行的业务范围应严格限制在零售业务和小微信贷,促使其聚焦服务当地居民和中小微企业的金融需求。在资本结构方面,明确单一股东占比的最高限,鼓励中小民营资本分散持股,以实现共同治理,避免出现绝对控股股东控制小型银行的局面。商业银行可以参股,但不一定要成为最大股东,以使其继续发挥其原有灵活的经营风格和独特的竞争特点。应研究探索建立合作性质的小型商业银行,即由民营中小微企业出资设立带有互助性质的小型银行,不求利益最大化,努力降低各类成本,运用较低的利率支持中小微民营企业,财政则以一定资源投入加以支持。

未来应完善和优化小型商业银行监管体系,"优生优育"小型商业银行。从公司治理、经营业绩、内部管理和风险控制等方面入手,设定较为严格的小型银行准入门槛,保障实现择优的目标。明确要求由符合监管资格要求的职业经理人负责管理小型银行,由素质高、经验足的经营班子管理其日常经营活动;主要出资人可以担任董事长,但不得干预业务决策。在银保监会体制下和地方金融监管部门的框架下建立专门的监管机构,实施专业化的小型银行垂直与地方相结合的管理体系。开展规范化、高标准的监管,风险监管标准比其他银行可以更高一些,要求更严格一些。监管部门可以主导开发一套适用于小型银行业务运行和管理的软件系统,新设立的小型银行必须使用这套系统并与监管部门联网。其功能一是以信息化手段强制性地规范其业务流程;二是监管部门可以依据此系统便利地观察分析其业务活动,实施规范管理;三是运用大数据等工具手段进行实时监控和风险预警。

择优转制优质小贷公司为小型银行

择优转制一批优质小贷公司可以成为小型商业银行发展的重要途径。当前,小额贷款公司的发展在总体上止步不前,陷入了困境。从推出的初衷来看,发展小额贷款公司的目的是服务民营企业和小微企业,同时收编"地下钱庄"，促进一直处于"灰色地带"的民间金融走向规范经营。

相对于服务中小微企业的正规银行机构，小额贷款公司在服务效率、产品设计、风险控制等方面，也确实具有一定优势。然而由于小贷公司在体制机制上存在缺陷，转制成为小型银行又无希望，近年来，小额贷款公司发展进入止步不前的状态。从2014年开始，小额贷款公司的机构数量、从业人员、实收资本、贷款余额等主要统计指标增速均放缓，2016年整体小幅负增长。2018年以来，小额贷款公司的机构数量和从业人数持续减少，行业退出潮仍在继续。根据人民银行提供的数据，截至2018年末，全国共有小额贷款公司8133家，贷款余额9550.44亿元，继续呈现减少态势。

建议择优转制一批小额贷款公司为小型银行，为小微金融服务体系创造新的增量。实践证明，对包括小额贷款公司在内的民间融资、非正规金融一味采取"禁""堵"的方式解决不了问题，而应通过"疏"的方式加以规范，积极引导民间非正规金融走上规范化发展的道路。作为小额贷款公司而言，其自身也有进一步向更加规范的金融机构转变的内在需求。因此建议，在风险防范和规范发展并重的前提下，支持符合条件的小额贷款公司转制为小型银行。可参考德国、日本、美国等商业性金融体系中的社区银行建设经验，在规范小型银行管理的同时，有效发挥其经营决策灵活、审批环节少、担保方式多样、贷款流程简单等优势，为民营中小微企业提供灵活、便利和高效的金融支持。

在未来三五年内，假设有2000家符合条件的小额贷款公司转制为小型银行，每家小型银行资本为3亿元至4亿元，通过吸收存款，可以为民营中小微企业提供20亿元至30亿元的信贷，则可以形成总计五六万亿元的中小微企业信贷投放规模。据银保监会提供的数据，2018年末，各类商业银行小微企业贷款余额分别为：国有商业银行7.1万亿元，股份制商业银行4.5万亿元，农村商业银行6.9万亿元，城市商业银行6.2万亿元。转制成功的小型银行有可能被培育成为一支服务中小微企业融资的重要方面军，尤其是可以发挥大幅提升小微融资边际增量的作用，从而为基本上解决中小微企业融资难、融资贵问题奠定基础。当然，从类公司管理的小额贷款公司转制为类银行管理的小型银行，必须在公司治理、人员管理、经营模式、网点设置等方面严格加强监管和行为规范，以保障这些小型银行切实服务民营中小微企业并有效管控各类风险。由于不同地区经济发展水平差异较大，转制小额贷款公司为小型银行，一定要注意与当地经济发展需要相适应，立足当地民营经济发展实际，避免盲目"大干快上"带来金融风险。

构建小型银行的资源和政策支持体系

为了有效利用政策资源加大力度支持小微企业，可以借鉴国际经验，逐步构建小型银行的资源和政策支持体系，其内容主要包括政策性银行、财政资源投入和有针对性的货币政策。有必要设立专门服务小微企业的政策性银行机构。

作为同样以间接融资为主、企业大多依赖银行获得融资的经济体系，德国和日本在解决中小企业融资难题方面的经验值得借鉴。德国复兴信贷银行、日本政策金融公库股份有限公司等政策性金融机构在其中发挥了核心作用。建议我国探索设立政策性银行机构，针对性地支持民营中小微企业的金融需求。政策性银行机构可借鉴国开行、农发行、进出口行等现有政策性银行模式，以国家信用发行债券筹集低成本资金。政策性银行机构既可采用通过转贷款给其他商业银行，主要是小型商业银行以定向支持中小微企业的"转介模式"，也可采用在不同地区设立分支机构或代理机构直接服务中小微企业的"自营模式"——建议以"转贷模式"为主。政策性银行的资金支持需要体现政策性机构的特点，不以营利为目的，以有效发挥好对社会资金的引导和撬动作用。政策性银行主要为中小微企业提供超长期限、优惠利率的稳定资金。

改善中小微企业融资问题，不仅要从金融体系的结构优化入手，还需要投入财政资源来加以支持，通过财政资源的支持来进一步推动金融体系结构的优化。这种资源投入主要体现为以财政手段来支持为中小微企业提供服务的小型商业银行。未来可以考虑对小型银行实施免税政策，即小型银行向农户、小型企业、微型企业及个体工商户发放小额贷款取得的利息收入免征增值税。针对小型银行发放的创业担保贷款等给予财政贴息以及收费补贴,等等。

　　货币政策在支持小型银行方面同样可以有所作为。目前,我国小型银行的存款准备金率比大型银行要低约 5 个百分点,在一定程度上已经体现出货币政策工具对中小银行的支持。为使小型银行能轻装上阵,更好地服务中小微企业,考虑到小型银行吸储能力有限,可以考虑根据需要给小型银行适用更低一些的存款准备金率,以提升和保障小型银行的流动性保持在合理状态,增强信贷能力,降低经营成本。为了有效控制小型银行的流动性风险,维持其必要的信贷能力并控制其经营成本,可由央行各地分支机构向小型银行提供再贷款,再贷款的利率可以低于货币市场利率。也可运用货币市场短期资金融通工具,灵活及时地支持小型银行的融资需求。还可大幅放宽货币市场融资抵押物的范围,增强小型银行货币市场的融资能力。

Part 4

管控和化解系统性金融风险

在外部不确定性影响扩大的情况下，在发展动能转换和经济结构转型的同时，我国的金融风险明显上升，系统性金融风险的阴霾开始有所显现。银行业的信用风险、房地产金融风险、影子银行风险以及地方政府债务风险等引起了各方面关注。这一部分选入了有关金融风险的 7 篇文章，重点讨论系统性金融风险问题。通过这 7 篇文章，可以了解到以下基本判断，即我国的金融风险明显上升，但系统性风险总体可控。未来应加大针对性举措，有效防范和控制系统性金融风险。

利率市场化，风险如影随形[①]

正在加快步伐推进的利率市场化是我国金融改革的重大举措，必将对经济产生极其深刻的影响。应当清醒地认识到，作为医治我国经济弊端的一剂药方，利率市场化既不能包治百病，也绝不是只有正面效应而无任何风险。回顾全球利率市场化的行进历程，大多数国家在利率市场化过程中或完成后的 5 到 10 年里，都出现了不同程度的金融动荡甚至危机，严重影响了实体经济增长。美国在 20 世纪 80 年代的利率市场化以及市场化完成后的五年里，银行机构倒闭数量急剧上升，其中储蓄机构倒闭更为显著，半数银行被兼并重组，这就是令美国金融业心有余悸的"储贷危机"。日本在利率市场化过程中和完成后的五年，出现了众所周知的 1990 年资产价格泡沫崩盘和 1997 年系统性银行危机。尽管这些金融动荡的发生不都是因为利率市场化，但利率市场化都是直接或间接的主要原因之一。因此，对利率市场化可能带来的风险绝不可掉以轻心。

当前和未来一个时期，我国的经济体制改革将全面深入展开，尤其是与利率市场化密切相关的资本与金融账户开放和汇率形成机制改革将大力度向前推进，新生变量的不断加入将逐步打破原有相对平衡的经济金融格局。随着利率市场化快速推进和明显深入，利率总体水平将趋上升，波动加大，利差收窄，资产和负债的利率变动将呈现非同步性；各类风险将相互影响，相互交织，互为因果，共同演绎系统性风险。防范和控制金融风险将愈加重要。

---

① 本文发表于 2014 年 3 月 3 日《中国证券报》。

企业面临融资成本迅速上升的风险

利率市场化会推动金融机构负债成本上升,并将在货币政策稳健偏紧和融资供求关系相对偏紧的条件下,推动银行贷款利率水平上升,从而增加企业的融资成本。从不同规模类型的企业来看,利率市场化之后,由于商业银行对优质客户的竞争更加激烈,大型企业的贷款利率会因银行对其风险溢价要求可能小幅降低;中型企业在谈判过程中与商业银行基本处于势均力敌的地位,其面对的利率风险将一方面取决于系统性风险,一方面取决于自身财务状况;由于议价能力不强、本身风险较高,且财务规范度、透明度较差,利率市场化后小型企业的贷款利率及其面临的风险将进一步上升。

从 2013 年信贷市场运营数据来看,年末企业贷款加权平均利率为7.20%,比年初上升 0.42 个百分点;同期执行下浮、基准利率贷款占比分别下降 1.68 和 1.98 个百分点,而执行上浮利率的贷款占比则上升 3.66个百分点。从银行业动向来看,2014 年利率执行下浮的比例会进一步明显下降,而上浮比例则会大幅上升。从社会融资全口径看,信托、委托等渠道融资利率超过 10%的情况比比皆是,15%左右也是常态;有些小微企业通过中介代理公司获得融资的成本更达到 20%以上,而且还本付息的安排较为苛刻,从而使小微企业融资的实际利率更高。2014 年,如果相关的政策体制不做大的合理调整,则企业将面临更大的融资成本上升压力。这有可能成为压垮部分企业偿债能力的最后一根稻草。

银行业金融机构面临系统性的经营风险

利率市场化后银行业将面临利差收窄、盈利下降的挑战。在现有经营模式难以快速调整、业务范围不能迅速扩大的情况下,短期内银行很可能会通过价格手段争夺市场,银行的风险偏好将明显上升。这可能导致过度竞争,特别是高风险领域信贷膨胀,有导致不良资产大幅增加的危险。资金在各个市场频繁流动,短期负债占比提高,期限错配程度可能进一步加剧,流动性管理难度将增大。在银行和市场流动性管理能力不能得到快速提升的情况下,容易形成流动性风险。在利率波动频繁的条件下,利率风险将上升,包括重定价风险、收益率曲线风险、资产负债错配风险等也会出现。小型银行由于负债能力较弱且更多依赖利息收入,受利率市场化的冲击会更大,经营风险将更高,部分银行可能面临破产倒闭的风险。而存款保险制度推出初期,小型银行可能因存款搬家而承受很大的流动性压力。

除利率市场化外,未来银行业还同时面临经济增速放缓、金融脱媒、互联网金融及准入门槛降低等多方面挑战。作为顺周期行业,中国经济增速放缓将直接导致银行资产负债增速放缓,银行业资产和盈利高速增长的时代已成为过去式。金融脱媒同时对银行资产、负债业务构成冲击,贷款业务和存款业务同时面临被分流的危险。互联网技术变革与金融领域相互融合,衍生出独特的互联网金融模式。鉴于其拥有信息充分、没有中介、交易成本低等优点,已经开始对银行、证券等传统金融机构的业务模式构成冲击。2003 年后的 10 年,多种正面因素的合力带来了银行业的"黄金时代",未来各种负面合力必将给银行业形成巨大压力。商业银行盈利增速迅速下降甚至止步不前,将导致其风险抵御能力和资本补充能力相应减弱。未来商业银行必须高度警惕系统性经营风险。

不仅银行业,非银行金融机构同样面临较大的经营风险。信托业属于高风险、高收益的行业。近年来信托业之所以取得飞速发展、利润快速增长,主要原因之一就是在利率管制的条件下,银行信贷投放受限,因而很多无法获得银行贷款的行业转向信托渠道。利率市场化将使信托业的利率敏感性大幅提高,风险加大,并使信托业的"利率管制红利"消失,面临更加激烈的市场竞争。利率市场化所带来的利率上扬压力将使信托业的经营成本迅速上升,使其面临不断增大的经营风险。

金融创新过度伴生流动性风险

利率市场化将会推动各金融机构推出多元化的利率产品。金融创新在分散风险、促进金融和经济发展的同时,其丰富的金融产品与复杂性也使金融和经济系统的风险难以准确估量,次贷危机就是金融创新过度引发风险的典型案例。在我国利率市场化后,商业银行将更多使用利率互换、远期利率、利率期货、利率期权等衍生品来管理风险。利率市场化还会进一步促进存款理财化和贷款证券化,创造出新的金融产品。这些金融产品本身具有对冲风险、盘活资产、提高流动性管理能力的功能,但其高杠杆也会将风险放大,部分金融机构还会在利益驱使下利用这些产品进行投机。利率市场化还可能使以影子银行为代表的社会融资活动趋于活跃,这从微观层面带了创新活力,但也加大了金融体系风险。在监管和规范缺失的情况下,"余额宝们"的骤然崛起给市场利率体系和金融市场稳定带来了不小的冲击。

2013 年 6 月出现的货币市场"钱荒"与近年来金融创新加快密切相关。尽管有外汇占款增长放缓、财政存款大幅增加等短期因素,但在金融脱媒发展、金融创新加快的背景下,银行面临存款占比下降和更多依赖货币市场融资的新趋势。理财业务快速增长,新的理财产品层出不穷,并与同业业务相互交织,已成为银行调节流动性的重要工具。理财资金在表内外频繁大量迁移,部分短期的同业和理财资金滚动对接期限较长、变现能力较差的非标准化债权资产,"短借长贷"的期限错配问题比较严重,容易出现大的现金流缺口。因此,2013 年货币市场流动性紧张是利率市场化条件下金融创新发展对银行业的一次警示,应当引起足够重视。

房地产潜在信用风险进一步累积

近年来我国房地产企业的融资成本已经显著高于银行贷款基准利率,估计平均水平可能达 10% 左右。为保持盈利增长,缓解利差收窄的压力,银行可能会倾向于增加投向房地产企业的贷款。作为优质贷款的住房按揭贷款也将是银行重要的信贷投放领域。因此,未来银行房地产贷款将保持较高增速。截至 2013 年末,我国房地产贷款余额在总人民币贷款余额中的比例为 20.3%,较 2005 年末提高 6.0 个百分点。尽管在短期内,我国这一比例迅速上升到成熟市场国家水平的可能性不大,但在 5 年左右的时间内上升到 30% 还是很有可能的。

房地产贷款规模扩大在给银行带来收益的同时,也加大了潜在的信用风险。伴随着利率市场化条件下资金大规模流向房地产领域,房地产泡沫有进一步加大的危险。日本房地产泡沫的形成和破灭与其利率市场化密切相关。伴随着开发商信贷的较快增长,未来银行客户的资质水平可能下降;而与此同时,三、四线城市商品房资金回笼可能出现风险,从而有可能导致开发贷的不良率趋于上升。利率市场化推进过程中金融创新加快,针对房地产领域的各种产品创新会有所加快,甚至不排除出现类似美国次级抵押贷款的产品,其风险不容忽视。尽管目前个人按揭贷款首付比例较高,有利于控制风险;但未来不排除为争夺市场份额下调首付比例的可能,风险也会随之加大。近来已经出现部分房价下跌的城市银行按揭贷款违约案例不断增加的状况,这可能是局部地区"山雨欲来风满楼"的写照。

房地产信托贷款的潜在信用风险也应引起重视。截至 2013 年 6 月末,我国房地产信托余额在所有信托资产余额中占比为 9.1%。未来信托公司发放的房地产信托贷款也将保持较快增速,信托贷款规模也将持续扩大。较之银行的房地产开发贷款,信托公司发放的房地产信贷贷款利率更高,这类贷款面临相对较大的兑付风险。从 2012 年开始,房地产信托到期规模迅速增加,进入兑付密集期。随着利率市场化深入推进,利率水平上升和波动加大,必然会对房地产市场造成影响,房地产企业的偿付能力将面临严峻考验,进而可能波及信托业。

地方融资平台债务风险正在成为现实

当前,地方融资平台的融资需求依然较旺盛,且预计这一局面在短期内难以得到快速改变。地方融资平台对利率不敏感,愿意承受较高的融资成本。由于平台贷款利率较高,银行特别是中小银行也倾向于加大贷款投放。因此在利率市场化条件下,银行有进一步向政府融资平台加大贷款投放的冲动,以获取较高收益。尽管监管部门持续加强监管,但利率市场化推进过程中平台贷款仍会保持平稳增长。

地方融资平台通过非银行信贷渠道获得的融资仍将保持较快增长。

截至 2013 年第二季度末,政信合作业务同比增长 147%。未来信托公司仍将视地方平台为重点客户持续加大贷款投放,加之地方平台本身融资需求旺盛,对利率也不敏感,未来地方平台通过信托渠道获得的融资仍会保持较快增长。债券市场融资也是重要渠道。2013 年上半年城投债发行额同比增长近八成。未来伴随利率市场化和债券市场发展,地方政府通过发债筹集资金的规模很可能进一步扩大。

不断高企的地方政府债务率加大了偿债风险。目前我国地方政府债务持续增加。审计结果显示,截至 2013 年 6 月底,地方负有偿还责任的债务约 10.9 万亿元;2014 年和 2015 年到期需偿还的政府负有偿还责任的债务分别占 21.89% 和 17.06%。2013—2014 年是平台债务到期的高峰期,偿债压力很大。如果不是债权债务双方开展了较大面积的还款期限重新安排和借新还旧,局部地方融资平台出现违约将不会是少数现象。明显上升的利率水平给融资平台增加了持续扩大的付息压力。与过去平均约 10% 的增速相比,未来中国经济增速明显下降,地方政府财政收入增速将放缓,偿付能力下降,部分三、四线城市卖地收入迅速减少,提高地方偿债能力的回旋空间已越来越小。在存量债务部分被延迟偿还的情况下,未来如不能有效控制负债的增长,地方融资平台将最终因不堪债务重负而出现大面积违约。

多管齐下应对风险

综观各国应对利率市场化相伴风险的教训,盲目乐观、预案缺失和应对出错属于常见错误。为保证利率市场化的平稳顺利推进,将其可能的风险和负面影响控制在最小范围内,建议我国应高度重视利率市场化风险,在货币政策、金融监管、重点领域调控等方面采取针对性举措,统筹兼顾,平衡好各方面关系,协同、配套有序推进改革,确保整个金融体系的稳健运行,守住不发生系统性风险的底线。

货币政策应保持稳健中性并增加灵活性。逐步淡化直至退出贷款总量控制等非市场化手段,同时为缓解存款增长趋势性放缓的压力,适时适度降低法定存款准备金率。进一步完善公开市场操作,加大操作频率,丰富操作品种,不断增强公开市场操作在调节银行流动性、引导利率走势和市场预期方面的作用。应在利率市场化推进过程中和完成的初步阶段,努力营造适宜的货币政策环境,保持流动性合理适度,避免偏紧现象持续出现。

尽量发展中小企业融资机构,解决小微企业融资难问题。在新时期经济结构调整、模式转型的背景下,灵活积极的民营企业、中小企业将承担更多的助推经济增长、创造就业岗位的使命。但金融市场欠完善和国有企业软预算约束问题造成了长期以来我国民营小微企业融资困难,市场化自发调节机制难以有效解决小微企业目前面临的问题。尤其是在利率市场化、偏紧货币政策和去杠杆政策导向下,小微企业面临融资成本进一步上升的压力。应加大力度吸引民间资本为小微企业提供金融服务,设立政策性中小企业银行可以作为有针对性的应对举措。

尽快建立存款保险制度和金融机构破产退出机制。有必要按照市场机制建立存款保险制度,这既可以有效地保护存款人的利益,又能使各类银行在同一起跑线上公平竞争。尽快出台金融机构破产制度,形成以市场原则为基础,安全、高效的市场退出机制和破产法律制度,规范金融机构的市场退出。针对不同机构的特点合理设定差别化的保费,保证大小型银行都能加入;同时考虑到有些商业银行出资有困难,建议必要时可以使用中央财政专项资金设立存款保险基金。在推动存款保险制度的前后,尤其要关注并控制好银行存款局部搬家带来的行业流动性风险。

合理协调利率市场化改革与放开银行业准入限制的关系。审慎、渐进放开银行业市场准入限制,对民营资本进入银行业、互联网金融等采取稳妥推进的策略,注重其规范有序发展,特别是要求其加强风险管控,以避免在商业银行尚未准备好应对之前,过度加剧银行业市场竞争,也使新生的民营银行处在较大的市场压力之下。

优化存贷比监管,化解银行存款压力。当前,银行发展存款业务的困难与日俱增,部分银行的存贷比持续处于高位,加大了银行流动性管理的压力,也增加了银行的负债成本。在存贷比时点考核下,银行为了满足监管要求在季末、年末加大存款吸收力度,造成存款市场大幅波动,并对市场流动性带来收紧的压力。未来随着银行负债结构多元化,存款在总负债中的比例进一步下降,存贷比监管的必要性也随之下降。考虑到目前存贷比指标仍有一定的适用性,且属于法律规定;在当前这一监管指标暂时难以取消的情况下,可以考虑对该指标加以改进和优化,如将部分较为稳定的同业存款纳入一般存款口径进行管理。从长期来看,建议逐步弱化直至取消存贷比这一制度安排。

持续加强对房地产市场和地方融资平台的调控和管理。谨慎、渐进放开个人按揭贷款利率的下限,银行应审慎发放房地产开发贷款。通过扩大房产税试点等长效机制促进房地产行业的平稳发展。除了继续严控相关新增贷款外,对信托贷款、委托贷款也要加强监测,从资金募集、资金投向、资金使用等方面完善"全流程"监管,确保其规范、健康发展,避免过多高成本的非信贷资金流向平台领域;提高平台融资和地方债务的透明度,建立监测体系,引导融资,降低流动性风险。从转变经济发展方式、改革地方政府考核机制入手,淡化 GDP 指标,严控 GDP"含债量",从根本上降低地方政府的投资冲动。

持续加强针对性的风险管控。不断完善金融监管部际联席会议制度,对利率市场化条件下综合经营发展所带来的跨市场风险传播重点加强监管;持续加强对房地产、地方融资平台、产能过剩、影子银行等重点领域的风险监测;进一步优化流动性监管体系,密切关注金融体系流动性状况,防范流动性风险;加强对金融创新的监管,促进其规范发展,既不能"因噎废食",阻碍金融创新,也绝不能忽视过度创新可能带来的风险。

逐步适当降低银行税负并改善中间业务环境。目前我国银行业税负较重,具体表现在税率较高,同时征收营业税和所得税。适当降低税负有利于增强银行内源资本补充能力。尤其是在利率市场化条件下,信贷保持平稳增长,贷款利率水平也将有所上升,银行营业收入仍会保持较快增速,但利差收窄对银行盈利的负面影响更大,银行赢利能力将总体下滑。由于营业税按照总营业收入来征收,因而银行税收的下降速度将慢于盈利下降的速度。即在银行盈利增速迅速回落的时候,其税负反而会进一步加重。因此建议逐步适当降低银行所得税率,向国际银行业靠拢;建议逐步适当降低营业税,或进行营改增试点。未来银行中间业务监管应致力于构建更为协调和可持续的银行与客户共赢的生态环境。

利率市场化之路怎么走^①

中共十八届三中全会通过的《中共中央关于全面深化改革若干重大问题的决定》提出加快推进利率市场化。2014 年 7 月 23 日国务院常务会议则表述为有序推进利率市场化改革。我理解，后者至少有三层含义：兼顾相关改革、合理安排顺序和谨慎稳步推进。那么，有哪些方面的问题需要兼顾？改革推进又遇上了怎样的制约？如何更好地加以推进？下面就谈些看法。

当前利率市场化改革面临的任务

利率市场化改革的目标是清晰的，即逐步建立由市场供求决定的金融机构存贷款利率水平的利率形成机制，通过货币政策工具，包括数量和价格的工具来调控和引导市场利率，使市场机制在金融资源配置中发挥主导作用。应该说，最后这一点才是利率市场化想要达到的真正目的。当然，这其中还涉及如何通过利率市场化来倒逼银行改革，以及改善或者缓解持续存在的小微企业融资难和融资贵等问题。不得不指出的是，在利率市场化推进的现阶段内，小微企业融资难、融资贵问题不是得到了解决，而是在一定程度上有所加重。利率市场化似乎是企业融资成本居高难下的因素之一。

利率市场化具体推进的路径较为明确——先长期后短期，先大额后小额，分阶段逐次加以推进，现在到了最后的阶段，即存款利率市场化展开以及必需的配套设施建设的阶段。利率市场化真正实现，恐怕还涉及

---

① 本文发表于 2014 年 9 月 3 日《上海证券报》。

一系列问题的解决。下面就来梳理一下利率市场化进一步向前推进需要完成的主要任务。

第一，存款利率市场化。这涉及存款定价和存款产品两个内容。作为一种产品和存款工具，企业大额可转让存单的文章是做在定价上——其定价放开了，将有助于推动存款利率的市场化，但这并非存款利率市场化的最核心任务。存款利率市场化重要的还不是新型存款工具定价的市场化，而是涉及 113 万亿元总量存款定价的市场化。2012 年存款利率上浮 10%，不久就上浮到顶。根据目前市场的存款供求关系，假如再上浮 10% 到 20%，市场会是怎么样的呢？我认为肯定也会上浮到顶。这可能就是为什么上浮了 10% 之后两年多的时间里这方面再没举动的原因。现在关于存款利率市场化相关举措的推进似乎还在认真考量的过程中，相对较为谨慎。这里最直接的原因还是目前存款市场供求关系依然偏紧，这是难以回避的现实。

第二，构建市场化的利率体系。利率市场化改革破了还要立。破了什么呢？破了原来的非市场化的利率体系，即存贷款基准利率以及其他市场以官方定价为特征的利率体系，但还需要建一套市场化的利率体系。这方面近年来相关政府部门已经做了不少工作。比如多年前已推出的SHIBOR，在 2013 年 10 月又推出了贷款基础利率。市场化利率体系的形成，可能在一年半载里是完成不了的。因为该体系的推出、运行、调整、评估和改善，需要有一个过程。

第三，建立配套制度。主要是指存款保险制度。存款保险制度可以说方案整体已经比较成熟，但在临门一脚的时候又出现新的变数。诚然，建立存款保险制度是一件好事，对于利率市场化条件下整个金融市场稳定运行会带来积极的保障作用，但在其推出的时候确实有可能导致市场出现波动。在现有相关制度不变的条件下，整个存款市场的供求关系偏紧是一个不争的事实。一旦该制度推出，很有可能出现小银行存款搬家现象。根据目前小银行资产负债管理的水平，很可能有的银行为了要稳定存款，大幅抬高存款定价，最终导致经营出现困境。而且，无论是搞企业，还是做银行，甚至做政府管理，当前的任务始终比未来的任务来得重要。为什么有的企业关键时刻要饮鸩止渴，就是这个原因。对银行来说，同样存在这样的问题。所以存款保险制度的推出，首先要看对风险怎么认识，另外市场和银行准备好了没有，我认为很多方面准备的还很不够。此外，存款保险制度由谁来主管在认识上有不同看法。如果这一问题不能统一认识，该制度显然不具备马上实施的条件。鉴于这方面准备工作已近尾声，相信距离推出应该不会太久。

第四，提升银行资产负债管理能力和定价管理能力。持续不断地推动商业银行提高资产负债管理能力和定价管理能力，是利率市场化过程中的重要任务。目前中资商业银行的资产负债管理能力和定价管理能力离真正利率市场化后的管理要求之间仍有较大距离。缩短这一距离，既需要有一个过程，也需要培养人才，更需要对现有的制度、机制和流程做出变革，以真正构成现代商业银行的资产负债管理体系，切实提升资产负债管理能力，尤其是定价管理能力。

第五，增强国企财务硬约束。当前，市场化程度不高的主体在融资中占主导地位，那么在非市场化的行为普遍存在的条件下，利率市场化能走多远呢？这一问题的存在在一定程度上扭曲了资金需求方的市场行为，必然会对利率市场化未来的推进带来妨碍，甚至扭曲其效果。那么，是不是利率市场化大力推进可以改变这种状况呢？我认为，依靠价格机制改革来推动经济主体的改革只是一个方面，而且应该不是起主导作用的方面，尽管它有一定的促进作用。根本的问题还在于企业内在动机的调整。关键还是要加快推进国有企业市场化的改革，使得经济主体自发地对市场价格因素比较敏感。同时，利率市场化和国企改革可以同步推进、相互协调、互相促进、相辅相成。

存款利率市场化推进的制约因素

存款利率市场化是下一步利率市场化改革的核心内容，却偏偏遇上了存款市场供求关系趋势性偏紧的格局。存款利率市场化在 2004 年后的八年内一直没有举动，2012 年上浮 10％之后，存款市场利率马上上浮到顶，说明当时的存款供求关系偏紧。相比 2012 年，我认为目前的状况似乎更为严峻。2013 年以来，贷款的增速和存款的增速差距开始扩大，存款增速明显慢于贷款。2013年6月末人民币存款增速为14.3%,12月末降为13.8%;2014年6月末进一步降至12.6%,7月末更降至10.9%。而同期人民币贷款的增速相应为14.2%、14.1%、14.0%和13.4%。2014年7月贷款数据有些异动,8月后应该回归相对正常的增速。以上这组数据清晰地表明,在贷款增速相对平稳的同时,存款增速则在持续快速下滑。而这只是从央行的统计数据来看的,还有必要撇开统计数字来看实际情况。官方的统计数据是时点数,即月末、季末的数据。贷款数据基本上是实在的,但存款增长很大程度上受到冲时点的影响。不少金融机构月末存款大增,月初大量减少。这是银行的存款吗?在这个时间点上反映在银行账上是存款,但在另外较多的时间里,这些资金却成为同业存款。这就是说总有一块资金在一般性存款和同业存款之间来回地流动。据估算,目前近14万亿元银行理财产品中的大约三分之一即属于这类资金。而且这个滚动的雪球似乎是越来越大。这说明当下市场存款供求关系越来越紧。在制度框架不变的情况下,若此时把113万亿元存款利率全部放开,市场竞争就会迅速发展,甚至白热化。银行提供的利率比较高自然会吸引存款,激烈竞争之下市场定价就迅速上升。而存款利率大幅抬高后必然给贷款利率带来上升压力。而贷款需求在中国具有明显的刚性,在银行负债成本大幅上升的推动下贷款利率通常也会上升,从而其影响将波及实体经济。

从当前总体运行趋势来看,一般性存款的增速未来还有继续下降的可能。究其原因,我认为来自市场的主要是两个方面:一是利率市场化条件下的金融产品创新。突出的表现是市场推出大量收益率明显高于银行存款的理财产品,持续分流了银行的存款。如理财产品的年化收益率通常在4%以上,而一年期存款利率则只有3%多一点。企业、个人大额存单的推出可能会在一定程度上对理财产品有替代作用,但也难以从根本上改变市场分流银行存款的趋势。二是互联网金融风起云涌。市场运用互联网工具和大数据工具开发软件,都盯着银行的存款。很多产品创新其实都会截流银行存款尤其是活期存款。活期存款是银行不可多得的负债,成本很低,利率只有0.35%。而所谓的创新是用一个软件将资金聚集起来开展投资,通常有3%以上的回报,又没有一点风险,存款人何乐而不为呢？目前，包括资产管理公司、基金公司、证券公司甚至银联都在开发诸如此类的产品。

除了上述市场因素之外，还有两项重要的制度性安排也实质性地影响了存款市场的供求关系，即存贷比考核和存款准备金率。在贷款刚性增长、存款增速持续放缓而市场资金供给充足的情况下，存贷比考核使得银行对存款这类负债存在着较大的需求，有时甚至可说是饥渴，从而推高了存款价格；存款准备金率高企则导致银行吸收存款的实际效果明显减弱，从而使得银行持续存在进一步吸收存款的冲动。

针对性地实施改革创新和政策调整

当前，存款利率市场化推进受到了存款市场供求关系的制约。而金融创新和互联网金融的发展是不可逆转的趋势。从有利于降低实体经济融资成本和顺利推进利率市场化的角度出发，当前有必要针对性地实施改革创新和政策调整。这里主要涉及两方面问题：

一是货币政策问题。鉴于我国的货币存量较大，未来一个时期货币政策将持续担负降杠杆的任务，似不宜大幅宽松。在中性货币政策尤其是存款准备金率处在历史次高位的环境下，迅速实现存款利率市场化，很容易在短期内出现市场存款和贷款利率双升的局面，从而对实体经济融资成本带来向上的压力。这一点2013年似乎已经感受到了。2013年货币政策总体上是稳中偏紧，6月时市场利率波动很大，下半年整个利率水平也都偏高。2014年政策已有所调整，货币乘数随之明显提高，货币市场利率水平明显下降。但即便如此，目前还很难说已经形成了存款利率市场化迅速推进所需要的比较理想的货币环境。这在一定程度上存在着两难。一方面，存款利率市场化需要相对宽松一些的货币环境；另一方面，从降杠杆和控风险的要求出发，货币政策又不宜过于宽松。无论如何，当前这样的政策环境对利率市场化的推进都会产生一定程度的制约。

作为影响货币乘数的重要工具，存款准备金率持续处在较高水平，直接对存款市场供求关系带来收紧的压力。如果说在过去外汇占款大幅增长、存款市场供求关系十分宽松的条件下,实施高水平的存款准备金率十分有必要的话,那么在今天,在外汇占款和存款增速明显放缓的新态势下,重新审视高企的存款准备金率,针对性地合理调降该率也应该是有必要的。当前首先需要权衡的问题是,中长期宏观调控目标与利率市场化的合理进程孰重孰先? 未来的选择或是逐步调降存款准备金率,同时推进存款利率市场化;或是暂时维持存款准备金率不变,适当放缓存款利率市场化的步伐;或是暂时维持较高水平的存款准备金率,取消具有替代功能的存贷比考核,同时加快存款利率市场化的步伐。即使是逐步调降存款准备金率,其主要目标也不是为了避免经济加快下行,而更多地是从整个改革需要的角度去考量。

二是存贷比监管问题。如果放到整个利率市场化大的框架来看的话,可以这样认为,存贷比监管方式已经并将继续成为利率市场化推进的障碍。前已述及,存贷比监管是当下存款供求关系偏紧乃至利率上升的重要原因之一。问题的实质是利率市场化与传统监管方式之间存在矛盾。按照存贷比的管理要求,银行放贷款要达到 75% 的存贷比,而信贷增长是有刚性的。国务院在 2014 年上半年多次提出,货币信贷要保持合理的增长;实体经济也希望银行能加快信贷投放。与此同时,银行业也愿意发放贷款来获取收益,因为毕竟息差还是银行的重要盈利来源。而事实上地方政府和各类企业的融资需求依然不小,中国贷款的需求刚性程度是很高的。这种情况下要能够保持信贷的投放,存款必须要达到存贷比的要求。但与此同时,在利率市场化条件下金融创新和互联网金融已迅速发展,势头正旺,存款增长却在持续放缓。在存贷比考核下,银行存款必然稀缺,其利率之高就在所难免。打个不恰当的比喻,存贷比犹如是一道大坝,尽管上游水源充沛,但经其截流之后,下游水位偏低,水就变得珍贵。如果没有这道坝或者坝筑得低些,则下游水势就会充裕或合理。

不仅如此,还应看到利率市场化很重要的一点,就是使得央行货币政策工具的效应能通过市场的价格传导到各个方面。在中国现有的条件下,银行在整个金融体系中的地位还是非常重要的。从增量来看只有 50% 多一点,但从存量来看,依然在 80% 以上。由于存贷比监管的存在,货币市场利率调整就不会那么顺畅地影响到银行体系。从 2014 年的情况看,按理说货币市场流动性宽裕了,利率相对走低了,实体经济融资成本应该下来。但因为存贷比的存在导致商业银行的贷款利率居高难下。我国商业银行负债成本跟西方国家不一样。西方国家没有存贷比考核,市场上货币资金的成本差不多就是银行的负债成本。而中资银行的成本则在很大程度上受存贷比考核下一般性存款价格的影响。由于近年来一般性存款增速逐步放缓,贷款增长又有一定刚性,存贷比考核要求银行必须保证存款达到一定的增速,这就推高了负债成本。正因为如此,货币市场利率调整了,但不见得就一定影响到银行体系的存贷款利率,从而使货币政策的效应打上折扣。这对利率市场化的推进是不利的,甚至有可能最终扭曲其成效。

合理优化存贷比管理很有必要。2014 年 6 月 30 日,银监会发布了《关于调整商业银行存贷比计算口径的通知》。此次调整中效果比较明显的是币种口径计算调整和"商业银行发行的剩余期限不少于一年,且债权人无权要求银行提前偿付的其他各类债券所对应的贷款"这两项。就前者而言,目前本外币合计的存贷比和人民币的存贷比分别为 72.2% 和 69.7%。因此,调整币种结算口径会降低银行体系总体存贷比约 2.5 个百分点。后者可能主要是商业银行发行的次级债券,粗略估算目前符合上述条件的存量次级债券约 6000 多亿元。若这些债券对应的贷款全部从分子扣除,则会降低银行体系总体存贷比不到 1 个百分点。因此,粗略测算,此次调整会降低行业总体存贷比 3.5~4 个百分点,对促进扩大信贷投放、降低融资成本有一定的积极作用,特别是有助于缓解那些存款增长压力非常大的银行的存贷比压力。

然而,银行存款增长放慢、负债结构多元化是一个大趋势。如果此次调整的实际运行情况不理想,下一步可以考虑将稳定性较好、非结算类、固定期限的同业存款纳入存款总额来计算存贷比。截至 2014 年 4 月末,其他存款性公司负债和其他金融性公司负债两项加总约为 22 万亿元,保守估计其中稳定性较好的同业存款约占一半,即 11 万亿元左右,占全部一般性存款的比例约为 10%。初步估算,若将这些稳定性较好的同业存款纳入存贷比分母,可能会导致存贷比下降 6 个百分点左右。这对缓解行业存款瓶颈、增强银行信贷投放能力的作用较为明显。从长远看,可以考虑修改商业银行法,取消这一监管规定。如果取消了存贷比考核或者大幅调整口径扩大分母,考虑到两者之间的替代效应,暂时可以不必调整存款准备金率。

如何防范与化解联保联贷风险[①]

　　众多研究认为,联保联贷模式改变了传统商业银行信贷机制,能缓解信息不对称问题。其诞生的初衷主要是为了解决中小企业担保不足、信息不对称的问题,但如果这种企业间的联保联贷纯粹是为了得到银行贷款,则在经济增速放缓、内外部需求趋弱从而导致企业经营困难、赢利能力下降的情况下,容易引发因单一企业资金链断裂而影响到整个联保小组的状况。一旦这种现象过于集中,还可能影响地区的金融稳定。

联保联贷的操作模式

　　联保通常指由 N 个借款主体签署联保协议组成联保小组(也称为联保体),小组内所有组员均承诺当组内某一个成员不履行还款责任时,N-1 个组员中任意一个组员均愿意替该成员履行偿债责任。通常,基于联保方式的信贷业务也被称为"联保联贷"或"联保贷款"。

　　与联保相比,互保通常仅发生在两个借款主体之间,而联保通常至少由三个主体(两两签署保证合同)首尾连接形成线型、连环的保证与被保证关系。联保模式项下成员之间的保证关系更复杂一些,对单个借款主体违约风险的防控作用也更明显。

　　对于实力相对较弱的小微企业来说,成功的联保小组能在一定程度上提高参与各方的风险掌控能力,不仅可以自动对借款人进行筛选,帮助银行挑选出有真实借款需求、还款能力强、信用良好的客户,甚至可以点连线、以线盖面(即以一个客户的突破,吸引大量客户),从而便利零贷业

---

① 本文发表于 2014 年 6 月 16 日《21 世纪经济报道》。

务批量拓展;也可以监督借款人行为,震慑潜在违约行为,督促和保证借款人按时履约。

联保联贷业务总体运行状况

从业务类型来看,联保联贷业务的主体是小企业,通常单笔贷款在200万~1000万元之间,且该模式并非商业银行小微企业贷款的主流模式;因此虽然联保联贷业务增长较快,但绝对规模仍相对较小,初步估计直接表现为联保联贷的贷款总规模约占行业小微企业贷款的5%,但通过各种形式与联保联贷企业形成一定资金往来的小微企业数量则可能相对较高。

从行业结构来看,联保联贷业务显示出一定的集中性特征。其中,以批发为主的商贸行业最为集中,这类企业本身很少有资产可以用于抵押,而其聚集的专业批发市场则为组成联保小组进行商圈融资提供了便利,估计批发行业在联保联贷中占比50%左右;劳动密集型的制造业流动资金需求也较大,同时依托于开发区或工业园区的支持,开展联保联贷也较为便利,是另一个此类业务比较集中的行业;而其他行业的小微企业,受到各方条件的限制,联保联贷的应用并不十分广泛。

从区域分布情况看,东部和南部中小企业聚集度较高的地区,如江苏、浙江、福建等,联保联贷业务操作模式较为成熟,业务总量相对较大。而在中西部的一些省份,由于小企业的融资难度相对较高,更多企业倾向于通过联保联贷提高融资成功率,因此虽然总量较小,但在贷款中的占比较高。

正视联保联贷业务的风险

目前,商业银行联保联贷仍主要集中在小微贷款领域,且风险有一定集中暴露的趋势。虽然联保联贷贷款总量有限,对银行业整体来说风险还处于相对可控状态,但其中的一些风险问题仍应引起充分的重视。

部分地区和部分银行联保联贷业务占比较高。在浙江、江苏等沿海地区,传统私人借贷市场较为发达,担保形式较为多样,联保联贷模式发展较快,部分小微企业集中地区的业务量已经较高。同时,有些商业银行的基层经营机构对自身风险管控能力盲目乐观,仍借助联保联贷模式撬动所谓优质客户和交叉销售,导致该类业务规模没有得到有效控制。未来这些地区和机构联保联贷继续发生风险的可能性较大。

部分联保小组借款人已陆续出现经营困难。受到经济增速放缓和外部需求减弱的双重影响,在联保联贷业务较为集中的沿海地区,一些外向型的小微企业已出现经营情况恶化甚至停业、还款能力丧失等现象,相关信贷资产质量出现下行,并形成风险在联保圈内较快蔓延的趋势。在此情况下,部分企业为解资金的燃眉之急,通过虚构交易背景以及伪造贷款资料虚增资产的方式,骗取银行贷款的现象也开始趋于严重,未来此类贷款资产质量下降的压力较大。

部分联保小组借款人存在过度授信以及涉及民间借贷的问题。有些联保小组借款人同时获得一家机构给予的个人短期经营性贷款、个人循环贷款(经营性用途)和小企业贷款,甚至存在多个银行机构给予高额授信或高额对外担保的现象,有多头授信、过度授信风险隐患。而从贷款的使用和资金流向情况看,有的借款人挪用贷款资金用于对外拆借,在归还过程中则通过非银行融资机构拆借资金用于还贷。虽无实际数据支持,但预计这类现象在联保联贷业务中较为普遍,一旦发生资金链问题,商业银行将无法切实掌控这类借款人的风险。

钢贸领域的违规联保联贷有被复制到煤炭等行业的迹象。与钢贸行业相类似,在资金密集型的大宗商品流通领域,如煤炭贸易,联保联贷也是企业通常采用的融资手段。大宗商品贸易企业一般自有资产规模较小而现金流较为充裕,融资手段也相对较多,且很大程度上存在业务过度多元化的问题,涉足房地产开发和民间借贷的现象较为普遍。一旦贸易流通主业受到大宗商品价格波动的影响,资金链紧张的问题极易出现,并会影响到一批副业的融资,可能对银行业的资产质量稳定造成巨大的隐患。

联保联贷结构复杂,牵涉面较广。目前,联保联贷往往涉及一个地区的几十家企业,形成一系列担保链和担保圈,一家企业也会参与其中的多个担保链,其担保关系错综复杂。高度的信息不对称导致担保链风险不断积聚,同时加大了各金融机构以及监管部门对联保风险的识别和控制难度。

总体来说,联保联贷业务涉及客户的面虽然比较广,但规模较为有限,且2013年以来商业银行已采取了一定的管理措施,整体风险相对可控。然而,近年来联保联贷业务有一定的发展和扩张,同时担保结构趋于复杂,联保小组之间开始出现交叉,一旦风险管理不力,则可能成为钢贸贷款之后的又一重要风险形式。

风险从何而来?

联保联贷的主要客户群体为抗风险能力相对较差的小微企业和个人经营性贷款客户。这类客户对宏观经济环境变化更为敏感,在融资难、融资贵的问题仍没有根本改善的情况下,这类企业因经营资金紧张而难以为继的现象时有发生。这种特殊的客户结构本身就蕴含了相对较高的信用风险,这也是造成近期联保联贷发生风险的主要原因之一。除信用风险外,联保联贷这种担保模式本身的一些缺陷也会加快风险形成和累积的进程。

首先,信用信息缺失和非市场化组合模式可能使联保联贷的内部约束机制失效。

从国外较为成功的操作模式看,联保小组一般由具有相同风险偏好的群体组成,小组成员应准确掌握自己和其他成员的风险和信用状况。通过将分辨借款人潜在风险高低的责任交给联保小组成员自己,让他们自己去识别风险并相互监督履行合约,从而形成风险偏好较为一致且稳定有效的风险约束机制,在一定程度上缓解“逆向选择”和“道德风险”。而在我国由于个人和小微企业客户信用体系仍有待健全,信用状况信息难以取得,因此很难形成传统意义上具有风险约束力的联保小组。即使形成联保小组,也仅仅是为了取得银行信贷而组合在一起,联保小组的监督作用并不十分明显。

实践中,由于有部分联保小组是由市场、行业协会或是贷款经营单位暗示或明示撮合形成的,小组成员间更多通过与牵头方的联系增加融资的便利,而无法有效进行互相监督,这使联保小组失效的可能性大大增加。还有一些联保小组由同一家族成员或在亲戚间组成,这种联保状态将使联保联贷模式的社会约束效应减弱,即使出现违约现象也达不到在小组范围内的震慑作用。

其次,联保联贷放大了区域金融风险。中小企业发展对区域内经济资源、经济政策等有着较大的依赖性,且根据联保的管理要求,贷前需要互相熟悉,贷后需要互相监督,因此通常联保小组成员多集中于同一区域、同一行业,甚至同一个商圈中。一旦出现地区经济环境、行业政策、环保政策等发生重大变化的情况,整个区域或集群内企业的生存和发展均会受到重大影响,很容易形成一荣俱荣、一损俱损的局面。

联保联贷模式下,联保小组成员基本都是银行的借款人。替其他借款人偿还债务后,企业自身的资金状况势必趋紧,甚至影响正常经营,整个联保小组的还款能力也将会受到影响。因此,大量本可以通过自身经营调整降低地区和行业性风险影响程度,甚至可以逆势实现发展的企业,会因联保联贷而受到波及。一旦各联贷小组成员有交叉的现象,则风险扩散的速度将更快,集体违约的概率也将大大增加。

同时,信息传染加大了联保小组的风险程度。在联保联贷的业务模式下,当联保小组中某一家企业出现财务困境,会导致担保链上其他担保企业风险信息暴露,这些信息会促使供应商、银行等债权人为规避风险而采取加速收款、抽贷、压贷等手段。虽然对单个债权人来说这些手段可以一定程度上降低风险敞口,但这种做法直接影响担保链上正常企业的资金流转和业务经营,并酿成正常企业资金风险,从而推动了单个企业风险快速向小组内其他企业的蔓延。从实际操作的情况看,这种由信息传染引发风险所产生的后果更为严重。

最后,部分联保联贷本身就存在欺诈风险。联保联贷模式有效运行的最关键前提假设是联保小组成员不存在合谋骗贷的企图。但一旦某个区域或行业的企业出现整体性的资金链紧张状况,则组员间相互监督机制将完全失效,通过联保联贷合谋骗贷的可能性就会大幅提升。

合谋骗贷的情况下,贷前阶段联保小组成员以"互相之间隐瞒""集体向银行隐瞒信息"或以联保作为给担保公司的反担保并由担保公司提供担保等形式达到骗取贷款的目的,并最终形成信贷资金"多户申贷、一人用款"的状况。

这类联保小组的成员参加小组的目的纯粹是为在人数上满足组建联保小组的要求,帮助最终用款人获得信贷资金,因此一般不对贷款使用情况进行监督,也不向商业银行进行信息反馈。而在贷款归还的阶段,一旦小组有成员违约,其余成员大多不愿意承担连带还款责任,或是小组成员集体串谋拒不还款等,最终形成贷款无法归还的风险。

如何防范和化解联保联贷业务风险

防范和化解联保联贷业务风险必须要从内外部同时入手。

首先,应多管齐下,改善小微企业生存和融资环境。维持宏观经济平稳增长态势,保持信贷合理增长。若经济增速继续放缓,则产能过剩和中小企业经营困难的问题将进一步加大,联保联贷业务风险可能在更大范围内暴露。在风险隔离机制尚不健全的情况下,这种风险暴露极易引起担保链上的连锁反应,导致商业银行不良资产快速增加。而将经济增速保持在7.5%左右的平稳状态,有利于中小企业经营环境的改善和就业水平稳定。更为重要的是,在合理的经济增速下可以实现稳定的信贷增长。将银行信贷增长维持在13%～14%的合理区间,既能避免投放不足而形成的地方政府融资平台和房地产行业等大规模融资对实体经济企业贷款需求的挤出效应,在一定程度上缓解小企业融资难题,也能为下一步调整联保联贷业务模式和结构提供充足的空间,有助于联保联贷风险的化解。

完善跨区域、整合型的社会信用体系,形成透明、良好的信用环境。对企业的相关财税、海关、工商、社保、公用事业缴费、融资担保等信息进行整合完善,使联保成员和授信银行可以全方位、全流程掌握企业历史信用信息和生产经营变化情况,从根本上解决借款方、担保方和商业银行三者之间信息不对称的问题,减少由信息不对称引发的风险。

加强社会性担保机构及贷款保险体系建设。政府部门应以服务实体经济为目标,通过财政出资等方式设立更多专业融资担保机构,对符合条件的中小企业开展融资担保业务,切实解决中小企业融资担保问题。同时,要继续建立和完善贷款保险制度体系。通过专业担保机构以及贷款保险等方式,有效降低企业通过互保、联保获取融资的比例。

加大金融体系产品和制度创新的力度,降低中小企业信贷和非信贷融资成本。在非银行领域,既要扩大小企业的股权融资渠道,建立多层次的股权融资体系,也要创新发行体制,加大小企业类债权的发行规模。同时要加大对各类小型金融机构的扶持力度,发展以小企业为主要服务对象的地方性金融体系。以财政贴息、政府采购等模式,加大对小企业担保费率和融资利率的补贴力度,合理降低小企业融资成本。在此基础上,要继续从供给和需求两个层面,加大力度引导中小企业从正规渠道获取融资,从而对民间融资高企的利率起到一定的遏制作用。

其次,要强化商业银行风险管理,规范联保联贷业务要求。要对欺诈风险始终保持高压态势,坚守贸易(交易)背景真实、服务实体经济的底线。商业银行要充分利用征信系统关联交易查询、工商登记信息、贷后监控系统等系统信息支撑,深入调查借款人、担保人(如有)与交易(贸易)对手之间关联关系、资金流向特征,深入甄别交易(贸易)背景真实性,加大欺诈风险查防力度。对存在借款主体身份虚假、交易(贸易)背景虚假或申贷意愿虚假的贷款实行“一票否决”。

要坚持“第一还款来源为核心、第二还款来源为补充”的风险管理理念。在业务拓展过程中,坚决摒弃“有担保则贷款就无风险”“保证人越多贷款越安全”的错误思想。在充分把握第一还款来源的基础上,以风险定价为原则,合理地进行贷款定价安排,同时加强抵质押等担保措施,最大限度减少风险敞口,确保信贷资产安全。

要对联保联贷业务实行统一的管理。商业银行的总行应明确联保联贷的业务规范和风险管理指引,既要对联保联贷模式下的行业准入和业务准入提出明确的要求,也要注重业务过程中的操作风险管理,避免分行各自为战的状况。在联保业务的准入上,应明确联保贷款的借款人身份、借款意愿、担保意愿均真实,一个联保小组也一般应由同一商圈、园区或供应链,主营业务范围相似的3~4名成员组成,确保成员之间的风险状况相互了解,商业银行风险可控。

最后,防控风险,有序规范联保联贷业务。要加强重点地区的监管和治理。从全国范围来看,联保联贷业务运行尚处于可控范围,风险暴露主要集中在沿海的一些重点地区。要对这些地区的业务进行重点的风险排查和治理,同时强化综合性的风险防范措施和要求,优化当地金融生态环境。

指导银行合理调整联保联贷业务政策。一方面,要积极规范联保联贷业务,强化业务风险的管控,加大力度压缩操作不规范、风险程度较高的存量业务规模;另一方面,监管机构应引导商业银行合理推进业务规范的进程,不能一味抽贷,而是要从隔断风险入手,在信息透明的基础上调整贷款业务保证模式,可以尝试对优质中小企业发放信用贷款。

对不同的联保联贷业务需求采取区别对待的差异化管理。要明确联保联贷业务支持的重点是小企业融资需求。对类似于钢贸领域业务模式的其他大宗商品贸易和物流企业的贷款需求,要进一步加强业务管理,控制规模的增长;而对制造业和服务业等与实体经济发展联系密切的行业,则应继续加大支持的力度,在风险可控的前提下仍可以继续尝试规范化的联保联贷业务。

小企业融资市场是充满生机活力、大有可为的市场,商业银行既要正视联保联贷产生的风险,也要进一步发展适合小企业的产品和服务方式,促进小企业的健康发展。

地方政府债务置换一举多得[①]

随着地方政府债务置换举措出台，蒙在这一问题上的面纱终于揭开。前一阵市场关注偏重于债务置换的货币政策含义，事实上地方政府债务置换是一举多得的。

统一发行主体权利和义务

2015年地方政府偿债压力不小，审计署口径的2015年政府债务到期规模约为2.8万亿元。在地方政府收入增长放缓、偿债压力加大的背景下，此次发行地方政府债券及一系列相关配套措施的推出有其必要性。

为保证地方政府债券的顺利发行，与以往的地方和公司债券不同，这次发行在制度设计上进行了一系列创新。从发行方式看，改变了以往财政部代理发行的模式，以省级地方财政部门为发行主体，统一了地方政府作为发行主体的权利和义务，突出了省级地方政府在债务发行和偿还中的作用；同时，在置换限额内将有一定额度采用定向承销方式发行。从债务用途看，主要用于置换地方政府的存量债务，其中定向发行的部分将由地方财政部门与特定债权人按市场化原则协商开展并予以置换。从债券功能看，将地方债纳入部分货币政策操作工具的抵押品和质押品的范围，意味着地方政府债与国债和其他政策性金融债一样，获得了抵押品的资格，增强了地方债的流动性。正是有了这些制度创新，现行的地方政府债券对投资者的吸引力将大幅提高，这将会在发行利率上有所反映。预计此次发行将充分体现出地方政府债券相对较低的信用风险水平，与其所

---

① 本文发表于2015年5月20日《中国证券报》。

要置换的债务相比利率水平会有明显的下降,从而推动地方债务成本向正常水平回归。

有助于化解地方政府债务风险

债务置换有助于推动我国地方政府债务管理体制改革进程,形成符合国际惯例和中国实际的地方政府融资模式。总体来看,对我国地方政府债务问题将发挥三个方面的作用:

一是有效化解地方政府存量债务风险。通过合理化解存量债务风险,提高地方政府的融资能力,进而对地方政府投融资体制改革形成良好的环境并带来推动作用。

二是减轻地方政府的偿债压力。现阶段地方政府投资需求仍相对较大,而收入增长放缓和存量债务按期偿还都加大了地方政府的短期资金压力。从财政收入的情况看,2014 年我国一般公共财政收入仅比上年增长 8.6%,为近 23 年来首次跌破两位数,而 2015 年 1—4 月财政收入比上年同期增长 5.1%,增幅继续回落。这种财务压力使得部分地市级和较多的县级政府流动性吃紧。债务置换则在一定程度上延长了地方政府偿还债务的周期,有效解决了短期流动性问题。

三是有助于降低地方政府的债务成本。此次债务置换是用新发行的债券置换存量的贷款及其他高成本的负债。如前所述,以省级政府为发行主体的债券融资成本与原先相比将大幅降低。预计不同期限的地方政府债利率会在 4%~6%的区间,将明显低于银行贷款,尤其是大大低于信托类融资等存量债务 8%~10%的利率水平。债券置换后,地方政府的融资能力和偿债能力都将有效提高。

有利于银行业平稳运行

此次地方政府债务置换,将对我国银行业产生两方面的积极作用。一方面,债务置换有助于银行业资产质量的稳定。虽然当前地方政府债务的资产质量稳定可控,但长期以来其潜在风险受到市场普遍关注,也是影响商业银行未来不良贷款走势的重要因素。债务置换后,商业银行相关敞口的信用风险将得到明确的地方政府信用保证,对资产质量平稳运行意义重大。

另一方面,文件规定允许地方政府债券纳入银行抵押品范围,这将有效提高商业银行资产的流动性。原先以贷款为主的地方政府债务流动性相对较差,虽然资产证券化等形式也是形成流动性的可选方案,但交易流程相对复杂,交易成本也相对较高。而将地方政府债券纳入货币政策工具的抵押品范围后,相关资产的流动性将大幅提升,有助于提高商业银行整体流动性管理的能力。同时,银行以地方政府债券抵押获得的流动性支持如果能与相应的债券资产形成——对应关系的话,也可能对降低银行的资金成本有一定帮助。

推动债券市场发展

此次地方政府债券发行不但对解决地方政府债务问题有利,从长远看也有助于我国债券市场的发展。

一是进一步丰富了市场交易品种。虽然地方政府债券本身并不是新的券种,但这次发行通过一系列创新已经赋予了地方政府债券完全不同的内涵,其未来的信用风险、市场风险和流动性风险表现也将与传统意义上的地方政府债券有明显的差异,将为市场参与者提供更多的选择。

二是有助于债券市场规模进一步拓展。随着地方政府债券的发行,这类债券的存量和发行量都将快速上升,这将为债券市场带来新的投资者和增量资金的投入。未来国债和金融债仍将在债券市场占主导地位。但随着地方债发行的增加,原先企业债中城投债的大部分将被逐步置换,地方债有望与企业债平起平坐,成为市场地位仅次于国债和金融债的大市值交易品种。

三是债务置换有助于债券市场以风险为基础的收益率曲线进一步完善。以往以城投债为代表的地方政府性债务虽然有政府信用的支持,但收益率居高不下,明显不符合收益与风险相匹配的基本原则。未来地方政府债务收益水平的回归将从根本上改变这种状况,推动市场形成合理的风险管理环境。

不是"中国版 QE"

此次债务置换与西方的 QE 有实质性的区别,不能别出心裁地将其理解为"中国版 QE"。西方量化宽松(QE)是一种货币政策,主要指各国央行通过公开市场购买政府债券、银行金融资产等做法。量化宽松会直接导致市场的货币供应量增加。

此次置换的地方债纳入了央行 SLF、MLF 和 PSL 的抵押品范围,这只是增加了地方债的流动性;最终是否抵押以及接受多少抵押来投放流动性,将受到商业银行需求和央行货币政策选择等多方面因素的影响,完全不同于 QE 下央行预先确定规模并主动购买的模式。同时,央行通过这种形式所投放的流动性有到期期限,并不会导致央行资产负债表的永久扩张。而 QE 所产生的流动性是永久性的,两者之间也有明显的差异。

从政策选择的角度看,之所以西方货币当局要通过 QE 对市场投入流动性,主要是由于其货币政策工具箱以价格型工具为主,数量型工具较少。金融危机后,在市场流动性极度匮乏的情况下,利率等价格工具难以有效发挥对市场流动性的调节作用,调控效果十分有限,因此只能通过 QE 来直接注入流动性。而现阶段的中国市场,总体流动性增长较为平稳,并不存在流动性缺乏问题。即使需要增加市场流动性,可供选择的货币政策工具首推长期处于高位的存款准备金率。从央行角度看,降低存款准备金率不仅会达到较好的增加流动性的效果,而且有助于收缩长期以来偏大的资产负债表。而银行将地方政府债券抵押央行获得流动性则会进一步扩张央行的资产负债表,应该不是央行所愿意接受的。因此,即使地方政府债券将有可能用作抵押品,主要的方向依然会是定向或结构性的,在较长一个时期内不大会当作总量工具来加以使用。总体来看,当前中国的市场环境无须 QE,即便流动性有所不足也不应用债务置换的方式来处理。因此将债务置换说成是中国版 QE,不是理解上的逻辑错误,就是别出心裁的"拉郎配"。

与保增长和控风险存在内在关联

此次地方债务置换的直接目的并不是要解决当前经济增速放缓的问题,而是地方政府债务管理体制改革的重要内容之一。但我认为,从深层次来看,地方政府债务置换能对我国经济的平稳运行起到十分重要的作用,与保增长和控风险之间有着密切的内在联系。

债务置换有助于更好地控制系统性风险。对地方政府来说,近年来财政和土地收入增长放缓的趋势基本确立,随着债务总量的扩大,还本付息的压力不断加大。债务置换能切实解决短期流动性问题,还可以降低债务成本,不但大大缓解了地方政府的短期债务风险,也有助于阶段性化解这一问题。

债务置换将对稳增长起到重要作用。2014年以来,GDP增速进一步放缓,主要是受到房地产市场需求减少和政府消费能力明显下降两个因素的影响。中国房地产市场波动造成的固定资产投资放缓趋势将长期存在。因此要推动投资增长,如何有效发挥政府这一重要需求方的作用至关重要。而现阶段由于债务压力较大,地方政府的消费和投资能力大大下降。在缺少政府资金投入的情况下,其他社会资金的投入力度也同步下降。债务置换后,地方政府的财务压力将大幅减小,有动力也有能力推动各类项目的建设。未来以城镇化和"一带一路"为代表的一系列建设项目将带动基础设施投资需求较快增长,也有助于缓解产能过剩问题。

对商业银行来说,地方政府债务置换将盘活大量的存量信贷资源,置换后商业银行将有更多的增量资源用于满足实体经济的资金需求。这些都将对宏观经济平稳运行起到重要的支持作用。不过债务置换后,随着银行对地方政府的敞口部分转化为低风险的债券资产,银行信贷投放能力和意愿都将增加。而轻装上阵的地方政府的投资需求可能再次扩张,最终可能形成银行信贷继续以各种方式投入地方政府主导的投资项目的现象,使地方政府的隐性债务或与地方政府有直接联系的债务实质上又获得了一次扩张的机会,应当警惕这种动向。

理性看待我国政府债务[①]

一个时期以来,中国政府债务水平是否过高、风险是否可控成为国内外关注的焦点。市场上对经济下行压力增大的情况下适度增加政府债务存在不少疑虑。纵观以往国际金融危机和经济大萧条,通常认为,过度负债和高杠杆是导致危机的基本因素之一。讨论政府债务规模的合理性及其风险,需要正确认识政府债务的经济作用,尤其应当结合具体国情,客观理性地评价政府债务的风险。

适当增加政府债务是当下经济发展的需要

政府合理举债有助于维持宏观经济稳定和实体经济增长。当前国内外经济形势错综复杂,我国经济增长面临旧动力减弱和新动力不足的结构性矛盾,经济下行压力依然较大。2016年是"十三五"规划的开局之年,要保持经济平稳运行,需要适当加大积极财政政策的实施力度。

适度加大国债和地方政府债券发行规模,是政府依法规范加杠杆的重要举措。从市场经济多年发展的实践经验看,世界各国几乎无一例外要通过适度政府举债为基础设施建设、公共事业发展筹措财力,平滑处理公共工程支出负担,更好地改善民生、造福于公众,增强经济内生发展基础。政府适度加杠杆还可以避免全社会债务收缩对经济造成负面影响,从而保持经济平稳增长。

充分用好增加的政府债务,有助于供给侧结构性改革的推进。政府适度举债有利于减轻企业税收负担,有助于实现企业去杠杆和降成本,为

---

① 本文发表于 2016 年 10 月 22 日《经济日报》。

企业生产性投资提供资金保障,激发企业主动投资意愿。通过合理配置政府债务资金,有利于撬动资金流向结构调整的重点领域,是实现去库存、去产能、经济结构转型和培育经济新增长点的重要手段。政府适度举债,有利于促进居民收入中高速增长,进而推动居民消费;有助于加快城镇化和城乡一体化发展步伐,实现公平与效率的有机结合。

我国政府债务具备适度增加的良好条件

其一,我国财政赤字率和债务水平不高。我国财政赤字率和政府负债率在世界主要经济体中相对较低,2016 年计划赤字率达到 3%,仍处在国际公认的合理范围内。判定债务规模是否过大并非看其绝对规模大小,而是看其相对大小。从相对比较看,中国政府债务水平并不算高——截至 2015 年底,中央政府债务 10.66 万亿元,地方政府债务 16 万亿元,全国政府债务共计 26.66 万亿元,占 GDP 比重为 39.4%。加上地方政府或有债务(即政府负有担保责任的债务和可能承担一定救助责任的债务),按审计署 20% 的平均代偿率匡算,全国政府债务率达到 41.5% 左右,远低于欧盟 60% 的警戒线。从总体债务结构看,中国债务的主要问题是非金融企业部门债务,其债务率高达 131%。金融部门债务率约为 21%,居民部门债务率为 40% 左右,政府部门债务率约为 40%。

其二,我国政府有较为充足的偿债能力。当下,我国财政收入规模可观,债务率和债务依存度水平良好。得益于经济持续的中高速增长,我国财政收入增速较快,为实施更有力度的积极财政政策提供了坚实基础。除了可观的财政收入外,政府还拥有相当丰厚的资产。按窄口径匡算,中国的主权资产净值为 20 万亿元左右。这表明中国政府拥有足够的主权资产来覆盖其主权负债。政府债务问题还应当进一步分析衡量偿债能力指标,即债务率(债务余额/综合财力)。2015 年我国地方政府债务率为89.2%,低于国际警戒线。我国政府可观的财政收入、合理的债务率和较低的债务依存度水平,为政府偿债提供了充分保障。

其三,我国拥有大量国企经营收入和较强的国有资产变现能力。通过国企改革,不但可以盘活存量资本,提高国民经济运行效率,而且能够释放大量财政可用资金，为适当增加政府负债提供强有力的资金支持。经测算，非金融国企股权结构改革每年可盘活万亿元存量资金。雄厚的国有资本存量不但具有较强的赢利能力，而且可以通过股权结构调整变现。

目前，我国中央政府债务状况总体较好，大幅低于发达国家水平。考虑到中央政府拥有位居世界前列的财政收入和较强的国有资产变现能力，未来仍可根据需要适度增加中央政府债务。考虑到地方政府拥有一定数量的负有偿还或救助责任的或有负债，部分地方政府也曾有过盲目举债的行为，地方政府债务有必要实施限额管理，以合理控制地方政府债务的增长。

债务置换有助于化解地方政府债务风险

近年来，我国中央政府对地方政府债务风险保持高度关注，并积极采取措施规范地方政府债务管理，取得了阶段性成效。通过对地方政府债务实行限额管理，建立了控制地方政府债务规模的长效机制。通过发行地方政府债券置换存量债务，有效缓解了部分地方政府的偿债压力。将地方政府债务纳入预算管理，主动接受各级人大监督。建立健全债务风险评估预警和应急处置机制，督促高风险地区多渠道筹集资金化解债务风险。

地方政府债券的重要购买主体仍然是商业银行。鉴于信贷利率明显高于债券收益率，债务置换将直接减少商业银行的利息收入，但置换债将从流动性和风险两方面对银行产生积极作用。地方政府债券纳入银行抵押品范围，有助于提高银行资产流动性。债券投资不计入银行贷存比，有助于降低贷存比，从而在一定程度上可以降低银行资金成本。地方政府发行的置换债在整体上有助于减少银行风险资产规模，信贷风险和不良贷款的生成速度也可能因此而显著降低，从而有助于提高资本充足率。债务置换降低了地方政府债务风险，有助于银行系统改善整体资产质量和守住不发生系统性风险的底线。

为更有效地化解地方政府债务风险，未来应多管齐下规范地方政债务管理。必须定期分析债务状况,建立健全风险预警、应急处置和考核问责等机制。督促地方用好置换债资金,充分发挥政府债务对经济社会发展的支持作用。督促地方政府切实履行偿债责任,妥善处理存量债务,加大力度惩处地方政府违法违规举债担保行为。

未来一个时期中国政府债务风险总体可控

分析政府债务风险问题,应当充分考虑各国经济发展阶段的不同以及债务指标的差别,切不能一概而论。讨论中国政府债务及其风险必须紧密结合中国国情特征。

其一,中国的融资平台公司债务具有特殊性。其二,中国是一个拥有高储蓄比例的经济体,这为经济活动融资提供了充足的来源。高储蓄率国家往往可以在不依赖国际因素的环境下,依靠国内力量较为平滑地处置债务风险。其三,以银行为主的金融体系决定了中国债务风险程度相对较低。其四,广义的政府内部资源重新配置便于缓解债务问题。

综上可见,中国政府短期内发生债务危机的概率很小。但随着经济增长下行压力加大,在经济体负债率不断提高的同时,企业利润缩水、偿债能力减弱,不良债务率也在提升。当下政府债务状况虽然良好,但仍需关注并严密控制重点局部和薄弱环节的债务风险,以防债务问题影响实体经济的平稳运行。

第一,建立债务风险预警机制,妥善处理部分不良资产。对低投资回报率、高债务率的政府公共基础建设,应积极采取多种措施化解其债务风险。通过政府债务限额管理和预算管理,控制政府债务规模。应建立健全债务风险预警机制和应急处置机制,以保证政府公共服务职能的发挥。

第二,制定中长期滚动预算,真正实现政府债务限额管理。在跨年度的时间框架内,根据各种政策和环境变化预估支出的中长期影响和未来成本,合理制定支出的总上限。考虑到或有负债需更长期的时间框架来反映其社会责任,因此应进行更远期的提前预估与测算,从而进行远期风险控制,真正实现政府债务限额管理。

第三,推动融资平台公司市场化转型。进一步发展和健全多层次金融体系,促进融资渠道多元化,引导社会资金流向债券市场和股权融资市场,为融资平台公司转型创造良好的外部条件。推动融资平台公司市场化转型。完善市场化退出和重组机制,通过司法程序对违约的融资平台公司市场化债务进行处置,以阻断风险传导。

此外,还要完善政府资产负债表编制,增加地方政府债务的透明度。这将有利于市场给地方政府债券准确定价,实现市场监督的作用。

当前重要金融领域内风险总体可控^①

2018 年以来,货币供应和社会融资增速放慢,债券市场违约频现,地方政府隐性债务风险渐显,表外业务和非标资产违约增加。金融领域中这一系列问题,已成为当前必须厘清和认真对待的重大问题。

关注社会融资收缩问题

2018 年以来,去杠杆、限错配、去通道等强监管措施继续推进。随着银信业务规范、委托贷款管理、资产管理新规、流动性新规等相继颁布,信托贷款、委托贷款等影子银行融资明显收缩,理财增速大幅放慢,整体社会融资增速显著回落,货币供应增长持续放缓。对此既要理性和客观看待,也不能忽视其可能带来的问题和风险。

去杠杆有必要适度放缓货币和融资增速

2018 年以来,在经济增长和物价平稳运行的同时,新增社会融资大幅减少。5 月末,社会融资规模存量增速 10.3%,较上年末显著下降 1.7个百分点。2018 年 1—5 月累计新增社会融资规模 7.9 万亿元,较上年同期大幅减少了 1.47 万亿元。其中,人民币贷款累计增加 7.09 万亿元,较上年同期增加 3240 亿元,保持适度增长。而累计新增委托贷款、信托贷款和未贴现银行承兑汇票合计较上年同期大幅减少了约 2.8 万亿元,这是社会融资同比下降的主要原因。累计新增企业债券融资同比增加 1.22万亿元;但受债券市场违约、风险偏好下降的影响,5 月企业债券融资减

---

^① 本文发表于 2018 年 6 月 30 日《中国证券报》。

少 434 亿元；若未来这一状况没有改善，企业债券融资的前景也不容乐观。

2018 年以来，广义货币 M2 增速维持在 8.2%～8.6% 的较低增速区间波动。5 月末狭义货币 M1 同比增速为 6%，较上年末大幅回落了 5.8 个百分点；人民币存款余额增速为 8.9%，而贷款余额增速为 12.6%，存款增速持续较大幅度低于贷款增速，导致银行流动性压力加大和可用资金紧张。货币供应增速回落主要缘于非信贷融资收缩，从而导致商业银行整体资产负债表增速持续较低。4 月末，其他存款性公司总资产同比增速仅为 6.88%，较上年末下降 1.52 个百分点。M1 增速更快回落则主要是因为企业部门融资受到严格限制，特别是对之前对非标等表外融资严重依赖的企业来说。

防范和化解金融风险是当前和未来一个时期金融工作的重点，而稳杠杆是防范和化解金融风险的必然要求。从信贷余额/GDP、社会融资规模存量/GDP 这两个指标来看，近年来我国宏观杠杆率已经开始趋稳，2016 年这两个比值分别为 1.43、2.1，2017 年为 1.45、2.11。2018 年，考虑到实际 GDP 增速和通胀都有所放缓，我国名义 GDP 增速会小幅下降。若要保持杠杆率稳定甚至有所下降，则人民币贷款余额和社会融资规模存量余额增速要有大致相同幅度的下降。

必须关注融资过快收缩可能产生的问题和风险

融资适度收缩有利于稳杠杆，但融资收缩过快却会对实体经济带来一系列问题甚至风险。

一是融资过度收缩可能带来经济下行压力。金融是现代经济的核心，与经济运行息息相关。当前，我国存量社会融资规模庞大。以贷款为例，2017 年末我国人民币贷款余额约 120 万亿元，全年平均贷款加权利率为 5.68%，照此计算，当年的存量贷款利息支出就高达 6.8 万亿元左右，占全年 13.5 万亿元新增贷款的 50% 左右。也即是说，在存量债务规模很大和一定利率水平的情形下，每年的新增融资规模看似很大，但实际用于企业生产经营和个人消费活动中的数量则大打折扣。因此，经济体自然对信贷以外的其他融资方式的依赖就相对较大，社会融资规模保持一定增速就显得十分必要。而 2018 年 1—5 月,社会融资规模不仅没有较上年同期适度增加,而且大幅减少。M1 是企业经营活动活跃与否的重要指标,通常具有较好的前瞻性。从经验来看,M1 同比增速变化领先 PPI 涨幅和 GDP 同比增速大约 1～2 个季度。当前 M1 增速已经下降到仅为 6% 左右,接近历史最低水平,预示未来 PPI 可能会有下行压力。若不采取措施,实体经济则可能出现通缩压力,从而进一步增加经济下行压力。从更能代表信贷支持实体经济力度的企业中长期贷款来看,2018 年前 5 个月的累计新增规模为 3.32 万亿元,较上年同期下降了 3123 亿元,表明企业和银行对未来预期较为谨慎。若目前的情况没有改善而持续下去,2018 年下半年或 2019 年初经济可能会有显著的下行压力。

二是融资收缩过快导致实体经济融资成本快速提高。在融资过快收缩、融资渠道受阻的情况下,企业融资成本不可避免地出现上升。特别是受表外融资转表内的影响,当前银行信贷供需偏紧,贷款利率升幅较大。2017 年全年,非金融部门一般贷款加权平均利率上升了 0.36 个百分点;2018 年 3 月该利率已升至 6.01%,较上年末进一步提高了 0.21 个百分点。在当前融资形势下,非信贷社会融资的可得性明显下降,其利率已经明显上升。有数据表明,私募基金通过理财产品提供融资的利率至少在 15% 左右。考虑到银行更倾向于给大型企业融资,中小民企和小微企业融资成本的上升压力更大。

三是"非对称"去杠杆给中小企业融资增加困难。适度的融资收缩有利于挤出之前无效或低效的融资。但在融资总量收缩过快、银行信贷成为当前主要融资渠道的情况下,银行往往更加青睐大型国有企业和优质民企,而这些企业本来并不依赖非信贷融资;而很多主要依靠表外融资、目前确实有实际融资需求的中小民企承受着相对更大的融资收缩压力,而原本杠杆率较高的国有企业去杠杆效果却不明显。可见,融资收缩过程中的"非对称"去杠杆既使去杠杆的效果打上折扣,又对中小企业融资难带来更大压力。

四是企业大举境外融资导致我国短期外债增长过快。由于国内融资渠道受限,部分企业选择加大在境外发债、跨境贷款等融资力度,致使近两年我国对外债务上升较快。截至 2017 年末,我国全口径外债余额同比增长 20.8%,较 2016 年末显著提高了 18.5 个百分点;其中,短期外债占比为 64%,较 2016 年末提高了 3 个百分点。2017 年末,我国负债率为 14%,债务率为 71%,偿债率为 7%,短期外债与外汇储备的比例为 35%。尽管这些指标均在国际安全线以内,但目前的增长速度不降下来,未来潜在风险将会上升。尤其是未来我国经常项下大幅顺差难以再现,2018 年开始基本平衡或小幅逆差将成为常态,这种情况下资本项下的平衡就显得尤为重要,否则人民币汇率、资产价格甚至货币政策都将会承受压力。

当前债券市场违约风险总体可控

2018 年以来,我国债券市场违约发生的频率有所上升,市场对违约风险的预期也不断加强。总体来看,当前有实质还款困难的企业占比相对较小,行业分布也较为分散,风险事件集中爆发的可能性不大,对经济的整体影响也相对可控。

本轮违约行业较为分散,违约原因较为多样

截至 2018 年 6 月 1 日,共有 22 只债券共计 179.26 亿元违约。其中,已发生过违约的发行主体在年内新增违约债券 11 只;本年新增违约发行主体 8 家,涉及规模 92.86 亿元的 11 只债券。4 月和 5 月违约情况呈现略有增加的趋势,分别有 5 只债券违约。

与往年主要是由于经营情况恶化而导致债券违约集中于个别不景气行业不同,2018 年的新增违约案例行业分布较广,造成违约的原因也各不相同,主要可以分为三种情况:一是 2016 年以来供给侧改革使行业内部出现分化,产能过剩行业竞争力弱的发行人被作为"僵尸企业"淘汰,进入破产程序而导致违约;二是企业内控和信息披露存在问题的民营发行人,因关联方资金往来和借款担保等原因占用现金流并造成违约;三是部分发行人财务杠杆高企,严重依赖债券、非标等表外融资渠道,在金融严监管、融资渠道收紧的政策背景下再融资出现困难而导致违约,这类情况以民营企业居多。

除传统行业因素外,2018 年违约风险更多是由外部融资收紧,而不

是内部现金流恶化而引发的。究其原因,主要是金融严监管和去杠杆政策下,随着社会融资增量的减少,资本市场的信用创造能力实际出现了收缩。同时,资管新规要求下非标融资萎缩已经是大势所趋,资金表外转表内和资管产品向净值型转型,也进一步推动金融体系的风险容忍度下降和风险偏好的下行。而银行的表内信贷也受资本金、行业政策以及风险偏好等制约,即使有新的增量也难以弥补再融资缺口。这些因素都将导致企业再融资压力骤增,一旦发行人出现负面舆情,更会引发市场恐慌和规避情绪,出现融资不畅的问题。

债市违约短期风险总体可控,但应引起充分重视

对金融市场而言,债市违约对市场参与者的心理有一定的冲击,使其倾向于规避自身财务状况一般的低信用评级发行主体。这不但推动此类债券利差明显上行,也使债券发行延期或取消的情况有所增加。而债券发行不畅会使这类企业的财务状况更加恶化,增加其偿还兑付存续债券的难度。当前此类企业在市场中的占比仍相对较小,且行业和地域的集中度不高,风险集中爆发的可能性不大,短期内也不会对市场的稳健运行造成明显冲击。

对银行业而言,债市违约本身对资产质量的影响也处于可控范围。一方面,银行对信用债的投资占比较低,表内投资占总资产的比例约为3%～5%,资管业务对信用债的投资比例也控制在20%左右。另一方面,银行的信用债投资均较为审慎,投资也以高评级品种为主,有助于风险的管控。而根据公开市场数据,信用债违约率仍处在相对的低位,银行间市场信用债违约率约为0.76%,上交所信用债违约率约为0.22%,都远低于银行1.75%的不良率,信用债与贷款相比仍有一定的优势。在实际操作中,企业信用债违约往往滞后于银行贷款,因此短期内风险传播的影响也相对有限。

从中长期看,在去杠杆和强监管的环境下,信用资质较弱和对外部融资依赖度较强的民营企业、央企边缘化子公司及地方竞争性国企的融资环境或将进一步恶化,债券市场的风险可能持续释放,债券违约的问题也将贯穿整个 2018 年。一是债券到期偿付结构不容乐观,2018 年到期的信

用债中,AA 及以下评级的债券占比由 2017 年的 18.3％上升至 23.5％,月均到期规模近 7000 亿元,中低评级的发行人将面临较大的偿债压力。二是信用债回售明显上升可能加快风险的暴露。2018 年信用债可回售规模约为 2017 年的两倍,前五个月实际回售量也同比增加了一倍。下半年短期债务较多的企业将面对较大的回售需求,会进一步增加其财务压力。三是制造业仍未走出相对低迷的状态,信托融资收缩将使房地产和建筑业等信托余额较大的行业资金链收紧,而非标融资的收缩推动城投平台的违约风险上升。这些行业未来都将持续面临潜在风险,尤其是处于融资链条末端的民营企业,更容易受到流动性边际变化的冲击,形成实质性违约。如果监管政策不做相应的调整,则信用收缩周期可能进一步延续,并对债券市场的融资功能造成影响。

地方政府隐性债务不容忽视

近年来地方政府债务治理已取得重大进展。截至 2017 年末,地方政府债务余额为 16.47 万亿元,债务率(债务余额/综合财力)为 76.5％,低于国际通行的警戒标准;以国家统计局公布的我国 2017 年 GDP 初步核算数 82.71 万亿元计算,地方政府负债率(债务余额/GDP)为 19.91％,风险总体可控。截至 2018 年 4 月末,非政府债券形式存量政府债务余额 1.34 万亿元,预计 2018 年能按期完成全部置换。未来地方政府获得较低成本、长久期的资金供给有了保障。

有必要指出,地方政府隐性债务风险正在积累。地方政府隐性债务大多在于市县两级政府,潜在合规瑕疵比例较高。更加重要的是,部分地方政府隐性债务的还款来源和担保措施缺乏实际保障,对财政金融的稳定发展构成很大挑战。地方政府债务产生的制度根源较难快速改变,决定其仍将在较长时间内存在。如果不能合理平衡地方政府的财权和事权,两者之间的资金缺口只会通过不断的"金融创新"甚至直接的违法违规融资予以弥补,"堵暗道"工作难以有效避免"顾此失彼"或"堵而不实"的处境。

地方政府隐性债务治理短期内会增加其财政压力。一是地方政府

"明债"规模受到人大批准的限额控制,且实际使用率逐年下降,增长空间有限,地方政府隐性债务去杠杆将形成存量资金的较大缺口。二是在不出现系统性金融风险的前提下,个别隐性债务可能打破刚性兑付。近期一些原地方政府融资平台、城投公司、地方国有企业的债券违约现象,有可能会持续或在一定程度内进一步发酵。三是基础设施建设投资的波动性可能有所增强。地方支出是基础设施投资的主要来源,2017年中期以来,地方政府隐性债务陆续受到一定限制和治理后,基础设施领域投资即已出现明显下降。

表外业务和非标资产存在潜在违约情况

合理判断表外业务和非标资产的规模

判断表外业务和"非标资产"的风险状况,首先应对其定义进行梳理。表外业务是指商业银行从事的,按照现行的会计准则不计入资产负债表内,不形成现实资产负债,但能够引起当期损益变动的业务。表外业务主要分为担保承诺类、代理投融资服务类、中介服务类和其他类业务。而非标准化债权资产(以下简称"非标资产")是指未在银行间市场及证券交易所市场交易的债权性资产,包括但不限于信贷资产、信托贷款、委托债权、承兑汇票、信用证、应收账款、各类受(收)益权、带回购条款的股权性融资等。

从监管部门对两者的定义来看,各类未在交易所上市交易的资产,只有在成为某种资金投资标的时才会真正成为非标资产。而在当前的中国市场,银行仍是非标资产的最大投资者,也可以说是各类其他资管计划及非标资产的最终资金提供者。银行投资非标的主要方式,一是表外业务中的理财产品对非标资产的投资,二是银行表内的自有资金对非标资产的投资。

在此定义下,可以将需要进行风险评估的表外业务和非标资产的规模做大致的判断。银行表外业务中蕴含一定风险的主要是代理投融资服务类业务(理财/资管业务),截至2017年末该类业务的总量约为28.88万亿元。关于非标资产中表外部分,监管部门在2013年就做出了上限规定：理财资金投资非标准化债权资产的余额在任何时点均以理财产品余额的35%与商业银行上一年度审计报告披露总资产的4%之间孰低者为上限。以银行目前总资产和理财余额计算，当前非标资产的规模上限均在10万亿元左右，而实际操作中非标资产的规模可能略低于这一数值。表内的部分主要通过买入返售、可供出售金融资产和应收款项类投资三个会计科目进行。从上市银行的情况看，2017年末表内的非标投资在总资产中的占比约为4.81%。以此推算，银行表内非标资产投资规模约12万亿元，表外非标资产投资规模约10万亿元，表内外合计22万亿元左右。

表外业务和非标资产的风险尚属可控

表外业务本身的风险较为可控。其中：担保承诺类、中介服务类和其他类业务大多是较为传统的业务品种，管理也较为规范，集中出现风险的可能性不大。而在资管新规出台打破刚性兑付后，代理投融资服务类业务即使出现风险，向银行传染的可能也较以往要低。

非标资产潜在的风险状况与债券市场的情况较为类似，主要也是流动性和再融资的问题。一方面，严监管的环境大幅制约了银行同业业务（表内的非标投资一般属于此范畴）的扩张，2017年上市银行表内非标投资占比较2016年下降1.6个百分点，存量资金的退出导致非标资产流动性状况较为紧张。另一方面，资管新规大幅限制了资管产品对非标资产的投资，进一步制约了增量资金对非标资产的流入，从而使部分存量资产可能出现资金接续困难，并增加违约的潜在风险。

但相对而言，非标资产面临的压力在短期内集中爆发的可能性也相对较小。表内非标投资经过2017年以来的持续规范管理，风险已经得到了一定的释放，且出现投资规模下降、久期延长的趋势。尤其是1年以内到期的投资占比为30%左右，较2016年出现较大规模的回落，短期周转的压力相对可控。而资管新规对存量的表外非标投资做了过渡期的安排，同时大部分银行表内外非标投资的风险管控要求也基本相同，通过资产证券化转标以及以信贷资金对接回表的方式实现资金接续的政策障碍不大。基于此，当前非标资产面临的风险总体可控，资金对接的渠道也较为清晰,但主要障碍仍在于银行端能否提供足够的流动性进行支持。

积极应对当前金融问题

综上,当前重要金融领域内的风险总体上处在可控状态,但潜在风险和隐性问题仍需引起高度关注。虽然风险显现分散和点状特征,但"蝴蝶效应"的发生则有可能促进风险联动,形成系统性风险爆发的温床。尤其是融资收缩过快对实体经济带来的压力不容忽视,市场流动性收缩过度可能是上述一系列风险状况的症结所在。在强监管和稳杠杆已经取得明显成果的条件下,有必要及时适度调整相关政策,保持市场流动性合理充裕。在此,建议采取以下八方面针对性举措:

一是货币政策在保持稳健中性基调的同时开展偏松调整,加大定向支持力度。防范金融风险是当前和未来一个时期金融工作的主要任务。为防止杠杆率进一步上升,货币政策还应保持稳健中性的总基调不变,除非经济遭受外部冲击增速严重下滑,否则不宜大幅宽松。在此前提下,为防止融资收缩过快加大经济下行压力和带来金融市场风险,建议货币政策向偏松方向调整,适度增加流动性投放力度,保持货币市场利率合理适度;建议年内再实施1~2次降准,以继续推动银行负债成本降低;同时通过定向降准等措施,进一步加大对小微企业、"三农"、普惠金融等领域的定向支持力度,降低其融资成本。

二是适当增加银行信贷投放额度,提高信贷增速。为缓解银行表内信贷需求压力,建议适当增加2018年银行信贷投放额度,可以相应适度放松MPA考核;同时拓展资本补充渠道,如支持银行发行可转债和增发股票。2018年前5个月累计新增PSL4371亿元,同比增长48%,增速已经不低。建议保持并适度增加PSL投放力度,继续通过政策性贷款支持棚户区改造。通过以上各种手段,建议将2018年信贷增速在目前的基础上提高约1个百分点,即达到13.5%左右。

三是保持非信贷融资合理适度发展。把握和控制好治理整顿信托贷款、委托贷款等"影子融资"的节奏和力度,防止其收缩过快造成大面积违约和较大的经济下行压力,确保不发生"处置风险的风险"。在"堵偏门"——对不规范、有潜在风险隐患（通道业务、监管套利、资金空转、高杠杆等）的非信贷融资开展治理整顿的同时，也要"开正门"，对那些真正能满足实体经济融资需求、规范合理的信托贷款、委托贷款等予以鼓励和支持，促使其平稳增长，发挥对银行信贷融资的补充作用。

四是加大力度开展资产证券化，通过存量资产的证券化腾挪信贷投放空间，促进非标资产向标准化资产的转型。建议进一步扩大资产证券化标的资产的适用范围，制定各类型资产证券化操作模式和实施环节的标准化要求，简化审批和实施流程，加速推动证券化项目落地。同时要加强市场本身的制度建设，改变资产证券化产品市场以金融机构为主的格局，吸引更多的合格投资者参与投资，从而更有效地扩大投资主体，分散市场风险。

五是支持债券市场的稳定发展，建立完善的信用衍生品体系。债券市场是相对规范、市场化的融资渠道，总体违约率也远低于信贷的不良率。要努力打消市场对于所有信用债券产生的系统性顾虑，鼓励市场投资机构积极提高信用分析研究水平，在促进信用定价科学化的同时，避免系统性的流动性问题。适当放宽发债主体的相关限制，进一步完善评级管理体系。既要打破高评级作为发债前置条件的现状，允许不同评级的发债主体参与发行；也要真正发挥评级对价格的发现作用，帮助市场和投资者识别和认识风险，保障正常运营的企业可以通过发债解决流动性的缺口。同时推出更多的政策工具，为债券投资提供适度的流动性支持，鼓励银行等机构投资者加大债券类资产的配置力度。建议通过大力发展CDS等信用衍生产品，改变信用债投资者基本采用买入持有策略的状况，用CDS帮助投资者锁定损失，避免因信用风险引发产品流动性风险。

六是稳妥有序地推动地方政府债务去杠杆。清醒认识地方政府债务尤其是隐性债务的潜在风险，保持战略定力，坚持持之以恒、逐步化解的政策方向，通过若干年努力从根本上缓解地方政府债务风险。在政策实施中保持适度的战术灵活。周全考虑地方政府债务治理的复杂影响和连锁效应，在政策出台过程中注意部门间协调，避免出现政策叠加或政策对冲而偏离政策目标的现象，避免出现因为治理地方政府债务风险而产生经济显著下滑等更大风险的现象。各部门协调分工，守住不发生系统性风险的底线。

七是对同业业务和非标投资采取差异化的监管要求。在降杠杆、去通道的整体政策要求保持不变的前提下,适度放宽政策掌握的尺度,开展差异化的监管。在机构层面,对同业和非标资产规模占比相对较低、风险管控能力相对较强、经营管理较为规范的大型银行,可以适度调整监管要求。如:允许同业和非标资产的占比和规模有适度的增长等,避免业务规模收缩过快过度而加大存量非标投资的退出压力。在业务层面,可以有选择地引导银行开展业务创新,推动同业和非标投资进入小微企业和市场化债转股等急需资金支持的业务领域,成为支撑其业务发展的重要资金来源,并进一步发挥带动其他社会资金流入的作用。

八是加强外债余额管理,防止短期外债过度攀升。在美元持续走强的背景下,外债过度攀升的风险不容忽视。当前阿根廷、土耳其等国家面临货币贬值危机,主要就是因为这些国家有大量美元计价的外债。因此,针对近两年来我国外债余额增长较快的局面,应予以密切关注,特别是要控制短期外债的规模及其增速,对部分企业境外过度举债要加强管控。

量化宽松时间越长负面效应越大[①]

　　真正推动经济增长还是要靠相关政策的配合,主要是通过财政政策、投资政策、房地产政策和货币政策促成需求与金融的结合,这才会较为有效。否则,量化宽松时间越长,负面效应会越大,后遗症越多。

　　现在出现反全球化的很多现象并不奇怪。经济危机深重以及之后的低迷阶段往往是贸易保护主义甚嚣尘上的时期。从人类社会发展的历史长河来看,国际化是长期发展趋势。但现在整个全球经济遇到很多新问题,不像过去那么好解决。全球化进程在最近几年会遇到很大的阻力。

量化宽松是镇痛剂还是消炎药

　　量化宽松作为镇痛剂的效果还是较为明显的,但多少还有一点消炎的作用,同时应关注其所存在的副作用以及可能产生的后遗症。比如,在危机之后推行量化宽松政策,对当时经济的企稳、避免进入更大的危机确实发挥了作用,这主要是镇痛剂作用。同时,量化宽松政策对经济的逐步恢复也发挥了一定的作用,比如说量化宽松带来低利率环境,促进了消费和投资;比如说由于流动性宽松产生了财富效应,也刺激了投资和消费;还有本币供应的急剧增加推动了本币的贬值,刺激了出口,带来新的增长动力等。

　　但与此同时,我们更应看到,在经济恢复过程中,量化宽松政策的效果并不是十分明显的。从 2008 年一直到现在,发达国家推行了一轮又一轮十分宽松的政策,推行零利率,甚至是负利率,对经济所产生的刺激效

① 本文发表于 2016 年 11 月 11 日《上海证券报》。

应却越来越递减,同时带来一系列负面作用,比如泡沫增加、杠杆率的提升,为未来经济运行埋下了隐患。所以,我们观察量化宽松这个问题,应从其更长时间段所产生的效果,尤其是它的实际运行之后产生的有利和不利两方面综合来看。

有资料显示,在2015年到2016年全球城市房价涨幅前15位中,前5位有4个城市都在中国,大家都说房地产泡沫很大。有不少中国人去美国买房,或者跑到世界各地去买房,他们觉得那些地方泡沫不太多。但我认为,对这种到境外买房来获得增值的想法还是要谨慎,因为中国整个房地产市场体制和机制与欧美有很大不同。不要只看欧洲和美国在短期内由于宽松政策刺激资产泡沫,导致房价出现一定程度的上涨,要看到随后相关的调节政策一定会出台。拿中国房地产市场这种理念跑到国外去投资,那是肯定要吃亏的。

量化宽松政策推动资产泡沫增大,这是毋庸置疑的。至于有关形态,总体上可以梳理出三种表现形式:第一种形式是,在不同的国度,由于体制、机制和市场条件的不同,流动性宽松可能在不同领域带来泡沫式上涨。比如在中国比较明显的是房地产,这与中国土地制度、税收制度、人口因素和城镇化发展阶段乃至市场管理等各方面有关。而在欧美,我们看到的是量化宽松后股市的泡沫在持续上升。美国经济还没有走出非常明朗的复苏之路,但它的股市在不断创新高;欧洲经济增长刚刚有一点起色,但是股市也是在不断攀升,权益市场泡沫的积累值得关注,应当警惕其大幅震荡带来的风险。

第二种形式是不同领域泡沫程度的表现各不相同,有的程度高,有的程度低,程度的高低主要看市场本身的条件以及相关的监管和政策的调控。例如,供求关系偏紧的产品往往在宽松政策实施后出现价格泡沫。

第三种表现形式非常重要,就是泡沫出现很可能是循环往复的。不要认为今天在这个领域中出现泡沫,明天在那个领域就不会出现。我认为量化宽松政策不变,泡沫还会继续出现甚至轮番表现。如果政策不作调整,未来泡沫会以更大的力度出现。当然美联储一直想要加息,想要促使利率进入较为正常的状态,改变这种极度宽松的局面,但是条件始终不太成熟。未来,对于欧洲、美国以及其他发达经济体,对于极度宽松以后所带来的泡沫绝对不能掉以轻心。逻辑仍会循环往复,大家可以拭目以待。

全球或出现货币政策溢出效应碰撞

从目前来看,欧洲和日本继续推行量化宽松政策是没有悬念的,短期内或者一年内很难迅速改变;但美国确实有加息的意愿,并且会继续付诸实施,2016年12月再度加息的可能性很大,2017年也可能会加息一至三次。一旦如此,一部分发达经济体继续推行宽松甚至是十分宽松的货币政策,但作为全球经济老大的美国开始收紧货币政策,这势必会导致货币政策的溢出效应在全球出现一种碰撞,导致全球资本流动出现剧烈的变动。如2015年底美联储加息,导致一些发展中经济体资本流出加剧,货币大幅贬值。2015年下半年以来人民币贬值压力加大,美联储加息是其中十分重要的一个因素。所以我认为,在目前全球经济复苏进程依然步履蹒跚的状态下,发达国家货币政策分化是十分有害的。从某种意义上讲,更加协调的全球货币政策可能会对世界经济带来更多的好处。

对银行来说,现实的风险是流动性风险,流动性枯竭可以使一家银行顷刻之间倒闭。而宽松的货币政策应该有助于银行业维持较好的流动性,避免银行倒闭风潮发生。但推行宽松的货币政策,直至负利率状态,而且持续很长一段时间,则毫无疑问会对银行业乃至整个金融业带来伤害。因为银行赢利能力大幅下降会削弱其财务可持续能力、资本补充能力以及不良资产处置能力等。已有的实践非常清楚地告诉我们,当经济出现问题的时候,通过降低利率,把银行业和金融业这块盈利蛋糕切一点出来,甚至切一大块出来给实体经济,是有必要的。如果不伤银行业的基础,问题还不大;但如果持续负利率,就会深刻伤害银行业,最终导致银行业的危机。其实,当今社会的经济危机,差不多都表现为金融危机,而金融危机的核心是银行业危机。一旦银行业持续受到深刻伤害,那么经济离危机也就不远了。当然,通常的货币政策宽松不会对银行业带来很大问题,往往是货币政策紧缩力度太大可能对银行不良资产带来很大的压力。可见,任何政策都不能搞过头。

发达国家货币政策效果为何不明显

发达国家货币政策实际上是一种跛脚的宏观政策。为什么这轮调控QE规模越搞越大,零利率搞了还不够,还搞负利率? 这是因为西方经济体其他宏观调控的政策基本失效。比如财政赤字高企和结构扭曲,财政政策没有空间;基础设施发达,投资政策也没有多大施展余地;城镇化水平和人均 GDP 都很高,房地产政策空间也不大。尤其是财政,由于选举体制的影响,发达国家财政中 80% 以上都给了选民,支出结构十分刚性;同时财政赤字累积到很高水平,长期债台高筑,欧洲一些国家就持续处在这种困境之中。再想不断扩大财政赤字搞投资,选民不同意。所以,发达国家的财政、投资和房地产等一系列政策在宏观调控中功效十分有限,只能大搞宽松货币政策,甚至将其推向极端。但我认为其效果也是有限的,而时间越长,负面效应会越多。事实上,真正能拉动经济的,还是要靠相关政策的配合,主要是通过财政政策、投资政策、房地产政策和货币政策促成需求与金融的结合,才会较为有效。否则,量化宽松时间越长,负面效应越大,后遗症会越来越多,未来一定会在一系列领域中看到相应的变化。

按照货币数量论的观点,通货膨胀是一个货币现象。这并不是说,通货膨胀完全就是由于货币多发所造成的——虽然确实是货币多发以后才可能产生这个现象——其原因很复杂。通常是货币政策宽松一段时间之后,相关价格出现上涨,资产泡沫上升,这已经为大量事实所证明。因此我们认为,在西方经济体持续推行宽松货币政策甚至推到极致的情况下,对未来的通胀风险和资产价格泡沫风险不能掉以轻心。

出现反全球化现象并不奇怪

其实,现在出现的反全球化的很多现象并不奇怪。如果从人类社会发展的历史长河来看,国际化应该是长期发展趋势。但国际化在发展的过程中并非一帆风顺,在某些阶段可能出现停止和倒退。那么,什么时候出现停止和倒退？就是经济衰退的时期。经济出现衰退，国内的问题就多，政府和市场都希望保住自己的就业，保住自己的市场，能够让有限的利益更多地由自身获得。这样，对外来投资和贸易等都会采取一些阻止或把壁垒调高的相关措施。过去每次危机发生的时候基本上都是如此。所以，全球贸易往往在危机之前是阶段性地达到增速顶峰，危机之后则迅速地萎缩。经济危机深重以及之后的低迷阶段往往是贸易保护主义甚嚣尘上的时期。

当经济得到明显的恢复并进入一个明朗的复苏通道，贸易回升幅度往往比经济回升幅度还要大。问题是现在整个全球经济遇到很多新问题，不像过去那么好解决，存在的问题比过去更多、更加复杂。我认为，全球化推进的进程在最近几年可能要长一点，会遇到很大的阻力。

从全球宏观调控的角度来看，无论国际化进程放慢或停止，还是货币政策宽松存在许多负面效应，我们都需要进行全球宏观政策协调，包括20国集团开展的一系列协调，因为从长远来看，这些都是十分必要的。

Part 5

人民币汇率保持战略稳定

在我国发展动能转换和经济结构转型的新时期,保持人民币汇率基本稳定应成为战略性举措。这一部分选入的11篇文章对上述战略性举措作出了诠释,提出了一系列重要观点,包括汇率政策需要兼顾国际收支的经常账户和资本账户两大构成的需求;应密切关注国际收支逆差与人民币贬值之间的互动;人民币持续大幅贬值将成为经济运行的风险源;在外部环境急剧恶化情况之下人民币一定程度的贬值是合理的;人民币汇率形成机制改革应积极审慎地推进;人民币汇率应坚持较长时期的有管理浮动;密切关注美国经济政策对人民币汇率的溢出效应并积极加以应对。了解这些观点,对于把握未来一个时期人民币汇率政策和市场走势变化应该会有帮助。

汇率政策需要兼顾国际收支两大构成①

2014年2月中旬以来,人民币一路走贬,兑美元即期汇率最大贬值时达到约3％,市场上趋势性贬值论一时兴起。试问人民币贬值能成为趋势吗?这一问题有两层含义,即人民币会不会形成贬值趋势和该不该趋势性贬值。

国际收支双顺差: 人民币趋势性贬值缺乏基础

汇率是两种货币的比价,也是一种货币以另一种货币表现的价格。既然是价格,那么外汇市场上的供求关系将决定汇率的走势。而影响外汇市场供求关系的主要因素是国际收支和政策干预。

一国国际收支大体有三种状态,即平衡、顺差和逆差,完全平衡的状态十分少见。在顺差的情况下,外汇市场上外汇供大于求,本币通常较为坚挺;而在逆差情况下,外汇市场上外汇供不应求,本币往往有贬值的压力。当政策干预能力较强时,往往有可能减轻或者加重贬值或者升值的幅度,但难以根本改变其运行趋势。而在干预能力较弱的情况下,当局只好听任本币汇率随波逐流了。由于汇率是两种货币的比价,对相关国家的进出口和资本流动具有重要影响,因此汇率水平的合理与否往往不可能完全由一国来随意掌控,还需要相关国家某种形式的认同与接受。那种有利于自身的、与国际经济学逻辑背道而驰的政策干预,往往会引起国际利益攸关方的严重关切和不满,带来相关的国际压力。综上可见,国际收支是影响汇率变动及其趋势的基础性因素。

---

① 本文发表于2014年4月11日《上海证券报》。

近年来,在促进国际收支趋向平衡的政策推动下,我国的进口加快而资本输出规模逐年增大,国际收支不平衡状况正在逐步改善。但未来三五年,国际收支双顺差的格局还难以根本改变。

未来我国的进口增速可能略快于出口,但我国的出口能力依然十分强大,经常账户仍有可能保持一定规模的顺差。一是尽管人口红利正在消退,但我国劳动力市场的潜力依然不小。随着城镇化的推进,仍会有许多农村人口补充城市的劳动力市场。二是在保持较大的劳动力供应的情况下,相比国际市场,我国劳动力价格的相对优势状态仍有可能维持一段时间。三是在人民币持续升值和土地租金价格上涨的推动下,沿海地区出口企业向中西部地区转移已成趋势。近年来,中西部省份出口增速明显加快,这将导致部分企业依然能在国际市场上维持一定的低成本竞争优势。四是在成本上升和本币升值的持续压力下,我国出口产业升级过程持续推进,出口产品结构有了明显改善,机电产品占比不断提升,这也将有助于提高我国出口产品的国际竞争力。五是欧美市场正在恢复中,未来几年出口增速仍会达到一定水平;而我国经济增速则明显回落,进口增长难以出现大幅回升。此外,目前我国出口占全球出口比重高达约10%,这是整体实力的体现,难以在一夜之间完全丧失。有鉴于此,未来一个时期我国贸易顺差仍将达到一定的规模。

通常,经济增长、通货膨胀和宏观政策是影响一国资本流动的重要因素。而我认为,近年来导致我国资本和金融账户持续顺差的主要影响因素是相对较快的经济增长、明显较大的中外利差以及十分充裕的外汇储备。尽管近年来我国经济增速徘徊在7.7%左右,但相比主要发达经济体和新兴经济体来说,这一增速依然十分亮丽。相伴而来的较高的融资需求对境外资本具有不小的吸引力。而我国充裕的外汇储备则给境外资本流入提供了汇兑保证,至少将来必要时撤出资本,本币不至于一文不名。由此可见,较大的利差是资本加快流入的动机,较高的经济增速则为之提供了信心,而十分充裕的外汇储备则为流入资本提供了汇兑保证。

未来三五年,我国经济增长仍有可能维持在7%~8%的区间;稳健的货币政策的基调难以根本改变,我国利率水平仍会保持在较高水平;而外汇储备则会向4万亿美元迈进。与此同时,虽然近年来我国资本输出步伐加快,未来资本和金融账户开放会积极推进,但境内利率水平高企、企业国际经营能力较弱、发达国家变本加厉的投资保护政策以及新兴经济体相对落后的投资环境,将会制约资本输出的步伐。未来三五年内资本和金融账户顺差格局难以根本改变。

中美贸易不平衡: 封杀人民币对美元持续贬值可能

当下我国贸易收支中存在一个很大的结构性问题,即一方面对欧盟和东盟等主要经济体基本上都是逆差,另一方面唯独对美国存在巨额顺差。前些年对美顺差占整个顺差的比重曾高达100%,2013年虽有改善,但也达到83%。2012年中国对美国贸易顺差达到2189亿美元,2013年仍为2159亿美元。鉴于贸易结构存在问题,这样巨大的贸易不平衡在短期内是难以迅速改变的。总体上看,近年来我国贸易顺差占GDP的比重明显下降,从2007年的7.5%降至2013年的2.7%左右,已处于国际公认的合理区间,甚至低于德国、日本等发达国家,但对美持续巨额顺差的现象没有根本转变。如果站在美国的立场上看这一问题,中国对美国有着巨额的贸易顺差,人民币有必要对美元有较大幅度升值,美元应对人民币有较大幅度的贬值,以此来逐步改变过大的贸易不平衡。这似乎也符合顺差国货币升值、逆差国货币贬值的国际经济学原理。在这种情况下,人民币不仅没有大幅升值,还要形成贬值趋势,自然与美方的诉求南辕北辙,不可能为之接受。

可以说,中美之间贸易收支不平衡封杀了人民币趋势性贬值的可能。要改变这一状况,关键是扩大从美国的进口。由于众所周知的原因,美国始终限制高技术产品对中国的出口;因此尽管中方作出很大努力,但中美贸易不平衡的状况仍很难在三五年内得到根本改善。

正因为如此,我国汇率政策的运用被挤压在较为狭窄的空间。一方面,中方对美方有较大的贸易顺差,国际上存在着人民币对美元升值的压力,有时这种压力还不小,完全对这种压力置之不理也缺乏充足的正当性;另一方面,尽管我国对其他主要的经济体大多为贸易逆差,但由于美元是关键的国际货币,在国际贸易、投资交易中占比达半壁江山以上,美元一旦升值,而人民币对美元又难以贬值,则人民币对其他货币会有更大的升值。2013 年,由于美元有较大幅度的升值,因此尽管人民币对美元只升值了约 3‰,但实际有效汇率却升值了 7‰。由此造成了尽管我国对欧盟、日本和东盟存在不同程度的贸易逆差,但人民币对欧元、日元和东盟各国货币却出现较大幅度升值的尴尬和不利状况。未来如何增强我国汇率政策的主动性和灵活性,是一项重大的研究课题。

国际收支结构平衡: 需要汇率政策兼顾两大构成

除去错误和遗漏外,国际收支的主要构成部分是经常账户和资本与金融账户。汇率政策的重要功能是调节国际收支。当一国国际收支的主要构成部分是经常账户交易时,汇率政策必将会重点关注并调节经常账户。而当国际收支两大构成部分较为平衡时,汇率政策则需要兼顾两者的需求,适当加以平衡。因为经常账户的需求往往不同于资本和金融账户的需求,有时甚至是完全相悖的。例如,经常账户出现逆差时需要本币适度贬值,但资本流入较多则需要本币汇率保持稳定,以避免贬值带来资本外逃;又如,经常账户顺差较大时需要货币升值,而由于资本流入较多则需要本币汇率保持稳定,以避免升值带来更多的资本流入,等等。

2012 年我国经常账户贷方金额为 24599 亿美元,比 1990 年增长约 40.5 倍;资本和金融账户贷方金额为 13783 亿美元,比 1990 年增长 67.6 倍。资本和金融账户的扩张速度大大超过经常账户,后者规模是前者的 1.67 倍。考虑到我国经常账户中有一定规模的交易实质上是资本流动,一加一减之后两大账户其实规模大致接近,已经较为平衡。

在这种国际收支结构下,汇率政策就不能仅以经常账户甚至是出口为其主要调节对象,而应以整个国际收支即包括经常账户与资本和金融账户为其调节对象。汇率政策不仅要关注进出口对经济增长的影响,而且应关注资本流动对经济运行的影响。当我们从推动对外投资和人民币国际化出发,希望人民币坚挺时,需要考量升值对出口产业带来的压力;当我们从改善出口出发,希望人民币走弱时,同样需要考量贬值对资本外逃和资产价格带来的压力。尤其是在外部环境不稳定和我国经济增速持续徘徊在政策下限边缘的情况下,更应关注资本和金融账户,应避免出现大规模的资本外逃,包括外资外逃和内资外逃对经济带来的严重伤害;实施汇率稳定的政策,而不是人民币趋势性贬值的政策。

考虑到出口对经济增长的重要作用,各项政策包括财政、税收、金融和产业政策,可以系统地关注和调节出口行业,给予出口以针对性的支持。不能否认,人民币贬值对改善我国出口会有一定的积极作用,但在短期内不可能大幅度贬值的情况下,这种作用较为有限。迄今为止,我国出口产品仍以附加值较低的劳动密集型商品和一般技术密集型产品为主,价格弹性较小,人民币小幅贬值刺激出口的作用十分有限。出口压力的真正缓解,恐怕主要还是要等待全球经济的全面回暖。

稳增长和控风险: 人民币汇率基本稳定为好

当前和未来一个时期,人民币趋势性贬值可能酿成开放性金融风险。随着我国经济国际化程度的提高和政策开放度的进一步扩大,未来我国经济面临开放性系统金融风险。这种风险是指一国经济在一定时期受各种因素冲击所形成的资产价格大幅下挫、资本大规模外逃以及本币迅速贬值等相互影响、循环联动的现象,并将引发股票市场、房地产市场和外汇市场等出现大幅波动。如果应对不当,它会对一国经济造成致命的打击。1997 年东南亚金融危机中的泰国、韩国、印尼等国家及近年来部分新兴经济体都曾经历过类似磨难,这些国家(地区)的经济因此遭受了沉重打击,有的更是从此一蹶不振。

近年来,我国和全球主要经济体的复苏进程都不同程度地出现了反复和波折,国内股市较长时间处于熊市,房地产泡沫风险也在潜藏暗长。在这种错综复杂的形势下,若听任人民币趋势性贬值,令市场形成错误预期,有可能催生、助长类似的开放性系统金融风险。

首先,人民币趋势性贬值意味着人民币资产价格风险上升,可能加大我国房地产市场和股市的下跌风险。目前我国房地产价格处于高位,但近期房地产市场崩溃论不绝于耳,市场已存在强烈的房价下跌预期。此时如果人民币形成贬值趋势,外资和部分内资都将加速从中国的房地产市场撤离,从而有可能导致我国房地产市场大跌。与世界其他主要股市相比,近年来我国股市持续低迷。如果此时外资加速撤离并带动内资逃离市场,加上房地产股和银行股的大幅下挫,原本就很脆弱的国内股市又将遭受新的沉重打击。

其次,人民币贬值趋势的形成有可能加速外资撤离。有观点认为,由于目前我国资本和金融账户不能自由兑换,且管制较为严格,人民币贬值不会引起资本外逃。对此,我不能苟同。现代国际金融理论研究中存在一种观点,认为当一国经常项目货币实行可兑换的条件下,资本项目的管制其实已形同虚设。20 世纪 80 年代以来,许多新兴经济体金融危机的情形可以用来佐证这一观点。2007 年以来,我国资本和金融账户虽逐步开放,但关键部分仍未实行可兑换,同时还采取了一系列新的限制资本流入的举措;然而境外资本依然可以借助各种渠道大规模流入,以至于货币政策承受了巨大压力,外汇储备迅速攀升。无数案例证明,大批资本通过经常项目披着合法的外衣流入境内,资本和金融账户管制的有效性是打折扣的。同理,一旦资本加快流出形成趋势,外资外逃甚至内资外逃能被有效阻挡住吗? 2004 年之前,我国在资本项目下以防止资本流出为主,实行宽进严出。但国际收支误差与遗漏项目长期为负,表明即便是在宽进严出的政策环境下也未能完全阻止资金外流。

尤其应当注意的是,我国资本和金融账户开放步伐正在加快,这将给我国经济带来一个新的系统性变量,因此可能培育形成系统性风险的诱因。对于一个已经积累了大量外来资本的经济体来说,未来的风险显然已经不是资本流入,而是大规模撤离,若如此必然会带来人民币资产价格的暴跌。就目前我国外汇干预能力来说,当局有能力在一定时期内保持人民币汇率运行在合理水平。但与此同时出现的人民币资产价格暴跌却难以有效阻挡,经济增长必将遭受重挫。而从各国的经验教训来看,本币趋势性贬值是开放性系统金融风险的重要推手之一。所不同的是,亚洲金融危机时多国货币暴跌是出于无奈,因为当局外汇干预能力已经殆尽,只得听任本币汇率随波逐流;而我国在未来较长一个时期内,外汇干预能力依然会较为强大。既然对我国来说人民币趋势性贬值风险很大,那么在具有强大干预能力的情况下,当局会听任人民币真正形成贬值趋势吗?

当下,我国经济增速已持续徘徊在政策下限的边缘,稳增长已然成为短期调控政策的核心与关键。在以财政和投资政策为主、金融政策为辅的稳增长举措实施的情况下,还需要相关的政策加以配合,至少不应再出现新的不利于经济稳定增长的因素。而人民币趋势性贬值,可能会抬升市场风险偏好,增加资产价格下跌压力和资本外逃压力,加重经济前景的悲观预期,显然不利于稳增长。在当年亚洲金融危机时,为稳定东亚经济形势,人民币选择了承担国际义务,保持基本稳定。而今天,为了保持中国自身经济的平稳增长,人民币汇率也有必要在供求关系的影响下双向波动,保持基本稳定。

货币发行量: 难以完全主导人民币汇率变化

认为人民币会趋势性贬值的重要依据似乎是人民币发行量大,即所谓"货币超发",GDP/M2 高企,人民币对内持续贬值。事实上,无论是有意还是无意,这一观点的实际理论依据是购买力平价理论。该理论按静态和动态可分为绝对购买力平价和相对购买力平价。前者是指在某一时点上,两国的一般物价水平之比决定两国货币间的比率;后者则是指在一定时期内,汇率的变化与该时期两国物价水平的相对变化成比例。这一理论有其合理之处,但也有一系列不足;尤其是在该理论创立约 90 年后的今天,显然不能机械地运用该理论来分析人民币汇率水平问题。

首先,购买力平价本身是一种长期均衡汇率,是指国际收支在长期中达到平衡的一种汇率。因此,货币发行量加大与本币对外贬值并非亦步亦趋的,它需要通过国际收支的长期调整才有可能逐步达到。而在这个长期过程中,也有可能受其他因素影响或者货币发行量缩减,本币不再继续对外贬值的过程。其次,该理论强调货币数量或货币购买力对汇率变动的影响,而忽视了其他经济因素以及政治因素对汇率的影响。事实上,中美两国的生产成本、投资储蓄、国民收入、资本流动以及贸易条件等所有这些因素都会对人民币兑美元汇率产生重要影响,而不只是货币购买力对汇率有影响。而在经济国际化高度发展的当今世界,国际收支尤其是资本流动对汇率的影响越来越大;鉴于汇率对经济的重要影响,往往国际关系也对人民币兑美元汇率产生不可忽视的作用。尤其美元是主要国际货币,而人民币目前正在加快国际化步伐,这也会对未来人民币汇率带来重要影响。再次,该理论要求两国的经济形态基本相似,否则两国货币的购买力就没有可比性。事实上,中美两国的生产结构、消费结构、经济体系存在很大差异,难以有效地进行价格对比。迄今为止,有过不少借助模型的深入研究,但真正有说服力的凤毛麟角。由此可见,忽视国际上众多的复杂因素,仅从人民币发行量大、对内购买力持续下降就得出人民币会对外趋势性贬值的结论,这是否过于简单了? 这种观点理论上站不住脚,恐怕也难以成为现实。

全球战略与新常态下人民币汇率对策①

国际货币政策分化，美元持续走强

后金融危机以来，各国经济表现不一。虽说全球各大经济体时不时都有亮点出现，但不少都是昙花一现，与美国经济的稳定发挥和逐步向上相比尚有不小差距。由于各国经济复苏步伐不一致，全球货币政策出现了分化。在当前全球经济不景气的情况下，各个央行都在考虑用非常规的措施走出困境，而美联储却在考虑合适时机进行加息。再加上地缘政治等因素的推波助澜，市场避险情绪升温，大量资本涌入美国寻求保值增值，导致美元持续走强，而非美元货币则普遍面临贬值压力。

首先，全球经济复苏分化，有力地支持美元走强。美国经济自2014年第二季度以来出现强劲反弹，第三季度GDP增速进一步大幅向上修至5%，创下过去11年以来最高。此外，美国通过再工业化和页岩气革命显著增强了内生增长动力，摆脱了能源条件约束，复苏步伐将稳步加快。而欧洲经济复苏力度依然疲软，日本经济仍将在低位徘徊，新兴经济体风险增大，可谓"东边日出西边雨"。主要发达经济体与美国经济冰火两重天的格局有力地支持美元走强。

其次，全球货币政策分化，进一步推动美元步入升值周期，非美元货币贬值压力加大。随着美国经济强势复苏，美联储宽松货币政策逐步退出，加息逐步浮出水面。美联储刚刚公布1月联邦公开市场委员会（FOMC）会议纪要，对劳动力市场的改善情况更有信心，同时认为通胀短期虽然会再次下滑，中期上涨以及长期持稳却是明显的趋势，并取消了保

---

① 本文发表于2015年2月10日《上海证券报》。

持当前低利率"相当长一段时间"的措辞。可以看出,美联储正按部就班,稳步、谨慎地改变加息前瞻指导,此次的 FOMC 会议声明显示美联储又向加息迈进了一步。因此,不出意外的话,美联储在 2015 年第三季度加息的可能性较大。

与此同时,欧洲和日本央行却在持续大规模放水。欧元区再次接近衰退边缘,且面临较大通缩风险。欧洲央行货币政策再一次重磅出击,并于 1 月 22 日宣布了扩大资产购买项目,规模之大,甚至超过市场主流预期。日本央行也宣布扩大资产购买规模,货币基础年增幅目标扩大至 80 万亿日元。受欧洲实施量化宽松政策、欧元贬值预期加大的带动,各主要货币有竞相贬值之势。

再次,地缘政治因素导致避险情绪升温,进一步推高美元汇率。2014 年以来,国际地缘局势持续紧张。叙利亚、加沙、伊拉克局势升级,俄罗斯与乌克兰的争端更是无休无止,近期欧美日各国与俄罗斯相互制裁升级,希腊退出欧盟风险加大,一系列因素进一步提升了美元作为避险资产的吸引力。未来国际地缘局势仍面临较大不确定性,出现局部地区争端的可能性依然存在。在避险情绪升温的状况下,资金将再一次回流美国,从而支持美元走强,加大非美元货币的贬值压力。

需要指出的是,尽管美国经济强势复苏趋势不会改变,但美国经济仍存在不少深层次问题,包括劳动参与率仍低,通胀率持续处于较低水平。而欧洲、日本等外围经济依然疲弱,世界经济复苏进程依然曲折,可能拖累美国经济;因此,美元走强可能并非一帆风顺。同时还应辩证认识美国货币政策收紧的影响。在美国加快退出 QE 的初期,全球资本将大规模回流美国,从而引发资本流出,美元走强。但美国经济复苏加快不仅会带动包括中国在内的新兴市场国家出口增长,还会导致全球资本的风险偏好回升。因此,随着对美国经济增长前景的信心不断提升,并带动世界经济向好,美国进口增多,贸易逆差增加,以及风险偏好回升带动资本重新进入新兴市场,美元很可能又将面临贬值压力,出现震荡和反复。

人民币面临较大的阶段性贬值压力

全球经济复苏差异和货币政策分化推动美元走强,进而也带来了人民币兑美元汇率贬值的压力。自 2014 年 2 月中旬以来,人民币兑美元汇率在波动中走贬,2014 年全年人民币兑美元汇率中间价小幅贬值 0.36%,人民币兑美元即期汇率更是贬值 2.7%,这是人民币汇率自 2005 年汇改以来首次出现的真正意义上的年度贬值。进入 2015 年,人民币兑美元汇率再度出现罕见贬值压力,近期更是连续几日几乎逼近跌停线。

从国际上看,全球货币政策分化、美元走强可能引发资本流出,带来国内流动性紧缩和人民币贬值的压力。当前和未来一个时期,欧洲和日本经济迅速改善的可能性不大,国际金融市场仍将处于动荡之中,美元升值会导致部分资金持续撤离中国而买入美元及美元资产,中国面临资本流出和人民币贬值的压力。事实上,2014 年以来的外汇占款运行变化已经对此有所反映:新增外汇占款从 5 月开始急剧下降,随后一直在低位徘徊,个别月份甚至出现负增长;全年来看,2014 年金融机构外汇占款累计增加 7786.6 亿元,同比大幅下降 72%。预计在美联储加息初期,中国将再一次面临资本流出和人民币贬值的压力。

从国内来看,中国经济进入"三期叠加"的复杂时期,经济增速放缓,经济下行压力较大。2015 年 1 月制造业 PMI 为 49.8%,连续 5 个月下跌,近 28 个月首次跌入收缩区间。在宏观经济的增速换挡与行业内部深刻变化的共同作用下,局部行业集聚的风险和问题有集中暴露的危险,导致市场情绪处于较大波动期。面对经济下行压力加大,货币政策中性宽松的预期加强,且近期进一步降息、降准的市场预期加大,从而进一步导致资本流出压力加大,人民币汇率面临下行压力。与此同时,我国已成为资本输出大国。2014 年对外直接投资已超过吸收的外商直接投资,企业"走出去"步伐加快,推动资本外流,增加市场外汇需求。

在美元走强、人民币贬值预期加强等因素的影响下,市场主体结汇意愿下降,购汇动机增强,进一步加大了市场上的外汇需求。国家外汇管理局的数据显示,衡量企业和个人结汇意愿的银行代客结汇占涉外外汇收入的比重(即结汇率)总体下降,由 2014 年第一季度的 77%降至第二、三季度的 68%,第四季度略有回升至 71%,全年平均为 71%,结汇率比上年回落了 1 个百分点;而衡量购汇动机的银行代客售汇占涉外外汇支付的比重(即售汇率)则逐季上升,由 2014 年第一季度的 61%升至第四季度的 73%,全年为 69%,售汇率比上年上升了 6 个百分点。

中国经济的基本面支持人民币汇率保持稳定

首先,中国经济将有望继续保持中高速增长。虽然短期来看中国经济内外部的不确定因素仍然较多,经济下行压力较大;但还要看到一系列积极因素正在积累,宏观调控政策仍有较大操作空间,而基础设施互联互通、"一带一路"、区域经济协同发展等战略的稳步推进,将在拓展新外部空间的同时,盘活中国部分过剩产能的存量,化解产能过剩问题。更为重要的是,随着改革的稳步推进,经济结构将不断优化,发展质量和效率将不断提高,新的增长点有望得到培育;因此,未来 3~5 年中国经济仍有望继续保持 7%~7.5%的中高速增长。稳定的经济增长是支持人民币汇率稳定的基础,很难想象一个保持中高速增长国家的货币会出现趋势性的大幅贬值。

其次,中国仍有望保持一定规模的国际收支顺差。近年来,在促进国际收支趋向平衡的政策推动下,中国的国际收支顺差有所收窄,但仍将维持一定的规模,顺差的格局短期内不会改变。尽管人口红利正在消退,但相比国际市场,中国劳动力价格的相对优势状态仍有可能维持一段时间。据统计,2014 年中国的国际收支顺差仍达 1000 多亿美元。而随着美国经济强势复苏,世界经济回暖,中国出口有望好转,进口需求有加速回暖趋势,未来中国的经常项目顺差规模将保持稳步增长,国际收支仍将保持一定规模的顺差。国际收支状况的稳定,将使外汇储备规模基本保持稳定,这将使人民币缺乏趋势性贬值的基础。

必须实事求是地看到,中国贸易收支中存在一个很大的结构性问题,即一方面对欧盟和东盟等主要经济体基本上都是逆差,另一方面唯独对美国存在巨额顺差,这可能在一定程度上制约人民币汇率的自由波动,但也制约了人民币大幅度趋势性贬值的可能。据统计,前些年我国对美国顺差占整个顺差的比重曾高达100％,2013年虽有改善,但也达到83％,2014年仍有望保持在65％以上。鉴于贸易结构存在问题,中美之间巨大的贸易不平衡在短期内难以迅速改变。顺差国货币升值、逆差国货币贬值的国际经济学原理,意味着人民币对美元未来仍存在升值压力。因此,可以说目前中美之间贸易的较大不平衡基本封杀了人民币大幅度趋势性贬值的可能。

最后,充足的外汇储备是保障人民币汇率基本稳定、引导市场预期的重要基础。中国拥有近四万亿美元的外汇储备,规模位列全球第一,这是防止人民币出现持续显著贬值预期,陷入“预期货币贬值→资本流出→贬值预期增强……”恶性循环的重要保障。有了充足的外汇储备,汇率中间价就可以充分发挥对市场预期的有效引导作用,市场对中间价不会“无动于衷”,从而确保汇率保持基本稳定。

人民币大幅度趋势性贬值与“新常态”的内在要求南辕北辙

在“新常态”下,投资将继续发挥关键作用,消费将继续发挥基础作用,出口将继续发挥支撑作用;但经济将从传统增长点转向新的增长点,内需将成为经济增长的主要动力。“新常态”下深入推进的经济结构调整、产业结构转型升级及经济提质增效等战略,都要求不能再依靠低币值提升出口竞争力,靠贬值促进出口。

当前,中国经济正在向形态更高级、分工更复杂、结构更合理的阶段演化,经济发展进入“新常态”,正从高速增长转向中高速增长,经济发展方式正从规模速度型粗放增长转向质量效率型集约增长,经济结构正从增量扩能为主转向调整存量、做优增量并存的深度调整,经济发展动力正从传统增长点转向新的增长点。

汇率是结构调整和产业结构转型升级的重要变量。作为重要的相对价格水平变量,汇率影响着国际分工的成本,对于经济结构调整和产业转型升级具有重要作用。人民币贬值对低端制造业和劳动密集型的产品出口有较明显的促进作用,但对技术密集型产品出口却有一定的抑制作用。

人民币贬值可能减弱低端制造业和劳动密集型产业向中西部地区转移的动力,同时可能减弱其通过自身创新、求变,从而实现自身产业升级的动力。

此外,人民币持续大幅度贬值也会导致国内企业引进国外先进技术的成本提高,不利于产业技术的升级和出口产品附加值的提高,不利于经济结构调整和产业结构转型升级,进而会影响到经济的提质增效。因此,经济"新常态"的内在要求不支持人民币大幅度趋势性贬值的政策导向。

企业"走出去"和人民币国际化要求币值坚挺

中国目前已经成为资本输出大国,人民币国际化正在稳步推进。从国际化战略的角度来看,人民币不宜持续大幅贬值。

当前,人民币持续大幅贬值不利于企业"走出去"。中国企业"走出去"已成为近几年中国对外经济的一个新亮点,中国已逐渐成为一个资本输出大国,正在持续扩大对外投资规模。2014年,中国对外投资规模达1400亿美元,实际对外投资额首次超过吸引外资额约200亿美元,成为对外净输出国,而且企业对外投资的发展潜力很大。国际经验表明,扩大资本输出的过程,往往伴随着本币的升值,英镑、美元、马克和日元所走过的路程无一不是如此。贬值与扩大资本输出背道而驰。人民币出现持续大幅贬值,企业有可能出现汇兑损失,外债成本增加,加剧企业财务风险,不利于企业"走出去"。

稳步推进人民币国际化要求人民币币值稳定且相对坚挺。对于国际货币而言,价值的稳定性是作为交易媒介、计价尺度和储藏职能的基础。无论是贸易领域的人民币结算,还是以人民币计价的金融资产发行,都需要以汇率稳定为基础。很难想象,一个持续疲弱的货币会为全球投资者所普遍持有。人民币持续大幅贬值不仅不利于推动人民币国际化,甚至可能使人民币国际化进程出现倒退。因此,持续大幅度贬值的人民币汇率与人民币国际化显然是背道而驰的。

人民币持续大幅度贬值可能催生开放性系统金融风险

人民币持续大规模贬值可能加剧资本外逃风险,使经济面临开放性系统金融风险。当前,中国资本项目规模已不小,持续大幅贬值可能引发短期资本大规模外逃。理论和实践均表明,资本管制不仅代价高昂,而且管制的有效性越来越打折扣,一旦资本加快流出形成趋势,将很难被有效阻挡住,更何况当前中国资本和金融账户开放步伐正在加快。而且资本大规模外逃与本币迅速贬值等可能相互影响、循环联动,并通过流动性效应、逆财富效应和替代效应冲击人民币资产价格和国内金融市场。

从流动性效应看,人民币贬值将压缩投机资本的获利空间,促使资本流出,导致国内流向房地产、股票等市场的资金紧张,进而影响房地产和股票价格。从逆财富效应看,人民币贬值将造成进口商品价格上升,从而导致进口减少,造成国内商品价格上升,使得社会购买力不足,造成国内房地产、股票等金融资产需求降低,最终带来金融资产价格的下跌压力。从替代效应看,在人民币贬值或者具有贬值预期的条件下,政府为保持汇率稳定将进行市场干预,可能造成流动性不足,抑制房地产、股票等金融资产价格上涨。当前中国和全球主要经济体的复苏进程都不同程度地出现了反复和波折,国内股市较长时间处于熊市,房地产泡沫风险也在潜藏暗长。在这种错综复杂的形势下,若听任人民币趋势性贬值,令市场形成错误预期,不仅不利于稳增长,甚至有可能催生、助长类似的开放性系统金融风险。

需要引起注意的是,之前有大量"热钱"在经济形势较好、人民币升值预期较强时期进入中国,"蛰伏"在股市和楼市等金融市场上。在美国经济向好、美联储加息、美元升值的背景下,要特别提防这些"热钱"因某些事件触发(比如美联储提前加息、地缘政治紧张)而大规模、迅速撤出,并引发国内股价、楼价迅速下跌,使人民币面临较大贬值压力,甚至对国内金融体系稳定构成威胁。历史上看,不乏一些国家在强势美元期间股市和楼市泡沫破裂、本币急剧贬值的例子,比如1994年墨西哥、1997年泰国和菲律宾等国、1998年俄罗斯、1999年巴西等。历史的经验值得借鉴。

人民币汇率双向波动、阶段性升贬值交替可能成为常态

应当注意的是,人民币的贬值压力主要是相对美元,人民币对欧元、日元等其他主要货币甚至还有升值压力,人民币有效汇率大幅贬值的可能性更小。以2014年的情况为例,美元指数从7月开始稳步上升,从80左右一路攀升到目前的95左右,涨幅接近20%。人民币有效汇率也一改上半年的贬值态势,从8月开始升值,2014年12月人民币实际有效汇率指数环比续升1.23%,名义有效汇率指数环比续升0.75%,均为连续第七个月回升并刷新历史新高。

在国外及国内两方面因素影响下,2015年跨境资本流动将出现阶段性流出与流入交替进行,人民币汇率双向波动将更趋频繁,阶段性升贬值交替出现可能成为常态。

一方面,美联储加息预期提升期限利差进而影响境内外利差的缩小,可能导致阶段性的资本外流,带来人民币贬值压力。然而欧元区和日本的超宽松货币政策可能在特定时间段产生对冲作用。

另一方面,2015年下半年国内房地产市场有可能止跌企稳,股市逐渐回暖,金融及资本市场改革释放活力,不排除国际资本可能出现阶段性流入,从而形成升值压力。此外,央行基本退出常态化外汇干预,逐步摆脱依靠外汇占款供应基础货币的模式,允许汇率根据市场供求双向波动成为常态,不但能有效防范跨境套利和套汇行为,而且能够提升国内货币政策的有效性。

政策应在四重目标间寻求平衡

尽管存在有利影响,但美元走强对中国经济带来的不利影响更应引起重视。特别是考虑到中国经济正处在下行周期,PPI持续负增长,内部有效需求不足,美元走强使得我国宏观调控面临两难的处境。为了缓解企业融资成本压力,促进融资成本下降,需要降低基准利率;但降息可能会进一步缩小中美利差,加大资本流出压力,从而增加市场风险和贬值

压力。

为了保持中国出口的竞争力,需要人民币对美元适度贬值,但贬值又不利于开展对外投资和人民币国际化,过度贬值也与"新常态"的要求背道而驰。因此,政策选择有必要在稳增长、调结构、控风险和国际化四重目标间寻求平衡。在此复杂局面下,建议采取允许人民币对美元适度贬值、保持人民币有效汇率基本稳定的总体策略,当然这只是一种次优的选择;同时积极推进汇率形成机制改革,进一步增强汇率弹性,降低对美元的依赖,并辅以合适的货币金融政策。

一是货币政策保持中性宽松,谨慎下调基准利率,适度下调准备金率。未来货币政策主要在稳增长、防风险和去杠杆之间进行权衡,考虑到短期内经济下行压力较大,货币政策总体应保持中性偏松。在信贷供需偏紧的形势下,降息对新增贷款利率的影响有限;而且在美国步入升息周期的背景下,中国降息可能会加剧资本流出,引发开放性系统金融风险。

有鉴于此,建议在近期利率已经调整的情况下,进一步调整存贷款基准利率需要谨慎,不建议通过大幅降息来促进融资成本下降。而存款准备金虽然也有宽松作用,但毕竟是对银行体系的负债产生直接影响,对币值的影响则相对间接。从应对外汇占款大幅减少和提升基础货币投放的有效性看,可考虑适度下调存款准备金率,同时继续使用 SLF、MLF 等创新工具。这样既可以有效减缓资本流出造成的流动性收缩压力,又可以通过保持流动性合理宽裕、改善银行的信贷投放能力来带动市场利率和融资成本下降。

二是进一步推进汇率形成机制改革,增强人民币汇率弹性,减少对美元的依赖,保持有效汇率基本稳定。建议利用美元走强下人民币升值压力减缓的契机,进一步扩大人民币汇率的波动幅度,可以从现行的 2% 进一步扩大到 3%~4%,并着力用好汇率中间价的调节功能。在人民币阶段性升贬值交替出现的格局下,汇率弹性增强有利于降低"热钱"大规模进出套利,减小跨境资金频繁进出对国内金融体系的不利影响,汇率机制可以成为调节资本流动的有效手段。

与此同时,建议择机增加货币篮子中其他主要货币的比重,减低美元占比,减少对美元的依赖。在降低篮子中美元权重后,应允许人民币对美元适度贬值,以减缓对出口的不利影响。在对美元适度贬值的同时,保持人民币有效汇率基本稳定,特别是尽量保持人民币对亚洲、非洲、拉丁美洲等主要对外投资国家货币汇率的稳定或略有升值,为人民币国际化和开展对外投资提供良好的汇率环境。

三是积极稳妥地实施资本和金融账户开放,不应操之过急。美元走强加上国内经济下行及影子银行、融资平台等领域的风险积累,中国在一定阶段可能面临较大的资本流出压力。2013年我国资本和金融账户顺差仍高达3262亿美元,而2014年则迅速转变为960亿美元的逆差。在此新局面下,推进资本和金融账户开放有必要坚持稳妥审慎的原则,合理设计资本和金融账户开放的相关制度安排,尤其是审慎、稳妥地放开金融账户中证券投资流出入的限制。

应关注银行体系相关管理制度的设计和安排,因为跨境资本流动和货币兑换活动基本都是通过银行来展开。坚持对跨境资金流动进行持续密切跟踪和监测,并做好资金大规模流出下的应急预案准备。从保证足够的干预能力看,未来中国仍应拥有比通常水平高得多的、充足的外汇储备。

四是进一步扩大人民币对外直接投资与资本输出。在美元走强、人民币对美元偏弱的背景下,未来人民币国际化不能单靠贸易结算,而应该发挥好对外直接投资和资本输出的推动作用。当以本国跨国企业为核心的全球产业链建立起来,本国企业掌握了从资源采集到中间品分包再到最终产品销售的生产链条时,人民币在世界范围内的接受程度自然就会随之提高。

在重点领域上,应以基建投资、资源开采以及战略性新兴产业为主;在具体策略上,应积极推进合资并购,并积极开展跨境人民币贷款、境外人民币债券融资、权益类融资,以支持本土企业"走出去",必要时可以限定这些融资专门用于对外投资。

五是大力发展外汇衍生品市场,降低企业避险成本。未来人民币汇率双向波动、升贬值交替出现将成为常态,这意味着企业有效应对汇率风险将至关重要。长期以来,中国企业习惯了人民币的单边升值和小幅波动的状况,很大程度上缺乏汇率风险意识。而一些大企业在离岸市场使用衍生品,多数出于对赌心理,利用其进行套利,因此对规避外汇风险的工具使用并不充分。未来,随着人民币汇率双向波动幅度的不断扩大,企业面临的汇率风险不可小觑。

当前中国的衍生品市场发展相对滞后,市场容量小,产品种类较为单一,企业避险的成本比较高,不利于企业进行风险应对。因此,应加快发展汇率期货、期权等在全球市场上比较基础且成熟的衍生产品,并进行适当创新。大力发展汇率衍生品市场,从而为企业提供多样化的汇率避险工具,降低企业避险成本。

汇率基本稳定是经济健康运行的关键①

2016 年伊始,中国汇市、股市同时出现剧烈震荡,令人瞩目。外汇储备大幅下降也引发了市场的担忧以及对汇率干预合理性的讨论。人民币贬值预期骤升是受美联储加息、国内经济下行压力不减、资本和金融账户阶段性逆差以及投机猖獗等内外部、短中长期各种因素综合影响的结果。当下,应密切关注资本市场和外汇市场波动所带来的风险,尤其是要警惕各个金融市场相互传染和相互促进可能引发的系统性金融风险。在保持市场平稳运行和规避系统性风险方面,作为人民币资产价值重要标志的人民币汇率,具有牵一发而动全身的关键作用。

金融风险增大形势下汇率稳定至关重要

2016 年伊始的动荡给市场敲响了警钟。境内外经济金融形势非常复杂,不确定性很大,各种因素相互交织和相互叠加,导致我国金融领域风险增大。

未来仍应防止再次出现股市汇市动荡、资本流出压力加大的不利局面。2016 年中国经济增速可能继续小幅下行。在实体经济指标不见明显好转的情况下,加之美国仍有可能再次加息、全球资本市场动荡、地缘政治冲突等导致国际资本风险偏好下降,市场对人民币贬值的预期难以在短期内完全消退。一旦应对不当,特别是若再次出现一次性大幅贬值,不排除在市场恐慌情绪的带动下,出现股市、汇市联动杀跌效应,造成市场大幅震荡。曾经出现的汇市动荡表明,人民币离岸市场对在岸市场的

---

① 本文发表于 2016 年 3 月 21 日《中国证券报》。

影响远超预期,离岸市场动荡对在岸市场的冲击不容小觑。由于离岸市场投资者对人民币贬值预期受国际市场非理性观点的影响较大,而受境内货币当局的影响相对较小,未来离岸市场有可能再次出现动荡、人民币贬值压力加大并带动在岸人民币贬值,对此不能掉以轻心。

当前和未来一个时期,商业银行资产质量仍有下行压力,但风险总体可控。2016年,商业银行不良贷款仍将继续较快增长,风险点也将进一步由民营小微企业向国有大中型企业、由沿海地区向中西部地区扩散。特别是在加大去产能、去杠杆力度的背景下,产能过剩相关行业信用风险有加快释放的可能。2016年末不良贷款率可能会上升至2‰～2.2‰的水平。小微企业,产能过剩行业,三、四线城市房地产贷款和部分类信贷业务可能是主要的风险点。但结合部分发达国家的银行资产质量数据分析,我国商业银行不良贷款增长符合当前经济运行的实际状况,风险水平尚处于合理区间。中国作为中高速增长的新兴经济体,财政和货币政策仍有较大的调节余地,且商业银行对各类风险的内部消化能力依然较强,资本较为充足,拨备覆盖率较高,应该有能力通过发展等多种手段消化存量不良资产。但鉴于目前银行与股市的连接程度以及银行业务国际化程度已大幅提高,未来不排除在资本市场和外汇市场剧烈动荡的情况下,银行体系的信用风险、流动性风险和市场风险阶段性大幅上升的可能性。

未来应警惕债券市场出现动荡的可能。2015年下半年"股灾"后,大量资金跑步入场,债券市场持续火爆,当前泡沫迹象已经开始显现。债券市场的风险正在上升。目前债市估值过高。在过去的五年内,相同期限的高等级公司债券的收益率比政府债券要高2到3个百分点,而目前这一差别收窄到1个百分点左右。随着债市火爆,投资者以高杠杆配资投资债券类结构化产品增多。各银行纷纷推出含优先劣后级的结构化理财产品,以债券市场各类产品为投资标的,配资杠杆最大可达1∶9。尽管债市结构化产品基本不存在被迫平仓的问题,但风险也不容忽视。随着经济下行、企业盈利下降,加之去产能、去杠杆加速,2016年债券违约事件将有所增加。在刚性兑付尚未彻底打破的情况下,债券违约增加对整体债券市场的影响可能较大。

尤其应关注的是,未来股票、债券、外汇、房地产、信托、私募等各市场风险互相传染、互相促进,酝酿系统性金融风险。2016 年初股市、汇市同时出现剧烈震荡表明,在流动性宽裕、经济下行、实体经济投资回报率较低、市场信心比较脆弱的情况下,过多的资金在各个市场游走炒作,各市场之间极易相互传染,导致整个金融体系的不稳定性和脆弱性明显上升,风险形势更加复杂。即便是单一的个体风险,也可能因"蝴蝶效应"引发系统性风险。尤其是当市场形成强烈、持续的人民币贬值预期,推动短期投机资金外逃时,应引起高度关注。在股市、债市、信托、私募、理财及 P2P 等本身因各种问题而十分敏感的情况下,这很可能引发上述市场出现共振,导致资金迅速撤出,引发市场恐慌。房地产市场在高库存和部分城市泡沫扩大的情况下,也存在资金大量流出的可能,届时可能引起房价快速、普遍下跌,而人民币快速贬值往往是房价下跌的重要推手。

应清醒地认识到,经过 30 多年的改革开放,我国已是一个具有相当开放程度的国家。对于全球投资者包括国内投资者来说,人民币汇率是人民币资产价值的重要标志。人民币持续贬值并形成强烈预期,必然会增强全球投资者抛售人民币资产的动机。中国改革开放 30 余年以来资本大规模流入,注定了持续贬值条件下资本流出会有较大的压力。而正在推进的资本和金融账户开放则将为资本流出提供便利。如果人民币资产价格持续大幅下跌,资本持续大规模流出,则必然会使当前下行压力较大的宏观经济"雪上加霜"。有鉴于此,人民币汇率基本稳定是保持金融市场平稳运行和避免爆发系统性风险的关键。

人民币"一步到位"贬值不切实际

为了应对人民币贬值压力持续加大和贬值预期持续增强的局面,一种观点认为,人民币应该实施一次性的大幅贬值或者"一步到位"的贬值,以达到释放贬值压力、分化市场预期和稳定汇率的目的。我们认为,这种观点过于理想,并不切合实际。

迄今为止,尽管有一定深度的研究报告层出不穷,但有关人民币的均衡汇率究竟处在何种水平,依然是"公说公有理,婆说婆有理",难以形成共识。有观点认为人民币明显高估,但也有人认为人民币并不存在高估,离均衡汇率不远。因而,"一步到位"的"位"在哪里,并不清楚。从国际经验看,均衡汇率水平是市场经过较长时间运作出来的。有关人民币均衡汇率的研究在很大程度上仍处在学术探讨层面,难以成为实际操作的指南,更谈不上准确定位。因此,人民币贬值"一步到位",究竟去向何方?而在市场上始终存在一种倾向,即强烈希望将建立在偏重学术研究和过于理想的主观判断之上的政策建议付诸实践。

众所周知,市场出现超调是常见现象,几乎可以说是市场规律。既然人民币汇率形成机制是有管理的浮动汇率制,而离岸人民币汇率波动基本上已经市场化,人民币汇率就必然存在不小的随机性。在均衡汇率难以准确定位和汇率波动有较大随机性的条件下,实施理想中的"一步到位"贬值必然会出现超出预期的调整。这意味着即使市场明白均衡汇率在哪里,但汇率波动也会大幅超过这一水平而形成剧烈振荡,更何况市场本就并不清楚均衡汇率水平在哪里。因此,所谓"一步到位"贬值势必成为空中楼阁而难着边际。加上投机力量乘机推波助澜,届时人民币很可能出现难以想象的剧烈贬值。这种惨烈景象在部分发展中国家的金融危机中似曾相识,其结果必然是经济体发展水平大幅倒退。亚洲金融危机中韩元出现超过100%以上的剧烈贬值,而外汇储备耗尽后货币当局只得听任汇率随波逐流;为避免汇率进一步贬值,在IMF的指导和要求下,韩国货币当局大幅提高利率,经济遂出现了严重衰退。

既然现阶段人民币均衡汇率水平难以被清晰界定,而市场汇率又往往会出现超调,那人民币为何要"一步到位贬值"呢?那样做岂不是先放弃已有的防御阵地,退避三舍再说?在当下中国经济下行压力依然较大、中美货币政策分化和资本流出压力明显加大的形势下,人民币存在阶段性贬值压力甚至较大的贬值预期并不奇怪,人民币随市场供求关系出现阶段性、一定程度的贬值应属合理,也可以接受;而在退往何处都不太清楚和退却过程中还可能遭受投机力量攻击的情况下,先放弃已有的阵地,实非明智之举。在当今国际政治和经济环境下,那些不愿意看到中国崛起的势力和国际投机力量会毫不犹豫地觊觎并推动新的退避三舍局面的出现,届时很可能会出现一发不可收拾的局面,甚至陷入"自毁长城"的境地。

其实，"一次性大幅贬值"或"一步到位贬值"有点"任性"。殊不知，与很多经济变量不同，汇率属于较为典型的国际变量。汇率变动牵动着利益攸关国家的神经，尤其是贸易伙伴国和竞争对手国。对他国经济具有很大影响的主要国家货币汇率波动，尤其是政府明显主导的，必然会引起国际范围的高度关注甚至强烈反弹。现阶段，中国有没有"任性"的充要条件呢？不错，中国已经是一个大国，实力不可谓不雄厚。但我们也必须清醒地看到中国作为大国的一些特点：发展中国家、非西方阵营、正在崛起、排行老二且与老大实力差距明显。这些特点决定了，我国既不可能像某超级大国那样在政治、军事及货币金融领域为所欲为，他国虽可口诛笔伐却也奈何它不了；也不可能像某些中小型新兴经济体那样大刀阔斧推行政策而不太引人关注；更不要奢望像西方阵营中的某些经济体那样实施"以邻为壑"政策，还可以被该阵营给予一定程度的包容。

如果实施所谓"一步到位的贬值"，虽然资本流动在很大程度上左右短期汇率已成为共识，但美国仍会以中美贸易的巨大不平衡为由来诟病人民币贬值，甚至会采取相应的措施。欧盟目前是我国最大的贸易伙伴，人民币若一次性贬值幅度过大，自然会触痛其利益，届时不排除欧盟跟随美国起舞的可能性。东亚国家的产业结构与中国紧密相连，中国早已成为这些国家最大的出口市场之一。人民币大幅贬值必然引起这些国家采取竞争性贬值的举措来跟进，从而带来区域性的货币战。考虑到中国已是第一贸易大国，人民币大幅贬值必然引起全球贸易伙伴不同程度的针对性举措，全球范围的货币战难保不会发生。而中国作为一个非西方阵营的崛起中大国，未来一个时期内，负责任的姿态和良好的国际形象至关重要。中国还远没有到可以"任性"的时代。更何况"一次性大幅贬值"或"一步到位贬值"明显含有行政操作的意味。通常，市场供求关系带来的汇率变动会有一个渐进的过程。而多年前我国货币当局也早已明确表态，今后不再搞一次性升值和贬值的举措。因此，再次推行"一步到位贬值"举措，必然有损于货币当局甚至政府的声誉。到那时，说再多的"人民币不存在长期贬值基础"也将无济于事。

除了"国际变量"，汇率还有两个值得注意的特点：一是战略变量，人民币汇率需要从我国经济的长期发展着眼，应有助于产业结构升级和转型、技术进步以及区域经济结构的改善。很显然，"一次性大幅贬值"与我国的战略需求应该是背道而驰的，至少也是格格不入的。当前人民币存在兑美元适度贬值以减轻出口压力的需要，但不存在一次性较大幅度贬值以解救整个出口产业的需求。毕竟我国出口份额已是全球第一，而且近几年仍在走高，货物贸易顺差也在不断扩大；而资本和金融账户虽有逆差，但规模不大，国际收支整体上仍为顺差。从这一点上看，似乎人民币实际有效汇率适度升值是合理的。作为一个全球出口第一和贸易顺差第一的国家，居然还要搞一次性大幅贬值，逻辑上似乎是"南辕北辙"，实践上也有些太过"任性"了。二是综合变量，即国际经济关系和本国长期发展战略等综合性因素，决定了主要国家货币汇率很难在短期内给出一个十分确定的均衡水平，而是随着政治、经济和地缘等各种作用因素的强弱变化而变动，其合理水平应该是个浮动区间。因此那种过于强调汇率测算技术或者过度强调汇率学术研究的做法，我们认为是不可取的。

发挥外汇储备的功能正当其时

2015年我国外汇储备减少5127亿美元，为历年来首次缩水，央行干预外汇市场而消耗外储是主要原因之一。有观点认为，消耗大量外汇储备来维护汇率稳定，造成财富损失，并不可取。我们不认同这一观点。外汇储备是由一国货币当局持有的、并可随时运用的对外资产，是一国满足潜在的国际收支需要、缓冲外部流动性和维持汇率稳定的重要手段。IMF在2013年对储备成员国的调查发现，多达3/4的国家将外部流动性缓冲列为外汇储备积累的最重要原因。历次国际金融危机的经验表明，充足的外汇储备是新兴经济体抵御外部冲击、防范危机和减少危机冲击最重要的安全垫。

我国巨额外汇储备主要是被动积累起来的，当前运用外汇储备维护汇率稳定的做法是"一脉相承"的。前几年，由于欧美等发达国家实施量化宽松政策，导致资本大量流入，人民币面临升值压力。为了维持人民币汇率稳定，央行不得不大举买入美元，使我国的外汇储备快速增长。因此，我国外汇储备很大程度上是被动积累起来的，而非货币当局的政策目标。既然前些年人民币升值压力较大时,货币当局在外汇市场上投放人民币以避免人民币过度升值,从而形成巨额外汇储备"蓄水池";那么当前人民币面临贬值压力时的应对思路也可以是类似的,即在市场上适度投放外汇以防止人民币过度贬值,因而消耗一定规模的外汇储备也是可以理解的。而从削弱贬值预期和打击投机活动的实际需要来看,外汇储备的消耗也是不可避免的。反过来说,如果不动用外汇储备稳定外汇市场,不排除2015年人民币汇率出现更大幅度的贬值。事实上,早在2009年,当我国外汇储备突破2万亿美元大关之后,很多市场声音认为外汇储备偏多了;而目前外汇储备虽明显下降但仍在3万亿美元以上时,市场却又出现了不接受这一结果的强烈反响。

从国际上看,德国马克的国际化进程中,正是将大量外汇储备作为平准基金,调节马克汇率,维持了稳定的币值和汇率,从而奠定了马克的国际信誉,最终使其成为国际硬通货,也为后来欧元的诞生奠定了坚实基础。可见,尽管外汇储备在各国发挥作用的形式和使用方法有所不同,但其作为避免汇率大幅波动并减轻资本流动冲击的基本用途是一致的。从这一点上看,外汇储备的本质是手段和工具。尽管外汇储备是对外资产,象征国际财富,但其主要功能是平衡国际收支和稳定本币汇率。当资本流动和本币汇率大幅波动影响本国经济时,外汇储备就应"该出手时就出手"。既不能怕"财富损失"而舍不得花销外汇储备,也不应为了保持强大的国际信用保证而抱着高额外汇储备不放。那种任凭市场剧烈动荡和金融风险陡增而不赞成用外汇储备进行干预的想法,显然是本末倒置的。

对于目前外汇储备消耗问题,我们认为大可不必忧心忡忡。2015年我国外汇储备大幅下降是由多重因素导致的,包括央行在外汇市场的操作、非美元货币贬值、市场主体资产负债结构调整及储备支持"走出去"的资金运用等。但主要的原因还是人民币贬值预期下一定规模的短期资本流出。如果通过消耗一定数量的外汇储备可以有效减弱贬值预期,稳定人民币汇率,为我国的结构性改革及经济触底回升赢得时间,那么这种消耗就是值得的,也可以说外汇储备恰到好处地发挥了功能。

当前,我国的外汇储备仍然充裕,可运作空间较大。国际上,一般认为外汇储备如果能够满足3~4个月进口额,或者满足偿还30%的短期外债需求就比较充足。按照这些标准,我国维持 1 万亿美元左右的外汇储备就足够了。当然,最近两次危机表明这种观点已经过时了。按照外汇储备与 M2 的比例来衡量,2 万亿美元左右的外汇储备可能是较为充足的。因为对固定汇率国家而言,这一比例一般为 10%～20%,而中国目前已是有管理的浮动汇率制。而且我国仍存在一定程度的外汇管制,必要时还可以适当加强,存款短期内流出 10% 几乎不可能发生。综合经济规模和国际收支状况考虑,我国目前维持 2 万亿美元左右的外汇储备可以认为是基本适度的。近年来,随着"藏汇于民"的发展,除了官方的外汇储备之外,目前我国金融机构和企业还拥有 2 万亿美元左右的境外资产,这其中的部分资产从广义上看也是一种潜在的国际清偿力,必要时可以通过政策工具促其回流。

随着人民币国际化的推进,人民币一定程度上已是国际结算货币。我国货币当局已与 30 多个国家签订了货币互换协议,人民币加入 SDR 货币篮子也将于 2016 年 10 月 1 日正式生效,未来人民币在储备货币中的地位将持续上升。保守估计,未来五年左右,可能会有约 1 万亿美元流入人民币资产,这都有助于在一定程度上降低外汇储备的消耗。因此,对于外汇储备减少,不必过度恐慌。当然,究竟多少外汇储备才算合适并没有标准的答案;但从各国对中国经济增长的信心、中国国际收支状况、人民币国际化程度及监管层对资本流动的引导和管理能力等综合来看,目前中国的外汇储备仍是比较充裕的。从长期来看,随着中国经济企稳,人民币汇率趋向均衡合理水平,国际资本将呈现有进有出的双向波动态势,我国外汇储备有增有减亦将成为常态。

多举措保持汇率基本稳定

为保持汇率基本稳定,避免系统性金融风险,促进经济健康运行,在此提出以下政策建议:

货币政策保持稳健基调。2016 年,中国经济仍面临一定下行压力,经济增速有望逐步企稳,但快速回升的可能性较小;美国仍可能再次加息并带动美元走强,在此背景下中国仍将面临资本流出和货币贬值的压力。

因此,货币政策应围绕"稳增长"和"控风险"两个核心目标运行,总体保持稳健、适度和灵活。在货币信贷增速偏高、杠杆率继续上升和市场流动性宽裕的情况下,货币政策应不宜再明显向松调整。具体操作上,应更加精细化和有针对性,注重传统工具(准备金率、基准利率)和新型工具(SLF、MLF、PSL)的灵活搭配、组合使用。在助力稳增长的同时,需要将经济体的杠杆率控制在合理水平上,防止货币政策宽松过度吹大房地产类和股权类资产价格泡沫,增加风险隐患,同时兼顾资本流动和汇率基本稳定的需要。

有效干预市场和控制汇率风险。在市场非理性行为的作用下,人民币一次性大幅贬值会进一步加剧贬值预期。2015 年"8·11"汇改后的人民币一次性贬值,不仅没有起到缓解贬值压力的效果,反而加剧了市场贬值预期。在中国经济下行压力较大的情形下,甚至推出 CFETS 篮子和2016 年初的中间价下调等举措都被市场解读为竞争性贬值。因此,应避免再次出现一次性贬值,而是允许在市场供求关系影响下顺势逐步贬值,采取适度波动的策略,同时辅以外汇市场适时干预以避免大幅度贬值,推动市场预期分化。有限的干预操作应精准使用,每次干预应真正打痛投机者,以达到震慑的目的。

谨慎实施汇率市场化改革。当前的内外部环境可能并不是大力推进汇率市场化改革的较好时机,可待内外部条件改善时,再适时加快推进汇率形成机制改革。目前,可考虑继续通过调节离岸市场人民币银根来掌握离岸人民币汇率的定价权,适时抬高做空投机者的成本,增加其杠杆,从而有效调控市场,稳定汇率。为缩短汇率决策流程,提高快速反应能力,建议可考虑由国务院授权货币当局在一定目标区间内自行决策、相机调控汇率。在人民币贬值压力较大、市场悲观情绪占主导地位的情况下,货币当局应及时与市场进行有效沟通,让市场充分理解政策意图,从而正确引导和管理市场预期。

理性审慎地推进资本和金融账户开放。当前和未来一个时期,从市场需求和国家战略的角度看,有必要进一步推进资本和金融账户开放。但在目前国际环境和国内状况下,进一步开放资本和金融账户风险较大,因此,宏观上应审慎,微观上应稳健。在当前资本外流和汇率贬值压力较大的情况下,建议合理和稳妥地设计资本和金融账户基本开放的步骤与路径,采取先试点、再推广的策略。诸如个人对外实业投资、不动产投资和证券投资等敏感领域的放开,尤其应谨慎。建议进一步依托上海自由贸易试验区的制度创新优势,在区内进行开放创新试点,并对区内与境内境外进行隔离。合理做好征收托宾税的制度安排,以提高对危机的反应和处置能力。在资本和金融账户开放进一步推进时,应确保并加强市场干预能力,以有效应对市场发生的动荡。

保持人民币主要资产价格平稳运行。建议对股票发行注册制改革做好顶层设计。对实施注册制所需的相关配套制度要有相应的安排,协同推进。事前对注册制实施可能产生的影响要进行全面、系统的分析、模拟和预判,防止类似熔断机制的"短命"经历再次出现。与股市类似,债市的杠杆风险主要来源于场外。建议做好事前排查摸底工作,密切监控,但也不宜立即予以限制,以免造成市场恐慌。对债市风险进行警示,合理引导市场预期。对可能出现的债券违约提前进行预警,提醒投资者做好准备,理性投资。从长期看,还应着力在优化债券发行、改变多头管理等制度改革上加大力度,做好债券市场可持续发展的基础性工作。总之,对这些市场化程度已经很高的金融市场,监管者需要更多地按照市场规律顺势而为、疏堵结合,而不是一味地管制和干预,避免成为市场的对立面。

加快综合金融监管体系建设,尽快提升市场化、综合化的监管能力。建议按照功能监管的思路,将金融监管对象由特定类型的金融机构转变为特定类型的金融业务,以适应金融不断创新的需要。把新业务、新产品、新机构及时纳入金融监管体系之中,及时处理和解决监管中发现的问题。建议短期内在现有机制的基础上,尽快建立统一的金融监管协调机制,实现宏观调控政策和监管政策的协调,以及监管信息共享,切实加强对系统性风险的评估、分析、识别和防范。应加快步伐研究统一的监管体制,以便从根本上提升综合监管能力,有效控制系统性风险的发生。

尽快建立系统性金融稳定机制,提高对金融危机的预警、防范和处置能力。从战略高度和国家层面部署和推进金融风险防范工作。建议继续有效发挥国务院应对国际金融危机小组的关键作用,促使其一定程度的实体化和常态化,赋予其适当的决策权力和管理职能。尽快建立与国际接轨的跨境资金流动统计监测体系,针对性地开展情景分析和压力测试,前瞻、透明地监测跨境资本流动。密切跟踪监测风险状况,做好风险监测和预警。建立境内外联动的风险预警机制,与境外主要人民币离岸市场的监管部门加强协同联动、信息共享,就离岸市场人民币汇率、利率、股票、债券等价格异动、资金异常流动等信息及时进行沟通反馈。为稳定市场,境内外监管部门应就联合干预市场的条件、时机、方式以及成本分摊等事项事先协商确定。建立外汇管理应急机制,提前布局能够控制资本流动的有效措施,包括临时征收托宾税、额度控制以及设置外币兑换审批程序,一旦出现危机隐患,可以通过提高税率、收紧额度、延长审批时间等措施控制资本外流。

人民币贬值已成新的风险源和压力源[①]

一种倾向掩盖另一种倾向是常见现象。当人们希望通过人民币贬值来改善出口进而加强稳增长基础时,贬值的负面效应却已悄然显现。2015年下半年以来,人民币贬值压力持续加大,贬值速度明显加快。贬值对出口的刺激效应尚未有实质性的显现,贬值预期却在强化,并与资本外流相互影响、相互促进,对民间投资和金融市场等产生了不小的负面影响,成为新的增长下行压力来源和金融市场新的风险源头。未来有必要通过保持货币政策稳健中性、合理控制贬值预期、理性审慎推进资本和金融账户开放以及保持人民币主要资产价格平稳运行等举措,保持人民币汇率在波动中基本稳定,促进经济趋稳向好,守住不发生系统性风险的底线。

人民币大幅贬值推升避险需求和套利需求

2015年下半年以来,受中国经济下行压力增大、资本外流及贬值预期强化等因素影响,人民币出现了较大幅度的贬值。"8·11"汇改顺应了贬值趋势,但也增强了贬值预期,加之美联储加息预期、股市动荡、投机套利及资本外流等与贬值预期相互加强,人民币贬值压力持续加大。2015年底,人民币兑美元汇率中间价报6.49,较年初贬值6%。

2016年以来,人民币贬值压力虽有所减弱,但依然存在。年初受国际金融市场动荡等影响,股市、汇市同时出现剧烈震荡,人民币兑美元汇率一度逼近6.6关口。英国脱欧等黑天鹅事件频现,国际金融市场动荡

---

① 本文发表于2016年8月10日凤凰财经。

加剧,人民币贬值压力再度加大,人民币兑美元汇率中间价逼近 6.7,即期汇率则一度突破 6.7 的关口。目前人民币兑美元汇率中间价在 6.66 左右高位震荡,较"8·11"汇改前贬值近 9%。与此同时,人民币兑一篮子货币汇率也出现了较大幅度的贬值。衡量人民币兑一篮子汇率走势的 CFETS 人民币汇率指数,由 2016 年初的 100 左右降至目前的 95 附近,贬值近 5%。

由于近一年来人民币贬值幅度较大,人民币兑换美元后的收益明显高于持有人民币资产的投资回报。目前,人民币理财产品收益率只有 4% 左右,而 2015 年初至今人民币兑美元汇率贬值近 9%,人民币资产的吸引力明显走低。加之经济下行,实业投资回报率趋势性下降,从而催生套利需求。而一年来人民币大幅贬值则进一步加剧了未来的贬值预期。有的境外机构甚至预测人民币兑美元汇率还将大幅贬值,一定程度上起到了加强贬值预期的作用。而预期未来人民币还将大幅贬值又会增强市场避险需求。

2015 年下半年以来 M1 增速大幅提升,人民币大幅贬值可能也是其原因之一。M1 走高的主要原因是企业投资意愿下降,持币观望。而人民币大幅贬值带来防御性需求和交易性需求上升则是企业持币观望的重要原因。在人民币大幅贬值和预期进一步贬值的态势下,企业预期投资回报率将趋势性下降,企业倾向于持有活期存款和现金,以规避风险并寻找交易套利机会。2014 年央行多次降息后,定期存款和活期存款息差大幅收窄,持有活期存款的机会成本降低,而持有定期存款则面临期限长、流动性差和约束多等不足。

人民币大幅贬值得难偿失

人民币贬值利好出口,但积极作用可能较为有限。2016 年上半年人民币实际有效汇率贬值对下半年出口的提振作用可能会有显现。但出口的好坏主要受产品竞争力及国际市场需求的影响,贬值的影响可能较为有限。2013—2015 年,人民币实际有效汇率指数由 118 左右上涨至 130,涨幅超过 10%,但同期中国出口占全球的份额依然稳步提高。2013—

2015年,中国出口市场份额分别为11.7%、12.3%和13.8%。在人民币持续升值的背景下,我国出口份额却稳步提升,表明汇率变动对出口的影响较为有限。尽管2015年中国的出口下降2.9%,但这主要是世界经济低迷背景下需求不振所致。2015年全球商品贸易出口下降13%,其中美国的出口下降7.2%,日本下降9.5%。我国的出口跌幅小于其他国家,因而使得出口份额继续上升。超预期大幅贬值通常使出口商面临被动调整价格的境况。如"8·11"汇改后,就有相当多的外国进口商要求我国出口商相应调整商品价格,贬值的效应随即荡然无存。

2015年末,中国的出口份额已占全球市场的约13.8%。从2016年的态势看,这一比重还会进一步上升,可能会达到14%以上。在全球经济低迷的情况下,受出口份额"天花板"效应的影响,人民币贬值提升出口的空间不大。当前主要新兴市场货币越来越多地盯住人民币,也使得人民币贬值对中国出口的边际效应大幅下降。从战略上看,依靠贬值刺激出口增长,既不利于境内企业技术革新和产业转型升级,也会增加由"市场份额压力"带来的新的国际贸易摩擦。

当前中国贸易收支中存在明显的结构性问题,即对欧盟和东盟等主要经济体基本上都是逆差或大致平衡,但对美国存在大量顺差。尽管近年来中国贸易顺差占GDP的比重已明显下降,并处于国际公认的合理区间,但对美大规模顺差的局面并没有根本改变。2015年,中国对美国贸易顺差占中国全部顺差的比重为44%,而占美国逆差的比重则达92%。而按美方计算,美国对中国的逆差比重则达128%。通过人民币贬值刺激出口,必将进一步加剧中美贸易不平衡,进而可能扩大中美贸易摩擦。

人民币大幅贬值不利于金融市场和房地产市场平稳运行。人民币持续贬值意味着人民币资产价值的持续缩水,可能带来我国股市和房地产市场出现新的波动。2015年下半年至2016年初,股市出现了多轮暴跌,尽管这主要是由经济下行、股市自身的机制问题及投机等因素所致,但人民币贬值压力和贬值预期也起到了推波助澜的作用。人民币持续贬值可能引发更大的贬值预期,短期资本在贬值预期的驱动下必然大规模夺路出逃,人民币则是抛售对象,以人民币计价的各类资产都将难逃贬值冲击。而金融资产对价格变动较为敏感,且流动性较强,因而首当其冲。

2016年初人民币大幅贬值下的股市剧烈波动已是明证。房地产价格经过多年的持续上涨,市场上已存在较强的房价下跌预期。近年来,房地产市场崩溃论一直不绝于耳。人民币持续贬值并形成较强的贬值预期,使外资和部分内资可能加快从中国房地产市场撤离的步伐,未来我国房地产市场将面临较大风险。

人民币大幅贬值加剧了民间投资的下行压力,不利于稳增长。投资一直是中国经济的稳定器和加速器。近年来尽管消费对经济增长的贡献度日益增长,但投资对稳增长依然发挥着关键作用。2016年以来,基础设施建设投资和房地产投资明显回升,但固定资产投资继续下行,主要原因是制造业投资增速大幅下降。而与此同时,民间投资增速的降幅更大,从而成为经济下行压力持续不减的重要原因之一。民间投资代表着社会资本的投资活跃度。近年来,民间固定资产投资增速一直都高于固定资产投资增速。但2016年初以来,民间投资与全社会投资开始分道扬镳。民间投资增速快速下滑,从2015年初的14.7%急速跌落至6月末的2.8%,6月当月同比已为零增长。民间投资增速与全社会投资增速的"剪刀差"有逐步扩大态势。

民间投资增速骤降与宏观经济下行、国际市场需求萎缩、投资回报率降低背景下民营企业对盈利前景的信心不足密切相关。但以上这几点理由似乎很难解释为何2016年初以来民间投资突然大幅下滑的现象,因为上述状况在2014—2015年也都不同程度地存在。2016年初以来民间投资骤然下降应该还有新增因素的影响。2015年以来人民币持续大幅贬值和不断增强的贬值预期应该与此有关。2015年夏天人民币兑美元一次性大幅贬值以及之后的振荡贬值,使民间资本形成了较强的人民币贬值预期,甚至造成了一定程度的恐慌心理。在整体经济下行的背景下,企业长期投资回报率趋势性走低且不确定性较大,民营企业本就投资意愿不强,强烈的贬值预期则进一步降低了中长期固定资产投资的预期回报率。

随着中国企业"走出去"战略以及资本和金融账户开放改革的深入推进,中国已成为资本输出大国。2015年,中国对外直接投资1280亿美元,稳居全球第三大投资国之位。央企一直是中国对外直接投资的主力军,凭借强大的资金和品牌等优势,在全球并购、投资,获取资源、技术、人才和市场等。近年来民营企业实力不断增强,房地产、制造业、批发零售等领域都出现了一批有较强实力的民营企业。不少民营企业已在资本市场上市,并集聚了大量资金。据统计,可投资资产大于600万元的高净值家庭户数,已从2013年的138万户增至2015年的207万户,年均增速超过20%。这些高净值人群很多都是已上市民营企业的企业主。随着财富快速积累,民企全球资产配置的需求也日益强烈。当前,我国在私有财产保护、市场化程度及营商环境等方面与欧美日等国相比仍有不小的差距,民营企业对积累的财富本就有所担忧,一直存在并持续增强寻找海外出路的冲动。人民币大幅贬值及较强贬值预期则进一步加重了民间资本的避险需求和套利需求。为数不少的民营企业宁肯将大量资金以活期存款的形式存放,以满足灵活机动的交易型动机,也不愿进行中长期投资。不少民营企业则选择持续加大美元和日元等避险货币的资产配置,增加海外资产的配置力度,使得本已不振的民间投资雪上加霜。打个不恰当的比喻,近一年来人民币大幅贬值或许是"压垮民间投资的最后一根稻草"。当然这根"稻草"自身的分量并不轻。

人民币大幅贬值加大资本外流压力,不利于我国国际收支平衡。汇率是调节国际收支的重要手段,但不能仅以经常账户甚至是出口为其主要调节对象,而应以整个国际收支即包括经常账户与资本和金融账户为其调节对象。尤其是对于一个长期存在大规模资本流入,金融市场规模、深度和开放度越来越高的大国而言,汇率方面不仅要关注进出口对经济增长的影响,还应关注资本流动对经济运行的影响。改革开放30多年来,中国事实上经历着持续资本流入。当资本大规模流入有了很高水平的积累后,本身就有流出的压力。加之经济增长放缓、要素成本上升、投资回报率趋势性降低、风险逐步加大,意味着人民币资产价值缩水,贬值预期必将会与资本外流相互影响、相互促进。2015年以来,在人民币大幅贬值的同时,我国外汇储备冲高回落,外汇占款持续减少,资本账户逆差扩大就是佐证。2015年,央行口径外汇占款减少2.2万亿元,外汇储备下降5127亿美元。中国资本和金融账户逆差(不含储备资产变动)达4853亿美元,远高于经常账户顺差。2016年上半年,资本外流压力依然较大。未来,如果人民币贬值预期再度增强,可能导致资本外流压力持续加大,带来资本和金融账户更大规模的逆差,不利于国际收支的平衡发展,也将加大金融市场的风险。

多措并举保持人民币汇率平稳运行

汇率政策本身也是宏观调控的重要构成部分。在西方成熟市场经济条件下,汇率通常可以较好地发挥调节国际收支包括商品进出口等作用,进而影响经济运行,而且风险也相对较低。但中国经济目前的市场化程度尚不高,汇率的传导机制不够顺畅。将西方成熟经济体的汇率调节经验全盘应用于人民币汇率政策可能过于理想化。认为贬值有助于促进出口并减轻产业压力而忽视其负面效应的观点过于偏颇。希望通过一次性大幅度贬值来达到新的市场平衡而忽视其巨大风险的想法,未免过于简单而天真了。考虑到我国目前的私有财产保护、营商环境等与欧美日等国相比仍有不小差距,在私人财富已经有很大增长和集聚的条件下,人民币持续大幅贬值可能带来难以想象的资本持续外流压力,从而成为新的金融市场风险和增长下行压力的来源。这一点其实是现阶段中国的重要国情,不能忽视和轻视。因此,当下保持人民币汇率平稳运行至关重要。可以考虑在以下五方面采取针对性举措:

一是合理引导市场预期,有效控制贬值节奏。在市场非理性行为的作用下,一次性大幅贬值及短期内快速贬值都有可能进一步加剧贬值预期。"8·11"汇改后的人民币一次性贬值及2015年底至2016年初的人民币快速贬值都加剧了市场贬值预期。在中国经济下行压力较大的情形下,甚至推出CFETS篮子和2016年初的中间价下调等举措都被市场解读为竞争性贬值。因此,有必要将人民币年度贬值幅度控制在金融资产平均投资回报率以内,避免再次出现一次性贬值及过快贬值。但可以允许人民币在市场供求关系的影响下顺势逐步贬值,阶段性地双向波动。采取适度控制贬值节奏的策略,同时辅以外汇市场适时合理干预以避免大幅度贬值,推动市场预期分化。有限的干预操作应精准使用,每次干预应真正打痛投机者,以达到震慑的目的。把握好人民币加入SDR的契机,培育人民币走强的市场环境,合理调节市场供求关系和有效引导市场预期,促进人民币汇率在波动中保持基本稳定。

二是谨慎推进汇率市场化改革。当前的内外部环境可能并不是快速推进汇率全面市场化改革的较好时机。可以继续通过调节离岸市场人民币的银根来掌握离岸人民币汇率的定价权,适时抬高做空投机者的成本,增加其杠杆,从而有效调控市场。为缩短汇率决策流程,提高快速反应能力,可考虑授权货币当局在一定目标区间内相机调控汇率。在人民币贬值压力较大和市场悲观情绪浓重的情况下,货币当局应与市场进行有效沟通,让市场充分理解政策意图,及时正确地引导和管理市场预期。

三是理性审慎地推进资本和金融账户开放。当前和未来一个时期,从市场需求和国家战略的角度看,有必要进一步推进资本和金融账户开放步伐。但根据目前的国际环境和中国的实际状况,全面开放资本和金融账户是一项高风险的操作。未来的开放宏观上应审慎,微观上应稳健。在当前资本外流和人民币贬值压力较大、国际金融市场不确定因素较多的情况下,应合理和稳妥地设计资本和金融账户开放的步骤与路径,采取先试点、再推广的策略。可考虑继续加大外资进入境内资本市场和货币市场的步伐。而个人对外实业投资、不动产投资和证券投资等敏感领域的放开应谨慎推进。在资本和金融账户开放度提高的同时,应做好开放条件下的资本流动及外汇市场供求的管理工作。

四是保持人民币主要资产价格平稳运行。未来资本市场的重大举措应如履薄冰,谨慎推进。防止类似熔断机制的贻害市场的"短命"政策再次出现。与股市类似,债市的杠杆风险主要来源于场外。建议做好事前排查摸底工作,密切监控,但也不宜立即予以限制,以免造成市场恐慌。对债市风险进行警示,合理引导市场预期。对可能出现的债券违约提前进行预警,提醒投资者做好准备,理性投资。从长期看,还应着力在优化债券发行、改变多头管理等制度改革上加大力度,做好债券市场可持续发展的基础性工作。总之,对这些市场化程度已经很高的金融市场,监管者需要更多地按照市场规律顺势而为、疏堵结合,而不是一味地管制和干预,要避免成为市场的对立面。

五是货币政策保持稳健中性。在经济增速下行、资本流出和人民币贬值的压力下,货币政策应围绕"稳增长"和"控风险"两个核心目标实施,总体保持稳健、适度和灵活。具体操作上,应更加精细化和有针对性,注重总量调控和结构性工具运用并重,传统工具(准备金率、基准利率)和新型工具(SLF、MLF、PSL)灵活搭配、组合使用。在助力稳增长的同时,需要将经济体的杠杆率控制在合理水平上,防止货币政策宽松过度吹大房地产类和股权类资产价格泡沫,增加风险隐患。应兼顾资本流动平稳和汇率基本稳定的需要,在美联储仍可能继续加息的背景下,应保持人民币存贷款基准利率基本稳定。降低企业融资成本的着力点应放在金融机构和中介机构的降费方面。

汇率市场化改革砥砺前行[①]

风云变幻中"8·11"汇改已历时两年。其间人民币汇率由震荡贬值逐步走向企稳反弹,人民币兑美元汇率中间价定价机制不断完善。人民币汇率市场化改革依然行进在路上,任重而道远。

人民币汇率形成机制不断完善

两年来,人民币兑美元汇率中间价定价机制不断完善。"8·11"汇改强调人民币兑美元汇率中间价报价要参考上日收盘价,汇率市场化改革迈出关键一步。此后,中间价定价机制不断完善。2015 年 12 月 11 日,CFETS 人民币汇率指数发布,"参考上日收盘汇率 + 一篮子货币汇率变化"的双参考定价模式形成,从而较好地平衡了汇率弹性和稳定汇率预期的目标。2017 年初,央行决定将 CFETS 篮子中的货币数量由 13 种增至 24 种,并缩减一篮子货币汇率的计算时段,使美元占篮子的权重下降,避免了原定价公式中的重复计算。2017 年 5 月 26 日,中间价引入逆周期调节因子,中间价决定因素变为"三足鼎立",有效对冲了市场情绪的顺周期波动,汇率调控的自主性增强;同时有助于瓦解市场上强烈的人民币贬值预期及其带来的羊群效应。经过四次调整后,人民币兑美元汇率中间价定价机制更加完善,为人民币汇率稳定提供了重要条件。

在定价机制不断完善的同时,中间价的基准地位明显增强。"8·11"汇改以来,人民币兑美元即期汇率对中间价的偏离逐渐收敛,平均偏离度仅为 85 个基点。而 2013 年至 2015 年 8 月 11 日期间,中间价和即期汇率

---

① 本文发表于 2017 年 8 月 17 日《上海证券报》。

偏离幅度平均为 560 个基点,2015 年上半年更是高达 900 多个基点。人民币离在岸汇差也由 2015 年上半年的平均 870 个基点,收窄至 2016 年以来的 180 个基点。中间价较为充分地反映了外汇市场信息,基准地位得以强化。境内外汇差的收窄,有效地降低了跨境套利活动。

"8·11"汇改以来,人民币汇率弹性不断增强,双向波动特征更加显著,以往的单边升值或单边贬值走势渐行渐远。2016 年的 244 个交易日中,人民币兑美元汇率 114 个交易日升值,130 个交易日贬值。2017 年上半年的 119 个交易日中,人民币兑美元汇率 59 个交易日升值,60 个交易日贬值,升、贬值交易日基本持平。

两年来我国外汇市场开放度不断提升。外汇市场参与主体不断丰富,交易渠道不断拓宽,金融市场基础设施稳步推进。外汇市场建设推进,不仅使人民币汇率市场化环境不断改善,同时较好支持了人民币加入 SDR 货币篮子。

在汇率市场化改革前行的同时,人民币汇率稳定性逐步提高。"8·11"汇改后一年多时间里,人民币贬值压力得到较为充分的释放,人民币汇率逐步接近由基本面决定的均衡汇率水平。随着中间价定价机制的不断完善,人民币汇率预期逐步趋向平稳,贬值预期明显消退。2017 年以来,受中国经济小幅回升、国际收支双顺差再现以及美元汇率走弱等内外部因素的影响,人民币兑美元汇率稳中有升。目前人民币兑美元汇率中间价为 6.66 左右,较 2017 年初升值约 4%。人民币汇率预期趋稳,有助于缓解外汇储备下降的压力,同时有利于货币政策独立性的增强。

汇率市场化改革依然任重道远

对于开放型经济大国来说,汇率制度选择具有牵一发而动全身的效应。伴随着我国经济改革开放的推进和市场化程度的提高,为了建立更加有效的汇率制度,汇率市场化改革必须坚定向前推进,但与此同时又必须高度关注这一过程中的风险。这种风险是新旧机制交替中极易产生的,因为旧的机制已经瓦解而新的有效机制尚未形成。"8·11"汇改之后出现的本币大幅贬值和资本快速流出的联动风险,可以说就具有此类性质。未来汇率市场化改革必须在有效控制系统性金融风险的同时稳步加以推进。

有必要指出,"8·11"汇改一次性较大幅度贬值释放了前期积累的贬值压力,但也为新的贬值预期的形成和加强提供了契机。事实上,伴随着2014年后中国经济下行压力的不断加大、美元持续升值以及美联储即将加息,市场早已具有强烈的人民币贬值预期。一次性较大幅度贬值被市场误读为政策将以更大力度促进人民币贬值。这说明,具有较强政策含义的一次性汇率调整对市场的暗示作用不可忽视,未来这种方法已不适合再加以使用。在市场非理性行为的作用下,一次性调整后市场贬值预期进一步加剧,尤其是在经济下行压力较大、股市动荡背景下,股市、汇市出现联动杀跌效应,引发了国内外投资者的恐慌,人民币汇率一度被推到风口浪尖。

在市场非理性行为的推动下,资本外流和人民币贬值一度相互促进、相互加强。伴随着"8·11"汇改一次性较大幅度贬值,新的、更大的贬值预期甚嚣尘上;加之中国经济下行压力加大、股市动荡及美联储加息预期等影响,增强了全球投资者抛售人民币资产的动机,导致资本外流压力加大,从而形成"资本外流—人民币贬值—贬值预期增强—资本外流压力加大—贬值预期再增强"的循环。2015年下半年外汇储备下降3635亿美元,2016年又进一步下降了3199亿美元。市场一度陷入"保汇率还是保外储"的纠结之中,甚至还出现了"保汇率还是保房价"的争论,对中国的金融稳定产生了不小的影响。

两年来的实践表明,市场预期管理和沟通能力有待进一步提高。"8·11"汇改后人民币汇率一度出现较大贬值压力,主要缘自美联储加息预期、经济下行及市场非理性因素等影响,但事先缺少及时和有效的市场沟通和预期引导也是不可忽视的影响因素。这种缺失在一定程度上有助于市场非理性预期得以自我强化,有助于贬值与贬值预期相互加强。"8·11"汇改以来,有关当局在实践中不断总结和提高,在加强和改进市场预期引导和管理方面取得了长足进展。但与欧美主要发达国家相比,我国市场预期管理的及时性、透明度和针对性等方面仍有待进一步提高。市场预期管理并非只是宣传、教育和引导,还应建筑在市场干预能力、汇率机制和市场供求关系调节能力的基础之上。只有虚实有机结合,预期管理才能真正收到实效。

人民币汇率弹性机制有待进一步完善。"8·11"汇改以来,人民币汇率形成机制的规则性、透明度和市场化水平不断提升,人民币兑美元汇率弹性进一步增强,双向浮动特征更加显著。但与其他 SDR 篮子货币相比,人民币汇率的波动幅度依然较小,大约只相当于美元、欧元、日元、英镑等货币波幅的 1/3。合理的波动幅度是汇率市场化的主要特征。由于长期以来人民币汇率盯住美元,使投资者习惯于人民币汇率保持稳定,市场对人民币汇率的"浮动恐惧"依然存在。只有经过长期的双向波动,才能使市场接受人民币能涨能跌、能上能下的理念,当然这需要政策持续加以培育。未来改革需要紧紧围绕完善有管理的浮动汇率机制展开,条件成熟时可以适度扩大汇率波幅。

外汇市场有待实现以真实需求为基础的供求关系的基本平衡。外汇供求关系变化是影响汇率变化的基本市场因素。人民币汇率形成机制改革的过程同时也是外汇市场供求体系不断完善的过程。当前和未来一个时期,人民币汇率市场化程度的提高应建立在市场供求基本平衡的基础之上,因为不平衡的市场供求关系容易导致汇率形成持续单边走势,市场化进程必然受阻。2017 年以来,人民币兑美元汇率稳中有升,除了美元指数连续下跌和中国经济数据超预期之外,针对外汇和资本流动的宏微观审慎监管持续加强起到了关键作用。2016 年 11 月以来,监管部门收紧了对外直接投资的审核,非合理的、虚假的对外投资行为受到明显抑制。但不可否认,部分企业的对外直接投资审批节奏也有所放缓。2017 年上半年,非金融企业直接投资累计 481 亿美元,同比下降 45.8%。近期外汇供求趋于相对平衡,主要得益于监管政策收紧下购汇率的持续低位运行;市场主体结汇意愿有所回升,但依然处在低位。仅依靠将购汇率抑制在较低水平上,难以实现真正意义上的市场供求平衡;即使短期实现了,中长期来看也难以持久。只有在合理调控购汇率的同时促进结汇率稳步提升,才有可能实现市场外汇供求的基本平衡状态。这不仅需要宏观经济和政策方面的改善来加以配合,还需要在企业结汇方面采取针对性举措。形成有效的市场供求关系调节机制是未来汇率市场化改革不可或缺的重要任务。

未来深化汇率机制改革应处理好八方面关系

　　未来,美联储可能继续加息并启动缩表,欧央行正考虑退出 QE,中美爆发贸易冲突的可能性依然不能排除,国内部分领域潜在金融风险不容小觑,进一步深化汇率机制改革面临更加复杂的国内外经济金融形势,建议下一步改革宜统筹协调、稳妥审慎推进,重点处理好以下几方面关系:

　　一是处理好市场力量与政策干预之间的关系。目前"收盘价+一篮子货币汇率+逆周期调节因子"的中间价形成机制符合当前的实际情况,有利于保持汇率稳定,抑制市场非理性行为。长期来看,人民币汇率机制改革还应坚定不移地坚持市场化方向,不断增强市场力量在人民币汇率形成机制中的主导作用。政策干预应主要起到在特定时期抑制追涨杀跌、投机套利等非理性和不规范行为,以积极引导市场,防止汇率长时期明显偏离基本面的作用。建议市场一旦恢复理性,政策干预就应适时退出。政策干预应努力驾驭市场力量尤其是引导市场预期,有机结合市场的积极因素,促进人民币汇率在双向波动、弹性增加中保持基本稳定。

　　二是处理好人民币汇率稳定与弹性的关系。汇率市场化改革的基本目标是增强人民币汇率双向浮动弹性,加大市场决定汇率的力度;但当前形势下"保持人民币汇率在合理均衡水平上的基本稳定"也是汇率政策的重要内容。当然,有关人民币的"均衡汇率"究竟处在何种水平难以形成共识。只有在外汇市场充分开放的条件下,通过市场运作才能形成一个阶段性均衡汇率平衡点,而且这种均衡点也是动态的。基于历史对比、理论分析和经验考量,目前人民币汇率已基本接近均衡汇率水平。IMF 近期发布的报告也认为,人民币汇率估值与经济基本面基本一致。但汇率受非理性因素的作用影响较大,容易出现超调。人民币汇率形成机制是有管理的浮动汇率制,波动幅度正在逐步扩大;而离岸人民币汇率波动基本上已经市场化,人民币汇率就必然存在不小的随机性。加之投机力量的推波助澜,很容易形成剧烈震荡。人民币汇率的大幅升值和贬值均可能增强单边走势预期,不利于中国经济金融体系的稳定运行,也不利于人民币国际化的稳步推进。未来一个时期,建议将人民币年度波动幅度控制在金融资产平均投资回报率上下,可以允许人民币在市场供求关系的影响下顺势贬值或升值,阶段性地双向波动。同时辅以外汇市场适时合理干预,以避免大幅度贬值,推动市场预期分化,促进人民币汇率在波动中保持多维度的基本稳定。

三是处理好改革推进的相机抉择与预期疏导的关系。之前的改革策略以"相机抉择"为主,条件合适就加快推进,时机不佳则暂缓推进。这种策略的好处是灵活、有弹性,可以视外部环境变化选择比较好的时间窗口。不足的是与市场及时沟通不够,难以有效引导和管理市场预期,往往市场还可能产生误解。未来改革推进可以考虑相机抉择和预期疏导相结合。建议事先告知市场改革的总体方向、基本框架和实施路径,事先对汇率机制改革有一个"预期疏导",让市场有较为明确的预期,再具体结合内外部条件选择合适的实施时间窗口。

四是处理好汇率机制改革与外汇市场发展之间的关系。汇率机制改革仅有放宽波幅限制、逐步扩大弹性、增强市场力量还不够,还要不断发展和完善多层次外汇市场,扩大外汇市场交易主体,完善市场基础设施建设,以功能健全、产品丰富的外汇市场体系为汇率机制改革提供良好的微观基础。建议加快推动外汇期货、外汇期权等外汇衍生品市场的发展,这既有利于在人民币汇率波幅扩大的情况下个人和企业规避汇率波动风险,还有助于完善人民币汇率定价机制。建议在条件成熟的情况下,逐步拓宽个人和企业参与外汇市场投资的渠道,改变目前外汇市场以机构投资者为主的多元化水平不高的市场主体结构。

五是处理好人民币汇率与人民币国际化之间的关系。前期人民币国际化较快推进与人民币升值预期强、境外主体对人民币接受程度高有紧密关系,人民币国际化在经常项下作为负债货币取得了长足发展。近两年人民币出现阶段性贬值,人民币国际化推进速度明显放缓。未来人民币国际化应在不同的市场背景下突出不同的发展方向。在人民币汇率稳定特别是升值预期较强时期,可以加大人民币在经常项下作为负债货币的跨境使用力度;在贬值预期较强时,则可以加大人民币在资本项下作为资产货币的跨境使用力度。应当认识到,人民币国际化稳步推进还应以实体经济为基础,特别是要以跨境贸易和直接投资的稳健发展来带动人民币在全球的使用,不宜让人民币国际化过多地依赖币值自身的强弱。人民币国际化应该服从我国宏观经济平稳运行和经济转型发展的战略需要。未来必须充分考量国际市场金融风险程度。开放程度的扩大必然伴随风险水平的上升。我国经济总量越大,运行体系越完善,人民币国际化的风险就越小。应努力避免实际效益不高的尝试引发系统性金融风险隐患的可能性。

六是处理好跨境资本流动管理与发展对外投资之间的关系。短期内,为避免资本大规模流出、减轻人民币贬值压力,对资本流出进行严格管理是必要的。但也要客观看到,经过多年的技术和资本的积累,中国企业具有很强的全球配置资源的需求,我国对外直接投资已经进入快速发展时期,而合理、规范的对外直接投资必将为我国经济新的腾飞带来强大动力。建议在人民币汇率企稳、贬值压力下降和贬值预期明显消退的同时,一方面继续严格控制非理性和不规范的对外直接投资,另一方面适时放松对跨境资本流动特别是理性和规范的对外直接投资的限制。加强对外投资的政策引导,推动企业对外直接投资对接国家战略,聚焦有利于产业升级和结构调整的重点行业和领域。

七是处理好汇率基本稳定与外汇储备波动之间的关系。2016 年底以来,市场各方在保外储还是保汇率的问题上产生了较大分歧。在汇率贬值压力较大时,维持汇率稳定不可避免地会消耗一定的外储。而外储持续大幅减少并快速突破临界值,可能导致汇率贬值预期进一步发展,从而引发挤兑风险。保外储则面临汇率加速贬值风险,在市场非理性因素的作用下可能出现贬值预期与资本外流相互促进、相互强化,最终可能导致汇率大幅贬值,资本持续大规模外逃。其结果是金融市场动荡,经济体甚至可能步入"中等收入"陷阱。

应当指出,外汇储备的主要功能是满足潜在的国际收支需要、维持汇率稳定和缓冲外部流动性。从逻辑上看,运用外汇储备稳定人民币汇率理所当然、天经地义。一旦市场形成强烈的贬值预期而不加以干预,则有引发资本大规模外流的风险,运用外汇储备使人民币汇率保持在安全的波动区间十分必要。我国巨额外汇储备主要是前些年在人民币升值压力较大时，货币当局为了维持汇率稳定而被动积累起来的。在人民币贬值压力较大时运用外储维护汇率稳定的做法与之前的举措是"一脉相承"的。如果通过消耗一定量的外储可有效减弱贬值预期，稳定汇率，为我国的结构性改革及经济增速触底回升赢得时间，那么消耗一定量的外储可谓物尽其用且正当其时。当汇率出现大幅震荡并对经济体带来很大威胁时，不动用外汇储备进行必要的市场干预，死保一定规模的外汇储备不放的做法，犹如嗜钱如命的人掉进河里仍抱着钱袋不放一样可笑。当然，可以运用汇率机制尤其是调节市场供求关系来影响汇率和外储的变动，避免外储出现大幅波动；综合协调施策，促使汇率、外储、市场供求关系和预期之间形成良性的相互影响。建议未来有效引导市场正确看待汇率和外储的关系，不宜将二者的关系简单地对立起来。

八是处理好市场需求与政策选择之间的关系。一直以来，汇率制度和政策选择都是金融领域最有争议的话题之一。经验证明，既很难找到某种汇率制度可以适合所有国家，也不存在适合一个国家不同时期不同需求的汇率制度，更没有只有利而无弊的汇率制度。汇率与其他金融市场变量一样，极易发生超调。汇率又属于典型的国际变量，汇率变动牵动着利益攸关国家的神经，而大国汇率更是如此。往往相关国家的利益诉求对一国的汇率政策甚至汇率制度会形成某种压力。而大国货币汇率又受到全球市场供求关系的影响，往往投机力量能够主导汇率发生更大程度的超调。因此，汇率制度和政策的选择需要统筹考量、综合平衡。未来我国应继续在汇率浮动、资本流动和货币政策独立性三者之间寻求利大于弊的平衡，在不同的阶段可以有不同的侧重。从当前和未来一个时期来看，人民币汇率在弹性加大的同时保持基本稳定、货币政策保持独立性仍应是政策的优先选项。

三大变量决定人民币汇率走势①

2017 年以来,人民币一改此前贬值趋势,走出一波稳中有升的行情。适逢"8·11"汇改两周年之际,人民币单月升值幅度更是创下了区间新高。而进入 9 月以来,人民币汇率升势有所加强,甚至有和美元脱钩的迹象,至中下旬才出现高位调整。这引发了市场对于人民币未来走势的疑虑:本轮人民币升值是阶段性反弹还是趋势性上升? 升值的动力到底来自哪里? 人民币市场汇率与均衡汇率的关系是怎样的? 未来人民币汇率运行区间又将如何演绎? 本文拟对上述问题进行分析和探讨。

本轮人民币升值的主因是调控政策和外部因素的积累与结合

国际收支与资本流动变化推动了 2017 年初以来的人民币升值。国际收支影响外汇供求关系。国际收支顺差意味着外汇供大于求,本币将面临升值压力,反之则相反。2004 年后我国国际收支顺差明显扩大,人民币面临较大的升值压力,"7·21"汇改下人民币一次性升值 2.1%,从而释放了部分升值压力。此后我国国际收支基本处于经常账户与资本和金融账户(不含储备资产)"双顺差"格局。2015 年,我国出现了 2005 年汇改以来的首次国际收支逆差,其中资本和金融账户(不含储备资产)逆差扩大至 4853 亿美元的历史高位,呈现出了经常账户顺差与资本和金融账户逆差的"一顺一逆"格局,这在一定程度上体现出经济放缓下的资本外流压力。而"8·11"汇改则集中释放了人民币贬值压力。2017 年以来我国国际收支再次形成经常账户、资本和金融账户(不含储备资产)"双顺差"

---

① 本文发表于 2017 年 10 月 13 日《中国证券报》。

格局,人民币遂转向升值,这说明国际收支变化在很大程度上影响了人民币汇率波动。

从银行体系跨境资金流动的视角来看,2017年以来,中国跨境资金的外流压力的确逐步缓解。2017年1—7月,银行代客结售汇逆差同比下降63%,企业、个人等非银行部门涉外收支逆差同比下降47%。外汇占款降幅由2016年底前后的月均3000多亿元,降至2017年7月的46亿元。而占银行代客结售汇比重较大的货物贸易结售汇顺差扩大是跨境资金外流放缓的主要原因。2017年1—7月,货物贸易结售汇顺差1380.9亿美元,同比增长48.9%。而服务贸易结售汇逆差小幅下降也有助于跨境资金流动形势的改善。2017年1—7月,服务贸易结售汇逆差1559亿美元,同比小幅下降5.6%。资本和金融账户项下结售汇逆差收窄是跨境资金流动回稳向好的重要因素。2017年1—7月,资本和金融账户项下结售汇逆差336.7亿美元,同比下降75%。

应该看到,2017年以来资本和金融账户的变化与管理的规范和加强有关,特别是抑制了不合理的对外投资和规范了个人购汇。我国资本和金融账户的开放总体是在推进过程之中,但由于市场状况发生较大变化,政策相应进行了针对性调整,这是从中国实际情况出发作出的选择。2016年我国直接投资由长期的净流入变成净输出,中国企业在海外开办企业和收购兼并,有很多是出于企业自身发展的需要,但也有一些可能仅仅是出于把资金转移出去的目的,其实质是资本外逃。近年来服务贸易的逆差规模越来越大,这其中有相当部分是由资本流出带来的。比如居民运用换汇额度去境外购买房产和购买股票,其行为事实上是一种投资,但从国际收支统计来看,却发生在服务贸易项下。这是近年来资本流动出现迅速变化并超出市场预期的重要原因之一。面对这种新形势,监管部门收紧了对外直接投资的审核,不合理的、虚假的对外投资行为受到明显抑制。新年伊始,外管局就出台个人换汇从严管理新规,要求个人换汇资金不得用于境外买房、证券投资、购买人寿保险和投资性返还分红类保险等尚未开放的资本项下支出。2017年以来经常项和资本项下一系列审慎管理的举措是国际收支再次出现双顺差的重要原因之一。

宏观经济和市场运行向好为人民币升值提供了重要基础。2017年前三季度经济运行总体上稳中向好,2017年上半年实际GDP增速6.9%,名义GDP增速则达11.4%,上半年的宏观经济改善超出市场预期,有助于增强人民币走稳的信心。2017年上半年出口总体向好,对于GDP同比增长的作用结束了连续两年的拖累转为正向拉动。出口疲软往往是人民币高估的重要体现,虽然中国出口的实际波动更多地来源于外需而非汇率,然而出口的持续回升有利于消除市场对人民币大幅贬值的担忧,对人民币走稳起到支撑作用。

中美利差和风险溢价往往是影响人民币汇率的重要变量。2016年底以来中美利差中枢值便进入持续上升的通道,2017年9月以来中枢值的利差更是达到了150个基点左右。从风险溢价上看,人民币资产的系统性风险有所下降,表现为:在持续六年的经济增速放缓下,产能出清状况和供需结构改善程度超出市场预期;在去杠杆叠加严监管下,金融业杠杆水平明显下降,资金脱虚入实的可能在不断上升;房价上涨势头已经被抑制并走向相对平稳,而地方政府债务则在合理区间内运行。上述利差和风险状况均对人民币稳定和阶段性升值起到推动作用。

央行逆周期调节纠偏了羊群效应下人民币无法有效升值的问题。2017年以来美元汇率持续走弱,1—5月累计贬值5.8%;与此相对应的是主要货币对美元均有不同程度的升值,其中欧元、日元和英镑兑美元汇率分别升值6.9%、5.6%、4.5%,而同期人民币兑美元汇率中间价仅升值了1.2%。尤其是在4月到5月中旬美元贬值1.5%的情况下,人民币也出现了小幅贬值的情形,其重要原因之一就是外汇市场存在顺周期行为。5月央行在人民币汇率中间价报价模型中引入"逆周期因子",人民币中间价定价参考"收盘价+一篮子货币汇率变化+逆周期因子"。从实际效果上看,在引入逆周期调节之前美元贬值5.3%,而人民币仅仅升值了1.2%;加入逆周期调节之后美元贬值了5.3%,而人民币升值了5.0%。说明逆周期调节在纠偏"单边市场预期自我强化"下人民币贬值预期过强并导致其无法有效升值的问题上,发挥了有效作用。

美元受全球经济复苏以及自身经济不及预期的影响出现阶段性疲软。全球经济复苏下美元的避险功能有所下降,这是导致美元偏弱,从而形成非美货币被动走强的重要原因。2017年以来全球主要经济体均出现了明显复苏,中国经济增长持续超预期,欧元区第二季度GDP不变价环比折年率上升至2.6％,日本第二季度GDP不变价环比折年率上升至2.5％,俄罗斯第二季度实际经济同比增速上升至2.5％,而巴西经济同比增速则实现了2014年第二季度以来的首次转正。在此背景下,前期基于避险动机流入的美元资产资金部分流出,寻找收益率相对较高的市场进行投资,而这种资金的跨市场流动也可能成为推升人民币的重要原因之一。反观美元在特朗普新政的影响下出现阶段性上升,然而医保法案遭遇滑铁卢,"百日新政"中的大部分承诺举步维艰,进而对美元走势形成拖累,反过来带来人民币升值压力。

近期人民币汇率出现升值后又贬值的状况,其中预期改变带来外汇市场供求结构转变是重要原因。在人民币汇率趋升预期的引导下,购汇相对稳定而结汇开始回升,市场由被动减少购汇转向主动增加结汇,人民币供需关系明显改善。央行下调外汇风险准备金率,淡化了市场积累的人民币升值预期,部分看涨外汇市场主体的想法有所改变,短期投机人民币的力量减弱。

近期人民币汇率依然围绕均衡汇率的上下区间波动

国际货币基金组织近期指出,当前人民币汇率估值与经济基本面基本一致,人民币实际有效汇率在受到基本面和政策支撑的应有水平上下10％区间内波动,总体上保持了一致。而美元汇率相较于美国经济的短期基本面被高估了10％～20％,并且外部经常账户赤字越发集中在诸如美国等发达经济体,而外部经常账户盈余在中国和德国仍然持续存在。世界银行认为,尽管2016年人民币对美元贬值7％,但人民币汇率大致与基本面保持一致。2017年和2018年两年新兴市场经济增长前景改善,而美国和英国等发达国家经济体政策不确定性上升以及贸易保护主义风险抬头,基于基本面的考虑,人民币均衡汇率或将有所上升。

所谓均衡汇率是指同时满足宏观经济内部均衡和外部均衡的实际汇率水平,是判断汇率政策是否需要调整的主要客观依据。从理论分析来看,一般均衡汇率计算包括基本汇率模型(Fundamental Equilibrium Exchange Rate,FEER)和行为均衡汇率模型(Behavioral Equilibrium Exchange Rate,BEER)。其中行为均衡汇率理论利用协整分析方法,直接估计实际汇率与基本经济因素之间的长期稳定关系,并可进一步利用向量误差校正模型(VECM)估计短期中汇率偏离长期均衡水平的方向和大小,以及调节到均衡水平的速度。世界银行对48个国家和地区的实际汇率与基本经济变量的关系进行了理论探讨与实证分析,筛选出了6个与实际汇率关系密切的经济变量,分别是国外净资产、劳动生产率差异、商品贸易条件、政府支出占GDP的比重、贸易限制指数和价格管制。

针对我国的现实情况,借鉴世行的研究方法,选用劳动生产率、贸易条件、贸易自由化、国外净资产、政府支出和广义货币供应等作为行为指标,来构建人民币均衡汇率测算模型。通过行为均衡汇率模型(BEER)测算发现,近年来人民币市场实际有效汇率总体上围绕均衡实际有效汇率指数区间波动,上下浮动10%左右,基本符合世行对于人民币市场汇率与均衡汇率走势关系的判断。近十二年来,人民币实际有效汇率曾出现多次一定程度的低估和高估。2005年之前人民币市场实际有效汇率指数存在一定程度的低估,2005年"7·21"汇改开启了人民币市场实际有效汇率指数的一轮升值,之后又出现一定程度的高估。金融危机期间在大规模投资的作用下,我国经济增长出现了企稳回升,而人民币实际有效汇率指数则出现了一定程度的低估。2012—2015年间人民币实际有效汇率指数表现出了一定程度的高估,而"8·11"汇改导致人民币贬值压力集中释放,人民币市场实际有效汇率指数再次与均衡实际有效汇率指数收敛,2016年二者之间实现了基本的平衡。而从2017年上半年来看,人民币实际有效汇率指数再次有所低估,而7月出现的一轮人民币反弹,表明人民币市场汇率再次向均衡汇率收敛,市场汇率依然围绕均衡汇率上下波动。在市场机制的作用下,人民币市场实际有效汇率与均衡实际有效汇率完全吻合的概率极低。

人民币汇率走势取决于三大变量

未来中国经济增长走势、国际收支平衡和美元运行方向三大变量的边际变化，将在很大程度上决定人民币汇率的波动方向和运行区间。

经济增长是影响汇率的重要基本面因素。2005 年至 2007 年中国经济强劲增长是当时人民币走强的重要基础性因素。而 2014 年后中国经济下行压力较大则是 2015 年 8 月后人民币一轮贬值的重要背景。2017 年以来，中国经济运行状况明显改善。持续 54 个月的工业领域通缩基本结束，资本外流的压力也基本得到缓解，不良资产和市场违约状况已基本稳定。短期来看，我国经济运行中的供给侧、结构性、体制性问题的解决还处在起步阶段，经济结构不断优化中新动能发展还不够强大，经济增长已经不可能像以前那样，一旦回升就会持续上行并接连实现几年的高增长。中长期来看，我国经济增长进一步下行的空间不大。中国经济持续六年的放缓过程中，供给逐步出清，供需结构比市场想象的要好。在过剩传统行业去产能不断加快推进的同时，新兴行业得到了较快的发展；新型城镇化正在稳步推进，消费已成为拉动经济增长的第一把交椅；中国经济增长的新旧动能正在发生转换，支撑中国经济平稳增长的积极因素正在明显积累。

未来经济运行可能存在的下行压力依然值得关注。经过长期的政策推动和需求释放，基建投资需求增长逐步回落。从基建投资的资金来源来看，政府财力受房地产市场调整的影响正在减弱，这就意味着基建投资的财政资金来源空间收缩了。未来基建投资增速可能还会继续下降。近年来基建投资增速正在逐年走低，由 2013 年的 21.3% 降至 2016 年的 15.8%。考虑到城市群建设和交通运输体系的完善，未来基建投资增速虽会有所下降但仍会平稳增长。自 2000 年以来，中国房地产市场运行差不多三年为一个短周期，迄今已经历至第五个短周期的下行阶段。2017 年以来，房地产成交、价格、购地和投资等各项指标均显放缓。当今市场的分化十分明显，而土地制度、住房制度、税收制度等方面长效机制正在陆续推出，未来房地产市场尽管可能调整，但相比过去的周期波动而言，未来波动幅度会收窄。存货投资与PPI的相关性很高。而本轮PPI高点已过。2017年上半年PPI持续处在高位,工业企业库存投资积极,补库存周期下工业生产持续向好。2016年工业对实际GDP的同比拉动为2.1个百分点,而2017年上半年则上升至2.4个百分点。2017年第四季度受翘尾因素影响,PPI将明显下降,对应补库存周期可能下行,2018年工业生产动能可能放缓。当前制造业运行尚属平稳,但制造业投资和民间投资仍在低位徘徊。

中国资本流动与国际收支是影响汇率变化的关键因素。一般认为,资本流动与货币汇率之间的关系是相互影响、互为因果的。但从根本上看,仍是资本流动影响汇率为主。

不应否认,中长期伴随着中国经济增速逐步放缓以及土地、劳动力等生产要素成本提高,相比过去和相比周边的国家,中国对外资的吸引力正逐步下降。经过30余年的高速增长,中国"后发赶超"优势较先前减弱,潜在增长力呈下降趋势。经济放缓必然导致投资回报率降低,对资本的吸引力将逐步下降。近年来,曾经是吸引外资主力军的制造业投资增速大幅下滑,由2011年的30%左右降至2016年的4.2%,目前虽有小幅回升,但仍在低位徘徊。而随着土地、劳动等生产要素成本提高,外资企业逐步向东南亚等更低成本的国家和地区迁徙已是不争的事实。目前中国服务业开放程度明显提高,但外资进入仍有限制。

经过多年的技术和资本的积累,中国企业已经具有很强的全球配置资源的需求,我国对外直接投资已经进入快速发展时期,而合理、规范的对外直接投资必将为我国经济新的发展带来新的动力。根据直接投资阶段理论,人均GDP达到5000~6000美元时,直接投资将出现净流出。而世界银行的数据显示,中国人均GDP在2012年已超过6000美元,2016年约为8000美元。因此,直接投资出现净流出不能不说是一个正常现象。随着企业获取全球市场和技术等资源的需求和能力的增强,以及"一带一路"建设的推进,企业仍将持续"走出去"。

伴随着中国金融的发展,近年来我国境内机构对外证券投资需求不断上升。2016年末,我国对外证券投资资产(不含储备资产)达到了3596亿美元。而从我国国际收支金融与资本账户来看,证券投资(非储备性质)项目自 2007 年以来持续顺差走势。而 2015 年以来却一改此前的顺差出现了 665 亿美元的逆差,2016 年逆差仍旧维持在 600 亿美元以上的高位。进入 2017 年以来,上半年证券投资项目逆差态势不改(195 亿美元)。境内机构通过对外证券投资拓宽了运用自有外汇资金的渠道,并且在风险可控的前提下,能够帮助境内机构更加充分地利用境外市场。境内机构进行对外证券投资在有效分散金融风险的同时,也有助于提高资金的收益率,并且有利于促进境内金融机构更快地融入国际金融市场。境内机构通过对外证券投资,在提高其投资管理能力和风险管理水平的同时,最终也有利于提升境内金融业的整体发展水平。

伴随着中国人均 GDP 水平的提升,近年来中国私人财富快速增长,财富集中度不断提高,境内居民全球资产配置需求也在不断加强。据统计,2016 年中国个人可投资资产为 1000 万元以上的高净值人群规模已达到 158 万人,共持有可投资资产 49 万亿元人民币,占 GDP 的 2/3 以上。中国在私有财产保护、营商环境等方面与欧美日等国相比仍有不小的差距,部分高净值人群对快速集聚的私人财富存有担忧,一直存在寻求海外投资的冲动。目前中国居民部门资产负债表中海外资产占比不足 2%,而日本和韩国的这一比例已分别达到 15% 和 20%。伴随着中国进入高收入国家行列和开放水平的持续提高,中国居民部门仍有进一步增加配置海外资产的需求。

鉴于未来总体上看资本流入难以加快而资本流出压力不小,资本流动管理政策必然倾向于在鼓励资本流入的同时抑制资本过度和不合理的流出,推动资本流动阶段性实现基本平衡,这会有助于减缓人民币贬值的压力。

美元汇率变化是影响人民币汇率的重要外部变量。美元指数自 2017 年初以来累计下跌逾 10% 之多,其主要原因是美国经济复苏低于预期、前期美元持续升值需要调整以及特朗普新政不达预期。短期内美元指数能否企稳后持续回升主要取决于欧央行货币政策节奏、美国经济复苏、税改新政推进进程以及美联储缩表等因素。从欧央行货币政策上看,欧洲央行行长德拉吉认为,全球复苏正在增强,欧元区复苏已经"站稳脚跟"。随着产出缺口回补,中期内欧元区通胀水平会继续向欧央行政策目标(2%)

收敛。欧央行将于近期讨论调整 QE 购债规模,是否实现货币正常化取决于欧元区制造业 PMI 和核心通胀等经济数据能否持续改善。从现实情况看,2017 年第三季度以来欧元区综合 PMI 指数开始下行,经济增长面临一定的下行压力,通胀整体表现仍旧乏力。这就意味着欧元区至少在短期内实现货币政策正常化尚有困难,这会对欧元走势形成掣肘。很可能 2017 年以来欧元升值态势会面临阶段性调整,这会有助于美元阶段性走强。从中长期看,地缘政治的复杂性、财政政策与货币政策的不匹配以及大部分欧盟国家持续存在的债务危机,将拖累欧元区经济增长,导致欧盟作为整体的经济表现比美国要逊一筹。

反观美国经济增长近来表现转好,2017 第二季度明显回升,而 PMI 指数显示短期内仍旧向好。在失业率维持低位、通胀水平有支撑的情况下,美联储第四度加息的可能还是存在的。而美联储的缩表也将在第四季度拉开大幕,其资产负债表规模将以 100 亿美元/月的速度缩减。从目前美联储 4.5 万亿美元的资产负债表规模看,缩表对于流通环节中的货币影响有限,主要影响在于可能抬升利率,从而对欧元区货币政策形成压力。在加息和缩表等因素的共同驱动下,未来美元存在阶段性走强的可能。近日特朗普已公布减税计划,尽管存在不同的声音,但减税实施的可能性较大,对提振市场信心会有帮助。

综上,未来中国经济已难以再上两位数增长,但仍有能力保持中高速平稳运行。中高速增长将成为人民币汇率保持基本稳定的基础性因素。中国资本流出的压力将中长期存在,而境外对境内各类投资包括金融投资的需求虽将继续增长但增速可能放缓,这两方面的共同影响将是形成资本和金融账户逆差的主要原因。而一定规模的经常项目顺差将对此形成对冲,但随着贸易趋向平衡所带来的顺差减少,这种对冲能力面临逐步减弱的态势。而在资本流动方面的针对性管理,尤其是必要时的非对称管理,将减轻资本流出对人民币形成的贬值压力,促使人民币汇率在可接受的区间内波动。美元在各种因素的影响下出现阶段性上下摆动,将成为人民币双向波动的基本市场推动因素。在这三大变量中,包括直接投资和金融证券投资的资本流动管理,是人民币汇率影响因素管理中相对可控的因素,因而也是未来一个时期人民币汇率管理及其保持在合理区间运行的关键。

未来人民币汇率如何演绎运行区间

汇率在一定时期内出现波动是汇率市场化的主要特征。由于长期以来人民币汇率盯住美元,使投资者习惯于人民币汇率保持稳定。"8·11"汇改强调人民币兑美元汇率中间价报价要参考上日收盘价,汇率市场化改革迈出了关键一步。2015 年 12 月,CFETS 人民币汇率指数发布,人民币兑美元中间价"参考上日收盘汇率 + 一篮子货币汇率变化"的双参考定价模式形成,从而较好地平衡了汇率弹性和稳定汇率预期的目标。2017年初,央行决定将 CFETS 篮子中的货币数量由 13 种增至 24 种,下调了美元占篮子的权重。2017 年 5 月,中间价引入逆周期调节因子,中间价影响因素变为"三足鼎立",有效对冲了市场情绪的顺周期波动,汇率调控的自主性得到增强,同时有助于瓦解市场上强烈的人民币贬值预期及其所带来的羊群效应。经过四次调整后,人民币兑美元汇率中间价定价机制更加完善,为人民币汇率的基本稳定和合理波动提供了重要条件。然而只有经过长期的双向波动,才能使市场真正接受人民币能涨能跌、能上能下的理念,当然这需要政策持续加以培育。未来改革需要紧紧围绕完善有管理的浮动汇率机制展开,条件成熟时可以适度扩大汇率波幅。

通过 CFETS 人民币汇率指数,可以判断未来人民币汇率不同情景假设下的波动区间。2016 年底中国外汇交易中心发布 CFETS 人民币汇率指数货币篮子调整规则,新增挂牌 11 种货币,并于 2017 年 1 月 1 日完成首期货币篮子调整。调整后美元兑人民币的权重下调至 22.4%,其他货币权重提升至 77.6%。将其他货币对人民币汇率拆成其他货币兑美元与美元兑人民币的乘积,即可以得到"CFETS 汇率指数 = 0.224/美元兑人民币 + 0.776/(其他一篮子货币兑美元×美元兑人民币)",由于美元兑其他一篮子货币与美元指数的相关性较高,因此可以得到其他一篮子货币兑美元的相关关系,从而得到"CFETS 汇率指数 = 0.224/美元兑人民币 + 0.776/[(a×美元指数 + b)×美元兑人民币]",进而可以得到美元兑人民币汇率与 CFETS 指数以及美元指数的关系。通过对后两者的分析判断,进而可以推断美元兑人民币中间价的波动区间。

美元指数在 2017 年第四季度可能有所回升。9 月美联储议息会议宣布维持基准利率在 1%～1.25% 不变,但从 10 月开始按计划进行缩表。缩表在市场预期之中,但美联储对于经济增长的表述和加息路径的态度却超出市场预期。美联储上调了 2017 年 GDP 增速预期至 2.4%,将 2018 年失业率下调至 4.1%。联邦公开市场委员会声称美国劳动力市场持续表现强劲,失业率保持在低位,经济温和增长。从联邦公开市场委员会公布的利率点阵图中能清晰地看到,美联储并未调整 2017 年与 2018 年的利率目标。大多数联储官员认为 2017 年最终的基准利率水平应该在 1.25%～1.5%,这意味着年底之前美联储还会再加息一次。与经济增长和加息超预期对应的是,近期特朗普在政策上也取得了进展。美国 2018 财年财政支出法案也已经获众议院通过,税改框架已发布。政策相对顺利的推行可能会给加息起到支撑作用。

反观日本央行 9 月的决议按兵不动,欧洲受制于经济增长前景不明确、通胀基础不牢固等因素影响,短期内货币正常化还难以看到。在美元指数 2017 年第四季度有所攀升叠加欧元可能阶段性偏弱的情形下,CFETS 指数可能有所下行,第四季度有可能处于 93～96 区间,而美元第四季度波动区间有可能位于 92～95 区间。综合考量,人民币兑美元中间价第四季度波动区间可能位于 6.4～6.8 之间。而这一区间也可能是未来一年波动的中枢区间,人民币兑美元汇率有可能在这个中枢区间上下波动。人民币汇率既难以再现过去曾经有过的大幅升值,也很难出现年度 10% 以上的贬值;未来在均衡汇率水平上阶段性地双向波动的可能性较大,同时弹性会增大。

国际收支逆差与人民币贬值[①]

近年来,随着中国在全球的影响力日益扩大,人民币汇率问题举世瞩目,中国国际收支逆差问题却并未引起足够的重视。更有甚者,一些讨论甚至无视国际收支逆差而研究汇率问题,并提出应对举措。无论是从国际收支和汇率理论还是实践角度看,国际收支逆差和汇率贬值均有着十分密切的关系,二者相互影响、相互促进、相互加强。国际收支逆差和汇率贬值相互强化可能是未来一个时期的重大风险源。对此绝不能掉以轻心,而应高度警惕并采取有效措施加以防范。

国际收支逆差是人民币贬值的直接原因

2001 年之后,中国国际收支顺差规模逐步扩大。2010 年中国国际收支顺差增至 5247 亿美元,创历史最高纪录。近年来,中国国际收支波动加大。2013 年国际收支顺差 4943 亿美元,2014 年顺差规模减少近六成至 2260 亿美元,2015 年则为逆差 1547 亿美元,"双顺差"格局首次扭转。2016 年前三季度国际收支逆差 1308 亿美元,预计全年仍将出现一定规模的逆差。

资本和金融账户逆差是中国国际收支逆差的主要来源。2010 年以来,经常账户顺差相对平稳,占国际收支差额比重逐步下降。其中,货物贸易顺差持续扩大,2015 年更是创纪录地达到 5670 亿美元,2016 年前三季度达 3669 亿美元。但服务贸易逆差也呈不断扩大趋势,2015 年服务贸易逆差 1824 亿美元,2016 年前三季度更是达 1830 亿美元,逆差规模同比

---

① 本文发表于 2017 年第 2 期《新金融》。

扩大28.4%。与此同时,资本和金融账户差额占比却稳步上升,基本保持在50%以上。2013年,资本和金融账户顺差占国际收支顺差的70%。毫不夸张地说,近年来资本和金融账户波动几乎主导了中国国际收支的变化。2015年经常账户顺差3306亿美元,创2008年以来新高,但资本和金融账户逆差4853亿美元(不含储备资产变动),远超经常账户顺差,导致国际收支首次出现逆差。2016年前三季度,经常账户仍顺差1727亿美元,但资本和金融账户逆差达3035亿美元,导致国际收支出现逆差1308亿美元。

外资外撤和内资外流导致中国资本和金融账户逆差扩大。2014年之前,持续的资本流入是资本和金融账户顺差的主要原因。2014年下半年以来,中国资本流动出现了逆转,主要原因是外资外撤,表现在国际收支平衡表上主要是其他投资负债的减少。尤其是2014年第三季度至2016年第一季度,其他投资负债方持续为负且规模不断扩大,表明外资不仅没有流入,反而大幅外撤。而证券投资和直接投资流入也自2015年开始逐步减少,从而成为资本和金融账户逆差持续扩大的主要原因。2016年第二季度以来,资本和金融账户逆差的主导因素由外资外撤逐步转变为内资外流,主要表现为其他投资和证券投资资产的快速增加,而负债则趋于稳定。2016年第三季度,其他投资和证券投资资产分别为1271亿美元和321亿美元,环比分别增长1.04倍和1.94倍。直接投资逆差扩大则是由外资流入放缓和对外投资加快共同导致的。2016年前三季度,直接投资资产1766亿美元,同比增长45%;负债1010亿美元,同比减少43%。直接投资逆差756亿美元,预计2016年国际收支平衡表口径的直接投资将首现逆差。

国际收支反映外汇供求关系。国际收支顺差意味着外汇供大于求,本币将面临升值压力,反之则相反。前几年人民币面临持续升值压力和2014年下半年以来人民币面临贬值压力,均与国际收支变动密切相关。中国国际收支顺差由2013年的4943亿美元大幅降至2014年的2260亿美元,2015年则变为逆差1547亿美元。国际收支差额的逆转性变化是人民币面临较大贬值压力的主要原因。需要指出的是,尽管中国国际收支2015年才出现逆差,但以银行代客结售汇衡量的外汇收支自2014年9月起便出现逆差,这也是人民币兑美元一年期 NDF 报价自 2014 年 9 月以来持续贬值的原因。而随着人民币国际化的稳步推进及人民币直接投资便利化程度的提高,越来越多的 FDI 使用人民币结算。2015 年以人民币结算的 FDI 达 15871 亿元,同比增长 84%,人民币直接投资净流入 8509 亿元。2016 年以来受人民币贬值预期影响,直接投资项下人民币流出增多,但人民币直接投资依然净流入 3369 亿元。因此,尽管中国吸引外资规模平稳增长,但 FDI 中外汇资金流入增速放缓,这也是外汇资金流入整体放缓的客观原因之一。

资本和金融账户逆差成为"新常态",并将继续对国际收支构成压力

中国资本和金融账户出现逆差绝非偶然,而是由中国经济发展阶段、中美货币政策差异,以及企业和居民全球资产配置需求、避险需求及套利需求增加等一系列深层次因素推动所致。

中国已从直接投资净输入国转变为净输出国,而且输出步伐明显加快。改革开放 30 余年来,在政策的持续推动下,境外资本持续流入并积累很大。除个别年份外,2007—2013 年中国外汇储备每年增长 4000 亿美元左右,外汇占款每年增长 3 万亿元左右。外汇储备最高的时候将近 4 万亿美元,外汇占款接近 30 万亿元人民币,这都是资本持续大规模流入的现实写照。从国际经验来看,一个国家或经济体发展到一定阶段后,大都会逐步地从资本净输入国变成净输出国。中国经历持续大规模资本流入后,经济得到快速发展,产业发展能力增强,要素成本持续上升,资本就有了全球配置的需求。而人民币贬值则进一步刺激了资本流出,正在推进的资本和金融账户开放将为资本流出提供便利。随着人口老龄化、经济结构调整升级,以及生产要素成本优势减弱,中国对外资的吸引力逐步下降。中国实际利用外资增速已从 2010 年的 17.4% 降至 2015 年的 6.4%。2016 年中国实际利用外资 1260 亿美元,同比增长 4.1%;与此同时,对外非金融类直接投资同比增长 44.1%,达 1701.1 亿美元,直接投资净输出 441 亿美元。直接投资逆差或将成为未来资本和金融账户逆差的

重要来源之一。

中国制造业对国际资本的吸引力下降。一个国家或经济体在经历了较长时间的高速增长后,都会有一个经济减速或调整的过程,中国也难例外。经过30余年的高速增长,中国已成为全球第二大经济体,"后发赶超"优势减弱,潜在增长力呈下降趋势,经济增速逐渐下行将是一种常态。经济下行必然导致投资回报率降低,对资本的吸引力将逐步下降。曾经是吸引外资主力军的制造业投资增速大幅下滑,由2011年的30%左右降至2015年的8%,2016年进一步降至4.2%。投资增速下滑导致制造业吸引外资力度减弱、增速放缓。而随着土地、劳动等生产要素成本提高,外资企业逐步向东南亚等更低成本的国家和地区迁徙已是不争的事实。而目前中国服务业开放程度依然较低,外资进入仍有较多限制,一定程度上制约了对外资的吸引力。2016年,服务业实际使用外资5715.8亿元人民币,同比增长8.3%,增速下降9个百分点。对外资的吸引力降低,将使中国资本和金融账户持续面临逆差压力。

中美货币政策差异仍将持续,利差可能继续处在低位,人民币贬值和资本外流压力依然存在。2016年的4个季度,美国实际GDP增速分别为0.8%、1.4%、3.5%和1.9%。尽管第四季度GDP增速不及预期,但消费支出依然稳定。最近16个月失业率维持在5%左右且多数月份低于5%,核心CPI连续13个月超过2%。尽管美国出口回升步履艰难,但经济增长的主要引擎——家庭消费仍然较为稳健。2015年美国财政赤字占GDP的比重已经下降至2.5%,接近2008年全球金融危机前的水平,财政赤字有进一步扩张的条件。美国新当选总统特朗普明确支持大规模财政刺激,并表示将大幅扩大基建投资支出。未来美国经济有可能保持相对较快的增长,从而支持美联储加息。美国联邦基金利率自2008年金融危机以来,连续8年维持在低位。持续的量化宽松助长了资产价格泡沫,联邦基金利率有回归正常的需要。从历史经验看,美联储一旦开启加息周期,往往会连续加息,以尽快回升到正常水平。近期中国经济运行出现了一些企稳的迹象,但仍面临诸多不确定性,经济企稳回升的可持续性仍待观察,货币政策稳健偏松格局短期内难以根本转向。从"十三五"时期整体运行格局看,中国经济仍将在结构调整中运行在合理区间的低位,货币政策不存在明显收紧的条件。中美 10 年期国债利差已从 2014 年的 1.6 左右,收窄至 2015 年的 1.2 左右,2016 年 12 月则进一步收窄至 0.7 左右。鉴于中美货币政策差异,中美两国利差可能继续保持在低位,因此,人民币贬值和资本外流压力依然存在。

企业和居民全球资产配置需求、避险需求及套利需求明显增加,也将对资本和金融账户构成压力。随着实力的不断增强,中国企业获取全球市场和技术等资源的需求大幅增长,企业"走出去"步伐加快。在经济增速下降的背景下,国内投资回报率趋势性下降,加之生产要素成本提高,企业全球资产配置需求持续大幅增加。近年来中国对外直接投资高速增长便是明证。与此同时,中国私人财富快速增长,财富集中度不断提高。据统计,2014 年中国总资产超过 5 亿元的超高净值人群达 1.7 万人,总计资产规模约 31 万亿元人民币,占 GDP 的比重近一半。中国在私有财产保护、营商环境等方面与欧美日等国相比仍有不小的差距,部分高净值人群对快速集聚的私人财富本就有所担忧,一直存在并持续增强寻找海外出路的冲动。人民币较强的贬值预期可能进一步加重其避险需求和套利需求,进而带来资本外流和人民币贬值压力。经济增速下行导致实业投资回报率趋势性下降,必然催生套利需求。人民币持续贬值则进一步加强了未来的贬值预期,这又会增强市场避险需求。目前中国居民部门资产负债表中海外资产占比不足 2%,而日本和韩国的这一比例已分别达到 15% 和 20%。从中长期看,中国居民部门资产仍有进一步外流的持续需求。

货币多发带来人民币贬值和资本外流压力,但并非主要和直接原因。汇率是两种货币的比率,当局多发货币会带来货币供给增加,导致本币购买力下降。因此,从理论上说,货币多发最终有可能带来本币贬值压力。近年来,中国货币供应量确实快速增长,M2/GDP 已从 2001 年底的 140% 升至 2015 年底的 203%,明显高于全球平均水平。但也应考虑到中国经济增长速度较快和间接融资为主的两个重要特征。若比较中美货币当局资产负债表的扩张可以发现,2007—2015 年,中国央行资产负债表扩张了 1.4 倍,而同期美联储的资产负债表则扩张了 4.2 倍。货币信贷快速增长可能会在一定程度上增加人民币贬值压力,但由于中国资本和金融账户并未完全开放,货币信贷扩张对汇率的传导作用并没有那么直接和明显。近十几年来,中国货币信贷始终处于快速增长期;但由于经济增长较快,境内投资回报率较高,中外利差相对较大,人民币持续面临升值压力。因此,货币因素并非当下人民币贬值的主要和直接的原因。

国际收支逆差与人民币贬值相互促进、相互加强。国际收支会影响外汇供求,进而影响汇率和资本流动。国际收支顺差意味外汇供大于求,本币面临升值压力,并将吸引资本流入,资本流入会进一步强化升值预期。中国的国际收支顺差 2001 年为 522 亿美元,2010 年达到创纪录的 5247 亿美元。2011—2014 年中国国际收支波动较大,但年均顺差仍达 3000 亿美元左右。巨额国际收支顺差使人民币面临持续升值的压力,在升值预期强烈的同时,中国经历了持续的资本流入。外汇占款由 2005 年初的 4.7 万亿元增至 2013 年底的 26.4 万亿元,累计增加近 22 万亿元;外汇储备则由 6236 亿美元增至 3.8 万亿美元,累计增加近 3.2 万亿美元。反之,国际收支逆差意味着外汇供小于求,导致人民币面临贬值压力,人民币持续贬值导致人民币资产价值缩水,增加国内投资下行的压力;而且贬值会进一步强化贬值预期,增强全球投资者抛售人民币资产的动机,导致资本外流压力加大,从而形成"资本外流—人民币贬值—贬值预期增强—资本外流压力加大—贬值预期再增强"的循环。2015 年以来,中国资本流动与人民币汇率走势便是一个鲜明的例证。

总体来看,本轮资本外流和人民币贬值是中国经济下行和美元走强等内外部因素共同作用的结果。中国经济增速放缓、产业结构调整、要素成本上升和经济主体需求转变是内因,也是决定性因素。美联储加息带动美元走强在短期内进一步增大了资本外流和人民币贬值的压力,但并非主导因素。2004—2006 年尽管美联储连续 17 次升息,将联邦基准利率从 1‰提升至 5.25‰,但其间中国的外汇储备与外汇占款均保持持续增长,二者分别增长了 6600 亿美元和 5.5 万亿元;而人民币 2005 年后非但没有贬值反而开始了升值之路,主要原因是中国经济在此期间持续保持 10‰以上的增长,货币政策逐步收紧导致国内利率水平走高,投资回报率较高,对资本的吸引力较强。如果美联储加息步伐放缓,可能短期内会相应减轻中国资本外流和人民币贬值的压力,但难以根本改变其趋势。

国际收支逆差与人民币贬值相互影响已成重大挑战

持续的国际收支逆差与人民币贬值预期可能加剧产业空心化。全球金融危机之后,发达国家纷纷推行"再工业化"和"再制造业化"战略,就是对产业空心化进行深刻反思后作出的理性选择。但受经济增速放缓、"资产荒"等因素影响,近两年大量资本从制造业领域涌向了房地产等金融属性较强的行业。当前,中国经济最突出的结构性矛盾之一,就是虚拟经济与实体经济一定程度的脱节,非实体经济聚集了过多的发展资源。国际收支逆差导致人民币贬值预期加大,资本外流压力持续加大。加之国内实业投资回报率不断下降,以及美国新任总统特朗普大力推动产业资本回归美国,无疑会推动中国产业空心化发展,拖累制造业转型升级,削弱增长新动力赖以形成的基础。

国际收支逆差带来人民币贬值预期,加大了民间投资下行的压力。2016年,中国基础设施建设投资相对平稳,房地产投资明显回升,固定资产投资却继续下行,主要原因是制造业投资增速大幅下降。而与此同时,民间投资增速降幅更大,从而成为经济下行压力持续存在的新的重要原因。民间投资增速从2014年底的18.1%急速跌落至2015年底的10.1%,2016年底则进一步降至3.2%。民间投资增速与全社会投资增速的"剪刀差"有逐步扩大态势。民间投资增速骤降与宏观经济下行、市场风险上升、国际市场需求萎缩、投资回报率降低背景下民营企业对盈利前景的信心不足密切相关。但以上这些理由似乎难以充分解释为何2016年初以来民间投资突然大幅下滑的现象。事实上,上述状况在2014—2015年也都不同程度地存在。2016年初以来民间投资骤然下降应该还有新增因素的影响。国际收支逆差明显扩大所带来的人民币持续大幅贬值和不断增强的贬值预期应该与此有关。2015年"8·11"汇改使得人民币兑美元一次性大幅贬值以及之后的震荡贬值,使民间资本形成了较强的人民币贬值预期,甚至造成了一定程度的恐慌心理。在整体经济下行的背景下,企业长期投资回报率趋势性走低且不确定性增大,民营企业本就投资意愿不强,强烈的贬值预期则进一步降低了中长期固定资产投资的预期回报率。为数不少的民营企业宁肯将大量资金以活期存款的形式存放，以满足灵活机动的交易型动机，也不愿进行中长期投资。不少民营企业则选择持续加大美元和日元等避险货币的资产配置，增加海外资产配置力度。目前中国对外直接投资中民间投资占比已超过50%。在人民币快速贬值的推动下，民间资本海外投资力度迅速增大，使得本已不振的民间境内投资雪上加霜。

持续的国际收支逆差与人民币贬值预期可能阻碍产业梯度转移。在东部地区人工和土地成本持续大幅上涨的背景下，引导加工贸易产业从东部沿海地区向中西部地区转移，充分利用本地人力和自然资源，促使中西部经济爆发新活力，不仅有助于缩小地区发展差距，而且有助于整体经济结构调整。但在国际收支逆差与人民币贬值预期的相互促进下，产业转移可能有新的选择，即通过比较资本外流和人民币贬值背景下向中西部转移的成本和风险，产业可能直接转向要素成本更低的国家或地区。而在避险需求和套利需求增强的背景下，即使产业出现向中西部的梯度转移，发生转移的可能也是空心产业，无助于中西部地区的经济发展，也对经济结构调整升级无益。

国际收支逆差与人民币持续贬值可能再度引发股票市场动荡。中国经济增速下行压力依然存在，美联储仍将处于加息通道，国际金融市场动荡、地缘政治冲突、黑天鹅事件频发等导致国际资本风险偏好下降，资本外流压力和人民币贬值预期难以在短期内完全消退，避险需求和套利需求将持续存在。中国国际收支双顺差将渐行渐远，资本和金融账户逆差将成为"新常态"，并将继续对国际收支构成压力。相应地，人民币贬值和资本外流压力依然较大。一旦短期贬值幅度过大，尤其是再次出现一次性大幅贬值，不排除在市场恐慌情绪的带动下，短期资本大规模外流，从而出现股市、汇市联动杀跌效应，造成资本市场大幅震荡。

持续的国际收支逆差与人民币贬值预期有可能引发系统性金融风险。基于东南亚金融危机和阿根廷金融危机等的研究都表明，国际收支逆差所导致的汇率大幅贬值及与之相伴的资本大规模外流是危机爆发的主要原因。持续的资本外流及人民币持续贬值可能引发更大的贬值预期，导致人民币资产价值持续缩水。短期资本在贬值预期的驱动下必然大规模夺路出逃，人民币则是抛售对象，以人民币计价的各类资产都将难逃贬值冲击。金融资产对价格变动较为敏感，且流动性较强，因而会首当其冲。房地产价格经过多年的持续上涨，市场上已存在较强的房价下跌预期，房地产市场崩溃论一直不绝于耳。人民币持续贬值并形成较强的贬值预期，外资和部分内资都可能加快从中国房地产市场撤离的步伐，未来中国房地产市场可能面临较大风险。经验表明，全球性和区域性的金融或经济危机差不多每十年左右爆发一次。最近一次是 2008 年全球金融危机，最近两年有可能处于爆发全球性或区域性金融危机的敏感期。在开放度提高的条件下，未来国际金融危机传导的风险加大，容易促进资本外流与人民币贬值相互强化和形成恶性循环。在股市、债市、外汇、信托、房地产、私募、理财及 P2P 等本身因各种问题而十分敏感的情况下，单一的个体风险也可能因"蝴蝶效应"引发上述市场出现共振，导致资金迅速撤出各类人民币投资品，从而酝酿系统性风险。

持续的国际收支逆差与人民币贬值相互强化可能成为妨碍中国跨越中等收入陷阱的拦路虎。当前及未来几年，中国正处于全面建成小康社会、告别中等收入国家行列、迈入发达国家门槛的关键时期。应当看到，中国已经具备了跨越中等收入陷阱的较好基础和条件。改革开放以来，中国经济总体保持高速增长。新型城镇化、长江经济带及"一带一路"等战略的稳步推进将进一步带动投资、消费需求的增长。中国拥有长期稳定且大力支持市场机制发挥作用的政府和持续改善的高质量的人力资本。持续推进的城乡一体化改革、投融资体制改革、科技体制改革和科技创新以及供给侧结构性改革等一系列重大改革，能够释放巨大发展潜力，驱动中国在未来五年左右跨入高收入国家行列。

然而，国际收支持续逆差与人民币汇率大幅贬值之间的相互促进和相互加强，可能威胁金融市场的稳定性，阻碍经济平稳增长，甚至可能成为跨越中等收入陷阱的拦路虎。阿根廷、巴西、智利、委内瑞拉等拉美国家经济起飞的初始条件优于日本、韩国、新加坡等东亚国家，最终却走向经济停滞而陷入中等收入陷阱，主要原因之一便是国际收支持续恶化与汇率大幅贬值和资本大规模外流相互促进、相互强化。在资本大规模流出的压力下，1978 年，阿根廷新比索与美元的汇价是 1∶1003；而到了

1982年底,1美元更是可以兑换3.9万新比索;阿根廷的国际储备则从1979年的116亿美元降至1982年的45亿美元,下降了61%。拉美国家的经验教训告诉我们,在本币剧烈贬值下,资本持续大规模外逃将导致金融市场动荡,经济最终陷入停滞并倒退。当前和未来一个时期,中国仍将面临国际收支逆差与人民币贬值两者相互加强的风险,这必然会使下行压力较大的宏观经济"雪上加霜",在破坏经济增长基础的同时,甚至可能引发系统性金融风险。

总体来看,当前及未来一个时期,中国不少领域都存在潜在风险。部分一、二线城市房价飙升,楼市金融属性增强,房地产泡沫风险有所提高;非金融企业杠杆率呈上升趋势,增加了企业的财务成本,企业债务违约风险上升;影子银行体系规模庞大并不断膨胀,风险时隐时现、渐行渐近。不过,中国当前的财政实力较雄厚,政府调控市场能力较强,而且商业银行资产质量尽管有下行压力但风险总体可控,金融体系依然稳健。因此,上述风险都处在可控范围内。但资本外流和人民币贬值相互加强所带来的风险涉及境内外市场的相互影响、内外部政策的相互掣肘以及国际经济关系的协调,管控难度相对较大,而危害程度可能较为严重。从相关的国际经验和中国当下的现实来看,当前和未来一个时期,中国面临最严峻的挑战和最重要的风险可能就是国际收支持续逆差与人民币汇率大幅贬值及其相互加强。

多管齐下保持国际收支基本平衡和人民币汇率基本稳定

当前和未来一个时期,我们既不能轻视资本存在大规模流出的压力,在国内需要加大投资的关键时刻,眼睁睁地看着资本尤其是民间资本大规模外流;也不能就事论事地从外汇市场角度考量人民币贬值,不顾贬值对人民币资产投资的削弱效应,在市场汇率已经很接近合理均衡水平上下时,任凭非理性的市场力量大肆做空人民币,甚至还要实施"一次性贬值到位";更不能对国际收支逆差与人民币贬值的相互加强及其危害视而不见,盲目乐观而疏于应对,坐视其抑制境内投资、阻碍产业梯度转移及触发系统性金融风险等严重后果的形成。

为避免国际收支逆差与人民币贬值相互加强的危害性,在保持经济中高速增长的同时,应在资本流动、汇率机制和政策以及宏观经济金融政策等方面多管齐下,力促国际收支基本平衡和人民币汇率在合理均衡水平上下保持基本稳定。

针对性地促进资本流动走向基本平衡

汇率是外汇的市场价格,自然由供求关系决定。资本流动会影响市场外汇供求关系,从而决定汇率变化,尽管汇率形成预期之后会影响资本流动。未来人民币汇率稳定的关键是资本流动基本平衡。当然,汇率基本稳定并非一成不变,而是可以在合理均衡的水平附近随市场的供求上下波动。

理性审慎推进资本和金融账户开放。从市场需求和国家战略的角度看,有必要进一步推进资本和金融账户开放步伐。根据目前的国际环境和中国的实际状况,全面开放资本和金融账户是一项高风险的操作。未来的开放宏观上应审慎,微观上应稳健。但不能矫枉过正,更不宜笼统地提"加强资本管制",不应轻易改变过去的承诺。资本流动会影响外汇供求,资本管制势必扭曲外汇市场的供求关系,难以真正实现汇率市场化形成机制改革,也难以保证人民币汇率在合理均衡的水平上基本稳定。在当前资本外流和人民币贬值压力较大、国际金融市场不确定因素较多的情况下,应合理和稳妥地设计资本和金融账户开放的步骤与路径,采取先试点、再推广的策略。按照蒙代尔不可能三角理论,当前中国保持汇率稳定、货币政策独立性和资本项目开放三者难以兼得。从有利于经济平稳运行和有效控制金融风险的角度出发,当下中国应保持货币政策独立性和汇率基本稳定,对资本和金融账户开放采取审慎态度,主要是谨慎管理资本流出,而资本流入管理则应进一步放宽。

采取非对称的资本流动管理,促进国际收支趋向平衡。所谓非对称管理即对外汇流出管理偏紧,对外汇流入管理偏松。从中国资本流出压力较大的现实看,有必要进一步开放境内市场,适度加大吸引资本流入的相关政策。具体来说,一是进一步加大外商直接投资的开放力度。随着生产要素成本的提高,中国对外资的吸引力有所降低,未来有必要进一步放宽服务业、制造业、采矿业等领域的外资准入限制。鼓励和支持外资参与"中国制造2025"、长江经济带和"一带一路"等战略,支持在华的外资企业在中国资本市场上市等。进一步推进服务业有序开放,尤其是加大金融、电信、运输等重点领域开放力度,逐步放开建筑设计、会计审计、商贸物流、电子商务等服务业领域外资的准入限制。

二是进一步扩大银行间债券市场和外汇市场的开放力度,包括允许境外投资者开展利率、汇率风险对冲,进一步明确对汇出投资本金和收益的规则及税收政策,进一步提高审批效率,加强境内外基础设施合作,适时延长交易时间等,扩大实际参与银行间债市的境外机构投资者范围,提升交易便利性。

三是适度扩大资本市场和货币市场向外资开放的力度。逐步扩大证券投资领域的开放,适时扩大合格境外机构投资者(QFII)的额度,简化审批流程。适时开展"沪伦通"的可行性研究等。

四是进一步完善宏观审慎管理框架下的外债和跨境资本流动管理体系,适度放松企业举借外债的限制。以人民币纳入 SDR 为契机,进一步推进债券市场开放,促进债券市场的互联互通,适时考虑建立人民币国际债券市场,打通各个市场的融资者和投资者的交易渠道。近年来,中国外债规模总体呈扩大趋势,目前中国全口径外债余额为 1.39 万亿美元,较 2001 年增长了近六倍。但主要外债风险指标一直处于低位,负债率为 13%,债务率为 58%,短期外债和外汇储备之比为 28%,均在国际公认的安全线以内,也优于发达国家和经济规模较大的发展中国家相关外债风险指标。关键问题在于短期外债占比较高。目前,中国短期外债占比已较峰值下降了 16 个百分点,但占比仍在 60% 以上。未来可考虑在合理安排外债期限的同时,适度放松企业境外融资限制,进一步放宽企业举借外债规模、比例、资金用途等方面限制,逐步实现中外资企业举借外债平等的国民待遇。进一步梳理外汇管理相关政策法规,废除部分陈旧的政策法规,清理、修正相互矛盾的政策法规。

五是进一步放松外汇流入限制措施,简化外汇管理手续,减少审批流程,提高外汇流入的审批效率。简化审批流程,促进内保外贷下外汇资金入境便利落地。2016 年下半年以来,受宏观审慎监管加强等影响,市场主体购汇意愿稳中有降,2017年2月进一步降至66%。但与此同时,市场主体结汇意愿持续低迷,基本维持在60%左右,2017年2月则进一步降至57%;但企业正常运营需要保持一定规模的结汇,结汇进一步萎缩的空间有限,未来有必要通过多种途径鼓励出口企业积极结汇,激发企业的结汇热情。

在资本外流压力较大的背景下,对资本流出的管理则应适当收紧。诸如个人对外实业投资、不动产投资和证券投资等敏感领域的放开应谨慎推进。持续加强宏观审慎管理,严格限制投机性购汇需求。对虚假贸易和虚假投资应保持高压态势,严厉打击企业和个人利用海外投资非法转移资产,对部分企业盲目跟风进行境外并购适时开展窗口指导,力促资本和金融账户逆差基本稳定,进而保持国际收支基本平衡。

在资本外流和人民币贬值压力较大的背景下,资本流入和流出的非对称管理将在短期内为实现资本流动相对平衡、促进国际收支趋向基本平衡赢得缓冲期,从中长期看则可以形成有效管理这方面冲击的机制框架。未来在资本流动相对平衡、市场条件逐步好转后,可逐步从非对称管理转向对称管理,这不仅是推进资本和金融账户开放的必要条件,也可避免由于特定时段资本集中外流可能引发的金融市场风险。为有效稳定市场,防患于未然,境内外监管部门应就联合干预市场的条件、时机、方式以及成本分摊等事项事先协商确定。进一步考虑外汇管理应急机制,提前布局能够控制资本流动的有效措施,包括额度控制以及加强对外直接投资和外币兑换的审批程序。一旦出现危机隐患,还可以通过提高税率、收紧额度和延长审批时间等措施控制资本外流。

有效管理市场预期和完善人民币汇率机制

当前及未来一个时期,尽管人民币汇率仍面临一定的贬值压力,但目前市场汇率已基本接近均衡水平。从历史比较来看,2001—2005年人民币汇率存在明显低估。彼时中国经济增速和劳动生产率远高于美国等发达国家,通胀水平则远低于美国,中美通胀之差持续为负。中国国际收支"双顺差"规模稳步扩大,外汇储备快速增长,人民币升值预期持续较强。2005年7月21日央行决定将人民币汇率由盯住美元转向参考一篮子货币的有管理的浮动制度,人民币正式开启升值周期。截至 2008 年 7 月底,三年间人民币兑美元汇率累计升值 17.59%。2015 年以来,上述基本面因素发生了逆转,人民币兑美元汇率面临持续贬值压力。美元指数从 2014 年初的 80 左右涨至 2016 年底的 102 左右,累计上升 27.5%。基于"参考收盘汇率"加上"参考一篮子货币汇率"的双参考定价模式估算,人民币应贬值 14% 左右,而人民币兑美元汇率从 2014 年初的 6.1 左右贬值至 2016 年底的 6.9,已累计贬值 13.7%,也基本释放了贬值压力。

从理论分析来看,基于基本汇率模型(FEER)和行为均衡汇率模型(BEER)的研究都表明,2005 年之前人民币汇率相对于"均衡汇率"存在明显低估。相应地,2015 年以来,人民币汇率相对于"均衡汇率"则存在一定的高估。2016 年以来,尽管人民币汇率仍存在小幅高估,但已基本接近均衡汇率水平。IMF 在 2016 年 5 月估算人民币汇率已接近基本面对应的合理水平。IMF 发布的 2015"中国第四条款磋商报告"也首次做出了人民币汇率不再低估的评估,这是对人民币汇率改革的重大肯定,表明 IMF 等国际机构也认为人民币汇率已经接近均衡水平。

当然,有关人民币的"均衡汇率"究竟处在何种水平难以形成共识。均衡汇率水平只有在外汇市场充分开放的条件下,通过市场长期运作之后才能形成一个阶段性平衡点。但基于历史对比、理论分析和经验考虑,目前,人民币汇率已基本接近均衡汇率水平。但汇率受非理性因素作用的影响较大,容易出现超调。人民币汇率形成机制是有管理的浮动汇率制,波动幅度逐步扩大,而离岸人民币汇率波动基本上已经市场化,人民币汇率就必然存在不小的随机性。加之投机力量的推波助澜,很容易形成剧烈震荡。2015 年"8·11"汇改时人民币一次性贬值导致金融市场动荡便是例证。因此,尽管人民币汇率接近均衡水平,但也不能掉以轻心。

贬值与贬值预期容易相互强化。在当前的内外部市场环境下,有必要通过多种措施合理引导市场预期,同时谨慎推进汇率市场化改革,进一步完善人民币汇率定价模式,促进人民币汇率在波动中保持多维度的基本稳定。

合理引导市场预期,有效管理贬值节奏。在市场非理性行为的作用下,人民币一次性大幅贬值及短期内快速贬值都有可能进一步加剧贬值预期。"8·11"汇改的人民币一次性贬值及 2015 年底至 2016 年初的人民币快速贬值都进一步加剧了市场贬值预期。在中国经济下行压力较大的情形下,甚至推出 CFETS 人民币汇率指数和中间价顺势下调等举措都被市场解读为政策导向的竞争性贬值。因此,有必要将人民币年度贬值幅度控制在金融资产平均投资回报率上下,避免再次出现一次性贬值及过快贬值。但可以允许人民币在市场供求关系的影响下顺势逐步贬值,阶段性地双向波动。采取适度控制贬值节奏的策略,同时辅以外汇市场适时合理干预以避免大幅度贬值,推动市场预期分化。但在人民币贬值压力较大和市场悲观情绪浓重的情况下,货币当局应"该出手时就出手";同时与市场进行有效沟通,让市场充分理解政策意图,及时正确地引导和管理市场预期。有限的干预操作应精准使用,每次干预应真正打痛投机者,以达到震慑目的,促进人民币汇率在波动中保持多维度的基本稳定。

未来应谨慎推进和进一步完善汇率市场化改革。近年来,人民币汇率市场化改革稳步推进。2014 年 3 月 15 日人民币兑美元汇率单日波幅由 1％扩至 2％,汇率弹性进一步增强。2015 年"8·11 汇改"完善了人民币汇率中间价形成机制。2016 年初以来,人民币汇率逐步形成"参考收盘汇率"加上"参考一篮子货币汇率"的双参考定价模式,双向波动弹性进一步增强,人民币汇率市场化程度进一步提高,离在岸汇差明显收窄,汇率定价权逐步从离岸市场向在岸市场回归。人民币汇率市场化改革得到了包括 IMF 在内的国内外众多机构的认可,也使中国金融市场对内对外的开放度进一步提高,并为人民币加入 SDR 货币篮子奠定了重要基础。但当前的内外部环境并非持续快速推进汇率全面市场化改革的较好时机。可以考虑继续通过调节离岸市场人民币的银根来掌握离岸人民币汇率的定价权,适时抬高做空投机者的成本,从而有效调控市场。为缩短汇率决策流程,提高快速反应能力,可考虑授权货币当局在一定目标区间内相机调控汇率。适时进一步扩大人民币汇率波动幅度,分化投资者的预期。进一步完善 CFETS 人民币汇率指数,真正实现人民币汇率形成机制更多地参考一篮子货币。"参考收盘汇率"加上"参考一篮子货币汇率"的双参考定价模式,使人民币汇率市场化程度进一步提高。但这种新的机制也易受国际货币之间汇率波动的影响,容易导致非对称贬值,尤其是在资本外流和人民币贬值压力较大的条件下。"8·11"汇改以来,人民币汇率先后出现四次较大幅度贬值,除了中国经济下行和国际金融市场波动等内外部因素外,双参考定价模式也可能起到了一定的推动作用。研究表明,人民币—篮子货币汇率变化和美元指数变化具有明显的负相关关系。美元指数走强,一篮子货币汇率变化倾向于贬值;美元指数走弱,一篮子货币汇率变化则倾向于升值。因此,未来有必要进一步完善人民币汇率定价模式,从而更好地适应市场变化。

保持经济增长稳中向好和实施稳健灵活的货币政策

经济中高速增长、金融市场稳定和货币政策合理是汇率和资本流动最重要的基本面。只有保持经济中高速增长和货币金融稳定,才有可能形成境内投资较高的回报率,保持中外利差在合理水平上,促进境内资本加大投资力度,吸引境外资本合理流入,改变资本过度外流局面,最终促进人民币汇率走向基本稳定。

众所周知,中国经济仍具有保持中高速增长的潜力。从城镇化水平较低、人均 GDP 仍在中等收入层次和产业梯度转移空间来看,未来一个时期,中国依然有能力保持 6.5%～7% 的增速。从保持市场信心和稳定预期来看,维持中高速增长也有此必要。经济增速换挡过程中不能失速。经济运行一旦失速,进入惯性下滑轨道,信心缺失与经济下滑就会形成恶性循环。届时,不仅结构调整难以有效推进,而且经济基本面会受到更大伤害。保证经济在潜在增长水平上下平稳增长,避免"硬着陆",是改变市场预期、稳定金融市场的重要基础和前提。人民币不存在长期贬值的基础。但良好的基础变成市场的现实因素和预期还需要有效的政策推动。实体经济不稳,"硬着陆"的风险持续存在,即便有再多的外汇储备、再好的预期管理,外汇市场也很难稳定。预期管理需要以现实为基础,脱离了良好的基本面,预期管理手段再高明也将是"空头支票",而且会随着时间延长和频率上升而最终成为反向预期。因此,当务之急是运用多种政策工具保持经济中高速增长。

针对当前中国经济面临的复杂挑战和结构性难题,需要合理的结构性措施加以调控应对。要从提高供给质量出发,推进结构调整,矫正要素配置扭曲,扩大有效供给,提高供给结构对需求变化的适应性和灵活性。继续加大力度简政放权,破除市场壁垒,稳步推进价格改革,促进城乡要素流动,提高全要素生产率,为未来经济发展提供强大推动力。

积极的财政政策要保持适当力度,实施多方面稳增长政策。投资下行压力较大主要源自民间投资。应在缓解民营企业融资难、融资贵、经营成本高等问题的同时,深化市场化改革,营造不同投资主体一视同仁的公平投资环境,为民间资本创造更好的投资空间。在充分发挥投资稳增长的同时,要更加重视服务业发展和消费增长,加大对现代服务业的政策支持力度,推出大量助推经济结构转型的重大项目。

货币政策保持稳健、适度和灵活。在经济增速下行、资本流出和人民币贬值的压力下,货币政策应围绕"稳增长"和"控风险"两个核心目标实施,总体保持稳健、适度和灵活。近期经济运行出现企稳回升。投资增速止住了 2017 年初以来的下跌趋势,保持平稳增长;规模以上工业增加值连续 10 个月高于 6%,企业效益逐步改善;PPI 结束了 54 个月以来的负增长,连续数月明显回升;制造业 PMI 在荣枯线上大幅反弹,非制造业 PMI 连续 11 个月高于 53%;一、二线城市房价在调控下趋于平稳。未来如果通胀明显露头,楼市泡沫进一步加重,货币政策应不失时机地适度收紧,以实现稳增长和控风险的平衡。

尽快建立系统性金融稳定机制,提高对金融危机的预警和防范能力。从战略高度和国家层面部署和推进金融风险防范工作。建议继续有效发挥国务院应对国际金融危机小组的关键作用,促其一定程度的常态化,赋予其适当的风险管理的决策权力和管理职能。尽快建立与国际接轨的跨境资本流动统计监测体系,针对性地开展情景分析和压力测试,以前瞻、透明地监测跨境资本流动。密切跟踪监测风险状况,做好风险监测和预警。建立境内外联动的风险预警机制,与境外主要人民币离岸市场的监管部门加强协同联动、信息共享,就离岸市场人民币汇率、利率、股票、债券等价格异动、资金异常流动等信息及时进行沟通反馈。

美元进入新一轮贬值周期了吗?[①]

进入 2018 年,美元指数继续呈下跌态势。2 月以来,受美国政府关门危机缓和及股市暴跌后避险情绪的影响,美元指数基本维持在 89 附近。2 月 27 日,美联储主席鲍威尔国会首秀讲话看好未来两年美国经济前景,还强调了对通胀升至 2% 目标水平的信心与避免经济过热的必要性,表示渐进加息路径将维持。鲍威尔偏鹰派的讲话,使得市场预期 2018 年美联储加息四次的可能性上升。受此影响,美元指数涨至目前的 90.5,刷新三周高位。那么,美元指数逆袭之路是否就此展开? 其决定因素究竟是什么? 当下美元是否如部分市场机构所预判的已进入了新一轮贬值周期? 讨论并厘清这些问题对于相关政策考量具有重要意义,至少有助于避免因趋势误判而造成政策应对的滞后、偏差和被动。

美欧经济相对强弱是美元指数变化的决定性因素

1971 年以来,美元指数大致经历了三轮贬值周期:1971—1980 年、1985—1995 年、2001—2011 年;美元指数的升值周期为:1980—1985 年、1995—2001 年、2011 年至今。在升贬值周期之间,美元指数还有两个震荡阶段,分别是 1989—1995 年、2008—2011 年。总体来看,美元指数是"熊长牛短",升值周期约为 6 年,而贬值周期则约为 10 年。

---

① 本文发表于 2018 年 3 月 1 日《上海证券报》。

表 1 美元指数周期的触发因素与背景

美元周期	时间	触发事件	世界经济金融背景
第一轮贬值周期	1971.1—1980.7	美元与黄金脱钩,石油危机,牙买加体系建立	滞胀,1973 年和 1979 年两次世界经济危机
第一轮升值周期	1980.7—1985.2	里根政府实施紧缩政策,高通胀治理成功	石油价格急剧下跌,拉美债务危机
第二轮贬值周期	1985.2—1995.4	广场协议,日元大幅升贬值	日本经济泡沫破灭,欧盟成立
第二轮升值周期	1995.4—2001.6	美国信息技术革命,美联储加息	亚洲金融危机,俄罗斯债务危机
第三轮贬值周期	2001.6—2011.8	互联网泡沫破裂,"9·11"恐袭,发达国家实施QE政策	欧元诞生,全球金融危机
第三轮升值周期	2011.8 至今	QE 退出,美联储加息	欧债危机,新兴市场增速放缓
震荡期	1989.6—1995.1	—	—
震荡期	2008.1—2011.8	—	—

资料来源:笔者整理

美国与欧洲、日本经济的相对表现是影响美元指数的决定性因素。欧、日等国家和地区的货币在美元指数中占比较大①,因此,美元与这些货币之间的汇率主导了美元指数的走势。历次美元指数周期走势均表明,美国与欧洲、日本经济的相对强弱决定了美国经济在全球的地位,进而决定着美元指数的周期性变化趋势。尤其是进入 21 世纪、欧元诞生后,美元指数中欧元占比超过 50%,美国经济和欧元区经济的相对强弱就成为美元指数变化的首要影响因素。1981—1985 年美国 GDP 增速平均为3.4%,同期德国、日本、法国和英国的 GDP 增速分别为 1.4%、4.4%、1.6%和 2.3%,美国经济明显强于其他主要发达经济体,是美元指数形成一轮升值的主要原因。1986—1995 年美国 GDP 增速平均为 2.9%,同期德国为 2.7%,日本为 4.6%,法国为 2.3%,英国为 2.6%。尽管美国经济

① 1973—1999 年,美元指数中德国马克占比 20.8%,日元、法郎和英镑占比分别为 13.6%、13.1%和 11.9%。欧元诞生后,成为美元指数中的第一大货币,占比为 57.6%,日元和英镑的占比分别为 13.6%和 11.9%。——作者注

表现并不差,但相对来说,美国经济增速中枢下降,而德国、法国、英国经济增速中枢上升,导致美元指数出现一轮贬值。2002—2011年主要经济体增速均不同程度下滑,美国GDP增速下滑程度远大于欧洲国家,加之互联网泡沫破灭、"9·11"恐袭等事件影响,美元指数再次出现一轮贬值。

传统的经济学理论认为,利率水平是影响货币汇率的首要因素。但经济全球化发展导致影响货币汇率变化的因素多元化和复杂化。经济增长、贸易差额和资本流动都有可能显著影响货币汇率变化。往往货币汇率变化需要分析多种因素的综合影响及其相互作用所产生的复杂效应。

历史上,美联储加息与美元指数走势的关系并不如预想中紧密,并非美联储的每个加息周期都伴随着美元指数的强势周期,但这并不意味着美联储加息就不能带来美元走强。事实上,1983年以来的六轮加息周期中有四轮加息周期,美元是滞后一段时间后同步上涨的。2015年底开启的最近一次加息周期,美元指数涨跌互现。总体来看,美联储加息与美元指数走势并不存在持续、绝对的正向或负向关系。不过,历史上加息力度较大、持续时间较长的阶段,都对美元指数有向上的推动作用。如1983年3月至1984年8月,美联储加息10次,累计加息300个基点,随后美元指数从122左右上涨至140左右,累计上涨15%。1988年3月至1989年5月,美联储加息16次,累计加息331个基点,随后美元指数从88左右上涨至100左右,累计上涨14%。2004年6月至2006年6月,美联储加息17次,累计加息425个基点,随后美元指数从81左右上涨至92左右,累计上涨14%。(表2)

表2　美联储历次加息与美元指数走势

加息周期	起止日期	加息幅度(bps)	加息次数	美元指数表现
第一次	1983.3.31—1984.8.9	300	10	上涨
第二次	1987.1.5—1987.9.24	143.75	6	下跌
第三次	1988.3.30—1989.5.17	331.25	16	上涨
第四次	1994.2.4—1995.2.1	300	7	下跌
第五次	1999.6.30—2000.5.16	175	6	上涨
第六次	2004.6.30—2006.6.29	425	17	震荡上涨
第七次	2015.12.17至今	125	5	涨跌互现

资料来源:笔者整理

美联储此轮加息的一个重要背景是,2008年全球金融危机以来,美国长期实行量化宽松政策,导致联邦基金利率长期处于低位。其中,2008年底至2015年底首次加息前的近7年时间里,美国联邦基金目标利率长期维持在0.25%的超低水平。随着美国经济稳步复苏,通胀预期逐步提高,美联储有必要通过加息使联邦基金目标利率回归正常水平,同时为应对下一次危机留足政策空间。2015年12月首次加息至今,美联储已加息5次。预计2018—2019年,美联储还可能加息6次左右,而特朗普税改刺激和基建投资政策对美国经济的带动作用可能逐步显现,不排除加息节奏有超预期的可能。根据美联储2017年12月公布的点阵图,2020年利率目标为3.1%左右。这意味着此轮加息至少10次,幅度可能为300个基点左右,持续时间可能达4~5年;空间上相对较大,时间上相对较长。历史经验表明,这种持续时间较长、幅度较大的加息很可能对美元指数产生有力度的持续推升作用。

　　美元作为全球主要的避险货币之一,区域性或全球性危机爆发前后,美元指数往往因避险情绪而短期走高。如1973年10月第一次石油危机爆发,美元指数从1973年7月的90左右反弹至1974年1月的109。2008年初,美国次贷危机演变为全球金融危机,全球避险情绪上升,美元指数从70左右上涨至90左右。尽管如此,因避险情绪带来的指数变化持续时间较为有限,可能带来短期的波动,而难以构成周期性上涨趋势。

　　当下美元指数下跌的主因是欧元区经济持续超预期,而美国经济的表现弱于预期。2017年以来,欧元区经济强势复苏,经济景气度不断提升,制造业PMI由2017年初的55左右稳步升至2017年底的60左右。2017年欧元区GDP增长2.5%,为2007年以来最快增速,高于美国2.3%的增速。此前市场普遍预期的欧洲政治较多的不确定性基本没有成为现实,想象中的"黑天鹅湖"中只走出了个别的"黑天鹅",而市场对欧央行货币政策收紧的预期则持续增强。而且,欧元区经济增速加快是在前几年较低的水平上实现的,类似美国2014—2015年的状况。尽管美国经济基本面表现也不错,但并没有超预期的表现;通胀预期小幅抬升,失业率稳步下降,美联储按既定计划加息缩表等,这些都在市场预期之中。欧洲经济与美国经济的周期差逐步缩小,欧强美弱的相对格局导致欧元对美元出现稳步升值;而目前欧元在美元指数中占比达 57.6％,美元指数出现持续下跌就不足为怪了。

应该看到,基本利空的特朗普政治因素对美元指数也构成了持续压力。2017 年以来,特朗普施政屡遭挫折,不仅最有希望的医改方案被否决,政府债务上限问题缠身,还因保护主义、种族主义而面临四处受敌和众叛亲离的境况,而且通俄门、泄密门、人事危机等问题接踵而至,阴云笼罩。特朗普政经负面事件接连发生,对美元构成了持续利空,更放大了欧元走强带来的持续压力。2018 年以来,负面政治事件对美元指数的打压继续发酵。美国财长有关美元走软有利于美国贸易的言论以及美国政府关门危机等一系列政治事件,又使美元指数雪上加霜。

判定美元指数进入趋势性下行周期为时尚早

从短期来看,欧元区复苏势头可能继续强于美国。欧央行 2018 年 1 月议息会议决定,维持 2018 年 1 月至 9 月间每月 300 亿欧元的资产购买计划不变,并强调利率保持不变的时间将远远长于资产购买的时间。随着短期经济数据持续向好,市场对欧央行货币政策收紧预期持续增强,在欧央行首次加息前,美元指数可能阶段性地继续承受压力。但当市场基本接受和适应了欧元区增长前景及欧央行加息由预期转为实际后,美元指数下跌将失去一个主要动力。当下美国经济仍处于稳步增长态势,特朗普的结构性改革可能会提高美国潜在增长率,而欧洲中长期增长仍面临考验;因此,现在就下结论认为美元指数已经进入趋势性下行周期似乎还为时尚早。

随着特朗普推行的结构性改革举措对美国经济提振作用的逐步显现,美欧经济存在强弱易位的可能性。2017 年初以来,受一系列政经因素打击,特朗普竞选时承诺的经济政策普遍不怎么被看好。但事实证明,特朗普并非一事无成,税改超预期提前落地实施便是例证。据权威机构预测,特朗普税改落地后,2018 年美国 GDP 增速将提高 0.8 个百分点,2019 年将提高 0.7 个百分点,2020 年将提高 0.5 个百分点。IMF 最新发布的《世界经济展望》报告预测,2018 年、2019 年,美国 GDP 增速为 2.7％

和 2.5％,欧元区为 2.2％和 2.0％。白宫的预算提案项目预计未来 10 年美国经济将增长约 3％,其中 2019 年将增长 3.2％,2021 年增速会降至 3％。

白宫曾向国会提交了基础设施建设投资计划,计划未来 10 年内利用 2000 亿美元联邦资金撬动 1.5 万亿美元的地方政府和社会投资,改造美国年久失修的公路、铁路、机场以及水利等基础设施。白宫的计划显示,联邦资金中的 1000 亿美元将用于激励地方政府和私营资本加大基建项目投资。地方政府可自行决定优先推进的基建项目。能否最大化地调动地方政府和私营资本是申请联邦奖励资金的重要标准之一。尽管这份计划很难在国会获得跨党派的普遍支持,但经过修正之后的方案被通过的可能性依然很大。

减税及基建投资是特朗普两大主要经济政策。尽管人们有理由质疑美国政府财政赤字压力增大会对政策实施带来不确定性;但在朝野支持力量基本占主导的背景下,通过借鉴商业手段来运筹和放大政府财力,初期举措落地及其一定的正面效应发挥则不应被过度质疑。如果"减税 + 基建"两大政策共同发挥效力,不排除未来几年美国潜在增长率有提升至 3％左右的可能性,从而使美欧经济增长差距再次拉大,美欧经济强弱易位可能出现,这意味着美元指数也有可能相应进入走强的格局。

如果税改政策落地,美国企业海外利润汇回对美元可能带来一定的支撑作用。出于避税动机,此前不少美国企业选择将部分利润留存海外,以现金或现金等价物持有,或用于海外再投资。据统计,目前美国企业海外留存利润约 3 万亿美元。特朗普税改将从国外遣返的现金收益的税率由 35％大幅降至 15.5％,因此可能导致大量海外资金流回美国。据分析,2018 年,美国大型科技公司将遣返 3000 亿～4000 亿美元,其中苹果公司已经宣布将 2000 亿美元左右的海外利润汇回美国。而苹果等大型跨国公司的利润汇回行为,还可能对其他公司产生示范效应,带来更多海外利润回流美国。据估计,2018 年所有美国企业将遣返共计约 8600 亿美元。税改推动的增量资本回流美国可能对美元有一定的支撑作用。

有必要指出,美元进入贬值周期的触发因素是国内外经济金融环境发生重大变化,非常规货币政策也可能拉长美元指数周期。本轮美元升值始于 2011 年,截至 2017 年已持续了约 6 年。2017 年 4 月以来,美元指数持续下跌,但不能据此就推断美元已进入新一轮下跌周期。迄今为止,并没有充分理由能够证明美元指数贬值周期为 6 年是一个定律。历史经验表明,美元由升值周期进入贬值周期大都是国内外经济金融环境发生重大变化造成的。如第一轮贬值周期始于 1971 年的美元与黄金脱钩;第二轮贬值始于 1985 年的广场协议;第三轮贬值周期始于 2001 年互联网泡沫破裂及"9·11"恐怖袭击等。目前,美国内外部环境并未发生类似于前几次重大负面冲击的明显变化。恰恰相反,美国减税和基建等结构性改革才刚刚开始,效应正待发挥,这很可能成为正面的支撑作用。尤其是全球金融危机爆发后,包括美国在内的众多国家实行了第二次世界大战以来时间跨度最长的零利率及量化宽松政策。这些非常规货币政策必对全球经济、金融周期产生重大影响,其中之一是加息周期相对较长和利率提升的空间可能相对较大,这就有可能拉长美元指数上升的运行周期。

美元走强可能降低美国出口的竞争力,加剧美元贸易赤字,这一点在 2015—2016 年美元走强期间已经显现;而美元走软尽管有助于美国出口,改善美国贸易赤字,但可能削弱美元作为全球主要储备货币的地位。如果美元加速下跌,可能导致外国资本流动性迅速下降,冲击股票、债券等投资,进而损害经济增长。2018 年初以来美股暴跌,美元持续走弱也是推动因素之一。美元严重贬值,还可能导致进口成本上升,甚至可能导致贸易逆差的扩大。可见,弱势美元也不符合美国利益,特朗普不可能持续推行弱势美元政策。

有理由相信,欧元区中长期增长仍然面临考验。未来人口老龄化将持续困扰欧元区主要国家。意大利、德国的 65 岁及以上人口占比达 23％和 21％,法国和英国也分别为 19％和 18％;相比之下,同为发达国家的美国却只有 15％,是主要发达国家之中老龄化程度最轻的。美国仍然是全球移民的首选地,这与欧洲和日本相对单一的文化和严格的移民政策形成鲜明对比。尽管欧元区实行统一的货币政策,但仍缺乏统一的财政政策,而且各国财政状况大相径庭,财政统一意愿始终没能成为主流。这不仅可能对货币政策形成掣肘,甚至可能制约欧盟的长远发展。英国脱欧可能还面临关税安排、过渡期安排及监管协作等不确定性问题。对此欧央行指出,需要对英国未经过渡协议而退出欧盟的可能性做好准备,可见英国脱欧仍有可能兴起波澜。目前,欧元区债务阴霾远未完全消弭。2015年以来,欧元区政府赤字和债务问题总体有所好转,政府债务占GDP的比重由2014年的92.0%降至2016年的89.2%,同期政府赤字占GDP的比重由2.6%降至1.5%。但各国政府债务现状大相径庭,部分国家政府债务问题依然十分严重。2016年,希腊、意大利、葡萄牙和西班牙的政府债务占GDP的比重仍分别高达180.8%、132%、130.1%和99%。由于缺乏统一的财政政策及内部贸易失衡的问题持续存在,欧元区债务问题仍可能困扰其中长期经济增长。在全球金融市场联动效应增强之下,不排除区域性的风险事件引发欧元区个别国家再度爆发债务危机的可能,从而影响欧元区中长期经济平稳运行。

从技术层面看,美元存在震荡周期的可能性,欧元兑美元汇率的顶部呈下降趋势。从历史来看,美元指数有升贬值周期,也有震荡期。比较典型的如1989—1995年,美元指数在80~100区间震荡;2008—2011年美元指数在70~80区间震荡。在这两个时期,美元指数均未形成明显的上升或下降趋势,因为在此期间美国与欧洲、日本经济呈强弱互现格局。2008年4月前后,欧元兑美元汇率一度逼近1.6。彼时,美国正陷次贷危机漩涡,市场对美国经济极度悲观。最近一次高点出现在2014年4月前后,欧元兑美元汇率约为1.4。而2014年第一季度美国和欧元区GDP增速分别为-0.6%和1.7%,欧元区经济远强于美国。此后,美国经济增速触底反弹,欧元兑美元汇率则一泻千里。总体来看,2008年以来,欧元兑美元汇率的顶部呈下降趋势。即使欧元兑美元汇率达到上一次1.4的高点,也仅能在当前水平上涨10%左右。况且,当前欧元区经济只是略强于美国,美国经济又处于稳步增长状态,市场对欧元区中长期经济增长可能过于乐观。

综合以上讨论,在2020年之前,美元指数似乎不应该只有周期性下行的一种可能,至少应该有三种可能性。一是特朗普经济结构性改革包括减税和基建等举措落地困难,或落地后效应大打折扣,经济增长无力,无法达到预期目标,而货币政策正常化步伐则明显放缓,美元指数很可能在经历一个波动阶段之后步入下行周期。如果特朗普因通俄门等政治事件发生执政危机,则这种可能性会更大。二是美国上述结构性改革计划得到顺利实施,经济增长达到预期水平,货币政策正常化稳步推进,美元指数可能会在短期震荡后延续上行周期,美元很可能阶段性重新走强。当然,特朗普执政危机一旦发生,这种可能性大概率会夭折。三是未来一个阶段美欧经济强弱互现,货币政策同步进入正常化,美元指数遂进入震荡期。从目前走势来看,第二种可能性成为现实的概率依然存在。有鉴于此,未来一个时期,我国的汇率政策、国际收支政策、货币政策和外汇管理政策等相关政策都应充分考量这几种可能性,积极做好应对准备。

美国经济政策如何影响人民币汇率①

　　2015 年,美国货币政策正常化开始启动,加息和缩表同步推进,2017 年特朗普上台后加息步伐略有加快。2018 年以来,美国货币政策正常化的溢出效应再度显现,给全球金融市场和新兴经济体带来了新的风险。美国推行贸易保护主义政策对我国国际收支产生影响,而美国减税政策落地将影响我国短期跨境资金流动。美国经济政策变化将对人民币汇率产生叠加效应,应予以高度关注并审慎应对。

美国货币政策正常化的溢出效应增强

　　随着时间的推移,美国税改和基建投资计划对美国经济的提振作用会逐步显现。据预测,特朗普税改落地后,2018 年美国 GDP 增速将提高 0.8 个百分点,2019 年将提高 0.7 个百分点,2020 年将提高 0.5 个百分点。IMF 最新发布的《世界经济展望》报告预测,2018 年、2019 年,美国 GDP 增速为 2.7% 和 2.5%,欧元区为 2.2% 和 2.0%。白宫的预算提案项目预计未来 10 年美国经济将增长约 3%,其中 2019 年将增长 3.2%,2021 年增速会降至 3%。2017 年白宫向国会提交了基础设施建设投资计划,计划未来 10 年内利用 2000 亿美元联邦资金撬动 1.5 万亿美元的地方政府和社会投资,改造美国年久失修的公路、铁路、机场以及水利等基础设施。白宫的计划显示,联邦资金中的 1000 亿美元将用于激励地方政府和私营资本加大基建项目投资。地方政府可自行决定优先推进的基建项目。能否最大化地调动地方政府和私营资本是申请联邦奖励资金的重

---

① 本文发表于 2018 年 7 月 5 日《中国经济报告》。

要标准之一。尽管这份计划很难在国会获得跨党派的普遍支持,但经过修正之后的方案被通过的可能性依然很大。

减税及基建投资是特朗普两大主要经济政策。尽管人们有理由质疑美国政府财政赤字压力增大会对政策实施带来不确定性,但在朝野支持力量基本占主导的背景下,通过借鉴商业手段来运筹和放大政府财力,初期举措落地及其一定的正面效应发挥却不应被过度质疑。如果"减税 + 基建"两大政策共同发挥效力,不排除未来几年美国潜在增长率有提升至3%左右的可能性,从而使美欧经济增长差距再次拉大,美欧经济强弱易位进一步显现。在此种情形下,美联储将继续推进货币政策的正常化,甚至有加快的可能,同时缩表也将持续推进。

近期美国 10 年期国债收益率一度突破 3%的关口,创四年多来的新高。美债收益率大涨是长短期各项因素综合作用的结果,包括美国经济基本面向好,大宗商品价格上涨所导致的对通胀的担忧,美国政府赤字率扩大增加国债供应,美联储很可能加快加息,等等。考虑到前期升幅较大,短期内美债收益率存在调整的可能。同时中东伊核局势演变等事件也将导致债券利率波动震荡。综合考虑联邦基金利率目标值、美国长期通胀水平的可能变化,未来一年内美国 10 年期国债收益率可能在现在的水平上继续向上运行。随着美联储持续加息,中美利差已经明显缩小,10 年期国债收益率的差距已从 1 个百分点以上明显收窄到 0.6 个百分点左右。当前中国经济运行整体虽然平稳,但依然存在一定的下行压力。2018 年以来投资增速继续明显回落,而消费增长也有所放缓。与此同时,实体经济融资利率明显走高,企业融资成本下降依然存在不小的困难。因此当下中国经济不具备同步跟随加息的条件,未来一个阶段中美利差仍可能进一步缩小。

受美国经济基本面向好、增长动能相对欧洲和日本较强、美债收益率大幅攀升的影响,加之欧央行和日本央行均透露出不轻易结束宽松政策的信号,年内美元指数总体走势可能仍以强势为主。但诸多不确定因素的影响不容忽视。如果中东地缘政治冲突持续恶化,很有可能引发油价阶段性大幅上涨。2017 年末布伦特原油每桶为 66.81 美元,2018 年 5 月 23 日涨至 79.80 美元,涨幅达 19.4%。如果国际油价进一步上涨,必将推升发达国家通胀水平,欧盟和日本以及其他的发达国家也存在加息的可能,从而加大发达国家货币政策正常化的外溢效应。

随着主要发达经济体货币政策逐步正常化,尤其是美国渐进加息趋势较为明确,美元利率抬升和美元指数上行会导致新兴经济体进一步面临资本外流和货币贬值的压力,甚至国内金融市场也会受到冲击。2014年10月,美联储宣布启动退出量化宽松政策,2015年12月开始加息,新兴经济体就遭遇了资本外流和货币贬值冲击,其国内证券市场也明显受挫。当然,"人不能两次踏进同一条河流"。今日美联储退出量化宽松政策和加息对新兴经济体带来的效应必定与2014—2015年间的效应不同。尽管美国货币政策正常化溢出效应的边际影响可能会有所减弱,但当前政策的叠加效应明显强于上一轮,其中包括若干发达国家同时实施了加息和退出量化宽松政策、美国减税政策效应开始显现和美国经济增长步伐加快,以及油价上涨可能推动发达国家利率水平上升,等等。

近期,随着美联储加息前景逐渐清晰,阿根廷比索大幅贬值,资金迅速外流,从而不得不通过巨幅调升利率来加以应对。与此同时,土耳其、波兰等新兴市场国家货币也纷纷受到了不同程度的冲击。若美元持续走强,一些经济增长动力不足、国际收支逆差较大、政府赤字率较高和美元债务较多的新兴经济体,很可能会面临十分严峻的资本外逃、货币贬值和金融市场动荡的危机局面。

通过扩大美国对中国的出口来改善中美贸易的不平衡,将有助于拉动美国经济增长。鉴于美国经济复苏势头依然良好,近期美国10年期国债收益率突破3%,加之由中东地缘政治冲突引起油价上涨可能形成的通胀压力,美联储加息步伐可能会较以前预期有所加快,从而会进一步促进全球资本回流美元资产。而全球经济复苏势头减弱和不平衡,尤其是欧盟经济增长步伐放缓,会引起全球市场风险偏好下降;尤其是中东地缘政治问题持续发酵,都将导致中东局势一波未平一波又起。在不确定性持续存在的情形下,投资者往往容易偏向于选择美元资产。美国减税政策落地则正在对全球美国资本产生吸引力,其效果已经开始显现。可见,未来会有一系列因素推动更多的全球资本倾向于选择美元资产,带来美元走强的动力。相应地,其中不少因素都将对人民币形成贬值压力。人民币贬值态势在 2018 年 4 月中旬后已初见端倪。人民币兑美元汇率从 2018 年初最高点 6.24 贬为 5 月 29 日的 6.42,贬值约 2.88％。

美国贸易保护政策将对我国国际收支产生重要影响

2016 年以来,发达国家对来自中国的直接投资已经采取一些限制措施。德国总理和法国总统都曾有过相关表述,希望对来自中国的直接投资进行限制,之后相关国家实施了更加严格的审核。美国国会对外来投资的审核进一步收紧。2017 年以来,我国企业在境外的一些投资项目,在这种严格甚至是"横挑鼻子竖挑眼"的审核下,最终都无法落地,增加了中资企业对于对外直接投资风险的认识,中资企业对外直接投资开始趋于谨慎。近年来,有关部门对非理性的对外投资实施了审慎管理。中资企业将境内资本调出去进行非理性投资受到了严格的审核。与此同时,我国进一步扩大了服务业的对外开放,在很多领域调低进入的门槛,促进利用外资继续发展。我国跨境直接投资状况随之发生变化,2016 年我国对外直接投资净流出 417 亿美元,2017 年则转变为净流入 663 亿美元。2018 年第一季度直接投资净流入 502 亿美元。鉴于以上两方面原因,我国跨境直接投资短期内不可能再现较大幅度净流出的状况。

2017 年以来中资企业境外举借债务增长较快,仅发行美元债即达到 3139 亿美元,是 2016 年的一倍多。截至 2017 年底,我国全口径(含本外币)外债余额约为 1.7 万亿美元,其中短期外债余额约为 1.1 万亿美元,占比 64％。短期外债占外汇储备的比例由 2015 年和 2016 年的 26％和 29％上升为 2017 年的 35％。当然,该比例的提高中有储备大幅减少的原因。2017 年短期外债共增加 2200 多亿美元,增幅不小,未来需要关注短中期外债归还带来的阶段性资本流出压力。

未来资本和金融账户平衡状况可能成为影响国际收支的关键因素。当下中国进入资本输出加快发展的阶段,中资企业和居民全球配置资产的需求将持续增长。尽管受到各个方面的制约,但资本输出需求增长的总体趋势会继续发展。随着我国劳动力成本和土地成本的进一步上升,对外来资本流入不能寄希望于有持续大幅度增长。这种状态会对未来我国整个国际收支格局带来比较大的影响。随着我国资本市场开放的进一步推进,证券资金的跨境流动必然会发展。鉴于证券投资跨境流动的规模在现阶段较为有限,2017年证券投资净流入仅为64亿美元。在资本和金融账户开放审慎推进的政策框架下,未来证券投资的净流入将难以迅速增长,因而近年来证券投资对国际收支的影响较为有限。

未来经常账户顺差规模进一步收窄将是一个大趋势,甚至存在经常出现阶段性逆差的可能性。2018年第一季度我国经常账户收支已经是逆差。而服务贸易逆差仍会保持在较高水平,近年来还在进一步扩大。长期以来,货物贸易顺差一直是我国国际收支顺差的主渠道,但现在规模正在逐渐缩小。尤其是当前和未来一个时期,中国的进口需求正在快速发展。未来国内人均GDP仍有较大的提升空间,进口需求将持续增长。目前奢侈品进口关税调低,中高档消费品的进口明显增大。汽车进口、关税调低也将带动相关产品的进口增长。中国现在收入增长速度是比较快的,但不平衡的问题也非常明显,高净值人群规模及其收入增长都十分惊人,由此而引起的高档次消费能力增长很快,从而持续推动进口需求。中国市场发展空间十分广阔,全球会有更多出口厂商瞄准中国市场。与此同时,随着收入的持续增长,我国对外旅游、教育和运输等支出需求不断扩大。2016年我国服务贸易逆差为2426亿美元,2017年逆差为2395亿美元,2018年第一季度逆差为753亿美元。虽然2017年因居民用汇被规范管理,服务贸易逆差稍有减少,但中长期趋势难以根本改变。

短期来看,中美开展贸易问题的谈判并不意味着中美之间的贸易摩擦问题得到了彻底解决,中美贸易纠纷仍会长期存在。无论是贸易战开打还是冲突和摩擦乃至于谈判,中国对美国货物贸易顺差缩小将会是大趋势。日前美国经济表现不错,进口需求在增长;但美方在中美经贸关系问题上不断给出难题,未来会相应影响到中国对美国的出口。其他国家会从美国经济复苏中获得更多好处,中国却未见得能相应获得利益。2016年我国国际收支出现意想不到的逆差,主要是因为资本和金融账户出现了较大逆差,而经常账户仍是顺差,其中顺差的主要来源为对美国的货物贸易顺差。2016年我国对美货物贸易顺差占对全球货物贸易顺差的比重约为50%。2017年我国经常账户顺差为1649亿美元,较2016年继续明显减少。在其他条件没有太大变化的情况下,如果未来几年每年对美货物贸易顺差以数百亿美元的规模持续减少的话,那么我国经常账户可能就会在不远的将来出现基本逆差的状态;如果我国的资本和金融账户保持基本平衡,则国际收支逆差的可能性也会增加;如果资本和金融账户也出现逆差,则国际收支将大概率为逆差格局。在这种格局下,我国跨境资金净流出就可能成为常态,从而有可能持续带来人民币贬值压力。

美国税改可能带来我国短期跨境资本阶段性集中流动效应

历史上税改曾导致大量美国企业将海外留存利润汇回。2004 年,小布什政府通过的《本土投资法案》(Homeland Investment Act)对美国企业海外资金回美国投资给予税收优惠期(Tax Holiday)——如果资金在 2005 年底前回美国,就会享受 5.25% 的优惠税率,远低于法定税率 35%。据测算,2005 年该措施曾吸引美国跨国公司约 3000 亿美元的海外利润回流,而此前五年平均利润汇回仅为 600 亿美元左右。海外利润回流地主要是欧洲(占 61.9%)、加拿大(占 7.1%)及百慕大和开曼群岛等避税天堂。短期内大规模国际资本流动方向的改变,可能会对国际金融市场造成较大影响。美国税改还可能引起其他经济体争相效仿,形成税收政策的国际性竞争,这会对全球资本流动带来较大的不确定性。

随着税改政策落地,美国企业海外利润汇回对美元可能带来一定的支撑作用。出于避税动机,此前不少美国企业选择将部分利润留存海外,以现金或现金等价物持有,或用于海外再投资。据统计,目前美国企业海外留存利润约为 3 万亿美元。特朗普税改将国外遣返现金收益的税率由 35% 大幅降至 15.5%,因此可能导致大量海外资金流回美国。据分析,2018 年,美国大型科技公司将遣返 3000 亿至 4000 亿美元,其中苹果公司已经宣布将 2000 亿美元左右的海外利润汇回美国。而苹果等大型跨国公司的利润汇回行为,还可能对其他公司产生示范效应,带来更多海外利润回流美国。据估计,2018 年所有美国企业将遣返共计约 8600 亿美元。税改推动的增量资本回流美国可能对美元有一定的支撑作用。

不能忽视的是,若短期内美国企业对华直接投资利润集中汇回,则可能对我国外汇市场产生一定程度的影响。2017年以来,我国跨境资本流动初步呈现弱平衡的局面,全年银行代客结售汇逆差收窄至690亿美元,下半年以来,每月结售汇逆差(顺差)平均维持在60亿美元左右。2018年以来我国跨境资金流动延续了这种弱平衡的格局,国际收支出现大规模顺差或逆差的可能性都不大。尽管特朗普税改所导致的美国企业利润汇回绝对总规模较小,但不排除短期内出现利润集中汇回的可能。在每年净结(售)汇规模不大的情况下,若一年内多出数百亿美元的净结汇,尤其是某些时间段出现较大集中汇回需求,就有可能阶段性地打破跨境资本流动弱平衡的局面,甚至可能导致市场短期内出现强烈的人民币贬值预期,在市场上形成较强的人民币贬值压力,导致境内和离岸人民币汇率形成阶段性震荡。

审慎应对美国经济政策对人民币汇率的叠加效应

近年来我国监管部门对资本流动双向管理的能力日趋完善,机制日趋成熟,管理资本外流和货币贬值压力的效能应该会较过去大幅提高。2015—2016年,在美联储启动加息和结束量化宽松政策的同时,由于我国经济存在较大的下行压力,货币政策实施了多次降息降准的调节,境内长短期资本外流压力较大,以及资本流动管理机制尤其是资本流出管理机制不够完善和预警缺失,我国出现了较大规模的资本流出和较大幅度的人民币贬值。目前来看,美联储货币政策正常化的边际效应正在递减,我国经济下行压力明显减缓,货币政策稳健中性,内生性资本流出需求正在减弱,尤其是审慎的跨境资本流动管理明显改善。2017年以来,外汇储备稳中小增。2017年末,我国短期外债与外汇储备的比例处在国际公认的安全线以内。当前和未来一个时期的资本流出和人民币贬值压力将明显小于2015—2016年。

2015年8月以来,人民币兑美元汇率走出了具有明显阶段性特征的双向波动。2015年"8·11"汇改,人民币兑美元一次性贬值约2%,之后持续贬值至2017年1月,由最高点1∶6.12至最低点1∶6.95,贬值幅度达12%。2017年4月至2018年初,人民币兑美元汇率一路升值,由最低点1∶6.91升至最高点1∶6.28,其间累计升值幅度达10%。在经济增长相对平稳、货币政策稳健中性、跨境资本流动基本平衡以及美国贸易保护主义政策实施的背景下,人民币既难以对美元大幅升值,更难以对美元形成大幅贬值,阶段性地双向波动可能会成为常态,且双向波动的幅度会逐步趋于收敛,在6.2至6.7的区间波动的可能性较大。当前美元指数走强,5月末突破了94点关口。人民币承受新一轮的贬值压力,4月中旬以来已对美元贬值超过2%。但未来人民币贬值幅度将相对有限,人民币对一篮子货币汇率仍将保持升值态势。

尽管如此,美国和发达国家货币政策正常化的溢出效应、美国贸易保护主义政策的国际收支效应以及美国税改的短期资本流动效应,仍将会对我国资本流出带来推动作用,进而形成人民币贬值压力。尤其是当这三种效应叠加在一起时,可能在某一阶段形成较强的市场压力。对此不能掉以轻心,而应高度警惕,未雨绸缪。

在总体策略上,未来应继续保持人民币汇率基本稳定,健全和完善跨境资金流动审慎管理。坚定不移地保持人民币汇率在合理均衡水平上的基本稳定,不应再出现一次性大幅贬值。建议继续有效发挥好逆周期因子的调节作用,逆周期因子还不能完全退出。未来人民币还可能会出现一定程度的贬值压力,甚至不排除出现阶段性贬值压力很大的情形。必要时逆周期因子还应及时引入以引导市场预期,防止市场形成持续单边贬值预期。做好贸易战情形下汇率波动的应对准备。贸易战升温情形下市场对人民币会有较强的贬值预期,加之经济下行压力加大和股市下跌,应高度警惕可能发生的贸易顺差收窄、汇率贬值和资本外流相互促进、形成恶性循环的风险,提前准备应对预案。建议不打汇率战,不以人民币对美元显著贬值来促进出口,因为此举会带来引发汇率操纵的指责、增大资本外流压力、导致国内金融体系面临较大冲击等负面效应。也不应在美国的压力下推动人民币显著升值。在人民币汇率基本处在合理均衡水平上下的情况下,大幅升值必将损害出口产业,重蹈日本的覆辙。鉴于汇率变化时经常账户和资本账户具有相反的效应,又考虑到目前我国的经常账户和资本账户规模大致相当,未来人民币汇率仍应在有管理的浮动汇率制度下实行双向浮动,保持基本稳定。

在金融市场扩大对外开放的情况下,更要重视跨境资金流动的宏观审慎管理,密切关注资金流动情况,防止发生资本大规模外流情况下的市场动荡。尽管当前我国各项外债指标均较为合理,但在人民币有贬值压力的情形下,不排除会有部分企业提前偿还外债,从而造成阶段性的集中偿还压力,对此应予以密切关注,加强监测,有针对性地加以疏导、审核和管理。

具体应对举措包括以下七个方面:一是对美国在华企业(尤其是大型企业)的留存利润及未来汇回计划进行摸底排查,针对性地开展情景分析和压力测试,提前做好应对措施;二是进一步完善境内外联动的跨境资本流动监测、预警和管控机制,尤其是与中国香港、英属维尔京群岛、新加坡及开曼群岛等"避税天堂"的联动,做好风险监测和预警;三是加强对外汇流动性和跨境资本流动的逆周期相机调控和精准调控,一旦发现跨境资本流动出现异常波动,监管部门应"该出手时就出手",合理引导市场预期;四是保持对离岸人民币市场的适度干预,稳定离岸市场汇率预期,防止离岸外汇市场大幅波动冲击在岸市场,在必要时可以考虑重新对境外机构在境内清算行存放的人民币存款征收一定比例的准备金;五是不断完善政策和法律制度环境,为外商投资营造更加完善的制度环境,开放更多领域并逐步降低门槛,保持和巩固我国对外资的吸引力;六是进一步扩大金融市场包括股市、债市等市场的开放,动态平衡跨境资金流动;七是推动人民币进一步扩大跨境使用,增大人民币在跨境资本流动中的比例。

人民币汇率：坚持有管理的浮动[①]

近年来，人民币兑美元汇率弹性逐步增强，双向浮动的特征明显，人民币汇率告别单边走势。人民币兑美元汇率中间价由 2017 年 1 月的 6.95 左右升至 2018 年 3 月末的 6.28，升值 10.66%。

2018 年 4 月以来，受美元指数反弹等影响，人民币兑美元汇率较快贬值。人民币兑美元中间价由 4 月 2 日的 6.27 贬值至 8 月 16 日的 6.89，贬值幅度达 8.96%。

尽管人民币兑美元汇率阶段性地在较大区间内双向波动，但中间价整体维持在 6.0～7.0 的区间内运行，这与我国宏观经济和跨境资本流动的基本面相适应。

人民币汇率运行在合理均衡的水平区间

2016 年以来，国际货币基金组织（IMF）的评估报告认为"人民币汇率与中国经济基本面大体相符"。与此同时，人民币兑一篮子货币汇率基本稳定。2017 年末，中国外汇交易中心发布的人民币名义有效汇率（CFETS）指数为 94.85，全年上涨 0.02%。人民币兑美元汇率阶段性双向浮动和弹性明显增强，有助于分化市场预期，发挥弹性汇率自动稳定器的作用。

目前，外汇市场基本实现了供求均衡。在人民币汇率阶段性双向波动和预期分化的环境下，企业、个人的涉外交易行为逐渐由单边转向多元，更多根据实际需求安排跨境收支和结售汇，我国跨境资金流动形势明

[①] 本文发表于 2018 年 8 月 30 日《第一财经日报》。

显好转,外汇市场供求趋向基本平衡。2017年,银行结售汇逆差1116亿美元,同比下降67%;涉外收付款逆差1245亿美元,同比下降59%。国际收支非储备性质金融账户由2016年的逆差4161亿美元,转为2017年顺差1486亿美元。2017年下半年以来,我国外汇储备余额基本维持在3.1万亿美元左右。2018年以来,我国外汇市场供求继续呈现自主平衡格局。2018年上半年,银行结售汇顺差138亿美元,涉外收付款逆差121亿美元,同比下降86%。综合考虑即期、远期结售汇以及期权等影响因素,我国外汇供求向均衡状态收敛,处于基本平衡状态。

当前人民币兑美元汇率运行在6~7的区间,具有基本面因素的支撑。近年来,我国经济增长总体上较为平稳,季度波动通常不超过0.1个百分点,年度增速运行在6.7%~6.9%区间。就业状况良好。2018年4—6月,全国城镇调查失业率连续三个月低于5%。2017年后,国际收支呈现双顺差态势。2018年以来经常项下顺差明显减少,但资本项下的状况总体上较为平稳,国际收支依然呈现顺差格局。尤其值得关注的是中长期资本流动呈现净流入的态势。民间对境外直接投资增速大幅放缓,2017年较2016年下降超过三分之一。外商直接投资在进一步开放政策的推动下保持了较快增长,2018年1—6月累计同比增长4.1%。自2015年以来,人民币汇率继续运行在合理均衡水平,其状态与当年的欧洲货币汇率机制所谓的"管中的蛇"有些相似。

鉴于人民币汇率获得了基本面的支撑,加上当局采取了审慎的管理,2018年以来人民币的贬值程度仍处在可控范围,对美元贬值了不到6%,明显小于主要的新兴市场国家。在新兴市场国家中,阿根廷比索、土耳其里拉、巴西雷亚尔、俄罗斯卢布和南非兰特均贬值了14%以上。

美元指数仍在上行周期中运行

如果说近年来人民币汇率的波动区间在很大程度上受合理均衡汇率水平区间的制约,那么美元汇率的变动则是人民币汇率在区间内波动方向和幅度的决定性因素。

2015年第四季度后,美联储启动加息,逐步收缩量化宽松规模;而美元在预期因素的影响下,先于加息走强;欧元、日元和人民币等发展中国家货币承受了较大的贬值压力。2017年特朗普上台后,对美元走强表达了不满,加上2017年欧盟经济表现好于美国,美元遂走弱。然而特朗普的减税和基建等新经济政策,促进美国经济2018年回升力度加大,而欧日经济增速较慢,美元又获得进一步走强的动力。

历史经验表明,美国名义GDP占世界名义GDP的比例变化与美元指数走势高度相关。这是因为当美国经济增速较快时,美国的投资回报率就提高,利率水平则上升,这会导致全世界资本流向美国以寻求更高的收益,美元指数遂上行;反之则美元指数下行。国际收支变化、短期利率波动、市场避险情绪变化等可能导致美元汇率发生短期波动,甚至阶段性地偏离上述基本面的影响,但长期看美元指数还是会回归到这一基本面上来。

欧元是美元指数中的第一大货币,占比57.6%,日元和英镑占比分别为13.6%和11.9%。因此,美元与这些货币之间的汇率主导了美元指数的走势。

伴随美国经济强劲复苏,欧日经济相对偏弱,2018年内美元指数有可能会上升到100上下。2018年以来,美国经济持续稳步复苏,第一季度美国GDP环比初值按年率增长2.3%,第二季度进一步提高到4.1%,为2014年第三季度以来最好水平,也是2008年金融危机以来的第三高;同时通胀水平不断攀升,6月CPI同比增长2.9%,创2012年2月来最大增幅;5、6月失业率分别为3.8%、4%,接近历史最低。

相比之下,欧元区和日本经济则相对偏弱。2018年第一季度欧元区实际GDP环比增长0.4%,较上一季度下降0.3个百分点,日本第一季度GDP环比折年率减少0.6%。美国经济向好的态势可能在中短期内难以改变。欧元区经济基本面虽然稳定,但英国脱欧、意大利等国放松财政等有不利影响。受困于结构性改革难以迅速奏效和内需不足,日本经济在短期内难有起色。

国际货币基金组织2018年7月发布的《世界经济展望》报告预计美国2018年和2019年的增长率分别为2.9%和2.7%;而欧元区经济的增长率预计从2017年的2.4%下降到2018年的2.2%,2019年将进一步下降到 1.9％；预计日本经济增长在 2018 年、2019 年分别为 1％和 0.9％。美国经济相对其他经济体的较快增长将导致美国名义 GDP 在全球名义 GDP 中的比例上升，进而推高美元指数。按照两者之间的历史关系估算，同时不考虑其他因素的影响，2018 年下半年美元指数仍有可能会突破 100。

美联储加息保持现有节奏，而欧元区和日本则保持相对宽松的货币政策，也将会给美元指数带来上行动力。尽管特朗普表达了对进一步加息的不满，但在经济增长强劲、失业率下降、通胀攀升的情况下，美联储仍会保持现有节奏落实加息。美联储主席鲍威尔表示，尽管近期美国通胀率已接近 2％的目标，但目前没有确切迹象显示通胀率将加速上升，超过 2％或引发经济过热。这说明美联储采取的渐进加息取得了成效。如果美国家庭收入和就业继续强劲增长，美联储进一步渐进加息可能是合适的。

与之相反，欧洲央行 2018 年 6 月政策利率会议决议声明显示，欧洲央行维持主要再融资利率为 0 不变，维持隔夜贷款利率在 0.25％不变，维持隔夜存款利率在 -0.40％不变，且将保持利率不变至少至 2019 年夏天。由于日本通货膨胀仍然远低于 2％的目标，日本央行在短期内实质性收紧货币政策的可能性很小。美国与欧元区、日本货币政策的分化为美元指数上行提供了支撑。

由美国挑起的国际贸易摩擦导致全球市场恐慌情绪上升，美元依然可能成为避险货币的首选。当全球第一和第二大经济体之间爆发大规模贸易摩擦时，世界其他国家都会不同程度地受到冲击。有分析认为，资金可能会涌向美元、日元、瑞士法郎等避险货币。尽管贸易摩擦也会使美国经济遭遇冲击，但避险情绪上升会推高美元指数。

2018 年以来，随着融资增速大幅放缓、经济下行压力显现、信用违约事件增加，尤其是中美贸易摩擦有进一步升级的可能，我国货币政策逐步调整，定向降准、加大公开市场投放力度、用 MLF 资金定向扩大信贷投放等举措相继出台。国务院常务会议就如何更好地发挥财政金融政策作用、支持扩大内需和促进实体经济发展进行部署，这标志着宏观政策重心从 2017 年以来的偏紧调节转向偏松调节，货币政策稳健偏松格局确立，流动性水平合理充裕,市场利率水平趋于下行。

目前中国 10 年期国债收益率在 3.5% 左右,美国 10 年期国债收益率已达 2.9% 以上,二者之差已经从 2018 年初的约 1.4 个百分点收窄到约 0.6 个百分点,中美利差收窄可能使人民币汇率进一步承压。

但从总体上看,中国经济的基本面良好,宏观管理审慎,政策工具丰富,外汇储备充足,人民币持续大幅贬值的可能性很小,汇率在合理均衡水平区间双向波动的可能性则较大。

人民币汇率机制市场化趋势不变

尽管近年来人民币兑美元汇率弹性逐步增强,但与其他 SDR 篮子货币相比,人民币汇率的波动幅度依然较小,只相当于美元、欧元、日元、英镑等货币波幅的 1/3 左右。2018 年上半年,主要发达经济体货币对美元下跌 2.7%,新兴市场货币指数 EMCI 下跌 7.3%,同期人民币兑美元汇率的中间价小幅下跌了 1.2%,CFETS 则小幅上涨 0.7%。

汇率的波动是市场化的主要特征。作为我国改革开放的重要目标,人民币国际化与资本和金融账户的可兑换的推进,必然要求增强人民币的汇率弹性。只有经过长期的双向波动,才能使市场接受人民币能涨能跌、能上能下的理念。

未来改革需要紧紧围绕完善有管理的浮动汇率机制展开,条件成熟时可以适度扩大汇率波幅。从本轮人民币汇率波动来看,相对于美元指数变化,人民币贬值幅度要大得多,说明人民币汇率与美元指数的相关性明显减弱。从保持人民币汇率基本稳定的大局出发,考虑到我国经济增长平稳、国际收支平衡、财政金融状况良好和国际储备充足,目前人民币汇率形成机制中篮子货币和收盘价的结构不宜轻易调整。从汇率市场化的长期趋势来看,收盘价比重可以逐步提高,篮子货币比重可以逐步降低。逆周期因子的功能可随市场变化而趋于淡化。

外汇供求关系变化是影响汇率变化的基本因素。人民币汇率市场化程度提高应建立在国际收支基本平衡的基础之上。2017 年至 2018 年第一季度,人民币兑美元汇率稳中有升,除了美元指数连续下跌和中国经济数据超预期以外,针对外汇和资本流动的宏微观审慎监管持续加强则起到了关键作用。

2017年下半年以来外汇市场供求趋于平衡,主要得益于监管政策收紧下购汇量的持续低位运行;市场主体结汇意愿有所回升,但依然处于低位。2018年上半年结汇率为66%,较2017年同期上升了3个百分点,说明市场主体结汇意愿有所回升。未来不仅需要宏观经济和政策方面的改善来创造良好的实现条件,还需要在企业结汇方面采取针对性举措,形成有效的市场供求关系调节机制,这是未来汇率市场化改革不可或缺的重要任务。

2014年后,伴随着中国经济转型过程中下行压力的显现、美联储加息和美元持续升值,市场持续和阶段性地存在人民币贬值预期。在市场非理性预期及其行为的推动下,市场贬值压力还会进一步增大,股市和汇市容易形成联动效应,从而进一步增加人民币贬值压力。市场单边贬值预期的形成有非理性因素,也有理性的成分。在目前的内外部条件下,要完全消除单边贬值的预期是不现实的。淡化这种预期可以选择的方式包括:增加汇率弹性从而一定程度释放单边贬值压力;逐步改善内外部条件,从基本面上缓释贬值预期的动因;通过合理、有说服力的引导来影响市场预期。

应坚持和完善有管理的浮动汇率制度

一直以来,汇率制度和汇率政策都是金融领域内最有争议的话题。事实证明,既很难找到某种汇率制度可以适合所有国家,也不存在适合一个国家不同时期不同需要的汇率制度,更没有只有利而无弊的汇率制度。汇率与其他金融市场变量一样,极易发生超调,似乎超调也是一种常态。大国汇率尤其如此。往往相关国家的利益诉求对一国的汇率政策甚至汇率制度会形成某种压力。因此,汇率制度和政策的选择需要统筹考量、综合平衡。未来我国应继续在汇率基本稳定、资本流动平衡和货币政策独立性三者之间寻找利大于弊的格局。

目前"收盘价+一篮子货币汇率+逆周期调节因子"的中间价形成机

制符合当前的实际情况,有利于保持汇率稳定,抑制市场非理性行为。长期来看,人民币汇率机制改革还应坚定不移地坚持市场化方向,不断增强市场力量在人民币汇率形成机制中的主动作用。政策调节和干预主要应起到在特定时期抑制追涨杀跌、投机套利等非理性和不规范行为,以便积极引导市场,防止汇率长时期明显偏离经济基本面的作用。

当前,常态化的市场干预已基本退出,汇率市场化程度已得到大幅提升。考虑到外部不确定性大幅上升,外汇市场影响因素错综复杂和变幻莫测,未来不应排斥所有形式的政策调节和干预。政策干预应努力驾驭市场力量,有机结合市场的基本因素,促进人民币汇率在双向波动、弹性增加中保持基本稳定。尤其是运用结构型和较为间接的工具,通过调节供求、成本和预期来有效影响汇率变动。

广义地看,货币当局和外汇管理部门调节汇率的方式涉及多个维度,包括调节供求关系(包括离在岸市场)、调整汇率机制、增减交易成本、直接参与交易、影响引导预期等。狭义上所谓的干预主要是指直接参与外汇市场交易。目前来看,当局运用的方式主要是平衡包括离在岸市场上的外汇需求、增加交易成本、调整汇率形成机制和引导市场预期。在外汇形成机制方面,逆周期因子参数调整、收盘价和货币篮子的构成、汇率波动幅度等,都存在调整空间。

一个时期以来,当局已经退出了常态化的市场干预,未来不宜轻易直接参与外汇交易。当然到了必要的时候,如汇率过度超调引发市场恐慌时,运用外汇储备进行适当干预也是合理的。当然,动用外汇储备对市场进行干预,必然会导致外汇储备的相应减少。这又会给市场带来当局干预能力削弱的印象,从而对汇率的进一步贬值带来担忧。因此,通常情况下不宜轻易动用外汇储备干预市场交易。一定规模且稳定的外汇储备是汇率稳定的"压舱石"。

应该理性看待当局的调节和干预行为,关键要看调节和干预的目的是什么。如果调节和干预是为了在逆向而动中获得某种竞争优势,比如主动促进本国货币贬值,以扩大本国出口;那这种干预往往是国际社会所不能接受的,甚至会引起有关国家的反弹。但如果进行调节和干预是为了平稳市场,使得国际经济能在一个较好的市场环境中运行,这种调节和干预则无可非议。

国际货币基金组织认为,汇率出现持续大幅度的波动并带来强烈的负面效应时,当局不仅可以而且应该对它进行干预。因为一国货币汇率波动幅度过大,尤其是重要国家的货币汇率,不仅会影响本国经济,对国际经济也是一种扰动,作为货币当局有责任保持市场平稳运行。

基本面对汇率的影响往往是从中长期角度着眼的。虽然在一定时期基本面因素并不支持一国货币贬值,但市场存在一系列组合性不利因素时,依然可能导致该国货币汇率在短期内大幅下挫,甚至严重超调,从而对该国经济产生较大的负面影响,此时当局调节和干预汇率就有必要。当前,外部不确定性显著上升,中美之间贸易摩擦加剧,发达国家货币政策持续分化,外汇市场上顺周期行为和"羊群效应"明显,人民币汇率短期内波动幅度偏大,非理性市场预期抬头,当局采取措施调节汇率机制和市场供求关系,增加投机性交易成本是十分有必要的。这些举措表明当局对于外汇市场波动的容忍是有底线的,向市场明确表达了政策导向。

在观察人民币贬值问题时,可能更需要关注的是其联动效应和不利影响。如果汇率大幅贬值与资本外流互相促进和互相加强,并带动国内资产价格出现大幅下降,则会对经济产生较大的负面影响。我国2015—2016年曾出现过有些类似的过程,此时宏观管理上必须采取强有力的举措加以调节和干预。目前,汇率出现较大波动时跨境资本流动基本稳定,没有太大变化;资本市场有些波动但波幅小于2015—2016年时期。这种状态下货币贬值对国际收支的负面效应和经济运行的压力就相对有限,而经常项下的积极作用则会逐步显现。

当前和未来一个时期,并非人民币汇率实现完全自由浮动的最佳时机。未来5~10年外部挑战和严峻环境将持续存在,而内部动力转换和结构转型正处在关键阶段。我国有必要在相关经济领域保持政策和管理的主动性与可控性,而汇率政策毫无疑问是重要组成部分之一。尤其应该看到,当前一系列相关和配套的基础与条件尚未形成和尚欠完善。利率市场化正处在攻坚阶段,最终完成仍需假以时日,而汇率市场化与利率市场化通常是协同推进的;资本和金融账户可兑换的关键项目仍有一定管制,复杂国际环境下审慎管理还需要加强;在市场真实需求释放欠充分的条件下,汇率的完全自由浮动无从谈起;外汇市场有待进一步开放,市场参与者结构欠多元通常容易形成汇率单边走势;目前汇率中间价波幅依然较小,迅速实现完全自由浮动,步子明显跨得太大;等等。

　　未来一个时期,我国仍应坚持以市场供求为基础、参考一篮子货币的有管理的浮动汇率制度,坚持市场化改革方向,逐步扩大汇率弹性,与其他相关改革开放举措同步协调推进,最终实现汇率自由浮动的目标。

人民币汇率应具有合理的弹性[①]

近期,国际环境的不确定性和不稳定性上升,使人民币承受了一定程度的贬值压力。在以供求关系为基础、参考一篮子货币汇率、有管理的浮动汇率制度下,当前中国外汇市场运行平稳,境外资本流入增加,外汇储备小幅增减;人民币汇率出现一定程度的波动,人民币篮子汇率在全球货币体系中表现稳健。当下存在一种观点,即人民币贬值"破7"的危害性很大,似乎美元兑人民币汇率1∶7是一条防线,不能突破。笔者并不同意这样的观点。

有必要增加汇率弹性来应对外部冲击

自20世纪90年代以来,人民币汇率机制改革的主要目标虽然在各阶段有所变化,但建立浮动汇率体制和机制的目标始终没有改变。从国际经济学的观点来看,浮动汇率机制对经济体来说具有自动稳定器的功能。即在世界总需求不断变化的情况下,即使没有货币政策等相关政策的调节,由市场决定的汇率水平的调整也能有效推动经济体保持内部和外部的平衡。这一点已经为世界范围内许多不同类型经济体的案例所证实。就贸易领域来看,尽管存在"J曲线效应"下的时滞,一国货币汇率变化通常与一国贸易商品的竞争力有密切的联系。本币贬值,有利于奖出限入,在促进出口的同时改善贸易收支。在资本流动领域,从中长期来看,本币贬值有助于吸引国际资本从升值的货币及其资产转换成贬值的货币及其资产,从而带来更多的国际长期资本的流入;但从短期来看,本

[①] 本文发表于2019年6月11日《第一财经日报》。

币贬值带来的本币资产减值效应会引起短期资本的较快外流,尤其是股市、债市和信贷市场等相关融资领域。

2018年美国对华发动贸易摩擦给我国经济发展的外部环境带来变化。2019年全球经济增长开始放缓,2019年6月,世界银行将2019年全球经济增长预期下调0.3个百分点至2.6%(2019年1月时预期为2.9%),低于2018年3%的实际增速。5月美国再度升级贸易摩擦,世界总需求状况明显发生变化。受世界经济放缓、外部发展环境不确定性增加以及避险资本推升美元汇率等各种因素的影响,5月以来人民币承受了较大的贬值压力。在供求关系变化和市场预期看淡的背景下,人民币汇率出现一定幅度贬值并不奇怪,从某种意义上讲是合理的。这种贬值是人民币汇率弹性机制功能的具体表现,是弹性汇率机制应对外部冲击的合理反应。随着形势的发展变化,外部负面因素还有可能影响中国经济,届时需要浮动汇率机制更加有效地发挥抵御外部冲击的作用。

国际经济学认为,浮动汇率制有助于一国实施独立的货币政策和经济政策。在固定汇率制下,由于一国政府有义务维持本国货币汇率的稳定;所以当一国发生国际收支逆差时,为避免本币贬值往往不得不动用外汇储备,甚至为了从根本上改善其逆差地位,往往不得不采取限制内需的政策,从而给经济增长带来不利影响。顺差国在面临本币升值压力时,不得不在外汇市场上增加本币供给,被迫采取通胀措施来纠正国际收支顺差。而在浮动汇率制下,一国可以在较大程度上不受汇率变动幅度和国际收支状况的制约,不必采取国内紧缩或膨胀政策来实现对外平衡;这样就有推行本国政策的较大自由度,能主要针对国内经济目标实施宏观政策,提高需求管理政策效率和货币供给控制能力,有利于各国根据自身的经济情况,在经济增长、充分就业、物价稳定和国际收支平衡等目标之间作出合理选择。

当前,我国经济面临着十分复杂的内外部环境,宏观政策目标是较为多元的,包括稳增长、保就业、稳杠杆、防风险等等。此时,如果能有效地发挥浮动汇率机制的作用,很好地对冲和缓和外部冲击,就可以让宏观政策更多地腾出手来,针对国内需求和供给、总量和结构等各方面问题更好地进行应对,以较低的成本顺利达成政策目标。相反,如果以某个数值为政策目标,必然要运用各种政策资源和工具来维护和保持汇率的稳定,可能最终会得不偿失。由国际经济学的基本原理可知,浮动汇率机制是抵御外部冲击的最有效手段之一。面对纷繁复杂的外部不确定性和不稳定性,顺应市场供求关系和预期变化,允许浮动汇率制更好地发挥作用应该成为政策应对的合理选项。而以某个数值关口作为货币贬值底线是固定汇率理念的产物,会降低和减弱浮动汇率机制的作用和功能。

人民币汇率波动区间不应一成不变

2015—2018年,人民币兑美元汇率弹性逐步增强,双向浮动特征明显,改变了长期以来形成的单边走势,中间价维持在1∶6～1∶7区间运行,人民币对一篮子货币汇率保持基本稳定。为此,国际货币基金组织的评估报告认为"人民币汇率与中国经济基本面大体相符"。在此期间人民币汇率弹性增强但又基本稳定的状态得益于宏观经济的支持。这四年中,我国经济增长总体上较为平稳,季度GDP波动不超过0.2个百分点,年度经济增长速度运行在6.6%～6.9%区间。就业保持良好状况,2015—2018年,全国城镇登记失业率连续低于4.05%。在2016年国际收支出现逆差之后,2017年国际收支再度呈现双顺差格局。2018年经常项下顺差明显减少,但资本项下的状况总体上较为平稳,国际收支依然呈现顺差格局。外商直接投资在进一步开放政策的推动下保持了平稳增长,全年增速达3%。平稳运行的宏观经济和总体平衡的国际收支给定了人民币汇率的合理均衡水平区间。可以认为,2015—2018年美元兑人民币汇率运行在1∶6～1∶7区间与人民币汇率合理均衡水平区间是基本吻合的。

当前,中国经济正面临新的挑战。随着内外部冲击使得中国宏观经济和国际收支发生深刻变化,人民币汇率的合理均衡水平区间也正在发生相应变化。虽然我国经济增长拥有巨大潜力,宏观政策仍有很大的施展空间,2019年我国宏观经济和国际收支已经并正在发生深刻变化;但从当前和未来一个时期看,人民币汇率合理均衡水平区间出现一定程度的下移也是正常的,不能以静态眼光来看待人民币汇率合理均衡水平的区间。

　　同时,由美国挑起的国际贸易摩擦导致全球恐慌情绪上升,引发全球市场避险情绪持续抬升。而美元通常是最受关注的避险货币,美元指数阶段性走强一定程度上会对人民币汇率产生贬值压力。

　　伴随着国际环境不确定性和不稳定性的上升,我国宏观经济和国际收支的变化、美元受避险因素推动而走强等一系列因素,都将在增大人民币汇率弹性的同时带来贬值压力,推动人民币汇率波动区间移动。这种区间的移动具体受市场预期变化和供求关系的直接影响。尽管外汇市场存在一定程度的投机因素,但从整体上看,波动区间需要而且应该适度移动。此时,运用各种政策工具守住某一数值关口是没有必要的。这样做不仅会浪费有限的政策资源,还将妨碍汇率形成机制改革的推进,甚至在短期内会助长市场的投机行为。既然是浮动汇率制,那么市场就应该接受人民币汇率的适度波动以及波动区间的合理位移,以真正培育起弹性汇率的市场化理念。

不必担忧人民币汇率波动失控

　　市场出现投机活动并带来很大的短期贬值压力,可能是当前守住某一数值关口的重要理由。2015 年夏天,我国采取主动一次性贬值 1.9％的策略释放贬值压力,结果市场形成了较为强烈的当局有意推动贬值的普遍预期;而当时资本流出管理尚存在许多不足,加之股票市场大幅波动,美联储又启动加息周期,人民币承受了较大的贬值压力。而当前人民币贬值主要是美国加征关税升级和避险需求推高美元导致市场供求关系和预期改变所致;主管部门并没有有意为之,也从未释放希望贬值的信号。近年来,我国已经积累了较为丰富的资本流动和外汇市场的管理经验,相关机制不断完善并较为有效。美联储货币政策又按兵不动,甚至还有降息预期。事实上,人民币合理贬值既顺应了市场供求关系变动的趋势,又与当前的市场预期相匹配;在当前维稳意愿较为明确的政策环境下,市场对贬值的节奏和幅度应该会有合理的预期和判断。退一步说,即使出现由投机行为导致的汇率较大幅度的波动,现有的宏观政策调节手段和市场管理工具,也应该能够有效地打击投机活动,不必担忧突破1∶7后人民币汇率波动会失控,人民币汇率应该有能力在新的合理均衡水平区间在波动中保持基本稳定。

未来可以在以下五方面进一步完善政策举措来对人民币贬值压力和跨境资金流动进行有效管理,构建外汇市场、资本流动、关联市场、宏观经济等四道防线,形成综合、立体的应对举措体系。

一是坚持阶段性底线思维,综合运用多种工具稳定市场汇率,防止过度波动。监管部门和外汇管理部门调节汇率的方式涉及多个维度,包括调节供求关系(离在岸市场)、调整汇率形成机制、调节交易成本、影响引导预期和直接参与交易等。监管部门应坚持阶段性底线思维,必要时审慎运用宏观政策进行逆周期调节,保持人民币汇率在合理均衡水平区间基本稳定。逆周期调节因子、外汇风险准备金等工具可以择机采用。切实发挥好外汇储备在稳定汇率上的作用,在必要时及时使用外汇储备直接入市进行干预。考虑到离岸市场的投机做空是导致汇率形成单边贬值预期的主因,建议除了继续择机在离岸市场发行央票外,诸如离岸人民币存款准备金等工具可以适时重启,必要时委托中资大行直接干预以影响离岸市场汇价。不断完善人民币汇率形成机制,平衡好市场供求关系,保持对一篮子货币基本稳定和稳定市场预期三者之间的关系,保持人民币汇率预期基本稳定。2019年5月以来,人民币承受了新一轮贬值压力,目前已经采取了相关举措来减缓市场贬值压力,取得了良好的效果。迄今为止,仍有不少工具尚未使用。未来各类工具的综合性运用,相信可以取得更好的政策效果。

二是及时发挥好预期管理作用。预期管理是宏观调节和金融管理的重要内容。理性预期学派认为,预期的形成本身就是经济行为的一个组成部分,应该成为经济分析的对象。消费者和企业不仅是宏观经济政策的调节对象,也以其预期引导下的经济行为影响宏观经济政策的制定。因此,金融市场预期引导至关重要,外汇市场需要培育理性预期。为有效促进理性预期的形成,外汇市场预期管理和沟通能力需要进一步提高。外汇市场预期管理要坚持及时性、前瞻性和一致性原则。要加强与市场的沟通和宣导,及时向市场转达有关汇率政策意图,防止市场对政策产生误解。尤其是要清晰告知市场有关汇率波动容忍程度的政策底线,最大限度地减少市场误读,并抑制市场投机思维。预期管理一定要有前瞻性,要对汇率走势密切跟踪监测,提前进行预判,准备相关预案,及时进行前瞻性的引导和管理。一致性是预期管理最为重要的原则,如果实际行动和口头宣导不一致,或是前后行动不一致,则会导致市场对货币监管部门的不信任。因此,在维持汇率基本稳定、及时进行汇率调节以及加强宏观政策逆周期调节等方面,一定要"说到做到",给市场以清晰和明确的信号。

三是加强和完善对跨境资金流动的管控。在汇率贬值预期上升、资金流出压力较大时,对企业境外直接投资、收购并购、进口贸易以及个人购汇等加强真实性审查,或延长审批时间,必要时对大额购汇予以暂时停止。为防止资金从资本市场快速撤离,必要时从严管理沪港通、深港通、QDII以及自贸区FT账户等的额度。加大力度打击跨境资金流出的违法违规行为,大幅增加外汇违法违规的成本。建议研究对跨境资本流动征收托宾税等更为市场化的管理工具。

四是高度警惕并有效管理股市、汇市等市场相互传染和联动,放大市场波动的风险。在外部冲击过大、资金流出压力上升、市场信心脆弱的情形下,有可能形成各类市场联动互动、相互传染的局面,甚至形成系统性金融风险。如果汇率大幅贬值与资本外流相互促进和相互加强,就有可能带动包括股市和房市在内的资产价格大幅下降,从而会对经济产生较大负面影响。必须采取有效手段,密切关注各类市场运行情况。由于股市资金流动频繁、影响范围广、对汇率波动十分敏感,要特别加强对股市的引导和管理,必要时直接进行干预,防止出现汇率快速贬值和股市大幅下跌相互影响、相互推动、形成恶性循环的局面。

五是宏观政策及时加大逆周期调节力度,以中国经济的良好基本面为外汇市场平稳运行奠定基础。在人民币存在贬值压力的情形下,防止市场形成持续显著贬值预期的关键是确保中国经济平稳运行。一方面在重点领域应进一步推动改革,包括财税体制、农村经济和金融供给侧结构性改革等等;另一方面在短期内要切实加大逆周期调节力度。建议积极的财政政策进一步发力,在降税减费上加快出台更具实效的举措;基建投资应进一步加码,加快重大工程项目的审批和下放速度,加大金融支持力度,促进基建投资增速明显回升。货币政策在保持稳健的基调下,建议尽快向市场传递中性偏松的政策信号。在外部冲击骤然扩大时,及时小幅下调存贷款基准利率和存款准备金率;运用公开市场操作工具,加大流动性投放力度,让货币市场利率水平在平稳中适度下行;与此同时,定向降准、再贷款等结构性调控政策可以针对性地实施。

Part 6

拓展人民币国际化和审慎管理资本流动

中国经济的发展和进一步开放需要推进资本和金融账户的开放以及人民币在资本项下的可自由兑换。而实现人民币汇率基本稳定和国际化的战略目标，又要求未来一个时期理性审慎地推进资本和金融账户的开放，稳步推进人民币资本下的可自由兑换。这一部分共选入 8 篇文章，阐述了一系列重要观点，包括未来一个时期应非对称地管理资本流动，审慎管理境内企业和居民，尤其是高净值人群兑换外汇的需求，保持资本双向流动的平衡性；加快步伐发展"一带一路"人民币国际化，推动"负债型＋资本项"模式下的人民币国际化；充足的黄金储备是人民币国际化的"压舱石"，应大幅增加国家黄金储备。了解这些观点将有助于更好地把握未来相关政策变化和市场发展趋势。

理性审慎地推进资本和金融账户开放①

实现资本和金融账户开放是中国金融业改革开放的重要战略目标。其具体内容包括基本放开跨境资本流动管制以及人民币在资本和金融账户下实现基本可兑换。

当前和未来一个时期，从市场需求和国家战略的角度看，有必要进一步推进资本和金融账户开放步伐，针对性地实施重点突破。但根据目前国际环境和中国实际状况，开放资本和金融账户是一项高风险的操作，宏观上应审慎，微观上应稳健。

进一步开放是必然要求

人民币资本和金融账户的开放意味着取消对人民币兑换的管制，不仅在国际收支经常性往来中可将人民币自由兑换为其他货币，而且在资本项目下也可以自由兑换，同时还放开跨境资本流动的管制。根据 IMF《汇兑安排与汇兑限制年报》中资本项目交易的分类标准（共 7 大类 43 项），并结合中国资本项目外汇管理现状，分为可兑换、基本可兑换、部分可兑换和不可兑换四类。其中可兑换是指对汇兑基本没有管制，经过主管部门或银行真实性审核后可以做的项目，如境内商业银行向国外发放贷款、中国居民从境外继承遗产等交易，可以直接办理，无需审批；基本可兑换是指整个项目限制不多，经过核准或登记后可以做的项目，如对外直接投资，在汇兑环节没有前置性审批，只需作境外直接投资外汇登记。

当前对是否加快资本和金融账户开放步伐存在不同看法。我认为，

_____

① 本文发表于 2016 年 1 月 18 日《经济观察报》。

资本和金融账户进一步开放是中国经济国际化发展至较高水平的必然要求。

经过改革开放 30 余年的发展,中国对外贸易的依存度已达到了较高水平。当前中国已进入资本输出加快发展阶段,企业和居民对外投资的需求不断扩大。经济国际化的现实表明,一国对外贸易经历了高速发展,并在国际市场居一席之地之后,势必会产生资本输出的需求。因为企业和投资者产生了在全球范围内获取和优化配置资源、有效规避风险的需求。近年来,为了获得稳定的市场和先进技术,中国企业对外直接投资快速发展。2005 年中国对外直接投资仅为 122.6 亿美元,累计净额为 572 亿美元。截至 2014 年底,中国 1.85 万家境内投资者设立对外直接投资企业近 3 万家,分布在全球 186 个国家(地区);中国对外直接投资余额达 8826.4 亿美元,占全球外国直接投资存量份额的 3.4%,在全球分国家和地区的对外直接投资存量中排名第 8。

需要指出的是,由于中国对外直接投资起步较晚,在对外投资存量上与发达国家相比仍有较大差距;但如果从流量指标来看,2014 年对外直接投资 1231.2 亿美元,表明中国已成为世界三大对外投资国之一。未来随着国内居民财富的增长,个人对外投资包括设立企业、收购兼并、投资房产和金融资产的需求也将与日俱增。不断增长的全球资产配置需求催生了进一步放开资本和金融账户管制的需求。

推进资本和金融账户开放是加强和规范跨境资本流动管理的需要。一种国际经济学观点认为,经常账户一旦实现可兑换,资本账户管制就有可能形同虚设,资本管制的效力就会逐步减弱,因为部分资本可以通过经常账户"曲线"出入。近十多年来,中国的情况也可以说是一个典型的案例。2013 年 1—12 月,在美日欧等海外发达经济体弱复苏的大背景下,中国内地对香港出口(主要是转口贸易)增速依然高达 19%,有不少证据表明其中部分是海外资本借道香港转口贸易流入国内。这种"灰色"资本流入往往走经常项下,对其进行监测和管理存在一定困难。因此,若放开资本和金融账户管制,资本进出有了正规渠道,资本流动就可以从"灰色"走向"阳光";不仅经常账户"失真"得以部分缓解,而且有助于增加资本流动的透明度以及对资本流动的规范管理。

平衡国际收支和减轻人民币阶段性升贬值压力,需要加快资本和金融账户开放步伐。一个时期以来,人民币升值压力主要来自经常账户顺差,但近年来这一状况已经明显改变。2011年、2012年、2013年和2014年,中国经常账户顺差占GDP比例均低于3%,且呈逐年递减态势。如果扣除经常账户中的部分顺差是由资本流入带来的这一因素,实际比例更低。

人们通常将这一比例低于国际可接受的4%的现象拿来证明人民币汇率离均衡水平已经不远。但事实上,近年来人民币汇率受资本流动的影响越来越大。2011年下半年以来,人民币汇率由升值预期和市场压力很大到贬值预期和市场压力很大又回复到前者,经历了少有的跌宕起伏,而在此期间出口的实际变化却并不大。甚至有的时间段出现贸易顺差减少但人民币升值压力增大的现象。反过来也出现了贸易顺差持续扩大而人民币贬值压力增大的现象,如2015年以来即是例证。国际收支顺差的重要推手是资本流动和资产币种形态的变化,其背后的主因是投资收益差、利差和汇差。其中,以前两者为主,后者为辅。未来一个时期,一方面,中国经济在周期性、结构性和外生性因素叠加的影响下增速较两位数明显回落,资本会呈现阶段性流出的压力;另一方面,鉴于中国经济依然会保持中高速的增长,国内融资需求相对较高的情况下市场实际利率依然偏高,对国际资本仍会有很大的吸引力。同时中美贸易结构导致中国对美国贸易有较大顺差的格局难以在短期内根本改变。在这种复杂的态势下,人民币汇率很可能阶段性"双向波动"与"小幅升贬值"交替进行。由此,当前和未来一个时期推进资本和金融账户开放,放宽资本进出入渠道,有助于促进资本双向平衡流动。

实现资本和金融账户基本可兑换符合人民币国际化发展的要求。鉴于以美元为核心的不合理的国际货币体系不可能在可预见的历史时期内根本改变,多元化的国际货币体系是唯一有利于中国的改革方向。目前人民币已经实现了在双边贸易和投资中的清算结算,人民币境外直接投资、境外对境内的直接投资、债市投资和对外借贷的制度安排正在逐步实施。虽然人民币现已加入SDR货币篮子,但从作为支付结算货币、投资交易货币和储备货币的三种功能来看,目前人民币国际化仍属初步阶段。

未来应使人民币逐渐成为国内外企业和个人在各类跨境交易中广泛使用的货币,并朝主要储备货币的目标迈进。而人民币资本和金融账户不可兑换已成为国际化的主要障碍,很难想象一个主要国际货币无法进行自由兑换。尤其是资本和金融账户下的不可兑换会制约人民币成为投资交易货币和储备货币。境外人民币的存量保持较快增长,从而产生了越来越多的境外人民币可兑换的需求。比如境外机构投资境内市场后将人民币兑换为美元汇回,境内机构"走出去"将美元收入兑换为人民币用于境内支付,尤其是为了规避汇率风险而产生的汇兑需求等。这些切实的汇兑需求将会是人民币资本和金融账户开放的重要推动力。为使人民币稳步发展成为国际货币,当前很有必要进一步推进资本和金融账户开放。

目前,人民币资本和金融账户基本开放已经具备了较好的经济条件。一是宏观经济稳定运行。虽然近年来经济增长逐步放缓,但在新常态下,经济增长未来5~10年仍可能运行在7%左右的中高速区间。二是金融体系趋于完善并运行平稳。中国已经建立起包括资本市场、货币市场、期货市场与外汇市场等主要市场在内的金融市场体系,市场参与主体积极性不断提高;基础金融工具日趋多元;金融监管日趋完善。三是具备较强的抵御风险能力。截至2015年末,中国外汇储备规模仍达约3.3万亿美元,这能够为保持外汇收支在趋势上大体平衡、降低资本和金融账户开放带来的债务风险提供足够的保障。四是公共债务和外债水平都不高,尤其是中央政府财政状况良好。

"五高"状态下的开放风险

当前,从宏观条件上看,中国经济相比相关国家实现资本和金融账户开放的条件似乎更成熟一些。但所谓条件都是相对而言的。我们应该清醒地认识到,当前中国经济潜在增长速度已明显回落,"人口红利"和"入世红利"正在趋弱;产能过剩严重,房地产局部泡沫继续发展,投资回报率和资源配置效率不断走低。未来推进资本和金融账户开放,战略上有必要十分审慎。

从外部环境看,欧债问题将长期存在,国际金融市场依然动荡不安,且全球流动性泛滥;发达经济体政府债务包袱始终挥之不去;货币政策总体上会继续宽松。但美国经济毕竟在继续复苏过程之中,美联储加息已经落地并会形成上行通道;欧盟和日本经济状况也在改善之中。而与之形成对照的是,中国经济增速持续回落,资本市场剧烈动荡,人民币一次性贬值带来较强的趋势性贬值预期。在这种情况下,中国资本和金融账户开放迅速实现,可能会对境内资本市场和外汇市场带来不确定因素。

尤其应当看到,加快推进资本和金融账户开放将给中国经济带来一个新的系统性变量,由此可能培育形成系统性风险的诱因。中国改革开放以来经济持续高速增长的同时,大量资本流入境内,外汇占款、外汇储备和人民币汇率等相关数据都已清楚地说明了这一点。例如,截至2015年5月末,央行口径外汇占款为26.77万亿元;2015年末,外汇储备余额约为3.3万亿美元。对于一个拥有大量外来资本的经济体来说,未来真正有杀伤力的风险显然已经不是资本的进一步流入而是一朝撤离!一个很形象的比喻是"水落石出"。一旦资本大规模撤出中国,必然带来人民币资产价格持续下跌,股市、债市、汇市和房市必将大幅走低。根据中国的外汇干预能力,若短期内资本流出,当局应该有能力保持人民币汇率运行在合理水平;但伴随而来的人民币资产价格下跌却是难以阻挡的,经济增长必将遭受重挫,而这又会反过来加剧资本持续大规模的流出,这种状况可能就是近年来人们一直议论的所谓系统性风险的狰狞面目。

当前,房地产、融资平台和影子银行的风险正在积累,短期而言虽有局部风险但无系统性风险。以中国经济实力和财政金融状况而言,在无大规模外来变量的影响之下,政府有能力控制上述领域的问题及其可能引起的系统性风险。而在资本和金融账户开放实现后,短期资本大规模的迅速撤出有可能使上述领域的风险状况迅速恶化,金融体系系统性风险发生的概率将陡然增大,对此我们没有理由掉以轻心。

国际经验表明,国家若有"五高"则可能已是"病入膏肓"。这个"五高"即是物价高、工资高、房价高、股价高和汇率高。"五高"的实质是高杠杆率、资产泡沫和成本高企。20世纪90年代中期,日本就是在这"五高"的"繁荣"下经济运行发生逆转走向衰落的。因为"五高"之下,经济体成本高企导致国际竞争力大幅削弱,价格高悬促使投资者抛弃本币资产夺路出逃，以将盈利切实收入囊中。当前，中国部分地区的房价在全球来看也属偏高，而物价和工资也在节节攀升，已经和正在接近或超过周边较高水平的国家和地区。未来在工资和物价持续上升的同时，股市大幅度上涨，而巨额的货币存量和不断流入的境外资本为这种趋势性恶性逆转提供了货币金融条件。2015年第二至第三季度以及2016年初，中国股市暴涨后暴跌伴随着人民币汇率大幅震荡，似乎已经露出了端倪。在这种情形下，中国尤其需要关注资本骤然大幅流出的风险。

在资本和金融账户基本管制的条件下，资本外流受到诸多限制，资本大规模迅速流出很难成为现实。而在资本和金融账户基本开放的条件下情况恰好相反。

国际经济运行中存在着一个很符合逻辑的现象：当一个发展中经济体在快速发展的同时政策走向开放时，国内对于资本的需求和高投资回报对境外资本产生了持续的吸引力，会推动资本流入该经济体以及相关管理政策和制度的放松。中国长期实施并不断加强利用外资优惠政策就是一个十分典型的案例。当这类经济体高速成长之后，很自然地又会产生资产配置多元化、分散风险和减轻过多资本流入压力的需求，继而会推动资本流出相关管理政策和制度的放松。在这一点上，曾经大规模实施引进外资政策的经济体，往往后来资本流出相关政策制度放松的需求更大。过去亚洲和拉美的一些新兴经济体都曾经历过差不多的惨痛经历，中国目前可能正处在这样的阶段，我们当前的重要任务就是避免出现类似的灾难性后果。这就需要资本和金融账户开放的推进在宏观上采取审慎的方针。

从国际经验看，在金融自由化推进后直至危机形成，一些国家货币当局在政策实施方向、时间、步骤和方法上存在一系列失当之处，其根源就在于盲目自信和判断失误；当局应对出错往往会将局部或一般危机推向更加深重的系统性危机。

协调市场化与账户开放

鉴于其内在逻辑上的密切关系，未来需要协同推进利率、汇率市场化以及资本和金融账户开放改革。利率、汇率市场化是资本和金融账户开放的重要前提条件之一,利率、汇率市场化改革应先于或快于资本和金融账户开放。如果在利率与汇率依然存在较多管制的前提下全面开放资本和金融账户,就缺乏资金和货币价格的调节机制,这无异于向国内外投机者敞开机会之门。下一步存款利率市场化和汇率波动幅度扩大应同步向前推进。在当前利率、汇率市场化尚未完成的情况下,保持一定程度的资本管制特别是对短期资本流动的管制十分必要。

跨境资本流动规模越大、越频繁,利率和汇率之间的相互影响、相互制约就越明显。尽管原则上两者看似可以同时推进,但考虑到各自的条件、时机不尽相同,很难做到完全、准确的同步。为避免相互掣肘、确保改革的平稳推进,可以在对资本和金融账户保持一定管制的情况下继续推进利率、汇率市场化改革。特别是考虑到短期资本对利率和汇率变化较为敏感,不但在推进利率、汇率市场化改革时应对短期资本流动进行严格管制,即便是在资本和金融账户开放迅速推进之后,对诸如此类的资本流动还应保持一定程度的管制。但这也不意味着资本和金融账户开放一定要等到利率和汇率市场化完成之后再推进。在遵循"先流入,后流出;先长期,后短期;先机构,后个人"的总体原则下,可以选择对利率和汇率冲击不大的项目与利率和汇率市场化同时推进。

资本和金融账户开放推进需要兼顾汇率稳定和货币政策独立性。"不可能三角"理论认为,如果一国政府实行资本自由流动,那么只能在固定汇率制度和独立有效的货币政策中二选一。这一点似已在 20 世纪 90 年代以来一些发达国家和新兴经济体的危机中得到证实。

从当前和未来一个时期看,保持人民币汇率基本稳定仍是必要的政策选项。因为尽管中国经济正在主动调整结构,努力降低经济增长对外依赖的程度,转而更多地依靠内需拉动,但迄今为止外需仍在拉动经济增长中发挥着重要作用,尤其是解决了相当规模劳动力的就业。而在中美贸易明显不平衡格局仍将维持的趋势下,未来一个时期人民币仍将被动盯住美元,实际运行状态既非固定汇率也不是完全自由浮动,而可能是双向波动、适度升贬值。

自 2005 年人民币汇率形成机制改革以来,伴随着经济较快增长和境内外利差较大,境外资本持续较大规模的流入对货币政策带来了不小的挑战。在维护人民币汇率相对稳定的同时,外汇占款大幅增加,外汇储备迅速攀升;与此同时货币投放持续增大,不得已通过存款准备金率和公开市场操作大量回收流动性,央行资产负债币种明显错配,货币政策的独立性面临严峻考验。而目前发生的状况正好相反。随着经济增长持续放缓,外汇占款大幅减少,外汇储备骤然下降,人民币贬值压力持续较大,央行又展开了反方向的逆周期调节降低存准率,投放流动性。未来资本和金融账户开放如果合理推进,促使资本流动相对较为平衡,则应当有利于货币政策独立性状况的改善;而如果资本和金融账户开放过快过大,则有可能给货币政策带来新的更大的压力。因此,未来审慎推进资本和金融账户开放,有助于在汇率小幅波动的情况下保持货币政策的独立性。

宏观审慎和微观稳健

与经常项目可兑换具有国际统一标准不同,资本账户可兑换只是有些基本的要求,如负面清单管理,取消境外收入强制调回要求和取消外汇交易的实需原则,等等。事实上,其中有的基本要求中国已初步实现。负面清单可根据国情来加以设计,与国际做法基本接轨。取消外汇交易的实需原则也可以在未来逐步推进。由此可见,未来在不长的时间段内,实现资本和金融账户的基本开放还是有可能的。

未来实现资本和金融账户基本开放应秉承宏观审慎原则,即在宏观上构建管理和保障资本和金融账户开放平稳运行的体系和框架。一是合理和稳妥地设计资本和金融账户基本开放的步骤和路径。二是进一步深化人民币汇率制度改革,通过提高汇率灵活性来发挥调节资本流动的功能。三是构建稳健又有弹性的外债管理体系,为稳定资本流动创造良好的条件。四是保持境内市场流动性充裕并稳定,规避境内流动性波动对资本流动产生的负面影响。五是合理做好征收托宾税的制度安排,以提高对危机的反应和处置能力。六是建立与国际接轨的跨境资金流动统计监测体系,针对性地开展情景分析和压力测试,以前瞻、透明地监测跨境资本流动。

实现资本和金融账户基本开放需要稳健的微观管理。未来有必要通过制度完善来保障资本和金融账户基本开放的平稳推进。应从谨慎原则出发,合理设计资本和金融账户资本流出的相关制度安排,尤其是审慎放开金融账户中证券投资流出入的限制,长期保留一定程度的、有弹性的限制。应有机协调好资本管制和汇兑管制。在汇兑管制十分严格的条件下放开资本管制的意义不大,而风险较大的就在于资本管制的放松。因此汇兑管制的放松可在前且步伐可以大些,资本管制步伐可慢些,更谨慎些。在资本和金融账户开放过程中,尤其应关注银行体系相关管理制度的设计和安排,因为跨境资本流动和货币兑换活动基本都通过银行来展开;商业银行相关制度和流程的针对性安排应当是金融机构宏微观审慎管理的不可缺少的构成部分。这也是从部分亚洲和拉美国家金融危机中得出的重要经验教训。

在资本和金融账户开放进一步推进时,应确保并加强市场干预能力,即当局应保持充足的外汇储备,以有效应对市场发生的动荡。从部分发展中经济体的教训看,外汇储备的匮乏导致的市场干预能力不足也是资本寻机外逃的重要原因。中国自 2005 年汇改以来外汇储备总量迅速攀升,虽然 2016 年以来从高峰回落,但仍是世界最大的外汇储备拥有国。未来随着资本流出步伐的加快,资本和金融账户已经出现阶段性逆差,不排除外汇储备总量未来会持续出现一定程度下降的可能性。为保证资本和金融账户开放进程中当局拥有强大的市场干预能力,并给市场带来稳定的预期,未来中国仍应拥有充足的外汇储备,同时合理地安排好资产结构和期限结构。

人民币国际化渐入深水区[①]

经过五年的发展，人民币国际化取得了一系列成果，交出了一份令人瞩目的成绩单。

据央行统计，2014年前三季度，跨境人民币结算金额已经超过了4.8万亿元，而2009年全年只有不到36亿元。SWIFT的报告显示，2014年7月人民币在全球支付货币中的市场份额进一步提升至1.57%，人民币在使用最多的全球支付货币中排名第七位。

五年来，随着跨境人民币业务快速发展，人民币国际化已经迈开了坚实步伐。目前人民币国际化究竟处在什么样的阶段或状态？未来需要进一步朝哪些方向发展和实施突破？未来进一步发展取决于哪些因素？这些是当下需要认真思考的问题。

人民币国际化初级阶段

如果将人民币国际化发展与过去的英镑、美元以及稍显逊色的日元和欧元发展历程相比较，形象地说，目前人民币还只是处在少儿时代，即人民币国际化目前尚处在一个初级发展阶段。在这一阶段，贸易领域的人民币跨境使用得到了快速发展。当下人民币国际化最主要的成果体现在与商品和服务贸易有关的方面。但在金融领域，人民币国际化的水平还很低。例如：人民币用作跨境借贷货币的规模基本上可以忽略不计；人民币作为国际投资货币才刚起步，规模相对较小；人民币在国际债券和衍生产品交易中的使用较为有限；人民币在外汇交易中的使用规模虽排

[①] 本文发表于2014年12月31日《第一财经日报》。

名第九,但实际占比不高;人民币作为多国官方储备货币尚十分有限。

总之,除了支付结算功能外,人民币在作为国际货币的另外两项功能(交易货币和储备货币)方面发展的水平还很低。这也表明,人民币在国际金融领域内的使用还只是初步的。人民币要最终成为跟美元和欧元并驾齐驱的国际货币,未来要加大力度地推进在借贷货币、交易货币、投资货币、储备货币四个方面功能的发展。

人民币国际化要在金融领域实现突破

在下一个五年,金融领域跨境使用人民币要得到长足的发展取决于六个方面的因素。

一是资本输出的需求与发展速度。这对于人民币国际化来说十分重要,因为资本输出是带动本国货币国际化的重要手段和途径。第二次世界大战后初期,美国的马歇尔计划拉动美国对西欧投资,成为美元国际化的重要驱动力。近年来,中国已经显示出贸易大国向资本输出大国转变的姿态。当前直接投资对外的步伐逐步加快,这意味着我国现在对外开放达到了一个新的水平,越来越多的境内经济主体有意愿要进行跨境投资。中国已经开始展现出一个资本输出大国的面貌,2014 年我国很可能成为直接投资的净输出国。未来这个步伐应该会稳定地向前推进,而且速度会有所加快,从长期看我国对外资本输出会越来越大。鉴于近年来人民币已经有了较大的升值,未来的币值会较为稳定;我国资本输出扩大将会持续带来使用人民币对外投资的需求,成为人民币国际化新的重要的驱动力。

二是资本和金融账户的开放程度。事实上,人民币在境外金融中心已经实现了资本和金融账户下的基本可兑换,因而才造就了离岸人民币市场;但在境内却仍有不小的限制,或为基本上可兑换。尽管人民币回流机制的制度框架基本形成,但人民币资本和金融账户诸多限制的存在,必然制约人民币作为交易货币和储备货币的功能,导致人民币作为国际流通货币的便利性和避险性功能大大逊色于美元和欧元,国际社会持有人民币的意愿必然会减弱。目前,我国资本和金融账户开放程度不高,经济国际化的总体水平与资本输出巨大的潜在需求之间尚存在一定差距,两者目前未能很好地匹配。资本和金融账户开放程度涉及货币的可兑换性和资本移动的便利性等有关货币国际化的关键问题。这方面管制的逐步放开将在很大程度上有助于人民币国际化发展,反之亦然。

三是利率和汇率的市场化。下一个五年,人民币国际化要在金融领域中获得突破,利率和汇率市场化就显得特别重要。随着人民币国际化发展,局部地区出现一些套汇套利的现象是难以避免的。关键是如何使利率、汇率机制更加市场化,从而能够在很短的时间内把不同市场的差价推平。人民币汇率和利率的市场化程度较高将使人民币作为资金和货币的价格富有弹性,可以更好地调节市场的需求并有助于控制利率风险和汇率风险,这将会有效地助推人民币国际化。反之,在人民币国际化加快步伐的同时,人民币汇率和利率的市场化较为滞后,则境内人民币市场容易受到冲击,货币政策可能会承受较大的压力,甚至处在较为被动的状态。

四是境内金融市场的发展和完善。这是一个国家的货币能否成为国际货币的最重要因素之一。美元为什么能够持续成为国际货币?当然跟美国政治、经济、军事各方面的实力和条件有关,同时与美国的金融市场,包括股票、债券市场,尤其是衍生产品市场发达有关。当遇到危机时,用美元可以持有美国政府的债券,而美国政府债券的信用程度是所有政府债券中最高的,因此美元往往在危机中能够保持坚挺并成为人们追逐的对象。其实,人们真正追逐的还不完全是美元,而是美国金融市场上提供的各种产品,各种信用级别比较高的投资产品。这说明,作为资产货币的投资和避险功能是美元作为国际货币的极其重要的属性。因此,对人民币国际化来说,未来境内金融市场的发展和完善非常重要。没有投资便利、产品丰富、规模巨大和对外开放的金融市场,人民币要成为真正的国际货币几乎是不可能的。目前我国金融市场开放度、市场深度和规模都不够,跟国际市场相比衍生产品相对比较单一。未来金融市场不仅需要扩大规模、深度拓展,尤其是衍生产品市场要达到相当大的规模;而且需要扩大对外开放,使得境外持有人民币的投资者能够在市场上进行便利的投资,或者至少能运用这个市场控制人民币的汇率风险、利率风险等。

这对于下一步的人民币国际化至关重要。

五是中资跨国银行的全球发展水平。从各国货币国际化的进程中可以看到,本国银行体系在全球的拓展为这个国家的货币在全球的布局提供了不可或缺的平台。借贷货币的推行主体主要是商业银行。境内的商业银行及其在境外的分支机构共同推进借贷业务,这是未来人民币作为借贷货币发展的重要促进因素。通过全球布局的银行体系,不仅可以推进人民币的借贷业务,还可以提供支付结算等各方面的功能,这将有助于人民币国际化战略的落地。目前,中资银行虽然全球排名靠前,但其国际化程度较为有限。5家大型银行跻身全球20强,但真正属于全球系统重要银行的仅有一家。中资银行的国际化任重而道远。人民币国际化和中资银行国际化应同步、携手向前。

六是货币政策与货币环境的国内外趋同程度。从借贷功能看,目前国内外货币政策趋同程度不高,致使人民币借贷业务难以有效开展。如境内银行对境外项目的人民币进行贷款,因人民币利率明显高于境外主要国际货币,市场基本没有需求。香港离岸市场上也因为利率水平高的原因,使人民币贷款需求十分有限。但未来市场状况可能会发生改变。比如说美国QE政策要退出,可能会走上逐步升息的道路。如果我国利率水平保持不变或有所下降,美国逐步升息后,境内外利差会逐步缩小。若干年后,如果出现境内外利率差异水平逐步趋于缩小的状况,开展人民币境外贷款业务就可能会有空间。这种货币金融环境的出现取决于全球主要经济体经济运行及其政策的变化,不应刻意去追求,毕竟整个经济体的宏观政策需要比起货币国际化需求来得更为重要。因此,只有等待合适的机会。未来应及时把握住可能出现的机遇,加快步伐推进人民币境外借贷业务。

未来,人民币国际化要在金融领域内获得突破,与上述方面有着非常密切的逻辑关系。可以说,人民币国际化已渐入深水区。下一步所涉及的相关改革和开放都可能是攻坚克难类型的工作,并伴有一定的风险。随着人民币在金融领域使用的发展,当局应尽快推进有关人民币进一步国际化的风险控制研究,做出规划,前瞻地安排应对举措,未雨绸缪。

人民币加入 SDR 是水到渠成^①

  "万山不许一溪奔,拦得溪声日夜喧。到得前头山脚尽,堂堂溪水出前村。"在人民币加入特别提款权(SDR)议题再度引发国内外广泛关注的当下,重读南宋诗人杨万里的七绝《桂源铺》,令人平生几许感慨!

何谓 SDR

  所谓 SDR,即 Special Drawing Right,中文译为特别提款权,是国际货币基金组织(IMF)在 1969 年 9 月创设的一种储备货币工具,主要目的是为了弥补国际清偿能力不足,只能由中央银行持有。SDR 是一种账面资产,可以用来进行国际支付,主要是在成员国的官方之间进行支付清算、借贷和还本付息,包括向 IMF 借贷的还本付息。SDR 的另一个使用方式是由 IMF 指定某一个成员国为需要兑换外汇的国家提供外汇,SDR 只有兑换成外汇,其价值才能用于国际市场的支付和清偿。所以 SDR 的使用范围是很有限的,主要是在官方领域。

  创设 SDR 主要是为了弥补国际清偿能力的不足。IMF 的会员需要交纳会费,也就是份额。根据 IMF 的规定,成员国也可以向 IMF 通过贷款方式来提取所交的份额,这就是普通提款权。但随着国际经济的发展,成员国尤其是发展中国家普遍感到外汇短缺,事实上就是国际清偿能力不足。在这种情况下,IMF 创设了 SDR 这种具有一定储备货币功能的账面资产,参加国可按其份额无条件享有分配额度。

  最初的时候 SDR 有五种货币来定值,后来由于欧元的出现,目前为

---

① 本文发表于 2015 年 11 月 21 日《新民晚报》。

四种货币。其中美元所占的比重约是 41%，欧元大概占到 37%，英镑约占 11%，日元大约占到 9%。根据目前的情况，如果近期人民币能够进入 SDR 货币篮子——即成为 SDR 的一种定值货币，估计人民币所占的比重可能会达到 15% 左右，也就是说会高于英镑和日元。当然，由于人民币的加入，其他四种货币的份额都会相应地有所下降。

加入 SDR 对人民币国际化的意义

加入 SDR 对我们国家有什么好处呢？中国在加入世界贸易组织之后，贸易获得迅速发展，毫无疑问中国现在是一个贸易大国。虽然中国的银行业规模不小，但中国金融领域的开放程度还比较低，开放发展速度还比较慢。就其国际影响力来看，中国目前还不是一个金融大国。在从贸易大国走向金融大国包括投资大国的过程当中，货币金融领域还需要有许多突破性的进展。

IMF 规定，一国货币如果要进入 SDR 货币篮子、成为 SDR 的定值货币，需要符合两个条件。即该货币的经济体在过去五年里，商品和贸易额排名全球前列；该货币在国际上广泛使用和广泛交易。从专业和技术角度来看，人民币基本上已经具备了上述条件和资格，可以进入 SDR 货币篮子，目前需要通过相关程序来推进人民币进入 SDR 的过程。目前来看推进过程还比较顺利，近期人民币加入 SDR 货币篮子的可能性还是比较大的。

从 2009 年开始推进国际化以来 6 年左右的时间，人民币在贸易领域支付结算方面的使用得到了快速的发展，目前已经占到了不低的比重。但人民币在金融交易和储备货币领域中的发展则相对比较缓慢。接下来人民币国际化要进一步推进，需要在作为金融交易工具和储备货币工具这两方面功能不断得到拓展。

人民币加入 SDR 对于加快人民币国际化有两重积极效应。一是示范效应。SDR 是国际公认的"超主权储备货币"，加入 SDR 意味着人民币作为国际储备货币的地位得到 IMF 正式承认，可以名正言顺地成为 188 个成员国的官方候选储备货币。二是倒逼效应。人民币加入 SDR 前后，中国已采取并将继续采取一系列有利于资本和金融账户开放的措施,包括在境外发行以人民币计价的央票、完善人民币汇率中间价机制、扩大银行间债券市场开放等,这反过来将进一步推进人民币国际化。

人民币加入 SDR,主要是作为储备货币功能方面的拓展。因为加入 SDR 以后,意味着 SDR 的定值中有人民币的成分,并且占到不小的比重。无论是从币种合理匹配还是提升储备价值角度考虑,人民币加入 SDR 货币篮子都会促使各国官方机构在其储备构成中考虑增加人民币比重。有的国家官方储备中目前可能没有人民币,从而就有了增加人民币的需求;有的过去有人民币,比重较低,那么就可能需要做些相应的调整。各国官方储备中要增加人民币,无非从两个方面来获得人民币,包括跟中国的货币当局打交道来获得人民币,以及通过交易从市场上来获得。这样又会推动市场机构和投资者更多地持有人民币,从而扩大人民币在金融交易中的使用。从长远来看,加入 SDR 对于提高人民币国际化程度是一个重要的推动力,可以看作是国际化漫长征程中的重要里程碑。

人民币加入 SDR 既有象征意义也有实际意义

有一种判断认为,人民币加入 SDR 可能会像中国当年加入世界贸易组织一样,对中国经济带来很大的推动。我们认为这可能有些言过其实,或者至少说这种比喻是很不恰当的。

中国加入世界贸易组织对实体经济和贸易方面的影响是非常直接和十分重大的。借助入世效应,2003 年后中国的对外贸易迅速拓展,制造业增速加快,制造业吸收的就业人数也在大幅增加。所以加入 WTO 最初五年对实体经济的影响是十分明显的。2003 年至 2007 年,中国经济保持了连续五年的两位数增长,加入世界贸易组织功不可没,是当时增长的最重要推动力之一。

人民币加入 SDR 意义重要,既有象征性意义,也有实际意义。从短期来看,象征性意义可能会比较直接和快速地显现出来。鉴于当前和未来一个时期的国际贸易和金融格局,其对市场的实际影响、对人民币需求的提振,恐怕需要较长的一个时期不断地、持续地体现出来,比如说五年或者十年。我们相信,加入 SDR 对提高人民币国际化水平、提高中国经济外向程度会带来持续的推动。

根据 IMF 的数据,各国现在官方储备中大约持有 1000 亿美元的人民币。相对于全球 30 万亿美元的巨大官方储备资产以及天文数字的市场金融交易来说,1000 亿美元的人民币是一个很小的数字。但在人民币进入 SDR 货币篮子之后,有可能在较短的时间里,该数字会明显上升。比如说增长 100% 达到 2000 亿美元的人民币或更多些。但总的来说,短期内其影响还是比较有限的。

对于企业来说,其效应主要是积极的。因为市场对人民币需求的逐步上升,会使未来人民币汇率得到支撑,或者是有可能保持基本稳定或会有相对坚挺的表现。在这种情况下,对企业的跨境投资,交易,收购,兼并,购买资源、劳务、技术,获得市场等方面来说,是比较有利的。至少可以规避汇率风险,同时还可能获得人民币升值所带来的好处。总体上看,加入 SDR 未来会有利于企业向外扩张,推动中国资本的输出,有利于"一带一路"倡议的实施等等。

对于老百姓来说,其效应也是积极的。随着人民币加入 SDR,越来越多的国家认可人民币,愿意接收人民币,或者用人民币来广泛地开展各种交易,这样未来出国旅游会更加方便。旅游者到世界各地,尤其是主要的旅游点,人民币与外币的兑换就会十分便利,将来旅游就不需要再去兑换外汇了,带上人民币就可以行遍天下主要旅游景点。

随着国际市场对人民币需求的不断上升,人民币汇率在未来保持基本稳定甚至坚挺这种可能性是比较大的。这对于出国旅游、出国留学,应该说还是比较划算的。在资本和金融账户开放的前提下,个人到国外去投资不动产、股票和债券,人民币保持一个稳定略有坚挺的态势的话,显然有利于投资者在全球进行资产配置和交易。

人民币加入 SDR 有助于金融改革与开放

当然,人民币加入 SDR 并非只有权利而无义务。从目前的情况来看,人民币加入 SDR 很多方面的条件都已经具备;但从资本和金融账户开放这个角度来看,跟美国、欧盟相比,我们的开放度还是有差距的。人民币作为可兑换货币还有一段路要走,人民币还没有达到基本自由兑换的程度。因此,加入 SDR 之后,这方面 IMF 可能会有一些具体要求,如进一步加大力度推进人民币资本和金融账户的开放,资本的跨境流动和货币可兑换这些方面的限制大幅度放松等。当然这方面的改革开放也与我国"十三五"规划中有关目标不谋而合,属于我国本身需要推进的改革。

加入 SDR 之后,我国可能还需要保持人民币汇率的基本稳定。既然人民币是 SDR 货币篮子的一个成员,人民币汇率的大幅波动显然对 SDR 的币值是不利的。又考虑到中国是第一贸易大国,保持汇率基本稳定恐怕也会是贸易伙伴国的需求。未来,中国货币当局还可能要承担当国际金融市场出现重大的动荡时保持市场稳定的义务。作为大国,中国有责任来维持金融体系的稳定,维持全球金融市场的稳定。随着人民币加入 SDR,我国承担的国际金融方面的义务会有所拓展,以进一步体现一个金融大国应有的作用。

当然我们需要客观、合理地判断未来的趋势。虽然这一标志性事件对于整个中国未来的金融开放、中国金融融入全球的金融体系、提振中国金融业的实力会发挥积极作用,但我们不应把短期内它所发挥的积极作用无限地放大。应该看到,加入 SDR 对人民币坚挺所带来的支撑作用会有一个长时期的演进过程,是逐步实现的,而不是一蹴而就的。

人民币加入 SDR 对全球金融体系的积极意义

其实发达经济体和 IMF 也存在人民币加入 SDR 的需求。首先,人民币加入 SDR 议题背后折射出世界经济格局和国家间实力消长的变化。时至今日,中国已稳坐了全球第二大经济体的席次,对全球经济增长的贡献已达到三分之一。缺少中国参与的 SDR 或任何其他国际金融机制,其代表性和公信力都将大打折扣。其次,人民币已基本符合成为国际重要储备货币的条件,这是发达经济体和 IMF 都无法否认的事实。截至 2015 年 8 月底,人民币已是全球第二大贸易融资货币、第四大支付货币、第六大外汇交易货币、第六大新发国际债券货币以及第八大国际债券余额货币,基本满足了 IMF 界定"可自由使用"的四项评价标准,即官方外汇储备占比、国际银行业负债占比、国际债券发行占比、全球外汇交易占比等。第三,鼓励人民币加入 SDR,还有增强中国对现有国际金融体系"黏性"的考虑,避免中国因一再被拒而与其他新兴大国彻底"另起炉灶"。

随着人民币加入 SDR,中国在金融开放和融入全球金融体系方面的步伐会不断地加快,我们会看到中国的资本和金融账户的开放会持续向前推进,会在不远的将来基本实现人民币可兑换。中国的金融业因此会获得长期发展的良好机遇,人民币最终将和美元、欧元并驾齐驱成为三大主要国际货币之一。当然,未来也应高度关注和有效防控这一过程中的金融风险。

黄金储备是人民币国际化的"压舱石"①

从世界货币史来看,在全球主要国际货币的形成过程中,黄金储备都发挥了十分重要的作用。英镑是第一个称霸世界的货币,而英镑的基础就是金本位制。第二次世界大战之后,美元走向全球霸主地位,它依靠的也是美国政府手中占全球70％的黄金。战后初期,英国和美国都提出了各自的战后货币体系方案。而美国以其强有力的黄金储备以及政治经济及各方面的优势,最终赢得了谈判,建立了所谓的布雷顿森林货币体系。这个体系跟金本位制不同,是金汇兑本位制。但美国拥有足够多的黄金,它敢于向全世界承诺35美元兑换1盎司黄金,这个体系运行了20多年。

20世纪60年代后期到70年代初,随着美国财政赤字和国际收支逆差的不断扩大以及美元贬值,布雷顿森林货币体系最终走向崩溃。其中,关键一点是美国政府取消了35美元兑换1盎司黄金的承诺,因为如果不这样做,美国的黄金储备可能会在较短时间内以这个价格被清空。在这之后,尽管美元依然是全球主要的国际货币,但美国的黄金储备却逐步减少,从最高时的2万多吨降至目前的8133吨。不过,如果按美元计,当初2万多吨黄金的市场价值和现在的8133吨的市场价值已不能同日而语。可见,黄金储备是支撑美元价值和国际地位的重要因素。

欧洲货币体系是在20世纪70年代逐步建立起来的。1973年欧洲货币合作基金成立,它集中了各成员国20％的黄金储备和外汇储备,作为发行欧洲货币单位的准备。之后,欧盟成立了欧洲中央银行,又要求各成员国交出15％的黄金作为建立欧洲货币体系的准备。直到现在,这些多边金融机构依然把黄金作为重要的货币基础。总之,在英镑、美元以及后来

---

① 本文发表于2016年12月5日《中国证券报》。

的欧元形成以及持续的过程中,黄金一直发挥着举足轻重的信用支撑和保障作用。

布雷顿森林货币体系解体后,黄金逐步走向非货币化。但为什么黄金还能在主要国际货币的形成和存续过程中发挥如此重要或者说十分关键的作用? 这要从货币的职能说起。货币有三大职能:交换媒介、价值标准和价值储藏。在金本位制条件下,黄金基本上具备上述三项职能,尤其是具备交换媒介的功能,因为金币在市场上是可以流通的。但到了金本位制后期,由于劣币驱除良币,最终金币退出了流通市场。所以它作为交换媒介的功能事实上在金本位制的后期就已经没有了。

在布雷顿森林货币体系的条件下,黄金的价值标准也是存在的,黄金与美元这个主要货币之间有明确的比价,即35美元兑换1盎司黄金。但后来这个联系被切断之后,黄金就随行就市,它本身就像大多数商品一样,受供求关系、市场预期等因素影响,价格不断地波动,所以很难说它能够发挥价值标准的职能。

货币的三大职能中,最主要的就是交换媒介和价值标准。但现在这两项职能黄金基本上都不具备了,所以大家公认它没有了货币职能。但马克思在《资本论》中有句名言:金银天然不是货币,但货币天然是金银。为什么呢? 因为黄金具有贵金属特质,这种特质作为货币职能多多少少还会继续存在。黄金开采的成本较高,价值较高,品质比较稳定,而且非常均匀,容易分割。这些特性使得它作为贵金属具有很好的储藏价值,又具有不错的流动性。当然,不只黄金有储藏价值,土地、房产、股票、债券、艺术品等等都有储藏价值,但这些东西的储藏价值跟黄金的储藏价值不可同日而语。因为黄金具有很重要的特性,长期以来,黄金在工业、装饰中大量地采用,已被公认为财富的象征。众所周知,一块手表是否涂上黄金,其价值是不一样的,因为黄金是一种特殊的商品。正是由于黄金有了这些特质,它最终还有一定的作为货币的功能,即储藏功能,同时它还有不错的流动性。刚才提到的很多资产也有流动性,股票、债券的流动性比较好,但房产和土地的流动性则受到了制约。虽然黄金在不同的市场有不同的价格,但基本上是全球统一的。正是这种普遍的可接受性,使得黄金在国际货币的形成发展过程以及存续过程中还会发挥非常重要的价值基础作用。

黄金储备对于人民币国际化的发展具有十分重要的意义。拥有适度的黄金储备有助于人民币国际化的稳步推进。拥有适度的黄金储备使得人民币有了比较好的价值基础。正如我们所提到的,很多类型的资产都有储藏价值,但黄金显然不同于其他资产,它有鲜明的特点,即作为财富的全世界普遍可接受性。所以,保持适度的黄金储备将为人民币不断走向国际化提供很好的价值基础,有助于增强全球市场对人民币的信心。

保持适度的黄金储备有助于改善央行的资产负债结构。我国央行的资产负债结构的多元化程度跟欧美等国相比差距较大,黄金所占的比重很低。未来黄金储备的比重适度提高将有助于进一步优化央行的资产负债结构,进而对央行的信誉带来很好的提升作用,这无疑对人民币国际信用的提高是有好处的。

黄金是一种重要的国家避险工具。作为经济体,国家也需要规避全球性的风险,尤其是金融风险。而黄金由于其价值较为稳定,尤其是在全球经济金融动荡时期往往具有很好的保值和增值功能,很自然地成为规避全球性风险的重要手段。我国拥有适度的黄金储备,也表明我国货币当局具有较好的避险能力,从而可以提升全球人民币持有者的安全感。

最近一系列的迹象表明市场上对黄金的需求在上升。笔者认为这跟当前的全球经济金融环境有很大关系,即全球避险情绪在上升,风险偏好在下降。最近市场对于再度爆发全球经济危机的担忧有所上升。回顾战后世界经济史可以发现,全球性、大规模的金融或经济危机基本上每十年左右爆发一次,最近一次是 2008 年全球金融危机。照此推算,2017—2019 年前后是爆发危机的敏感期,所以有些人对于未来的世界经济形势忧心忡忡。

2008 年全球金融危机以来,美、欧、日等国央行推行了极度宽松的货币政策,先后实施了零利率甚至负利率政策。当然这个负利率不是理论上的负利率,它是指中央银行的基准利率为负,这对全球经济的长远影响不可低估。如此宽松的货币政策持续时间如此之长,将来会不可避免地带来通货膨胀,所以这也是各国货币当局比较担心的问题。

回顾黄金价格的历史走势可以发现,20 世纪 70 年代至今的 40 多年,黄金价格共出现过两次大幅上涨。第一次是20世纪70年代,黄金价格与美元的稳定关系被切断之后,从35美元1盎司涨了十几倍到近600美元1盎司。之后20年左右大体在一个箱体内徘徊,没有太大的变化。2000年以来,黄金经历了第二波大幅上涨,从2000年底的不足300美元1盎司,涨到最高将近1900美元1盎司,尤其在2008年的金融危机,很短时间内足足涨了1000美元。这说明当世界经济发生重大危机的时候,避险情绪会急剧上升,而这个时候长期以来积累的需求就会迸发出来,黄金价格40多年的整体运行态势呈现的就是这个特点。所以说黄金是一个很不错的避险工具。

人民币逐步走向国际化,国际市场的可接受性会逐步提高,但与此同时,汇率的波动幅度一定会加大。最近的人民币汇率波动,从长远来看不算什么,这还只是波动加大的初始阶段,未来人民币汇率的波动幅度肯定会进一步加大。现在每天上下的波动是2%,将来条件成熟了会逐步扩大到3%甚至更大。到那时,汇率肯定会出现某些阶段性的剧烈波动。央行具有稳定汇率的职责,作为主要的国际货币和主要经济体的货币,人民币汇率的剧烈波动会影响到全球经济。比如说人民币出现大幅度贬值,我们的贸易对象、市场投资者等各方面都可能不接受,所以这个时候需要干预。此时IMF等全球机构也会乐意看到干预,因为维持汇率稳定是全球经济所需要的,也是一个大国货币当局应有的责任。维持人民币汇率在均衡水平上保持基本稳定也是我国央行在人民币加入SDR时对IMF做出的承诺。

未来市场出现巨大风险或剧烈波动的时候,干预汇率是有必要的,而此时黄金就可以发挥很好的作用。"8·11"汇改后至2016年初,人民币汇率曾出现过两次剧烈波动,央行均利用外汇储备进行了干预。笔者认为,将来黄金也是一个可供选择的市场干预手段。中国的黄金交易规模如此之大,对全球市场的影响一定会不断扩展,将来上海金的人民币定价一定会对全球的黄金价格带来重要影响。因此,我国有必要保持适度的黄金储备。将来我国必要时干预人民币汇率不仅可以继续运用外汇储备,还可以运用黄金储备。所以,在人民币国际化的发展过程中,黄金储备的支撑作用和保障功能会持续不断地显现出来。

那么,黄金储备究竟是多少算比较适度呢? 这需要进一步深入研究。目前来看,尽管最近增幅较大,但我国的黄金储备还是太少。2016 年我国的黄金储备比 2015 年增长了 74％,目前达到 1800 多吨。但从绝对量来看,我国现在的黄金储备排名第五,在美国、德国、意大利和法国之后。美国现在是 8000 多吨,我国的黄金储备大约是美国的 1/5 多一点。目前中国的经济规模是美国的 60％多,考虑到我国经济增长速度较快,我国的黄金储备应该逐步增长到 5000 吨以上。未来三到五年,我国的黄金储备在现有的基础上再翻一倍是有必要的。

"一带一路"为人民币国际化开辟新空间[①]

人民币国际化是中国经济金融国际化的现实需求,也是国际货币体系改革的必然产物。自 2009 年央行启动跨境贸易人民币结算试点以来,人民币国际化取得了长足进展。2015 年下半年至今,人民币国际化进入了新的发展阶段,以跨境贸易结算模式推动的人民币国际化明显放缓。随着"一带一路"建设的深入推进,人民币国际化与"一带一路"将形成相辅相成、相得益彰的态势,"一带一路"为人民币国际化开辟了新的空间。

"一带一路"上人民币国际化将实现三个突破

"一带一路"建设为人民币国际化提供了新的契机,也为人民币国际化创造了难得的投融资载体、国际分工环境和市场条件。"一带一路"建设将夯实做强人民币的区域化基础,有助于实现人民币国际化的路径突破。"一带一路"建设将助推人民币对外直接投资和人民币境外信贷的发展,有助于实现人民币国际化的模式突破。"一带一路"建设还将助推人民币在基础设施投融资、大宗商品计价结算及电子商务计价结算等关键领域的突破。

"一带一路"建设有助于夯实做强人民币区域化基础,实现人民币国际化路径突破

从目前的国际政治经济格局看,人民币国际化的路径应当是"周边化→区域化→国际化"的"三步走"战略。其中,区域化是人民币国际化的重

[①] 本文发表于 2017 年 5 月 12 日《中国证券报》。

要一环。欧元国际化的成功,很大程度上正是得益于其区域化的成功。目前,人民币周边化已有了很大推进,正处于区域化发展的初期阶段。"一带一路"东连亚太经济圈,西接欧洲经济圈,能充分发挥桥梁和纽带作用,推动人民币"走出去",为人民币在周边国家和地区的使用奠定基础,也为扩大人民币跨境需求提供实体经济支撑,有助于夯实做强人民币的区域化基础。

从国际货币的职能看,目前人民币主要充当跨境贸易结算货币及部分支付货币,但人民币作为计价货币和储备货币尚处于起步阶段。"一带一路"建设以贸易圈和投资圈为基础,在夯实跨境贸易结算货币基础的同时,将助推人民币计价货币和储备货币等国际货币职能的发展。2016年,中国与"一带一路"沿线国家贸易总额为9536亿美元,占中国与全球贸易额的25.7%。中国是"一带一路"上最大的进口国,而且对沿线国家大都是有逆差的。随着中国经济的稳步增长以及"一带一路"建设的深入推进,沿线国家对中国的经济依赖度将进一步提高,可以说是天然的推进人民币计价的盟友和伙伴。而且,"一带一路"沿线国家的货币大都不是国际货币,这为人民币在这一区域内的使用提供了条件。借助"一带一路"平台,通过政府援助、政策性贷款、商业贷款、直接投资及发行基础设施债券等方式,能够解决沿线国家的资金瓶颈问题,从而使人民币得以在沿线国家推广使用。近年来,马来西亚、俄罗斯、菲律宾、尼日利亚等国已将人民币作为外汇储备的一部分,还有更多国家的央行表示愿意持有人民币。随着中国与"一带一路"沿线国家贸易圈和投资圈的不断扩大,人民币在这一区域的接受程度、使用程度和流通程度将不断提高,国际影响力将不断扩大,从而为人民币国际化开辟了重要路径。

"一带一路"建设有助于人民币对外投资和人民币境外信贷的发展,实现人民币国际化模式突破

迄今为止,人民币国际化的推进模式主要是通过跨境贸易人民币结算推动人民币"走出去"。由于境外居民和机构持续增持人民币资产,因而对中国来说是一种"负债型"和经常项为主的人民币国际化。这种初级阶段的人民币国际化模式对人民币升值预期的依赖程度较高,长久来看难以持续。2015 年下半年以来,跨境贸易及直接投资人民币结算金额大幅下降便是例证。而在美元升值、人民币贬值预期的背景下,人民币融资的债务成本相对变低。尽管中国利率水平仍高于美国,但 2014 年 11 月以来,央行已连续六次降息,而且美联储步入加息周期,未来中美利差相对收窄,人民币融资成本相对变低,境外市场主体的人民币融资意愿有望增强。因此,在"负债型"和经常项为主的人民币国际化步伐明显放缓的情况下,"资产型"和资本项下的人民币国际化正当其时。近年来,中资大行境外人民币贷款稳步增加便是例证。根据中资大行年报数据计算,2016 年工行、建行、中行和交行的境外贷款余额分别增长了 27%、31%、11% 和 18%。而港澳地区又是中资大行境外信贷的最主要投放区域,这一地区的资金有相当部分应是人民币信贷。

2016 年,中国对"一带一路"沿线的 53 个国家直接投资 145.3 亿美元,占中国对外投资总额的 8.5%。中国企业与相关的 61 个国家新签合同额达 1260.3 亿美元,增长 36%,占同期中国对外承包工程新签合同额的 51.6%。随着中国与"一带一路"沿线国家的贸易和投资往来的日益密切,人民币贸易圈和投资圈优势将逐步呈现出"网络效应",相应的人民币对外直接投资和对外信贷需求将快速增长。这将为"资产型"和资本项下人民币国际化发展提供实体经济支撑。"一带一路"建设的资金需求巨大,据估计,仅基建投资总额就可能达 6 万亿美元左右。如果人民币对外投资和境外贷款占比能达到 10% 左右,那么未来五年,人民币境外投资和贷款将增加 4 万亿元左右。这将有力推动"资产型"和资本项下人民币国际化的发展,进而有助于实现人民币国际化发展模式的突破。

"一带一路"建设助推人民币在基础设施投融资、大宗商品计价结算及电子商务计价结算等关键领域实现突破

"一带一路"将推动人民币在国际基础设施建设投融资中成为主要货币。改善积弱的基础设施,修筑通往"富庶和繁荣之路",已成为沿线各国的共同愿望。据市场估计,沿线国家基建投资总规模或达 6 万亿美元。亚洲开发银行的报告显示,到 2030 年,亚洲基建投资需求高达 26 万亿美元。中国拥有较高的基础设施建设水平,在基础设施建设投融资方面有

着丰富的经验,形成了较为成熟的运作模式,有条件成为"一带一路"基础设施投融资体系的组织指导者和主要的资金供给者。通过亚投行、丝路基金等中国主导的金融机构,鼓励相关基础设施投融资项目优先使用人民币,有助于推动人民币发挥国际投融资货币的功能,使得人民币在国际基础设施建设中逐渐占得一席之地。

"一带一路"建设将推动人民币成为大宗商品的计价货币。"一带一路"沿线国家不少都是大宗商品的主要出口国,而中国又是全球最大的大宗商品消费国,但当前全球大宗商品的定价权几乎都由美国掌控,使得大宗商品经常面临价格波动和汇率波动风险。如果大宗商品贸易以人民币计价结算,沿线国家不仅可以有效规避美元计价产生的汇率风险,还可以稳定中国市场的进口需求,有利于沿线国家获得稳定的出口收入,对双边贸易增长和经济发展产生积极的推动作用。而中国与"一带一路"沿线国家之间的大宗商品贸易往来则为人民币大宗商品计价提供了实体经济支撑。

"一带一路"建设将助推人民币成为电子商务计价结算货币。近年来,中国跨境电商连续保持着20%～30%的增长,跨境电商在进出口总额中所占份额快速上升。据估计,2016年中国跨境电商进出口贸易额达6.3万亿元左右,占中国进出口贸易的比重超过20%。预计2017年跨境电商市场规模可达7.5万亿元,市场渗透率进一步上升,中国跨境电商出口区域结构呈现"成熟市场＋发展市场"的格局。不少"一带一路"沿线国家地处欧亚大陆的交通要道,正是各跨境电商"物流运输"的必经之地,而且相关国家华侨聚集,对中华文化有较高的认同。在"互联网＋"战略的指引下,跨境电子商务可在批发和零售两个渠道同时推动人民币的国际使用。阿里巴巴、支付宝等许多互联网企业在沿线国家已经具有较高的渗透率,而且正加速在"一带一路"沿线布局。未来,"一带一路"可以成为人民币计价跨境电子商务的重点推进区域。

"一带一路"上人民币国际化的作用与风险

人民币国际化将通过制度化资金融通、便利化贸易结算、降低交易成本和汇率风险等途径为"一带一路"建设提供支持和保障。通过人民币国际化助力中国企业海外资源配置,可以更好地促进"一带一路"沿线国家经济增长,共享发展成果。

人民币国际化将有力保障"一带一路"建设中的资金融通。"一带一路"建设需要规模巨大且期限较长的资金支持。在人民币国际化程度偏低、境外清算网络布局不完善的条件下,人民币跨境流动存在诸多不便;因此,尽管"一带一路"相关国家普遍资金欠缺,但人民币融资对其吸引力不强。随着人民币国际化程度的提高,人民币将充分发挥其国际投融资货币功能;相应地,使用人民币对相关国家进行融资便顺理成章。随着境内金融市场的不断发展和完善,人民币信贷和债券等融资业务或将得到长足发展。理论上,中国以人民币进行融资拥有强大的经济基础和金融实力,资金供给将会保持充裕状态。

人民币国际化便利中国与"一带一路"沿线国家的贸易结算。"一带一路"沿线有60多个国家,人口达44亿,GDP规模达23万亿美元,分别占世界的63%与29%,贸易总量占全球1/4。2016年,中国与"一带一路"沿线国家的贸易总额为9536亿美元,占中国与全球贸易额的25.7%。2017年第一季度中国与"一带一路"沿线国家的货物贸易增长26%。人民币国际化程度的提高,将使得人民币作为相关国家之间贸易计价和结算货币越来越得到国际经贸活动的认可,有利于降低各国对华贸易成本,便利贸易结算,带来贸易效率的提升,从而进一步活跃和提升"一带一路"沿线国家的贸易活动。

人民币国际化有助于相关国家的企业规避汇率风险,降低交易成本。"一带一路"沿线国家多为资源出口国,部分经济体严重依赖出口。当前,大宗商品主要以美元计价。在世界经济复苏缓慢、需求不振的背景下,大宗商品价格持续低迷在短期内难有扭转。美联储步入加息通道,美元走强对其更是雪上加霜。人民币国际化将有助于推动并完善人民币的计价、结算功能及投融资功能,充分调动当地储蓄资源,通过合理的回报形成示范效应,撬动更多当地储蓄和国际资本;也有助于降低换汇成本,减少对美元的依赖,降低因汇率波动引发的风险,维护金融稳定。随着人民币国际化程度的提高,人民币全球需求将稳步提升,有助于提升人民币汇率的稳定性。而使用人民币进行计价、结算和交易，避免了多次汇率兑换，必将相应降低交易成本。

"一带一路"上推进人民币国际化具有天然条件和优势，但由于"一带一路"沿线国家经济金融环境及地缘政治环境参差不齐，各国政治、经济、文化、宗教差异性较大，未来在"一带一路"上推进人民币国际化可能面临四大风险。一是经济环境风险。"一带一路"沿线国家多为发展中国家，经济发展水平总体偏低。部分国家主权风险较高，开放程度低，市场机制不健全，营商环境不佳，缺乏信用体系，加之货币币值不稳定，容易产生货币信用与金融风险，给进入这些国家的中国企业和金融机构带来消极影响和风险。二是地缘政治风险。"一带一路"沿线国家政治体制、文化历史和宗教状况千差万别，政治稳定性较低，时有政治事件和社会骚乱发生。相关区域既是地缘政治冲突的热点地带，也是全球主要政治力量角逐的焦点区域，对外投资和境外贷款等可能面临投资安全挑战。三是国际治理机制风险。"一带一路"的治理机制以"共商、共建、共享"为基础，而传统的国际治理机制是强制性和原则性的安排。这种友好协商型的安排，更具有包容性，受到了各国的积极支持和响应。但这种全新的国际治理机制在国际上尚没有成熟的模式可以借鉴，未来在项目推进、实施、管理和协调过程中可能遇到诸多新的挑战和不确定性。四是金融错配风险。"一带一路"沿线地区的经贸往来中使用的货币都是美元、欧元等第三方货币，存在货币错配风险。"一带一路"建设需要大规模的长期资金，但流入该地区的多为短期资金，存在期限错配风险。"一带一路"沿线地区储蓄率较高，但资金大都流向欧美等区外，本地储蓄不能用于本地投资，存在结构错配风险。这些金融错配对推进人民币国际化带来了不小的挑战。

八点政策建议

为使"一带一路"上人民币国际化健康发展，有效控制发展过程中的风险，促进人民币国际化与"一带一路"建设相辅相成，在此提出八点政策建议。

完善"一带一路"沿线国家的风险评估和预警机制

"一带一路"沿线国家的政治体制、文化宗教、经济环境及政治环境等存在较大差异和不确定性,社会骚乱甚至政权更迭时有发生,这可能使中国对外投资和对外贷款的投资安全面临较大挑战,自然也不利于人民币国际化的稳步发展。因此,政府相关部门要适时做好对沿线国家政治、经济、金融市场的风险评估和预警,积极引导企业和金融机构在相关国家和地区的投资与信贷行为,采取有力措施切实保护本国企业和金融机构的利益与投资安全。

稳步推进资本和金融账户开放,拓宽人民币双向流动渠道

资本和金融账户开放旨在实现资本项下的人民币双向自由流动和交易,是推动人民币国际化向更高级阶段发展的重要步骤。以资本项下的人民币输出与回流推进人民币国际化,既是满足市场需求的顺势之举,也具备了一定的基础和条件,同时有助于将风险控制在一定程度之内。通过打通离在岸市场,满足境外人民币资产投资国内市场进行保值增值的需求;多措并举发展离岸人民币市场,促进境内企业和金融机构跨境人民币投融资的便利化;进一步放开境外人民币资金投资境内金融市场的渠道,有效扩大人民币回流的路径。特别是在当前资金外流压力较大的情况下,可以顺势加快推出上述相关举措。这既有助于缓解资金外流压力,也为人民币国际化提供了良好支撑。

大力发展国内债券市场,满足全球人民币资产配置和避险需求

成熟的债券市场对满足境外机构人民币资产配置需求和避险需求具有十分重要的意义,也有助于"一带一路"与人民币国际化的推进。美国正是以其成熟、庞大且高度开放的债券市场,为外国投资者的资产配置和避险需求提供了重要场所,这也是美元长期以来作为全球最主要国际货币的重要基础和保障。随着人民币国际化的深入推进,境外机构和个人持有的人民币资产将稳步增加,相应的资产配置和避险需求将不断提高。建立一个面向全球发行和交易,更具深度、广度和开放度的人民币债券市

场将为"一带一路"建设提供强有力的融资支持,同时有助于满足全球人民币资产配置和避险需求。未来应大力发展国内期货市场和衍生品市场,为各参与机构利用套期保值、掉期合约等金融工具规避汇率风险奠定市场基础,进一步完善多层次资本市场建设,稳步提高资本市场开放度,为境内外投资者提供更丰富的交易工具和投资渠道,使人民币能够真正实现"走出去",同时"留得住、回得来"。

积极构建人民币计价和结算的大宗商品交易市场

大宗商品人民币计价结算是推动人民币实现计价功能和储备功能的重要抓手。在全球大宗商品价格低迷的背景下,中国作为大宗商品的主要进口国,推动大宗商品领域的人民币计价和结算具有良好机遇。建议在上海自贸区和中东人民币离岸市场大力发展人民币计价的能源和大宗商品期货市场,鼓励国际主流投资机构参与市场交易。持续完善人民币基础设施建设,提升人民币国际使用的便利性;发展具有价格发现和避险功能的大宗商品人民币期货市场,降低交易成本。尽快建立一套完善的人民币大宗商品定价的市场规则和机制,从而获得人民币对石油、天然气以及其他大宗商品期货的定价权。在重大支撑项目建设、对外贷款中,有意识地将能源、资源产品作为抵押物和还款保障,例如可以考虑"石油换贷款"计划,从而推动人民币大宗商品计价结算。

以对外直接投资推动人民币国际化向"资产型"转变

对外直接投资能同时带来本币结算的集聚效应和对其他国际货币的替代效应。通过大量的海外投资及其对进出口贸易的带动,本币牵引着不同货币之间的兑换和结算,频繁地促进各种东道国货币与本币之间的结算与兑换,增加和扩大本币对外结算的频度和范围,并促进以本币为结算货币的外汇交易的聚集。人民币对外投资可以在很大程度上绑定出口,推动人民币更多地在出口贸易中使用;可以使中国企业在对外投资过程中将人民币资金用于全球资源配置、生产、销售、定价,进而把人民币作为国际结算货币,提高人民币在出口贸易结算中的使用比例,改变跨境人民币结算在经常项下不均衡的局面,推动人民币国际化向更高级阶段发展。

合理选择对外投资中的人民币使用策略。当前和未来一个时期,可考虑积极推进合资并购。这种投资方式有利于被并购企业资产计价置换,从而可以增强人民币的计价功能。积极开展跨境人民币贷款、境外人民币债券融资、权益类融资,以支持本土企业"走出去",必要时可以限定这些融资专门用于对外投资。进一步发展人民币基金,专门用于以人民币投资国外基础设施建设、矿产资源开发等项目,并适当附带购买中国的产品和设备等条件。当然,在"一带一路"沿线国家贸易和投资中推动使用人民币也应尊重市场规律。不应采取强制手段在对外融资、海外投资中绑定人民币,不必过于强势地要求使用人民币进行资本输出,避免引起不必要的摩擦。必须清醒地认识到,推动人民币国际化还应主要靠自身经济实力和贸易投资的长期自然带动,切不可"拔苗助长"。

加强"一带一路"沿线国家人民币离岸中心建设,优化离岸市场布局

目前人民币离岸中心主要在中国香港、新加坡、韩国首尔等亚洲地区,布局有待进一步扩大和优化。随着"一带一路"倡议的实施推进,资本流动和金融需求必将推动中亚、南亚、中东地区出现新的人民币离岸市场。建议提前考量,前瞻布局,选择与中国经贸往来密切、金融市场比较发达、影响力和辐射力相对较强的区域中心城市,稳健打造人民币离岸中心。建议在迪拜设立清算行的同时,继续积极同迪拜展开多领域的金融合作,鼓励和支持迪拜发展人民币离岸市场。同时,可考虑适时推进曼谷、孟买、阿斯塔纳、卡塔尔、开罗等地人民币离岸市场建设。

保持人民币有效汇率基本稳定,为人民币国际化提供良好的汇率条件

当前和未来一个时期,中国经济增速虽有放缓,但经济运行仍将较为平稳;日本、欧洲经济持续低迷,而在美国经济复苏势头强劲、美联储货币政策收紧预期下美元仍可能相对较强。在此情况下,应进一步推进人民币汇率形成机制改革,增强汇率弹性,减少对美元的依赖。避免再次出现一次性贬值及过快贬值,但可允许人民币随市场供求关系变化对美元适

度贬值,阶段性地双向波动。保持人民币有效汇率基本稳定,特别是尽量保持人民币对中亚、南亚、非洲以及拉丁美洲等主要对外投资国家货币汇率的稳定或略有升值,为人民币国际化和对外投资提供良好的汇率条件。

以银行国际化辅助和推进人民币国际化

从国际经验来看,一国货币走向世界需要以本国银行作为载体。第二次世界大战后,在马歇尔计划和道奇路线的支持下,美元大规模流向欧洲和日本,美资银行也在这一过程中发挥了重要的推动作用。20 世纪 80 年代,大量日本企业涌向东南亚投资设厂,追随而至的日资银行在为日企提供大量日元贷款的同时,也将日元国际化推向了一个高潮。然而到了 90 年代中期,随着银行大规模从东南亚撤资,日企在东南亚的供应链体系逐渐瓦解,日元国际化的进程也由此遭遇严重挫折。因此,说"人民币国际化很大程度上是建筑在银行国际化的基础之上"并不为过。如果没有国际化的商业银行,特别是五大国有银行和较大的股份制银行的深度参与,人民币国际化的基础就不牢靠,也难以迈开新的步伐。

截至 2016 年底,共有 9 家中资银行在 26 个"一带一路"沿线国家设立了 62 家一级机构,其中包括 18 家子行、35 家分行、9 家代表处。商业银行可与开发性金融机构开展分工协作,共同助力"一带一路"建设。商业银行作为"一带一路"的参与者和实践者,可以在资金筹集、资源配置、配套服务、信息交互、风险评估等方面发挥积极作用。进一步在"一带一路"沿线国家优化机构布局,发挥好融资的引导和撬动作用。做好"一带一路"重点行业、重点领域的金融支持。打造专业化、集约化经营模式,精准把握沿线国家政治经济、社会文化风俗、法律监管等各类情况。加强与国外银行业在人民币支付清算、资金拆放、报价做市等方面的业务合作,为企业"走出去"和人民币资本输出提供更加完善的配套银行服务。同时提高跨境风险的监测和管控能力,重点做好政治风险、监管风险以及市场风险、汇率风险、法律合规风险的管控。

人民币国际化与外汇储备管理①
——基于理论和实证的分析

　　20 世纪 90 年代以来,我国的外汇储备呈持续增长态势。尽管近两年外汇储备出现了一定程度的下降,但截至 2016 年末,我国的外汇储备仍高达 30105 亿美元,稳居世界第一。庞大的外汇储备有利于促进国际收支平衡、保持人民币汇率基本稳定和缓解金融风险,但同时隐含着一定的汇率风险,即美元贬值所带来的外汇储备资产缩水。2009 年人民币国际化开展以来,各界普遍认为人民币国际化有助于遏制外汇储备的激增,摆脱"美元陷阱",并有效降低我国外汇储备资产的汇率风险。但政策运行的结果似乎不能令人满意。当前,有必要对人民币国际化和外汇储备的内在关系进行深入的理论和实证分析,探讨存在问题的症结,针对性地提出相关对策建议,以促进人民币国际化和外汇储备的相互协调。

一、 人民币国际化过程中外汇储备变化的理论分析

1. 理论模型

　　贸易顺差和资本净流入是外汇储备增长的主要来源。设 Ntrade 为贸易顺差,Ex 为出口,Im 为进口,则: Ntrade＝Ex－Im。

　　单纯的贸易收支差额与外汇储备变动没有直接关系。当考虑贸易结算引致的外汇流入流出时,贸易收支差额才与外汇储备变动有关系。当贸易收支涉及外币时,贸易收支差额将影响外汇市场,进而对汇率产生升值或贬值的压力。为维持汇率稳定,央行会动用外汇储备进行干预,从而

① 本文发表于 2017 年 6 月《国际金融》,第一作者。

影响外汇储备的变动。同样,在资本项下,资本的流入和流出必然影响外汇市场,从而对汇率产生影响,央行为稳定汇率而进行干预将影响外汇储备的变动。

设 Freserve 为外汇储备,Ncapital 为资本净流入,则:

$$Freserve = \omega \cdot Ntrade + \phi \cdot Ncapital$$

其中, Ncapital = Incapital − Outcapital。Incapital 为资本流入,Outcapital 为资本流出。

其中,ω 衡量由贸易收支中外币收支引致的外汇净流入对外汇储备的影响。ϕ 衡量由于净资本流入引致的外汇储备变动。汇率制度的差异使得央行的职责大相径庭。自由浮动汇率制度下,央行没有义务将汇率维持在一定范围内,因此,不必根据资本流动变化干预外汇市场。非自由浮动汇率制度下,央行有义务干预外汇市场。因此,ϕ 也衡量一国实行的汇率制度的弹性程度,该值越小表示汇率市场化程度越高。完全自由浮动汇率制下,$\phi = 0$;固定汇率制下,$\phi = 1$;有管理的浮动汇率制下,$0 < \phi < 1$。

贸易收支使用本币结算还是使用外币结算,对外汇储备的影响不同。因此,将出口和进口分别依据使用本币还是外币结算作区分。设 Exf 为以外币结算的出口,Imf 为以外币结算的进口,Exd 为以本币结算的出口,Imd 为以本币结算的进口。设 Exrate 为间接标价法表示的汇率,则:

$$Ntrade = Exf/Exrate - Imf/Exrate + Exd - Imd$$

其中, $Ex = Exf/Exrate + Exd, Im = Imf/Exrate + Imd$。在贸易收支中,只有前一部分影响外汇储备。因此,

$$\omega \cdot Ntrade = Exf/Exrate - Imf/Exrate$$

所以,外汇储备变动由贸易收支中外币结算部分和资本净流入共同决定(本文只考虑经常项下的贸易收支部分和资本项下资本净流入对外汇储备的影响)。

贸易结算中,本币结算占比一定程度上反映了本币国际化程度。当本币完全国际化时,对外贸易中完全由本币结算,即 Exf = Imf = 0。当本

币无国际化时，Exd＝Imd＝0。

2. 本币国际化进程中的外汇储备变化

根据本币国际化程度，分四种情况讨论。同时假定本币国际化的过程也是该国汇率逐步市场化的过程。

情况 1：本币无国际化，固定汇率制度

在本币国际化之前，对外贸易完全使用外币结算。贸易顺差带来外币收入，形成本币升值压力。央行为了维持固定汇率制度，进行公开市场操作，导致外汇储备增加，即：贸易顺差→外汇市场→本币升值压力→央行干预→外汇储备增加。

由于对外贸易不用本币结算，因此，贸易顺差为：

$$Ntrade = Exf/Exrate - Imf/Exrate$$

在此，$\omega = 1$，所以外汇储备中第一部分为：

$$\omega \cdot Ntrade = Ntrade = Exf/Exrate - Imf/Exrate$$

因此，在本币国际化之前，一国的外汇储备为：

$$Freserve = \omega \cdot Ntrade + \phi \cdot Ncapital$$
$$= Exf/Exrate - Imf/Exrate + Incapital/Exrate - Outcapital$$

其中，$\phi = 1$，因为此时施行的是固定汇率制度。在这种情况下，贸易顺差全部转化为外汇储备，此时资本项下资本净流入较小，外汇储备增加主要源自经常项目顺差。

情况 2：本币国际化初期，有管理的浮动汇率制

在本币国际化初期，本币在一定程度上可自由兑换。此时，一般情况下，进口贸易中可以使用本币结算，但出口贸易仍然使用外币结算。在此阶段，出口贸易引致的外汇收入全部转化为外汇储备，外汇储备的增加超过了贸易顺差。在本币国际化初始阶段，由于贸易顺差带来了外汇流入，加上本币汇率的稳定，吸引了国际资本大量流入。贸易顺差和资本净流入共同引致外汇进入外汇市场，形成本币升值压力。加之央行稳定汇率的操作，导致外汇储备急剧增加。此时，资本净流入较上一个阶段有明显

增加,成为外汇储备增加的两大来源之一,即:贸易顺差和资本净流入→外汇市场→人民币升值压力巨大→央行干预→外汇储备激增。

由于在对外贸易中,进口贸易使用本币结算,而出口贸易使用外币结算,因此,Exd＝0 且 Imf＝0。贸易顺差为:

$$Ntrade＝Exf/Exrate－Imd$$

其中,外汇储备的第一个部分 $\omega \cdot Ntrade＝Exf/Exrate$。

在此阶段,货币国际化和汇率市场化刚刚起步,模型中表现为 $0 < \phi < 1$。在此阶段虽然 ϕ 小于 1,但资本大幅流入使得 $\phi \cdot Incapital$ 大幅增加。因此,经常项目顺差带来的 $\omega \cdot Ntrade$ 和资本项目顺差带来的 $\phi \cdot Incapital$ 共同成为外汇储备两大来源,从而导致外汇储备激增。在这个阶段,本币国际化与外汇储备规模呈互补关系。

情况 3:本币国际化中期,波动幅度较大的有管理的浮动汇率制

随着本币国际化和汇率市场化进一步推进,出口贸易中有一部分开始使用本币结算。因此,与上一阶段比较,贸易顺差所引致的外汇流入减少。与此同时,资本流入趋于稳定。汇率弹性增加使得资本净流入对外汇储备的影响有所减少。加之央行干预频度、幅度逐步降低,因此,外汇储备增幅趋于减少,即:部分贸易顺差和资本净流入→外汇市场→人民币升值压力→央行小幅干预→外汇储备增加。

本币国际化中期,有一部分出口贸易开始使用本币结算。Exd＝0 不再成立。这一阶段,因为出口贸易中有一部分使用本币结算,所以仅部分转化为外汇储备,即:

$$\omega \cdot Ntrade＝Exf/Exrate＝\alpha \cdot Ex/Exrate$$

其中,$\alpha＝Exf/Fx$,所以,$(1－\alpha)$ 衡量了本币国际化程度。当 $(1－\alpha)$ 趋于 0,即 α 趋于 1 时,说明本币远未国际化。而当 $(1－\alpha)$ 趋于 1,即 α 趋于 0 时,说明本币越来越趋于国际化。当 $(1－\alpha)＝1$,即 $\alpha＝0$ 时,说明本币已经完全国际化。

外汇储备为:

$$Freserve = \omega \cdot Ntrade + \phi \cdot Ncapital$$
$$= Exf/Exrate + \phi \cdot Ncapital$$
$$= \alpha \cdot Ex/Exrate + \phi \cdot Ncapital$$

由于汇率市场化程度加深,ϕ进一步减小,相应的$\phi \cdot Incapital$进一步减小。因此,在本币国际化和汇率市场化中期,经常项目顺差和资本净流入对外汇储备的影响减弱。

本阶段,随着本币国际化进程的推进,α逐步减小。同时,汇率市场化进一步推进。因此,$0 < \phi < 1$且ϕ渐渐接近于0,稳定资本净流入和逐渐减小的ϕ,使得资本项目顺差对外汇储备的影响逐渐减弱。同时,贸易顺差中出口贸易中部分用本币结算,α不断减小。因此,贸易顺差引致外汇储备增加额$\omega \cdot Ntrade$(即$\alpha \cdot Ex/Exrate$)逐步减小。从而,外汇储备整体增加有限。在此阶段,本币国际化同外汇储备之间仍然是互补关系,但紧密程度较上一阶段明显减弱。

情况4:本币完全国际化,浮动汇率制

当本币完全国际化并成为国际货币,对外贸易中基本使用本币结算,贸易顺差不再会带来外汇收入而冲击外汇市场。同时,汇率完全市场化,浮动的汇率将自动调节资本流动。央行不再频繁干预外汇市场,资本项目顺差不再引致外汇储备增加。即:资本净流入→外汇市场→本币汇率浮动→外汇储备不受影响。由于货币完全国际化,因此对外贸易结算基本上用本币结算,贸易顺差为:

$$Ntrade = Exd - Imd$$

由于贸易结算基本使用本币结算(进口使用本币结算,因此, $Imf = 0$),因此 Exf 趋于0,即 α 趋于0。而贸易顺差影响外汇储备部分:

$$\omega \cdot Ntrade = Exf/Exrate - Imf/Exrate = 0$$

所以,外汇储备为:

$$Freserve = \omega \cdot Ntrade + \phi \cdot Ncapital = \phi \cdot Ncapital$$

由于汇率完全放开,ϕ趋近于0,资本净流入趋于稳定,因此$\phi \cdot Ncapital$趋于0。从而,$Freserve$趋于0。可见,贸易顺差和资本净流入引致的外汇储备增长趋于0。在本阶段,本币国际化与国际储备的关系呈明显的替代关系。随着本币国际化发展,外汇储备规模将不断缩减。

总之,在不同阶段,货币的国际化与外汇储备之间的关系是不同的。在本币国际化初期,本币国际化通常会促使外汇储备激增。在本币国际化中期,外汇储备的增长往往开始放缓,并随着本币国际化的深入推进增加额不断减少。当本币国际化走向较高水平阶段,外汇储备通常会不断减少,经常项目和资本项目的顺差不会对外汇储备增长带来压力。

我国的外汇储备从1994年开始步入第一个高速增长阶段。2001—2008年是我国外汇储备第二个高速增长阶段。2009年起,我国开始推进本币国际化,进入人民币国际化的初期阶段,外汇储备不因本币国际化的推进而减少,反而不断增加。目前,正处在人民币国际化由第二阶段向第三阶段推进的过程中,贸易顺差和资本净流入对外汇储备增长的影响将逐步减弱。

二、 外汇储备对人民币国际化影响的实证分析

有关外汇储备对货币国际化的影响存在较大争议。多数学者认为外汇储备会促进货币国际化,有的学者却持相反观点。本文认为,外汇储备对货币国际化的影响可分为两个阶段,即初级积累阶段和过度积累阶段。在外汇储备积累的初期阶段往往是本币升值、外汇储备快速增加,这个过程也是本币作为硬通货而被其他国家逐步认可的过程。此时,外汇储备对本币国际化起着积极作用。当外汇储备进入过度积累阶段,高额的外汇储备可能会带来货币超发、国内物价涨幅扩大,甚至引发资产价格泡沫,进而导致本币贬值和资本外流,人民币国际化进程也受到不利影响。此时,过多的外汇储备对本币国际化的作用是消极的。

1. VAR 模型检验

适度的外汇储备是人民币国际化的重要支撑和保障。因此,接下来主要依据目前人民币国际化中的主要业务活动(如人民币跨境结算、人民币 ODI、FDI、人民币点心债等),利用向量自回归模型(VAR 模型)和工具

变量门限自回归模型(IVTAR 模型),对外汇储备和人民币国际化之间的关系进行分析,探讨人民币国际化进程中的最优外汇储备问题。

外汇储备和人民币国际化相互影响(即存在双向因果关系,图 1),二者具有内生性,在此,主要利用 VAR 模型和 IVTAR 模型进行分析,以克服内生性问题。

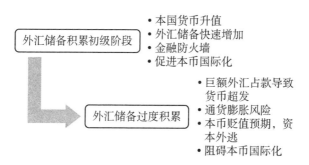

图 1　外汇储备对本币国际化的阶段性影响

考虑到数据的可获得性及人民币国际化的现实状况,本文将从三个角度分析外汇储备与人民币国际化的关系:经常项目下的人民币跨境结算,资本项目下的人民币 ODI、人民币 FDI 及人民币点心债[①](表 1)。

表 1　因变量名称及其含义

因变量名	因变量含义
人民币跨境结算总额/当月 GDP	反映人民币跨境结算相对大小
人民币跨境结算收付差额/当月 GDP	反映人民币结算中的回流的相对大小
离岸人民币净回流量/当月 GDP	主要包括三个部分:人民币跨境结算中的人民币净流入;人民币 FDI 与人民币 ODI 的差额;境内企业发行人民币点心债的发行额与到期偿还额的差额。越高代表离岸人民币的净回流相对越多

对于自变量的选择,本文考虑了指标间的相互关系可能造成的内生性问题,因此选取了内生变量、工具变量和外生变量(表 2)。

---

① 由于 RQFII,RQDII 等人民币资本项目国际化活动缺乏系统性的数据,故暂未考虑。

表 2　自变量名称及其含义

变量名	变量属性	变量含义
外汇储备水平	内生变量	人民币国际化与外汇储备相互影响,具有内生性。采用VAR 或 IVTAR 模型进行处理
外汇储备/GDP	门限变量	反映外汇储备相对水平。在 IVTAR 模型中,作为门限变量
美元/人民币平均名义汇率	工具变量	美元和人民币的平均名义汇率。有管理浮动制下,短期内受外生力量影响较大,作为与外汇储备高度相关又具有外生性的工具变量使用
NDF 汇率升贴水	工具变量	香港人民币 NDF 市场的 1 年期人民币 NDF 远期报价相对FXRATE 的升贴水,反映了市场预期水平,作为与外汇储备高度相关又具有外生性的工具变量使用
中美利差(隔夜)	外生变量	SHIBOR 隔夜拆借率和美元联邦基金利率之差,中美利差可以影响资金流动。利差越大,跨境资金流动越剧烈,从而影响外汇储备
中美 CPI 差	外生变量	通胀是投资人判断一国宏观基本面的重要指标,同样会影响资金流动,从而影响外汇储备
中国月度 GDP	外生变量	强大的经济基础是对货币信心的最主要支撑,GDP 越大,越能促进人民币国际化
中国金融市场活跃程度	外生变量	深度的金融市场可以为人民币投资者提供有吸引力的双向流动渠道,从而提升境外投资者持有人民币的意愿

从 VAR 模型的实证结果来看,以人民币跨境结算和人民币 ODI、FDI、人民币点心债等为代表的人民币国际化活动会影响中国的外汇储备。人民币跨境结算总额的增加提高外汇储备,收付差额的减少(人民币流出的增加)会提高外汇储备,这是由于人民币结算中支付数量远远大于收入数量。在中国外贸持续顺差的背景下,大量的人民币流出其实更意味着美元的流入,从而推高了外汇储备。

表 3　VAR 模型回归结果

因变量	VAR 模型检验结论	Granger 因果检验结论
人民币跨境结算总额	人民币跨境结算总额和外汇储备正相关;外汇储备的增加可以提升人民币跨境结算总额占比,反之,人民币跨境结算总额占比的扩大也会推长外汇储备	在 10%显著性水平上,外汇储备是人民币跨境结算总额比的 Granger 原因,但人民币跨境结算总额比不是外汇储备的 Granger 原因,没有反映出外汇储备和人民币跨境结算总额比之间有双向互动关系

因变量	VAR 模型检验结论	Granger 因果检验结论
人民币跨境结算收付净额	人民币跨境结算收付净额和外汇储备负相关；外汇储备的增加，反而可能降低人民币跨境结算的净流入比重，使得更趋向于人民币流出，反之人民币跨境净流入比重的增加也可能减少外汇储备	在 10% 显著性水平上，外汇储备是人民币跨境结算收付净额比的 Granger 原因，但人民币跨境结算收付净额比不是外汇储备的 Granger 原因，也没有反映出外汇储备和人民币跨境结算收付差额比之间有双向互动关系
离岸人民币净回流量	离岸人民币净回流量和外汇储备负相关，即使加入了人民币 ODI 和 FDI、点心债融资等因素，也未能改变外汇储备增加反而降低离岸人民币的净流入比重，使得更趋向于人民币流出的现象。反之离岸人民币净流入比重的增加也可能减少外汇储备	在 10% 显著性水平上，外汇储备是人民币跨境结算总额比的 Granger 原因，但人民币跨境结算总额比不是外汇储备的 Granger 原因。与上两个模型一样，此模型也没有反映出外汇储备和离岸人民币回流净额之间有双向互动关系

Granger 因果检验的结果表明，外汇储备并没有对人民币跨境结算等活动产生影响。这是由于外汇储备对人民币国际化的影响是非线性的。VAR 模型无法完全揭示外汇储备与人民币国际化的关系。接下来将采用门限自回归模型来考察外汇储备对人民币国际化的影响。

2. 门限效应检验

外汇储备会影响人民币跨境结算等活动，但这一关系并非线性。因此，本文用"门限"概念来描述外汇储备的合适水平。考虑到变量的平稳性，在此用一阶差分项 DFXRESERVE_VS_GDP 考察人民币国际化进程中的最优外汇储备。门限变量 DFXRESERVE_VS_GDP 在 10% 显著性水平上拒绝没有门限效应的原假设，因此外汇储备的相对变动存在门限效应。

表 4　门限效应检验结果

门限变量	DFXRESERVE_VS_GDP
异方差一致性 LM 检验	13.268429
Bootstrap p - value	0.078500*

注：＊＊＊表示显著性水平为 1%，＊＊表示显著性水平为 5%，＊表示显著性水平为 10%；Bootstrap 抽样次数为 10000 次；鉴于样本量不大，未对多重门限效应进行检验。

3. IVTAR 模型检验

考虑到模型的稳健性,接下来分别以人民币跨境结算总额/GDP、人民币跨境结算收付差额/GDP 和离岸人民币净回流量/GDP 为因变量,以外汇储备相对当月 GDP 变动比(DFXRESERVE_VS_GDP)为门限变量,外汇储备水平为内生自变量,平均名义汇率、平均 NDF 汇率升贴水为工具变量,中美利差、中美 CPI 差、中国 GDP 和中国金融市场的活跃程度为外生自变量,建立 IVTAR 模型,进一步考察外汇储备与人民币国际化的关系。

人民币跨境结算总额模型的估计结果表明[①],在外汇储备增长速度低于 GDP 的 6.6053% 时,外汇储备水平、外汇储备变动比与人民币跨境结算总额都在 1% 的水平上显著正相关。外汇储备水平和外汇储备的增长都会促进人民币跨境结算活动的增长。但当外汇储备增长速度高于 GDP 的 6.6053% 时,虽然外汇储备变动比仍然在 5% 的水平上显著为正,但外汇储备水平已呈不显著的负相关。这表明当外汇储备超过一定规模后,其对人民币国际化的边际效用显著降低,即过高的外汇储备增长速度并不能总是对人民币跨境结算产生正面的影响。

人民币跨境结算收付净额模型的估计结果表明,在外汇储备增长速度低于 GDP 的 5.8624% 时,外汇储备水平在 1% 的水平上显著正相关。但当外汇储备增长速度高于 GDP 的 5.8624% 时,外汇储备水平不显著,而外汇储备变动比则在 5% 的水平上显著为负,即外汇储备增长会导致人民币进一步流出。这表明,在人民币国际化的初级阶段,过高的外汇储备增长速度会对人民币回流产生负面影响。在贸易结算层面,原本能够吸引人民币回流的条件在货币国际化初级阶段只能是促进人民币的输出,而非回流。这是由于外汇储备增长过快,会加大人民币升值压力和升值预期,导致市场持有人民币意愿增强,从而促进人民币输出,却不利于人民币回流。

在离岸人民币净回流量模型中加入了人民币 ODI、FDI、点心债融

---

① 限于篇幅,这里只给出实证研究结论,下同。

资等因素后模型的估计结果表明,在外汇储备增长速度低于 GDP 的 0.3026％时,外汇储备相关因素已不显著。此外,金融市场活跃度在 1％ 水平上显著为正,表明活跃的中国金融市场会吸引离岸人民币回流。但当外汇储备增长速度高于 GDP 的 0.3026％时,外汇储备水平在 5％ 水平上显著为负。这表明,在较高的外汇储备水平下,外汇储备的继续增长可能会对离岸人民币的回流产生负面影响。

基于 IVTAR 模型的分析表明,适度的外汇储备增长速度,可以促进人民币跨境结算规模的扩大、结算人民币净流入的增加,以及离岸人民币的回流。但过高的外汇储备增长速度反而会对这些人民币国际化的活动产生负面影响。

三、 人民币国际化与外汇储备管理政策协调的建议

人民币国际化和外汇储备相互作用、相互影响。适度规模的外汇储备对人民币国际化具有支持和保障作用,但外汇储备过多也可能对人民币国际化有反作用;而人民币国际化的深入开展则可缓解我国外部失衡和外汇储备波动风险。鉴于此,在相当长时期内,我国应保持适度充足的外汇储备以促进人民币汇率基本稳定,为人民币国际化提供良好支撑;同时,应改变人民币国际化推进模式,从"经常项下"为主向"经常和资本项下并重",从"负债型"为主向"负债和资产型并重",促进人民币收支的平衡发展,从而推动人民币国际化向高级阶段发展。

1. 外汇储备应以支持人民币国际化为重要用途

德国和日本应对本币升值压力和推进本币国际化的历史经验与教训值得借鉴。20 世纪七八十年代,日本对美国等国出口持续增加,产生了大量贸易顺差,带来外汇储备快速增长,日元升值压力不断增强。而当时日本财政赤字已较高,无法通过财政政策实现贸易均衡,日本央行试图通过低利率政策来改善国际收支,但这导致资本大量涌入,国内资产价格出现泡沫。与此同时,当时的日本政府采取的措施不是积极向外疏导日元,而是设法挡住美元入境和向外输出美元,使得日元在国际上的供应量偏

少,最终未能压制住日元升值趋势,而《广场协议》成了压垮日本经济的最后一根稻草。面临相同情况的西德则是将其经济黄金增长期累积下来的大量外汇储备作为平准基金,用来调节马克汇率,同时积极通过资本账户逆差向外输出马克。这使得马克在国际货币市场上的供给大幅度增加,迅速成为国际硬通货,也为后来欧元的诞生奠定了坚实的基础①。日元和马克的国际化进程表明,外汇储备应在保持稳定收益、币种多元化、投资方式多元化的前提下,将支持本币国际化作为重要用途。在一国货币国际化的初级阶段,应充分发挥外汇储备在稳定汇率、保障金融安全、树立信心上的功能,为货币国际化提供支撑和保障。因此,当前和未来一个时期,应充分发挥外汇储备在保持人民币汇率基本稳定、维护金融安全、防范金融风险上的功能,以增强各国对人民币的信心。

外汇储备不宜过多地用于对外直接投资。使用部分外汇储备来进行资本输出和对外投资有利于外汇储备投资多元化并提高投资收益,但应将规模控制在一定限度之内,不宜将过多外汇储备用于此类投资。因为安全性和流动性是外汇储备管理的最根本原则,其次才是收益。目前,我国外汇储备规模看似不少,但在我国 M2/GDP 已经很高的情况下,从保持汇率稳定、应对跨境资本流动冲击的角度看,有必要保持适度充足的外汇储备规模,持有充足的流动性资产。此外,不少境外国家经营环境复杂,很多国家政治不稳定,国别风险较大,投资收益难以得到充分保障,更不用说还有部分投资项目本身即带有支持和帮助的用意,而这对于安全性要求较高的外汇储备来说显然是不合适的。因此,应保持适度合理的外汇储备用于海外投资,主要发挥外汇储备对其他各类资金的"撬动"作用,同时重点发挥外汇储备在"一带一路"倡议推进中保障人民币汇率稳定、支撑人民币国际化方面的主要功能。

2. 保持人民币汇率基本稳定和国际收支基本平衡需要外汇储备保持适度充足水平

建立在持续升值预期基础上的货币国际化是不牢固的,但持续贬值

---

① 刘骏民. 中国外汇储备的最佳用途是支持人民币国际化[J]. 开放导报,2009(4).

的货币也很难为国际社会所广泛接受。很难想象，一个持续疲弱、国内经常发生金融动荡国家的货币会为全球投资者所普遍持有。价值的稳定性是作为交易媒介、计价尺度和储藏职能的基础。无论是贸易领域的人民币结算还是以人民币计价的金融资产发行都需要以汇率基本稳定和国内金融安全为基础。因此，从人民币国际化的战略角度来看，未来一个时期，应保持人民币汇率的基本稳定，避免人民币持续显著贬值。中国经济增速有所放缓，日本、欧洲经济相对低迷，而美国经济复苏势头强劲。在此情况下，应进一步推进人民币汇率形成机制改革，增加汇率弹性，减少对美元的依赖，保持人民币对一篮子货币汇率基本稳定，特别是保持人民币对中亚、南亚、非洲以及拉丁美洲等主要对外投资国家货币汇率的基本稳定或略有升值；同时要控制好人民币对美元贬值节奏，类似"8·11"汇改的一次性大幅贬值会进一步加剧贬值预期，造成市场动荡，并不可取。应将人民币年度贬值幅度控制在金融资产平均投资回报率上下，避免出现短期内过度贬值的局面。

从长期看，我国经济外向型发展需要一定规模的外汇储备作为保障。随着我国对外经贸交往增多，跨境收付和结售汇规模不断上升，我国已成为货物贸易世界第一大国，近年来对外投资和资本输出也在加快。2016年，我国境内投资者共对全球164个国家或地区的7961家境外企业进行了非金融类直接投资，累计实现对外投资11299.2亿元人民币（折合1701.1亿美元），同比增长53.7%，继续成为对外净输出国。未来，在"一带一路"新一轮对外开放战略实施的背景下，我国对外投资经贸规模将进一步扩大，对外资本输出也将加快，对外支付需求会趋势性上升，因而对外汇储备的需求还会进一步增加。

随着我国跨境资金流动波动上升，保持国际收支基本平衡和维护金融安全所需要的外汇储备需求也将相应上升。在世界各国经济增长出现分化、国际金融市场持续动荡、全球资本流动波动加大以及人民币国际化持续推进的大环境下，随着本外币利差、境内外汇差以及其他非流量、非交易因素的作用空间开始出现和扩大，我国跨境资金流动的波动性显著上升。2016年，我国跨境资金流动总体继续呈现净流出态势，银行结售汇逆差2.25万亿元，涉外收付款逆差2.02万亿元。当前我国面临的跨境资本流动的数量、频率、速度、波动幅度都和过去"不可同日而语"。资本进出对国内经济金融的影响程度明显增加,外汇储备必须有足够的保有量,以发挥坚定市场信心的稳定锚作用。

资本和金融账户稳步开放要求有充足的外汇储备。当前,我国资本和金融账户开放稳步推进,沪港通、深港通已经实施且运行良好,QFII、QDII额度也不断扩大。自贸区进一步扩大后,在区内开展资本项目可兑换先行先试必将向前推进。按照国际货币基金组织的七大类40个子项的分类,目前除4项以外,人民币已全部实现了完全或部分的可兑换。在此背景下,我国对外经济金融交往规模、跨境资本流动规模和速度都将进一步扩大,稳定人民币汇率和维护金融安全的难度和复杂度都将显著增加,加之人民币在世界范围内的使用进一步增多,人民币汇市将持续成为各方聚焦点,彼时汇率调控的难度将大大增强,对外汇储备规模的需求也将上升。

究竟多少外汇储备才算适度其实并没有放之四海而皆准的标准答案。衡量外汇储备需要考虑的标准一般包括满足3~6个月进口额、覆盖100%的短期外债等。按照这些标准,我国似乎维持1万亿美元左右的外汇储备就足够了。近年来IMF等机构提出了用外汇储备与M2比率来衡量外汇储备充足度的新方法。其中,对于固定汇率国家,这一比率应维持在10%~20%;对于浮动汇率国家,这一比率应维持在5%~10%。按固定汇率计算,中国需要2.2万亿~4.4万亿美元外汇储备。但目前中国已不是完全固定汇率制,属于有管理的浮动汇率制;而且我国仍存在一定程度的外汇流出管理,存款短期内流出10%属于小概率事件,外流20%几乎不可能发生。综合考虑上述因素,当前和未来一个时期,维持2万亿美元左右的外汇储备在通常情况下可以认为是适度的。

3. 理性和辩证地看待保外储和保汇率的两难问题

近一段时间以来,市场各方围绕保外储还是保汇率产生了较大分歧。保汇率不可避免地会消耗一定的外储。如果经济在未来1~2年未能企稳,外储持续大幅减少并快速突破临界值,而汇率依然存在较强贬值预期,则可能面临挤兑风险。保外储则面临汇率加快贬值风险,在市场非理性因素作用下可能出现贬值、贬值预期与资本外流相互促进、相互强化，最终可能导致汇率大幅贬值、资本持续大规模外逃。其结果是金融市场动荡，经济体甚至可能步入"中等收入"陷阱。

在我们看来，外汇储备的主要功能就是满足潜在的国际收支需要、维持汇率稳定和缓冲外部流动性，进而为人民币国际化提供支持和保障。从逻辑上看，运用外汇储备稳定人民币汇率理所当然。一旦市场形成强烈的贬值预期而不加以干预，则有引发资本大规模外流的风险，适当运用外储使人民币汇率保持在安全的波动区间十分必要。而且，我国巨额外汇储备主要是前几年在人民币升值压力较大时，央行为了维持汇率稳定而被动积累起来的。当前运用外储维护汇率稳定的做法是"一脉相承"的。如果通过消耗一定量的外储可有效减弱贬值预期，稳定汇率，为我国的结构性改革及经济触底回升赢得时间，那么，消耗一定量的外储可谓物尽其用且正当其时。

而且，外储和汇率二者是"唇亡齿寒"的关系，并非"非此即彼"。汇率大幅贬值会进一步加剧资本外流和贬值预期，甚至形成"汇率贬值→资金外流→贬值预期进一步上升→资金加快流出……"的恶性循环，外汇储备也会大幅缩水。若运用外汇储备干预市场，有效控制贬值幅度，保持人民币汇率基本稳定，则会缓解甚至消除贬值预期，避免出现恶性循环，减少资金外流压力，外汇储备也就稳定了。因此，那种不顾汇率剧烈波动而死保外汇储备的观点在逻辑上本末倒置，是不可取的。促进国际收支基本平衡和汇率基本稳定是外汇储备责无旁贷的功能。当汇率出现大幅震荡并对经济体带来很大威胁时，不用外汇储备进行市场干预，死保一定规模外汇储备不放的做法，犹如嗜钱如命的人掉进河里仍抱着钱袋不放一样可笑。

当然，一定规模的外汇储备是市场信心的支撑。如果能有其他手段共同促进汇率稳定，那么慎用外汇储备进行干预，保持一定水平的外汇储备也可以成为阶段性的政策选项。如果中国经济逐步企稳回升，外汇供求趋于平衡，人民币汇率在合理均衡水平上基本稳定，则无须继续消耗外储。所谓的基本稳定并非一成不变，而是可以在合理均衡水平上随市场供求上下波动。当前及未来一个时期，应合理引导市场预期，有效管理贬值节奏。避免一次性贬值及过快贬值,但可允许人民币在市场供求关系影响下顺势逐步贬值,阶段性地双向波动。适度扩大波动幅度,推动市场预期分化。有限的干预操作应精准使用,每次干预应真正打痛投机者,以达到震慑目的。促进人民币汇率在波动中保持多维度的基本稳定,为人民币国际化稳步推进提供坚实基础。

4. 逐步转变人民币国际化的推进模式

推动人民币国际化从"经常项、负债型"向"经常与资本项并重、负债与资产型并重"转变。迄今为止的人民币国际化更多地是通过贸易结算推动人民币"走出去"。由于境外居民和机构持有人民币资产,因而对我国来说是一种"负债型"的人民币国际化。这种初级阶段的人民币国际化模式对人民币升值预期的依赖程度较高,长久来看难以持续。2015 年下半年以来,跨境贸易及直接投资人民币结算、离岸人民币存款等人民币国际化多项指标发生了逆转。2016 年,跨境贸易人民币结算和外商直接投资人民币结算分别下降 28% 和 12%。香港离岸人民币存款由最高时的 1 万多亿元一路降至 2016 年底的 5467 亿元。主要原因在于人民币兑美元升值预期转变为贬值预期,且贬值预期在"8·11"汇改后明显深化。中长期来看,在人民币贬值预期背景下,熊猫债、跨境人民币融资等债务成本相对变低;尽管中国利率水平仍高于美国,但美联储进入加息周期,未来利差相对收窄,人民币融资成本相对变低。因此,在"负债型"的人民币国际化受阻下,可考虑适度加大"资产型"的人民币国际化的进程。但总体来说,人民币国际化应保持均衡发展,即逐步从"经常项"为主向"经常和资本项并重"转变,从"负债型"为主向"负债和资产型并重"转变,推动人民币国际化向更高阶段发展,促进人民币输入与输出均衡化。

稳步推进人民币资本项目开放。资本项目开放旨在实现资本项下的人民币双向自由流动和交易,是推动人民币国际化向更高级阶段发展的重要步骤,有助于中国更好地参与国际货币体系改革,分享金融全球化红利。在未来国内金融市场体系建设加快、对外开放程度不断加深、境外离岸人民币市场稳步发展的背景下,以资本项下的人民币输出与回流推进人民币国际化,即是满足市场需求的顺势之举,也具备了一定的基础和条件,同时有助于将风险控制在一定程度之内,显然是一个合理选择。通过打通离在岸市场,满足境外人民币资产投资国内市场进行保值增值的需求;多举措发展离岸人民币市场,促进境内企业和金融机构跨境人民币融资的便利化;逐步放开境外人民币资金投资境内金融市场的渠道,有效扩大人民币回流的规模。特别是在当前资金外流压力较大的情况下,可以顺势加快推出上述相关举措,既有助于缓解资金外流压力,也为人民币国际化提供了良好支撑。

人民币国际化需以产业竞争力为依托。现实已经证明,建立在升值预期基础上的人民币国际化缺乏可持续性,只有建立在产业竞争力基础上的货币国际化才能行稳致远。德国马克成功实现国际化,重要原因之一就是德国产业竞争力较强,具备较强的定价能力。中国虽然已成为第一贸易大国,但产品仍缺乏核心竞争力,出口产品附加值相对较低。据统计,目前中国出口的高新技术产品有70%左右是外资企业生产的。产业竞争力相对较低,使得人民币国际化易受汇率因素影响。因此,未来人民币国际化仍需"练好内功",不宜操之过急,更不宜拔苗助长,人民币国际化须以产业竞争力为依托,以筑牢国际化基础。

5. 以对外直接投资推动人民币国际化向"资产型"转变

对外投资能同时带来本币结算的集聚效应和对其他国际货币的替代效应。通过大量海外投资及其对本国进出口贸易的带动,本币牵引着不同货币之间的兑换和结算,频繁地促进各种东道国货币与本币之间的结算与兑换,增加和扩大本币对外结算的频度和范围,并促进以本币为结算货币的外汇交易的聚集。本国企业向东道国进行投资,减少了东道国对某些产品的进口,从而替代东道国因进口而向出口国支付其他国际货币的效应,减少了对其他国际货币的依赖,相应提高了本国货币的国际地位,也有助于减轻对外汇储备的需求。

人民币对外投资可以在很大程度上绑定出口,推动人民币更多地在出口贸易中使用。对外投资以本币进行无疑会推动本币国际化进程。以人民币对外投资还有助于缓解外汇储备下降过快的压力。人民币资本输出可以在很大程度上绑定出口,有利于带动我国出口和经济增长;可以使我国企业在对外投资过程中将人民币资金用于全球资源配置、生产、销售、定价,进而把人民币作为国际结算货币,提高人民币在出口贸易结算中的使用比例,改变跨境人民币结算在经常项下不均衡的局面;推动人民币国际化向更高级阶段发展,发挥本币国际化对外汇储备短期下降压力较大的缓释作用。

以对外投资推动人民币国际化具备了一系列有利条件。近年来,我国对外投资发展较快。目前,我国对外直接投资存量已达 1.25 万亿美元,但规模不到美国的 20%。未来中国海外投资的发展潜力巨大,特别是在"一带一路"倡议推进的效应带动下,我国对外投资将迎来快速发展时期。当前和未来一个时期,我国开展资本输出正逢其时。随着美国量化宽松货币政策逐步退出,美国利率将会提升,资本回流美国,很多新兴市场国家都面临资本流出的困境,这为人民币的对外投资提供了绝佳机会。特别是在人民币从之前的单边升值预期转为双向波动的情况下,"资产型"的人民币国际化正当其时。通过资本项下输出人民币,让非居民同时增加人民币负债和人民币资产,境外负债方当然更愿意接受不存在单边预期的负债。经过数十年的发展,我国在交通、港口、通信等基建行业已经具备了全球领先的技术优势和丰富的实践经验,培育了一批综合竞争能力强、积极寻求国际化发展的企业。上海自贸区的建立和区内一系列推动海外投资的创新性举措,将使得境内企业和居民开展对外投资获得更多的便利和政策支持。

现阶段的对外投资应以直接投资为主,金融投资为辅。为确保对外投资能够对人民币国际化形成持久的推动,还应把握好对外投资的方式、重点和策略。相对于金融投资,直接投资比较实在,有利于为人民币国际化奠定稳固的实体经济基础。当以本国跨国企业为核心的全球产业链建立起来,本国企业掌握了从资源采集到中间品分包再到最终品销售的生产链条时,人民币在世界范围内的接受程度自然就会随之提高。这方面应吸取日元国际化的教训。日本曾经通过发展海外投资在短期内快速推动了日元国际化,但最终日元的国际化并不成功。目前日元在国际储备货币中的份额约为 3%,远低于美元的 60% 和欧元的 30%,也明显低于日本占全球 GDP 的份额。阻碍日元国际化发展的重要原因之一就是日本进行了大量的金融投资,而直接投资偏少。1984 年日本对外总资产中的直接投资占比仅为 11％,远低于证券投资 26％的占比。

合理选择对外投资中的人民币使用策略。当前和未来一个时期,应积极推进合资并购。这种投资方式有利于被并购企业资产计价置换,从而可以增强人民币的计价功能。可着力拓展以人民币进行直接投资的渠道,尤其是人民币在周边国家已经具备了一定的社会基础。应鼓励和支持在东南亚国家投资的企业使用人民币,扩大人民币的境外流通和储存。应积极开展跨境人民币贷款、境外人民币债券融资、权益类融资,以支持本土企业"走出去",必要时可以限定这些融资专门用于对外投资。可成立人民币基金,专门用于以人民币投资于国外基础设施建设、矿产资源开发等项目,并适当附带购买中国的产品和设备等条件。

尽管在"一带一路"沿线国家贸易和投资中推动人民币使用具备较多有利条件,但也应该尊重市场规律。在人民币国际化的初级阶段,不应强行在对外融资、海外投资中绑定人民币,不必强调一定要使用人民币进行资本输出,避免引起不必要的摩擦。推动人民币国际化还应主要靠自身经济实力和贸易投资的自然带动。可以相信,在中国加大对相关国家直接投资、开展海外工程承包、提供融资支持和重大支撑项目建设的过程中,随着双边经贸和金融往来的不断扩大,自然会滋生出使用人民币进行计价、结算以及融资的实际需求。

以更宽的视角看黄金^①

2018 年 8 月以来，黄金价格快速上涨，从 1200 美元/盎司的价格水平一路涨至 2019 年 8 月的 1500 美元/盎司以上，令世人瞩目。市场普遍认为黄金可能会有一波很大的行情，有的甚至预测金价不久会超出 1800 美元/盎司，创出历史新高。

当前，世界经济以多极化和逆全球化为特征的新的运行格局已经形成，这会对未来黄金需求、投资和价格产生深刻影响，有必要从更宽广的角度审视黄金这一特殊商品。

多重国际经济风险导致黄金成为首选避险资产

当前世界经济面临的最为严峻的挑战无疑是经贸摩擦。受对华加征关税措施的影响，美国市场上的部分消费品价格已经出现上涨。一些国际权威机构做了统计，中美贸易摩擦进行到现在，美国的家庭平均增加开支为 700～800 美元。鉴于中国出口美国的很多产品替代性不强，中国制造业门类又较为齐全，中国产品大部分在美国市场依然有良好的表现。而绝大部分权威研究机构都以强有力的证据证明，美国对中国产品加征关税的 80% 以上是由美国消费者承担了。由于剩下的 3000 亿美元中国输美产品中 60% 以上为消费品，对这些商品加征关税无疑会大幅增加美国消费者的生活负担，削弱其消费能力。

越来越高的贸易门槛给美国的出口和制造业带来了打击。据美国商务部提供的数据，2019 年 1—5 月，美国货物出口同比下降 0.1%，与 2018

---

① 本文发表于 2019 年 9 月 19 日《第一财经日报》。

年同期 9.7％的出口增长相比落差明显。8 月美国制造业采购经理人指数（PMI）跌至 49.1，为 2009 年以来的最低水平。2019 年上半年，美国工业产出和制造业产出已连续 2 个季度下滑。而制造业占美国经济总量的12％，制造业萎缩会影响到就业，从而对消费支出带来压力。2018 年下半年以来，美国股市大幅震荡；近期美国 10 年期国债收益率与 2 年期国债收益率出现倒挂，被认为是典型的经济衰退的征兆。

当前，美国经济也正在受到持续增大的下行压力。2019 年，美国经济增速第一季度为 3.1％，第二季度比市场预期要高，修正后的数据为2.0％，但已明显放缓。第三季度美国经济增速据多方预测可能会降到不足 2％。近日美联储发布报告认为，贸易战引发的不确定性多次升级，到2020 年初，对国内生产总值的拖累将达 1.5 个百分点以上。一些研究机构纷纷调低美国经济增速预测，认为未来 12 个月内出现衰退的可能性大幅上升。鉴于 2008 年全球金融危机后美国经济增长已维持了十年之久，因此美国经济可能出现的衰退将会是一场周期性的具有一定深度和长度的调整。

值得注意的是，当前的国际经贸摩擦正在扩散。最近，日本出手在经贸领域对韩国进行制裁，韩国则进行了反击。这表明随着两个大的经济体之间经贸摩擦的持续不断升级，有人会趁机利用自己某些方面的优势地位，对弱者采取措施，以维护其相关的利益。这种局面仍有进一步发展的可能性。

在国际经贸摩擦的影响下，部分新兴经济体和发达国家面临新一轮衰退的风险。当下最典型的例子就是阿根廷。阿根廷近年来曾经有过多次货币明显贬值，资本大规模外流，经济运行陷入衰退。与此同时，一些重要的新兴经济体也开始摇摇欲坠，比如巴西、墨西哥等若干重要经济体，都出现经济运行明显变差的状况。估计在 2019 年的下半年和 2020年初，这些经济体都有可能出现负增长。俄罗斯也有可能出现负增长。作为重要经济体的印度 2019 年以来增速也出现明显下滑。这种状况表明国际经贸摩擦已经对多国经济带来巨大压力，世界经济中的薄弱环节开始出现裂痕。

不仅是新兴经济体，最近有几个重要的发达经济体表现也不尽如人意,英国、德国、意大利都已出现衰退风险,尤其是作为欧盟经济顶梁柱的德国经济已经具有衰退迹象。英国脱欧是悬在欧盟头上的达摩克利斯之剑,以目前形势看很有可能是硬脱欧。硬脱欧对英国不利,对整个欧盟也会带来巨大压力。欧盟经济在 2019 年下半年或 2020 年初整体性走弱的可能性很大,给已经十分脆弱的世界经济进一步带来拖累。

在经贸摩擦此起彼伏的形势下,出口型经济体首先开始走下坡路。新加坡第二季度 GDP 环比下跌 3.3%,德国同期 GDP 萎缩了 0.1%,韩国等一系列亚洲出口型国家也经历了同样的痛苦。国际上许多著名的研究机构和权威机构,包括国际货币基金组织、世界银行等都发布报告,对 2020 年的世界经济运行做了悲观的预测。面对不确定性持续上升的世界经济环境,投资者纷纷为自己的资产寻找避风港,具有较好保值增值功能的黄金理所当然地成了首选资产。

货币政策宽松将提升黄金保值增值需求

2009 年全球货币政策大幅宽松,量化宽松的货币政策在发达国家肆无忌惮地推行。事隔十年之后,受世界经济周期性波动和经贸摩擦的影响,全球货币政策又回到了原来的格局中。货币政策周期通常与经济周期反向变动。由于全球经济运行下行压力逐步增加,越来越多的国家开始采取宽松货币政策,2019 年以来已有约 28 个国家实施了降息,这其中包括一些重要的新兴经济体和发达国家,尤其是美国也加入了这一行列。近期美联储主席承认,美国经贸政策的不确定性正在造成全球经济放缓、美国制造业和资本支出疲软等问题,美联储将尽其所能维持目前的经济扩张。市场普遍预期,美联储将于 9 月中旬的议息会议上再度降息,但幅度不会超过 50 个基点,25 个基点的概率相对较大。值得注意的是,美联储持有的美债规模于 8 月下旬明显增加。美联储近期会议纪要指出,如果经济环境表明有必要,美联储将在未来使用资产购买工具。这似乎暗示美联储可能会在 2019 年第四季度重启 QE。

对世界经济有着越来越大影响力的中国货币政策也于近期强调了要加大逆周期调节的力度,明确指出要适时预调微调,实行普遍降准和定向降准的举措,加快落实降低实际利率水平的措施,加大金融对实体经济特别是小微企业的支持力度。

当前来看,全球性的宽松货币政策推进才刚开始,幅度并不是很大,似乎属于带有预防性、前瞻性的政策调整。伴随着经济下行压力越来越大,货币政策进一步宽松的趋势应该比较明朗。但目前世界经济的境况毕竟不同于 2008 年时的金融危机,当时危机是瞬间爆发,全球的流动性一夜之间消失。这种情况下只有货币政策实施大幅度的、迅速的宽松,才能解决问题。当下显然没有迅即大幅宽松的必要。

发达国家的财政普遍比较困难,赤字率比较高。政府债务与 GDP 的比例普遍很高,日本高达 200% 以上,美国也差不多接近 100%,欧洲国家大都偏高,普遍高于通常认为国际可接受的标准即 60%。因此,发达国家的财政政策空间较为有限,而货币政策似乎还可以依靠。货币当局在市场大量投放流动性,推动市场利率下降,降低实体经济的融资成本,提振市场信心。越来越多的国家推行宽松的货币政策,实施降息,降低了黄金的持有成本,增强了黄金对投资者的吸引力;同时将推动物价上涨,增加黄金的抗通胀需求。全球降息潮已经并仍将为金价上行提供动力。

目前有一个持续滋长的隐性因素值得关注,即在当前经济还没有出现明显衰退的情况下,一些国家抢先进行降息,背后的重要动机就是要促使本国货币进一步疲软。理论和经验都证明,本币贬值在二三个季度后有助于增加出口。其实,美国以及一些发展中经济体都有这个动机。对于这种策略,国际上比较忌讳,即所谓的竞争性货币贬值。这种状态的发展会形成较大范围的货币贬值,增加市场对保值增值资产的需求,包括增加对黄金的需求。

未来货币政策继续大幅度宽松,容易造成全球债务水平进一步提高,泡沫进一步增加,纸币贬值的速度会明显加快。根据世界黄金协会的数据,2007 年 6 月美元和欧元货币指数水平在 70~100 的区间波动,2019 年初美元指数水平仅为 44.9,欧元为 37.4。货币政策宽松必将加快纸币贬值的步伐,而黄金无疑是投资者资产保值增值可以青睐的对象。

黄金供给持续放缓而消费需求却不断增长

黄金具有一定的货币属性,但也是贵金属类的商品,其价格首先受到供求关系的影响。

据世界黄金协会的数据,截至 2016 年底,地下金矿总储量略微超过 55000 吨;即使按照 90％的极高冶金回收率,以当前的开采速度,这个储量也只够为行业提供 15 年左右的黄金产量,黄金的供给增速可能进一步放缓。1970 年以来,黄金存量虽然增加了一倍多,但复合年均增长率仅为 1.7％,而全球 GDP 却增长了三倍多。由于安全与环保方面的要求不断趋严和投入不断增加,黄金开采项目数量持续受到挤压,世界黄金协会预计未来 5 到 10 年金矿产量将急剧下降。

黄金作为商品的需求大致占整个需求的 60％,其中又有 85％以上属于金饰方面的需求。金饰类型的需求与经济发展水平和传统偏好密切相关。亚洲除中东以外的地区为经济发展相对较快的区域,其黄金消费需求 2016 年占世界的比重达 63％。中国和印度是全球黄金消费最大的国家。目前中印两国的黄金消费需求占到全球的 52％。印度的人口增速和经济增速都在赶超中国,由于印度的民族传统和习惯是比较喜欢金饰品,所以印度对黄金的需求会随着经济增长、人均 GDP 水平的提高而持续增长。

随着中国经济发展和人均 GDP 水平的提高,在财富快速增长的同时,中国的黄金消费需求也在持续增大。

目前中国通常说的城镇化是常住人口的城镇化,但事实上常住人口并不能真实地反映中国城镇化水平。因为仍有 2 亿至 3 亿人口属于"亦市民亦农民",不能完全享受作为市民应有的户籍、教育、福利等各种待遇。这些都说明中国的实际城镇化水平其实并没有那么高,真实的城镇化水平可能只在 50％～55％区间。未来 10 年,中国估计会有 2 亿以上的人口进入城市,由农民变为市民,还有 2 亿以上的半市民要变为市民。目前中国人均 GDP 只有 1 万美元,离发达国家五六万美元的水平仍有很大差距。随着人均 GDP 水平进一步上升,市民在财富大幅增加的同时对黄金的需求也会进一步增长。2000 年中国的黄金消费为 212.5 吨,2018 年达到 991.8 吨,增幅达 366.7%,复合年均增速为 8.9%。

黄金依然是财富的象征,尤其是在中国这样一个对黄金有传统偏好的国度。黄金具有商品和金融资产的双重属性。在经济扩张平稳的年份,居民消费和科技应用的需求会保持增长。而在经济运行不确定性明显上升时,投资和避险需求则会明显上升,其金融属性会大幅增强。2018 年以来,伴随世界经济运行的不确定性增大,黄金的资产配置、财富保值方面的需求明显上升。

国际货币体系演变将增强黄金的货币功能

在金本位制和金汇兑本位制时代,黄金曾经是国际货币体系的核心和基础。迄今为止,国际货币体系变化依然对黄金具有重要影响,主要涉及两个方面——黄金的货币职能以及未来在国际货币体系中的作用。

历史上黄金曾在很长一段时间里担当过本位货币。1971 年,美国宣布美元和黄金脱钩,宣告了布雷顿森林体系下金汇兑本位制的瓦解,黄金就走上非货币化的道路。在此之前,黄金的货币功能其实已经逐渐褪色,即作为货币最为重要的价值尺度、支付手段和流通手段的功能逐步丧失,最终不复存在。但在金汇兑本位制下,35 美元可以兑换 1 盎司黄金,黄金通过与美元之间的固定比价关系依然发挥着货币的部分功能。1971 年后,美元本位制逐步得以确立。

从金本位制到金汇兑本位制,再到美元本位制,是黄金非货币化的演进路径,全球货币体系最终形成了以纸币为本位的货币体系。

美元本位制的本质是纸币本位制。在财政赤字趋势性扩大的条件下,各国货币当局不可能不实施扩张性的货币政策,通胀因此进一步发展。在布雷顿森林货币体系瓦解之后,全球货币发行如脱缰的野马般大幅增长。尤其是美国的美元货币发行。有研究机构指出,美国每年发行的 2/3 左右的美元货币供应流到了世界各地。而全球出现通胀或者泡沫、债务快速增长,美国却不用考虑它对全世界负什么责任。

随着纸币作为本位货币的发展,黄金的货币功能并没有彻底消失。

黄金具有其他物品所不具有的特质：充当过货币，单位价值较高；具有工业使用价值，而供给又较为有限；质地均匀，能够有效分割；具有普遍可接受性，流动性好；宜于窖藏，长期收益率较高；避险功能齐全，可以有效分散风险；等等。在避险和保值方面，几乎没有什么其他物质可以与黄金相媲美。

黄金没有了价值尺度、支付手段和流通手段的功能，但仍具有储藏手段和世界货币的功能。可见黄金依然还在发挥着货币的部分职能。黄金已经并将长久成为纸币本位制度下抵御通胀和货币贬值的有效工具。

从当前和未来较长的时期来看，黄金非货币化的过程会放缓。在某些阶段，黄金的储藏手段和世界货币的货币职能还会得到一定程度的恢复甚至是增强。为此，越来越多的中央银行可能会将黄金作为主要国际储备之一。

当前，国际货币体系正处在多元化的变革过程中。第二次世界大战后的一个时期，美元充当主要国际货币不仅是因为美元有能力与黄金挂钩，还因为美国在全球贸易和 GDP 中都占有压倒性的优势，因此具有一定的合理性和正当性。时至今日，美国仅占全球贸易的 10％和全球 GDP 的 15％，但美元仍占到全球支付结算的约一半，这就显然不合理了。2002 年欧元的诞生加快了货币多元化的趋势。近 20 年来，美元不再是一币独大，它在国际货币体系中的比重开始明显减少。2009 年人民币开始走向国际，比重缓步上升，尽管现在的比例不高，但发展趋势还是十分明朗的。

在国际货币体系多元化演进的过程中，主要货币之间必然会长期展开博弈和竞争。从霸主地位走向衰落的货币的货币当局，不惜运用霸凌手段对竞争对手进行所谓制裁，导致后者寻求多种方式保护自身的利益。在这一过程中，重要经济体的货币当局有必要拥有世界普遍可接受的、稳定的国际支付手段和储藏手段来支持其本币的信用，增强和保持其国际清偿能力，有效规避这一长期博弈过程中的风险。黄金以其特有的性质，应该会在这个历史过程中发挥信用基础、清偿能力和避险手段的功能。正因为如此，近年来，越来越多的央行购入了黄金——2016 年有 8 国央行，2018 年增至 19 国央行。自 2011 年以来，全球央行从黄金卖方转变为黄金买方，连续 9 年净买入；2018 年净买入 656 吨，2019 年上半年则净买入 374 吨。黄金已成为全球央行的第三大官方储备资产,占比达到 10%,而在 2000 年时这一比重则不超过 3%。展望未来,纸币本位下的货币贬值和国际货币体系的多元化发展,将增强黄金在国际货币体系中的地位和作用。

合理增加资产配置中黄金的比重

从短中期来看,影响金价涨跌的因素主要有两条——风险主线和通胀辅线。风险主线对于金价涨跌更加重要,货币政策和通货膨胀则是金价涨跌影响因素的辅线。风险是动力,而通胀既是动力也是条件。历史数据已经表明,当风险因素持续增强时,结合宽松的货币政策,黄金价格会出现持续较大幅度的上涨。

当前和未来一个时期,各类错综复杂的风险因素可能继续并存。经贸摩擦、英国脱欧、印巴冲突、朝鲜半岛局势、中东地缘政治等多类风险事件将会此起彼伏,从而推动市场产生更多的保值增值意愿,届时黄金势必可以发挥它的特殊功能。

从历史上看,在风险因素不太明显的情况下,即使货币政策很宽松,金价也未必大幅度上升;而货币政策收紧,金价也未必下跌。亚洲金融危机之后,金价曾大幅度上涨,但与此同时美国的货币政策却在持续不断地收紧,美联储曾连续 17 次加息。但在一系列接踵而至的风险的推动下,黄金却走出了一波大行情。可见,黄金市场走势的关键还是看风险。

黄金具有综合性的保值增值功能,这已越来越成为市场的共识。黄金与传统资产呈现了低相关和负相关关系,可以有效地分散和对冲风险。鉴于交易产品和场所的发展,黄金的流动性较过去明显提升。历史数据清楚地表明,黄金可以有效地抵御货币贬值,其长期收益率高于债券而接近股票。因此,当前和未来一个时期,投资者可以考虑适度加大黄金在资产配置中的比重,但要注意规避风险因素的扰动和货币政策变化给黄金价格带来的市场波动风险。

尽管近年来不断增持,截至 2019 年 7 月中国央行持有黄金为 1936.5

吨;但黄金储备占总的国际储备的比例仅为 2.7％,与庞大的外汇储备、可观的 GDP 总量和贸易投资总量相比显然是不匹配的。未来有必要继续增持黄金和提升其占比,以进一步增强我国国际清偿能力和避险能力,为人民币国际化奠定更加坚实的信用基础。

人民币国际化迈向新征程[①]

    1949年至今70年的历史,是中国经济抚平战争创伤、战胜自然灾害、实施改革开放和获得高速增长的历史。在这段历史长河中,有很多可圈可点的伟大历史事件。人民币国际化就是其中的一项战略性改革开放壮举。

    2009年9月,我国开启了人民币国际化的进程。十年来人民币国际化取得了令人瞩目的成绩。2016年人民币纳入国际货币基金组织特别提款权(SDR)货币篮子,权重位列第三。截至2018年底,人民币成为第三大贸易融资货币、位居第五的支付货币和第六的储备货币。当前和未来一个时期,人民币国际化面临较为严峻复杂的国内外经济金融环境。应在肯定人民币国际化成果的同时,厘清存在的不足,为下一个十年的发展未雨绸缪。

人民币国际化十年成绩应当肯定

    一是人民币跨境结算取得长足发展。据央行统计,2009年人民币跨境结算金额不到36亿元,而2018年跨境贸易人民币结算业务总计发生5.11万亿元,增长1418倍;其中跨境货物贸易3.66万亿元,服务贸易及其他经常项目1.45万亿元。根据SWIFT数据,截至2018年末,人民币占全球所有货币支付金额的比重为2.07%,较2017年同期的1.61%进一步上升。

    人民币跨境结算业务虽然较快增长,但存在着不平衡。目前,跨境贸

---

① 本文发表于2019年第19期《中国金融》。

易人民币结算主要集中于周边国家,而在欧盟、美国等主要发达经济体和主要贸易伙伴以及其他新兴经济体贸易结算中人民币的比例较低。目前,人民币结算业务在进口支付方面比重较大,但在出口方面及服务贸易方面比例较小。这表明人民币业务拓展受到了出口议价能力的制约,中国在全球价值链分工中较低的位置限制了中国贸易企业选择货币的能力。这种贸易支付结算不对称的现象是当前我国为"贸易大国"而非"贸易强国"的具体表现。

二是人民币投融资功能逐步提升。2018 年直接投资的人民币结算业务总计发生 2.66 万亿元,其中对外直接投资 8048.1 亿元,较 2013 年增长 8.4 倍;外商直接投资 1.86 万亿元,较 2013 年增长 3.2 倍。同期"熊猫债"累计注册/核准额度 6623 亿元,累计发行规模超过 3147 亿元,发行主体涵盖国际开发机构、外国政府、境外非金融企业、金融机构等。随着境外投资主体配置人民币资产的需求显著提升,2019 年,彭博正式将中国债券纳入彭博巴克莱全球综合指数(BBGA)。2018 年,"沪港通""深港通"业务跨境收付金额合计 8415 亿元,较 2017 年同比增长 30%。截至 2018 年末,共有 19 个国家和地区获得 RQFII 投资额度合计 1.94 万亿元,205 家境外机构备案或申请投资额度合计 6467 亿元。其他投资项下,包括跨境融资、项目贷款等人民币跨境收付金额合计 1.7 万亿元,较 2017 年同比增长 23.6%。SWIFT 报告显示,目前人民币已成为第三大贸易融资货币。

尽管人民币的国际投融资功能不断提升,但依然存在着制约人民币投融资功能发展的因素。当前中国资本项下尚不能完全可兑换,人民币还不是可自由兑换货币,资本项目下人民币跨境结算主要集中于直接投资,其他金融和投资比重较小。境外主体对人民币的接受程度较为有限,境外企业在收取人民币后往往倾向于兑换成美元等币种。香港地区作为主要的人民币离岸市场,总体上是以负债为主,资产业务比较有限,作为资产货币运用的投资领域还需要继续开拓。

三是储备货币功能崭露头角。据央行统计,截至 2018 年末,我国已与 38 个境外包括日本等发达国家的央行或货币当局签署了双边本币互换协议,总额达 3.55 万亿元。越来越多的国家与中国签署货币互换协议,以此来满足双边贸易投资的需求。2016 年人民币正式加入特别提款权(SDR)货币篮子,是人民币国际化进程的一个重要里程碑。根据 IMF 数据,截至 2014 年,共有 38 个国家持有人民币资产约合 718 亿美元;而 2018 年底,全球人民币储备规模达 2027.9 亿美元,增长 182.4%,超过澳大利亚元和加拿大元,居第六位。据央行不完全统计,目前全球已有 60 多个央行或货币当局将人民币纳入外汇储备。

应该看到,目前人民币发挥货币储备功能依然有限。目前人民币在 SDR 中的占比为 10.92%,远低于美元和欧元的占比。人民币储备规模占标明币种构成外汇储备总额的 1.89%,而美元占全球储备货币的 60% 以上。这说明过去十年人民币国际储备货币地位虽然上升显著,但存量占比依然偏低。

四是人民币计价功能实现突破。2013 年 10 月,大连商品交易所上市以人民币计价结算的中国铁矿石期货。2014 年 9 月,上海自贸区黄金国际板正式上线,2016 年推出以人民币计价的黄金基准价格——“上海金”。2018 年 3 月,上海国际能源中心(INE)挂牌交易以人民币计价的原油期货。2018 年 11 月,精对苯二甲酸(PTA)期货正式引入境外交易者。据央行数据,截至 2019 年 2 月末,原油、铁矿石和 PTA 等大宗商品期货交易均已引入境外交易者,汇入和汇出保证金中人民币占比分别为 59.2% 和 75.5%。推动大宗商品以人民币计价是人民币国际化的重要举措,有助于提高我国在国际市场上的话语权。

目前人民币的计价功能仍然存在一些不足。一方面,各种商品市场引入境外交易者步伐缓慢,反映出现阶段金融开放水平依然较为有限。另一方面,国际定价影响力有待进一步提高。如“上海金”的价格与前一晚国际金价走势有着很大的联动性,尚不能充分反映国内黄金市场的供求情况。

五是人民币离岸市场稳步前行。根据 SWIFT 数据,人民币是全球外汇市场中最活跃的货币之一,目前伦敦已经超过香港成为最大的离岸人民币外汇交易中心。截至 2018 年末,境外主要离岸市场人民币存款余额超过 1.2 万亿元(不包括银行同业存款)。境外清算行人民币清算量合计 316.61 万亿元,较 2017 年同比增长 11%。2015 年,中国人民银行在伦敦首次发行人民币央行票据,随后 2018 年和 2019 年两次在香港发行人民币央行票据。这表明中国央行对离岸人民币市场越来越重视,并采取措施进行调节。由于目前离岸市场金融产品类型有限以及离岸与在岸人民币市场的联通程度不够,香港离岸人民币存款的增加有些是出于套利套汇目的,真实需求不足,这说明人民币离岸市场发展的基础尚不够牢固。

六是基础设施建设积极推进。为满足市场主体对人民币跨境资金清算、结算安全高效的需求,2015 年人民币跨境支付系统(CIPS)一期成功上线运行。2018 年 CIPS 二期投产并在制度安排、结算模式和流动性机制等方面进行了升级优化。截至 2019 年 6 月,CIPS 系统已经有 31 家直接参与者,847 家间接参与者;实际业务覆盖全球 160 多个国家和地区,其中 63 个国家和地区(含中国大陆和港澳台地区)处于“一带一路”沿线。自 2015 年 10 月上线以来,CIPS 累计处理业务超过 400 万笔,金额超过 60 万亿元人民币。

目前各国跨境支付和结算系统仍处于初步阶段,相对于 SWIFT 每天 5 万亿至 6 万亿美元的交易额,其他国家跨境系统的交易量都还只是杯水车薪。值得注意的是,近年来,美元在全球金融体系中的地位继续下滑。人民币跨境支付系统的运行和完善将有助于人民币国际化的稳步前行。

十年来,尽管人民币的各种国际货币职能都取得了不同程度的发展;但迄今为止,人民币的国际货币职能及其影响力仍然较为有限,其国际使用程度与美元、欧元尚存在较大的距离,与中国是全球第二大经济体、第一大出口国和新兴对外投资国的经济金融地位相比也不匹配。应该清醒地认识到,人民币国际化尚处在初期发展阶段。人民币想要取得与我国经济实力相匹配的国际货币地位,依然任重道远。

理性认识人民币国际化发展的国内外环境

人民币国际化的发展受多重因素的驱动和制约,与宏观经济的关系密不可分。准确把握当前国内外经济重要因素的影响,有利于更好地分析和判断未来人民币国际化发展的基础和条件。

新常态下我国经济高质量发展将为人民币国际化奠定基础。在所有影响货币国际化的因素中,一国的经济实力是建立并维持国际货币地位的基础性因素。货币的本质是信用关系,一国发行的货币想要在世界范围内行使货币职能,需要强大的国家信用做依托,而综合国力是国家信用最好的背书。目前我国的经济实力已跻身世界前列,是世界第二大经济体,经济增速多年来保持全球领先水平。我国经济拥有巨大的市场和潜力,人民币国际化有着良好的动力、基础和条件。

由于外需疲软、人口红利递减、成本上升以及投资收益率下降等综合原因,中国经济"换挡降速",面临下行压力。经济下行会影响投资者对中国经济的信心,也会引致市场产生降息和汇率贬值预期,这将导致外国投资者持有人民币资产的动机相对减弱,人民币国际化进程会相应受到影响。改革是唯一出路。在供给侧结构性改革的推动下技术进步将替代粗放式增长,产业升级将调整内部经济结构。在新旧动能转换的过程中,资源配置会更加集约有效。中国经济转向高质量发展必然导致持有人民币资产的需求稳步上升,人民币国际化将获得长久的动能。

金融扩大开放将有力地推进人民币国际化。一国货币国际化必须要依托强大的国内金融市场,而金融开放是促进金融市场竞争和提高资源配置效率,从而扩展金融市场深度和广度的重要环节。近年来,我国积极打造对外开放新格局。2019 年 7 月,国务院金融稳定发展委员会推出 11 项金融业对外开放举措,在市场方面逐步减少了资金进出的限制,在行业方面放宽了股权和有关业务的限制。2019 年 8 月,中国人民银行决定改革完善贷款基础利率(LPR)形成机制,新实施的 LPR 报价成员中新增了渣打、花旗两家外资银行。2019 年 9 月,国家外汇管理局决定取消合格境外机构投资者(QFII)和人民币合格境外机构投资者(RQFII)投资额度限制。这些金融开放的举措无疑将对中国金融市场以及人民币国际化的发展产生深远的影响。开放为直接融资提供了更多便利,将提高资本市场运行效率,降低实体经济融资成本。金融开放一定会带来新理念、新业务和新流程,有助于金融创新向更深层次推进。开放举措将导致境内金融市场更广泛和深入地与国际市场相联通,支付结算、人民币计价交易和投融资等国际需求都会得到长足的发展。

由于存在信息不对称以及主观故意,国际市场往往对中国经济存在非理性预期。在金融开放度扩大后,这种不利因素毫无疑问将会成为市场稳定的障碍。扩大开放之后跨境资本自由流动规模扩大。在"蝴蝶效应"和"羊群效应"的作用下,有时稍有风吹草动就有可能导致资本大规模流进流出。如果此时有投机资本兴风作浪,可能就会对国内经济金融造成冲击。金融市场动荡必然会带来人民币汇率波动,从而影响市场人民币需求,妨碍人民币国际化的推进。为此,人民币国际化应与资本项下开放、汇率形成机制改革和利率市场化相协调,符合国家整体改革开放的需求和战略。

"一带一路"已经和正在为人民币国际化创造真实需求,资本输出成为"一带一路"上人民币国际化的重要抓手。2016 年,中国与"一带一路"沿线国家跨境贸易人民币实际收付 7786 亿元,占双边贸易额的 13.9%,比 2012 年末提高了 4.3 个百分点。"一带一路"沿线国家有巨大的基础设施需求,而中国具有较高的基础设施建设水平和经验,可以推动人民币在"一带一路"沿线国家基建投融资领域的使用。2017 年以来,中国国家开发银行、进出口银行分别提供了等值人民币 2500 亿元和 1300 亿元的"一带一路"专项贷款,用于支持"一带一路"基础设施建设和产能、金融合作。丝路基金新增 1000 亿元人民币资金,未来将鼓励金融机构开展人民币海外基金业务。"一带一路"沿线国家具有丰富的资源能源,而我国是大宗商品消费大国。在沿线国家推动大宗商品以人民币计价和结算,不仅可以解决双方的价格风险,提高贸易便利化水平,还可以发展人民币的计价结算职能。中国在跨境电子商务领域的优势与"一带一路"沿线国家身处欧亚大陆要塞的地理优势相结合,有助于扩大人民币的影响力。"一带一路"将继续为人民币国际化创造新的需求。

"一带一路"沿途基本是发展中国家,政局动荡和政权更迭引发的政治风险问题突出,尤其是中东地区冲突不断。目前大宗商品的定价权依然以美元为中心,加上地区冲突、自然灾害等原因导致大宗商品供给不稳定,沿线国家的大宗商品价格波动明显。中国对"一带一路"沿线国家基础设施投融资本身会有投资风险,包括投资成本大、建设周期长、资金回收慢等。因此"一带一路"上人民币国际化的风险必须引起高度关注。

当前和未来一个时期,中美贸易摩擦下人民币国际化的挑战与机遇并存。从短期看,美国挑起的贸易摩擦影响了市场对于中国出口和国际收支的预期,人民币汇率出现了一轮贬值,对国际市场持有人民币资产的需求带来影响。为了防止资本大幅流动对国内经济金融造成冲击,资本和金融账户的开放会持总体审慎的态度。短期内汇率也难以朝着自由浮动的方向迅速推进。近期美国无端指责中国是"汇率操纵国",对中国外汇市场带来新的压力。上述这一系列因素都将会影响人民币国际化的进程。

从中长期看,贸易摩擦也可能为人民币国际化提供新的发展契机。随着贸易摩擦的推进,2018 年第三季度以来,中美两国之间的进出口明显负增长。截至 2019 年 8 月,美国在中国进出口中的份额由 2017 年的 14.2% 下降至 12%。中国对美国的直接投资也大幅下降。但与此同时,中国与欧盟、东盟等其他经济体的经济关系平稳发展。这种状况的发展必将会减少中国跨境贸易中美元的使用,有助于人民币进一步扩展跨境使用的空间。在严峻的国际环境下,中国企业会加大力度自主研发,提高核心竞争力,加快步伐推进中国产业向全球价值链高端迈进,在交易定价和货币选择中占据有利地位,从而降低对美元支付结算的依赖,在跨境交易中进一步减少美元使用。伴随着结构调整,中国经济会持续从出口导向型向内需导向型转变。这既有助于增强交易的货币选择能力,提升人民币使用占比,也有助于降低融资结构中的外债比重,从而进一步减少负债型的美元使用。

布雷顿森林体系崩溃后,美元在国际货币体系中的地位长期处于下行的趋势。全球金融危机的发生让美国的霸主地位面临新的挑战。与 2015 年末相比,美元在全球 SWIFT 支付体系中的使用份额由 43.9% 下降至 2018 年的 41.6%,欧元的支付份额上升了 3.5 个百分点,日元、加拿大元、澳大利亚元、人民币等其他货币所占的比重也都略有提升。为了维持美元的霸权地位,美国在一系列经济领域采取了重大的战略部署和政策调整。但近年来,世界范围内的"去美元化"正在掀起新一波浪潮。美元霸权地位需要美国以强大的国家信用来背书,然而美国现行政府肆意推翻世界贸易规则,出尔反尔,四处树敌,随心所欲地给他国扣上"汇率操纵"的帽子,动摇了美元的信用基础。

近年来,全球央行国际货币储备结构发生了显著变化。土耳其、德国、委内瑞拉和中国等多国央行国际储备中增持了黄金,欧元和日元在全球外汇储备中占比也逐步上升。为了摆脱对美元的依赖,俄罗斯减持了货币储备中85%的美债,取而代之的是大幅增加黄金、人民币和欧元资产。与此同时俄罗斯在国际经贸中转向非美元外币结算,2014年上线了独立于SWIFT报文系统的支付系统——金融信息传输系统(SPFS)。为了绕开美国的管辖,多国都在构建独立的支付系统,中国2015年开发了人民币跨境支付系统(CIPS),2018年CIPS二期亦已投产。德国、法国和英国于2019年1月设立了避开美元的贸易往来支持工具ISTE。越来越明显的国际货币体系多元化趋势,将为人民币国际化带来进一步发展的空间。

人民币国际化新征程怎么走

货币国际化的根基是一国的经济实力。我国已经是全球经济规模第二的国家,未来需要加快结构性改革,通过高质量发展持续做强综合实力。在此基础上,未来人民币国际化还需要采取一系列针对性的措施。

一是依托"一带一路"拓展人民币跨境使用空间。资本输出是带动本国货币国际化的重要手段和途径。"一带一路"为人民币国际化创造了难得的投融资载体、国际分工环境和市场条件。"一带一路"建设已经使人民币国际化在夯实做强域化基础、境外信贷发展、基础设施投融资、大宗商品定价和电子商务计价结算等关键领域取得了突破性的进展,人民币投融资职能逐步得到了增强。未来政府相关部门要适时做好沿线国家政治、经济、金融市场的风险评估和预警,积极引导和推动企业与金融机构在相关国家和地区的人民币投资以及信贷行为,采取有力措施切实保护本国企业和金融机构的利益与投资安全,为"一带一路"上人民币进一步国际化保驾护航。

二是协同推进金融改革与金融开放。积极稳妥地推进金融改革开放是人民币国际化发展的关键性制度安排。人民币要成为真正的国际货币,不能仅靠经常账户项下的跨境使用,还需要通过资本账户进行更加便捷的跨境流动,发展人民币的交易职能和国际储备职能。资本账户要实现有序渐进开放,离不开汇率市场化改革和金融市场发展。具有良好弹性的人民币汇率有助于防止国际资本大进大出对本国经济金融产生冲击,也有利于我国货币政策的独立性。金融市场的发展水平是决定资本账户开放度和金融开放度的重要因素,进而也是影响人民币国际化的关键因素。我国的贸易规模和经济总量全球排名靠前,但金融市场的发展程度与国际成熟市场相比还有很大差距。金融市场需要继续扩大规模并拓展深度,尤其是拓展金融衍生品市场,同时需要扩大对外开放,鼓励和推进国外投资者积极参与境内人民币资产投资。未来金融改革和金融开放要协同推进,共同助力人民币国际化。

三是拓展人民币的计价货币和储备货币职能。目前人民币国际化最主要的成果体现在商品和服务贸易有关的方面。但在金融领域,人民币国际化的水平尚低。人民币最终能否成为与美元和欧元并驾齐驱的国际货币,计价货币和储备货币方面的表现十分关键。大宗商品人民币计价结算是推动人民币实现计价功能和储备功能的重要抓手。未来既要发挥中国规模庞大的优势,推广人民币计价的大宗商品现货,还要发展期货市场,进一步扩大石油等以人民币计价的大宗商品期货。要使人民币成为各国的储备货币,一方面要加强与各国的经贸往来,在结算和投资职能的基础上,拓展多国储备需求;另一方面则要创新适合国外央行配置的人民币固定收益资产,满足国外央行对资产多样性和平滑期限结构的需求。

四是稳步大幅增加黄金储备。人民币国际化除了要有强大的经济实力和发达的金融市场做依托之外,还需要拥有坚实的国际信用和足够的国际清偿力。布雷顿森林体系崩溃后,黄金虽然丧失了价值尺度、支付手段和流通手段职能,但仍具有储藏手段和世界货币的职能。黄金不仅被普遍认为是抵御通胀和货币贬值的有效工具,而且其保值增值功能越来越成为市场的共识。历史数据表明,黄金与传统资产呈现出低相关性和负相关性,其长期收益率高于债券而接近股票。当前和未来一个时期,各类错综复杂的风险因素可能会继续并存。世界经济前景的不确定性上升导致全球风险偏好下降。出于对冲美元风险和国际储备多元化的需求,各国央行购买黄金储备的意愿明显增强。截至 2019 年 7 月,中国央行持有黄金达到 1936.5 吨,较 2012 年末的 1054 吨增长 83.7%。尽管近年来中国央行不断增持,但黄金储备占总的国际储备比重仅为 2.7%,与我国可观的外汇储备、庞大的 GDP 总量和贸易投资总量等所产生的需求相比显然是过低了。与美国和欧元区等经济体相比,中国黄金储备的规模和比重也偏低。截至 2019 年 7 月,美国持有黄金储备 8133.5 吨,占其外汇储备比重达 76%,可见美国国际储备的主体是黄金;欧元区(包括欧洲央行)的黄金储备共计 10775.7 吨,占其外汇总储备的 55.7%;欧洲央行持有黄金储备 504.8 吨,占其外汇总储备的 27%。参考美欧持有的黄金储备规模,考虑到人民币要成为与美元和欧元并驾齐驱的国际货币,未来外汇储备增长会较为平稳甚至减少,我国黄金储备比重至少应提高到 20%。黄金储备规模和占比的增加将为人民币国际信用和国际清偿力的增强带来有力的支持,有助于为人民币国际化奠定坚实的物质基础和有效的信用保障。

五是发展和完善人民币离岸市场体系。人民币要成为真正的国际货币,需要在全球形成一个统一、具有深度和流动性的离岸人民币交易的网络和体系。目前人民币离岸中心主要在中国香港、新加坡等周边地区。随着“一带一路”倡议的实施推进,可以考虑在中亚、中东等地区和金融市场发达、影响力相对较强的区域中心城市布局新的人民币离岸市场。为了使人民币离岸市场健康发展,未来应该继续完善离岸人民币的合法充实和回流机制,创新吸引投资者的人民币计价离岸金融产品,加强对离岸资金流动和衍生品交易的监测,密切人民币离岸、在岸市场之间的资金流动和业务往来,探索并形成离岸人民币市场的管理机制。

六是构建和完善系统性的银行全球经营网络。从各国货币国际化的经验来看,本国银行体系在全球的拓展,为这个国家的货币在全球布局提供了十分重要的平台。境内的商业银行及其境外分支机构共同推进借贷业务是发展人民币借贷职能的重要渠道。商业银行通过借贷业务,提供支付结算等方面的服务,有助于人民币国际化战略的落地。应支持大型国有银行和部分有条件的中型银行做好国际化发展的规划,与本土企业“走出去”相呼应,将银行国际化发展纳入我国金融发展战略之中,有序地加以实施。商业银行作为“一带一路”的参与者和实践者,应该在投融资资金配置、信息交互和风险评估等方面发挥积极作用；同时应该加强与国外银行在人民币支付清算、资金拆放和报价做市等方面的业务合作，为企业"走出去"和人民币资本输出提供更加完善的配套银行服务。

七是加强和拓展基础设施建设。随着人民币跨境支付结算规模不断扩大，传统清算模式在效率方面的不足逐渐显现。如报文兼容性出现问题导致收付款不能被识别、需要借助第三方银行的层级较多、受时间限制常常不能当日结算等。为了满足市场主体对人民币跨境资金清算、结算安全高效的要求，中国央行推出了人民币跨境支付系统（CIPS），这相当于修建了自己的人民币国际化高速公路，但其发展仍处于初级阶段。想要扩大CIPS的全球影响力，不仅需要丰富系统功能和产品类别，完善报文系统等，还需要依托上海金融中心的建设。CIPS的总部位于上海。随着自贸区建设的不断完善，上海已经成为人民币产品创新、交易、定价、清算和业务等金融中心。未来上海应该扩大与主要国际金融中心的互联互通，将CIPS的使用推广到更多地区。

Part 7

深入推进经济金融体制改革

深化经济金融体制机制改革是新时期的重要任务。未来唯有坚定地推进体制的改革创新，才能促进经济高质量发展，持续增强国际竞争力，保持经济社会平稳健康发展。这一部分共选入了11篇文章，涉及税收体制、房地产长效机制、金融监管机制、融资结构、金融循环体制以及利率市场化和存款保险制度等经济金融体制机制改革问题。这11篇文章有助于了解并分析判断这一时期及未来一个时期，有关经济体制改革尤其是金融体制改革的重要内容和发展方向。

推出存款保险制度需要考量的问题^①

作为利率市场化改革攻坚的重要配套机制之一,存款保险制度可以有效地保护存款人的利益,还能使各类银行在同一起跑线上公平竞争,从而起到维护金融稳定的作用。但对保险赔偿限额和保险费率两个问题应加以认真考量,对推出存款保险制度可能导致的存款市场波动也应予以高度重视。

从实际出发考量存款保险最高赔偿限额

存款保险赔偿限额要根据存款的具体结构来进行详细测算。从避免储户数量层面上的显著存款搬家考虑,需要保证存款保险赔偿限额能够覆盖大多数储户。2005 年央行相关调查数据显示,存款在 5 万元以下、10 万元以下、20 万元以下、50 万元以下四个区间内的存款账户户数占全部存款账户数量的比例分别为 96.18%、98.32%、99.32%、99.70%。据业内人士预计,随着近年来居民储蓄的增长,当前存款在 50 万元以下的账户占比应在 98%左右。由此,若将存款保险赔偿限额设置为 50 万元,绝大多数储户(98%左右)将不具备转移存款的动机,也就不会出现严重的储户数量层面上的存款搬家现象。

再从避免储蓄存款搬家来考虑,还需要保证存款保险赔偿限额能够覆盖足够比例的存款,这一"足够"比例有许多国际经验可以借鉴。例如在 2003 年,美国的该比例为 60%,世界主要国家的均值为 52.5%。通过确定合理的存款保险赔偿金额覆盖比例(这个比例越大,储蓄金额层面上

① 本文发表于 2014 年 3 月 21 日新浪财经。

的存款搬家现象就越轻微),就容易在储蓄金额层面依据存款结构倒推出我国适当的存款保险赔偿限额。2005 年央行相关调查数据显示,存款在 5 万元以下、10 万元以下、20 万元以下、50 万元以下四个区间内的存款账户内金额占全部调查存款账户内总金额的比例分别为 20.54%、29.47%、37.61%、46.08%。由此,若将存款保险赔偿限额设置为 50 万元,存款保险制度将覆盖约一半的储蓄金额,基本达到世界主要国家的平均水平。

依据国际经验,除应重点考虑缓解存款搬家现象外,存款保险赔偿限额的设置还可以参考人均 GDP、人均收入、人均存款等因素综合决定。以美国为例,美国在 2008 年金融危机后将存款保险赔偿限额提升到 25 万美元,这约为近年来其人均 GDP 和人均可支配收入的 4~6 倍。若完全参照这个比例,我国将存款保险赔偿限额设置为约 20 万元人民币就比较合适。截至 2013 年 9 月,美国人均储蓄存款约为 2.33 万美元,大致占到存款保险赔偿限额(25 万美元)的十一分之一。若参考该比例,基于 2013 年 9 月我国人均储蓄存款约为 3.5 万元人民币的现状,则我国存款保险赔偿限额可设定在 40 万元左右。但美国家庭的储蓄率很低,在金融危机前的 2005—2007 年还不到 1%,金融危机后有所提高,但也仅在 7%~8%。而我国储蓄率一直很高,存款是我国居民持有财富的主要手段。2012 年的《中国家庭金融调查报告》显示,中国家庭金融资产中,银行存款比例最高,为 57.75%。因此,从保护存款人利益和维护金融体系稳定的角度出发,我国存款保险赔偿限额应在 40 万元的基础上适当设置得更高一些。

综合来看,在充分借鉴国际经验的基础上,从我国的实际出发,重点考察不同赔偿限额对存款搬家效应的可能缓解作用,并统筹考虑人均 GDP、人均收入、人均存款等因素,现阶段我国存款保险的最高偿付限额似为 50 万元较为合适。

以稳健性合理确定差别保险费率

从各国实践看,投保银行均按其存款规模的一定比例缴纳存款保险费,以体现各投保银行共同为风险事件承担责任的基本保险原则。目前,国际上主要存在单一费率和差别费率两种类型的存款保险费率模式。所谓单一费率,是指不考虑投保银行各自的风险状况,各投保银行统一按照一定比例缴纳保费;而差别费率是指综合考虑各投保银行的经营状况、风险大小等因素确定不同的费率,风险较高的银行须缴纳较高的费率,而风险相对较低的银行只需缴纳较低的费率。

当前,我国商业银行的发展水平参差不齐,风险程度也存在较大差异,差别费率制的实施将避免单一费率体制下低风险银行对高风险银行的补贴,因而更有利于约束高风险银行的风险承担行为。总体而言,我国国有大型银行经营较为稳健,且在未来一段时间内,市场依然会对政府对国有大型银行的隐性担保具有较高的接受程度。由此,国有大型银行的实际风险较低,依据风险匹配原则,缴纳较低比例的保费即可充分覆盖其潜在风险;与此相对,城商行、信用社等小型存款机构数量众多,其平均风险较国有大型银行要大,国家隐性担保的认可程度较低,因此其应该缴纳较高比例的保费以充分覆盖风险。进一步地,在风险差异的保费制度下,各银行要增强赢利能力和市场竞争力,就必须从自身的赢利能力拓展和风险防控体系两方面入手,既保证赚取适当的利润,又避免风险水平的提高带来的存款保险费率上升。

我国的差别费率政策可以分两个阶段推进。在存款保险制度实施初期,我国可以考虑实行简化的分类差别保险费率,即将各商业银行按属性分为国有大行、股份制银行、城商行和信用社等类别,各类别分别适用不同的费率水平。当前国际平均保险费率约为 0.05%,我国可以考虑围绕这一保费水平对国有大行、股份制银行和城商行农信社三类群体分别实行 0.03%、0.05% 和 0.07% 的简单差别费率。在未来相关制度逐渐完善、实施条件基本具备后,存款保险费率则可以参照各银行的资本充足率、不良贷款率、拨备覆盖率等风险指标来综合确定,形成较为精确的风险差别费率制度。从我国的实际情况出发,风险差别费率制度的落地实施既有赖于我国风险评级体系的建立和完善,也离不开存款保险机构工作人员技术手段的提升和实践经验的积累。

市场比较关注保险费对银行利润的影响。由于存款保险保费的缴纳将被计入商业银行经营成本,存款保险制度的实施将对商业银行的盈利水平产生一定的负面影响。基于人均最高赔偿限额为 50 万元和 0.03%、0.05% 和 0.07% 的简单差别费率的假设，存款保险制度开始实施的初期，我国上市银行的成本收入比每年将提升约 0.5 个百分点，年净利润将被拉低不到 1 个百分点，对银行利润的影响不大。但由于中小型银行的差别费率较高，对中小型银行特别是小型银行净利润的影响相对较大。再考虑到利率市场化条件下利差收窄、信贷增速可能放缓、互联网金融等挑战，各种压力叠加下小型银行的赢利能力将面临严峻考验。

关注存款保险制度推出后市场可能的波动

在我国，存款保险制度推出后，相当于存款保险机制"由暗转明"，这可能会导致部分存款流出银行体系和在银行体系内部之间转移这两种"存款搬家"现象，在一定程度上造成存款市场波动。出现前一种"存款搬家"主要是因为银行存款从之前的无风险资产变为有风险资产。我国一直实行的是一种隐形的存款保险制度，国家在事实上承担存款保险责任。存款保险制度推出后，"全额赔偿"转为"有限赔偿"使得存款不再是无风险资产。因此，对于超出赔偿限额部分的存款存在脱离银行体系的可能性。从国际经验来看，国债因为有国家信誉的担保而成为低风险资产的首选。但由于目前我国国债个人投资渠道不多，短期看国债对银行存款的替代效应并不大。

实施存款保险制度后，更有可能发生的是存款从中小型银行特别是城乡信用社等小型金融机构向大型银行转移的现象。这主要是因为公众对大型银行长期存在"大而不倒"的认识，认为大型银行是以国家信用为后盾，次贷危机中发达国家对大型银行施以援手的经验就是证明。而我国五家大型银行国有控股的属性则进一步加深了这种认识。在利率市场化加剧银行业竞争、银行可能倒闭的情况下，大型银行会受到储户的青睐，而小型银行则被认为经营风险最大。因此，小型银行的大额存款存在向大型银行转移的可能性。根据人民银行的数据粗略计算，目前我国地方性小型银行的总存款规模约为 23 万亿元，个人存款约为 11 万亿元，若假设个人存款中的一半在赔偿限额以上，则有 5 万多亿元的个人存款可能从小型银行流向大型银行。当然,这只是一种推测,实际会是多少,因数据缺乏还难以预测。

综上所述,对于多数中小型银行来说,利率市场化及存款保险制度推出后,短期内这些银行将面临较大的存款流失和流动性风险。经验表明,一旦某家金融机构发生流动性短缺,资金融入的需求大幅增加,还会通过"连锁反应"蔓延到整个金融体系。因此,在存款保险制度推出后,对因局部流动性紧张而可能引发的整个金融体系的流动性风险应予以高度重视。中长期来看,小型银行很可能会通过大幅提高存款利率来留住存款。为保证利差和盈利,存款成本上升会进一步导致其将信贷投放于高风险、高收益的领域。但在部分小型银行的风险定价能力不强、风险管控能力较弱的情况下,匆忙将大量信贷投放到高收益、高风险领域,将会使其面临较大的经营失败和破产倒闭风险。因此,尽管短期来看可以通过提高存款利率来维持存款和流动性的稳定,却可能会导致其在未来面临较大的信贷损失风险。

政策建议

一是采取多方面举措降低小型金融机构的流动性风险。可以考虑必要时降低存款准备金率,特别是小型银行的存款准备金率,以缓解其流动性风险。同时通过央行的相关融资工具,在必要时及时施以援手,缓解其流动性问题。

二是在存款保险制度正式出台之前,有关存款保险制度的宣传解释工作十分必要。让存款人对存款保险有充分了解,并且把握好存款保险制度出台的有利时机,就能稳定公众信心,避免或最大限度地降低存款保险制度的推出对银行体系可能产生的扰动。为此,建议通过报纸、电视、电台、网络等媒体对存款保险制度进行广泛的宣传。建议商业银行制作有关存款保险制度说明的手册,免费发放给储户,手册应用通俗易懂的语言进行解释和说明。还可以制作宣传短片,通过网络、电视等视频媒体广泛播出。

三是初期可考虑由国家出资适度补充存款保险基金。前述建议的差别保险费率并不高,初期存款保险基金可能面临不足的状况,再考虑到保费对小型银行来说是一笔不小的负担,建议由国家出资适度补充部分资金,可以考虑使用银行上缴的税收资金补充存款保险基金。

四是适度降低银行业税收负担。目前我国银行业税负较高,具体表现在税率较高且同时征收营业税和所得税。建议适当降低所得税率(目前为25%),逐步向国际银行业靠拢(目前瑞士、荷兰、比利时等欧盟国家的商业银行实际税率已经降低到20%以下)。从国际经验来看,对金融业课征的流转税税负都比较低,甚至没有;而我国对金融业征收营业税,建议适当逐步降低营业税率(目前为5%),可以考虑在上海自贸区内开展商业银行营业税改增值税试点。

金融业怎样服务好供给侧改革^①

过去 30 多年，中国经济发展依靠改革开放、加入 WTO 和劳动人口三大红利，保持经济持续高速发展。然而，近来中国经济已经步入由高速增长转为中高速增长、经济结构调整趋于优化、新旧动能转换的新常态时期。以往需求侧的消费、投资、出口"三驾马车"对经济增长的拉动日渐乏力，结构性的供需错配现象也较为严重，亟需通过供给侧结构性改革缓解现有经济结构失衡问题。金融资源是现代经济的核心资源，金融的功能就是服务实体经济的发展，两者互促共生。如果说实体经济是肌体，资金是血液，金融体系则是血管。金融业必须助力供给侧改革，亦将得益于供给侧改革。金融业通过推进利率市场化、改善融资结构以及健全银行业结构等方式，解放金融束缚，为供给侧改革提供更为有力的金融支撑。而供给侧改革也是金融业自身转型发展的助推器。通过转变经营理念和改革体制机制，金融机构将更有效地配置和使用金融资源，提高金融供给体系的服务质效。

以针对性金融改革服务供给侧改革

2015 年底的中央经济工作会议明确强调，要着力加强结构性改革，在适度扩大总需求的同时，去产能、去库存、去杠杆、降成本、补短板，提高全要素生产率，使供给体系更好地适应需求结构的变化。供给侧改革的重要方面在于金融端，关键是金融的制度性改革，核心是降低企业成本、去融资杠杆、提升资本效率。深入推进利率市场化、改善和优化融资结构

---

① 本文发表于 2016 年 6 月 8 日《金融时报》。

以及健全完善银行业结构，是当前和未来一个时期金融供给侧改革的重要内容。

经过20余年的稳步推进，中国利率市场化改革已取得重大突破，金融机构都已具有自主决定利率浮动的权力。充分发挥市场在价格形成和变动过程中的作用，有利于更好地引导金融资源配置，不断完善股票、债券等直接融资交易机制，推动社会融资方式的多元化；有利于分散金融风险，降低企业负债率和融资成本；有利于促进居民财富的增长，引导居民理财和消费行为理性改变；有利于资金流向高收益、高科技和前景好的新兴产业和初创企业，为中国经济再平衡和产业结构调整创造良好的条件；有利于促进中国经济从外延粗放式的增长模式转向内涵集约式的增长模式，真正实现供给侧改革的目标。与此同时，利率市场化也对银行等金融机构带来定价、结构以及风险三方面的挑战。从产品定价来看，利率市场化导致短期利差震荡、中期利差下降，金融机构需不断提升产品风险定价能力。从产品结构来看，为减少利差收窄的不利影响，金融机构需要调整产品结构，即通过综合化经营扩大非息收入，进而增加高风险高收益资产的占比。从风险管控来看，利率震荡导致波动性增加，加之民间资本进入银行业，其强烈的逐利动机也可能带来轻视风险的倾向，这对金融机构的风险管控能力提出了更高的要求。虽然利率市场化改革已取得决定性的进展，未来仍有三方面任务需要持续推进。一是央行主导的商业银行基准利率体系应尽快退出，相应地，由市场主导的金融机构利率体系应逐步建立，以最终实现利率市场化。二是增强金融机构的市场化定价能力，逐步弱化对央行基准存贷款利率的依赖。三是进一步疏通利率传导机制，让短期利率的变化能有效影响存贷款利率、债券收益率和其他市场利率。

供给侧改革成果在资本市场的体现，主要就在于激活资本市场，为企业创造更加多元化的融资渠道，提供更低成本的融资方式。目前中国企业的融资结构仍以间接融资为主，2015年，新增直接融资仅占社会融资规模增量的23.2%，虽然比2014年攀升6.03个百分点，但仍属于较低水平。直接融资和间接融资本身并无绝对的好坏之分，只是在中国直接融资比重过低，导致了对间接融资的过度依赖，产生了杠杆率过高、金融风险过于集中、中小微企业融资难等难题。加快资本市场建设，健全多层次、多元化、互补型、功能齐全和富有弹性的资本市场,有助于提高直接融资比重,更好地满足创新型增长模式下实体经济多样化的融资需求。直接融资无需金融中介机构介入,有助于盘活存量资产,减少企业对银行信贷等间接融资方式的依赖,降低经济转型调整阶段的金融风险;提升直接融资比重有助于避免由于依靠银行信贷加杠杆而造成非金融部门财务不可持续的现象,有助于企业降成本、去杠杆,促进实体经济健康发展。

为有效促进供给侧改革,商业银行应通过开展投贷联动、优化信贷投向、完善银行业结构和创新农村信贷制度等四个方面举措用好增量、盘活存量,构建治理良好、结构合理、充满活力和创造力的银行业机构体系,为推进经济转型升级和供给侧结构性改革提供有力的金融支持。一是积极开展投贷联动,让"双创"成为发展新动力。改变过去商业银行只为客户提供信贷支持,PE 或 VC 企业提供股权融资服务的方式,准许银行通过子公司开展投资,以"股权 + 债权"的模式,为创业期的小微企业特别是科技型企业提供有效融资。投贷联动能够有效地将商业银行的资金、客户、品牌和渠道优势与风险机构的风控能力和投资能力的优势相结合,切实支持"大众创业、万众创新"。二是商业银行应准确把握供给侧结构性改革的要求,做好信贷投向的"加减法"。一方面,对科技产业、新兴行业、小微企业的信贷投放"做加法"。紧密贴合国家经济发展、结构调整的大政方针,加大对"中国制造 2025""一带一路"等战略性新兴产业的信贷支持。另一方面,对过剩产业、垄断行业、落后企业的信贷投放"做减法"。加大力度盘活信贷存量,促进僵尸企业和问题企业不良贷款的出清,推动不良贷款的化解和处置工作,严格限制"两高一剩"行业的信贷额度和规模。三是加大力度推进民营资本建立小型银行的过程,构建城市小型商业银行队伍,门当户对地为小微企业提供融资服务,加强和丰富金融体系的"毛细血管",针对性地提高金融资源的配置效率。四是创新农村信贷制度,发展普惠金融。近日,《农村承包土地的经营权抵押贷款试点暂行办法》和《农民住房财产权抵押贷款试点暂行办法》颁发,并鼓励地方政府部门通过贴息、风险补偿基金、担保公司担保等多种方式,建立贷款风险补偿及缓释机制。银行业应合理自主地确定贷款抵押率、额度、期限、利率,简化贷款手续,解决农民融资难问题,盘活农村土地资产,增加土地流转,帮助农民增收致富,加快农业现代化和城镇化步伐。

以体制机制创新推动银行自身供给侧改革

供给侧改革的主要目标之一,是通过提高全要素生产率来促进经济运行效率提升。通过体制机制改革提高以银行为主导的金融供给体系质量和效率,更有效地配置和使用金融资源,既是供给侧改革的要求,也是银行推进自身改革和转型的需要。商业银行更有必要从体制机制改革和经营理念转变入手,加快推进自身的供给侧改革,以适应新环境的要求;有效支持经济体正在开展的供给侧改革,更好地服务实体经济。商业银行自身供给侧改革主要涉及以下三个领域:

一是通过深化体制机制改革,优化公司治理机制,提高经营和决策效率。进一步完善有中国特色的公司治理机制,为有效服务实体经济奠定治理基础。充分发挥党委、董事会、监事会和管理层的作用,探索党委领导核心和现代公司治理有效结合的新途径和新方式。推进内部经营机制改革,充分调动银行经营管理人员服务实体经济的积极性。通过实施用人薪酬机制改革、推行职业经理人和全员全产品计价考核等制度,真正打破"大锅饭",推动银行从业人员主动提高服务意识和服务效率。

二是建立多元化和轻资本的业务模式,提高资源利用效率。商业银行应不断加大资产结构、负债结构以及表内外业务结构的调整力度,努力打造"轻型银行"。在资产业务方面,要顺应资本市场和直接融资发展的要求,把同业业务、债券投资等非信贷业务作为发展重点,降低信贷类资产的比重。在负债业务方面,要转变以存定贷的传统理念,打造以资产驱动负债的经营思路,进一步提高负债的主动性。通过大力发展投资银行、资产托管、财富管理、现金管理、交易型银行等新型业务和表外业务降低风险权重,使风险加权资产增速低于总资产增速,管理资产增速高于资产规模增速。以经营效率提升真正实现低资本占用和低成本扩张,以相对较少的资本投入驱动相对较大的金融资源,更好地服务实体经济发展。

三是构建市场化、精细化和专业化的业务管理机制,提高管理效率。要打破传统管理体制的桎梏,深入探索事业部制和子公司制,推动经营管理模式从以块为主向条块结合转变,有效提升专业化经营管理能力,让专业的人干专业的事。进一步顺应利率和汇率市场化、资产负债结构变化、表内外结构变化的要求,持续深入推进资产负债管理转型创新,推动资负配置和管理从被动、单一、表内向主动、多元、全表管理转变,更加注重全资产和大负债的动态、组合和前瞻管理。通过内涵式、精细化管理机制的建设,更有效地服务实体经济。

锐意推进税制改革，重塑我国全球竞争力①
——中美税制比较和特朗普减税方案的启示

为了促进经济复苏，全球主要经济体逐渐将政策中心从货币政策转向财政政策，正在兴起新一轮减税潮流，美国是领头羊。特朗普政府计划推出大幅减税方案，英国政府、法国总统热门竞选人以及其他主要发达国家都在致力于推动减税立法，印度等发展中国家也宣布了减税计划。相较而言，我国的减税措施力度不大，除了营改增以外并未涉及税制的实质性改革，更多的是在现有基础上进行"修修补补"。2017年2月企业所得税法修正并未下调税率，各界期待已久的个税改革也未列入2017年立法计划。考虑到美国税改将可能导致主要经济体在全球竞争力的重塑，中国有必要在税制改革方面加大力度，避免在新的全球竞争中失去先机。

美国税改减税力度堪称史上最大

美国东部时间2017年4月26日下午，美国财长努钦与特朗普经济顾问科恩举行发布会，正式公布了美国总统特朗普的最新税改计划。该税改方案被认为是美国历史上最大的减税计划，在很大程度与特朗普竞选时的方案一致，将令企业、中产和顶级收入者受益，显著增强美国竞争力，激发经济增长活力。税改计划主要集中于减少企业税率、降低个人税负、增加海外税收三个方面。

企业税收方面，税改计划的最大亮点是将公司税税率从35％大幅削减至15％，此外还要废除3.8％的奥巴马医保税、为美国公司实现地区税

① 本文发布于2017年4月28日"首席经济学家论坛"。

制公平化等。从历年来主要发达国家公司税税率来看,总体趋势是逐渐下降的,2008 年金融危机以来降幅较大。美国公司所得税税率几十年没有改变,保持在 35％的水平。与主要的发达国家相比,美国目前的公司所得税偏高,明显高于德国、英国、加拿大、日本等国,略微高于法国。公司税税率从目前的 35％大幅削减到 15％,将降至与德国、加拿大差不多的税率水平。由于除了公司所得税以外,德国还有 10％～18％的营业税,加拿大还有商品与劳务税、社会保障税、各类附加税等,而美国其他税项相对较少,因而美国企业实际承担的综合税负将显著低于其他发达国家。如果公司税税率降到 15％,几乎接近部分避税天堂的税率,将显著提升美国的竞争优势,吸引大量企业留美。

个人所得税方面,减少个人所得税级次和税率,最高税率从 39.6％降至 35％,从七级税率减少到三级,分别为 10％、25％和 35％。此外还将个人所得税免税额度翻倍,夫妻联合报税的标准扣除额调高一倍至 24000 美元,撤销遗产税,还建议对有孩子家庭减税,力度也比较大。个税改革方案不但降低了中产阶级税负,还减轻了企业主和农场主负担,将促进消费增长和个人部门投资需求。

针对海外企业加税,对海外留存的数万亿美元一次性征税,对美国公司留在海外的利润征收 10％的税率,一旦海外利润汇回美国就要被征收高达 35％的税。目前美国企业海外留存资金达 2.6 万亿美元,主要留存于各个避税天堂,对这部分海外留存资金的征收税率还未确定,但财政部长努钦表示税率会“非常具有竞争力”。加大对海外部门的征税力度,将促进投资回流美国,力求把投资留在国内,带动制造业和商业发展。

如果减税计划顺利实施,单是公司税降到 15％一项,预计将在 2017 年减少美国财政收入 1080 亿美元,2018 年将达到 2150 亿美元,大幅提升企业盈利水平。从中长期来看,据测算,为期 10 年的综合税改计划将削减 4.4 万亿～5.9 万亿美元的税收,无疑将显著增强美国的国际竞争力。值得注意的是,大规模的减税将加大美国联邦政府的财政压力,降税带来经济增长、扩大税基,能否弥补财政收入的减少目前难以估量。

中美比较显示我国税费负担较重

美国和中国分别是全球第一和第二大经济体,各自的税费负担对双方产业竞争力的影响很大,开展中美税负比较具有重要意义。中国以间接税为主的税收体制注定企业部门税费负担本来就较重,特朗普执政后力求推出大规模减税措施,可能进一步推升中国企业部门的相对生产成本。

中国减税力度不及美国

近几年我国采取了很多减税降费措施。4月19日国务院常务会议公布了6项减税举措,预计2017年将减轻各类市场主体税负3800多亿元,加上第一季度已经出台的多项降费措施减负2000亿元,2017年合计就可以实现全年减税降费5800亿元。减税降费取得一定成效,全国公共财政收入增速逐渐下降,2015年财政收入增长5.8%,低于GDP增速1.1个百分点,是20世纪90年初以来首次低于GDP增速。2016年全国公共财政收入15.96万亿元,同比增速进一步下降至4.5%,连续2年低于GDP增速。2016年财政收入占GDP的比重为21.44%,是1995年以来首次下降。2017年初以来经济明显回暖、企业活力增强,与近几年大力度的减税降费为企业减负不无关系。

虽然近几年我国减税降费取得一定成效,但相较于美国的减税计划,我们目前的税改力度和幅度仍显不足。除了营改增以外,其余的税改措施进展非常缓慢。从具体内容来看,2017年2月企业所得税法10年来首次修正,提供了更多税收优惠,但最为核心的企业所得税率并未下降,仍然是25%。各界期待已久的个税改革未列入2017年立法计划,财产税、遗产税等调节能力更强的个税更是遥遥无期。当前是经济增长动能转换的关键期,消费税改革迎来窗口期,但消费税改革缓慢,已经成为制约消费增长、导致消费外流的原因之一。从最近的改革动向来看,下一步消费税改革不但不会减税,可能还会加税。

中国宏观税负高于美国

宏观税负有不同的衡量口径,如果只算税收收入占 GDP 的比重,中国为 18.5% 左右,似乎并不算高。由于我国财政收入很大一部分是非税收入,实际数值将远超于此。中国税收没有社保税,社保是以缴费的形式存在。美国宏观税负包含社保税,如果剔除社保税来计算,美国税收收入占 GDP 的比重在 19% 左右,与中国不相上下。

按照 IMF 数据公布特殊标准(SDDS),财政部公布了广义财政收入口径下财政收入总额,包括一般公共预算收入以及除国有土地使用权出让收入之外的政府性基金收入、国有资本经营收入以及社会保险基金收入。2015 年中国广义财政收入口径下财政收入总额为 198480 亿元,占 GDP 的比重为 29.33%。2016 年美国相同口径下的财政收入占 GDP 的比重为 26.36%,中国略高于美国。

2015 年全国实际缴入国库的土地出让收入为 33657.73 亿元,如果考虑国有土地使用权出让收入的扩大广义财政口径,2015 年总的广义财政收入为 23.21 万亿元,占 GDP 的比重为 34.3%。按照此口径,中国宏观税负不但高于美国,也高于 OECD 的平均宏观税负。

中国企业税费名目繁杂、负担重

虽然从宏观角度看中国总体税负与其他国家相比并不算重,比美国高不了多少,但中国以间接税为主的税制决定了绝大部分的税收都来源于企业,总税收收入中企业缴纳部分达到 90% 左右,这是造成企业税费负担偏重的重要原因。

从主要税种来看,中国涉及企业税费目录超过 10 种,其中企业所得税、增值税、营业税 3 种占比较大。根据 2016 年的税收数据,企业所得税、增值税、营业税分别占总税收的比重为 22.1%、31.2%、8.8%,合计占比达到 62.1%。美国税制体系中间接税所占的比例很小,企业税负主要是公司税(类似于企业所得税)一种,占税收总额的比重为 16%。

从企业税费来看,除了缴纳所得税、增值税、消费税等税收之外,中国的企业还要在此基础上缴纳约 13% 的附加税费,包括约 7% 的城市维护建设费、5% 的教育附加费和 1% 的防洪费等。根据世界银行测算,中国企业的总税率（企业纳税的总额与政府收费占企业利润的比例）远远高于美国的总税率。2016年中国企业的总税率为68%，在全球190个经济体里税负排第12位；美国企业的总税率是44%。

除了税费负担以外，国内制造业还面临劳动力、土地价格上涨和产能、资源约束。企业成本不断上涨，投资效率持续降低，固定资产投资总额已经超过形成真实资本总额的47%，也就是接近一半的投资支出难以形成资本。2016年民间投资出现断崖式下滑，民间投资中接近45%是制造业投资，表明制造业增长压力很大。

中国个税结构简单粗放

由于税制的差异，美国个人税在财政收入中所占比重很大，大部分年份占比在45%～50%。中国个人税贡献很小，占比在6%～8%。虽然从税收总量来看美国的个税负担高于中国，但是美国居民享受的社会福利远远好于中国，意味着个税的返还力度很大。美国在确定应税所得时规定了许多详细的所得扣除项目，主要包括商业扣除和个人扣除，例如纳税人的子女抚养、65岁以上老年人赡养、伤残人员抵免等等都可列为抵扣项目。综合考虑社会福利效应，中国的个税负担未必低于美国。

除了社会福利效应以外，美国个税结构很丰富，具有很强的"均贫富"作用，而中国的个税结构过于单一。美国开征的个人税种主要包括个人所得税、财产税、遗产税、财产赠与税等。中国开征的个人税种主要是个人所得税，没有资本利得税，也没有开征财产税、遗产税、财产赠与税等税种。相较而言，中国的个人所得税主要针对工薪阶层的工薪所得进行严格征税，针对富人的投资所得税、房产税、遗产税、财产赠与税等缺失，制度漏损比较大。对于广大工薪阶层而言，中国的个税负担显著高于美国。

中国非税收入远超美国

虽然近几年加大清理各类收费的力度，但由于收费主体多元化严重现象难以有效约束，非税收性收入快速增长。即便经济增速逐渐下降，各年度的非税收入增速都在两位数，非税收入占财政收入比重逐年上涨，2016年达到18.3%。非税收入主要包括专项收入、行政事业性收费、罚没收入和其他收入,名目繁多的收费项目是中国企业和个人感觉税负较重的重要原因。

美国的非税收入主要是各类收费,包括行政性收费,机场、公园等公共设施使用费等,并且非税收入都要纳入预算管理。非税收入在美国财政收入中的占比较低,各年度较为平稳,在略低于5%的水平,比重比中国的1/3还低。

我国税制改革建议

虽然减税在短期会减少财政税收,但可以起到"放水养鱼"的作用,不但能够为实体经济创造更加良好的营商环境,激活实体经济内生动力,而且可以逐渐扩大税基。从中长期来看,随着拉弗曲线效应的显现,降低税率反而有助于税收的增长。最近美国的减税政策对中国的全球竞争力来说又是一大外部压力。中国有必要重新审视税费体制,从战略高度谋划新一轮税改,以重塑我国的全球竞争力。

根据经济发展和转型需要开展税制改革

税制结构的调整优化取决于经济社会的发展水平和财政税收的管理能力。我国人均GDP已超过8000美元,处于结构调整和增长方式转型的关键时期,税制结构也应相应改革。目前我国以间接税为主、直接税为辅,适合于中低收入的发展中国家阶段,现行的税收体制已经对经济社会转型发展形成明显的制约。未来改革的方向:一是逐渐降低间接税比重,应从目前90%的比重逐渐降低至70%以内。只有宏观税收结构得到合理调整,降低间接税,才能真正起到对生产环节的减税作用。二是随着居民收入水平、生活水平的提升,贫富差距的扩大,应加大直接税比重。当前我国很多适合直接税征收的领域处于真空状态,征收空间很大。直接税具有相对公平、合理的特点,有利于发挥税收的宏观调节作用。三是调整优化中央税和地方税结构。加强中央财政对经济不发达地区的支持,提升地方财政的灵活性和有效性,应提高中央税、地方税收入占全国税收收入的比重,降低中央与地方共享税收入占全国税收收入的比重,明确划分财权事权,提升透明度。

减少收费项目,降低非税收入比重

我国企业收费项目繁杂,增加了企业经营成本。近年来非税收入增长较快,占财政收入的比重超过美国非税收入比重的 3 倍多。应进一步加强各项收费项目整治清理工作,通过法律规范相关的收费项目。取消重复收费项目和各级部门行政管理权限开征的收费项目;具有税收性质的收费项目要开展费改税;确实需要保留的收费项目要严格通过法律法规加以规范。各地方乱收费、乱罚款、乱摊派现象屡禁不止的根本原因是地方税的改革相对滞后。为了发展地方经济和其他各项建设事业,需要地方财政的大力支持。由于税制改革滞后,不利于增加地方财政收入,为了筹集经济社会发展所需要资金,地方政府融资需求和收费趋向较强。因此,需要加快地方税费改革步伐,例如排污费改为环保税。

大幅降低企业税费负担

近年来虽出台大量减税降费措施,但企业普遍反映税负感仍然很重,主要在于企业经营综合成本走高以及税费结构改革不彻底两方面原因。在现行税制下,无论企业盈利状况如何,即便是亏损,也都需要缴纳增值税,再加上各类收费、基金、乱摊派和乱罚款等,加重了企业的税负感。在经济繁荣时期企业的税负感往往不强,当前经济下行叠加各类要素成本的上涨,企业税负感重的问题就明显凸显出来。未来有必要在以下几方面进行调整:一是降低企业所得税率。在国际降税新潮流下,降低企业所得税税率已是迫在眉睫,企业所得税法修改应实质性推进。二是降低增值税税率。增值税税率从 4 档简并为 3 档仍是不够的,应进一步降低营改增之后的税收强度。三是减少合并间接税项目和收费项目。涉企收税项目繁多,不完全统计就有十多项,加上各类收费项目,至少有几十项,应减少简化。四是改善营商环境,降低综合成本。完善市场机制,从企业实际出发降低制度性交易成本、用地用能成本、融资成本、物流成本等综合成本。

开展个人综合所得税改革

全球大概有 80％以上的国家对个税采用综合所得税制模式,中国属于少数采取分类所得税制的国家。个税改革方案经过多年来的讨论研究,目前仍未见实质性推进。随着经济社会发展,个税改革已迫在眉睫,需要增强个税均贫富的能力,起到"提低、扩中、限高"的作用,促进中等收入群体成长。一是实行综合所得税制。对纳税人的各种收入的应纳税所得进行综合征收,扩大减除费用范围和标准,将家庭教育支出、医疗费用、房贷利息、房租等设置成独立的扣除项目,在税前扣除。二是提高个税起征点。在现行的个税体制下,最容易征收的是工资薪金。3500 元的起征点仍然偏低,税负承担最重的是中等收入者和一、二线城市的工薪阶层,不仅加重了个人负担,还影响消费支出,应尽快上调。三是研究制定调节能力强的各类税种。加快研究制定财产税、房地产税、遗产税、赠与税等,不但增强税收的贫富调节能力,还能一定程度上弥补企业减税降费带来的财政收入减少。

房地产长效机制应在供给侧着力[①]

长期以来,伴随着部分城市房价周期性持续大幅上涨,人们热切期盼房地产调控长效机制尽早出台。但迄今为止,依然是"只听楼梯响,不见人下来"。2000 年以来,中国房地产行业的历史可以说是一部有节奏的涨价史,也是一部左右为难和被动少效的价格调控史。在需求方的调控来看,可以说十八般兵器都已上阵,但效果依然十分不如人意,而调控仍乐此不疲。事实已经证明,部分城市房价持续大幅上涨的主要问题并不在于需求方面,而在于供给侧。

房价高涨的实质问题是供给侧"作茧自缚"

伴随着城镇化发展和居民收入水平的提高,城市购房需求必然持续大幅增长。一、二线城市产业基础较好,市场经济发达,就业机会多且工资水平相对较高,通常是城镇化过程中人口流动的主要方向,首次置业需求通常会持续较为旺盛。在经济持续高速增长的条件下,大城市居民通常收入增长显著且平稳,改善性购房需求也会持续增长。而房价长期以来居高不下且周期性大幅上涨,加上货币投放过度,又刺激了较大的交易性和投资性需求,对房价上涨推波助澜。上述需求方面因素及其变化对房价的推动作用是显而易见的,也已成为市场的共识。十多年来,有关方面在抑制需求方面已经采取了一系列措施,从市场实际运行情况来看,虽不能说收效甚微,但是很不如人意,这似乎也是市场的共识。既然如此,那为什么不能顺应市场供求关系,在合理管理需求增长的同时,有效地增

① 本文发于 2017 年 6 月 2 日《上海证券报》。

加住房供给,平抑房价过快上涨呢?近年来我国建设用地供应面积呈逐年下降趋势,其中房地产用地面积下降更多。2013—2016年,房地产用地占供地面积的比例逐年下降,分别为27.4%、24.8%、22.5%和20.8%。但事实上,迄今为止的供给问题并不是总量问题,而是结构问题。

一直以来存在着一种观点,认为中国人多地少,房价上涨的根源在于部分城市土地稀缺,北京土地稀缺、上海土地更稀缺等等。从全国范围看,中国人均拥有土地并不富裕,但房价上涨的主要表现在于经济发达的一、二线城市房价上涨过快。过去两年内,国家统计局公布的70个大中城市新建商品住宅价格累计上涨了11.87%,其中一线和二线重点城市涨幅分别达到了40.3%和23.4%,四个一线城市的累计涨幅由大到小分别为深圳50.1%、上海45.5%、北京35.2%、广州30.6%。2017年以来在政策严控下,需求呈现出由热点城市向非核心城市外溢的效应,第一季度涨幅排行前十的城市中,热点城市三亚、广州仍雄踞榜首,呈现核心和非核心城市联袂上涨的格局。虽然城市群内的三线城市房价在一、二线城市房价大幅上涨的外溢效应推动下出现上涨,但总体看来,仍是一、二线城市房价上涨压力较大。那么这些城市真的很缺土地吗?土地的使用效率又如何呢?

以北京为例,辖区面积为1.6万平方公里左右,迄今建设总面积仅3480平方公里,城乡建设用地占土地面积的15%左右,也就是说北京绝大部分土地仍处于农村状态。而在城市建设用地中居住用地只占28%,70%以上用于非居住用途。于是,我们就看到了一幅既令人匪夷所思又让人啼笑皆非的景象:一方面是房价持续大幅上升,居民购房成本大幅增加,劳动力成本和租金等成本持续大幅上升,导致城市竞争力被不断地吞噬;另一方面则是大片郊区土地种植玉米和小麦等农作物,默默地在为我国的农业贡献着绵薄之力。

一、二线城市可以说是中国经济的栋梁。这些城市汇聚了国民经济的主要产业,产出了中国约38%的GDP。尤其是这些城市在聚集大批人才的基础上,成为中国技术创新的发源地。这些城市拥有较为完整的金融体系和充沛的金融资源,它的金融安全意味着国家的金融安全。尤其是北京、上海等特大城市还承担了建设国家科创中心的重任,肩负着引领中国科技发展的职责。守住部分大城市郊区耕地的防线,不能越雷池一步,比起这些城市的长期健康发展和国家战略目标的实现,究竟孰轻孰重?为什么不能实事求是地解放一下思想,通过改革将这些一、二线城市中的部分农田用某种形式释放出来?如重庆推行的地票制度将耕地置换出来,就是一种十分有益的探索。中国有句俗话叫"堤内损失堤外补"。近年来,全国每年大约消失 6 万个自然村。为什么不能站在全国统筹的角度,通过这些自然村的复垦来置换大城市合理地占用农田、平抑城市过高的房价呢?退一步讲,即使是减少一定数量的耕地来换取部分核心城市竞争力提升和国家科创中心的确立,又何乐而不为呢?

国际上大城市的土地利用结构与我国大城市相比明显不同。纽约和东京居住用地占城市建设用地面积的比例分别为 44% 和 73%,而工业用地占城市建设用地面积分别仅为 3.9% 和 5.1%。而北京、广州和深圳这两个数字分别为 28%、29% 和 26%;22%、32% 和 36%。大城市居住用地占比较高既是城镇化的必然结果,也是产业结构高级化和经济发展水平提高的客观表现。该占比持续提高是通过工业用地和农村用地占比逐步缩小来实现的。如果一个城市不能伴随经济发展规律同步适时地调整这一占比,那么住房价格持续上升就难以避免,因为市场供求关系会长期处在供不应求的状态。

十多年来的市场变化已清楚地证明了,我国房地产市场的供求失衡主要不是需求侧问题,而是供给侧问题;房价持续大幅上涨主要不是全局性问题,而是部分大城市的问题;投资和投机交易活跃主要是在少数大城市,而没有发生在全国广大地区。而发生在部分大城市的供给侧问题的实质是政策和制度僵化,调控和管理未能针对供求关系变化实事求是地进行前瞻和及时的调整,导致土地资源被人为地束缚,得不到合理运用,其结果是部分大城市的供求关系被长期扭曲。建立房地产市场管理长效机制,必须真正解放思想,突破传统思维,站在战略高度和更大格局来看这一问题,一切从实际出发,摒弃"作茧自缚";从供给侧入手建立长效管理机制,保障土地供给,在动态中形成合理的供求关系,从本源上解决这一"世纪难题"。

一种观点认为,大城市增加居住建设用地会导致大城市人口增长过快。我认为大可不必如此担忧。供给只是一方面,供给增加并不意味着需求管理完全放开,需求方面的管控仍将继续实施。可以通过严格的外来人口购房管理,控制人口流入的规模、速度和节奏。北京、上海和深圳等大城市近十年来对人口流入的管理已积累了不少经验。现在的问题是,仅靠需求侧管理不足以有效平衡大城市住房的供求关系,需要供给侧同步进行改革,以增加有效供给,实现供求关系基本平衡。城市群发展已经成为下一步城镇化的主要途径。伴随着高铁的快速发展,城市群内中小城市的迅速崛起将在一定程度上减轻大城市人口流入的压力。因为伴随着地理空间的"收缩",城市群中的小城市居民其实在一定程度上已经享受到了大城市的教育、就业、收入和消费等多方面的好处,居住成本却依然低廉。这也就是 2016 年以来一批城市群中三、四线城市房价较快上涨的缘由。更何况部分一、二线城市房价已经高得离谱却依然高烧难退,导致部分外来人口已经望而却步。

住房价格与供地数量没有关系吗?

有人认为,供地数量与住房价格并没有必然的关系。很显然,这一结论既违背经济学常理,也与实际状况南辕北辙。

可能没有人会有勇气否认住房是一种商品。在市场经济条件下,作为商品的价格,其供求关系是价格形成和变化的基本影响因素。必须承认,我国房价上涨的原因的确十分复杂。人口众多、城镇化、土地财政、货币投放过多、传统观念及行为、户籍制度以及住房制度等等都对房价上涨产生影响,但基本的影响因素和关键的决定力量仍是供求关系。

事实上,目前我国广大的三、四线城市房价虽然也涨多跌少,但价格基本上较为平稳,绝对水平并不高。一半左右的二线城市房价上涨压力并不大,价格较为平稳,房价也基本可以接受。房价上涨较快和压力较大的主要是一线城市和部分二线城市以及城市圈内的少数三、四线城市。由于人口流入,居民收入增长以及上涨预期引导,加上城市圈的效应,这些城市的首次置业需求和改善性需求增长明显较快,而土地供给增长则较为缓慢甚至明显减少,供求关系的不平衡带来了市场较大的价格上涨预期,激发投资性和投机性需求,推动房价大幅上涨。

鉴于住房商品的不可移动性,从全国角度讨论住房供求关系和房价没有实际意义,还会产生政策误导效应,因此分析典型城市的供求关系是一个合理的路径。

北京作为我国的首都,是政治、经济和文化中心,又是一个特大型城市,长期以来住房需求持续较快增长。2000年以来多轮房价上涨,北京的涨幅经常名列前茅。但与此同时,北京的土地供给持续减少,从2010年供地2310万平方米减少到2016年仅供应435万平方米;同时地价上涨较快,2017年第一季度达到17%,其中住宅用地价格增速为20%。2017年初北京公布了《北京市2017年国有建设用地供应计划》,连续第六年削减供地计划,住宅用地计划供应量仅为2016年的一半,其中商品住宅供地量较2016年减少了七成,遂成为同期北京房价上涨的重要推动因素。

与北京很相似,上海作为一个国际大都市,长期以来首次置业需求和改善型需求持续增长较快。但与此同时,土地供给同样持续减少。2011年起土地供应量逐年缩减,从2011年的3147万平方米减少到2016年的891万平方米。再加上上海人口虽与北京相当,但城市面积大大小于北京;而崇明岛作为生态岛,开发基本上已无可能,而该岛又占到上海市面积的较大比重,因此人们对未来上海房价上涨抱有较大的预期,投资和投机性需求时常作祟。长期以来,上海经常出现"面粉比面包贵"的现象,足以证明土地供给不足导致住房供给不足,最终推高房价。

与北京、上海的案例相反,重庆作为新建的直辖市,大量人口在农村,在城镇化发展加快的过程中,购房需求持续大幅增长,按理重庆的房价应该持续大涨,但事实恰恰相反。在控制房价上涨方面,重庆与其他一、二线城市不一样,在需求方面采取相关措施的同时,比较注重供求平衡和市场价格管理,关键的举措是保障土地供给。近年来,重庆每年新增商品房开工面积和商品房销售面积一直名列全国前茅,差不多都在2000万平方米。尤其是将土地供给与房价上涨挂钩,给市场一个清晰的土地供给计划,从而通过影响预期,基本上抑制了投资、投机性需求。

毋庸置疑,货币投放过多也是房价持续大幅上涨的重要原因之一。

因为在通胀发展的预期下，人们一定会选择保值增值的资产进行投资，至少可以对冲货币贬值风险。货币投放过多影响房价实际上也是通过影响供求关系来实现的，即推动需求明显扩大导致住房供求关系失衡。但这种机制在那些供求关系较为平衡、价格不存在上涨预期的商品领域基本不发生作用，货币投放过多未必会带来该商品价格的持续大幅上涨。这种案例不胜枚举。货币因素对价格的推动必定是在供求关系紧张的商品上才会体现出来。经过近40年改革开放，在市场经济有了很大发展的今天，除了住房还有什么商品是持续地供不应求的呢？从一、二线城市与广大三、四线城市的房价对比，北京、上海与重庆的房价对比，应该可以得出住房价格与供地数量之间关系十分密切的结论。

预期对住房价格变化具有重要影响，这一点无需理性预期理论强调，市场上差不多都已公认。但房价上涨的预期从何而来呢？难道是某人或某个利益集团振臂一呼，市场上就从者甚众了吗？预期从来就不是凭空产生的。人们可以运用某些方法管理预期、改善预期，但影响商品价格预期的决定性因素仍是供求关系。外汇汇率是如此，大宗商品价格是如此，黄金价格是如此，比较特殊一点的住房价格也是如此。任何脱离市场供求关系的商品价格预期所带来的价格波动，如果有的话也只可能是昙花一现。市场永远是敏感的，先知先觉的。正是因为制度性因素和结构性因素，导致住房供给在一些城市会长期与需求不相匹配、供不应求，才形成了这些城市房价会有持续大幅上涨趋势的预期，于是投资性需求和投机性需求得以聚集，房价上涨就不可避免。有谁见过那些土地供给充足、供求关系平衡的城市房价上涨的预期十分强烈的呢？在这样的城市大搞住房投资或投机那无疑于自寻死路。

规范发展租赁市场应该有助于房地产平稳健康发展。但切不要以为是由于租赁市场的不发达才有了房价上涨，恰恰相反，是房价持续大幅上涨抑制了租赁市场的发展。对于住房需求者来说，租房是一种消费，而买房则是消费与可能的投资相结合的行为。在房价运行平稳，未来不存在大幅上涨预期，实质是供求关系较为平衡的情况下，显然是租房合算，因为手头的资金可以用于其他方面的投资，获取相应的回报；而在房价平稳的情况下，买房则是没有回报的。而当供不应求，房价上涨较快并有持续上涨预期的情况下,甚至房价上涨带来的回报大大超过其他投资平均回报率的情况下,显然买房是最好的选择;这样既可以满足消费需求,又可以获得不菲的投资回报。可见,在那些房价持续大幅上涨的一、二线城市,住房租赁市场发展缓慢的根本原因是住房供不应求,价格上涨过快。

土地供给与房价上涨比例挂钩不失为长效调控机制

2016年底,中央经济工作会议明确提出,要"加快研究建立符合国情、适应市场规律的基础性制度和长效机制",并要求"落实人地挂钩政策,根据人口流动情况分配建设用地指标"。近期,住建部和国土资源部联合发布通知,要求各级国土资源部门要按照"显著增加、增加、持平、适当减少、减少直至暂停"五类调控目标,加强住宅用地年度供应计划编制和实施工作监督指导;要求各地编制住宅用地五年规划和三年计划,并向社会公布。通知还明确提出了一些量化要求:土地消化周期在36个月以上的,应停止供地;18~36个月的,要减少供地;6~12个月的,要增加供地;6个月以下的,不仅要显著增加供地,还要加快供地节奏。这表明有关管理部门已经十分重视住房用地供给问题,并采取切实措施加强管理和调控。然而,减少供地,该减少多少? 增加供地,该增加多少? 显著增加,什么水平才是显著增加? 都没有定论。这一系列问题表明这些相关的要求基本上仍是定性的。在定性的要求下,地方政府在管理上仍有较大的回旋余地和变通空间。回顾过往,中央对地方住房用地管理的方法与此是一脉相承的。

中国房地产市场存在着一对基本矛盾,即需求侧的市场经济与供给侧的计划经济之间的矛盾。土地使用在很大程度上是地方政府说了算,而人口流向和住房需求则由市场经济规律主导。毋庸讳言,将更多的土地批给工业用地可带来招商引资效应,地价高些可增加卖地收入,房价走高有助于持续带来较多税收收入。而地方官员通常不可能在某地长期为官,除了少数觉悟很高和具有战略眼光的官员以外,在考量和选择相关政策时一般不会着眼得太长远。由此,城镇化中大城市的"吸人"效应和收入水平较快增长与地方政府在土地供给方面的短期行为和体制机制的

"作茧自缚"之间的错配,形成了部分城市住房供求关系持续紧张的根源。而这种状态不可能通过地方政府自发地采取措施来加以解决,通常是中央政府三申五令直至发出严厉警告后,部分城市才不得不挤出些土地来平抑市场。而多年来调控的经验已经证明,中央政府的定性调控方式的约束力十分有限。

土地供应与房价上涨比例挂钩可以作为调控部分城市房价上涨的重要手段。重庆房价水平较低且较为平稳,得益于该市采取了这一举措,就是当房价上涨较快就相应加大土地供应量,房价上涨幅度与土地供应增长幅度之间保持一定的比例关系。其实质是在供给端保障充足的土地供应量的前提下,使供给随市场的供求关系变化而相应增加或减少,在动态中平抑市场价格。这种机制具有很好的预期管理作用。因为未来土地随房价上涨而相应增加供给必将导致供求关系变化,促使未来房价回落;投资和投机就不会去冒房价回落的风险,预期就会较为稳定。在这种机制发生效应的市场,投机性和投资性需求将受到很大抑制;"房子是用来住的,而不是用来炒的"的目标就有可能实现。由于这种机制能有效地管理预期,调控很可能不必真正投入太多土地,房价就可以稳定。这种机制还可以通过相应减少供给及其产生的预期效应来管理房价的过度下跌。

土地供应与房价变动比例挂钩的机制,可以作为一种全国性的管理方式,先在近年来市场供求关系很紧,房价持续大幅上涨的一、二线城市加以推行。随着时间的推移,有关管理部门可以根据各大城市房价变动情况,将符合条件者进一步纳入。相关部门对采取这种机制的城市进行考核,对于没有认真按照此机制运行而导致房价依旧大幅上涨的城市,可以酌情给予惩罚。措施涉及范围包括重大基建项目审批、财政转移支出安排以及地方政府债券发行审批和规模管理等等。对于推行这种机制的城市,应允许其在土地供给方面深入推进改革,包括耕地置换、工业用地的改造等等。在具有较为充足的土地供给的条件下来推行这一机制,应该可以收到较好的效果。还可以考虑将城市房价目标上涨率与实际上涨率的差额作为考核干部的监测指标,在干部升迁时作为参考,以督促干部的相关行为。

从中国的国情看,房地产市场长效管理机制的建立,除了需求管理和市场价格管理外,最关键的仍是供给管理。供给管理主要解决三个问题:一是真正确立供给侧最重要的理念,切实尊重经济规律,并以此为出发点来谋划相关的体制机制改革。缺乏这种理念而对政策有较大影响的还大有人在。二是通过落实强制性举措,督促地方政府持续保持土地供应的意愿,避免官员不作为和短期行为。三是通过城市土地管理制度改革,保障房价过快上涨的城市拥有充裕的土地资源,以有效平抑市场供求不平衡,合理引导市场预期。

金稳会将开启金融监管新时代[①]

第五次全国金融工作会议达成了一项重要成果:设立国务院金融稳定发展委员会(以下简称"金稳会")。这是我国金融监管发展史上具有里程碑意义的重大事件,表明从 20 世纪 90 年代初开始建立的中国分业监管体制正在发生方向性的转变。未来金稳会统筹协调下的新的监管体制将逐步取代运行长达 15 年之久的现行分业监管体制,必将对我国金融业产生深远的影响。

金稳会设立的直接目的

第五次全国金融工作会议提出了服务实体经济、防控金融风险和深化金融改革三大任务。会议明确指出"金融是实体经济的血脉,为实体经济服务是金融的天职,是金融的宗旨"。会议要求通过多层次资本市场体系的发展和完善、银行业机构的转型、加快重要金融体系建设以及控制实体经济的融资成本,来推动金融更好地为实体经济服务。会议指出"深化金融改革是金融业发展的根本动力"。要求通过完善国有企业公司治理结构和国有资本管理、建立有效的激励约束机制、强化内控机制和信息披露机制以及优化金融机构体系,来深化金融体制机制改革。

从会议召开的背景视角分析,这次金融工作会议最核心的内容和最紧迫的任务是防控金融风险,特别是防控系统性金融风险。2013 年以来,我国银行间市场、外汇市场、股票市场、债券市场以及互金市场等市场风险事件此起彼伏,尤其是汇率贬值、资本外流和资本市场动荡之间的联

[①] 本文发表于 2017 年 8 月 21 日《经济观察报》。

动带来了系统性风险苗头,引发金融市场风险程度持续上升。2016 年底中央经济工作会议明确指出要警惕并注重防控八个方面的风险。而 2017 年以来相关市场的风险事件依然时有发生。因此,未来一个时期防控金融风险必然是金融工作首要而紧迫的任务,这也是这次会议召开的主要背景。

第五次全国金融工作会议强调指出:"防范和化解金融风险,特别是防止发生系统性金融风险,是金融工作的永恒主题。"这十分清楚地指明了防控金融风险工作的重要性和长期性,将金融风险防控工作提到了前所未有的高度。

会议要求以防范系统性金融风险为底线,对重点领域的风险要做到"四早",即早识别、早预警、早发现和早处置;严控地方政府债务增量,将国企作为"降杠杆"的重中之重;建立完善的金融风险防线和风险应急处置机制。会议首次提出要建立金融监管部门问责机制,明确了什么是失职和渎职行为,可见为构建有效的防控金融风险的体制机制是动了真格。

近年来,我国金融市场风险事件发生频率上升、冲击力度加大和联动效应趋强,绝非偶然。世界经济增长缓慢和国际货币政策转变、我国经济转型和结构调整时期增长持续存在下行压力、长期以来我国宏观政策问题的积累等等都是金融风险压力加大的原因。但我国金融监管体制存在缺陷与不足,应该是最重要的原因之一。

当下我国金融监管体制存在五方面问题:一是在分业监管体制下,监管部门通常奉行"谁家孩子谁抱走"的原则,监管"割据"状态持续有所强化,监管盲区阶段性呈现。近年来互联网金融风险即是明显的案例。二是在资产管理业务快速发展和日益融合的背景下,分割状态较为明显的多头监管容易引发监管套利,导致风险隐匿、转移和放大。三是分业监管体制下的监管部门通常具有较为明显的"地盘意识",实施监管时往往容易各自为政,导致跨部门协调困难重重。四是监管部门集监管与行业发展职能于一身,客观上形成了监管不足的土壤,导致"刚性兑付"和"小也不能倒"的现象持续存在。五是负责宏观审慎政策和货币政策的货币当局游离于金融监管之外,不利于系统性金融风险的防范。

目前,打破运行了十几年的一行三会体制的条件尚不具备,尤其是在金融风险压力增大的情况下,对监管体制大动干戈可能引发新的风险。那么,如何克服一行三会分业体制存在的监管盲区问题、不足问题和协调困难问题呢? 我认为在一行三会层面之上构建统筹协调机制是重要而有效的举措。这种方案行政成本较小而实施却较为便捷,目前来看是解决问题的相对有效的举措。设立金稳会的直接目的就是补齐金融监管短板,克服分业监管体制存在的缺陷,抑制其长期运行所形成的惯性;以权威性和专业性切实加强金融监管的统筹协调,守住不发生系统性金融风险的底线,保持金融业稳定运行。

金稳会的功能与运行

国务院金融稳定发展委员会究竟是一个什么样的机构? 目前尚未有正式的文件披露,它的脸上还依然罩着一层面纱。但我认为,金稳会应该与金融监管协调部际联席会议不同,是一个位于一行三会之上的有权威性的机构。既然金稳会设立的目的是为了克服原有一行三会体制的短板,更好地统筹协调监管,增强金融监管的统一性和协调性,提高防范系统性金融风险的有效性,那么权威性是必不可少的。金稳会是国务院层面的高层次协调机构,而并非类似于发改委等国务院所属的部门,不会有相应的实体机构。其办事机构即办公室,已明确设在央行。

作为国务院层面的机构,金稳会的领导应该由国务院的主要领导或分管金融的领导来担任,唯有如此才能切实保证金稳会的权威性。金稳会的成员应该包括一行三会、财政部、发改委、统计局等相关的专业管理机构。建议其成员还可以包括具有行业代表性的商业机构代表、行业协会代表和专家学者代表。合理的人员构成有助于直接传递市场信息,深入系统地开展问题研讨,提出贴近实际的专业建议及解决方案,及时做出正确的决策。由于金稳会属于国务院层面,高于一行三会,又有国务院领导担任负责人,所以金稳会所做出的协调和决策会相对比较容易得到贯彻。

设立金稳会将使我国金融监管结构呈现多元和立体的特点。顶层有金稳会,负责顶层设计、重大决策和总体协调统筹;高层有货币当局加上三个监管委员会,各司其职,负责条线监管政策和制度,实施协调;下层包括三十几个地方政府金融管理部门,负责执行金稳会和一行三会的方针、政策和制度,与一行三会的地方机构一起确保一方平安。这种立体和多元的新监管体制对于金融监管完善和效率提升很有好处,有助于金融监管统一性和规范性的提升。从这个意义上看,金稳会的设立和运行实质上将起到纲举目张的作用。

金稳会设立后的一个值得关注的变化,就是货币当局在新的监管框架中会有十分重要的地位。目前已经明确,金稳会的办公室设在央行,后者的地位自然会日益显现。金稳会的重要议题提出、重要问题研究、重要事项决断,办公室事先都要提交报告或预案,金稳会做出决定后还要办公室加以落实或督促。我认为,涉及系统性和深层次的金融问题,由负责宏观审慎政策和货币政策的央行来操作是最合适的。在过去的体制下,央行的作用没有发挥好,可以说是有心而无力。现在央行可以通过办公室这一专门平台来较好地发挥其应有的作用。

金稳会是否仅负责监管统筹协调,还是按照"国务院金融稳定发展委员会"的字面意思要担负稳定和发展两方面职责? 显然"稳定发展"的概念比"统筹协调"要大得多。稳定首先意味着对全部风险的管控,统筹协调只是控制系统性风险的重要一环,但不是全部。发展是指整个行业的总体发展,包括规划、转型、结构和改革等等。我认为金稳会的职能应当包含统筹协调和稳定发展两大方面。金稳会既承担金融发展的职能又承担监管统筹协调,有人担心会存在矛盾。我认为,金稳会是国务院层面的宏观管理机构,只是从总体上进行规划和风险管理、监管协调统筹并提出要求,并不负责具体的监管执行,应该不会存在职责矛盾的问题。金稳会的主要职能应该至少包括但又不限于统筹金融改革发展和监管,统筹协调货币政策和财政政策、产业政策等;健全监管制度,改进监管方法,开展监管问责;深化金融业改革开放,稳妥解决体制性和机制性问题;等等。

具体来说,监管的实施功能会具体落实到各监管部门。后者的监管功能应该强化,而行业发展职责则应逐步淡化并最终不再承担。金融业内各行业的发展职责,建议由银行业协会、证券业协会和保险业协会等来承担。各协会的功能应该拓展并逐步做实,担当起行业发展的职能。金融业总体的发展规划应主要由作为金稳会办公室的央行来提出,而具体金融行业的发展规划则可以由行业协会研究提出,并按金稳会统筹决策后的要求来加以细化设计并付诸实施。建议在新的金融监管体制下,将行业协会的作用和功能加以充实完善,使之成为新体制中的重要构成部分。既要将行业协会打造成真正的自律组织,配合监管政策落地,又要将行业发展规划的功能赋予协会,以促进行业自主、理性地发展。

新的金融监管体制将会突出功能监管和行为监管。过去的监管主要是机构监管,将来出台相关的政策要从金融业务的功能性质来区分监管主体。功能监管,是对相同功能、相同法律关系的机构产品按照统一的规则和监管机构来进行监管。行为监管则是指从事金融的个人和机构都要申请牌照,牌照规定了行为范围,然后从行为角度去进行监管。鉴于功能监管和行为监管往往需要跨行业开展,一个时期以来因为分业监管体制下存在划地为牢、协调困难的现象,功能监管和行为监管难以有效实施。在金稳会居高临下的统筹协调下,跨行业的功能监管和行为监管将会较好地推进。

金稳会的会议制度建议由定期会议和不定期会议组成。考虑到金融市场变化多端的现实情况,定期会议似乎以一个季度一次为好。通过定期会议对季度金融运行、市场风险和重大问题等进行讨论分析,针对性地做出决策。有应急需求可以召开临时会议,以提升处置风险的效率。季度金稳会例会还可以发挥传递政策信息和引导市场预期的功能。

金稳会设立的深远意义

迄今为止的我国金融监管体制沿革,似乎应了《三国演义》开篇的那句话:"分久必合,合久必分。"

中国证监会于 1992 年成立。第一次全国金融工作会议后不久的 1998 年,保监会成立,开启了一行三会监管体制的初期阶段。第二次全国金融工作会议后不久的 2003 年,银监会又从央行分离出来,此时可以说一行三会体制基本确立。第三次和第四次金融工作会议时一行三会体制没有发生变化,分业监管制度不断强化,运行惯性不断得到增强。从第一次会议到第四次会议约 20 年间,监管体制走过了由统到分的过程;分业监管体制从无到有,不断加强。在跨市场金融业务日益发展、金融系统性风险持续上升和分业监管体制缺陷不断显现的背景下,统合必将成为未来监管体制的大方向。尽管目前打破一行三会体制还不具备充足的条件,但在金稳会成立的新体制下,统合条件将不断趋于改善和满足。而金稳会的成立本身则是监管体制由分到合过程的重要标志,也是高层在金融监管体制问题上的一项重大决策。

金稳会的设立和运转将有助于我国金融监管体制出现以下四方面的提升和改善:一是整体覆盖。以监管统筹协调为直接目的的金稳会成立后,必将有助于提升监管全覆盖水平。一旦新生事物问世,金稳会可以迅速进行决策,不留监管死角和盲区。二是有效协调。与一行三会都是平级机构、不存在领导与被领导的关系不同,金稳会处在国务院层面,居高临下,协调效力自然不是问题;同时严格的问责机制将促进协调落到实处。三是决策提速。金稳会的权威性和严格的问责机制,有助于减少行政部门常见的推诿扯皮,促进流程简化,提高决策速度。在监管机构之上多出一个权威和专业的领导机构,其督促作用是不言而喻的。四是标准统一。在金融业务日益融合的背景下,金稳会将有效地统筹协调一行三会,抑制政出多门的现象,修正不规范不合理的规定和流程,促进监管标准走向统一。

作为一项国家重大决策,设立金稳会已经明确。但下一步金稳会的落地和运行还面临一系列尚待解决的问题。例如,如何摆布金稳会在国务院的位置,如何处理金稳会与国务院已有的决策机制之内的关系;如何合理确定金稳会的成员构成、工作范围、运行机制和决策流程;央行如何承担金稳会办公室的职责,发挥好办公室的作用;功能监管与行为监管如何加强与落实;金融监管问责机制怎样构建、细化与落地;如何处理好监管部门既监管又负责行业发展的关系;等等。其中前两个问题似乎是金稳会运行首先面临和亟待解决的问题。

反思融资结构转型^①

近年来，金融服务实体经济的问题备受关注，要求金融脱虚向实的呼声很高。防控金融风险已成为当前和未来一段时期金融工作重要和紧迫的任务。全国金融工作会议尤其强调了服务实体经济和防控金融风险的重要性。为了更好地完成这两项任务，除了继续采取有针对性的举措外，还有必要从战略规划出发，思考融资结构转型的问题，即究竟采取怎样的融资结构才会更有利于服务实体经济和防控金融风险。

用两把尺子反思"共识"

服务实体经济和防控金融风险应该是评判我国融资结构是否合理有效和转型成功与否的两把尺子。

全国金融工作会议强调，服务实体经济是金融的天职和宗旨。就是说，金融要摆正跟实体经济之间的关系。金融业是为实体经济服务的，金融业处于辅助地位，而不是金融在服务实体经济时也可以为主，或者说在某一阶段可以为主。作为为实体经济服务的业态，服务实体经济好不好，主要看实体经济的感受，而不是看金融业产品创新的多和少、金融业是否在国际上处在先进水平。对实体经济服务得好不好才是衡量金融业做得好不好的最重要标准。

防控金融风险表面上看似乎离金融服务实体经济有些距离，其实不然。在 20 世纪 80 年代以后，全球性危机和重要经济体的危机一旦发生，就一定从金融市场发端，首先表现为金融危机。例如 1997 年至 1998 年

---

① 本文发表于 2017 年 9 月 26 日《上海证券报》。

的亚洲金融危机和 2008 年至 2009 年的全球金融危机。在金融危机爆发后,实体经济必然遭受很大伤害。事实已经证明,金融业以自我为中心运行,脱实向虚,甚至自娱自乐,必将导致金融风险频繁出现,最终酿成系统性的金融风险,从而贻害实体经济。从这个意义上说,防控金融风险最终也是为了保障实体经济的健康运行。

长期以来,中国的融资结构一直是以银行业的间接融资也就是信贷为主。最近十来年,有关融资结构的问题似乎形成了一种共识,即传统的银行信贷在整个融资结构中所占的比重应该不断地下降,而包括直接融资在内的其他融资方式应该快速发展,这意味着除了直接融资以外的非信贷融资似乎也应该有很大的发展空间。尤其是在社会融资规模概念推出以后,非信贷融资曾经一度发展十分迅速。在 2012 年和 2013 年,银行信贷在整个社会融资规模中所占的比重大幅下降,从 2002 年的 91.9% 降至 2013 年的 51.3%。其他融资占比则接近 50%,差不多快要平分天下,其中包括了除直接融资以外的其他融资方式。

面对这种迅速的变化,市场似乎形成了共识,认为这样一个结构的演进是合理的。理由是传统的银行业存在许多问题,比如资产规模太大,信用风险比较集中,尤其是企业的杠杆率和负债率水平偏高,以及整个金融存量和 GDP 之间的关系不合理等等。似乎金融业存在的主要问题都与银行业信贷增长较快和融资中占比较高相关。尤其是人们对 20 世纪 90年代末和 21 世纪初银行业不良资产率高企始终记忆犹新。这种忧心于银行业可能重蹈历史覆辙的认识,是影响融资结构主流看法的重要因素。然而,如果以这次金融工作会议所强调的服务实体经济和防控金融风险这两把尺子进行考量的话,就有必要对融资结构的所谓"共识"进行反思。

非信贷融资结构不平衡

自 2011 年以后,伴随着银行信贷融资增长明显放缓,直接融资和其他非信贷融资快速增长。

债券市场的发展总体相对较快。2011 年至 2016 年间,债券市场总发行量年均增速高达 60%。由于种种原因,股票融资的发展并不理想,2011

年至 2012 年期间出现了 A 股历史上时间最长、破发个股最多的破发潮，随后 IPO 暂停直至 2014 年初。可见，近年来直接融资发展并不平衡。

但与此同时，非信贷股票债券的其他融资方式却得到了快速发展，有的阶段性地出现了膨胀。例如，从 2011 年至 2016 年，委托贷款增加了 3 倍；信托贷款增长了 3.7 倍；包括非标资产、资管计划和资金信托计划在内的应收账款类投资业务大约增长了 5 倍。从 2009 年至 2015 年，银行理财产品资金余额年均复合增长率达 55%。

虽然非信贷股票债券融资方式快速发展，但并未有充分的证据说明资金有效地进入了实体经济，风险却伴随而来。有权威研究机构认为，银行理财产品中至少有三成资金没有进入实体经济。而其他的金融机构所主导的理财，尤其是与基金、证券公司、资产管理公司相关的规模更大的理财产品资金，是否都进了实体经济也存在疑问。一度快速发展的委托贷款和信托贷款也有相当部分并没有进入工业和制造业，而是进入受到持续严厉调控的房地产业。2017 年在房地产融资渠道收紧的背景下，1 月至 6 月表外融资同比增速仍有 144%，表明银行资金仍在通过表外渠道尤其是信托贷款流入房地产市场。由于相关的监管体制机制建设相对滞后，市场持续存在监管盲区、监管套利、监管不足以及监管协调困难等一系列问题。而非信贷融资大多数为创新金融业务和产品，市场运行机制尚不完善。这些融资方式具有资金链条长、成本高、透明度低和杠杆率高等特点，往往会推高整个经济体的金融风险水平。虽然除信贷、股票、债券以外的其他融资方式也在一定程度上为实体经济提供了服务，但是从总体上看，既没有发挥好满足实体经济融资需求的作用，还引发了一系列值得关注的金融风险。

银行信贷跨周期稳健运行

截至 2017 年 6 月末，商业银行人民币信贷余额已达到 114 万亿元左右，其中大多数投入到实体经济领域，或者说是支持了国民经济的运行，同时支持了消费的增长。比如说战略性新兴产业、高新技术产业、重大基础设施项目、绿色信贷以及小微企业等等。目前在银行信贷余额中，约

17%是居民按揭贷款,主要用于支持购房刚需和改善性需求。如果对整个银行信贷的结构仔细分析一下,应该说绝大部分是按照国家政策的要求和导向在进行投放。

近年来银行业不良率持续上升是事实,但是与国际银行业的状况相比尚属良好。通常在国际上,银行业的不良率水平在2%上下,而目前国内银行业的不良率在1.7%左右,并且自2017年以来,状况有进一步的改善。2017年上半年,部分银行的盈利状况出现好转在一定程度上得益于不良资产状况的改善。虽然其中不排除部分机构存在局部不良资产数据与实际不完全符合的可能性,但是即便如此,银行业的不良率水平依然处在可控状态。

一段时期以来流行这样一种观点,就是中国的商业银行通过重组上市以后,还没有经历过一个完整的经济运行周期,即银行还没有经历过真正的挑战和考验。那么目前算不算走完了一个完整的经济运行周期?从大型银行陆续上市到现在,已经差不多过去了12年。亚洲金融危机以后,从1998年到2002年,中国经济在低位徘徊了5年,其中有2年的GDP增速是7%。当时四大国有银行的不良资产率很高,从市场运行的最终结果来看,最高时不良率差不多是40%。当时银行不良资产水平如此之高,与受到亚洲金融危机的冲击有关,同时改革开放之后,银行业也承担了整个经济改革的成本。

但是,今非昔比。从2010年至今,我国经济已经连续7年处在增速持续放缓的过程中,GDP增速已经连续3年低于7%,但银行业的整体情况仍属正常。整个银行业在公司治理,尤其是在风险管理的制度、流程、技术以及专业人才培养等方面,都取得了长足的进步。过去的12年,大致可以分成盈利和资产状况大幅改善与明显承受压力两个阶段。时至今日,银行业整体运行平稳和风险总体可控,可以说银行业已基本上经受住了经济周期运行的考验和挑战。相信随着宏观经济的平稳运行,商业银行仍然会保持风险总体可控的状态,资产状况处在国际良好的水平。

相比其他融资方式,无论是从服务实体经济还是从控制金融风险角度来看,近12年来银行业整体表现尚属良好。整个银行业信贷是服务实体经济融资的主力军,并且风险状况总体平稳。

近年来银行投向房地产开发的信贷始终处在较为平稳的运行状态，其在信贷余额中的占比甚至有所下降：从 2012 年的 6.1％下降到 2016 年的 5.4％。银行业房地产贷款的不良率低于整体不良水平，说明银行业普遍推行的总量控制和名单制管理方式较为有效。

尽管按揭贷款在整个信贷余额中的占比持续上升，但由于首付比例较高，风险总体可控，而目前主要发达国家的首付比例大都为一成。同时，我国按揭贷款在信贷余额的占比不到五分之一，在国际上仍属偏低。

诚然，银行业信贷的重要投向是地方基础设施建设。经过近年来地方政府债务置换，地方政府债务管理正逐步走向规范。由于我国地方政府拥有大量资源类和权益类资产，实际偿债能力较强，因此尽管地方政府负债水平偏高，但总体上风险亦属可控。

迄今为止，一些国家的融资结构仍然是以银行为主导，比如德国和澳大利亚。在澳大利亚的融资结构中，银行信贷比重比较高，约在 60％，可以说银行是融资的主体，担当了服务实体经济的主力军。而德国商业银行的特点是全能银行，银行牌照下证券、保险、信托、租赁、基金等一系列业务都能开展。在这种情形下，银行对整个金融结构的主导是显而易见的。在以银行业为主的融资结构下，风险程度相对较低。20 世纪 80 年代以来，多次国际金融危机包括亚洲金融危机和最近的全球金融危机，对这两个国家的影响甚微，以银行为主导的融资结构是主要原因之一。

融资结构的转型方向

反思融资结构转型，很有必要从为实体经济服务和防控金融风险这两个角度展开，用这两把尺子进行分析和丈量，分析融资结构是否合理，转型应该朝着怎样的方向推进。

我国经济增长水平和运行质量，毫无疑问应瞄准世界先进水平，争取达到最好状态，我国的科技发展水平应该要争世界一流。但我国的融资结构却应该实事求是，从本国的实际需要出发，选择最适合我国实体经济需要的融资结构。融资结构重要的不在于水平高低，而在于能否服务好我国的实体经济，能否满足实体经济的需要，能否使金融体系更加平稳、健康运行。我们需要既专注于服务实体经济，又能较为有效地防控金融风险的融资结构，而不需要专注于服务金融又会带来较大风险的融资结构，尤其是不能要那种会危害实体经济的融资结构。

一个时期以来，在有关融资结构如何转型的问题上，各方意见自觉不自觉地选择了美国作为参考样本，即银行信贷占比较低而其他融资方式占比较高的融资结构。这很可能是一种脱离中国实际的选择。从我国融资主体特征、企业融资需求性质、居民储蓄水平、存量债务结构和融资风险管理能力来看，银行信贷融资占比较高似乎较为合理。

未来一个时期，以银行信贷为主的融资结构有必要保持平稳运行。在整个融资结构中，银行信贷仍应处在一个合理的相对较高的水平，虽然过去占90％以上的比重是偏高了，但降至50％又偏低了。放眼未来，我国经济对银行信贷的需求依然会保持持续较快的增长。在融资结构中，银行信贷的比重维持在60％至70％可能较为合适。

作为城镇化发展水平不高的国家，未来我国基础设施投资的需求依然会较大，大批基础设施建设项目仍需要大量的融资。尽管直接融资和其他非信贷融资方式可以为基础设施建设投资提供资金，但银行信贷从其专业管理、风险管控以及授信便利等方面来看，仍不失为最便利的融资手段之一。目前来看，银行业投向基础设施的信贷约28万亿元，占整个行业信贷余额的比重约为25％。未来一个时期虽然其增速可能会下降，但仍会保持较快增长。

近年来我国"双创"蓬勃发展，大批小微企业应运而生。但迄今为止，小微企业中的大部分公司并未获得过银行贷款。虽然非银行信贷的融资方式可以为小微企业提供融资，但信贷仍不失为最便利的融资手段。从各国的实践来看，银行提供的小微信贷仍是支持小微企业融资的主力军。目前我国银行业对小微企业的信贷规模约为30万亿元，占比达27％左右。未来随着"双创"的深入发展，小微企业信贷融资需求仍会保持高速增长。

随着城镇化的快速发展，居民购房按揭贷款需求将继续增大，未来首套购房和改善性购房的需求仍继续上升，对银行信贷仍会有不小的需求。目前居民按揭贷款余额约达19万亿元，占整个信贷余额约17％的比重。

从国际实践来看,此比重仍为较低水平。未来随着需求的增长,该比重还会进一步提高。

目前,上述三方面的信贷余额占全部银行业信贷余额的比重约为69%,总量达77万亿元左右。除此之外,尽管直接融资和其他融资方式能够提供不断增长的资金,但国企和民企仍然会对银行信贷产生不断增长的融资需求。

我国是一个高储蓄国家,大量资金存在商业银行。长期以来,商业银行存款保持平稳较快的增长。截至2017年6月末,商业银行人民币存款余额达到159.6万亿元。仅以居民部门来看,目前在银行的存款超过60万亿元,但借款仅为20万亿元左右,负债是资产的三分之一。由于拥有大量存款,银行体系遂具有较强的信贷投放需求。若银行吸收存款后放贷较少,必然会将资金引入非银行融资体系,从而拉长资金链条,抬高融资成本。因此,非信贷股票债券融资方式出现较快发展,并在融资构成中占有较大的比重,是不利于实体经济的。

未来仍应大力鼓励和支持直接融资发展。长期以来相对于其他融资方式,股票融资的发展进程较为缓慢,这需要从市场的制度和结构等方面入手加以完善。经济体要有效地去杠杆,发展直接融资就必须放在重要的位置上。

我国融资结构中的明显不足主要是股票融资占比偏低。从2011年至2012年,非金融企业股权融资在社会融资规模中的占比一直处于2%以下。至2016年,该比重有了明显提升,达到约7%。但是总体上看,直接融资的比重依然偏低,未来需要重点加以发展。其中,形成融资功能完备的多层次资本市场体系,应是发展直接融资的目标。

除此以外的其他融资方式应该比较审慎地加以发展。近年来,信贷的增速相对来说比较平稳,而非信贷股票债券的其他融资方式,包括一些不合规的方式,却获得了快速的发展。未来,应该从总体上有一个规划,给出融资结构转型的目标,明确各类融资在其中所占的比重,并以此为目标进行持续管理,避免某些融资方式的无序发展。未来仍应积极地鼓励和支持金融创新。但金融创新的目标需要摆正,即不是为了金融业自娱自乐,而是为了更好地服务实体经济。

如果保持以银行信贷为主的融资结构,那么就需要理性地看待货币存量与 GDP 比例相对偏高、杠杆水平相对较高,以及企业负债水平相对偏高的状况。因为,这种融资结构比较容易带来上述问题。这种融资结构是否会使经济运行出现很大问题,需要实事求是地具体分析,不能简单地把国际上的数据引进来进行比较。由于融资结构不同,各国杠杆率和债务水平必然不同。比如说,澳大利亚以间接融资为主,相关指标相对偏高,金融却较为稳定,这与融资结构是有关的。而美国的融资结构是以直接融资为主,杠杆水平相对较低,企业债务水平不高,但不见得金融风险就一定低——2008 年全球金融危机就发端于美国。所以,一国的融资结构是否合理,关键要从本国实际出发进行分析和判断,切忌盲目照搬国外的经验。

发展科技金融助力创新型国家建设^①

中共十九大报告提出了新时代坚持和发展中国特色社会主义的基本方略，将创新列为新发展理念之首，要求坚定实施"创新驱动发展战略"；强调"创新是引领发展的第一动力，是建设现代化经济体系的战略支撑"；要求"加快建设创新型国家"，要"瞄准世界科技前沿，强化基础研究，实现前瞻性基础研究、引领性原创成果重大突破"。创新型国家建设成功与否关系到 21 世纪中叶我国能否实现社会主义现代化强国的目标。建设创新型国家意味着我国科技创新要持续获得重大突破，站在世界的先进水平上。这既需要国家开展顶层设计和深入推进相关的体制机制改革，持续推进科学技术重大攻关，同时必须建筑在国家整体创新力量壮大和广泛地创新活动的基础之上。毋庸置疑，创新型国家建设需要金融给予针对性的、持续的、有力的支持，发展科技金融是必由之路。

科技创新与金融创新相辅相成

科技金融是金融业的一种业态，是科技创新与金融创新交汇融合的产物，是促进科技开发、成果转让和高新技术产业发展的金融工具、金融制度、金融政策与金融服务的系统性和创新性安排。科技金融是由向科技创新活动提供融资资源的政府、企业、市场和社会中介机构等主体，及其在科技创新融资过程中的行为活动组成的体系，是国家科技创新体系和金融体系的重要构成部分。

科技创新离不开金融创新的支持。历史上，每一次产业革命的出现

---

① 本文发表于 2017 年 11 月 21 日《金融时报》。

都离不开金融制度的创新、保障和支持。否则科技创新的成果只能存在于实验室而无法形成产业,更无从形成推动人类历史进步的产业革命。第一次产业革命,英国的纺织技术获得了股份制和银行制度的支持。第二次产业革命,英国和美国的蒸汽机发明与铁路系统建设,资本市场提供了强有力的金融支持。第三次产业革命,美国钢铁和电力的科技创新得到了信托和保险等金融创新的支撑。第四次产业革命,美国汽车和石油行业的大规模生产技术创新,获得了资本市场国际化和规模化的有力支持。第五次产业革命,美国信息和远程通信技术创新,硅谷的创业投资和产业基金给予的支持功不可没。未来一个时期,我国创新型国家建设同样需要金融创新持续给予有力的支持。

伴随着科学技术的高速发展,当代金融创新反过来需要科技创新为之赋能。近年来金融科技迅速崛起。金融科技是金融与科技的高度融合,是科技创新为金融创新赋能的最新体现。科技金融以金融服务的创新作用于实体经济,推动科技创新发展,是以传统金融机构为代表的金融业作为参与主体,落脚点在金融。而金融科技则不同,落脚点是科技,目标是利用大数据、云计算、区块链和人工智能等新技术提高金融业的整体效率,参与主体是以科技企业为代表的技术驱动型企业。金融科技的发展和应用将为科技金融插上新的翅膀。

实现科技创新与金融创新的高度融合是科技金融功能发展和完善的关键。这种融合一方面需要金融制度安排和工具持续进行针对性的创新,以支持科技创新过程;另一方面,要高度认识到科技创新对于金融创新的支持作用,有意识地将科技创新作为金融创新的重要物化手段和依托空间。

商业银行是科技金融发展的关键主体

从科技企业生命周期的融资行为来看,初创期和成长期企业融资普遍是难题。因为无论从产品市场前景和现金流量,还是从抵押资产和信用担保等方面来看,处在初创期和成长期前期的科技创新企业都处于明显劣势。这一阶段企业的资金来源是自有资金、天使投资和私募投资、留存收益以及科技贷款等。鉴于银行业迄今为止仍是中国金融体系的主体构成部分,其提供的融资占金融存量的 80％ 以上,2016 年末存款类金融机构本外币各项贷款余额达到 111. 78 万亿元;如果银行业能明显加大对科技企业的金融支持,则我国的科技创新必将获得强有力的金融推动。

长期以来,商业银行科技金融业务受到一系列掣肘,发展并不如人意。在业务流程方面长期受传统方式影响,面向科技企业的专业审批权限和服务方式与客户实际需要之间有不小的距离。一个时期以来,一些地区的科技支行逐步建立,形成了一定的气候;但在种种因素影响下,服务科技型企业的职能却有所削弱。从行业整体看,金融与相关科技企业相结合的复合型人才明显欠缺,导致针对性的产品创新不足且使用效率偏低。尤为重要的是银行从事科技金融业务的风险和收益机制不匹配。银行向科技型企业投放信贷面临较大的风险,但其有限的利息收入却难以覆盖可能出现的风险损失,科技型企业信贷具有明显的高风险、低收益特征。

作为针对性的应对举措,商业银行对科技企业的投贷联动业务经过长期推动,终于于 2016 年 4 月开始试点。本次试点的投贷联动业务模式是银行业金融机构的“信贷投放”与本集团设立的具有投资功能的子公司“股权投资”相结合,通过相关制度安排,由投资收益抵补信贷风险,为科创企业提供持续资金支持的融资模式。在这种模式下,商业银行一方面要设立子公司,选择种子期、初创期和成长期的非上市科创企业进行股权投资,并适当参与企业的经营管理;另一个方面要设立科技金融专营机构,专司与科创企业股权投资相结合的信贷投放,同时提供包括结算、外汇等在内的一站式和系统化的服务。商业银行要实行专业的信贷管理,实行单独的信贷流程、定价机制以及贷前、贷中和贷后的专业信贷管理制度,尤其是要构建针对性的激励和约束的信贷文化与机制。

首批开展试点的机构共有 10 家银行,试点框架下的投资联动要求以“银行＋子公司”的模式进行,且投资项目需自有资金,可被定义为内部投贷联动。而目前试点范围外的银行参与较多的,则是广义上的投贷联动。主要包括“银行＋VC/PE”“银行＋其他机构”等模式,可以被归类为外部投贷联动。事实上,所谓的外部投贷联动很长一个时期以来就已经存在,但发展并不如人意。当前需要的是在内部投贷联动上实现突破,更好地发挥银行支持科技创新的作用。迄今为止,除个别银行机构已开展内部投贷联动外,其余大部分试点机构均未正式开展此项业务。而自 2016 年下半年以来,试点银行相关业务探索已经基本完成,商业模式初步形成,试点工作可以全面展开。

尽管"银行＋子公司"的内部联动模式有助于克服银行在开展科技金融业务时风险收益不对称的缺陷,但内部联动的开展仍需要在银行内部机制和外部监管方面解决相关问题。虽然投和贷同在一家银行,但两者因业务特点不同、风险理念不同和考核机制不同,内部利益很可能得不到平衡,内部投贷联动仍有可能举步维艰。这就需要银行内部在明确总体目标的前提下,形成有效协调机制,捆绑投和贷的考核,综合平衡风险和收益,调动好两方面的积极性。唯有如此,才能真正发挥投贷联动的优势。在投贷联动业务实施中,风险权重是关注焦点。按规定,试点机构设立的投资功能子公司与银行科创企业信贷最终在集团层面并表管理,但尚未明确投资子公司股权投资的风险权重。如果银行持有股权的风险权重过高会明显抬高投资成本,打击银行从事这项业务的积极性。应该从科技金融的初衷出发,结合这类业务高风险、高收益的特点,合理设置风险权重。

要使金融更加有力地支持科技创新,除了深入开展投贷联动业务外,商业银行信贷业务创新也是关键因素。鉴于科创企业的风险特点,商业银行应适当提高贷款质量和容忍度,将科创企业贷款质量的管控目标置于全行总体安排之内。针对性地适度降低科创企业融资门槛,以夯实客户基础,获取综合回报。根据科创企业的特点设计贷款流程、产品和模式。建立专门用于评估科创企业信贷风险的风险评估模型,优化内部操作流程,提升贷款审批效率。创新还款来源,设计专属的风险收益机制,形成新的赢利模式。通过"走出去"和"请进来"等方式,加大力度培育科创型企业金融业务人才。

政府在科技金融制度中具有重要作用

从创新型国家科技金融发展的国际经验看，政府的作用至关重要。政府的作用主要包括：建立和完善科技金融相关的法律法规，形成有利于金融支持科技创新的法律环境；设立政策性科技银行，提供有力的政策性金融支持；设立科技型企业担保机构，完善信用担保体系；扶持风险企业，促进风险投资，发展和活跃风险投资市场；建立和完善多层次资本市场，鼓励科技企业海外上市，拓宽企业融资渠道；促进产学研一体化，培育"科技园金融"模式。美国、德国、日本和以色列等创新型国家政府在科技金融方面的实践，对于推动本国科技金融发展从而促进科技创新发展方面取得了不同程度的成效。

从建设创新型国家的大局出发，为了更好地促进科技金融发展，未来我国各级政府有必要发挥好四方面的作用。一是坚持政府引导和市场运作相结合的原则，发挥好政策引导作用。制定法律法规和政策，保护和鼓励中小企业科技创新发展，研究实施对高新科技中小企业提供税收优惠和政府补贴。研究探索设立专门为中小科技型企业提供金融支持的政策性金融机构，其主要职责包括直接对企业提供融资，促进信用担保以及作为风险投资基金进行投资等。二是发挥好资金引导作用。探索培育政府引导基金，支持风投企业发展，活跃风险投资市场；促进股权资本、债权资本和社会公众资本相互结合，加大力度投入科技创新领域。三是通过政府介入建立完善的信贷担保制度，政府发挥好风险缓释的作用。进一步完善全国性、区域性担保机构和政策，形成有良好模式和覆盖面的担保体系。规范与监管担保机构的设立和运作，由政府设立担保基金再担保基金，为担保机构增信和分担风险。可以参考"一项基础＋三大支柱"的信用担保体系，即以政府财政拨款和多元化融资为主构成资金来源基础，形成信用保证保险制度，融资基金制度和损失补偿金补助制度等三大支柱。四是稳步推进科技保险的试点工作，扩大科技保险范围和产品创新。

规范发展金融控股公司,优化金融体系内部循环[①]

　　中共十九大和第五次全国金融工作会议指明了我国金融改革的方向和任务。规范发展金融控股公司有利于顺应金融市场发展趋势,解决金融领域长期存在的深层次问题,尤其是有助于促进金融体系内部形成良性循环,实质性地优化金融业结构,促进直接融资发展,更加有效地控制金融风险,提升中国金融业的国际竞争力。建议尽快推进金融控股公司立法,针对不同类别金融控股公司的不同情况分类施策,坚持稳妥审慎原则,完善和加强市场监管。

重要现实意义

　　金融控股公司可以较好地实现规模经济效应和范围经济效应。其规模经济效应主要来源于金融资产的同质性和金融基础设施的共享,通过将与同一客户有关的固定成本(人力和物力)分摊到更广泛的产品上,利用自身的分支机构和现有渠道以较低的边际成本销售附加产品。金融控股公司能够促进金融机构推动资源整合和共享,降低运营成本,从而实现生产方面的范围经济效应。金融控股公司还可以较好地以"金融产品超市"的形式提供消费者所需要的金融产品,可以节约客户的搜寻成本和交易成本。在我国正谋求实现高质量发展、加快金融领域改革开放的背景下,规范发展金融控股公司具有多方面的重大现实意义。

　　金融控股公司的规范发展有利于维护金融体系安全。2017年中央经济工作会议将防范化解风险列为未来三年的三大任务之首,并明确"重

---

① 本文发表于2018年5月12日《中国证券报》。

点是防控金融风险"。近年来我国各类金融控股公司一哄而上、良莠不齐,部分金融控股公司在公司治理、内控机制、风险管控上存在不小的风险隐患,若不尽早加以治理整顿和监管规范而任其"野蛮"生长,整个金融体系安全就有可能受到威胁。

应该看到,一个监管完善、规范经营和稳健发展的金融控股公司行业有利于维护整个金融体系的安全,更好地控制系统性金融风险,在一定程度上可以起到金融稳定器的作用。在金融控股公司的架构下,通过加强对系统性重要性金融控股公司的监管,监管机构可以更加直接和全面地掌握跨业、跨市场金融信息,及时发现跨行业、跨市场的风险隐患,并通过对作为母公司的金融控股公司的监管,更加直接、有效地开展统一监管,提高宏观审慎监管的效率。当银行、证券或保险等子公司爆发风险时,作为母公司的金融控股公司可以首先运用集团的资源对其展开救助,因而可以在第一时间避免风险传染和扩大,将风险控制在一定范围内。与严格的分业经营相比,金融控股公司相当于在母公司层面为子公司提供了一层屏障。金融控股公司的规范发展有助于控制系统性金融风险。

金融控股公司的规范发展有助于提高金融服务实体经济的质效。随着中国经济的持续快速发展,全社会财富保值增值需求不断增加,居民可配置收入稳步增长,居民理财意识不断增强,金融服务需求日益多元化、综合化和个性化。而在中国经济转型升级、金融市场的深化及金融创新提速的大背景下,企业客户的金融需求早已不再局限于存、贷、汇等传统业务,而是包含贸易融资、资金管理、风险管理、结构融资、高收益债券发行、并购顾问、资本重组等在内的一站式产品和全方位、多层次服务。不管是单纯商业银行服务,还是单纯投行服务、保险等服务都难以满足经济主体的需求。客户不断升级的金融和非金融需求与发展滞后的金融服务能力之间的矛盾,已经成为当前中国金融业面临的主要矛盾。金融控股公司可以较好地实现规模经济、范围经济和内部协同等效应。金融控股公司的规范发展有助于推动金融机构产品和服务创新,以更高的质效服务和支持实体经济发展。

规范发展金融控股公司有利于优化金融业结构。"十三五"规划提出要积极培育公开透明、健康发展的资本市场,提高直接融资比重。中国是以间接融资为主导的金融体系,商业银行在金融体系中具有举足轻重的地位,目前银行业总资产仍占金融体系的90%左右。商业银行拥有强大的资本实力、规模优势、客户基础和渠道资源。以金融控股公司模式深化金融业综合经营,开展银行、证券、保险等全金融业务,有助于降低宏观杠杆率。

从国际经验来看,美国等国以直接融资为主的融资模式也与其金融控股公司这一微观组织形式的发展有着密切关系。美国允许银行控股公司收购证券、保险等非银行业子公司,通过证券子公司从事证券业务,通过保险子公司从事保险承销业务,推动了股票、债券等直接融资的发展。中国若能允许金融控股公司的规范发展,必然有助于促进金融机构真正以客户为中心,以最大化满足客户需求为目的,将资本、客户、渠道等资源在银行、证券、保险之间进行有效整合、合理分配,统筹协调发展信贷融资、股权融资和债券融资等各类业务,尤其是加快发展股权融资。这将有利于在宏观层面上改善和优化现有的融资结构,降低宏观杠杆率。

以金融控股公司模式推进商业银行与证券公司的协同效应有利于发展直接融资。制约我国资本市场发展、直接融资扩大的重要因素,就是相对银行业而言我国证券业的实力较弱。截至2017年底,我国证券业总资产和净资本分别为6.14万亿和1.58万亿元,仅分别为银行业总资产和净资本的约2.4%和10%。一直以来,业界存在一种认识上的误区,即由于银行体系过于庞大,允许银行进入证券业会形成垄断,导致证券公司成为银行的附庸,不利于证券行业发展。而实践已经证明,切断了银行资本进入证券业的途径,即意味着银行业强大的资源进入不了证券业,银行业遂自身不断加固和壮大,而证券业在缺乏资源的情况下必然发展缓慢。事实上,在纯粹型金融控股公司模式下,商业银行和证券公司可以同为金融公司的子公司。若允许商业银行特别是资本较为充足的大型银行通过组建纯粹型金融控股公司的方式,把银行业各种资源主要是资本资源引入证券业,有助于推动证券业做强做大,打造一批资本实力雄厚、具有相当规模的证券公司和投资银行。

规范发展金融控股公司有利于促进金融体系内部良性循环。2017年中央经济工作会议提出要促进金融体系内部的良性循环。以金融控股公司的微观组织形式,将银行业的各类资源引入非银行金融业,推动银行和非银行金融机构优势互补、协同发展、资源共享,将有助于改变目前金融行业内部银行和非银行发展不均衡的局面,实现金融体系内部良性循环。在监管规范发展、稳妥有序推进的前提下,以公司治理健全、风险内控完善的大中型银行为主体,以组建纯粹型金融控股公司开展综合经营,将有助于增强非银行金融行业的风险抵御能力,这是稳健发展能力在金融体系内部实现良性循环的一种体现。随着我国市场化改革不断深入和对外开放程度提高,市场和行业波动将会加大。以金融控股公司的方式将银行的资源和风控能力引入证券业,有助于提升整个行业的资本水平和风控能力,从而增强证券公司的抗风险能力。

在有金融控股公司这样强大的"金主"作为母公司支持的情况下,证券公司抵御周期性波动的能力将会增强,破产倒闭的可能性将会降低。特别是大型银行公司治理较为健全、持续稳健经营、风险管控能力较强,有利于将其稳健经营理念和风险管控经验带给证券业,有利于促进其平稳健康发展。

规范发展金融控股公司有利于做强做优国有金融资本。随着对外开放的深入推进,我国金融业将面临新的来自全球金融业的竞争。国际大型金融集团通常实行综合化经营,为客户提供全流程、一站式、跨市场服务。

相比之下,目前我国商业银行综合化程度偏低,业务经营范围有限。尽管我国大型银行在资产规模上已位居世界前列,但国际综合竞争实力仍难以与这些国际金融"巨头"匹敌。证券业、保险业则受限于自身规模和实力,难以做大综合经营。面对已经实行混业经营、金融产品丰富、资金实力雄厚、金融创新能力很强的外资金融控股公司,我国金融业的竞争力有待提升。通过规范发展金融控股公司,稳妥推进大型商业银行与成熟的证券、保险公司进行跨业整合,实现客户、渠道、系统的充分共享,推动机构、产品和服务的深度融合,降低运营成本,提高经营收益,在推动国有金融资本重新优化组合和保值增值的同时,还有助于提高国有金融机构的国际竞争力和跨境金融资源配置能力,增强中国金融业在国际市场上的话语权,推动我国从"金融大国"向"金融强国"转变。

规范发展金融控股公司有利于促进和配合金融监管体制改革。随着银行与证券、保险、信托等非银行金融机构融合发展、交叉合作、协同服务的趋势越来越明显,社会各界对改革监管体制、加强监管协调、构建统一监管框架的呼声高涨。从金融监管与被监管的角度来看,金融控股公司的发展是金融机构和监管当局互动博弈的结果。金融监管对金融控股公司治理、发展模式选择等都有着直接影响,而金融控股公司的发展则有助于推动金融监管水平的提高和监管体系的完善。规范发展具有明显综合化和多样化特征的金融控股公司,将有利于推动我国金融业从现行的以分业监管为主的框架向以功能监管为主过渡,有助于配合和促进以完善统筹协调监管为主要目标的金融监管架构改革。

亟待规范发展

从国际金融业的发展历史来看,金融业综合经营是大势所趋,金融控股公司这种微观组织形式的出现是必然的。金融控股公司有助于推动资源集中、平台整合和渠道共享,为企业和居民客户提供综合化、一体化、多样化的金融服务,更好地服务和支持实体经济发展,显著提升金融体系的服务效能。金融控股公司多元化的业务结构有利于其长期稳健经营,抵御经营风险。2008 年全球金融危机期间,与遭受重创的雷曼、贝尔斯登等单一的投资银行相较,汇丰、花旗等综合性金融集团尽管也不同程度遭受损失,但表现出了相对较强的抗风险能力。作为一种应运而生的微观金融组织形式,金融控股公司本身并不必然加大风险。但在相关法律法规不健全、有效监管体制尚未确立的情况下,缺乏规范监管的金融控股公司的野蛮生长将会加大金融体系风险。

在我国,金融控股公司的实践已经大踏步地走在政策和监管的前面。近年来,在金融控股公司立法与监管推进十分缓慢的情况下,我国各类金融控股公司却快速发展。一大批中小型金融控股公司如雨后春笋般成长起来。不仅有以银行、保险、资产管理公司等金融机构为主导的金融控股公司,很多央企、民企及互联网公司,因投资参股多个金融类子公司而成为产融结合型的金融控股公司,甚至不少地方政府也参与其中。

从宏观层面上看,法律缺失与分业监管体制不利于金融控股公司持续稳定发展。目前,我国金融控股公司法及其配套法律缺失,导致金融控股公司的设立、运行、治理及监管等缺乏根本依据,不利于金融控股公司的长期、稳健发展,也容易使以套利为目的金控平台乘虚而入,不利于金融体系的稳定。由于监管主体不够明确,导致长期以来对金融控股公司存在明显的监管不足。分业监管体制下,机构监管为主要特征,尽管银行、证券、保险等子公司分别受到较为全面的监管,但缺乏从金融控股公司层面出发的整体监管。

从微观运行来看,我国金融控股公司业务种类较多,普遍跨市场经营,部分金融控股公司在公司治理、内控机制、风险管控上存在不少隐患。很多金融控股公司的子公司之间没有建立真正有效的"防火墙",刚性兑付问题短期内难以彻底消除,风险交叉传染风险较大。一些金融控股公司结构繁杂,如果信息披露不到位,关联交易不易被察觉;子公司之间直接进行关联交易使得经营状况互相影响,增大了金融控股公司的内幕交易风险。尤其是产融结合型的金融控股公司,尽管可以给企业带来多重好处,例如满足金融服务需求、提高资本盈利水平、降低交易成本和创造协同价值等,但也较为普遍地蕴含内部交易复杂、账面资本虚增和掏空主业等一系列违规行为和潜在风险。

我国金融控股公司滋生的问题和风险,既有部分金融机构和非金融企业过度追求"大而全"、盲目扩张的原因,更与缺乏统一、全面、有效的制度安排和监管,特别是缺乏规范发展金融控股公司的整体顶层设计制度有关。当前对金融控股公司的政策应该双管齐下,既要尽快加以治理整顿,防范和化解风险;同时更要着手在其总体方向、运行模式、监管架构、监管立法等方面进行整体性和制度化的顶层设计,推动和促进我国金融控股公司走上规范有序发展之路,使其既能充分发挥支持实体经济发展的功能,又能为整个金融体系安全提供更好的保障。

政策建议

规范发展金融控股公司,首先要清晰界定其内涵。国际上一般将金融控股公司定义为：在同一控制权下，完全或主要在银行业、证券业或保险业中至少两个不同的行业提供服务的金融集团。中国的情况较为特殊，除了传统的正规金融机构以及央企组建的金融控股公司（获得正式金融牌照的）以外，还有很多是地方政府、民营企业和互联网企业涉足金融领域所形成的、具有一定规模金融业务的集团公司，事实上也是实体企业发展产融结合的重要形式。出于引导行业规范发展、保障金融体系稳定、避免出现监管空白的考虑，本文将金融控股公司定义为在银行、证券、保险、基金、信托、期货、金融租赁等两个或两个以上金融领域拥有牌照、实际经营或者实际控制该金融机构的金融集团。该定义有助于从统计上将所有涉足两个及以上细分金融领域的所有企业纳入统计和监管范围。该定义明确了金融控股公司的金融属性，即金融控股公司属于金融机构，不是非金融实体企业，因而必须纳入金融监管范畴。

考虑到目前我国有不少实体企业布局产融结合，纷纷入股或参股各类金融机构，从而在事实上形成了既有实体产业子公司又有金融类子公司的跨领域控股集团。为避免这类产融结合型的控股集团所从事的金融业务游离于金融监管之外，对金融类子公司占比（以资产或收入来衡量）达到一定程度、具有一定金融重要性的跨领域控股集团，应要求其必须单独成立一家金融控股公司，以该金融控股公司对集团所有金融类子公司进行管理，并作为接受金融监管的主体。

应顺应我国整体金融监管体制改革，建立和完善分工明确、职责清晰、全面覆盖、分级管理的金融控股公司监管体系。建立完善规范和促进金融控股公司发展的法律法规体系。推动建立公司治理完善、组织架构合理、风险管控能力强、协同运行效率高的金融控股公司运行模式，显著增强为客户提供一站式、综合化全面金融服务的能力。推动形成监管有效、立法完备、运行稳健的金融控股公司发展业态。明确发展金融控股公司的主要方向、基本原则和重点举措。可以采取"两步走"、分级式的策略构建金融控股公司监管架构，短期内建立由央行主监管、两会分业监管的监管架构，长期随着我国分业监管逐步向统一监管推进，金融控股公司也应逐步转变为由单一监管机构进行全面、统一监管。建议加快推动金融控股公司立法，从市场准入、牌照管理、业务范围、公司治理、股权结构、风险内控等方面加以规范和引导。监管部门对金融控股公司实施牌照管理,后者必须持牌经营。

鼓励发展纯粹型金融控股公司。目前国内外金融控股公司有纯粹型和事业型两种。纯粹型是指母公司不经营具体业务、各子公司负责业务经营的金融控股公司。事业型金融控股公司则是母公司和子公司同时开展业务经营。当前我国大型银行综合经营主要采取事业型模式,但这种模式的突出问题是母公司"独大",子公司相对弱小。事业型模式的风险隔离通常不够充分,由于母公司也开展具体业务经营,子公司业务的独立性较难充分保证,母子公司之间、各子公司之间风险传染的概率相对较高。相比之下,纯粹型金融控股公司"集团控股、各自经营"的运作模式可以使不同金融业务之间建立起较为有效的"防火墙",更好地防止金融风险的相互传染,因而成为当前国际金融业综合经营主流模式。建议明确我国金融控股公司以纯粹型为基本运行模式和主要发展方向。

建议开展商业银行联合证券公司组建金融控股公司试点。全国性商业银行具备较强的资本和规模实力,坚持稳健经营,风险偏好较为审慎,公司治理结构较为完善,内控机制较为健全,具有较好的条件开展与证券公司联合组建金融控股公司试点。同时必须坚持稳妥审慎的原则,以有效防控金融风险为必要前提。建议明确商业银行联合证券公司试点组建金融控股公司的标准和条件,包括在资本充足水平、公司治理结构、风险管理架构、内部防火墙设置、协同经营范围、人员交叉任职等方面予以严格的标准和条件。为防止银行过度干预证券公司的经营管理,也为了更好地控制风险,应明确要求同步推进组建纯粹型的金融控股公司,成立独立的金融控股公司作为母公司,银行、证券等为同一级别的子公司。对于有实际困难暂不能立即成立纯粹型金融控股公司的,可给予一定的时间过渡,如三年内可以事业型金融控股公司开展运营,三年之后则转为纯粹型金融控股公司。建议可以考虑先行试点大型银行主导的金融控股公司深化综合经营,允许在金融控股公司框架下以收购兼并的方式进行。

以完善监管为前提,积极稳妥地推进商业银行金融控股公司建设。防范化解金融风险是当前和未来一个时期金融工作的重点。当前监管部门正就资管统一监管、防止资金脱实向虚、限制过度套利、抑制高杠杆、限制通道业务等开展治理整顿,有关表外理财、委托贷款、互联网金融等监管细则正加紧出台。在此背景下,商业银行发展金融控股公司、深化综合经营必须以配合完善监管为前提,必须以严格遵守这些监管新规为条件,在监管尚未完善、相关细则还将陆续发布的情况下,节奏不可过快,否则容易加大本就存在的相关风险。当务之急是对金融控股公司的公司治理结构、风险管理架构、内部防火墙设置、协同经营范围、人员交叉任职等方面尽快明确严格的标准和条件。当前应坚持"一参一控"的要求,即金融控股公司作为主要股东可以入股银行、证券或保险等细分金融领域,但在每一领域内所入股的子公司数量不得超过 2 家,其中控股的数量不得超过 1 家。

针对不同类别金融控股公司的不同情况分类施策。保险系金融控股公司的监管重点仍然是对部分保险公司利用保险资金而非自身资本金进行盲目收购扩张予以高度警惕和严格限制。四家资产管理公司作为金融控股公司都是事业型的,母公司仍以不良资产处置为主业,建议推动资产管理金融控股公司尽快从事业型转为纯粹型,同时加快调整优化内部组织架构和构建集团风险管控机制。地方政府主导的金融控股公司多通过行政整合形成,应对地方金融控股公司予以规范引导,推动和促进其坚持市场化、规范化的原则,更加注重各子公司间的协同和整合,尤其是加快构建完善的风险管控机制。当前应重点排查和防范互联网金融控股公司在"大而不倒"、用户隐私保护、行业垄断等方面可能存在的风险隐患,引导互联网金控公司树立稳健经营理念,提高风险意识。

对野蛮生长的产融结合予以重点监管和治理整顿。一是尽快实行牌照管理,非金融企业涉足两个或以上金融领域必须申请金融控股公司牌照,持有牌照后才能开展经营。二是确定责任主体,从立法上明确要求其内部建立单独的金融控股公司来管理其所有金融类子公司资产,并以该金融控股公司作为其接受金融监管的责任主体。三是实体产业集团的监管部门(中央国资委和各地方国资委)和金融监管部门(一行两会)应密切协同,对国有企业开展产融结合进行监管规范。四是对实体企业设立金融控股公司应制订严格的准入标准,防止一哄而上、盲目攀比。五是探索建立产融结合的监管指标体系,监管指标既需要涵盖资本充足率、流动性等金融类关键指标,同时包括涉及实体部门和金融部门之间大额内部交易、关联交易等指标。六是对部分赢利能力一般、资产负债率偏高、现金流情况较差的企业,对其开展产融结合、设立金融控股公司应制订更加严格的准入门槛和监管标准;对于部分本身潜在风险就比较大的行业,建议考虑禁止这些行业发展产融结合和设立金融控股公司。

我国金融监管体制变革"整合"或是大方向[①]

　　2017 年 7 月,第五次全国金融工作会议决定设立国务院金融稳定发展委员会(以下简称"金稳会")。2018 年 3 月,十三届全国人大一次会议审议通过国务院机构改革方案。我国不再保留中国银行业监督管理委员会和中国保险监督管理委员会,组建中国银行保险监督管理委员会。该委员会整合原银监会和原保监会的职能,并作为国务院直属事业单位。上述举措是我国金融监管体制的重大调整,中国金融监管格局从原来的"一行三会"转变为"一委一行两会"。这一新金融监管格局的形成将对我国金融体系产生深远影响。

金稳会建立开启统筹协调监管新模式

　　作为国务院统筹协调金融稳定和改革发展重大问题的议事协调机构,金稳会的职责主要包括:落实中共中央、国务院关于金融工作的决策部署;审议金融业改革发展重大规划;统筹金融改革发展与监管,协调货币政策与金融监管相关事项,统筹协调金融监管重大事项,协调金融政策与相关财政政策、产业政策等;分析研判国际国内金融形势,做好国际金融风险应对,研究系统性金融风险防范处置和维护金融稳定重大政策;指导地方金融改革发展与监管,对金融管理部门和地方政府进行业务监督和履职问责等。由上述职责可见,金稳会将在金融改革发展、行业规划及其监督协调,货币政策与监管政策等相关政策的协调,防范系统性金融风险和维护金融稳定,指导地方金融改革、发展和监管方面担当顶层设计和

[①] 本文发表于 2018 年第 5 期《中国银行业》。

重大决策的关键职责。

金稳会的成立,表明从 20 世纪 90 年代初开始建立的中国分业监管体制正在发生方向性的转变。未来金稳会统领下的新的统筹协调监管体制将取代运行长达 15 年之久的分业监管体制,必将对中国金融业产生深远影响。

金稳会的运行将有助于中国金融监管实现四方面的提升和改善。

一是以监管统筹协调为直接目的的金稳会成立后,必将有助于提升监管全覆盖水平。一旦金融领域内新生事物问世,金稳会可以从全局出发进行决策,不留监管死角和盲区。

二是金稳会处在国务院层面,具有高度的权威性,协调相关监管部门水到渠成。同时,严格的问责机制将促进协调落到实处,未来协调的效率将大幅提升。在监管机构之上多出一个权威和专业的统筹机构,其督促作用是不言而喻的,有助于减少行政部门常见的推诿扯皮,促进流程简化,提高决策速度。

三是在金融业务日益融合的背景下,金稳会将会加强监管部门统筹协调,抑制性质同类业务政出多门的现象,整治不规范不合理的流程,促进金融监管标准走向统一。

组建银保监会是建立统筹协调金融监管体系的重要一步

明确和加强央行审慎监管职能,有助于增强防范系统性风险的能力。传统的金融监管理论认为,对单个金融机构的微观审慎监管就能够有效地防范系统性风险。但 2008 年全球金融危机表明,个体金融机构的稳健性并不意味着金融系统的稳定,在关注和强化微观审慎监管的同时应关注和加强宏观审慎政策与监管。认识转变后,健全宏观审慎政策框架,强化对系统重要性金融机构的监管逐步成为各国金融改革的重要内容。我国自 2016 年后就以 MPA 考核为抓手逐步落实宏观审慎政策。

根据新的监管框架,由原银监会和保监会承担的拟订重要法律法规草案和审慎监管基本制度的职责划入央行。这一职责调整后,央行承担了与金融稳定密切相关的部分微观审慎监管职能,在已有宏观审慎政策和系统性风险防范职能的基础上,增加了对系统重要性金融机构的监管职能。此举增强了央行的审慎监管职能,使得宏观审慎政策与微观审慎监管能更有效地结合。金稳会办公室设在央行,也有利于金融监管机构之间统筹协调,提高化解和防范系统性风险相关工作的效率和效果。

组建银保监会有利于减少监管重叠,防止监管套利,提高监管效率,控制金融风险。推动银行与保险监管的跨行业整合符合中国金融市场发展的实际要求。与资本市场业务相比,保险的业务功能相对单一,风险管理的方法和要求与银行有诸多相似之处,银监会和保监会的合并可以加强风险防控能力。长期以来,保险业务与银行业务之间往来较为频繁,合作密切,在监管合作上也有较好的基础,两者的合并将促进金融机构管理有效性的提升。目前,我国大型系统重要性金融机构主要集中于银行和保险领域,且银行已经成为保险资金的重要投资标的,两个监管机构整合有助于控制系统性金融风险。在制订相关机构的监管标准时,由统一的监管部门加以推进,可以将银行业和保险业的风险控制要求有机地协调起来,从而能够更好地优化监管资源配置,提高监管效率,防范监管套利。

证监会体制保持不变有利于现阶段直接融资发展,促进资本市场更好地为实体经济服务。本次金融监管机构改革,证监会体制保持不变,既符合中国现实的金融环境需求,也体现出促进资本市场进一步改革发展的考量。证监会与银保监会的监管存在明显差异。就监管对象而言,证监会的监管对象除了金融机构外,还包括上市公司和投资者,而银行业和保险业的监管对象主要是金融中介。就监管方式而言,证监会更多地是对信息披露和市场交易行为进行监管,而银行业和保险业的监管则更多地是在机构的资本约束、流动性和风险等方面。此外,在监管要求和方法等方面也存在不少差异。因此,现阶段证监会体制保持不变有其必要性和合理性。

监管变革有助于推动行为监管和功能监管发展。在分业监管模式下,监管机构根据金融机构的具体业务类别来确定相应的监管归属和规则,同一类型的金融机构均由特定的监管者监管,其实质是一种以机构监管为主的监管制度。长期以来,这一监管制度的运行改善了我国金融业发展相对滞后的状况,促进了金融机构的发展,推动了我国金融市场与国际接轨的进程。

随着金融创新的发展,金融业混业经营趋势日益明显,多种类型的金融控股集团开始兴起,不同类型的金融业务彼此融合,界限逐步变得模糊。跨市场、跨行业和跨部门的穿透式金融产品不断涌现。这使得过去的以机构监管为主的监管模式难以有效监管现有的业务。"铁路警察"各管一段的监管方式既容易造成交叉部分监管重叠,又容易导致新兴领域监管缺失。对于同类业务,不同监管机构之间的监管标准往往存在差异,多头监管导致监管套利行为时有发生。"地盘意识"和各自为政导致监管机构之间缺乏及时的沟通与协调,从而无法有效防范和化解可能出现的金融系统性风险。

功能监管与机构监管不同,其基本理念是相似的功能应当受到统一监管,无论这种功能由何种性质的机构行使。功能监管更多地关注特定金融机构的各种业务和产品,而不再是金融机构本身。功能监管通常是根据金融体系的基本功能设立统一的监管标准,设计公平的监管制度,更好地实现对金融业跨行业、跨机构和跨市场的监管。第五次全国金融工作会议指出要"加强功能监管,更加重视行为监管"并将其作为监管强化和补短板的重点方向。行为监管通过制定公平的市场规则,对金融机构的经营活动及交易行为实施监督管理,以营造公开、透明的金融市场环境,降低金融市场交易中的信息不对称,保障金融消费者的合理权益。

当下的金融监管体制改革体现了从机构监管为主的监管模式逐步向机构监管、功能监管和行为监管三者结合的监管模式方向转变。以央行作为宏观审慎政策的主体,银保监会和证监会分别实施微观审慎监管,尤其是持续加强功能监管和行为监管。对于业务边界相对清晰的传统金融机构,仍然按照过去机构监管的理念进行监管,机构监管仍会长期存在;对于跨市场、跨行业的金融创新业务,则基于功能监管的理念进行全覆盖的监管;对于所有金融机构的经营活力和交易行为,则从维护消费者权益出发,进行行为监管。

"整合"可能是金融监管体制变革的方向

20世纪70年代以来,国际上金融监管模式不断演变。以美英澳日等国为代表,出现过统一监管、分业监管和"双峰"监管等模式。2008年全球金融危机以后,国际金融监管模式演化的方向渐渐趋于清晰。金融监管主要针对宏观审慎、微观审慎和消费者保护三大目标,主流监管模式逐渐形成宏观审慎政策框架下的微观审慎监管和行为监管的"双峰"模式。

当前我国金融监管体制的变革既借鉴了国际上监管体制变革的有益经验,又充分考虑了本国实际状况。目前来看,由央行负责总体宏观审慎政策职能及重要法律法规草案和审慎监管制度制定等部分微观审慎监管职能,而银保监会和证监会负责行为监管职能。这一监管模式部分借鉴了英国的"双峰监管"模式,即按照监管目标,将监管职能划分为行为监管和审慎监管两个方面,设置两个不同的机构。而证监会体制保持不变则主要借鉴了美国的监管模式。金融稳定发展委员会则对金融监管进行总体设计和统筹协调,在更高层面对监管部门进行指导和监督。这种金融监管架构充分考虑了当前中国金融市场发展现状和现有金融监管体制的不足,改革成本相对较小,体现了"渐进式"改革的慎重考虑,有助于金融体系保持稳定运行状态。

主要国家金融监管机构的变革表明,一个主权经济体并不存在固定不变的金融监管模式,金融监管制度始终处于动态优化过程之中。无论是采用多头监管模式、统一监管模式,还是在统一监管模式下进一步发展的"双峰监管"模式,都有其优势和不可避免的不足。一国金融监管架构的改革,既受到金融市场结构发展的影响,也受到该国历史传统、政治体制等其他因素的影响。但总体来说,过往金融危机的经验表明,采取统一监管的英国、日本等国家相较采用多头监管的美国损失更小,而采用"双峰监管"的澳大利亚和荷兰则在金融危机中表现较为出色。如在澳大利亚,由审慎监管局监管银行、信用社、建房互助协会、保险和再保险公司,而证券投资委员会则负责证券监管、消费者保护和维持市场诚信。"双峰"监管模式的好处在于缓和"金融系统安全"和"消费者保护"两大监管目标的内在矛盾。这在一定程度上表明统一监管模式比分业监管模式存在优势,"双峰"监管在防范系统性金融风险方面的能力似更胜一筹。

无论采用何种监管架构安排,金融监管改革的目标一是加强宏观审慎政策以保障整体的宏观金融环境稳定;二是加强微观审慎监管以保障个体金融机构稳定运行;三是加强行为监管以保障金融消费者的合法权益。未来我国金融监管将朝着机构监管、行为监管和功能监管相结合的方向发展的思路已经清晰显现。对审慎监管和行为监管来说,无论是采用分类设置的"双峰模式",还是将两者置于"统一监管"之下,都使得现有金融监管机构存在进一步整合的空间和可能。未来的中国金融监管体制,"整合"可能是个大方向。

组建银保监会迈出了建立统筹协调金融监管体系的重要步伐。然而,金融监管体制改革依然任重道远。银监会和保监会的合并,抑或央行职能的变更,均涉及机构的改革和人员的调整,后续需要实现机构之间的融合和协调以及人员的平稳导流。重要的是需重塑监管理念,尽快建立起审慎监管和行为监管的监管理念。同时,未来监管标准也需要统一。现有的监管体制改革并没有放弃机构监管,几种监管模式的简单融合,会使得不同机构之间的监管标准依然存在差异。这就要求加快步伐建立起更加完善的统一监管标准,以防止监管套利,维护公平竞争。在现有监管体制中,央行负责银保监会重要法律法规草案制定及部分微观审慎监管职能,而银保监会和证监会则负责具体的微观行为监管。这就需要防止出现行为监管立法和执法的人为脱节,应该建立有效的机制来促进两者之间的协调。未来金融消费者保护应切实做到有法可依,有章可循。通过严格监管,将金融消费者的利益置于更加重要的地位。进一步加强金融消费者保护金融监管不能只靠风险提示或道义劝告,应进一步提高监管能力和行动意愿,提高依法监管的执行力,加大跨界金融业务的监管力度。

利率市场化最后一公里怎么走?①

《2019 年政府工作报告》指出:"深化利率市场化改革,降低实际利率水平。"利率市场化最后一公里怎么走? 利率并轨的实质是什么? 当前的货币政策环境是否有利于利率并轨? 如何稳步实现利率并轨? 这些问题将是本文想要讨论的内容。

利率并轨的实质是取消存贷款基准利率

作为金融改革的基本任务之一,利率市场化是我国供给侧结构性改革的重要课题,意义十分重大。2013 年我国取消了金融机构贷款利率上浮限制,2015 年又取消了金融机构存款利率下浮的限制。有一种观点认为,至此利率市场化的任务完成了。而我却坚持认为,在货币当局依然公布商业银行存贷款基准利率的情形下,利率市场化还远未实现。取消了利率上浮下浮限制只是实现了存贷款利率浮动的市场化。

关于利率并轨,市场上有一种理解,即认为是存贷款基准利率与货币市场利率并轨。存贷款基准利率属于政策利率,而货币市场利率的市场化程度已相当高,似乎存贷款基准利率逐渐向货币市场利率靠拢应是市场化的方向。然而,货币市场利率和存贷款利率毕竟是两个不同类型金融市场的利率体系,前者是同业交易的市场,后者是金融机构与客户交易的市场。两个性质不同市场的利率显然难以合而为一。再者,由于货币市场利率对于银行来说是负债端资金的价格,存款基准利率逐渐向货币市场利率靠拢是有可能的。而贷款的利率则是资产端的定价,贷款利率

① 本文发表于 2019 年 3 月 23 日《证券日报》。

与负债端利率若并轨,则银行的"生存"就成了问题,因为其中不会再有存贷利差。可见,金融机构存贷款利率与货币市场利率是两个不同的利率体系。从两个金融市场的功能来看,这两种利率体系在可预见的将来难以并轨。因此,利率并轨问题不能机械地加以理解;从其内涵看,应该指的是非市场化利率与市场化利率并轨。

前不久,货币当局相关部门负责人在国务院新闻办的记者会议上谈及利率并轨话题,明确表示要推动基准利率和存贷款市场利率两轨合一。如此,下一步利率市场化的目标就十分明确了。利率并轨的实质应该是逐渐取消官方确定的存贷款基准利率,金融机构的存贷款利率应在市场的供求关系影响下和货币政策的引导下由金融机构自主确定,这应该是利率市场化最后一公里要完成的任务。

利率并轨的风险需要引起重视

虽然利率市场化的大部分任务均已完成,但存贷款基准利率与存贷款市场利率的并轨仍然存在值得关注的风险。国际经验表明,大多数国家在实施利率市场化的过程中,或者在利率市场化完成后的五到十年里,均出现了不同程度的金融动荡甚至危机,并影响到实体经济的增长。比如,美国在20世纪80年代的利率市场化以及市场化完成后的五年里,银行机构倒闭数量急剧上升,其中储蓄机构倒闭情况更为显著,半数银行被兼并重组,这就是"储贷危机"。日本在利率市场化改革过程中和完成的五年后,出现了众所周知的1990年的资产价格泡沫崩盘和1997年的系统性银行危机。韩国第一次利率市场化之后由于市场利率大幅上升严重损害宏观经济的稳定,导致利率市场化失败。第二次利率市场化之后则出现了东亚金融危机。因此,对利率市场化可能带来的宏观金融风险绝不可掉以轻心,需要未雨绸缪。

结合国际经验和我国的实际情况,利率市场化进一步推进可能在五个方面带来风险,应引起高度重视,包括:银行等金融机构的经营风险、金融创新加快形成的监管滞后风险、金融开放程度提高带来的开放性和流动性风险、房地产行业的信用风险以及地方政府债务风险等。而取消存贷款基准利率可能形成的风险首当其冲的是银行业,鉴于商业银行在我国金融体系中的地位,利率市场化最后一公里的风险不能不引起关注。

在我国,利率市场化改革已走过了 25 个年头。货币市场、债券市场等金融市场的利率基本上已经市场化。但最重要的金融领域即存贷款市场的利率市场化尚未实现。中国是较为典型的以间接融资为主的金融体系,至 2018 年底,银行业拥有存款近 180 万亿元,贷款近 140 万亿元,是所有其他金融形态加在一起也难以比拟的。再考虑到影子银行,可以想象存贷款基准利率对中国的资金价格和融资成本的影响力之大。在这种情况下取消存贷款基准利率,必须考虑到此举对整个金融体系带来的压力。其实长期以来存贷款基准利率的重要功能之一,是给出了主要金融机构资金价格的两个"锚",一个是负债端的定价基准,另一个则是资产端的定价基准。

多少年来货币政策的调整,很少有存贷款基准利率不同步的情况,基本是同上同下,即在基准利率上给整个金融体系规定了一个利差,并且尽量不过度地缩小利差。当然现在的利差已经不太大了。2016 年银行业净息差已降为 2.35 个百分点,2018 年多次降准和公开市场调节之后进一步降为 2.18 个百分点,已经小于美国等发达国家。但不管怎么说,这两个"锚"的存在,基本上把存贷利差的空间划定了。现在利率要并轨,金融机构长期依赖的两个"锚"将退出历史舞台,金融机构存贷款利率将由市场供求关系在一定的货币政策指导下决定。这意味着"锚"没有了,那么一旦有风浪,就可能出现较大颠簸。

综上所述,利率并轨并不是一件轻松的任务,因为涉及整个金融体系的稳定,最近国家高层明确提出,金融必须稳,金融稳经济才能稳。利率市场化要避免问题从金融系统爆发,因为一旦出现负面效应则会伤害实体经济。西方经济危机的历史告诉世人,一旦银行体系爆发危机,整个金融体系就会面临很大的冲击。只要金融体系稳住,实体经济的危机就难以深入。为此,利率市场化的最后攻坚要以守住系统性金融风险为底线,有效防范金融风险的滞后性。

积极审慎地推进利率市场化攻坚

未来利率市场化攻坚需要积极审慎地展开。首先需要按部就班地做出安排，有序实施存贷款基准利率与市场利率的并轨。起步时可以先对基准利率进行简化。即并不贸然就把存贷款基准利率都取消，而是把存贷款基准利率的档次做一些简化。即将多档次的基准利率简化为一个档次，只公布一年期的存款利率和贷款利率。其他期限的利率则由商业银行自行确定。这实际上是取消了部分存贷款基准利率，但依然还有可参照的基准利率。这样先走出并轨的第一步。这个过程其实也在考验银行的经营能力，同时培育银行的定价能力。接下来第二步，可以先取消贷款基准利率。因为贷款定价对于银行来说比较主动，相对于存款来说，资产端对银行的压力相对较小。2013年下半年，央行也是先取消贷款利率下浮的限制，而后取消存款利率上浮的限制。第三步则是取消存款基准利率。长期以来，中国的商业银行通常都是"存款立行"，存款是银行经营的基础，对于存款的定价银行主动性相对较弱，客观上较为被动。

在有序、逐步取消基准利率的同时，应培育和完善市场利率体系和政策利率体系。政策利率首先是影响货币市场利率水平和金融机构资金成本。从多国的实践来看，政策利率都是通过影响金融机构成本来传导货币政策的意图。目前中国的政策利率主要有两个体系，即公开市场操作工具利率和存贷款基准利率。前者主要影响货币市场利率、债券市场利率，进而对金融机构资金成本和各发债主体的融资成本形成影响。而存贷款基准利率则是直接影响金融机构的资金定价和负债定价，进而影响影子银行的相关定价。在存贷款基准利率取消之后，为避免市场波动太大和有利于管控市场风险，促使政策利率对金融机构资金成本和货币市场利率水平形成有效影响，政策利率似应是一个体系为好，但可以某种利率为主。以后可以在多种利率的基础上逐步调整，突出某种工具利率。

与此同时，应加快培育市场利率体系。鉴于货币市场利率对银行业负债定价具有重要影响，市场存款利率可能定价相对容易，问题是贷款定价。贷款基础利率（LPR）是五六年前推出来的，目前来说对于商业银行影响十分有限,因为它与贷款基准利率变化基本一致。当然有一点是肯定的,在贷款基准利率继续发挥明确作用的同时,和它差不多的市场利率要培育起来是比较困难的,因为后者一定会受到前者的影响和抑制。只有逐步淡化基准利率作用,市场利率才能逐步建立起来,这的确需要一个过程。贷款基础利率是各家大银行给优质客户的平均贷款利率,中小银行可以此为参考按照自己的能力来适当加点,从而逐步形成一个贷款利率的市场化体系。为使贷款基准利率能更好地发挥作用,未来在基准利率逐渐退出的过程中,可由行业协会牵头大型银行来完善贷款基础利率的定价机制,使之更加贴合市场,更加合理和完善,从而形成市场化的贷款利率基准。

除了培育市场利率体系和政策利率体系之外,未来十分重要的任务是加大力度培育金融机构和商业银行的定价能力。在长期执行基准利率的情况下,银行业普遍缺乏量化定价模型和系统的支持,定价的精细化程度不高。在取消存贷款基准利率的进程中,金融机构应建立量化模型,综合考量成本、收益和监管要求,形成科学的定价机制。一方面,通过专业精准的风险识别和风险防控机制来提升风险定价能力。商业银行可以借助大数据等金融科技提升对风险研判的准确性,通过提高对不同风险类别客户定价的精准性,打造专业化、精细化和精准化的风险定价能力。另一方面,以动态优化的管理机制来提升定价管理能力。可充分利用 FTP等利率定价管理工具,通过多层次多角度地分析数据,根据不同产品、客户、业务等多维度来进行差异化、精细化的定价管理。

利率并轨过程中货币政策应稳健偏松

利率市场化离不开货币政策环境,不同的货币政策会对利率市场化带来不同的效应。利率市场化意味着利率基本上由市场供求关系来确定。那么在货币政策宽松的情况下,存贷款市场利率可能趋于下降,利率市场化对实体经济就不会带来压力。反之,在货币政策紧缩的条件下,利率市场化的推进使得存贷款利率可能升高,对实体经济会带来压力。

从国际环境来看,发达国家经济增长周期运行呈现了趋弱的走势,美欧日经济都在不同程度放缓。发达国家货币政策在2015年后出现分化，美联储加息周期推进，而欧日则只是逐步退出量化宽松，但并没有加息。主要发达国家的货币政策不同步并不多见，反映了经济增长周期运行的分化。随着2018年下半年以来美国经济逐步放缓，美联储本轮加息已近尾声。外部环境的变化减轻了原本存在的对中国经济的压力。从内部看，受潜在增长水平下降的影响，中国经济未来仍有一定的下行压力。因此，当前和未来一个时期，货币政策保持稳健偏松格局的可能性比较大，这有利于利率市场化的推进。当前，应该抓住这一良好的时机来完成利率市场化最后一公里的攻坚任务。

为了配合利率市场化推进，存准率下调可能是重要举措之一。当然存准率调整受很多因素影响，未来会有一系列因素推动存准率进一步下调。《2019年政府工作报告》要求大银行给小微企业提供的贷款增速要达到30％。要实现这一目标，商业银行必须要有充足的贷款能力，存准率适当下调来加以匹配是完全有必要的。目前经济仍有不小的下行压力，逆周期调节政策要求银行信贷保持不低的增速。而银行的负债端仍存在一定的缺口。近年来银行的存款增速一直低于贷款增速3个百分点至5个百分点，这种情形也要求降准。可见，在未来利率市场化攻坚过程中，会持续存在进一步下调存准率的需求。

近期，市场上出现了一些存贷款基准利率调降的呼声和预判。在利率市场化推进最后一公里的过程中，不断地加强存贷款基准利率的作用，与利率市场化改革的方向显然是不相吻合的。既然存贷款基准利率本身是非市场化的，趋势是逐渐取消，那就不应该再强化它的作用。这一点在《2019年政府工作报告》以及货币当局最近一系列政策表述中已经涉及。"深化利率市场化改革，降低实际利率水平"这句话背后暗含的逻辑很清楚，即通过市场化改革淡化存贷款基准利率的作用并最终取消之；市场实际利率的降低应通过利率市场化改革来实现。那么在这个过程中还有必要降息吗？近日货币当局负责人在记者会上明确指出货币政策要注意内外平衡。经过多次加息，美国利率水平总体上已接近我国的利率水平。中美之间有些产品的利率已经倒挂。为在资本流动和货币汇率等方面做好内外平衡，存贷款基准利率已不适合进一步下调。尤其是在当下，降息可能会引发促进本币贬值的嫌疑，可能是得不偿失的。除非外部出现很大冲击的特殊情况，否则无论从逻辑上还是从现实看，都没有再度调降存贷款基准利率的必要了。

在未来两个季度内，如果经济运行逐步企稳，就没有必要再通过降低存贷款基准利率来刺激经济，降息的可能性会随着时间的推移越来越小。如果是这样的话，可能用不了太久，就可以看到存贷款基准利率作为一种长期使用的政策工具逐步退出历史舞台，最终寿终正寝。

推进利率市场化，助力货币政策提质增效①

在外部不确定性明显增加、世界经济增长放缓、美联储可能降息以及我国经济依然存在下行压力的背景下，未来货币政策调整是否有很大的空间？我认为，当前我国名义利率和实际利率都处在历史和国际的较低水平，进一步大幅降息效应有限，且受到多重因素掣肘，而利率市场化的推进则有助于货币政策提质增效，能够更好地解决结构性问题。

宽松空间受制约

2019年以来，有关货币政策当局有两个稍有差异的表述：一是坚持逆周期调节，二是适时适度进行逆周期调节。很明显前者在逆周期调节问题上较为明确和坚定，方向感较为清晰；而后者则要求逆周期调节要把握好时机和力度，要有分寸和灵活性。前者往往在外部不确定性明显加大和经济下行压力增加时使用，而后者则是在不确定性和压力有所缓和同时市场流动性较为充裕时采用。不难看出，后者的表述表明货币当局在逆周期调节问题上已经不是全力以赴，而是有所保留。从"坚持逆周期调节"到"适时适度进行逆周期调节"，实质上是说货币政策宽松虽有空间，却是受到一系列因素制约的。

2018年以来，货币政策的逆周期调节既有一定频率，也有不小的力度。货币当局总共实施了五次整体性和结构性降准，使目前银行存款准备金率平均水平降为11%，较2017年平均水平下降了约3个百分点。与此同时，货币当局运用各类公开市场操作工具增加短中期流动性并推动

---

① 本文发表于 2019 年 7 月 30 日《中国证券报》。

市场利率水平走低。之后货币金融领域已经发生了很大变化,市场流动性很大程度上已合理充裕,有的阶段甚至十分充裕。在这样的货币流动性状态下,进一步大幅放松货币政策显然是不够恰当的。

2018年下半年以来,市场利率水平不同程度地持续回落。以货币市场利率DR007、10年期国债收益率为例,2018年1月至2019年6月已分别回落了20个基点和73个基点。2018年1月至2019年3月,人民币贷款加权平均利率也由5.91%回落至5.69%,降幅为22个基点。2019年第二季度以来,贷款利率还在进一步下降。2009年6月末与2019年6月末CPI分别为－1.7%和2.7%,同期估测实际利率分别为4.87%和0.54%。目前的实际利率水平要比10年前明显低得多。再从国际比较来看,目前美国商业银行的贷款基础利率水平约为5.5%,而我国贷款基准利率一年期的为4.35%;美国联邦基金利率在2.25%～2.50%区间,高于目前SHIBOR隔夜利率的中枢水平2.00%。按理中国的利率水平应高于美国的利率水平,合理利差的存在对保持资本的净流入有裨益。由此可见,即使美联储实施降息,我国利率水平下调的空间也是有限的。

2017年以来,去杠杆政策作为重要针对性举措加以实施。经过2017—2018年的调整,我国宏观杠杆水平有所下降,总体上较为稳定。但2018年以来,除企业部门杠杆率相对稳定外,政府和居民的杠杆水平均有明显上升。根据国家金融与发展实验室报告的数据,2018年初至2019年第一季度,政府、居民杠杆率分别由35.77%、50.38%上升为37.67%、54.28%;同期企业部门则由158.9%略降至156.88%;总体杠杆水平由245.05%增加至248.83%,上升约3.8个百分点。

我认为,对于目前杠杆水平和债务水平状况十分担忧的观点,似乎是夸大了风险。国际上有些经济体比我国的杠杆水平还要高,经济运行依然长期保持平稳,关键要看是何种金融供给结构和需求结构。我国这种以间接融资为主的金融结构与银行占主导地位的金融体系所形成的金融供给结构,加上具有明显的国企和地方政府特点的金融需求结构,出现宏观杠杆水平偏高并不值得过于担忧。但宏观杠杆水平毕竟偏高的现实状况,导致稳杠杆政策在未来一个阶段不可能出现根本改变。在杠杆水平又有抬升的情况下,货币政策进一步宽松会有大幅提升杠杆水平的风险,与去杠杆或稳杠杆的政策是背道而驰的,因而是不太现实的。

币值稳定是货币政策的重要目标之一,通货膨胀是货币政策变化需要考量的重要因素。2019年以来,物价走势出现分化。物价走势的一个特点是CPI在食品价格推动下逐步上升,猪肉、蔬菜和鲜果价格轮番走高使CPI正在接近政策调控目标3％;另一个特点是PPI在内外需求走弱的牵引下逐步走低,2019年6月末PPI环比已经为负,同比则接近零值。两者态势可能进一步有所分化,南辕北辙。我虽然不赞同2019年物价上涨对货币政策会带来压力的观点,但必须客观地考虑到,当连续几个月CPI迅速走高甚至在突破3％的情况下再进行降息,会不会引发CPI出现阶段性更大程度抬升的问题。在这种情况下,货币政策的进一步向松调节应该会采取比较谨慎的态度。

2015年以来,美元兑人民币汇率基本上在1∶6至1∶7区间波动。2018年后受外部因素影响,人民币承受了不小的贬值压力,汇率两度接近1∶7而最终没有破所谓重要"关口"。在内外需求走弱、经济运行具有下行压力、经常项下顺差趋于减少的情况下,未来人民币汇率的主要风险可能依然是贬值。而货币政策则是影响汇率走势的重要因素,有时甚至是决定性因素,宽松的货币政策必然对人民币贬值形成压力。如果从保持人民币汇率基本稳定、减轻其贬值压力的角度考量,货币政策最好是不再进一步宽松。

适时适度逆周期调节的重点在结构

我认为,未来货币政策继续向松调整有空间,但其空间是受到制约的。事实上,从2018年下半年以来,货币政策逆周期调节总量上的目标已基本达到,实现了流动性合理充裕和利率水平的明显下降。目前的难点或下一阶段的任务主要是结构性的。未来货币政策应保持两个基本点:一是继续维持流动性合理充裕状态,二是推动利率水平进一步走低。而主要任务则是运用结构性工具,努力促使低成本的资金加大力度流入实体经济之中。

目前市场合理充裕的流动性流入到实体经济中的情况并不理想,是因为受到周期性和结构性等方面因素的制约。在以间接融资为主的经济体,货币政策传导比较容易受到银行体系的制约。一定时期内商业银行的经营取向与货币政策取向之间会存在差异。通常有可能出现货币政策要向东走,银行体系却要向西去的状态;或者是货币政策想快些推进,银行体系则觉得慢些好的状态。商业银行往往会存在作为经营主体的独立诉求,有时还具有一定的合理性。如当前情况下,尽管流动性已合理充裕,但商业银行的风险偏好较低,信贷投放就会相应较为谨慎。这在客观上与逆周期政策调节的要求之间存在距离。而以直接融资为主的经济体如美国,货币政策宽松后相当部分货币供应会立即进入资本市场,进而直接注入实体经济,而不需要经过银行体系"过滤"。

有鉴于此,从长期看,我国融资结构需要加以改善,应加大力度发展直接融资,尤其是针对性地推动银行的资本、人才、网络等各种资源进入证券业,加快资本市场成长。短期看,则需要银行体系的风险偏好及其相关的机制和流程作出合理调整。货币当局和监管当局可以运用各种工具推动银行体系的决策机制和流程进行优化,以更好地推动已经比较宽松的流动性注入实体经济。

除了银行体系以外,非信贷非股债社会融资也是影响货币政策传导效应的重要方面。因为非信贷非股债社会融资属于融资结构中的重要构成部分。2015 年初,非信贷非股债融资在社融中占比约为 17%。而近年来,实体经济感到有压力的主要不是信贷紧缩,而是因为非信贷的融资受到了很大制约。尽管货币当局和监管当局已经采取了一系列举措,但到目前为止依然没有出现根本的改变。银行的表外业务、影子银行业务增长缓慢,有的仍在负增长。2016 年末开启了金融去杠杆进程,非信贷非股债融资在社融中占比 2019 年 6 月回落至 11%。事实上,非信贷非股债融资达到一定的规模,与银行信贷和直接融资形成匹配,是实体经济融资多样化的需要。实体经济既需要从银行获得信贷,也需要以发行股票和债券的方式来取得直接融资,还需要适当规模银行表外融资等其他方式的融资,融资环境才会得到更好的改善。

支持中小微企业融资是货币政策传导效应改善中的重要目标。从大型银行近年的表现来看,其支持力度已经达到了很高水平。迫在眉睫的是,中小银行如何能够坚守自己的本位,更多地开展中小微企业的融资业务。个别银行事件使得中小银行的流动性状况受到牵连,导致负债环境不利于中小银行加大力度对中小微企业进行融资。这需要货币当局和监管当局以针对性的手段来加以调节和改善,包括以低于市场利率水平向其提供流动性、定向降准等来降低其融资成本、增强其融资能力;或为中小银行同业负债及其他债务性融资进行增信操作等等。

总的来说,当前我国名义利率和实际利率都处在历史和国际的较低水平,进一步大幅降息的效应十分有限,且受到多重因素掣肘,而利率市场化的推进则有助于货币政策提质增效,更好地解决结构性问题。当前存款准备金率经过多次下调已达到平均11％的水平,结合超额准备金率考量,在国际上已属于不高的水平,有下调空间但已不大。未来宏观经济如果遇到巨大冲击,货币政策可以适度继续向松调整。随着我国国际收支逐步趋向平衡,存款准备金率水平未来仍有进一步下降可能,但随着利率市场化的推进,运用价格型工具开展调控将逐步成为货币政策的主要调节方式。

Part 8

加大力度实施金融对外开放

金融扩大对外开放是新时期的重大战略举措。经过加入 WTO 以来的约 20 年持续推进，中国金融开放已跨上了新的较高的台阶。在外部环境发生趋势性变化、我国遭遇严峻挑战的情况下，坚定金融对外开放并优化开放政策是当前和未来一个时期的重要任务。我国有必要将金融对外开放与人民币汇率形成机制改革、资本和金融账户开放、人民币国际化等统筹协调起来，争取开放的利益最大化和风险长期可控。这一部分选入了 7 篇相关文章，讨论了我国金融开放的策略和一系列重要领域的实践，尤其是分析和展望了自贸区金融改革开放、资本市场互联互通、金砖金融合作等前沿开放问题，对未来金融开放进一步发展提供了有价值的参考。

自贸区金融改革与银行业发展机遇[①]

　　2013年9月,我国做出建设中国(上海)自由贸易试验区(以下简称"自贸区")的重大决策,希望通过与国际市场接轨的改革试点推进贸易发展方式转变,并以此为基点在深化金融改革、扩大投资领域的开放、转变政府职能等方面推动多项制度创新。以自贸区建设为契机,积极参与各项改革,助力我国对外贸易发展是商业银行的重要社会责任,同时也是商业银行提高经营能力和促进业务转型的重要发展机遇。

金融改革是自贸区制度创新的重要内容

　　自贸区金融改革的任务是建立能够有效支持自贸区跨境投融资和贸易、促进区内实体经济发展的金融服务体系,这也是自贸区制度创新的重要内容。在国务院对建立上海自贸区提出纲领性方案以后,"一行三会"及外管局为落实国务院战略部署,相继出台了一系列有关金融改革的指导意见和实施细则,明确了自贸区金融体系的基本架构和金融改革方向。一是为区内主体提供投融资便利,并遵循"一线放开、二线管住"的原则,对区内主体在境内区外和境外的投融资实行差异化的制度设计。二是推进人民币国际化,主要措施包括扩大跨境人民币结算范围、提升跨境人民币使用的便利性、开辟境外人民币回流渠道等。三是推进自贸区利率市场化改革和外汇管理改革,允许境内符合条件的金融机构在区内进行大额可转让存单发行的先行先试;简化直接投资外汇登记手续,进一步便利资本项目外汇管理。四是通过放松机构和业务准入开放自贸区金融服务

---

① 本文发表于2014年第9期《清华金融评论》。

业务。五是建立自贸区风险防控体系,建立有利于风险管理的账户体系和综合信息监管平台,并对区内金融机构的资本管理、资产负债管理、风险管理等提出监管细则。

自贸区金融改革为商业银行提供了重要的发展机遇

自贸区金融改革将成为银行提升国际化经营水平的实践"窗口"。随着我国外向型经济的不断发展,企业和个人对跨境金融服务需求将会不断提升。长期以来,我国商业银行偏重国内业务,对国际业务经营环境、国际监管准则、国际业务风险了解不够,缺乏国际化业务经营管理经验和业务人才。上海自贸区按照"一线放开、二线管住"的总体设计框架构建了一个涵盖离在岸业务、本外币一体化、利率汇率市场化,并与国际金融市场高度接轨的金融环境,为我国商业银行开展国际化业务提供了一个重要的实践"窗口",也为国内商业银行向国际先进同业学习提供了良好的平台。商业银行可借此机会建立适应国际环境和国际竞争要求的产品创新、客户服务、定价管理、资产负债管理以及风险管理等机制,同时为国际业务的全面推进培养和储备人才。

自贸区金融改革将成为银行转型发展的重要引擎。在我国经济增速放缓、利率市场化进程加速、互联网金融不断创新的背景下,国内商业银行规模和利润增速明显放缓,加快业务转型步伐以实现可持续发展已成为商业银行的当务之急。以贸易和投融资便利化为导向的自贸区金融改革为商业银行开辟新型业务、拓展收入来源带来了重要发展机遇。从银行业务特征来看,自贸区金融改革能够为商业银行带来大量中间业务。如跨境现金管理、跨境投融资、跨境财富管理、跨境结算等。这类业务对资本和存款资源占用较少,同时具有较高的综合贡献度,有利于商业银行拓展客户、吸收低成本负债,并带动托管、顾问咨询、私人银行等其他业务发展。即便是占用授信额度的国际贸易融资业务,也因为授信提用期限短、资金循环率高、收益率可观而成为国内商业银行争先发展的业务。从业务需求来看,自贸区重视创新和新兴产业,如允许银行与区内互联网支付机构合作为跨境电子商务提供人民币结算服务。在自贸区平等、自由和竞争的经营环境下,传统金融服务与以互联网为代表的新兴技术相互碰撞和融合,有利于激发新型金融业态,进而为商业银行转型带来活力。从改革发展的角度来看,自贸区的制度框架代表了我国未来金融改革和国际化发展的主导方向。随着改革试点的复制和推广,以及人民币国际化的不断推进和资本项目的逐渐开放,围绕自贸区所开展的金融服务模式在区域广度和业务深度上都将得到进一步延伸,发展潜力巨大。因此,商业银行应充分把握市场机遇,将自贸区改革作为推动业务转型的重要引擎。

自贸区金融改革为银行业务创新带来一片沃土。围绕贸易和投融资便利化的自贸区金融改革将会催生大量新的金融服务需求,同时开放创新的金融环境也将为金融产品创新乃至商业银行业务拓展提供重要发展机遇。在企业国际金融业务方面,自贸区提高了区内企业在境内外的投融资便利,为商业银行发展跨境投行业务创造了有利条件;区内企业经营受国际市场的影响较大,对利率、汇率以及国际商品价格比较敏感,商业银行可借此开展金融衍生业务帮助企业规避风险;商业银行可将托管业务嵌入企业跨境贷款、租赁、发债等各类创新业务的跨境资金流动环节中,通过业务创新提升收益。在个人跨境财富管理业务方面,自贸区允许在区内就业的个人在一定限定条件下参与包括证券投资在内的境内外投资。此项改革丰富了个人资产管理投资品种,有利于商业银行开展跨境财富管理业务和私人银行业务。同时,商业银行可以围绕此类业务进一步为客户提供结算、托(保)管、汇兑等综合金融服务方案。在跨境人民币结算业务方面,自贸区金融改革扩大了人民币结算范围,并鼓励企业在限定条件下开展人民币跨境融资业务。人民币结算可以帮助企业规避汇率风险,锁定预期财务成本和收益,因此,跨境人民币结算的便利化将大大提升企业办理跨境人民币结算的积极性。商业银行可在人民币跨境融资、"经常项目下"跨境结算服务、跨境电子商务结算、海外人民币债券融资等方面拓展业务机会。

自贸区"一线放开、二线管住"的总体制度框架下,随着区内外汇管制和投资准入的开放,以及国际金融交易和大宗商品交易平台的建立,自贸区将成为离岸本外币资金汇集的重要场所,这为开展离岸金融交易创造了条件。目前自贸区利率市场化、人民币资本项目可兑换等领域的推进相对谨慎，而根据我国目前监管规定，离岸银行业务经营币种也只能为外币。商业银行可结合现实情况，从外汇存贷业务、国际结算等基础服务做起，积累经验，随着自贸区离岸金融业务交易币种和产品种类的不断丰富，以及离岸资金交易规模的不断扩大，进一步提供包括本外币担保、贷款、同业拆借、衍生品交易等一系列离岸金融服务。

商业银行应把握机遇，全面提升经营管理能力

为更好地把握自贸区金融改革所带来的良好发展机遇，商业银行应尽快全面提升经营能力。自贸区与国际市场高度接轨，客户类型多元化，金融服务业务种类复杂，这些因素对商业银行的经营能力提出了更高的要求。从经营环境来看，随着自贸区金融服务业的放开以及利率和汇率市场化进程的推进，商业银行需要面临来自国外商业银行以及境内各类金融机构的全方位竞争。从客户管理来看，随着上海自贸区服务业的开放以及政府管理方式由"正面清单"向"负面清单"转变，区内将大量聚集各类产业，部分跨国公司也会将地区总部迁移到自贸区。由于区内客户跨境跨业，业务需求各异，商业银行针对区内客户管理的难度也将增加。从业务特征来看，自贸区金融业务跨境、跨业、跨市场特征明显，业务需求灵活多样，这对商业银行产品创新提出了更高的要求。

为此，商业银行需要针对性地实施改革创新，全面提升经营管理水平，尽快适应新的市场环境和监管准则。一方面要加强和提升客户管理能力。加大力度完善系统建设，建立区内、境内区外和境外分支机构的联动与信息共享机制。完善客户关系管理，加强客户营销，精细化客户服务方案，以挖掘客户潜力。另一方面要大力提升产品创新能力。充分调动区内外金融子公司、分支机构业务拓展的积极性，建立区内外协同发展机制，准确把握监管和市场变化，通过提升产品创新能力、丰富产品种类、延伸业务服务链条以提升自身的竞争力。

为有效控制自贸区适度开放条件下可能出现的风险，商业银行应尽快健全针对性的风险管理体系，全面提升风险管理能力。自贸区金融改

革将逐渐消除资本项目、汇率和利率管制等制度隔离层,而区内与境内区外金融风险特征差异显著。在信用风险方面,区内客户跨境跨业,增加了商业银行客户信息管理以及信用风险评估的难度。在市场风险方面,自贸区与国际市场高度接轨,商品价格、利率和汇率波动幅度较大。在流动性风险方面,境内区外和区内之间的利率、汇率制度差异容易形成套利空间,资本项目的放开也可能造成资金较大规模的双向流动;区内优惠政策也会引致境内外资金汇集区内,形成阶段性的"资金洼地",以上因素有可能增加区内商业银行资产负债管理的难度。

　　基于自贸区金融业务特殊的风险属性,商业银行需要尽快建立有针对性的风险管理机制。首先,商业银行要尽快将区内客户纳入信用评级体系,将集团设在区内的分支机构纳入该集团客户总体信用评级和授信管理体系,防止多头授信和管理。同时应将跨境集团客户的国别风险纳入信用风险评估之中。其次,针对国际金融市场冲击带来的市场风险,商业银行在做好风险计量和风险对冲工作的同时,要加强对国际市场的分析和研究,提升对国际金融市场的把控能力。第三,自贸区未来资金流动规模较大,一旦流动性出现紧张,远不是区内一两家金融机构能够应对的。为此,在"流动性管理自求平衡"的总体原则下,区内金融机构需要加强合作,建立联动风险预警机制,协同防范流动性风险。与此同时,区内商业银行应从区内特殊的市场环境和相对有特点的监管体制出发,形成以集团为后盾、切合实际和稳健谨慎的从严负债管理体制,以有效应对流动性风险。

金砖金融合作符合时代潮流^①

　　金砖国家金融合作本质上属于国际金融合作的范畴,是发展中国家主要经济体之间的跨区域国际金融合作。金砖国家金融合作包括宏观监管合作、政府职能延伸、协同处理金融危机和协同控制金融风险等内容。在金融全球化的大趋势下,随着各国利益汇合点的逐渐增多,促进金砖国家最大限度的金融合作,以寻求互利共赢,符合当今"以合作谋和平,以合作促发展"的时代潮流。

金砖金融合作的基础和前景

金砖金融合作机制的六块基石

　　随着金融在国际政治、经济中的位置日益高升,金融全球化在全球化"重中之重"地位的确立,国际金融合作顺理成章地成为各国关注的焦点。金融全球化促进生产要素的国际流动,对优化配置世界资源和促进世界经济的发展起到重要推动作用。金融全球化有利于发展中国家弥补本国资本和技术的不足,推进产业升级、技术进步、制度创新,加快经济发展;同时有利于发达国家剩余资金开拓投资渠道,利用廉价的劳动力和原材料市场,获得更大的收益。深化金融合作,构建适合地区国家经济发展特点的区域性金融服务体系,是促进区域国家间经济合作,维护国家间经济与能源安全的重要途径。经济全球化和金融全球化要求把国际金融合作从传统的贸易合作、投资合作,提高到政府之间的宏观经济政策合作。

　　通过金融合作理论和实践的分析,我们认为金砖国家金融合作机制

---

① 本文发表于 2016 年 1 月 29 日《上海证券报》。

应建立在以下六块基石上：一是确立合作的思想。"共同"思想是合作进程得以推进的一个重要决定因素，即以各国的共同利益为决策衡量标准。二是确立合作的轴心。两个以上大国的结构能够充分发挥机制相互制衡发展的效果，在推动金融合作进程方面可以起到公平、透明、推动力强的效果。三是适当选择利益切合点。经济基础结合的紧密程度很大程度上决定了参与各国能否按照合作共赢和兼顾各方利益的方式推进金融合作。经济基础相似，共同利益明确，对金融合作会有促进作用。四是以区域或双边合作解决多边合作中的问题。更多元化的双边合作能够更快地解决经济结构和基础差异问题，在发展的过程中能够逐渐将差距较大、更大范围内的合作国家联系起来。五是照顾发展水平较低国家的利益。六是建立有效的制度约束。约束程度较高的制度能有效地保障金融合作具体操作和战略发展的执行和实施。

金砖国家开展金融合作既有机遇也面临风险

从区域层面看，金砖国家均为经济增长较快的发展中经济体，经济增长蕴含着巨大潜力。五国经济具有各自的特点和较强的互补性，经济合作如果能发挥各自的要素享赋优势，必然会为彼此带来较大的利益。从多边层面看，金砖国家成员国并没有一个明确规定的准入机制或标准，只是一种身份的相互认同，它们有相同的诉求，表现为对世界经济与全球治理结构"话语权"的追求。通过合作，金砖国家将逐渐承担起与"发达国家集团"相对应的"发展中国家集团"职责，代表发展中国家的诉求。这有利于摆脱发达国家长期以来主导国际经济体系的状况，赢得更多公平发展的机遇。

同时应该看到，金砖国家金融合作不但受到了政治、经济、贸易规则和国际舆论等方面的外部挑战，金砖国家内部也需要进一步协调。一方面，金砖国家成员国对金砖机制的主导权问题存在不同看法，各国都希望在金砖机制中占据一定的主导地位。因此，金砖国家的进一步合作必须照顾到各国在机制中的"舒适度"，并采用一直以来的"金砖方式"，即通过平等互利基础上的谈判和妥协达成共识，采取共同行动。今后能否坚持这种既有的平等兼顾各方利益的"金砖方式"，将在很大程度上决定着未来金砖国家合作程度能有多深、合作之路能走多远。另一方面,同属于发展中国家的金砖国家,处于较为相近的发展阶段,彼此的利益需求也十分类似,经济结构较为趋同,相互依赖度还不高;在追逐自然资源、市场份额、国际政治经济权力以及诸多发展议题等方面均存在一定的利益冲突。这种不平衡的长期存在和经济互补性在某种程度上的缺失都会或多或少地影响金砖国家的合作动力。

金砖金融合作路径应分阶段规划

相较于欧盟、北美等区域金融合作较为领先的地区,金砖国家的金融合作进展比较缓慢。目前金砖国家的多边金融合作还处于起步阶段,而金砖集团内部成员的双边金融合作水平则参差不齐,距离建立能够为经济合作提供有力支撑的深层次、高效率的金融合作格局,有很长的路要走。要真正建立行之有效的合作机制和合作模式,要求各国在选择合作路径时要脚踏实地,在基础设施建设方面下足功夫。

金砖国家金融合作的具体路径应包括短期、中期和远期的规划。短期内,金砖国家合作应当建立健全协调机制,开展金融合作基础设施建设;在中期,金砖各国应当建立健全基础设施建设,推动金融协同监管建设,加快资本市场合作的步伐;长远来说,金砖国家应当实现资本市场的全面、深入合作,进一步完善监管协调机制,使金砖国家成为国际金融舞台上的重要力量。其中短期路径是可预见性和可控性较强的,应重点加强基本制度和基础设施建设,在基本制度和基础设施建设完成的基础上才能开展上层建筑的构造,而更进一步的功能性市场合作将在未来成为顺理成章之事。

金砖各国都能找到自己相应的角色定位

中国参与金砖金融合作具有一系列优势。在与金砖国家的金融合作中,中国与其他金砖国家的产业比较优势或金融发展程度都各有特点。其中,中国的优势主要体现在国际政治影响力显著、工业基础雄厚、高新技术领先,同时外汇储备充裕、人民币国际化前景看好等方面。而其他国家更多地表现在资源丰富、农业或个别技术领域相对发达等方面。因此，中国更适合在金砖集团内部金融合作中扮演领头羊和工业制成品、资金、技术输出者的角色。

在经济方面，相比其他金砖成员国，中国在经济领域拥有明显优势。就经济总量来看，中国在金砖五国中遥遥领先。2014年，中国GDP折合成美元相当于10.36万亿美元，远高于其他四国GDP的总和6.63万亿美元，成为世界第二大经济体，仅次于美国。就经济发展的动力结构来看，投资、出口和消费"三驾马车"对于中国经济增长的拉动作用较为均衡。相对而言，巴西、印度、俄罗斯、南非的消费贡献比较高，但投资或出口对经济的拉动作用或多或少都存在短板。就经济发展的潜力来看，中国的优势也较为突出。中国经济增长的热点较多，人力资源特别是熟练产业工人的数量较为充裕，同时三个产业发展较为均衡，无论是农业、工业（包括轻工业、重工业）都没有明显的短板，而服务业近年来也在快速发展。从经济梯度开发来看，中西部仍有较好的成长的空间。

在金融方面，相比其他成员国，中国的优势较为明显。在一国对外金融交往中，金融优势往往体现为以下四个方面：一是该国金融市场高度发达开放，成为全球性的金融交易中心；二是该国货币为全球最主要的计价、结算、交易和储备货币，得到许多国家和地区的认可与接受；三是该国在全球金融体系如IMF、世界银行等多边金融机构中拥有较大的份额和投票权；四是该国拥有较高的外汇储备，不但可以在很大程度上独自应对外部冲击，还有余力对外提供货币救济，甚至可以在一定程度上"另起炉灶"，牵头建立新的全球性或地区性金融开发机制。就金砖五国来看，前三个方面中国都拥有相对优势。尤其是中国拥有全球规模最大的外汇储备。较高的外汇储备规模不仅使中国大大降低了对国际金融机构的外部依赖，而且让中国有足够底气建立或牵头建立丝路基金、亚洲基础设施投资银行、上海合作组织开发银行等更符合自身利益的替代性开发金融机制。也正是因为中国在外汇储备和资金供给方面的绝对实力，很大程度上奠定了中国在这些机构中的领导者地位。近期人民币加入SDR货币篮子表明人民币国际化取得了里程碑式的成果，中国的金融优势将进一步增强。

综合来看，金砖五国在金融合作过程中有一定的互补性，各方在产业结构、金融体系、本币国际化、区域影响力等方面的影响力互有短长。在金砖国家金融合作中，各国都能找到自己相应的角色定位。中国应当是领头羊，在战略方向上起引领作用。同时，中国重要的政治影响力、经济实力和外汇储备规模，加上人民币国际化的强劲步伐，可以为其他四国提供较强的金融安全支持。印度、巴西、俄罗斯可作为金融合作的积极推动者。其中，印度和巴西在金融市场深化、金融开放等领域可以为中国提供有益借鉴；俄罗斯近年来也在努力推动卢布国际化，其经验和教训都可与中国进行交流。南非在金砖国家金融合作中更可能扮演接受者的角色，成为中国、印度等资金输出国参与非洲金融合作的重要桥梁。

中国如何参与金砖金融合作

参与金砖金融合作具有积极意义，也应相对谨慎

参与金砖国家金融合作对中国经济具有积极影响：一是有助于巩固中国的经济和金融安全。如降低中国对欧美日三大传统出口市场的严重依赖，有可能避免中国经济未来被孤立，提高中国抵御外部货币危机的能力。二是助推过剩产能输出，提高中国产能利用率。可借助金砖国家合作平台，积极推进中资企业"走出去"，为我国内部经济结构调整和产业全球化布局创造机会。三是加快推进人民币国际化。通过加强与包括金砖国家在内的新兴市场国家的金融合作，不断拓展人民币国际化的深度和广度，对以美元为中心的国际货币体系形成补充。四是丰富中国外汇储备的运用途径。既可将外汇储备在金砖国家及其他发展中国家加以运用，提高外汇资产的收益率；也可以通过应急储备安排，使我国庞大的外汇储备发挥化解成员国流动性风险的"稳定器"作用。五是促进中国与相关国家在能源、气候变化、粮食安全等其他领域的合作。

但与美欧日等传统市场经济国家相比，部分金砖国家在体制机制方面又存在种种不完善、不成熟之处，容易受到外部环境的冲击和影响。因此，合作也可能给中国经济带来潜在的不利影响。中国参与金砖金融合作应注意以下七个方面：参与金砖金融合作应坚持平等互利的原则；参

与金砖金融合作应坚持循序渐进和讲求实效；参与金砖金融合作应尽可能地淡化政治集团的形象；参与金砖金融合作的成员还可适当扩容；参与合作的主体还应扩大，可以考虑让支持金砖成员的微观经济主体参与交流；参与金砖金融合作不但要鼓励有形的机构合作，还应鼓励无形的发展战略、改革经验和技术交流，不但要重视间接金融和开发金融方面的合作，也要重视资本市场建设的交流；在与金砖国家开展具体的金融合作时，中国既要积极推进，又要保持必要的谨慎。

新开发银行和应急储备安排应更接发展中国家的"地气"

金砖国家新开发银行和应急储备安排是金砖国家经济发展、共同应对外部挑战的产物。作为国际金融机构中的新成员，新开发银行和应急储备安排要成长壮大，无疑面临着各方面的挑战。只有正视并克服这些挑战，新开发银行和应急储备安排才能真正促进国际金融体系改革，在多极化的世界体系中实现发展中国家的利益。

为此，提出以下建议：一是新开发银行要务实开展开发性金融业务，不定位于挑战现行秩序。二是平衡和团结各成员国，积极探索内部治理结构，做到既要"公平"，即平衡各成员国之间的利益，又要有"效率"，即能克服平均主义的缺点。三是要实施差异化定位，与现有国际金融机构展开包容性竞争。具体而言，新开发银行提供的服务要更接发展中国家的"地气"，因地制宜地开展业务；新开发银行提供开发性金融的条件更为公平和优厚，不附带其他经济或政治的条件；发挥成员国的相对优势，保持业务特色。四是联合金砖国家交易所联盟和能源联盟，打造立体经济金融力量。发挥金砖国家在人口、市场、资源等方面的相对优势，形成更具有实体依托和广泛影响的多边合作组织。五是金砖各国要联手建立应急机制，积极应对可能的风险或负面影响。

新开发银行对上海的影响和政策建议

新开发银行对上海国际金融中心建设具有积极的影响。新开发银行总部设在上海，将是上海乃至中国第一个国际性金融组织总部，为实现到2020年将上海建成国际金融中心和国际航运中心提供新的动力。新开发银行落户上海将有助于上海聚集机构、人才、资金等全球金融资源,大大提升上海对国际经济金融事务的影响力。该机构在上海运作有助于提升上海金融市场的开放和完善程度,包括深化金砖国家之间的金融开放和合作,进一步深化上海人民币债券市场,乃至有助于全面推进我国金融体制深化改革。

中国作为新开发银行的主要发起国之一,上海又是新开发银行的总部所在地,建议我国政府和上海市可从以下两个方面着力,借助新开发银行在沪运作的机遇,进一步促进上海国际金融中心建设。

一方面,要主动结合自贸区建设,持续提升和改善上海金融服务环境。新开发银行可以伴随自贸区建设进度,在人民币资本账户开放等方面相结合,形成协同作用和共振效应,把金融改革与实体经济发展有效相结合,让上海的国际金融中心建设和新开发银行国际性金融机构的运行相互促进。为更好地为新开发银行服务,上海仍应继续全面提升硬件和软件的金融服务环境,而如何吸引大量的高端金融人才来沪是其中的关键问题之一。上海不但要以良好的金融发展前景形成事业留人的良好环境,也要从人才落户的便利性、用人机制的灵活性以及各类保障措施的完备性等各方面提升上海作为国际金融中心的吸引力。

另一方面,要发挥上海的总部优势,当好金砖国家金融合作的桥头堡。要通过新开发银行的投资业务发挥资金枢纽的作用。通过新开发银行的融资业务提升上海金融市场的多元化和开放性,并发挥新开发银行总部的聚集作用和辐射作用。要加大政策支持的力度,吸引境内外各类机构落户上海,进一步促进金融、保险、会计、法律和其他咨询中介服务等机构云集上海,持续提升上海汇集和整合金融资源的能力。

"债券通"推动资本市场开放再起航①

2017 年 5 月 16 日,人民银行、香港金融管理局发表联合公告,正式批准实施香港与内地"债券通",现阶段拟先开通"北向通",即香港及其他境外投资者经香港投资于内地银行间债券市场,未来再择机适时开通"南向通"。此举标志着我国债券市场对外开放程度进一步提高,具有十分深远的战略意义。

"债券通"将对中国金融改革开放发挥重要作用

"债券通"是我国资本市场对外开放的新里程碑。稳妥推进资本和金融账户开放是我国既定战略。作为托管量和债券余额均处在全球前列的中国债券市场来说,逐步扩大开放、与国际金融市场接轨是大势所趋。近年来,国内债券市场对外开放程度不断提高、参与投资者类型众多,但广度和深度仍然不够。截至目前,已有 473 家境外投资者入市,总投资余额超过 8000 亿元人民币,占全部债券市场余额的比例仅在 1.2% 左右。与开放程度更高的发达国家市场相比,显然还有很大的差距。"债券通"将内地与香港两个市场有效联结、互联互通,并以香港为纽带,实现内地债券市场与全球金融市场对接,从而成为推动资本市场开放的有力抓手。

"债券通"有利于国内债券市场长远发展。近期受货币政策收紧和强化金融监管的影响,债券市场较为低迷。"北向通"明确没有投资额度限制,预计开通后将给债券市场带来一定规模的增量资金,扩大债券市场交易量,提高债券交易活跃度。更重要的是,随着债券市场对外开放程度进

---

① 本文发表于 2017 年 5 月 19 日《中国证券报》。

一步提高,境外投资者参与范围逐步扩大,国内债券市场将加快融入全球金融市场,进而通过开放倒逼债券市场加快改革创新,健全相关体制机制、完善基础设施建设、推动提升评级承销等配套服务水平。

"债券通"有利于推动境内外债券市场融合发展,助推人民币国际化。当前人民币国际化正处在从结算货币向计价、交易和储备货币发展的关键阶段。继"沪港通""深港通"和 RQFII 后,"债券通"为境外人民币回流境内又增添了新渠道,有利于增加境外离岸市场上的人民币需求,促进人民币离岸市场上的交易和融资等业务,激活境外离岸人民币市场。进一步提高境内人民币债券市场的开放度,实现与香港等离岸人民币市场互联互通,推动境内外债券市场融合发展,既能为境外人民币提供投资回流渠道,又能充分发挥在岸人民币价格基准对离岸价格的引导作用,更好地把握全球人民币产品定价主导权,从而奠定在岸市场的全球人民币中心地位,防止离岸市场"喧宾夺主"。因此,建设更加开放的人民币债券市场,对未来人民币国际化将起到全局性的支点作用。

"债券通"有利于巩固和提升香港国际金融中心地位。一直以来,香港有效发挥着内地扩大对外开放的桥梁和纽带的重要作用。"债券通"是继"沪港通"和"深港通"之后,香港与内地资本市场互联互通、合作发展的又一新成果,香港金融市场又添新功能。这将有利于增强香港对全球金融机构和国际资本的吸引力,香港作为境外离岸人民币中心的地位得到进一步巩固,从而保持和增强香港在全球金融中心中的竞争力。

"债券通"模式简易便捷并注重风险控制

"债券通"为境外投资者参与境内债券市场搭建了更加便捷的通道。目前,境外机构参与人民币债券市场主要是委托具备国际结算业务能力的银行间债券市场结算代理人进行债券交易和结算,即结算代理模式,是将中国模式扩展到海外。该模式对境外投资者要求较高,需要对我国债券市场相关法规制度和市场环境有全面深入的了解。相比现行结算代理模式,"债券通"将采用国际主流做法,充分考虑境外现有债券交易习惯,通过两地债券市场基础设施连接,"一点接入"境内债券市场,申请、交易和结算流程都将大为简化。在境外投资者准入上,备案材料可能会大幅简化、速度和效率将明显提升;在交易流程上,很可能境外投资者只需在常用的境外交易平台上,使用其最常用的请求报价方式向做市商请求债券价格,最后选择最有利的价格成交即可;在结算流程上,客户可能只要下达指令给境外托管行,由境外托管行完成债券结算和资金划付。

"债券通"将稳妥推进、分步实施,确保风险可控。"债券通"是内地与香港两个债券市场两种交易结算制度的对接,涉及两地交易、结算等多家金融基础设施平台,在技术和实施要求等方面存在一定的复杂性和挑战,有必要分步实施。在初期,"债券通"的境外参与者与已有可直接入市的投资者范围相同,且注重以资产配置需求为主的央行类机构和中长期投资者,这有助于防止资金大进大出。当前国内外经济金融形势错综复杂,不确定性较大,"债券通"在便利境内外投资者的同时,还要考虑可能面临的宏观风险。近期人民币汇率企稳、跨境资金流出压力有所减小,但外汇占款仍持续负增长、结售汇持续逆差,这表明仍存在一定的汇率贬值预期和资金外流压力。在此情况下,"先北后南"有利于增加跨境资本流入、促进国际收支平衡和保持人民币汇率稳定,与跨境资本流动宏观审慎管理相一致,体现了稳妥审慎开放资本和金融账户的总体思路。未来待国际资本流动形势趋于稳定、汇率波动减小及相关条件成熟时,再择机适时启动"南向通"。

商业银行紧抓机遇提供高效配套服务

开展债券交易业务、做大交易型业务是国内商业银行在利率市场化条件下业务转型的重要方向之一。初期"债券通"将采用做市机构交易模式,这对在银行间债券市场上交易活跃的商业银行来说是重大机遇,有利于商业银行开展托管、结算等业务,提升市场交易能力,打造全球交易型银行。与现有银行间做市模式相比,"债券通"业务按照国际惯例设计。作为债券通业务做市商,必须按照请求报价需求,及时提供合理有效报价,并确保达成交易,一旦交易达成就不允许撤单,这对做市商提出了更高的要求,有助于提升商业银行的交易业务实力。若成为"债券通"业务做市商,商业银行将有更多机会与新的境外投资者建立交易对手关系,并为其提供做市报价服务,从而有助于扩大银行债券交易业务的国际影响力。

国内商业银行应与人民银行、外汇交易中心等境内外监管机构保持密切沟通,全程跟进和参与债券通业务的推进。银行应按照监管要求做好做市交易准备工作,组织交易员积极研究相关业务规定,改进做市报价流程,确保做市业务顺利开展。同时,商业银行要做好系统测试和改造工作,按照业务要求,配合监管部门做好系统测试,必要时对现有系统进行改造,做好系统开发。有条件的商业银行还可以发挥海外分行较多的优势,积极主动地向海外机构推介"债券通"业务,与海外机构建立交易关系,推动更多的境外投资者参与"债券通"业务。

中国金融改革开放跨上新台阶[①]

中共十八大以来,我国金融体系改革开放持续推进,在利率和汇率市场化改革、金融市场和资本金融账户开放、人民币国际化、宏观调控体系和金融风险防控机制等方面取得了一系列令人瞩目的成果。

利率市场化改革取得突破

五年来,我国的利率市场化改革迈出了新的关键步伐,银行体系利率管制基本放开,市场利率定价自律机制不断建立健全,银行利率市场化浮动基本实现;金融市场基准利率逐步培育,中央银行利率调控体系逐步完善。

2012 年 6 月,央行首次允许人民币存款利率上浮,意味着我国利率市场化进入了实质性的攻坚阶段。2013 年 7 月,央行全面放开金融机构贷款利率管制,由金融机构根据商业原则自主确定贷款利率水平,人民币贷款利率开始市场化浮动。2015 年 10 月,央行放开存款利率上限。至此,我国存贷款利率管制基本放开,利率进入了市场化浮动的新阶段,利率市场化改革迈出了具有里程碑意义的关键步骤。

取消利率浮动的行政管制并不意味着利率市场化已彻底完成。目前存贷款基准利率仍由货币当局确定并公布。未来可逐步简化和归并央行公布的商业银行存贷款基准利率体系,并最终取消货币当局公布商业银行存贷款基准利率的做法,由商业银行根据政策利率来自主确定存贷款利率。货币当局的利率调控将更加倚重市场化的货币政策工具和传导机

[①] 本文发表于 2017 年 10 月 23 日《金融时报》。

601

制。下一步利率市场化改革的核心任务是建立健全与市场相适应的利率形成和调控机制,提高央行调控市场利率的有效性。

2013 年 9 月,市场利率定价自律机制建立。其目的是在符合国家有关利率管理规定的前提下,对金融机构自主确定的货币市场、信贷市场等金融市场利率进行自律管理。该自律机制在促进金融机构完善法人治理结构、强化财务硬约束、提高自主定价能力,推动同业存单和大额存单发行交易,以及维护金融市场正当竞争秩序、促进市场规范健康发展等方面,都发挥了重要的激励约束作用。

2013 年 10 月,贷款基础利率集中报价和发布机制建立,对外发布贷款基础利率报价平均利率,为金融机构信贷产品定价提供重要参考。贷款基础利率集中报价和发布机制有利于推动金融市场基准利率体系建设,促进定价基准由中央银行确定向市场决定的平稳过渡;有利于提高金融机构信贷产品定价效率和透明度,增强自主定价能力;有利于完善中央银行利率调控机制,为进一步推进利率市场化改革创造条件。

人民币汇率机制改革深入推进

近年来,我国按照主动性、可控性和渐进性原则,稳步推进人民币汇率机制市场化改革,使中间价形成机制不断完善,人民币兑美元双边汇率弹性不断增强,双向浮动的特征更加显著。

2012 年 4 月,即期外汇市场人民币兑美元交易价浮动幅度扩大至 1%,2014 年 3 月进一步扩大至 2%。稳步扩大人民币汇率浮动幅度体现了汇率改革的市场化取向,有利于增强人民币汇率浮动弹性,进一步优化了资金配置效率,增强了市场配置资源的决定性作用。

2015 年 8 月,央行强调中间价报价要参考上日收盘价,以反映市场供求变化。2015 年 12 月,CFETS 人民币汇率指数发布,强调要加大参考一篮子货币的力度,以更好地保持人民币对一篮子货币汇率基本稳定,遂形成了"参考上日收盘汇率 + 一篮子货币汇率变化"的双参考定价模式。2017 年 5 月,中间价引入逆周期调节因子,以对冲市场情绪的顺周期波动,缓解外汇市场上的羊群效应,有助于汇率充分反映基本面变化。

随着中间价形成机制的不断完善,中间价基准地位得以增强,境内外汇差明显收窄,有效抑制了跨境套利活动。中间价更好地反映了宏观经济基本面,更加充分地反映了市场供求的合理变化。之后,汇率市场预期趋于平稳,人民币汇率在合理均衡水平上保持基本稳定,既缓解了外汇储备下降的压力,也有利于改善货币政策传导机制,提高货币政策的有效性和自主性。与此同时,汇率政策的规则性和透明度不断提高,外汇市场开放度稳步上升,为人民币成功加入 SDR 货币篮子创造了条件。

2017 年上半年 119 个交易日中,人民币兑美元汇率升贬值交易日基本持平。人民币汇率双向浮动弹性的增强,有助于推动市场预期分化,促进人民币汇率在合理均衡水平上保持基本稳定。

近年来外汇市场基础设施不断完善,参与主体不断丰富,外汇市场自律机制建设稳步推进。银行间外汇市场直接交易货币对总数已达 23 个,外汇市场参与主体不断扩容。2016 年,全国外汇市场自律机制确立,有助于促进外汇市场的专业、公平、高效和稳健运行。外汇市场基础设施的完善有助于进一步理顺外汇市场供求关系,为市场进一步开放和促进人民币在合理均衡水平上保持基本稳定提供了良好的市场条件。

未来人民币汇率形成机制改革应继续按照"主动性、可控性和渐进性"原则,在保持人民币在合理均衡水平上基本稳定的同时,增强其汇率弹性,扩大波动幅度;引入多元主体,发展外汇市场,不断创新外汇产品;深化外汇管理改革,有效合理地调节市场供求关系,为汇率机制改革提供良好的市场环境。

金融市场对外开放步伐加快

中共十八大以来,我国金融市场对外开放提速,QFII(合格境外机构投资者)和 RQFII(人民币合格境外机构投资者)扩容并进一步放开,沪港通、深港通、债券通相继开通实施,我国货币、股票、债券市场与国际市场联系更加紧密,金融市场对外开放成效显著。长期来看,稳步扩大金融开放并最终使金融市场融入全球金融体系,有助于加快我国金融业的改革与发展,增强金融业的国际竞争力。

（1）QFII、RQFII 成为金融市场开放的重要突破点。自 QFII 和 RQFII 制度实施以来，我国金融市场对外开放政策持续推进。2013 年批准 QFII 参与股指期货。在 2015 年，批准有 QFII、RQFII 或人民币清算资格的 32 家外资机构进入银行间债券市场；允许获准进入银行间市场的清算行和参加行开展债券回购交易。截至 2017 年 5 月，已有 473 家境外机构进入银行间债券市场。进入 2016 年，放宽单家机构投资额度上限、简化审批管理、便利资金汇出入、放宽锁定期限制，提高对 RQFII 和 QFII 外汇管理的一致性；不再对 QFII 和 RQFII 的股票投资比例进行具体限制，加大了债券市场开放度。QFII 和 RQFII 相关政策的持续推进，促进了市场主体跨境投融资便利化。截至 2017 年 9 月底，QFII 机构已达 287 家，额度为 944 亿美元；RQFII 机构已达 191 家，额度为 5894 亿元。QFII、RQFII 为我国金融市场对外开放和资产配置效率提高发挥了重要作用。

（2）股票市场和债券市场试点互联互通。2014 年 11 月，沪港之间正式启动股票市场和债券市场的互联互通机制，试点总额度达到 5500 亿元人民币，作为我国资本市场走向世界的重要步骤，沪港通是中国资本市场新一轮双向开放的升级版。2016 年 12 月，在沪港通试点成功的基础上，推出了不再进行总额度管理的深港通。至此，沪深港三地证券市场成功实现联通，标志着我国资本市场在市场化和国际化方面又迈出了重要步伐。

2017 年 7 月，香港交易所启动债券通，继沪港通和深港通后，两地资本市场互联互通再揭新篇章。债券通有助于进一步丰富境外投资者的投资渠道、增强投资者信心，有利于在开放环境下更好地促进国际收支平衡。通过与香港开展金融开放合作试点，可以为金融市场的进一步开放打下坚实基础，有利于促进内地与香港资本市场共同发展，巩固上海和香港的国际金融中心地位，更好地服务国家战略、服务实体经济。

五年来我国金融市场开放取得的突破性进展，不仅意味着更多境外投资者将参与到中国金融市场之中，也意味着中国投资者将有更多机会参与全球市场。我国金融市场开放的大步推进将有助于金融市场的改革深化和不断完善，为人民币国际化与资本和金融账户开放提供良好的市场基础。未来应积极审慎地推进金融市场的对外开放，进一步提升金融市场开放水平。

人民币国际化稳步推进

近年来人民币国际化推进依然保持稳健步伐。2016年10月，人民币正式加入SDR货币篮子，是人民币国际化的重要成果。截至2016年末，约56个境外央行和货币当局在中国境内持有人民币金融资产并纳入其外汇储备。人民币已成为全球第五大支付货币，在国际支付中的使用占比保持在2%左右。截至2016年末，使用人民币进行结算的境内企业约达24万家。

人民币国际合作成效显著。截至2016年末，央行已与36家境外央行或货币当局建立了双边本币互换协议，协议总规模超过3.3万亿元，在便利双边贸易和投资、维护金融稳定方面发挥了积极作用；已在23个国家和地区建立了人民币清算安排，覆盖亚洲、欧洲、美洲、大洋洲和非洲等地。境外人民币清算安排的不断扩大，进一步便利了人民币的跨境使用和跨境贸易，有力地支持了离岸人民币业务的发展。

人民币国际化基础设施建设不断完善。2015年10月，人民币跨境支付系统一期（CIPS）正式上线运营。截至2016年末，CIPS参与者包括28家直接参与者和512家间接参与者，覆盖六大洲、80个国家和地区。作为人民币跨境支付清算、结算的"高速公路"，CIPS系统有助于满足人民币跨境使用的需求，进一步整合了现有人民币跨境支付结算渠道和资源，提高了人民币跨境支付结算效率。

随着跨境使用范围的进一步扩大，人民币作为结算货币、计价货币、储备货币职能不断发展。人民币国际地位稳步提升，越多越多的国家和企业愿意持有和使用人民币。人民币在"一带一路"沿线国家的使用度和接受度不断提高。人民币国际化逐步从"经常项、负债型（即境外居民和机构持有人民币资产）"为主向"经常与资本项并重、负债与资产型并重"转变。人民币国际化与利率汇率市场化、资本和金融账户开放协同推进，有助于降低企业的汇率风险，增强我国金融机构和金融市场的国际竞争力，推动国际金融体系改革。

资本和金融账户开放有序实施

2012年底以来,我国不断简化和改进贸易投资外汇管理,优化业务流程,促进贸易投资便利化。2012年底,在北京、上海开展跨国公司外汇资金集中运营管理试点,并于2014年推广至全国范围内。2013年资本项目信息系统在全国范围内顺利推广上线,为逐步实现从事前审批向事后监测转型和进一步简政放权提供了方式。2015年外商投资企业外汇资本金意愿结汇政策推广至全国。上海、天津等自贸区资本项目可兑换深入推进。银行间债券市场和银行间外汇市场对外开放度不断提高,境外投资者进入债券市场和外汇市场更加便利。跨境资金流动宏微观审慎管理不断完善,为资本和金融账户开放奠定了制度基础。

从IMF资本和金融项目交易分类标准下的40个子项来看,目前中国达到可兑换和部分可兑换的项目已有37项。在资本和金融账户稳步开放下,不仅经常账户"失真"现象得以部分缓解,而且有助于增加资本流动的透明度,便利对资本流动进行规范管理。资本和金融账户开放的稳步推进,有助于推动人民币投资交易货币和储备货币职能的发展,有利于提高中国金融领域双向开放水平,为人民币国际化的稳步发展奠定基础。

鉴于我国经济增速已趋势性地放缓,经济主体境外投资和资产配置需求持续增强,以及成本和资产价格仍在升高,未来资本和金融账户需要审慎推进,有序实施。未来可先基本开放直接投资,有必要限制非理性的对外直接投资;先基本放开外来资金对境内资本和金融市场的投资,逐步放开境内对外资本和金融市场的投资;先加快法人兑换外汇的开放,逐步提高自然人的可兑换水平;先基本放开长期借贷的货币兑换,逐步放开短期借贷的货币兑换。

宏观金融调控体系不断完善

在汲取次贷危机教训以及发达国家危机后宏观审慎调控经验的基础

上，近年来我国宏观金融调控体系完善方面也取得了长足进步。

2016年起，央行推出了覆盖资本和杠杆、资产负债、流动性、信贷政策执行情况等七个方面的宏观审慎评估体系（MPA）。MPA侧重综合性地评估金融机构，指标更加系统化，同时由"量"评估到"量价兼顾"。MPA体系中广义信贷的应用弥补了仅关注表内信贷的不足，其较好的伸缩性和延展性适应了当前国内及未来一段时间金融业发展的趋势。尽管未来宏观审慎政策框架还将面临信息与统计数据不足、金融监管协同性和政策工具创新发展滞后等挑战，但MPA的建立给宏观金融调控由"宏观审慎监管框架"向"宏观审慎政策框架"转变指明了方向。随着MPA未来不断健全和适应性的提高，这项工具将成为国内金融体系的一道风险屏障。

次贷危机后，美欧日央行进行了大量投放基础货币创新，我国货币当局根据国内货币金融环境也进行了投放工具创新的一系列探索，流动性管理工具不断丰富。在国内经历2013年同业流动性紧张之后，央行分别先后推出了SLF、PSL和MLF等工具。作为公开市场逆回购工具的补充，这些工具既丰富了流动性调控工具的品种，也为流动性调控工具增加了引导资金流向结构性调整的属性。尤其是央行分支机构常备借贷便利为中小金融机构提供了流动性供给渠道，大大降低了相对脆弱的中小金融机构的流动性风险。2017年初临时流动性便利推出，适应了时点性流动性集中需求，为保证银行体系流动性和货币市场平稳提供了新的"武器"。在不断创新丰富流动性管理工具的同时，央行于2016年2月起根据货币政策调控需要，每个工作日都开展公开市场操作，有利于针对市场变化适时适量对冲。经过几年的摸索和运用，这一系列工具已在维持市场流动性稳定方面发挥了至关重要的作用。未来随着合格抵押品范围的扩展，更多金融机构将有更多机会获得相关工具的流动性支持，工具的调控效果也将更加显著。

定向降准逐渐成为传统准备金率调整的重要补充。相对于公开市场操作和SLF等创新型调控工具而言，降准提供的资金期限长且成本低。当处于市场具有全面降准需求而货币当局又不宜全面降准的时点，定向降准可以说是在传统准备金率调整和差别准备金率机制上的延伸、结合和创新。2014 年 4 月以来,央行共实施 7 次定向降准(不含 2018 年落地实施的最近一次),定向降准的机构范围不断拓展,为提升银行业金融机构支持"三农"和小微企业发展增添了持续的动力。尤其是在发挥结构引导作用的同时,定向降准政策在保持流动性总量适度方面也有不可忽视的作用。在当前稳健货币政策格局下,定向降准可能在一定程度上成为传统准备金的替代工具。

金融风险防控机制显著增强

中共十八大以来,我国金融风险防范和化解机制不断健全和完善,金融风险防控能力得到明显增强。经济发展新旧动能转换与结构调整过程中,以往被经济高速增长所掩盖的一些风险隐患逐渐显性化,我国金融系统通过改革创新,以科学研判和切实举措有效防范和化解了各种风险挑战。一是进一步完善金融风险监测、评估、预警和处置体系建设,全面排查风险隐患,强化对跨行业、跨市场风险及风险传染的分析研判,宏观审慎管理制度建设不断加强。二是有效完善金融监管协调机制,填补监管空白,防止监管套利。从建立一行三会监管协调联席会议一直到设立国务院金融稳定发展委员会,持续增强金融监管协调的权威性和有效性,强化金融监管的专业性、统一性和穿透性。三是建立和完善存款保险制度,健全金融机构市场化退出法律体系,探索金融机构风险市场化处置机制。四是有效应对、妥善处理全社会债务水平上升,商业银行不良贷款持续反弹,房地产市场波动增大,地方政府性债务增长偏快,以及影子银行、民间融资、部分金融机构创新业务和互联网金融等新型金融业态的跨市场风险等领域的潜在风险,积极稳妥地推进去杠杆,降低国企杠杆率,坚决守住不发生系统性风险的底线。

过去的五年,是中国金融体系很不平凡的五年。一系列基础性、结构性、内生性和系统性的改革开放举措稳步实施,推动中国金融体系的对外开放程度、市场化运作水平和国际金融体系参与度明显跨上一个台阶,提高了金融业国际竞争力、宏观调控能力和风险防控能力,增强了中国金融体系的适应性、协调性和稳健性,为中国金融在下一个五年取得更大的进步,提供了良好的条件和坚实的基础。未来五年,金融市场创新机制的完善、金融市场体系的健全、金融机构国际竞争力的培育、金融业规划和统筹监管能力的提升以及系统性金融风险防范能力的增强,是中国金融面临的重要任务。

统筹协调新时代金融开放[①]

　　金融业开放是我国对外开放总体格局的重要组成部分。近年来,我国实施积极主动的开放政策,打造全新的开放格局,金融业开放力度越来越大,水平进一步提高。金融业对外开放不仅显著提升了中资金融机构的国际化水平和全球竞争力,也使全球共同分享了中国经济的持续活力。"十三五"规划纲要指出,开放是国家繁荣发展的必由之路,要提高国内金融市场对境外机构开放水平。进一步扩大金融业对外开放既是金融业自身发展的内在要求,也是提升金融服务实体经济水平的客观需要。新时代扩大金融业对外开放应与我国金融监管水平和金融市场制度建设相适应,与相关金融领域改革开放相协调,应积极稳妥地推进金融业对外开放。

我国金融业对外开放度稳步提高

　　加入世贸组织以来,中国积极履行相关的承诺,创造公开、公平和规范的市场环境,金融业开放取得了历史性成就。银行业、证券业和保险业等行业先后推出了一系列对外开放的政策措施,逐步放宽了外资金融机构在设立形式、地域及业务范围等方面的限制。

　　一是我国银行业于 2006 年正式全面对外开放。2006 年 12 月,按照加入世贸组织的承诺,五年过渡期结束,《外资银行管理条例实施细则》正式施行。我国取消了对外资银行开展人民币业务的地域限制和消费者限制,向外资银行全面开放人民币零售业务。2015 年 7 月,银监会修订印发

[①] 本文发表于 2018 年 1 月 16 日《中国金融》。

《外资银行管理条例实施细则》，进一步放宽外资银行市场准入，为外资银行设立营运提供更加宽松便利的政策环境。2017年3月，银监会发布《关于外资银行开展部分业务有关事项的通知》，允许在华外资法人银行投资境内银行业金融机构；允许在华外资银行依法开展国债承销业务、托管业务以及财务顾问等咨询业务；支持在华外资银行与母行集团开展境内外业务协作等。外资银行的市场准入进一步放宽，外资法人银行在业务范围以及监管标准上逐步与中资银行统一，充分享有更为有利的经营环境和国民待遇。在市场准入稳步放宽的同时，中国银行业积极引进境外战略投资者，外资金融机构也从过去的业务合作转变为以股权合作方式进入中国金融市场。截至2016年底，14个国家和地区的银行在华设立了37家外商独资银行（下设分行314家）、1家合资银行和1家外商独资财务公司；26个国家和地区的68家外国银行在华设立了121家分行。另有44个国家和地区的145家银行在华设立了166家代表处。外资银行在我国27个省份的70个城市设立营业机构，营业网点达1031家。在华外资银行资产总额2.93万亿元，占我国银行业金融机构总资产的比重为1.29%。

二是证券业对外开放积极稳妥推进。证券业在加入世贸组织之后加快开放。2002年6月证监会颁布《外资参股证券公司设立规则》，2007年和2012年证监会先后两次修改完善《外资参股证券公司设立规则》，外资参股内资证券公司的准入条件更为宽松，参股渠道更为多样。外资金融机构参与中国证券市场的方式也从起初的设立办事处到后来的参股合资。2017年6月，证监会核准设立汇丰前海证券有限责任公司，其中，香港上海汇丰银行持股51%，成为中国境内首家由境外股东控股的证券公司。2003年和2011年我国先后推出QFII和RQFII等一系列对外开放的制度性安排，外资金融机构参与中国证券市场的深度和广度不断提高。截至2016年底，外资参股证券公司达13家。

三是保险业对外开放多层次、宽领域展开。保险业是中国金融业中开放时间最早、开放力度最大、开放水平较高的行业。2001年，《外资保险公司管理条例》就已颁布。2004年12月11日开始，中国根据加入世贸组织的承诺，全面放开保险业对外资的业务和地域限制，外资财险公司除不得经营法定保险外,基本已经享受"国民待遇"。2012 年,机动车交强险市场也正式向外资财险公司开放。截至 2016 年底,共有 16 个国家和地区的境外保险公司在中国设立了 57 家外资保险机构,外资保险公司市场份额从入世之初不足 1% 增长到 2016 年末的 5.19%。

金融业扩大对外开放是我国金融高质量发展的必由之路

扩大金融业对外开放有助于促进我国金融领域改革和金融创新。以开放促改革、促发展,是我国改革发展的成功实践。改革和开放相辅相成、相互促进。开放必然要求改革,改革反过来可以促进开放。扩大金融业对外开放是我国对外开放的重要方面,是促进金融业改革、创新和稳定发展的重要途径——通过境外投资者参与金融机构公司治理,为持续推进中资金融机构内部体制机制改革提供"催化剂";借鉴国外金融机构先进的管理经验、技术手段及公司治理机制,推动中资金融机构在风险管理、内部控制、财务管理、人力资源管理等方面的改革向纵深发展;稳步放宽外资金融机构的市场准入,在更大范围内和更高层次上实现外资金融机构与我国金融企业同台竞争;通过与成熟的海外金融机构展开竞争,推动中国金融机构自身改革;用开放倒逼改革,促进我国的金融机构进一步市场化改革。金融业对外开放度的不断提高,也有助于推动外汇管理体制、人民币资本项目可兑换等金融管理制度的改革发展。金融业对外开放给我国金融业带来了先进的技术和理念,有助于加快我国金融产品创新进程,促进金融服务理念和手段、金融交易工具和方式创新,也有助于推动我国债券市场、外汇市场、货币市场等金融市场的创新发展。

扩大金融业对外开放有助于更好地服务实体经济发展。一是有助于更好地利用内外部两个市场、两种资源,更好地服务实体经济发展。二是有助于提高资源配置效率,内外资金融机构的竞争有助于改进金融服务,增进国民福利。三是金融业扩大开放过程中带动的金融改革创新,有助于促进贸易投资便利化,降低实体经济的融资成本和交易费用。随着金融业市场准入的不断放宽,中资金融机构通过与外资金融机构的全方位合作可以更好地服务"走出去"的企业。四是金融业扩大开放有助于外资金融机构更好地利用自身全球化综合服务优势,在参与"一带一路"建设、支持中资企业"走出去"以及我国经济结构转型中发挥积极作用。

扩大金融业对外开放有助于提高中资金融机构的国际竞争力。从中国加入世贸组织的经验来看,凡是对外开放比较彻底、积极参与全球资源配置的行业和领域,大都发展较好,竞争力不断增强。金融业本质上是竞争性行业,只有充分竞争才能提升金融业的效率,从而达到更好地服务实体经济的目的。扩大金融业对外开放不仅有助于充实中国金融机构资本金,学习和引进先进的服务理念、管理经验以及成熟的产品和技术,更重要的是可以引进现代管理理念和公司治理机制。在"引资"的同时,实现"引智"和"引制"。通过与境外金融机构的股权合作,有利于我国金融机构向相关经营领域和业务领域获得资金、技术支持;通过境外投资者参与中资金融机构公司治理,有助于改善中资金融机构的管理机制、推进原本束缚经营能力的体制机制改革,促进中资金融机构的公司治理制度由形似向神似转变,最终体现为公司治理结构的完善、经营效率的改进、资产质量和赢利能力的提高。金融业在对外开放过程中,由竞争机制带来压力和动力,客观上也有助于中国金融业的进步、成熟和繁荣。

扩大金融业对外开放有助于提升我国在国际金融事务中的话语权。近年来,我国金融业快速发展。截至 2016 年末,我国金融业增加值占 GDP 的比重达 8.4%,这一指标已超过美国、日本等国。银行业金融机构总资产在 2016 年底达 232 万亿元,超过欧元区和美国,位居全球第一。英国《银行家》杂志发布的"2017 全球银行品牌 500 强"中,共有 12 家中资银行入选前 50 名。与我国金融业规模相比,我国在全球金融规则制订等方面的话语权却显得相对不足。扩大金融业对外开放有助于我国更好地参与国际金融组织改革,引导国际金融组织政策方向,有助于我国的金融监管政策、法律法规等与国际接轨。在扩大金融业对外开放进程中,伴随着中资金融机构国际竞争力的不断提升,相应地我国在国际金融规则制定及国际金融事务上将拥有更多的话语权。

积极稳妥地扩大金融业对外开放

近期我国宣布,将按照扩大开放的时间表和路线图,大幅度放宽金融业,包括银行业、证券基金业和保险业的市场准入。外国投资者投资比例限制将稳步放宽。作为新时代我国对外开放总体格局中的重要构成部分,金融业扩大对外开放有必要与金融监管水平提升和金融市场制度完善相适应,与相关金融领域开放相协调。

金融业进一步扩大对外开放要求金融监管水平与之相适应。开放的水平与金融监管能力的提升是相辅相成的。开放将促进金融监管能力和水平的提升,而后者的提升又将有助于金融开放在规范下发展,行稳致远。中央财经领导小组第十六次会议强调,要结合我国实际,学习和借鉴国际上成熟的金融监管做法,确保监管能力和对外开放水平相适应。国际经验表明,金融监管严重滞后于金融业发展,可能会给金融体系带来灾难性后果。英国"金融大爆炸"后出现的金融业动荡和全球金融危机的爆发,金融监管发展水平明显滞后于金融业的发展都是主要原因之一。当前我国仍面临影子银行发展过快、金融机构杠杆率较高、部分金融交易不透明和多层嵌套等问题。随着中国金融业对外开放水平的不断提高,金融机构的业务模式、交易结构更加复杂,在更深层面上呈现出跨国别、跨市场、跨领域的特点。金融风险防控难度也将相应加大,境外金融风险对我国的传染效应和溢出效应必将增加,跨国界金融风险的传染性可能放大。因此,金融业的对外开放,必须在监管水平同步提升和监管同步加强的条件下进行。金融监管部门应持续加强穿透式监管,加强对跨境资本流动的监测、分析和预警。监管当局应加强与境外监管机构交流沟通和合作,学习和借鉴国际监管经验和监管标准,提升更大开放范围下的监管能力和水平,确保金融监管能力与金融业对外开放水平相适应。

金融业进一步扩大对外开放要求金融市场制度建设与之相适应。长期以来,我国金融市场的开放程度比较低,主要原因之一是金融市场的规则制度与国际市场存在较大的差异,制约了投资者参与市场的便利性和积极性。未来进一步扩大金融业对外开放应不断完善银行间市场、外汇市场、债券市场和股票市场等金融市场制度建设。打破债券市场、融资租赁市场等的分割和碎片化问题，建立统一的准入和交易规则。适时出台《银行业法》等统一的行业法律，用行业统一立法来推行系统性的规范管理。启动金融控股公司的立法工作，对符合金融控股公司标准的内外资金融机构统一依法监管，以有效防范系统性金融风险。根据经济金融发展状况，适时更新或废除不合时宜的法律法规，持续推进国内金融市场制度建设与国际规则接轨。坚持不懈地清除制度沉疴，营造稳定公平透明的金融市场营商环境，为金融业对外开放奠定良好的制度基础。

金融业扩大对外开放需要与相关金融领域配套开放和合理安排顺序相协调。金融业扩大对外开放既是新时代我国对外开放总体格局的重要构成内容，也是金融业自身发展的内在要求，更是提升金融服务实体经济水平的客观需要。金融业是经营风险的特殊行业。金融业对外开放水平的提高不宜毕其功于一役，需要积极稳妥地做好相关配套和协调安排，平衡好开放、改革、发展和稳定之间的关系，平衡好效率与稳定之间的关系。第五次全国金融工作会议提出，要积极稳妥地推动金融业对外开放，合理安排开放顺序，有序扩大银行、证券、保险等领域的开放。鉴于金融业开放与资本流动、货币兑换等方面存在密切的关系，金融业扩大对外开放除了应与金融市场对外开放协同推进之外，还应与人民币资本项目可兑换、人民币国际化及人民币汇率形成机制改革等相关金融领域改革开放统筹考量、协调配合。单兵突进很可能会前行受阻或者会对其他方面的改革开放带来不利影响。

以扩大开放推动我国银行业稳健发展^①

近期我国银行业扩大开放步伐加快，引发各界热议。有观点基于拉美和东欧国家曾经过快推进金融自由化、银行私有化和外资化而导致金融危机，担忧我国银行业扩大开放可能带来负面效应。本文在回顾开放历史、剖析扩大开放利弊得失的基础上，认为扩大开放有助于我国银行业健康成长，我国当前不具备快速外资化的条件，不必过度担忧所谓的负面效应，对我国银行业应抱有信心。

我国银行业开放步伐逐步加大

改革开放后，我国改变了禁止外资涉足银行业的态度，但仍持较为谨慎的态度，在部分领域逐步、小幅放开对外资的限制。一是以试点形式逐步允许外资银行在部分地域经营。继 1981 年首次允许外资银行在深圳设立分行后，1985 年国务院才颁布条例，允许外资在 5 个经济特区设立分支机构，此后数年内仅相继开放了上海、大连、天津等 8 个沿海城市。直到 1994 年，国务院颁布《中华人民共和国外资金融机构管理条例》，才允许外资银行经营范围扩展至全国。二是谨慎试点外资银行人民币业务。开放初期，外资银行并不允许经营人民币业务，直到 1996 年，中国人民银行才开始允许外资银行在上海、深圳等少数发达城市试点。三是对外资入股中资银行持谨慎态度。其间仅通过报国务院个案审批的形式，允许亚洲开发银行投资光大银行、国际金融公司投资上海银行，但持股比例都在 5％以下。

---

① 本文发表于 2018 年第 6 期《银行家》。

加入世贸组织后我国积极履行承诺,加快步伐放开了银行业对外资的限制。一是大幅放开对外资银行的经营范围限制,允许外资银行在全国范围对中国企业和中国居民经营人民币业务,取消外资银行人民币负债不得超外汇负债50%的限制,放宽其在华吸收外汇存款的比例限制,降低对外资行营运资金要求等。二是允许外资以战略投资者入股中资银行,并允许入股比例至20%。2004年8月汇丰银行入股交通银行,拉开了外资银行入股大型国有中资银行的序幕。之后几年,中国工商银行、中国银行和中国建设银行相继不同程度地引入了外资。据统计,截至2007年末,我国共有25家中资银行引入33家境外机构投资者,投资总额达212.5亿美元。与此同时,外资银行在我国发展迅速,截至2007年末,外资银行在华资产总额达1.25万亿元,较2001年末增长约74倍。

2008年全球金融危机后,欧美大型商业银行陷入泥潭,开始收缩对华布局。中资商业银行中所谓的外资战略投资者纷纷撤资,如2009年苏格兰皇家银行撤资中国银行,2013年高盛集团撤资工商银行、美国银行撤资建设银行,等等。外资银行资产增速也大幅放缓。据统计,2008—2016年在华外资银行平均资产规模增速为10.3%,较2003—2007年平均增速下滑21.6个百分点。截至2016年末,外资银行在我国资产规模增至2.93万亿元,较2007年末增长约100%,但其在我国银行业金融机构总资产的占比由最高时期(2007年末)的2.36%下降为2016年末的1.26%。

2017年,中共十九大明确提出要推动形成全面开放新格局,第五次全国金融工作会议要求不断扩大金融对外开放。同年12月,银监会表示将积极稳妥地推进银行业对外开放:一是将放宽对除民营银行外的中资银行和金融资产管理公司的外资持股比例限制,实施内外一致的股权投资比例规则;二是放宽外国银行商业存在形式选择范围,促进国内金融体系多样化发展;三是扩大外资银行业务经营空间,取消外资银行人民币业务等待期,支持外国银行分行从事金融市场等业务;四是优化监管规则,调整外国银行分行营运资金管理要求和监管考核方式。2018年4月,中国人民银行行长在博鳌论坛上宣布了进一步扩大金融业开放的具体措施和时间表,表示要大幅度扩大外资银行业务范围。至此,我国银行业扩大开放掀开了新的篇章。

扩大开放有助于提升我国商业银行竞争力

国际银行业已经经历了三四百年的发展历史。当代国际一流商业银行在服务意识、精细化经营、风险管理、合规经营、信息系统建设、产品研发等方面具有较强优势。进一步扩大开放将有助于更好地发挥外资银行的"鲇鱼效应",通过竞争机制倒逼中资银行快速提升管理水平和服务理念,降低向国际先进银行学习的信息成本,继而有效推动我国银行业健康发展。

从加入世贸组织后我国银行业的变化来看,中资银行在竞争中一是积极向外资银行学习,对普通客户的服务意识明显提升、服务范围不断扩大——对客户开展微笑服务、专业解答,在网点内提供茶水、杂志、雨伞等贴心服务,并为客户提供一站式生活缴费服务等;二是对高端客户的贴身服务质量也迅速提升,外资银行带来了百年服务精髓,特别是其对高端客户的贴身服务,如个性化的理财、多样化的投资组合,为中资银行广泛开展私人银行业务提供了很好的示范;三是倒逼中资银行加大改革和创新力度,学习外资银行的先进做法,不断推动自身体制和机制改革。

扩大开放有助于深入推进中资银行"引资、引制和引智"。通过与境外金融机构的股权合作,有利于我国银行业相关经营领域和业务领域获得资金支持。自 2004 年汇丰银行入股交通银行,获得交通银行 19.9% 的股份后,一批外资银行作为战略投资者开始入股中资银行。不仅积极参与国有大型商业银行股份制改造,还布局入股股份制银行和城市商业银行,如花旗银行入股广发银行、渣打银行入股渤海银行、法国巴黎银行入股南京银行等,这在一定程度上拓宽了中资银行的资本补充渠道。

尤为重要的是,中资银行在"引资"的同时实现了"引制"和"引智"。一是推动中资银行完善公司治理机制。如交通银行在引入汇丰银行战略投资后,通过由汇丰银行提名董事和派驻高管等方式提升了交通银行的公司治理水平;南京银行引法国巴黎银行入股后,也接受法国巴黎银行派驻高管。通过境外投资者参与中资银行公司治理,有助于变革和改善中资银行经营管理体制机制,最终将体现为公司治理结构的完善,经营效率、资产质量和赢利能力的提高。

二是提升中资银行各类经营管理水平。如交通银行与汇丰签署了业务合作战略规划和技术支持协议,通过汇丰专家派驻交通银行进行现场指导,交通银行派遣人员赴汇丰相关部门进行实地学习,以及汇丰为交通银行管理人员和业务骨干进行现场培训等三种形式,由汇丰为交通银行提供技术支持、传输最佳实践管理经验。一些中小银行也借助国际先进银行的技术、工具及优化的信贷流程,提升该行的风险管理、识别和控制水平。

三是为中资银行输送先进的业务拓展经验。外资入股后,外资银行有动力为中资银行提供品牌建设经验、业务产品设计经验和相关资源,这将直接提升中资银行的获客能力。如交通银行引入战略投资者后,与汇丰银行积极推动联名信用卡业务,并在各类公司业务拓展等方面建立了广泛而紧密的合作关系,推动相关业务高质量发展;不少中小银行在消费信贷领域与外资行展开密切合作,取得了一定成效。

金融扩大开放是一个双向过程,不仅包括外资"引进来",也包括中资银行"走出去"。外资入股则为中资银行"走出去"提供了便利。如 2008 年厦门银行成功引进富邦银行(香港)有限公司作为战略股东后,迅速借助其富邦银行母公司台湾富邦金控的资源,成立了国内银行业首个"台商业务部",并针对台商客户需求,推出了"两岸通"人民币/美元速汇业务等特色产品。再如,交通银行与其战略投资者汇丰银行合作,为中资企业提供海外工程承包、境外融资、全球现金管理、大宗商品贸易、外币银团贷款等一系列服务,还开展了包括跨境人民币业务、海外保函、信用证、外币清算、外汇财资交易、快汇业务、贸易融资、海外分行资金业务等在内的合作。银行业扩大开放在境内市场带来竞争的同时,也会带来国际先进的经营理念和方法,从而有助于促进中资银行产品创新、经营管理和风险控制能力的提升,更好地参与国际市场竞争。

扩大开放后我国银行业仍将稳健发展

经过几十年的发展,中国银行业综合实力已得到较大提升。从资产规模来看,2016年我国银行业总资产已达33万亿美元,超越欧盟的31万亿美元成为全球第一。同期美国银行业为16万亿美元,日本银行业仅为7万亿美元。从《银行家》杂志主要考虑一级资本实力和赢利能力的全球银行排名来看,2017年世界前1000家大银行中,中国上榜银行达到126家,较13年前上榜银行增加了110家,四大国有银行排名稳居前十。而欧美传统老牌商业银行排序却逐步后移,如汇丰控股、三菱UFJ金融集团、美国银行、花旗集团排名都有着不同程度的下降。我国上榜银行资产总计25.3万亿美元,税前利润共计2930亿美元,与其他国家相比均有较大优势,且这种优势仍在进一步扩大。上榜银行的一级资本总额在2016年即已超过美国,以1.19万亿美元的规模成为世界银行业的新龙头。

经营实力来自规模与质量的结合。迄今为止,发达国家的先进商业银行仍有质量上的优势,却已没有了规模上的优势。而要实现金融行业和企业的控制,仅有质量优势是无法实现的,反而规模优势显得更为重要。历史上没有先例,也难以想象不依靠雄厚的资本实力就能获得一家银行的控制权。不排除未来会有一些中小商业银行被外资控股,但鉴于中资商业银行雄厚的资本实力,外资银行以其较弱的资本实力要实现对整个中国银行业或是国有大型银行的控制,基本是不可能的。

尽管外资持股商业银行的比例上限被放开,但目前我国银行绝大部分仍为国有控股,外资大幅增持必须要首先以国有大股东放弃其控股权为前提。以五大国有银行为例,截至2018年3月末,中国农业银行、中国工商银行股东中财政部、社保基金、汇金和证金合计持股比例分别为84.48%、72.68%,中国银行股东中社保基金、汇金和证金合计持股比例为70.56%,国有持股均占绝对主导地位。即使股权已相对多元化的交通银行,财政部、社保基金和证金合计持股比例也达44.47%,超外资汇丰银行约25个百分点。全国性的商业银行和区域经营的城市商业银行通常国有股都占有较高的比重。外资大幅增持商业银行也需得到监管许可。

2018 年出台的《商业银行股权管理暂行办法》规定，"投资人及其关联方、一致行动人单独或合并拟首次持有或累计增持商业银行股份总额百分之五以上的，应当事先报银监会或其派出机构核准。对通过境内外证券市场拟持有商业银行股份总额百分之五以上的行政许可批复有效期为 6 个月。审批的具体要求和程序按照银监会相关规定执行"，同时要求"同一投资人及其关联方、一致行动人作为主要股东入股商业银行的数量不得超过 2 家，或控制商业银行的数量不得超过 1 家"。商业银行关乎一国经济命脉，是金融业内最重要、最核心的主体，长期来看国家不会轻易放弃大型国有商业银行的控股权，同时会保持对整个银行业的控制力。

事实上，外资银行在我国的竞争优势并不明显。从我国加入世贸组织、扩大银行业对外开放的约 15 年历程来看，本次扩大开放并非中国第一次放开对外资银行的限制，目前外资银行面临的经营限制事实上已经较少。在业务范围方面，外资银行目前除在债券业务方面仍受限制外，其他业务牌照已基本与中资银行一致。在分支机构设置方面，2014 年即已放开外资银行在一个城市一次仅能申设 1 家支行的规定和支行营运资金最低限额。然而，数据显示，2014 年至今外资银行 ROA 持续大幅低于中资银行，市场份额大幅下降。反而是中资银行在开放过程中快速发展，增速远超外资银行，各类业务的拓展能力和风控能力均得到了大幅提升。尽管上述现象可以部分归结于 2008 年金融危机后发达国家银行业主动的战略性收缩，但其背后仍存在一系列深层原因。其中包括：外资银行风控体系并不一定很适应中国国情，中国数据质量、信息的丰富度也尚未达到发达国家水平，外资银行先进的风控模型和体系可能并不切合中国的实际，其复杂的审批程序也可能限制了业务效率；外资银行的网点布局远不及中资商业银行，限制了其获客、展业的能力。考虑到目前各类中资银行在全国各地的竞争已较为激烈，外资银行大规模拓展网点已失去最佳时机，上述深层次问题并非一朝一夕能够解决。因此，未来在进一步开放的条件下，外资银行仍难以构建足够的竞争力，对中资银行造成大范围冲击。

20 世纪末、21 世纪初，拉美、东欧国家相继推动金融自由化，银行部门迅速被外资占领。当实体经济比较优势丧失或金融市场出现不利波动时,外资随即大量出逃并引发金融危机。如阿根廷在金融自由化中,银行大规模私有化和外资化,近70%的商业银行总资产为外资所控,东南亚金融危机后,阿根廷经济不景气,外资银行大规模出逃资金,引发了金融巨幅动荡。应该看到,与发达国家银行业相比,东欧、拉美银行业总体量要小得多,发达国家银行资本具有实力在不影响自身经营的情况下控股本地银行。此类国家银行业外资化主要发生在本国银行业风险恶化、需要重组兼并等方式消化不良资产、改良银行业经营的阶段,可以说是外资"趁虚而入"。而在我国,无论从体量抑或是国家控制能力来看,均不可同日而语。经过多年发展,我国银行业的风险情况已得到大幅改善,被外资"趁虚而入"的可能性极低。加入世贸组织前后,中国银行业风险情况不佳,2003年末不良率高达17.9%,关于银行"技术性破产"的评论不绝于耳。在监管部门和银行业的共同努力下,加入世贸组织后我国银行业风险管控能力逐步提升,即使在金融风险凸显的2013—2017年,银行业不良率仍保持在2%以下的国际较好水平,相比各类影子银行风险形势明显要好得多。

近年来,银行监管部门持续引进国际先进监管经验,结合我国国情,在内部控制、资本充足率、资产质量、损失准备金、风险集中、关联交易以及资产流动性等方面,加强了对银行业金融机构的审慎监管,并积极推动巴塞尔新资本协议在我国的应用。监管制度建设持续强化,银行业监管方式方法得到持续改进,市场准入、非现场监管、现场检查、市场退出与风险处置等方面的监管方式方法已与国际接轨,并结合中国实际作出了完善。近期,中国银行保险监督管理委员会成立,未来银行业监管仍将保持稳健。在监管水平已与国际接轨、监管态度从严从紧的背景下,未来我国银行业仍将保持稳健增长的发展态势。审慎的行业监管是我国商业银行在扩大开放环境下有效提升经营管理能力和风险管理水平的基本保障。

金融开放应在审慎中阔步前行[①]

习近平总书记指出,开放带来进步,封闭必然落后。金融对外开放是经济国际化的重要内容,也是我国经济社会发展的必然趋势。2018年以来,新一轮金融对外开放的序幕已经拉开,主要涉及两大领域:金融行业(包括银行业、证券业、保险业、期货业以及评级行业等)和金融市场(包括股票市场、债券市场、外汇市场和保险市场等)。未来一个时期我国金融对外开放将阔步前行。金融是现代经济的核心,金融行业和金融市场通常面临较为复杂的不确定性。未来金融开放应与金融改革、金融市场发展和金融监管能力相协调和匹配。

新一轮金融开放剑指何方

从中国经济发展的实际需要和基础条件来看,下一步金融开放可能的重点领域主要仍在两个方面,即金融行业和金融市场。

本轮银行业开放举措包括:取消外资设立机构的总资产规模限制;取消银行和金融资产公司的外资持股比例限制;放宽在信托、金融租赁、汽车金融、货币经纪和消费金融等行业金融领域引入外资的限制;对商业银行新发起设立的金融资产投资公司和理财公司的外资持股比例不设上限;大幅度扩大外资银行业务范围;等等。

2003年大型银行改革转型以来,中国银行业总体上保持了良好的运行状态,资产负债平稳增长,盈利水平保持良好状态,资产质量持续处于国际领先水平,具备了很好的扩大开放与国际接轨的能力。尽管改革开

---

① 本文发表于2019年第10期《中国外汇》。

放 40 年来我国银行业市场持续扩大对外开放,迄今为止外资银行资产占中国全部商业银行资产的比重依然很低。本轮开放政策落地后,将使我国银行业的对外开放达到新的更高水平。

未来中国银行业对外资的进一步开放可能主要在取消外资机构资产规模限制、放松持股比例限制乃至取消,以及业务范围扩大至中资银行同等水平等三个维度展开。由于一个阶段以来,外资银行存在业务发展受限不少的抱怨,未来业务范围限制的进一步放松以及经营更加便利化,可能成为新一轮开放的重要内容。随着总资产规模限制的取消,未来中小外资银行进入境内的步伐将加快,有助于缓解中小微企业融资难问题。

保险业是我国金融开放最早的领域。加入 WTO 后,我国全面清理了与 WTO 规则不符的保险法律法规,在保险企业设立方式、地域范围和业务领域等方面持续放宽限制。本轮开放取消了对外资保险经纪公司的经营年限和总资产规模限制,放宽和取消了外资持股比例限制。保险业全面开放格局进一步清晰。但迄今为止,外资保险公司在中国保险行业总资产占比为 6%。尽管相对来说保险业开放程度较高一些,但未来依然有不小的开放空间。我国将更加重视加大保险业开放的力度,在外资持股比例和外资险企的经营范围等方面进一步放宽相关限制。

20 世纪 90 年代中期,我国证券业开启了开放进程。加入 WTO 后,证券业开放步伐逐步加快。2018 年以来,我国在证券业领域开放的主要内容包括按照内外资一致的原则,允许合资证券和基金管理公司的境外股东实现"一参一控",合理设置综合类证券公司控股股东的净资产要求;包括允许外资控股合资证券公司、放宽单个境外投资者持有上市证券公司业务范围等。鉴于长期以来我国直接融资发展不尽如人意,证券行业发展相对较慢。与此相适应,未来我国证券行业的对外资开放会相对加快步伐。开放将朝着允许外资享受更多国民待遇,继续放松准入限制和持股比例限制,以及进一步放开证券公司的业务范围等方向推进。

资本市场开放是本轮金融对外开放的重头戏,而股票市场和债券市场的开放则是开放的主要内容。股票市场开放举措包括取消合格境外投资者(QFII/RQFII)投资额度限制,放开外资私募投资基金管理人管理的私募产品参与"港股通"交易的限制,进一步便利境外机构投资者参与中国资本市场;全面推进 H 股"全流通"改革,更好地服务企业发展。债券市场开放举措包括拓展境外机构投资者进入交易所债券市场的渠道;确定制定交易所熊猫债管理办法,进一步便利境外机构发债融资;允许外资机构获得银行间债券市场 A 类主承销牌照,进一步便利境外机构投资者投资银行间债券市场等。本轮开放还涉及扩大期货市场开放力度,扩大待定品种的范围;允许外资机构在华开展信用评级业务时,可以对银行间债券和交易所债券市场的所有种类债券评级。未来资本市场的开放将从三个方面推进,即允许更多境外投资者包括自然人参与境内资本市场,进一步放宽外资进入的规模限制,允许境外投资者业务范围进一步扩大。

从长远来看,给外资在中国金融领域经营以国民待遇是开放的最终目标。当前和未来一个时期,随着本轮开放举措的逐步落地,中国金融开放水平将大幅提升。未来金融行业的开放步伐会快于金融市场,银行业开放的步伐会快于非银行的其他行业,债券市场开放的步伐会快于股票市场,外资中小金融机构进入的步伐会快于大型金融机构。未来,外资股比限制将进一步放松直至基本取消,外资可以自由选择参股、合资或独资等方式在华经营;针对外资机构准入的数量型要求将进一步放宽直至基本取消;外资在境内金融领域的商业存在范围将进一步拓宽。

积极审慎地实施金融开放

从战略视角看,应该积极推进金融领域对外开放。但在今后较长一个时期内,中美战略博弈进入关键阶段,国际环境将会更加错综复杂。因此需要保持清醒头脑,坚持自主开放,把握好开放节奏,协调好相关的改革,争取在系统性风险可控的前提下使开放的效益最大化。

金融开放要与金融改革相协调。考虑到中国金融市场化程度还存在不足,一些关键领域的改革还在逐步推进过程中,如何使得金融开放和金融体制机制改革更好地匹配至关重要。需要重点关注三个方面:利率市场化、汇率形成机制改革以及资本和金融账户开放。目前,我国汇率机制离完全的市场化——弹性十分充足——尚有不小的距离。而更加市场化的浮动汇率与金融市场高水平的开放要求是相一致的。我国的利率市场化已经大步推进,但影响最大的银行存贷款基准利率改革刚刚推进。LPR对市场的影响以及市场化程度的提高尚有一个过程,目前还只是运行的初步阶段。市场化定价机制对金融开放具有重要影响。目前资本和金融账户的大部分项目已经放开,但涉及资本境内外流动尤其私人资本的流动仍有不少限制,未来需要伴随金融行业和市场的开放同步放松限制。

未来应合理把握开放节奏,注重防控系统性金融风险。国际经验表明,开放可能会带来问题以及消极影响,有些方面问题可能会比较突出,例如信息不对称和非理性预期。一个时期以来,国际市场上对于中国经济始终存在非理性预期,对中国经济运行状况有很多误读、误判,有的甚至是别有用心的。金融市场扩大开放后,国际非理性预期毫无疑问会对我国市场运行产生更多的影响。如何将不利因素降到最低程度,需要认真加以考量。开放以后,更多资本流入自然会带来更多资本流出的需求,必然会有一些投机资本兴风作浪,系统性金融风险可能趋于上升。这需要长期关注和谨慎防范,关键是要有针对性的机制和预案。

资本市场的进一步开放需要与资本市场成长相匹配。中国是大海,将大海掀翻谈何容易。从全球金融业来看,中国银行业也可以算得上是大海。但实事求是地来看中国资本市场,由于种种原因长期以来直接融资发展却不尽如人意。未来中国资本市场的开放需要把握好节奏,与市场的成长、规模、成熟度很好地匹配起来。只有成为大海,中国资本市场才能经得起更大的风浪,立于不败之地。

金融市场开放水平要与监管能力相匹配,这一点尤为重要。国际上许多风险失控的案例,很多情况下是监管未能及时跟上或者应对出错所致。而我国改革开放以来金融运行总体平稳与监管较为有效是息息相关的。未来开放进一步扩大,金融监管能力需要同步提升,促使两者之间保持动态适应和匹配。这方面的能力主要包括规范金融机构经营行为的能力、预警和防范金融风险的能力以及处置和化解金融风险的能力。唯有持续提升监管能力,未来才能在开放进一步扩大的同时保持金融市场规范运行,使风险控制处于良好状态。

后记

在本书出版之际,我要诚挚地感谢交通银行金融研究中心的同事们!这些青年才俊在研究工作中给了我很大的支持和帮助,可以说本书同样凝结了交通银行金融研究中心青年专家们的智慧和劳动!

借此机会,我真诚地感谢交通银行总行历届领导对我工作的一贯支持和悉心指导!

我深深地感谢爱妻王海萍!她精益求精、一丝不苟的敬业精神给了我很大的鞭策!她无微不至的体贴和照顾保证了我繁忙工作所需要的身心健康!

交通银行金融研究中心高级研究员黄艳斐同志在成书过程中付出了大量劳动,在此谨向她表示感谢!植信投资研究院的同事张秉文、路宜桥和许珂在本书修改过程也给了我不少帮助,在此一并表示感谢!

本书的出版得到了上海三联书店的大力支持,在此要感谢匡志宏、李巧媚等编辑的辛勤付出!

本书虽经多次修改,但因水平有限,缺点和错误在所难免,真诚欢迎读者不吝赐教,批评指正。

连平

2020 年 8 月 28 日

图书在版编目(CIP)数据

金融变局/连平著. —上海:上海三联书店,2020.9
ISBN 978 - 7 - 5426 - 7068 - 7

Ⅰ.①金… Ⅱ.①连… Ⅲ.①金融改革-中国-文集
Ⅳ.①F832.1 - 53

中国版本图书馆 CIP 数据核字(2020)第 096325 号

金融变局

著　　者 / 连　平

特约编辑 / 程云琦

责任编辑 / 李巧媚

装帧设计 / 0214_Studio

监　　制 / 姚　军

责任校对 / 张大伟　王凌霄

出版发行 / 上海三联书店

　　　　　(200030)中国上海市漕溪北路 331 号 A 座 6 楼

邮购电话 / 021 - 22895540

印　　刷 / 上海展强印刷有限公司

版　　次 / 2020 年 9 月第 1 版

印　　次 / 2020 年 9 月第 1 次印刷

开　　本 / 640×960　1/16

字　　数 / 566 千字

印　　张 / 40.25

书　　号 / ISBN 978 - 7 - 5426 - 7068 - 7/F·808

定　　价 / 88.00 元

敬启读者,如发现本书有印装质量问题,请与印刷厂联系 021 - 66366565